CON VALOR
Y
A COMO DÉ LUGAR

CARMEN LUISA JUSTINIANO

CON VALOR
Y
A COMO DÉ LUGAR

Memorias de una jíbara puertorriqueña

(Prólogo de Fernando Picó)

EDITORIAL DE LA UNIVERSIDAD
DE PUERTO RICO
1994

Primera edición, 1994

©1994, Universidad de Puerto Rico
Todos los derechos reservados según la ley

Catalogación de la Biblioteca del Congreso
Library of Congress Cataloging-in-Publication Data

Justiniano, Carmen Luisa, 1918-1992.
    Carmen Luisa Justiniano: Con valor y a como dé lugar
      p. cm.
    ISBN 0-8477-0195-6
    1. Justiniano, Carmen Luisa, 1918-1992. 2. Puerto Ricans —
United States—Biography. 3. Puerto Rican women—Biography.
I. Title. II. Title: Vida auténtica de una jíbara puertorriqueña.
E184.P85J87   1994
973'.04687295'0922—dc20   93-36487
[B]   CIP

Portada: Yolanda Pastrana
Tiapografía y diseño: Carmen M. Cruz-Quiñones

Impreso en Puerto Rico
Printed in Puerto Rico

EDITORIAL DE LA UNIVERSIDAD DE PUERTO RICO
Apartado 23322
Estación de la Universidad
Río Piedras, Puerto Rico 00931-3322
Administración: (809) 250-0435   Fax (809) 753-9116
Depto. de Ventas: (809) 758-8345   Fax (809) 751-8785

Dedicado al abuelo Pepe

Aférrate a tus sueños,
porque si estos mueren
la vida es
    como ave con las alas rotas
que no puede volar.

Langston Hughes

Prólogo

Fernando Picó

Esta memoria de niñez y juventud de Carmen Luisa Justiniano es espléndida. Lo que hace excepcional esta obra es que ofrece, de una forma agradable e interesante, la memoria detallada y pormenorizada de la vida de una niña y mujer joven del campo en las décadas de los veinte y de los treinta.

Para los historiadores constituye un verdadero filón de utilísimas noticias. Con relación a la historia de la mujer, hay pocas autobiografías de mujeres puertorriqueñas publicadas; yo conozco dos, y ambas son de mujeres de familias hacendadas; pero ésta ofrece un testimonio excepcional de una mujer de campo, con todos los detalles de las faenas domésticas cotidianas de la época, los valores y las actitudes que predominaban en su entorno, la lucha por la escolarización, el acoso sexual. Hay retratos vívidos de otras mujeres; la madre, la abuela, las compañeras, la tía. Con relación a la historia social del país, detalla, en forma clara e interesante, muchísimos aspectos y luchas de la vida común que hoy día los historiadores buscan afanosamente en los documentos y que no siempre logran encontrar: la familia patriarcal, la vida de un mayordomo de hacienda, las prácticas de los curanderos, el impacto de los huracanes, las diferencias entre los mundos de la caña y del café, la vida urbana en el Mayagüez de la década de los treinta, el mundo de las costureras a domicilio en el campo, la violencia rural, etc. Con relación a la historia regional, la autora en su niñez y juventud vivió en los municipios de Maricao, Hormigueros, Las Marías, Lares y Mayagüez. Especialmente el testimonio que se refiere al primero de estos lugares es excepcionalmente brillante. Con relación a un género de estudios que en Puerto Rico apenas se advierte, la historia de la niñez, en esta autobiografía queda espléndidamente representada. En Estados Unidos, y sirva de ejemplo, apareció una recopilación de memorias de niñez en la frontera del oeste. La aportación de los niños al trabajo, la interacción entre escuela y casa, la percepción de los grandes eventos y procesos de la época, la violencia y su incidencia en la vida del niño son elementos valiosísimos de esta autobiografía. Creo que esta obra documenta, mejor que cualquier otra que yo conozca, lo que significó ser niño en Puerto Rico en la década de los veinte. Finalmente con relación a la historia del léxico, son interesantes los aportes sobre los nombres de muchas cosas, especialmente de la flora, sobre todo los usos originales de algunas palabras.

El título es una adaptación de la frase "consciente de que debía enfrentarme a la vida con valor y a como diera lugar", porque esta expresión voluntariosa de nuestra lengua "a como dé lugar", que la autora repite en oportunas ocasiones, refleja el dinamismo de la obra, la excepcional iniciativa y esfuerzo de la protagonista y, además, evita que se confunda este texto con otra pieza más de nostalgia por la perdida del paraíso jíbaro. Por todas estas cualidades, sobre todo por esa voluntad de enfrentarse a la vida y a la realidad sin distorsionadas evasiones, el libro se presta a convertirse en un texto auxiliar en los cursos de Historia de Puerto Rico (satisface, por ejemplo, la necesidad de tener un texto contemporáneo sobre la mujer puertorriqueña) y también en algunos cursos de ciencias sociales.

En unos pocos lugares la autora proponía eliminar pasajes que tratan sobre violencia doméstica, pero accedió a conservarlos, pues documentan con mayor claridad la totalidad de su experiencia y ayudan a demitificar ese mundo "ordenado" e idílico que demasiadas veces se invoca como solución a los problemas de nuestra vida hoy. Precisamente porque nuestra sociedad fue tan violenta en el pasado sufrimos de problemas de violencia hoy. Si persistimos en tapar eso, seguiremos predicando la vuelta al pasado como solución de los problemas que nos aquejan.

Aunque el manuscrito necesitaba cuidado editorial, no se ha trastocado el vocabulario ni las expresiones de la propia autora; sólo se atendió a la ortografía y a la puntuación. A pesar de los evidentes problemas de sintaxis, se ha tenido en cuenta que el editar un testimonio o fuente original requiere sensibilidad, porque modernizar o corregir las expresiones violenta el propósito mismo de publicar un testimonio, que es hacer accesible la expresión original de un testigo, que por sus propias expresiones brinda acceso a su mundo mental y social.

Introducción

ESCRIBIR uno su propia vida no es cosa fácil. Es como desnudarse en la plaza pública, a plena luz del día y, por consiguiente, son muchas las otras personas que también aparecen en escena con uno, ya sean ignorantes o cultos, justos o injustos, porque así es la vida y no queda otro remedio que traerlos junto con uno. Porque aunque no lo parezca, ya son parte de uno mismo, al igual que millares de incidentes, experiencias y cosas, como si fuera una obra de teatro. Porque definitivamente eso es la vida, teatro, donde a diario cada cual juega su propio papel. Yo he tratado de jugar el mío lo mejor posible, pero la vida es la vida y nada más. En cuanto a los demás hay que ser humano, honesto y lo más sincero posible con ellos.

Aquellos que por la gracia de Dios o por virtud propia obraron en justicia conmigo, tienen el privilegio de aparecer con sus propios nombres... A los que en alguna forma me lastimaron les he cambiado el suyo, para evitarles la afrenta, y otros que aparezcan, si llevan el suyo propio, puede ser pura casualidad.

Capítulo 1

AL nacer me pusieron por nombre Carmen Luisa, aunque según la abuela Josefa, el nombre que traje fue Marina. Nací un lunes, 3 de marzo del año 1918, al atardecer, pero no fui inscrita hasta el 28 de junio, tres meses más tarde. Papá, por su parte, me bautizó con el apodo de Lucho, alias que se le da en mi país a los de nombre Luis, como si en su mente ardiera el deseo de que yo fuera varón. Mi nacimiento se efectuó en una pequeña casa de campo en Finca Abajo, estancia de mis abuelos maternos en el barrio Bucarabones de Maricao, territorio donde mis antepasados habían sido agricultores por cuatro generaciones.

Cuando desperté a la vida encontré que tenía unos adorables padres de nombre Pablo Justiniano Irizarry e Isabel Ruiz Justiniano. Mis padres eran de una misma edad y yo, su primer vástago, vine al mundo cuando ambos tenían veinticuatro años de edad. Hubo en nuestra casa once hijos, de ellos siete hembras. Dos varones y una niña murieron cuando aún eran infantes.

Mis abuelos paternos se llamaban Ramón Justiniano y Rosa Irizarry y los maternos José Ruiz Sánchez y Josefa Justiniano Cabra. A él se le llamaba Pepe por apodo y a ella Fita.

Según la abuela Josefa, nuestros ancestros —los Justiniano— eran europeos y según sus cálculos arribaron a la isla de Puerto Rico a principios de mil setecientos viniendo a establecerse en el barrio Saguate de la Villa de San Germán, hoy ciudad de San Germán. Según mis averiguaciones un fuego acaecido a mediados de 1700 destruyó la capilla Católica perdiéndose todo archivo y no es hasta el 1768 cuando de nuevo se comienza a recopilar datos.

Nicolás Justiniano es el primer nombre de nuestros antepasados registrado en los archivos de la parroquia de dicha ciudad, junto al de su esposa, doña María Rodríguez de la Seda, el día del casamiento de su hijo Antonio con Paula Morales de la Cruz en el año 1768. Luego siguen otros nacidos por aquella época, como Bartolomé Justiniano, nacido en el año 1771; Juan Julián para esta misma fecha; y le sigue Juan María, quien nació en el año 1828, y otros, estos últimos vecinos del barrio Oconuco del poblado del Rosario, de donde era natural mi tatarabuelo don Pedro Justiniano, nacido para el año 1777 y quien fue padre de Agapito, mi bisabuelo paterno y también de Germán, mi bisabuelo materno, viniendo a ser mis padres primos hermanos. Esta costumbre de los matrimonios entre primos hermanos ha predominado en el clan de los Justiniano hasta hoy.

En cuanto a las raíces maternas, eran naturales de las Islas Canarias.

Capítulo 2

EL primer recuerdo que tengo de mí, es como a los cuatro años de edad jugando en el batey de nuestra pequeña casa, la cual estaba construida de madera y zinc y se componía de un cuarto de dormitorio, una pequeña sala y una cocina con fogón de piedras, donde se cocinaba con leña. El agua se traía de una chorra que brotaba de la matriz de una peña que había más abajo en una rejolla. El lavado se hacía en el río y allí también tomábamos nuestro baño los niños. El río Bucarabones cruzaba a través de la estancia, y entre el cafetal y los breñales había unos remansos azules donde se bañaban los mayores.

A esta corta edad recuerdo que mi madre tenía otro bebé que yo ayudaba a cuidar y a ella la recuerdo delicada, joven y bonita y muy enérgica. Tenía su cara redonda y chula como la Mona Lisa, y la adornaba una hermosa mata de pelo negro que le llegaba hasta las corvas, que ella peinaba en un grande y hermoso moño cogido con horquillas. Mi padre era joven y apuesto, con un parecido a Gary Cooper, aunque mediano de estatura, y también extremadamente enérgico y trabajador.

El año en que yo nací hizo historia. Fue el año del Armisticio de la primera Guerra Mundial. Fue la gran epidemia de la influenza y también los temblores de tierra. Eran tiempos difíciles para el puertorriqueño debido al cambio de gobierno, ya que en el año 1898 vinimos a estar bajo el dominio norteamericano. Por toda esta crisis pasaba nuestro país cuando yo vine al mundo. A pesar de todo, yo nací hermosa y saludable. Le di mucho trabajo a mi madre para darme a luz ya que, para mayor dolor, nací de nalgas y sin intervención médica, sólo con la ayuda de las dos abuelas y también de la bisabuela Angela, todas ellas eficientes comadronas; sin faltar la inteligencia del abuelo Pepe, que tuvo también que poner la mano, y decía mi madre que a él le debíamos la vida después de Dios.

Como dijera anteriormente, mis antepasados eran agricultores, dueños de vastas tierras que dedicaban al cultivo del café y frutos menores y se habían establecido en los barrios Bucarabones, Las Indieras, Bartolo, Río Prieto y Las Lagunas. Las raíces principales habían sido grandes hacendados, gente muy rica que a la vez había procreado familias numerosas que más adelante vinieron a ser los herederos y, por consiguiente, su finca no era lo suficientemente grande para mantener una familia grande. Por eso, cuando mi padre casó con Bellita Ruiz —como se le llamaba cariñosamente a mi madre— él quiso independizarse de la casa de su padre y vinieron a vivir a la pequeña casa en la estancia de los abuelos maternos, al norte de la vieja casona donde yo precisamente nací.

Papá había asistido a la escuela pública hasta el quinto grado y Mamá había aprendido a leer y a escribir en su propia casa con un tutor, pues en aquel entonces muchos padres se negaban a mandar a sus hijas a las escuelas públicas. De todos modos, cuando conocí a mi madre, ella estaba muy atareada pariendo hijos mientras mi padre se hallaba pasando "las de Egipto", como dice el adagio, bajo una deplorable y desastrosa situación económica.

Para esta gente la agricultura era su única fuente de ingresos y un obrero ganaba cuarenta centavos al día, de sol a sol. Algunos ganaban cinco centavos más, pero eran "hombres de acero", diría yo, pues trabajaban como desesperados para ganarse esos cinco centavos más de salario al día. A este grupo pertenecía Papá cuando yo lo conocí.

Yo crecía gordita y saludable y mi cara era ovalada como la de mi padre. Tenía una larga y preciosa cabellera negra como la de mi madre, que ella me peinaba en dos trenzas o dos cebollas. Recuerdo que desde pequeña era despierta de mente y cuantos me conocían me mimaban y consentían y por ser la primera nieta en la casa de los abuelos maternos, me convertí en un ídolo para todos. Aquí en la casita nos quedamos más o menos unos seis años, la misma edad que yo tenía cuando nos mudamos a otro lugar. Pero, naturalmente, como fue aquí donde mis ojos vieron la luz por vez primera y donde pasé mis primeros años de infancia, pues aún recuerdo aquel lugar como si me viese jugar en el rojo batey y recuerdo mil cosas de allí.

Comenzaré por decir que vivíamos humildemente. La cama de mis padres era de hierro estilo español y el colchón y las almohadas eran de pajilla confeccionados por la hábil mano de Mamá. Yo dormía en un catre del país, de armadura de madera con patas estilo tijera y el forro era de tela. En la sala había una mesa rústica de madera y para sentarnos había par de tures y bancos. Los utensilios de cocina se componían de varias ollas de hierro, ditas, cucharones y hatacas, todo elaborado del fruto de la higüera. También teníamos bateas hechas de troncos de árboles que servían para muchos usos como ventear granos, echar viandas cocidas, amasar harina y otros. También había platos y tazas de loza, vasos de cristal y cubiertos de plata. Para el uso diario, excepto Papá, usábamos para tomar agua cacharros o jarros que habían sido de avena o frutas, sin faltar, por supuesto, varios cocos bien lijados. Había un par de hamacas hechas de los sacos donde venía la harina de trigo y el azúcar; una cretona blanca y fuerte de la que también hacían los forros de los catres. Cuando llegaba un huésped dormía en una hamaca, pero siempre había una colgada para descansar la familia. El bebé también dormía en una hamaca o coy.

Nuestra casa estaba asentada en la falda de una colina junto al cafetal a la sombra de las frondosas guabas y el camino real nos quedaba al lado de arriba. Una miríada de pajarillos cantaba desde el alba hasta el oscurecer y las noches también tenían su música con el clamor estridente de coquíes y millares de otros insectos nocturnos, además de los temerosos julueleos de los múcaros. Teníamos gallinas y un gallo, un caballo y una cabra que nos daba leche. Recuerdo que detrás de la cocina había una frondosa mata de ají picante donde vivía un horripilante gusano verde. Fue aquí donde por primera vez vi a Papá ebrio y a Mamá bregando con él. A mi corta edad yo no imaginaba lo que estaba sucediendo, pero según pasaba el tiempo fui comprendiendo la verdad del asunto. A pesar de todo, él era una persona estimada por todos; luchador y culto. Tenía preferencia por las cosas buenas de la vida, como vestir a la moda y montar caballos de paso fino y le gustaba cantar décimas; experto como cantautor; pero, sin advertirlo, se iba sumergiendo poco a poco en el vicio del licor.

Desde la loma donde vivíamos se divisaba la casona de los abuelos Pepe y Fita y desde muy temprana edad aprendí a caminar por la vereda que me conducía hasta allá atravesando el copioso y romántico cafetal. Mi distracción principal era estar allá en compañía de aquella encantadora y dulce familia, donde había dos tías —Olivia y Elvira— que me llevaban una dos años y la otra unos seis meses. Así que tenía con quien jugar. La escuela a donde asistían quedaba al otro lado del río, en la residencia del pariente Banjela, donde se enseñaba hasta el tercer grado, allí aprendían muchos juegos que luego compartían conmigo en el espacioso glacis.

Recuerdo una vez, mientras jugábamos al A-la-limón, que caí de espaldas en un tanque que no sé por qué estaba descubierto, pero mi tío Américo, que me divisó de lejos, corrió y me sacó toda empapada y más asustada que un gato; gracias a Dios que en el tanque no había mucha agua. En la casa todos se pusieron muy nerviosos al pensar que de no haber estado el tío en casa de seguro me hubiese ahogado. La abuela me despojó de mis ropas, me dio un baño y me vistió con ropas de una de las nenas, que, por cierto, me quedaban un poco grandes. Luego pensó que no estaba bien que Mamá se enterara del incidente y que había que inventar una historia para que ella no sospechara porque, de lo contrario, me impediría volver allá. Así que me llamó aparte y me instruyó muy bien a que si Mamá me preguntaba por qué estaba vestida con ropas de mi tía, le dijera que las mías se habían ensuciado con mierda de gallina y hubo que quitármelas; que en ningún momento le refiriera lo de la caída en el tanque. De primera intención aquella grotesca idea me estuvo curiosa a la vez que rara, pues a mi corta edad no tenía idea de que se pudiera decir una cosa por otra o torcer la verdad, pero por desgracia allí estaba frente a mi adorable abuela escuchando de sus labios la primera mentira. Juro que cuando crecí y tuve entendimiento odié la mentira con todas las fuerzas de mi alma.

La casona estaba fabricada de madera del país y techada de zinc corrugado y no se diferenciaba de las de su tiempo. Estaba montada sobre largos y fuertes estantes de capá y moralón y era lo suficientemente alta como para que debajo cupieran bestias. De frente lucía ufana con un lindo balcón y también había otro a lo largo del corredor que llevaba a la cocina. Era grande y cómoda, con una sala confortable, espaciosos cuartos de dormitorio, un cómodo comedor, donde había una grandota mesa rectangular con largos bancos a los lados hechos de rojo guaraguao, y de allí un corredor que llevaba a la cocina, también espaciosa, con un fogón de piedras en el mismo medio donde se cocinaba con leña y, dependiendo de la solera, un canastillo para poner salazón y otras golosinas. En la sala también había largos bancos y una escalera para subir a un piso donde se almacenaba café seco.

La familia cenaba por lo regular a la misma hora, casi siempre después de haber anochecido, reunidos alrededor de la ancha mesa donde se platicaban los sucesos del día. Luego de cenar y tomar café todos se encaminaban a la sala a echar chistes y cuentos y a criticar al prójimo; y los tíos, a contar sus hazañas.

Contaba una vez el tío Américo, que una madrugada, mientras se dirigía al pueblo de Yauco con las bestias cargadas de café y plátanos, unos asaltantes le salieron al encuentro.

—¡Alto! —le dijeron en medio de la oscuridad mientras alzaban una linterna en bajita luz. El tío, que cabalgaba en la bestia delantera, dominado por el pavor, de un tiro arrancó un plátano y apuntándoles con él se sacó tremendo grito y dijo:

—¡Fuera o disparo! —Aquéllos, aterrorizados, salieron disparados y se perdieron de vista como alma que lleva el Diablo.

Valía la pena estar allí con toda esa divertida gente.

En la estancia había bestias y ganado, muchas gallinas y cerdos. Varios perros, gatos y millares de pajarillos que alegraban el ambiente con sus melodías. Había un bello jardín en su mayoría cultivado de rosas y jazmines y por toda la periferia crecían árboles frutales de china, caimito, anón, limones, cacao y otros; abajo en la vega crecía a sus anchas la pana.

La alimentación principal era arroz y habichuelas, los guineos verdes hervidos con bacalao, harina de maíz, el gandur verde y seco y sopa, ya fuera de salchichón, jamón o bacalao con fideos y papas, y en los fines de semana se comía carne. Nunca faltaba el rico café negro o con leche.

El abuelo Pepe era un hombre alto y apuesto y cuando le conocí ya lucía canas. Era un perfecto caballero y tenía un carácter dulce, además de buen sentido del humor. Era estimado por todos y como hacendado y señor era comprensivo y tolerante con aquellos que trabajaban para él. Le gustaba la lectura, especialmente el periódico, para enterarse de las noticias. Aunque no era persona que le gustara visitar, se gozaba grandemente de que lo visitaran y en la estancia siempre había huéspedes, ya fueran de alta alcurnia o humildes pordioseros.

La casona era la parada de los quincalleros y transeúntes; también donde se hospedaban los maestros que daban clase en la escuelita al cruzar el río, saliendo esa fama de él por toda la comarca. Por cierto, que hay un anécdota al respecto, muy curiosa.

Estábamos a mediados de verano, cuando una tarde se apareció en la estancia un individuo. Un joven en sus treinta, más o menos, de buena presencia. Como por lo regular era aquí donde se hospedaban los maestros, él se identificó como el que estaría a cargo del plantel el próximo semestre o año escolar, pero que quería merecer del abuelo que le permitiera hospedarse en lo que se abrían las clases, ya que le interesaba conocer el barrio y ponerse a tono con el ambiente, además de estudiar un poco en la paz del campo; pero que no podía pagar sus abonos hasta tanto comenzara a recibir sus cheques regulares porque gastos imprevistos lo habían dejado un poco flojo. El abuelo estuvo de acuerdo y se le proporcionó una habitación, y se le proveía de alimento, y se le preparaba la poca ropa que trajo y allí tuvimos a Mr. Rodríguez disfrutando de sus vacaciones.

Una noche le notificó al abuelo que al día siguiente iría a la ciudad a traer todas su pertenencias necesarias para comenzar el año escolar que ya se acercaba y además, según él, a reportarse al Departamento de Instrucción. El abuelo, muy atento, le dijo que todo estaba muy bien y a la mañana siguiente al despedirse, le dio algún dinero para el viaje en caso de que estuviera corto. El Míster se despidió muy feliz, quedando en el balcón los abuelos y yo mientras aquel se alejaba cuesta abajo.

—¿Qué te parece el maestro, Pepe? —preguntó la abuela en un tono ingenuo.

—¡Qué maestro, ni qué maestro, mujer! No seas tonta, si ese pobre hombre no es maestro ni cosa tal.

—¿Quieres decir que no es un maestro? —preguntó ella ahora sorprendida.

—Sí, mujer. Ese hombre sólo necesitaba unas vacaciones, descanso, alimento, la compañía de gente como nosotros y el cálido ambiente de nuestra casa y de este paraíso donde vivimos.

—Hombre, ¿pero desde cuándo lo sospechaste? —replicó ella.

—Desde el primer momento, querida; desde el primer momento —dijo con un aire de satisfacción.

—Entonces, ¿por qué no me lo dijiste antes?

—¿Para qué? ¿Para que lo echaras todo a perder?

—¡Ay, Pepe, por favor, no digas tonterías!

—¿Tonterías, Min? No son tonterías. (El acostumbraba a llamarla Min).

Y así terminó aquella plática, entre carcajadas de satisfacción. Recuerdo que su mirada se perdió por entre el verdor de las montañas y dejó escapar un profundo suspiro que lo inundó de paz. Siempre recuerdo al abuelo tomar las cosas con aplomo y serenidad por serio que fuera el problema. Sólo se alteraba un poco cuando se imponía a los hijos varones si éstos no caminaban correctamente, pero fuera de eso, era templado. Solamente una vez lo vi preocupado y triste y fue cuando murió su padre, don Juan Ruiz, quien muriera a la edad de ciento seis años.

El abuelo amó a sus hijos entrañablemente y a veces en conversaciones llegó a decir que su placer sería que todos ellos se establecieran en los terrenos de sus fincas —porque poseía otra finca, la que llamaban la Finca Arriba. Sí, según él, su placer hubiese sido tener a todos los hijos a su alrededor, con sus familias, porque era amoroso, familiar y dulce. En cuanto a los hijos, les instó a estudiar y a superarse. Entre ellos hubo agricultores, comerciantes y uno que se destacó como abogado y servidor público. Jamás le pasó al abuelo por la mente salir de sus fincas o de tierra adentro, pero el destino lo arrastró a la gran ciudad donde murió a los ochenta y tantos años, lamentándose como una tórtola enjaulada, añorando la montaña.

La abuela Josefa era chiquita, graciosa y linda como una hoja de rosa. No guisaba como Mamá, pero le gustaba lavar, planchar y coser. Atendía partos y sabía mucho de botánica y remedios caseros, herencia de los Justiniano. Contrario al abuelo, le fascinaba la ciudad, las comodidades, la luz eléctrica, vestir a la moda, pasear, saborear platillos exquisitos y conocer mundo y gente. Esto fue precisamente lo que obligó al abuelo a dejar tierra adentro e irse a la ciudad. Por otro lado, era tremendamente celosa, lo que hacía que tuviera momentos de tirantez, enojo y controversia. Según ella, el viejo era un Don Juan Tenorio. Aunque no dudo que sintiera admiración por las mujeres, en cierto modo creo que ella exageraba. Uno de sus pasatiempos favoritos era leer, era tremendamente despierta y sentía predilección por la lectura clásica, pero leía la Biblia con devoción. Supo apreciar la llegada de la radio y la televisión y ya anciana se divertía en grande con las novelas. Era amable y cariñosa, pero tenía sus días de neurastenia. Sufría de un estreñimiento agudo y de infecciones cardíacas, causa primordial de su muerte. Murió a la edad de ochentiséis años luego de haber sufrido varias trombosis. La recuerdo en sus últimos años de ancianidad y siempre mantuvo un porte de gran dama, como lo que siempre fue. Ambas llegamos a querernos entrañablemente y fuimos muy buenas amigas. Cuando comencé a conocerla, me antojé de una tacita de las de su juego de loza china y de una botita de cerámica de adorno que tenía sobre el armario de su recámara. Ella estuvo de acuerdo y primero me regaló la tacita una vez que estuve de vacaciones en la estancia, pero por desgracia ésta se rompió durante el viaje de regreso a casa. Cuando ella se enteró se entristeció mucho y me dijo que para regalarme la botita tendría que esperar un poco, a que yo fuera mayor, para que pudiera disfrutar de ella. La tal botita de loza encerraba para ella una preciosa historia de amor, pues, según razón, se la había regalado el abuelo cuando aún ellos estaban de luna de miel. Yo comprendí que ella estaba en lo correcto, así que tuve que esperar cuarenta años para poder poseerla. Y hoy, después de tantos años, siguen vivos en mi memoria aquellos mis primeros años de infancia con mis correteos por la vereda que conducía a la casona, el bello cafetal en todas sus estaciones, el trajín de la cosecha, la Fiesta del Acabe, las salidas con el abuelo por la finca en busca de huevos de guinea, la pesca del dejao, cuando los tíos ponían las nasas y nuestros juegos a la luz de la luna en el ancho glacis.

En cuanto a la familia paterna, vivían cerca pero un poco más distantes. El abuelo Ramón era ciego desde temprana edad a causa de un espasmo que cogió al doblarse a beber agua de un pozo estando muy sudado trabajando en la finca. La abuela Rosita era de profesión comadrona, catalogada como de las mejores de su tiempo o quizás de todos los tiempos. Dedicó toda su vida a atender parturientas y a traer niños al mundo con un éxito extraordinario, gracias a Dios y a su experiencia y dedicación, pues esta profesión no es cosa fácil y menos en aquellos tiempos. Era una mujer saludable, muy enérgica y también muy bonita, de un color rosado. Casi nunca se la encontraba en casa a causa de su trabajo. También conocía de botánica y de remedios caseros. De sus siete hijos, tres eran mujeres quienes estuvieron a cargo de la casa mientras fueron solteras. Abuela Rosita tenía un carácter fuerte y a veces se sentía malhumorada, lo cual yo achaco al mucho trabajo y a la pérdida de sueño. Abuelito fue siempre dulce, amable y calmado.

Los tíos nos visitaban con frecuencia y el tío Salvador, el que apodaban Bore, me amaba con locura. Según Mamá, cuando yo pequeña él venía a diario a nuestra casa, me tomaba en brazos y me llevaba con él a contemplar la naturaleza, él acostado sobre el césped o sobre una manta bajo la sombra de los frondosos árboles y yo jugando a su alrededor. Cuando crecí él fue mi tío favorito.

Capítulo 3

Comencé a ir por los mandados para Mamá cuando tenía unos cinco años, ya que a ella se le hacía difícil dejar solo a su bebé. Aunque la cantina o colmado nos quedaba distante, yo me hacía valerosa y no me importaba lo lejos que fuera o los peligros del camino después que fuera para ayudarla. Para este tiempo Papá inventó un negocio de vender café y frutos en el pueblo de Yauco, los compraba por el barrio y luego los distribuía allá para ver si esto le dejaba más que trabajar en las fincas. Así que emprendió su negocio y se pasaba la mayor parte del tiempo viajando y no se veía el lucro, además sufríamos mucho por su ausencia y también porque las estábamos pasando muy mal. Al fin tuvo que desistir de dicho negocio y concretarse de nuevo a la agricultura. Durante uno de aquellos viajes nos trajo algunas cosas entre ellas una hermosa gallina negra de raza ponedora con las plumas de la cabeza blancas, a quien bautizamos La Vieja porque sus plumitas blancas parecían un pañito. Papá, que nunca fue negociante, había comprado la gallina por hermosa y creyendo que era buena ponedora. Así que la soltamos esperando que en cualquier momento comenzara a poner, pero pasaba el tiempo sin que se decidiera a darnos huevos y Mamá, como conocedora de aves, dijo que aquella gallina jamás pondría por ser tan vieja. Papá, por el contrario, aseguraba que era muy joven y que lo mejor era esperar un poco más. El deseo de Papá era que nos diera pollitos de su raza. Pero luego de esperar y esperar y de alimentarla con suficiente maíz y viendo que no ponía, Mamá se decidió a matarla. Fue entonces cuando nos convencimos de lo vieja que era pues no se ablandó por mucho fuego que se le dio. En realidad se merecía el nombre de La Vieja.

Entre otras cosas, Papá me trajo de Yauco un traje blanco tejido, muy lindo y unas lindas botas de cuero del país, color marrón con abotonadura al lado. Mamá me las enganchó en un clavo en la pared para que me las pusiera cuando fuera de paseo, y cuando nos percatamos, ya no me quedaban. Yo adoraba mis botas, aunque jamás me las pusiera y me complacía con verlas colgadas del clavo, hasta que un día se apareció Papá con un amigo suyo llamado don Isidro Casiano, mayordomo de la hacienda Manuela, para llevarse las botas para su niña Rosita, pues Papá se las había regalado ya que a mí no me servían. Ambos estaban metidos en tragos y sin tomar en cuenta mi pena y mi llanto, me desprendieron de mis botas y se las llevó don Isidro. No quiero recordar la amargura que sufrí; creo que fue el primer dolor de mi vida, lo sentí como una puñalada en el corazón. Lo triste era que tenía que ir todos los días a la hacienda por el mandado y allá veía a la niña Rosita con las botas puestas. Todos los días le daba un boche por su padre haberme llevado mis botas, pero ya cuando me molesté de hacerlo, opté por hacerme su amiga sólo por contemplar mis botas en sus graciosas piernitas.

Otro día se apareció Papá con otra sorpresa para mí. ¡Sí que fue una sorpresa!

—Este es Lolo —me dijo, mientras bajada del caballo a un niño mulato y lo paraba ante mí en el batey. Eramos de la misma edad, unos cinco años más o menos y ahí estábamos el uno frente al otro, lo recuerdo tan claro como si estuviera sucediendo. Yo gordita, descalza, con mi traje más largo de un lado, que se me rodaba de un hombro, mi carita tostada por el sol, mi cabellera larga despeinada, mis ojos grandes profundos y brillantes contemplando por primera vez a un niño negro. Lolo se quedó plantado donde mismo lo pusiera Papá. Inclinó el rostro al piso con una mirada tímida y triste y entre ratitos dejaba ver el blanco de sus ojitos asustados mientras jugaba con sus diminutos dedos. A mí me agradó el niño aunque me estuvieron curiosos sus ojitos achinados y su carita alargada.

Cuando Papá regresó de poner el caballo a pastar me dijo:

—Ahora tienes con quien jugar. Lolo viene a quedarse con nosotros. Es mi ahijado, yo soy su padrino. Viene a vivir con nosotros porque no tiene papá, murió hace poco. Así que se quedará con nosotros y crecerá contigo como si fuera tu hermano... ¿Verdad Lolo que te gusta esta gordita para que sea tu hermana? —le preguntó mientras me besaba y acariciaba al chico. El niño ni siquiera se sintió movido a demostrar su ánimo y así pequeña como era sentí lástima por él.

Recuerdo que cuando cogió un poco el piso se le comenzó a educar para que fuera útil en la casa, pero aquello fue un desastre. Cuando se le mandaba a llevarle el almuerzo a Papá a la finca, soltaba el mantel o paño que envolvía los platos de almuerzo y hacía fiesta. Si Mamá le daba su almuerzo antes de salir, siempre soltaba el paño aunque fuera para manosear la comida y si era que le daba su almuerzo para que comiera allá con Papá, pues entonces lo soltaba, comía cuanto le placía y el resto quedaba dañado. Si iba por agua a la chorra botaba la latita y se internaba en la maleza o en el bosque y era una tremenda lucha para poderlo encontrar. Siempre que Mamá lo bañaba y lo vestía de limpio, rápido se evacuaba encima y si uno no se percataba, se estrujaba en las paredes a tal extremo que había que lavar la casa, con el trabajo que daba subir el agua de la chorra.

A pesar de todo, nos hicimos muy buenos amigos y a él le gustaba mi compañía. Era yo la única persona en quien él confiaba y obedecía, y para que no se fugara para la maleza, Mamá lo amarraba con un hollejo de mata de guineo y así lo mantenía tranquilo junto a mí. Lolo no estuvo mucho tiempo con nosotros, quizás unos seis meses, ya que, según mis padres, él no sabía cumplir con sus obligaciones y se negaba a aprender, aunque yo creo que fue todo lo contrario. El día que Papá lo llevó de regreso a su hogar, estuvo muy feliz aunque yo estuve muy triste. Decía Papá que cuando llegaron y se desmontó del caballo, se volvió loco de la alegría tan intensa de volverse a reunir con su madre y sus hermanos. Es de imaginarse su felicidad al encontrarse de nuevo en su hogar con su familia.

Entre las muchas experiencias que tuve en la casa de la colina, fue mi amistad con un anciano ya bastante entrado en años, de apodo don Masico Pinto, pero su nombre de pila era Francisco Martínez. Le llamaban Pinto porque era pecoso. Cuando yo nací ya él era huésped permanente en la estancia, aunque prefería estar en nuestra casa. Así que comencé a crecer viéndole a diario y cuando empecé a tener uso de razón ya éramos buenos amigos. Recuerdo su carácter dulce y apacible, su rostro de anciano con su barba blanca, siempre con una cálida sonrisa en los labios, dispuesto a jugar conmigo y a contestar cada una de mis preguntas, ya que yo nací preguntona por naturaleza.

Como yo tenía unas pecas sobre mis manos, tanto los abuelos como los tíos y hasta mis padres, todos me jugaban la broma de que yo era hija de él, lo cual no me hacía enfadar, sino todo lo contrario, pues me complacía pensar que fuera su hija. Como ya dijera, estaba bastante anciano y padecía de artritis, especialmente en las piernas, a lo que él le llamaba "roma". Aún así ayudaba a la abuela a pilar y a moler café en un pilón grande con una pesada maceta. Cuando se quedaba en nuestra casa le gustaba dormir y reposar en la hamaca y yo lo mecía. Recuerdo que se soplaba los gases y cuando yo le preguntaba que qué era ese ruido, él con picardía me contestaba que era el tabaco que se le había caído al suelo y me hacía buscarlo por todos lados. Luego nos mirábamos y comenzábamos a reírnos a carcajada tendida, pues ya yo entendía la broma.

A él le fascinaba la pasta de naranja y mi madre gustosa la preparaba para él. Así que a menudo nos íbamos por la finca y traíamos naranjas para que Mamá hiciera dulce. También íbamos por jengibre amargo, el cual él machacaba y echaba en un frasco con alcoholado para frotarse las piernas. ¡Cómo me gustaban aquellas andadas con él! Hablábamos de mil cosas; yo preguntando y él contestando muy paciente, y poniendo atención y punto a todo cuanto yo le hablaba. Una vez, mientras caminábamos por entre el cafetal, encontramos mucho café despepitado en el suelo y yo, según lo que había oído comenté:

—¡Qué malos son eso múcaros. Fíjate pa' ahí cómo está el café en el suelo! Esos son los múcaros que se lo chupan y lo tiran, eso dice abuelito Pepe.

Entonces él aclaró y dijo: "Eso no es verdad, niña. Los múcaros jamás despepitan el café, lo que pasa es que a ellos les gusta comer ratones y vienen al cafetal pa' atraparlos, pero el responsable de ese mal es el ratón. Lo que pasa es que como siempre ven al múcaro, porque los ratones están metíos en las cuevas, pues por eso se creen que es el múcaro, pero no es cierto, mi niña".

—¿Y cómo tú sabes eso? —le pregunté yo.

—Pues, sí, porque en una ocasión atrapé un múcaro y quise alimentarlo con uvas de café y jamás las probó. Luego le di a comer animalejos y hasta un ratón y los devoraba.

—Buenos, y si tú sabes quién es el que despepita el café, ¿pa' qué no se lo dices al abuelito pa' que sepa quién es?

A lo que él contesto: "A un viejo jíbaro como yo nadie le cree, ya antes he tratado de decírselo a otras personas y se me han reído en la cara y ya estoy viejo pa' que se me rían en la cara, ¿no crees tú, muñeca?".

—Pero yo te creo y no me río de lo que tú dices —le dije añoñada.

—Me alegro que me creas, muñeca, —me dijo con honda satisfacción.

Masico nos siguió siempre a los otros lugares donde nos mudamos, mejor dicho, hasta su muerte, y aún lo recuerdo como mi mejor amigo de la infancia.

Mis tíos también jugaron una gran parte en mi infancia. Un fin de semana vino tío Eduardo, quien estudiaba en el Poly de San Germán. Me topé con él hablando con Mandito Crespo en el balcón. Le mostraba una caja donde tenía una colección de insectos disecados pinchados con alfileres. Le decía a Mandito que aún necesitaba algunos más de otras variedades, entre ellos un grandote escarabajo que vivía en los troncos de los árboles viejos y le rogó a Mandito que se lo consiguiera. Él se lo prometió y al par de días lo trajo.

Yo, que amaba tanto a mis tíos, decidí por mi cuenta sorprenderlo consiguiéndole algún espécimen de los miles que volaban por allí. Así que, al día siguiente, bien temprano, me armé de una vara y me dirigí al jardín en busca de algo que a él le sirviera para su colección. Ahí andaba acometiendo a derecha y a izquierda con la vara sobre los insectos que volaban a mi alrededor y sobre las flores, entre los que había centenares de caballitos del diablo, para derribar aunque fuera uno, cuando no sé cómo se me pegó una abeja de un pie picándome tan fuerte que a mis alaridos se apareció la abuela y no sé quién más. Aquel dolor era horrible, pero ella de un tirón arrancó el aguijón que la abeja me había introducido con todo y sus tripas. Allá me cargaron para la casa, donde la abuela de inmediato me preparó un ungüento a base de ajo machacado y me curó y al poco rato ya me sentí aliviada aunque el pie se me hinchó bastante. Y así terminó aquella aventura.

Para aquel entonces tío Fino, quien tenía unos doce años, era el que se ocupaba de pastorear las bestias y un día me llevó con él para la vega y mientras aquéllas pastaban nos fuimos en busca de pájaros, que a él le fascinaba perseguir. De pronto se escucharon chirridos y él muy emocionado me hizo guardar silencio y dijo:

—¡Falcones, son ésos, los puedo percibir a leguas! —y con la misma me tomó de la mano y nos encaminamos en dirección a los chirridos. Efectivamente, no estaban muy lejos de nosotros. Como decía él eran falcones y el nido estaba suspendido en una horqueta de un árbol de guaraguao que se había arrancado y estaba ramas abajo sobre una falda.

Entonces sigilosamente me escondió detrás del tronco de un frondoso árbol y me ordenó no hacer el menor ruido. Yo obedecí y él se dirigió a la pendiente hasta las raíces del árbol, de las cuales la mayoría estaba por fuera simulando la cola de un pavo real y comenzó a encaramarse y a arrastrarse con mucho cuidado hasta llegar al nido. Ya se disponía a apoderarse de los pequeños, cuando se aparecieron los padres pájaros que comenzaron furiosos a acometer contra él a picotazos y talonazos hasta derribarlo por tierra.

Recuerdo que se quedó allí tendido boca abajo por largo rato, sin moverse; pero como me había advertido a mantenerme en silencio, pues eso fue exactamente lo que hice, obedecer mientras él seguía allí como muerto. Luego de un rato, cuando pudo moverse, con miles de trabajos se levantó y echándose un brazo sobre el otro, y cojeando y dando quejidos, nos fuimos para la casa. Allá la abuela por poco le da otra paliza, pero según ella ya él había tenido bastante.

—¡Más te mereces por desobediente! —le decía—. ¿Cuántas veces te he dicho que dejes a los pájaros tranquilos? Quizás ahora hayas aprendido tu lección!

Pobrecito, daba lástima y le tomó tiempo recuperarse.

En otra ocasión, el tío Pepín nos llevó a las tías y a mí a buscar mangós en un árbol que había en el cerro, dentro del cercado de la hacienda Santiago. Nos encontrábamos en pleno cercado cuando él divisó un toro bravo que venía embistiendo loma abajo hacia nosotros. Sin perder tiempo nos agarró a las tres y con fuerza y ligereza nos metió por debajo de la cerca de alambre de púas y él corrió a subirse al árbol, cuando ya el feroz animal estaba bajo el árbol de mangó dando terribles bufidos. Fue un momento de tensión, pero todo quedó como otra de nuestras aventureras hazañas.

La primera navidad que recuerdo la celebramos con todo el resto de la familia allá en la casona. Aquella madrugada me desperté a los agudos chillidos de Cholo, el lechón colorado que vivía en el corral detrás de la cocina. Tuve que restregarme los ojos para despertar bien y cerciorarme de qué estaba ocurriendo. Efectivamente, eran los chillidos del cerdo. Entonces escuché el vozarrón del abuelo dando órdenes a mis tíos y al peón y la refriega se me hizo clara en mi mente. Indudablemente algo trágico le estaba sucediendo a Cholo. De un tirón salté de la cama y bajé las escaleras a toda prisa para encontrar que allí estaba el cerdo sangrando, tendido en una cama de hojas de guineo, mientras le baldeaban agua hirviendo por encima a la vez que lo rasuraban con un afilado cuchillo. Muy consternada, contemplé el espectáculo y me le acerqué al abuelo despidiendo un "Ay, bendito, como mataron a Cholo".

El abuelo no se había percatado de mi presencia hasta ahora y con frases tranquilas dijo:

—Hubo que matarlo, nieta, para la celebración de la Nochebuena —y prosiguió su conversación en tono de broma.

—¿Te gustan los pasteles y los chicharrones? Dime, ¿te gustan?

—Sí —contesté en un arrebato.

—¿Y el arroz con gandures con chichos de puerco, te gusta también?

—Sí —contesté apenada por Cholo.

—Bueno, jovencita —dijo él—, si le gustan todas esas cosas, ésta será la gran noche para disfrutar de todo, pero ahora vuélvase a la cama que éstas no son horas para usted estar por ahí cogiendo frío.

Creo que me resistí un poco, porque recuerdo que me dio par de palmadas y me hizo subir de prisa.

Alto, montado, estaba el sol cuando desperté. Ya Mamá y la abuela habían comenzado la refriega y todo olía riquísimo. Una guayaba guineos, otra atendía las ollas, el peón guayaba cocos y las tías desgranaban gandures en una esquina del porche de la cocina. Yo también ayudé a desgranar una vez que comí mi funche con leche y tomé café.

Aquel día fue de mucho ajetreo, pero muy feliz. Se hicieron pasteles, arroz con gandures con carne, chicharrones, morcillas, guineos cocidos, almojábanas y arroz con dulce. También había nueces, avellanas, membrillo, turrón y licores para los mayores. Y se celebró la Nochebuena en familia y estuvieron presentes el tío Eduardo, el tío Ramón, tía Mercedes y tío Fernando y nosotros. Algo cálido, bello y hermoso. Toda la familia, reunida alrededor de aquella gran mesa, celebrando la Nochebuena en un ambiente espiritual, amoroso, acogedor, algo maravilloso para recordar eternamente. Cuando nos despedimos, la abuela obsequió a Mamá con una variedad de cortes de tela para hacernos vestidos. Para mí son esos recuerdos los que me alientan a seguir viviendo, pues son los bellos recuerdos de infancia los que mantienen los jardines de nuestra existencia para siempre floreciendo.

Uno de los recuerdos más emocionantes que tengo de la vieja casona es la pared de la sala toda adornada de retratos de familia y cuadros religiosos, estos últimos en bellísimos colores, destacándose el blanco, el verde, el rojo y el azul subido brillante. Desde que tuve uso de razón me impresionaron profundamente aquellos cuadros y hacía que la abuela dejara de la mano cuanto estuviera haciendo y la traía a rastras por la falda para que me explicara todo lo concerniente a ellos. Ella siempre me tuvo paciencia y con gran solemnidad, pero con sencillez, me contaba la historia del Cristo Dios y me explicaba con lujo de detalles y conforme a las Sagradas Escrituras la historia de cada personaje de aquellos de los cuadros, entre los que figuraban el Sagrado Corazón, el Cristo Moribundo y la Virgen con el Niño.

Aquella dulce casita y aquel adorable lugar donde nací y donde pasé mis primeros años de infancia, los recuerdo como un paraíso y cada sonido y canción y cada cosa en conjunto y la deslumbrante naturaleza se apegaron a mi alma para vivir en mí eternamente. El despertar de cada hermosa mañana, con el trinar de millares de pajarillos y el cantío de gallos, era sinfonía que alegraba mi espíritu a la vida y al anhelo de descubrir y gozar a plenitud de aquel mundo fantástico y grandioso del cual me sentía parte. Aún contemplo en mi mente cada paisaje y las veredas que comunicaban con la casona, con el pozo y el cafetal y con los vecinos. Aquellos vecinos maravillosos y amables, como lo era don Juan Crespo, el padre de tío Fernando, un anciano con una voz que llenaba todo el aire cuando hablaba y que caminaba sobre sus talones a causa de los callos que tenía en los dedos de los pies. También recuerdo con cariño a Nicolás Justiniano. Era un sinvergüenza conmigo, usaba de morderme de pies a cabeza porque yo era gordita y esto le complacía, pero yo le temía y me le escondía. Banjela era otro vecino y pariente. Una persona adorable. Enjuto, tímido y callado, pero con una mirada dulce y simpática. Cheo Justiniano, al que llamaban El Loco y se gozaba en darme miedo, y el cariñoso don Rafael Perpiña, un corsito anciano adorable que tenía una tiendita al cruzar el río a donde íbamos las tías y yo a comprar pilones y dulces. Y a Papá, ¡cómo lo recuerdo! Sentado por las noches en la hamaca entonando en voz suave las décimas mientras yo lo mecía quedo. Indudablemente uno de los mejores trovadores de toda la comarca. Y Mamá siempre chistosa y de buen humor como su padre, el abuelo Pepe.

También viene a mi memoria el camino real, bermejo y esplendoroso, nos quedaba al lado de arriba y a mí se me hacía que tenía vida. Y me divertía ver a la gente transitar por él a diario trayendo con ellos la historia del mundo exterior o llevando con ellos nuestros secretos como pueblo virtuoso en medio de todas aquellas maravillosas colinas. Y aquel río que al lado abajo retumbaba como gigante dragón. Atravesaba por entre las tierras de la estancia y lo sentía como parte viva de mi existencia. Y en medio de todo aquel mundo maravilloso que me rodeaba me sentía como una florecilla silvestre, despertando a la vida al calor del tibio sol mañanero.

Y recuerdo el día que Mamá fue por agua al pozo y me dejó en la casa mientras el bebé dormía. Aquel fue el día que descubrí mi sexo. ¡Qué emocionada me sentí con el nuevo descubrimiento! Recuerdo que fui a la cocina y tomé ceniza del fogón y me empolvé bien, acostada en el piso. Para qué decir, el ardor que sentí fue terrible. Pero no dije nada a nadie, pues desde que abrí los ojos al mundo fui siempre discreta. Por qué me empolvé mis genitales con ceniza realmente no me lo explico; a no ser que fue lo más que se asemejara al talco o porque los niños hacen cosas que ellos mismos no entienden.

Pero así crecía yo: normal, despierta y feliz. Sintiéndome la reina de todo aquel paraíso, el cual sentía mío, todo mío.

Capítulo 4

Cuando nos mudamos de allí fuimos a vivir a una hermosa hacienda llamada La Unión de Frontera, adonde Papá desempeñaba la mayordomía. Allí teníamos muchas comodidades y facilidades. Ya yo había cumplido los seis años y comenzaba a disfrutar y a distinguir lo bueno de la vida y de las cosas y también a repeler lo negativo.

La casa era de dos plantas, alta, espaciosa y elegante, y de frente la engalanaba un clásico balcón. Yo estaba en la edad de la exploración y me recuerdo como si ya fuera vieja y el corto tiempo que vivímos allí me parece una hermosa mañana de sol.

Papá montaba un hermoso caballo rucio de paso fino propiedad de la hacienda y en varias ocasiones me llevó con él en su falda a voltear la hacienda y a conocer las familias de los arrimados que vivían distantes. Propiedad de la hacienda también, había una linda perra de la raza pastor alemán, llamada Beauty y un gato grande, color barcino, llamado Mauro. Nosotros teníamos muchas gallinas ponedoras, gallos de pelea y, por supuesto, nuestra cabra Ceniza.

Frente al balcón, al otro lado de la plaza, había un huerto de hortalizas bien cultivado que me hizo despertar la curiosidad. Así que teníamos vegetales y verduras frescas siempre.

En cuanto a mí, me perdía de vista por los alrededores bajo el precioso y espeso cafetal o jugando en una vieja y deteriorada casa de arrimados que quedaba cerca de la casa grande. Estando un día jugando allí, descubrí en el fogón de tierra que había un nido de ratón con unos pequeñitos acabados de nacer. Eran diminutos, de un color rojito y seguí viéndolos todos los días hasta que nos acostumbramos a vernos y a amistarnos. Pero entre ellos había uno que me tomó gran cariño y fuimos grandes amigos. En cuanto me escuchaba salía de la cueva y en sus preciosos ojitos manifestaba su alegría al verme, luego correteaba eufórico por todos lados escondiéndose por detrás de las piedras del fogón, saliendo de pronto y así nos pasábamos largos ratos jugando. Yo le llevaba comida de casa todos los días y la comía de mis manos. Cuando creció era pequeño, de la raza de los arrieros y su color se tornó cenizo oscuro brillante, su piel sedosa y su aspecto dulce y agradable y le bauticé con el nombre de Ratonito.

Pero un día sucedió lo inesperado. Mis padres me sorprendieron en la mesa escondiendo comida para él; me preguntaron por qué hacía aquello y tuve que confesar. ¡Cómo se rieron! Y no me creyeron, por lo cual, avergonzada y triste, fui a la vieja casa y traje a Ratonito. Si mucho se habían reído, más se sorprendieron y aún más se maravillaron y me rogaron que les perdonara por no creer en mi palabra. Pero el asunto no quedó ahí, porque se apareció Mauro, y Ratonito, que ya se sentía nervioso e incómodo, saltó de mis manos al suelo y segundo después lo cargaba Mauro entre los dientes ya moribundo. Ese fue el final de mi fiel amigo. Una experiencia muy dolorosa para mí y nunca más volví a jugar en la casa vieja.

En aquellos días sucedió también que Beauty, la perra, estaba en la época de celo y no quedó perro por todo aquel vecindario que no viniera a hacerle una visita. Había de todas las razas y colores, y era tanto el escándalo que formaban, que casi no se podía dormir. Papá para evitarlos encerraba la perra arriba, en el balcón, pero entonces era peor, pues todos se amotinaban junto al rastrillo y allí se destrozaban unos a otros. El se ponía tan furioso con tanta bulla y tantos ladridos que unas cuantas veces les acometió a tiros, matando a unos y dejando a otros a cuestión de muerte. Aquello se convirtió en una tragedia para mí, ya que la mayoría de aquellos perros eran tan hermosos, pues muchos pertenecían a las haciendas colindantes y pensé que ello era fuera de este mundo, del mundo que yo tanto admiraba, y aquella crueldad se me aferró a mi tierna mente. Por lo cual pensé que mejor sería si nos deshacíamos de la perra antes de cometer semejante crimen. Y una noche tuve una terrible pesadilla. Soñé que me había apoderado del revólver de Papá y había ido a matar la perra, pero luego de llegar hasta donde estaba ella, no me había atrevido a disparar, así que la solté, le abrí el rastrillo y la vi bajar la escalera como un tiro y detrás de ella el chorro de perros. Mi pesadilla terminó escuchando los ladridos y chillidos de éstos perderse por la hondonada del cafetal. Al día siguiente, mis padres comentaron que la perra se había soltado por sí sola y les intrigaba que el portón estuviera abierto. En lo sucesivo la perra se quedó afuera.

Por el camino que conducía a la tienda, en un cierto lugar abundaba una clase de culebrilla listada y pegajosa que cuando uno pasaba saltaban y se le pegaban a uno de las piernas y para despegárselas era una tragedia, porque como eran pegajosas no se desprendían con facilidad y se le hacían añicos a uno en las manos y el asco que esto producía era horrible. Yo me quejaba a diario a mis padres, pero ellos no me ponían atención y decían que eran historias mías. Pero tanto estuve mortificando a Mamá con el problema, que un día ella se decidió a ir conmigo al lugar para quitarme la majadería, como decía ella. Entonces fue cuando se convenció de que yo decía la verdad, pues había centenares de éstas, las cuales ella exterminó con kerosén.

Aquí, en este lugar, a pesar de lo bello y de gozar de abundancia y todas las comodidades que había, no fui feliz del todo pues no tenía amigas con quien jugar porque la mayoría de los arrimados vivían distantes de la casa grande y porque Mamá se empeñaba en no dejarme asociar con los niños de esta gente. Sólo conocí a una niña llamada Angela Carrero, quien era par de años mayor que yo y venía con sus padres a la recolección de café. Angela ayudaba a sus papás a recolectar y para ello tenía una pequeña canastita, la cual dejaba en la hacienda en los fines de semana. Yo me aprovechaba y enseguida cogía la canastita y me iba a recolectar en las varillas bajitas de las copiosas cepas que quedaban en los alrededores y recuerdo que aquella canasta me traía loca, tanto que un día decidí esconderla para no devolverla más. Aquel lunes, cuando Angela llegó con sus padres para irse a recolectar, no encontró la canastita y llamaron a Papá para darles la queja. Él, que me había visto con la canasta y que me conocía muy bien, me llamó a capítulo y me hizo traerla y entregársela a su dueña. Aún me avergüenzo al recordar el embarazoso momento. Papá me hizo la promesa de que me compraría una igual, pero nunca cumplió su promesa y aún lo resiento. En cuanto a Angela, nos hicimos amigas hasta el día de hoy.

La impresión que más me agradaba de allí era la miríada de pajarillos que cundía los alrededores de los establecimientos. Cada mañana y tarde me divertía el constante trinar y jugueteo de aquéllos, en especial de las reinitas, que las había por millares.

Aquí Papá enfermó de hepatitis y estuvo a la muerte. Se puso amarillo como una china y cuando Mamá lavaba sus sábanas y ropa, el agua también se volvía amarilla. Esta fue la primera vez que conocí al tío Juancho, tío de Papá y médico espiritualista. Era médico de toda la comarca y recuerdo que ordenó a Papá estarse en cama en pleno reposo y le mandó una dieta de jugo de gallina, abundante jugo de frutas cítricas, incluyendo limones agrios y le ordenó a Mamá ponerle aparte todo lo que fuera de su uso. Recuerdo que por orden de tío Juancho no me permitían entrar a su habitación. Por suerte, Papá se recuperó de aquella terrible enfermedad.

Capítulo 5

Después de aquellos días, nos mudamos a un lugar llamado Las Siete Cuerdas. Un amigo de Papá, quien tenía a cargo la pequeña finca, que, por cierto, estaba bajo procedimientos legales ya que era una propiedad de menores, se la cedió con la condición de que la arreglara ya que la vieja casa estaba a punto de venirse abajo; y la otra condición fue que esto era interino mientras él conseguía otra vivienda, y como aún no se ventilaba el caso, pues al tal amigo le pareció correcto lo que estaba haciendo ya que la casa estaba inservible.

Papá aún se sentía flojo a causa de la grave enfermedad que acababa de sufrir, por lo cual también había perdido el empleo, pero aun así se revistió de valor y sacó fuerzas de donde no había y comenzó la obra de reconstrucción, comenzando por derribar árboles para estantes y puntales y después de mucho y duro trabajo aquella quedó como nueva.

Los futuros herederos, quienes eran nuestros vecinos, no habían mostrado disgusto alguno, pero cuando vieron la casa remodelada levantaron protesta y fueron a donde el notario para que hiciera que Papá se mudara; en otras palabras, ya teníamos enemigos. Aquél, muy apenado, le dijo a Papá que lo sentía, pero que tendríamos que desalojar. Así que de nuevo comenzó la pesadilla de mudarnos, aunque tuvimos que quedarnos allí en lo que se conseguía otra vivienda, que no fue fácil conseguir por el momento.

Viviendo mis padres aquí recibieron notificación de la escuela para que me enviaran a clases lo antes posible. Ya yo estaba para cumplir los siete años y estaba ansiosa por ir a la escuela. Para mí fue de inmensa alegría cuando llegó la notificación, pero Mamá se negó rotundamente a mandarme, pues, según ella, me necesitaba en casa para ayudarle con el niño Daniel, que tenía dos años de edad; además ya venía otro en camino que nació unos meses después; además ella era quien le llevaba los alimentos a Papá al trabajo, que ahora trabajaba por ajuste en las fincas vecinas.

Yo no hacía sino jirimiquear y hablar sola, pensando que si no me mandaban a la escuela mejor era morirme. Y un día se me ocurrió una idea. Le hablé a Josefita Casiano, una niña mayor que pasaba con su hermano todos los días para la escuela y le pedí que hablara con la maestra y le explicara lo que había: que mis padres se negaban a mandarme a la escuela. Ella me prometió que lo haría y aquella misma tarde se apareció a casa con la maestra de primer grado, quien venía a hablar con mis padres. Una elegante y corpulenta mujer con un carácter de los mil demonios. Nuestra casa era alta, de balcón, y aunque Mamá la mandó a subir, ella se conformó con hablar desde abajo.

Yo llegaba en esos momentos del pozo con un par de latitas de agua y la maestra, calándome con la vista de arriba a abajo, me preguntó mi nombre. Yo, un tanto asustada y avergonzada por mi facha de Cenicienta toda empapada y descalza y mi cabello sin peinar, gagueando le contesté:

—Me llamo Carmen Luisa.

Entonces ella se volvió a Mamá y le dijo:

—Bueno, señora, sepa que si esta niña no comparece a clases el lunes por la mañana, me veré obligada a llevar a su esposo a corte.

Y enojadísima se marchó sin siquiera despedirse. A la verdad que yo no entendía la frase aquella de "corte", pero lo que fuera, si era a mi favor, pues me complacía mucho. Cuando llegó Papá del trabajo ella le contó lo ocurrido, pero él no comentó nada, sólo se limitó a decir que había que mandarme a la escuela; ella tampoco comentó, pero su rostro se volvió contrariado pues todo lo divulgaba por gestos.

Y así fue cómo el lunes próximo asistí a la escuela acompañada de Josefita, quien era una joven adorable. Ella misma me llevó al salón y me presentó a la maestra, quien se identificó como la señora Angélica Durand, pero que había que llamarle Mrs. Durand. Y así comencé mi primer día de clases, con gran gozo y un tremendo entusiasmo, pues éste había sido mi mayor anhelo desde que tuviera uso de razón. Las cosas no marcharon debidamente y como yo esperaba, pues Mamá, de la semana, me mandaba dos o tres días y a veces no me mandaba por semanas enteras, lo que hizo que Mrs. Durand me cogiera mala voluntad y se desquitaba conmigo llamándome nombres y me humillaba frente a la clase, por lo cual yo lloraba mucho. Así se pasó aquel semestre con lamentables resultados, pues aunque me esforzaba no aprendía a nivel de la enseñanza.

Pero el tiempo seguía su curso y sucedía una cosa tras otras, mientras mi mente se iba llenando de múltiples y nuevas experiencias. Una de las más bellas fue un día que Mamá me mandó a mudar la cabra, la cual había llevado a pastar. Allá me dirigí, según sus indicaciones, a lo largo del ancho camino que llevaba a la hacienda Manuela, luego me desvié a la izquierda meseta adentro donde pastaba la cabra. La impresión tan regia y encantadora que tuve del magnífico paisaje hasta donde alcanzó mi vista de niña, fue tremendamente maravillosa, a la vez que divisaba que entre el inmenso y espeso verdor sobresalían centenares de árboles que al parecer estaban encendidos en candela, algo precioso, maravilloso en gran manera. Esos eran búcares florecidos. Jamás había yo presenciado algo tan hermoso. Cuando se lo relaté al abuelo Pepe, me dijo:

—Esa misma impresión tuvieron los pioneros o pobladores que por primera vez surcaron estas colinas, pues al contemplar los búcares y su formidable sombra, que sería ideal para los cultivos, la relacionaron con la boneta o paño de las velas de sus barcos y decidieron crear un nombre de ambas palabras bucaré y boneta y de ahí nació el nombre que lleva este barrio: Bucarabones.

En cuanto a Papá, estaba pasando por una crisis terrible. La desastrosa situación económica, los hijos llegando uno tras otro y sin la menor forma de evitarlos, su escasa madurez y falta de sobriedad; todo esto contribuía a no poder mantenerse firme en su empleo y definitivamente para no morirnos de hambre tenía que sucumbir siempre al trabajo de machete. Y no era que le desagradara este trabajo, todo lo contrario, le gustaba labrar la tierra, la amaba. Sí, una vez lo escuché decir que tanto la amaba y le gustaba que le daban ganas de comérsela, pero la tragedia era el mísero salario que se pagaba. Era algo sumamente humillante y desastroso matarse de sol a sol para ganarse cuarenta centavos. Esto era lo que le mortificaba, además tenía su orgullo de familia; venía de un linaje de líderes, hacendados, comerciantes, gente de clase; por eso se le hacía maraña la mente y todo se le iba en sueños, esperanzado en esto y lo otro, buscándole la vuelta a la vida, pero todo terminaba en pesadillas y luego en beber para olvidar.

Siempre se la pasaba inventando, buscando la manera de superarse y de mejorar aquella deplorable situación. En varias ocasiones trató la jugada pero jamás fue jugador —su dignidad y mente iba por sobre todo eso. Una vez optó por hacer bailes en casa cobrando una cuota y Mamá cocinando golosinas para venderlas durante el baile, pero tampoco esto dio resultado pues los jíbaros no ganaban para darse estos lujos y en esto sólo tuvo pérdidas y contratiempos. En otra ocasión, un amigo suyo dueño de un comercio le facilitó azúcar y pipas y toda la maquinaria para que filtrara agua ardiente y aquello fue un desastre, pues tenía las pipas al lado de una quebrada, llovió torrencialmente y todo se fue corriente abajo. Así que él comentaba que si ponía una fábrica de sombrero la gente nacía sin cabeza. Pero era que Dios tenía otros planes para él.

Para este mismo tiempo, Mamá esperaba su bebé y en la casa no había nada de qué echar mano con las muchas cosas que se necesitaban y ahí estaban ellos "pintando y despintando" como dice el adagio, para ver cómo se hacía aunque fuera para comprar lo más indispensable. Papá pensó en nuestro caballo Reloj, que era lo único que poseíamos de valor. Reloj era un hermoso y noble caballo coloreo de paso fino, inteligente como él solo y la envidia de todos. Lo amábamos como si fuera de la familia y era adorable y manso y entendía todo cuanto se le hablaba. Le habíamos puesto el nombre de Reloj porque en cuanto comenzaba a rayar el alba comenzaba a dar con las patas delanteras sobre el piso cementado del corral para que nos levantáramos; así que con él no era necesario el reloj.

Cuando supe las intenciones de Papá de venderlo, comencé a sufrir, igualmente Mamá. Ninguna estaba de acuerdo con que se vendiera, pero Papá nos hizo entender que era necesario y que Mamá era más importante que mil caballos como él, por lo que comprendimos que él tenía razón. Entonces pensó en vendérselo a alguien que pudiera cuidarlo y estimarle como nosotros y que fuera a gente del mismo barrio para así nosotros tener el privilegio de poderle ver una que otra vez. Un compadre y tío de Mamá, el tío Joseíto, se interesó en él, mejor dicho, enseguida hizo tratos con Papá y quedaron en que le daría setenticinco dólares por él y llegó el día en que Papá iría a llevárselo. Aquel día me trae angustia siempre que lo recuerdo. Papá madrugó en cuanto lo sintió golpeando el piso y se preparó para ponerse en marcha. Yo no me moví de mi cama, pero desde allí escuchaba todo el ajetreo y a Mamá dándole órdenes de qué hacer y qué no, para que todo marchara en orden, pues sabiendo de la pata que cojeaba Papá, le horrorizaba pensar que él tomara otra ruta con el dinero y una vez se diera unos tragos, quién sabe cuántas cosas podrían pasar. Así que le aconsejó que una vez se cerrara el negocio tomara el mismo camino de finca y regresara a casa y luego, si quería salir, pues que lo hiciera, pero no con la suma de dinero encima. Él se montó en el caballo mientras le decía sí a todo cuanto ella le aconsejaba y poco a poco, después de despedirse de ella, se fue encumbrando camino adentro hasta que se perdió de vista.

Me imagino a Papá con la tristeza de tener que desprenderse de su fiel amigo. Él, que en cierta forma le debía la vida a este noble animal, pues en cierta ocasión estando ebrio, perdió la ruta que llevaba y fue a internarse en un espeso monte llamado Brayan yendo para Yauco. Contaba él, y no acababa, de aquel percance, pues comenzó a internarse monte adentro a eso de las cuatro de la tarde por un sendero que, según él, anteriormente le había servido de atajo. Pero como no estaba en sus cabales y por lo espeso del monte, acto seguido le oscureció y poco después ya estaba perdido. Trató de conseguir la salida para regresarse, pero con esto lo que sucedió fue que se internó más y más en la espesura. Así que cayó la densa noche y él insistía en guiar al caballo hacia alguna salida, hasta que llegaron a un sitio donde al animal se resistió a dar un paso más por más que él lo hostigaba.

Pero Dios, que siempre se ocupó de cuidar a Papá, hizo que su sombrero de Italia se le cayera de la cabeza, el cual comenzó a saltar y dar botes precipicio abajo mientras lo escuchaba caer en la profundidad. ¡Qué horror! Ahora descubría dónde estaban. Bien sabía Reloj dónde estaba parado; un paso en falso y ambos hubiesen ido a parar abajo al abismo. El camino se le había hecho tan estrecho que tampoco era posible para el caballo retroceder y tuvieron que quedarse en el mismo sitio hasta que amaneció. Contó Papá que cuando amaneció descubrió que estaban casi al borde del precipicio y su noble caballo le había salvado la vida, su amor hacia él fue incomparabale... y ahora tener que salir de él era algo doloroso. Pero como decía él, Mamá iba por sobre todas las cosas. Y había que venderlo aunque a uno se le partiera el alma. ¡Maldita situación aquella! digo yo.

Aquella mañana las horas comenzaron a pasar con rapidez y Mamá ansiosa esperaba que en cualquier momento él regresara, pero después del mediodía se calmó y estuvo segura de que él había tomado otra ruta. Las ganas que le dieron fue de irse detrás del él, pues de seguro estaría bebiendo en algún cafetín de La Cuchilla, pero en las condiciones que ella estaba de seguro no podría ir muy lejos, así que se decidió esperar, aunque sus cálculos eran correctos —allá estaba bebiendo.

Recuerdo que a eso de la una de la mañana se escucharon pasos. Era Papá que subía la escalera dando tumbos y llorando como un chiquillo y la pobre Mamá, como siempre, salió a su encuentro siempre con su ternura y sus frases de amor para con él. Tuvo que ayudarlo a subir para escuchar que le habían robado el dinero. Dijo él que cuando venía de regreso a casa, en un lugar estrecho del camino, se tropezó con un individuo que el identificó como uno de los que estaban en el cafetín, uno de los transeúntes que aparecen en los barrios y allí estaba en espera de que él pasara. Como Papá estaba mareado no advirtió que aquél, adrede, rozó con él al pasar, pidiéndole perdón a la vez que se hacia incienso, habiéndole llevado la cartera con la suma de la cual Papá había gastado como diez pesos. Mamá seguía en su empeño de consolarlo y yo, por mi parte, me arrebujé bajo mis tibias cobijas y me quedé dormida.

Después, una que otra vez, me escabullía e iba a casa del tío para verlo. Él, en cuanto me divisaba relinchaba y quería salirse del corral y sacaba la cabeza por la empalizada para que yo lo acariciara. Yo siempre le llevaba un paquetito de palmilla, que a él le encantaba. Pero aquí no le fue bien a mi querido amigo, pues mi primo Germán lo corría demasiado y lo trabajaba como a un mulo de carga, a lo cual no estaba acostumbrado; además, no lo alimentaban bien, por lo cual comenzó a enflaquecer y a ponerse triste. Entonces ya no quise verlo más. Nunca olvidaré cuando lo vendió Papá. Y un día, después de mucho tiempo, perdida mi alma en el recuerdo, escribí unos versos a su memoria.

RELOJ

Era Reloj mi caballo favorito
cuyo nombre ganóse
por sí mismo,
porque cada amanecer
nos despertaba
dando golpes
con sus cascos
sobre el duro piso de cemento.

*Comía de mi mano
azúcar y maíz,
dábale en un balde
a beber agua
y trepada...
en la baranda del corral
peinábale la crín.*

*Resoplaba, relinchaba
y corría por el corral
al verme por las tardes
regresar de la escuela
y con ojos brillantes y grandotes
tal parecía hablarme.*

*Nos llevaba en su lomo
a papá y a mí al río,
donde lo bañábamos
con jabón y un cepillo
y volvíamos a casa
por la empinada cuesta
él dando resoplidos
y papá cantando coplas.*

*Jamás olvidaré mi caballo Reloj,
jamás olvidaré
cuando lo vendió Papá.
Jamás olvidaré mi caballo Reloj,
jamás lo olvidaré,
jamás, jamás, jamás.*

1972

Al fin llegó el momento del nacimiento de mi hermana Cándida Rosa. Recuerdo que aquella madrugada me desperté de pronto y escuché voces y ajetreo en la habitación de Mamá y adiviné la dulce voz de la abuela Josefita. Estaba bregando con Mamá, que estaba de parto. Yo aún no sabía cómo venían los bebés al mundo, pero recuerdo que a través de la pared se escuchó el llorar hermoso de mi querida hermanita. Cuando la abuela se percató de que yo estaba despierta, me llamó para que yo conociera a la recién nacida, la cual puso en mis tiernos brazos envuelta en tibios pañales. ¡Qué grandioso aquello que sentí al contemplar el tierno y dulce rostro de un bebé acabado de nacer! Después regresé a mi habitación mientras en mi mente se revolvían mil pensamientos incomprensibles.

Al otro día acompañé a la abuela a la quebrada a lavar la ropa del parto y la vi desplegar sobre la laja las ensangrentadas cobijas y pañales. Todo aquello me era extraño y raro. ¿Por qué sangre? —me preguntaba. ¿Qué tenía que ver el nacimiento de un bebé con sangre? —volvía a preguntarme. ¿Estaría mi madre herida? ¿Cómo? ¿Por qué? Todas estas interrogantes y más me hacía para mis adentros, pero sin atreverme a preguntarle a la abuela. Ojalá lo hubiese hecho; estoy segura de que me hubiese sabido explicar, pero no lo hice. Entonces se me vino una idea, ya sabía quién podría ayudarme: ¡mi maestra, por supuesto! Para eso era mi maestra. "Además, los maestros todo lo saben", eso pensé y creía. Así que la próxima vez que fui a la escuela me acompañé de una de mis amigas y fui a ver a la "Mrs." con fe y seguridad de que ella me resolvería aquel dilema. Ella estaba arrellanada en su butaca frente a su escritorio escribiendo y cuando nos vio dejó de la mano lo que estaba haciendo para atendernos y con mucha cortesía preguntó:

—A ver, niñas, ¿en qué puedo servirles?

Yo me adelanté y hablé con seguridad, confiada que había ido a la persona indicada que podía ayudarme.

—Pues, pues... —dije al principio con cierto gagueo—; he venido donde usted para hacerle una pregunta porque yo quiero que usted me explique de dónde vienen los bebés, porque en mi casa acaba de nacer una nena y yo no sé de dónde fue que vino.

Y le referí lo de las ropas ensangrentadas y todo aquello.

Entonces ella pensó por unos instantes y luego, tomándome por un brazo con cierta brusquedad, me haló hacia ella y dijo:

—Así que quieres saber de dónde vienen los bebés, ¿no es así? Lista la niña, ¿no? —refunfuñó y luego añadió—: Eso es muy fácil de explicar, no es nada del otro mundo, niña. Escucha bien. Los padres van al cementerio y recogen muchos huesos de muertos, luego compran bastante carne y entre ambos o con ayuda de otro, como la abuela, hacen un bebé. ¿Te fijas qué facilito?

Yo bajé la cabeza y salí del salón con una turbación enorme y con unas convulsiones horribles. Además de un asco hacia la propia vida y una repugnancia a todo aquel mundo que me rodeaba, mundo que momentos antes me había parecido tan hermoso y maravilloso.

Realmente, aquél ha sido uno de los momentos más difíciles de mi vida. Pero aun así escondí el incidente en una de las gavetas de mi subconsciente hasta que con el correr del tiempo llegué a comprender la divina, hermosa y bella verdad de la maternidad y fue como si un peso muy grande se me desprendiera de mi cerebro. Cuando ocurrió sentí mucha lástima por Mrs. Durand. No se debe subestimar la franqueza ni la ingenuidad de un niño.

El vecino más cercano que teníamos era don Collazo y su familia: su esposa Elena, dos hijas de las edades de ocho y doce años —ambas asistían a la misma escuela que yo— y un hijo que era el del medio que tendría unos diez años, llamado Rate. El anciano padre era un gritón y un cascarrabias, mientras que su esposa era amable, dulce y muy humilde y aunque mi Mamá me tenía prohibido comer en las casas ajenas, siempre que yo iba por su casa, ella me obsequiaba con alguna golosina o fruta. Rate, el hijo, no asistía a la escuela porque, según su padre, tenía que aviar agua y leña y sacar hierba para el caballo y los cerdos.

El viejo tenía sus propias costumbres y era que cuando los hijos se enfermaban del catarro, él orinaba en un cacharro y les obligaba a tomar orines, luego los chafaba también con orines. Algo curioso, enseguida se curaban. También solía el anciano halarle las orejas a su hijo casi hasta arrancárselas cuando éste no obedecía y también lo golpeaba con palos por la cabeza con lo que encontraba a la mano y cuando no, le daba con los nudillos de los dedos o con el puño cerrado. El muchacho creció menso aunque fuerte como un mulo. Con todo y esto, tenía un arte para fabricar casitas de juego, las cuales hacía de yaguas o garras de la mata de guineo, que parecían fabricadas por un ingeniero.

En cierta ocasión en que yo regresaba de la tienda con el mandado, me lo encontré en el mismo camino real no muy lejos de casa. Estoy segura de que me esperaba. Tenía con él el saco y el machete de sacar hierba y cuando me divisó de lejos me sonrió muy simpático. Yo aguantaba el paquetito sobre mi cabeza y cuando lo vi avancé para pasar de largo, pues no era mi intención entablar conversación con él ni con nadie; jamás lo hacía, eran órdenes de Mamá.

Cuando llegué frente a él, en su voz mensa y tartamuda, me dijo:

—Aquí te estoy esperando para enseñarte algo.

—Lo siento mucho, pero no puedo detenerme —le dije poniéndole gesto. El trató de obstruirme el paso y yo le reventé:

—Mejor será que te eches a un lado, voy de prisa y Mamá me dijo que avanzara.

—Pero si sólo te tomará un momento, muchacha, no seas boba.

—Bueno, pues enséñame lo que sea, pero ligero, porque me voy, le dije con brusquedad.

—Pues sígueme hasta allí alante —me dijo. Y se adentró por una vereda tan enyerbada que el matojo casi me cubría.

Yo, muy ingenua, lo seguí hasta un poquito alante creyendo que se trataba de un nido de pájaros o de un árbol frutal, pero viendo que él se internaba más adentro, enojada me resistí a seguir. El insistía en que lo siguiera, pero yo me rehusé y con determinación le dije que me enseñara lo que fuera porque no daría un paso más. Entonces retrocedió, se adelantó frente a mí y con la misma se desabrochó el pantalón y sacó a relucir al descubierto su sexo, el cual aguantaba sobre su mano con mucho orgullo y propensión.

—Ahora que has visto lo que yo tengo, quiero que tú me enseñes lo que tú tienes —me dijo. Yo me sentí un poco enfadada y le contesté:

—Si tú estás interesado en saber lo que yo tengo, pues cuando venga Papá del trabajo yo se lo diré, a ver qué tiene él que decir de todo esto.

El se puso bien asustado y trató de entrar en arreglos, pero yo lo dejé plantado y me marché y mientras caminaba recordé aquel día en la casita de Finca Abajo cuando por primera vez había descubierto mi sexo y me había maravillado tanto. Y ahora descubría el sexo masculino y también me maravillaba.

Las borracheras de Papá, que perduraron por veinte largos años, hasta que por gracia de Dios se convirtió al Evangelio, perjudicaron grandemente a Mamá, al igual que a los hijos que vivimos bajo esta desgraciada etapa. No sólo de vivir una vida de pobreza extrema y privaciones, sino también en el aspecto físico y moral, ya que en muchas ocasiones bajo los efectos del alcohol golpeó malamente a Mamá. Aquí en la Siete Cuerdas fue cuando lo vi por primera vez golpearla. Una noche, cuando ella ya estaba en los siete meses de embarazo de la niña Cándida, después de la media noche, se escucharon los pasos del caballo. Ella, que no dormía cuando él salía de noche, al escuchar que llegaba salió en puntillas a la puerta para recibirlo, cuando lo sorprendió detrás de la puerta de entrada hablando solo y diciendo que esa noche iba a acabar con ella. Ella escuchaba de adentro junto a la puerta cuando él puso la silla de montar para escorar la puerta y con la misma se encaminó a lo largo del balcón hasta su habitación creyendo encontrarla allí. Pero ella sigilosamente había abierto la puerta empujando la silla y se había escapado escaleras abajo sin ser escuchada.

Así, a oscuras y sin poder casi caminar a causa del peso de la barriga, ella pensó que lo mejor que podía hacer era cruzar al otro lado de la cerca para evadirlo con más ligereza, pero como lo sintiera ya cerca, se arrastró por debajo de ésta, produciéndosele una herida en la espalda con las púas del alambre. En su nerviosismo al hallarse herida, tomó por dentro de la finca al compás de la cerca con miles trabajos hasta que llegó a la casa de los Collazo, donde pidió refugio ya que Papá, tambaleándose, la buscaba y seguía llamándola a gritos. El anciano como cascarrabias que era y por no buscarse líos con Papá se negaba a socorrerla, pero su mujer se impuso y al fin la dejaron subir. Pobre Mamá, a esas horas de la noche, fatigada y asustada y con su carga de barriga, sus ropas desgarradas y su espalda sangrando. Papá pensó que lo más acertado era que ella estuviera en casa del vecino y allá fue a parar a tocar la puerta para preguntar si ella estaba. El terco de don Collazo le contestó que sí, y aunque Mamá le rogó que la dejaran pasar la noche en un rincón hasta que a Papá se le hubiese pasado un poco la borrachera, el anciano no estuvo de acuerdo y la hizo salir y se la entregó a Papá, que la llevó a rastras dándole de bofetadas y empujones por todo el resbaloso camino. Yo me estaba muriendo del miedo y de la pena por la pobre Mamá. Al día siguiente le curé su espalda mientras ambas llorábamos nuestra desgracia.

Fuera de todos los contratiempos aquel lugar me era agradable. El sol brillaba desde que repuntaba el alba y la casa era espaciosa, cómoda y estaba situada a la vera del camino real por donde transitaba mucha gente. El lugar en sí era amplio, rodeado de toda clase de árboles y la espesura del bosque a la redonda eran piezas de copioso café.

Aquí abundaba la perdiz y variedad de pájaros, pero sobresalía el colibrí o zumbador, que solía colgar su nido en las varillas de los cafetos. En una ocasión unos de estos preciosos pajarillos colgaron su nido en una varilla bajita, junto a la vereda por donde yo pasaba para el pozo. No sé por qué eligieron aquel sitio habiendo tanto lugar y tanta inmensidad de bosque. Pero así fue. Allí colgaron su curioso nido del diámetro de medio cascarón de huevo de gallina nomás que más llano, y allí pusieron dos diminutos huevos del grande más o menos de un par de granos de habichuelas blancas. Desde que terminaron de fabricar el nido y la hembra se posó sobre él, tuve el deseo inmenso de acariciarla y la intención de tocar su precioso plumaje verde, pero ella se mantenía tranquila hasta que casi sentía mis pequeñas manos rozarla y luego volaba y me dejaba chasqueada. Con todo y eso se decidió a poner sus huevos, lo cual me fascinó y me pareció lo más hermoso que habían descubierto mis ojos de niña. Aquellos pajarillos se hacían turno para empollar sus huevos porque llegué a conocer cuál era uno y cuál el otro. La cosa fue que con toda la guerra que les di al tratar de cogerlos, cosa que fue día tras día quizás por espacio de par de semanas, ellos hicieron caso omiso de mi impertinencia y siguieron allí muy campantes atendiendo a su menester, sin importarles mi presencia, con la cual les importunaba cada vez que tenía la oportunidad.

Un día se lo comuniqué a Papá y él me dio un buen consejo.

—Mira, hija — me dijo—, quizás tú no lo comprendas, pero creo que eras una niña muy agraciada al haber colgado su nido un par de zumbadores en ese lugar por donde tú transitas a diario. Eso indica que te tienen confianza porque tú eres sana y buena, de lo contrario jamás lo hubieran fabricado allí, ya que todos los animales, como los pájaros, tienen una enorme capacidad para saber dónde hay peligro para ellos o para sus crías. Así que lo más aceptable es dejarlos en paz y que saquen sus pichones y sean felices.

Las palabras de él me conmovieron y en lo sucesivo ni siquiera junto al árbol de café me acercaba, y como dijo Papá, sacaron sus polluelos y cuando emplumaron volaron y se fueron. Luego que se desaparecieron quise traerme el nido para casa, pero Mamá no me lo permitió pues, según ella, los nidos viejos tenían piojillos o podían tener algún insecto ponzoñoso incrustado, o por otro lado, microbios que pudieran contagiar. Decía ella que si tanto me fascinaba un nido, ya fuera como obra de arte o para admirarlo, pues con permiso de Dios y de los pájaros que lo habían construido, era preferible tomarlo nuevo, acabado de fabricar pues entonces se estaba seguro de que no estaba contaminado; además, según ella, hay pájaros, como la reinita y el gorrión, que sólo les toma un día fabricar un nido. Con todo y eso, yo nunca me sentí motivada a apoderarme de uno en esta forma. Porque ella decía también que no teníamos derecho a destruir ni molestar los nidos de los pájaros.

El abuelo Pepe, quien era un naturalista de nacimiento, sentía un amor y respeto enorme por la vida en todos sus aspectos, pero era tremendamente atraído hacia los animales. Hoy recuerdo un simpático incidente que ocurrió allá en la vieja casona. Un pequeño ratoncito de la raza de los arrieros hizo su nido en una abertura de la pared y todos en la casa se empeñaban en desalojarlo de allí; pero el abuelo se impuso.

—Pero, ¿te has vuelto loco, Pepe? —decía la abuela—. ¿Qué quieres, que se nos cunda la casa de ratones?

—Pues no —dijo él tranquilamente—. Que se me hace que éste es un solterón y no nos traerá esa desgracia.

¡Para qué fue aquello, pues nos íbamos a romper de risa! Luego añadió: "Si fuera como tú dices los eliminaremos, pero no a éste que ha escogido nuestra compañía". Pues el pequeño arriero se lucía jugando y correteando por los rincones de la sala cuando todos estábamos sentados y reunidos en familia.

Aquel incidente trajo a la luz variedad de temas y charlas de animales, pues cada cual contó algo que le había sucedido con animales. Contaba el tío Pepín de una vez en que él regresaba a casa por el camino del cercado de Frontera. Se topó en la misma vereda con una comadreja que se le aferró para encima.

—Aquel animal estaba hecho una fiera —decía él—. Se le erizó cuanto pelo tenía y puso al descubierto sus afilados colmillos y se le agrandó el rabo dando feroces chillidos, mientras me acometía. Yo me encontré perplejo, perdido, sabía que me mataría, pero entonces se me vino a la mente ladrarle como perro y así me pude salvar de aquella fiera. Se comentó en la conversación que las comadrejas cuando están paridas acometen contra cualquiera, ya sea persona o animal, que crean que les hará daño a sus cachorros.

El abuelo, nacido, crecido y envejecido en las colinas y praderas, había tenido muchas experiencias con la vida animal silvestre y contaba anécdotas que daba gusto escucharlo; yo diría que era una biblioteca ambulante en este ramo. Él afirmaba que toda clase de animal ya fuera doméstico o montés, poseía un alto grado de telepatía, un ciego instinto y una sobrenatural intuición, además del don del mimetismo. Aseguraba que cada animalejo o insecto por repulsivo, insignificante o dañino que parezca tiene su función en la tierra; en otras palabras, que allí lo ha puesto Él, Dios, nuestro Creador, con todo un propósito porque, según él, todo en la tierra tiene su propósito. Recuerdo que los tíos quisieron hacer negativas aseveraciones al respecto, pero él completamente seguro de lo que decía, o mejor dicho, afirmó que todo lo creado por insignificante que parezca tiene su razón de ser y existir. Que quizás por ahora no se tenía un alto o profundo conocimiento de ello, pero que con el tiempo se sabría, ya que según él, de este grandioso mundo en que vivimos no se tiene tan sólo un elemental conocimiento.

Volviendo al tema del ratoncito que hizo su vivienda en la abertura del rincón de la ancha sala y que no temía corretear ni juguetear aún cuando todos estaban presentes, el abuelo comentó que aquél estaba seguro de que no le haríamos daño. Decía él, que todo los animales están dotados de un instinto sobrenatural que les hace percibir el peligro.

—Todos, desde el más mínimo insecto hasta el más feroz animal, poseen este instinto —afirmaba él—, como también percibir el ambiente adonde hay paz y amistad.

Según él, fuera de las fieras que matan para comer, existe entre los animales y el ser humano un instinto de conservación. Ambos se temen entre sí, por lo cual, en cuanto se enfrentan bajo cualquier circunstancia se ven motivados a atacarse el uno al otro. Viniendo los humanos, en cierta forma, a estar en desventaja ya que éste tiende a expeler un humor que casi siempre advierte temor, miedo o terror, aunque también puede que expela valor y confianza; todo depende del caso. Pero si el animal se percata de que se le teme, de seguro que atacará. Un ejemplo, decía él, son los perros, caballos y hasta gatos. Un perro, a menos que sea una fiera entrenada, pensará antes de atacar a un hombre; más, si éste tan sólo hace aguaje de que tiene con qué defenderse; pero, al contrario, a una mujer o niño sin duda le acometerá ya que éstos se aterrorizan demasiado ante ellos. El caballo es otro ejemplo. Cuando el jinete lo monta, de inmediato percibe su estado de ánimo, ya sea miedo o valentía. Si es lo primero, tratará por todos los medios de atemorizarlo o tirarlo por tierra; si sospecha lo segundo, entonces pensará para hacerlo y si lo tratara no tardaría en doblegarse. En cuanto a los gatos, decía lo mismo; uno no sabe cuándo se puede enfrentar a uno y que sea fiero, pero uno no puede demostrarle terror si es que trata de atacarnos y hay que reventarlo de un empellón. Cualquier animal, grande o pequeño, que comprenda que le tememos tratará de atacarnos. Por otro lado, cualquier animal que sea atacado recurrirá al instinto de conservación y usará la mejor forma de que dispone para defenderse, todo es cuestión de protegerse, proteger su cría o su rebaño o tropilla, si es el cabecilla.

Otra cosa curiosa y a la vez hermosa, que aprendí de él, fue lo del mimetismo —manera o facultad con la cual la naturaleza ha dotado a los animales para protegerse en caso de peligro. Me demostraba cómo las lagartijas que cundían el valle, cuando se hallaban ante cualquier situación que les parecía peligrosa, de inmediato cambiaban su color y se convertían idénticas al objeto o lugar donde estaban, tanto que muchas veces uno ni notaba que estaban junto a uno. Igual sucedía con las gallinas. En muchas ocasiones salíamos a seguirlas y frente a nuestros ojos se nos perdían, pero lo que pasaba era que se agachaban junto a cualquier mata, hierbas y tronco y allí se mantenían sin moverse hasta que uno se iba. Esto era para podernos evadir de que la siguiéramos y encontráramos sus huevos.

Una historia muy hermosa que me refirió fue que una vez encontró un nido de falcones con tres hermosos pichones ya emplumados, a punto de volar.

—Me disponía a acariciarlos, cuando comenzaron a chillar y de inmediato llegaron los padres que me acometieron con furia, con las alas bien abiertas, todo el plumaje erizado y dando infernales chillidos. Realmente me atemoricé y comencé a darles sombrerazos. De pronto, se tiraron al suelo y comenzaron a arrastrarse y a caminar en puntillas hacia otra dirección. Yo dejé de mano el nido y los seguí. Luego levantaron el vuelo y desaparecieron. Corrí de nuevo al nido para ver qué había de los pichones que ahora se habían quedado tranquilos, pero me cansé de buscarlos y no estaban por ningún lago, se habían hecho incienso, como si se los hubiera tragado la tierra. Ya me despedía después de una tremenda búsqueda, cuando apareció el perro y comenzó a olfatear para darme cuenta que allí en el suelo estaban sobre las hierbas y matas. Se habían tirado para confundirse con el color del matorral.

Según él me explicaba, todo animal desde el más insignificante hasta el más grande de la selva, pero especialmente los pájaros y las aves, cuentan con esta extraordinaria forma para protegerse en caso de peligro y para proteger sus nidos, sus huevos y cría.

Mi encantador y adorable abuelo Pepe valía un tesoro. Desde que repuntaba el alba hasta que se dormía la tarde estaba en contacto con la naturaleza. Conocía cada criatura viviente que cundía el pequeño valle y las colinas y estudiaba detenidamente toda su forma y vida. En una ocasión nos divertimos mucho contemplando a una preciosa araña o epeira, que colgó su tela en una esquina del balcón. Fue él precisamente quien me hizo despertar interés a la observación y contemplación de las cosas, fueran éstas vivientes o dormidas, pero entre todo lo que más me ha fascinado siempre son los pájaros. Qué curioso me estuvo la vez que caminábamos por la finca y le llamé la atención a un nido de reinita que colgaba de una rama de un chino y luego le pregunté por qué era que cada pájaro construía su nido de diferente forma, a lo que él me refirió que en cuanto a esto había una leyenda.

—Al principio de la creación —dijo él—, se llamó a toda ave y pájaro que poblaría el universo a una clase especial a donde se les instruiría cómo fabricar el nido, obra que conllevaba atención y cuidado ya que sería el hogar de cada pareja, además de sus crías. Pero no bien comenzó la clase y cuando sólo se comenzaba a enumerar los materiales que debían de usarse, algunos de ellos comenzaron a sentirse incómodos y decidieron marcharse sin aún tener el menor concepto de lo que sería tan importante para ellos. Entre los primeros en marcharse estaba el avestruz, ave que no tiene la menor capacidad para hacer el suyo, por lo cual tira sus huevos sobre la arena. Entre los que le siguieron a la avestruz está la golondrina, que emplasta el barro en las aberturas de los edificios o en cavernas y esto compone su nido. Por otro lado, hay pájaros que sólo se conforman con poner dos o tres hojas donde mejor les parece y ése es sencillamente su nido. Se cree, según la leyenda, que varios se marcharon cuando sólo se les llamaba la atención a los materiales principales que se usarían, como astillas, hollejos, bejucos, motas algodonadas, hierba, pasa seca y otros, por lo cual al volar sólo recordaron alguno de estos materiales y de eso exactamente fabrican el suyo. Así que, por no haber escuchado la lección correctamente, se limitan a fabricar el suyo como mejor les parece, la mayoría al descubierto, porque no saben mejor.

Realmente aquella historia me estuvo maravillosa y en adelante me esmeraba en contemplar a los pájaros en la fabricación de sus nidos, lo cual es sumamente ingenioso, interesante y bello.

Aquí, en los alrededores de la Siete Cuerdas abundaba la perdiz la cual gustaba de fabricar su nido en los tocones de árboles rollizos o en las horquetas bajas. Esta se conforma con poner algunas hojas secas sobre cualquiera de estas bases y ya tiene su nido, algo puramente sencillo.

De todos los árboles que nos rodeaban había uno en especial que me cautivó con su belleza desde el primer momento que nos mudamos allí. Era un frondoso higüerillo que quedaba frente a frente a nuestra casa, al otro lado de la cerca y pertenecía a la hacienda Estrella. Una mañana se aparecieron unos hombres armados de herramientas, entre ellas unas larguísimas sierras y montaron unos andamios que luego supe se llamaba un aserradero. Yo desconocía el procedimiento, así que me acerqué para averiguar de qué se trataba y poco después vi cómo aquellos hombres comenzaban a derribar parte por parte el frondoso y precioso árbol. Turbada subí las escaleras y se lo comuniqué a Mamá. Ella, con honda pena, me explicó que éste estaba siendo derribado para ser aserrado para convertirlo en madera que luego serviría para fabricar alguna casa. Me dijo ella que la naturaleza ayuda al ser humano en todas sus necesidades y de diferentes formas y que ésta era una de ellas. Hacer crecer fuertes y bellos árboles que luego podían ser convertidos en madera, tan necesaria en la fabricación no sólo de casa de vivienda, sino en muchos otros usos indispensables para la vida.

—Mucho nos apena —me dijo— ver a un bello árbol como ése ser derribado; pero, por otro lado, debemos dar gracias a Dios que lo ha provisto con un buen propósito.

Verdaderamente que me sentí muy triste por la suerte que corrió mi amigo "el higüerillo"; pero, si como decía Mamá, era indispensable derribarlo, pues a mi corta edad trataba de comprender.

Uno de los más serios problemas con los que uno se enfrentaba en aquellos tiempos era que caminando buenamente por el camino se encontraba con bestias o toda suerte de animales sueltos. Cualquiera que fuera, era una amenaza para una criatura como yo, que aún no cumplía los siete años. Por estos campos las casas quedaban distantes unas de otras, lo que hacía que en muchas ocasiones uno se tropezaba con estos animales y no tenía protección de ninguna clase, pues no había a quién recurrir. La Siete Cuerdas quedaba en las inmediaciones de las haciendas La Manuela y La Estrella, lo que hacía que siempre hubiera animales realengos por el camino real. Cuando comencé a hacerle los mandados a Mamá tenía por obligación que transitar a diario por los alrededores de estas haciendas. Un día, para sorpresa mía, me encontré frente a un hato de enormes cerdos de pura raza que pertenecían a la hacienda Estrella. ¡Qué horror! todos se me echaron encima, me olfatearon, me gruñeron con fuerza y me estrujaron unos con otros con sus enormes hocicos y casi me derribaron por tierra. Sé que Dios Todopoderoso estaba conmigo, pues a pesar de todo, me pude mantener en pie, pues de lo contrario creo que me hubieran destrozado una vez en el suelo, pero el ángel de Dios fue conmigo pues luego de toda la refriega, tomaron pendiente abajo dando feroces gruñidos y yo, más muerta que viva, eché a correr para la tienda. Esto me aconteció en varias ocasiones, pues tal parecía que de lejos me olfateaban y de súbito se aparecían y siempre sucedía lo mismo, y yo me quedaba como muerta. Se lo notificaba a mis padres, pero ellos no me ponían atención, hasta que un día que me negué rotundamente a ir por el mandado y a transitar por aquella ruta. Papá, al verme tan decidida, decidió acompañarme para cerciorarse por sí mismo de la verdad. Cuando llegamos al lugar de inmediato la manada se nos vino encima y Papá quedó horrorizado y con la misma fue a la hacienda a darle la queja a don Juan Martínez, el hacendado, quien ordenó de inmediato que fueran encorralados.

Los años que viví en la Siete Cuerdas, los he llamado "la era del despertamiento", pues fue como si entrara en una nueva dimensión, y todos mis sentidos comenzaron a soltarse y a abrirse con una agudeza extraordinaria. Podía detectar o leer con toda facilidad los gestos y las intenciones de los demás, y el mundo que me rodeaba se mostraba ante mí tremendamante fascinante, complejo, interesante, repleto de belleza, esplendor y misticismo, y me maravillaba tanto de la grandeza del sol y de todo el firmamento, como de la más diminuta florecilla que crecía agarrada a un peñasco o arbusto de café. El pellejo me lo sentía estrecho para mi cuerpo y mente, que vigorosamente se revolvían como si quisieran romper la piel.

Fue durante este período cuando surgió mi primer romance. Algo así como un chispazo o fuerza magnética que me impactó y de buenas a primeras me hallé perdidamente enamorada de un joven llamado Juanito, quien era tres veces mi edad, y que pasaba diariamente por casa a vender leche a La Cuchilla. Las cosas del amor son incomprensibles, así que pensé que de alguna forma tenía que revelarle a Juanito aquella pasión que me quemaba. Realmente, me encontré con un grave problema, pues mi dignidad de mujer me hacía comprender que eso no estaba bien, declarársele a un joven. Ahí estaba con mi problema cuando una vocecita interna me fusiló, queriendo darme a entender que cuando uno ama a alguien, debe declarárselo. ¿Pero si sólo era una niña de siete años, cómo era posible semejante comportamiento? Pero yo estaba decidida, pues todo fue enamorarme y declarármele. Entonces pensé en escribirle una carta, ¡pero si ni siquiera sabía escribir! Lo único que sabía era garabatear la letra M a todo lo largo y ancho del papel. Así que tomé unos trozos de papel de estraza, en donde había venido envuelto el bacalao del colmado, y ni al zonzo ni al perezoso comencé mi dulce carta de amor, la cual según mi imaginación, leía como sigue:

"Juanito, te amo, te amo, te amo", pero todo esto sólo con la letra M. Luego doblé bien los trozos de papel o carta perfumados a bacalao, y me dispuse a esperar a que el joven volviera a pasar. Cuando lo vi, nerviosa, lo llamé desde el balcón.

—¡Oye, Juanito, espérate ahí, que tengo algo para ti! —y con la misma bajé la escalera, lo cual hice con mucha dificultad y "a lo Marilyn Monroe", ya que me había ataviado con un traje largo de mamá y sus zapatillas de tacón.

Cuando llegué frente a él, rezongó molesto, quizá por hacerlo esperar, pero al verme en aquella facha, despidió una carcajada.

—¡A ver, muchacha, avanza y dime ligero qué te traes; mira que tengo que irme!

—¡Ah! Es tan sólo una carta que te escribí; tómala —le dije y le entregué el mazito de trozos de papel.

Él me miró confuso, y yo le di un *swing* "a lo Bette Davis"; me di vuelta y me regresé a casa. El tomó la carta y siguió su camino y yo me quedé impaciente pensando cuál sería su reacción. No tuve que esperar mucho pues en una vuelta que di por el camino, encontré que el había hecho un estrujo de lo que había sido una carta de amor y la había tirado. Yo la levanté con honda pena y lo tiré fuera del camino, y proseguí muy triste con un aire de mujer sufrida. Pero lo más curioso de todo es que pasó el tiempo y yo me convertí en una hermosa joven (modestia aparte) y Juanito se perdió de amor por mí y llegó a declarárseme y a ofrecerme matrimonio. No sé por qué recordaba el ingenuo incidente y como que mi ego lo rechazaba, además él no era mi tipo.

La primera vez que contemplé una siembra de maíz, quedé tremendamente impresionada. Era propiedad de un tal Vélez, vecino nuestro que había sembrado su tala en la falda de una ladera junto al camino de la Hacienda Manuela. Un día a mi regreso con el mandado, noté las curiosas mazorcas vestidas de precioso verde, luciendo cada una hermosa cabellera rubia. No pude resistir la tentación, y con la misma, puse el paquete en el suelo y con ligereza me encaramé por la barranca y rápidamente descogoté unas tres mazorcas, las cuales de inmediato desvestí para descubrir que aún sus cuerpos estaban desnudos de maíz. Quise con la imaginación devolverlas a sus tallos, pero entendía que esto era imposible, y que ya el daño estaba hecho, y que irremediablemente nada se podía subsanar. Así que las tomé y una a una las aventé maleza abajo y proseguí mi camino, no sin antes presentir que lo que acababa de hacer estaba mal hecho, y de inmediato me cubrió el arrepentimiento que fue tan rápido como la misma tentación. Por otro lado, me alentó la idea, de que como por allí transitaba tanta gente, quizás nadie imaginaría que pudiera ser yo.

Ya oscurecía y a mí se me había olvidado el asunto, cuando se escuchó la voz de Vélez llamar a Papá, que salió al balcón y lo mandó a subir. La presencia de Vélez me inquietó sobremanera, pero me hice la desapercibida, aunque en una vuelta el me hirió con una mirada. Después de los cumplidos, se cambiaron uno que otros temas hasta que Vélez se decidió a sacar a relucir lo de las mazorcas, segurísimo de que yo era la responsable del daño. Papá, muy molesto y avergonzado, luego de indagar y hurgar el asunto, me hizo venir ante ellos.

Yo me sentía tremendamente avergonzada por el disgusto que les había causado tanto a Vélez como a Papá, pero me enojó la forma en que aquél había tomado la pequeñez, pues tal parecía que discutía por tres quintales en vez de tres mazorcas. Yo hubiese preferido que él me hubiese llamado a mí aparte y me hubiese regañado, pues en ningún momento se lo hubiera negado, ya que estaba totalmente arrepentida, pero lo que de veras me apenó fue la forma que le habló a Papá; por eso, cuando Papá me preguntó qué tenía yo que decir al respecto, con completo aplomo lo negué. Vélez se sintió completamente frustrado, y con cierta vergüenza tomó el sombrero, y luego de pedirle disculpas a Papá, abochornado, se marchó. Cuando nos quedamos solos, yo le confesé a Papá la verdad.

Papá se enfureció y tronando me dijo que cómo era que me atrevía a semejante cosa, no sólo arrancar las mazorcas, sino también mentir, y furioso quería castigarme. Yo lloraba desconsoladamente y le pedía perdón, pero él, enfurecido, quería golpearme. Suerte que Mamá vino a mi rescate, aún recuerdo sus palabras.

—No te alteres tanto, hijo —le dijo ella—; mira que tan sólo es una criatura, y a esta edad cualquier cosa les causa curiosidad.

El comenzó a calmarse y todo quedó tranquilo, pero sí que aprendí mi lección, la de nunca tomar lo ajeno.

En aquellos días, fui por el mandado al colmado de tío Américo, que quedaba a cien kilómetros de distancia para mi edad, en parte atravesando el espeso bosque de finca, subiendo y bajando cuestas, además de vadear una quebrada bastante caudalosa hasta llegar a la estancia de los abuelos donde exactamente quedaba el colmado. Saltando iba, casi corriendo, como era mi costumbre, mientras mi mente se perdía en mil pensamientos; pero de pronto, mi vista tropezó con una hilera de frondosos árboles de mangó, abarrotados de suculentas frutas, y sobre los matorrales y hojarasca había centenares de éstos, maduros y hermosos. Acto seguido se me vino una idea, recoger unos pocos de los mejores y llevármelos para vendérselos a la abuela, para ella y las niñas, pues por donde ellas vivían no se daba el mangó, por ser un valle fresco y húmedo y este árbol prefiere los lugares altos y de mucho sol. Enseguida comencé a recoger y a amontonar como si tuviera un *jeep* para trasportarlos, y una vez tuve bastantes, hice un paquete en el mantel que llevaba y traté de echármelos a la cabeza, pero pesaban demasiado y tuve que comenzar a sacarlos de nuevo. Así estuve por algunos minutos tratando de llevar los más posibles, pero al fin me tuve que conformar con llevar sólo seis. Entonces eché a caminar a toda prisa cuesta abajo, mientras ponía el cerebro a trabajar como una computadora, para ver a qué precio se los dejaría. Primero pensé que se los vendería a cinco centavos cada uno, pero luego seguí bajando el precio hasta que finalmente decidí dejárselos a centavo, lo cual sumaba a seis centavos, que muy bien me darían para comprar dulces. Al fin llegué, lo suficiente agitada además de ansiosa, ya que ésta era el primer negocio que emprendía.

El tío Américo también se encontraba en la casa, y como siempre todos me recibieron muy felices, pero más las nenas, que al adivinar que lo que llevaba eran mangós, armaron tremenda bulla de risa y adulaciones hacia mí. Enseguida comprendí el porqué de la fiesta, pero me adelanté y les dije: "Un momento; es verdad que traigo mangós, pero no son para regalar, son para vender".

¡Cómo se rieron de la ocurrencia! Y Olivia, la mayorcita, me dijo: "¿No estás en serio, verdad, Lucho?".

—Oh, sí, y bien en serio; son para venderlos a centavo cada uno.

Entonces la abuela entendió que se trataba de negocio, y ella y el tío se miraron con picardía, mientras las nenas alegaban que eso no era justo, que para eso yo era su sobrina que ellas tanto amaban y que yo debía regalarles los mangós. Entonces la abuela se compuso y con carácter de compradora, me preguntó: "¿A ver, jovencita, a cómo dijo que son los mangós esos?".

—A centavo, abuelita —dije yo con seriedad.

—Pues no hay más que discutir, negocio cerrado; dales los mangós a tus tías, y a tu tío que te pague el importe ahora cuando vaya a la tienda y yo luego me las arreglo con él. —El tío consintió y yo le di los mangós a las tías. Abuelita me sirvió desayuno, me hizo algunas preguntas referentes a casa como siempre, y luego nos fuimos el tío y yo para el colmado por el mandado. Allá, luego que terminó de despacharme, yo le pedí el importe de los mangós como había sido el trato, pero él, muy aguzado, me dijo que esos eran negocios de la abuela y yo, y que él nada tenía que ver con aquel asunto, pero de todos modos me obsequió con algunas galletas *export sodas*, que según él, eran el equivalente de los seis centavos.

—Pero ese no era el trato que hicimos; tú quedaste de pagarme en dinero, no en galletas, —le dije algo enojada.

—Mira, sobrina —dijo él—, mejor será que cojas las galletas, no sea que me arrepienta y entonces lo pierdas todo, así que mira a ver.

Yo pensé que era lo mejor que podía hacer, y sin discutir más me despedí de él y seguí mi camino comiéndome mis galletas. Así terminó aquel negocio que inventé a los siete años.

¡Verdaderamente que mi vasto mundo era maravilloso! Pero, por otro lado, desgraciadamente descubría que una fuerza o espíritu negativo o adverso se cernía en el ambiente, de lo cual me iba percatando a medida que me iba relacionando y envolviendo con el diario vivir, y a mi corta edad cualquier pequeñez se me hacía una tragedia.

Una hermosa mañana de sol, mientras caminábamos un grupo de niños para la escuela, una niña mayor me obsequió con una goma de mascar. Yo desconocía el producto, así que tomé la pastilla, pero indecisa no sabía que hacer con ella.

—Echatela a la boca, tonta —me dijo ella.

Yo obedecí y comencé a masticarla como ella me explicó, y su sabor a menta picante me llenó toda la boca, ya que entonces un *chiclet* de menta estaba realmente saturado de menta. La chica me observaba con cierta malicia y, al percatarse de mi ignorancia, se combinó con otros chicos para jugarme una broma pesada, y de súbito estalló diciendo con cierto asombro, que lo que me había dado a mascar contenía veneno. Yo, atemorizada, me saqué la goma de la boca de un tirón, pero ellos añadieron que lo nocivo no era la goma, sino el ingrediente picante que ya había ingerido. Yo, creída, me desplomé del desmayo, y según razón, fue mayor el susto que ellos se llevaron, que el quisieron hacerme pasar. Suerte que mi amiga y protectora, Josefita, vino a mi rescate, pero de veras que me vi en aprietos.

Para aquella misma fecha hubo elecciones, algo totalmente nuevo para mí. Papá era un tremendo agitador político y fiel a su partido, y para entonces estaban apoyando para alcalde a un tal Eugenio Padilla, hacendado en quiebra del barrio, un hombrecito de bastante edad, enjuto y menudo que, aunque culto y letrado, era alcohólico y estaba entregado en cuerpo y alma a la bebida, y se la pasaba día y noche confinado en su residencia en eterna soledad. Así que no me explico cómo alguien se esforzara en llevar a la alcaldía aquella alma en pena, cuando dicho menester requiere tanta dedicación, energía y responsabilidad.

Lo cierto es que aquellas elecciones fueron reñidas en gran manera, y recuerdo toda la conmoción y la forma tan indecorosa en que se llevaron a cabo. Se optó por introducir el pulgar derecho dentro de un frasco de mercuro cromo a todo el que votaba, como señal de que ya se había depositado su voto, para evitar así el que una persona se atreviera a votar más de una vez, cosa que anteriormente había sucedido. Pero un grupo de sinvergüenzas, provistos de potes de mercurio, se dieron a la tarea de pintar el pulgar a todo aquel contrincante que pudieran, cuando éste estaba distraído discutiendo o hablando. Acercábanle el frasco al dedo hundiéndolo con rapidez, y ya. A Papá fue uno que le tiñeron el pulgar y nos contaba que le tomó unas cuatro horas lavándose y estregándose con cuanto halló a mano, cosa que fue difícil, pues para entonces no se conocían detergentes ni blanqueadores.

Otra treta sucia y criminal del partido en el poder, fue la de envenenar la comida que se les servía a los del partido contrario, y aquello fue una tragedia. Centenares de votantes fueron hospitalizados en estado grave, de los cuales muchos quedaron padeciendo de diferentes trastornos físicos, y hubo otros que quedaron dementes para toda la vida, como nuestro amigo, Domingo Casiano. Y como si todo esto fuera poco, le compraban el voto al jíbaro por un par de pesos o un par de zapatos. Esto era lo poco que yo podía advertir a mi corta edad y, hasta donde mi capacidad podía abarcar, pensé que aquello que llamaban "política" era sucio, cruel, inhumano y corrompido.

Mientras, Papá no cesaba de buscar otra vivienda, pues ya no nos sentíamos a gusto allí sabiendo que aquellos vecinos estaban ansiosos porque les dejáramos la casa. Por fin se desocupó una casa en una finca colindante y nos la cedieron, pero Papá tenía que trabajar en la finca.

Papá pidió trabajo por ajuste; el cual le cedieron, y conforme a la situación, pues nos sentimos bien hasta ver si aparecía algo mejor. Papá prefería el trabajo por ajuste porque trabajaba sólo, entraba cuando quería, salía también cuando le parecía mejor y, por otro lado, ganaba más dinero porque se empeñaba y hacía bastante trabajo en menos tiempo.

El día que nos mudamos, no quiero ni recordarlo. Aquellos vecinos futuros herederos, vinieron a pasar por vista, felices de vernos ir, contentos de saber que les dejábamos la residencia en perfectas condiciones, lista para ellos mudarse, cuando por tanto tiempo nunca se habían sentido movidos a reconstruirla siendo cinco hombres entre todos. Pero, como decía Papá, "les salió macho", pues una vez concluida la mudanza, Papá, armado de un perrillo amolado, comenzó a trozar estantes y puntales, derribando uno tras otro que sólo se escuchaban los estrillazos de la casa que en cualquier momento parecía venirse abajo. Y aquéllos, armados de machetes, menos el menor que aún era un mozalbete, no encontraban qué hacer desesperados caminando de un lado para otro en el camino real, y cada vez que Papá trozaba otro estante, ellos ansiosos, las ganas que les daban era de caerle a Papá; pero no se atrevían porque como decía Papá, "les salió macho". El enojo de Papá era que ellos sabían el trabajo que le costó a él reconstruir aquella casa que estaba en ruinas, luego no obraron con él en justicia, nos acosaban a mudarnos y tampoco estuvieron de acuerdo en indemnizarle por su trabajo, si era que interesaban la casa. No, ellos no estaban de acuerdo en ningún arreglo, sólo que nos mudáramos y les dejáramos la casa para ellos viviría, así porque así.

Por eso Papá no les iba a dar el gusto. Si la interesaban, tendrían que trabajar duro como él lo había hecho. A ellos poco les faltó para acometer contra Papá, pero no se atrevieron; Papá estaba dispuesto a entrarle al primero que se le acercara y ellos lo comprendieron. A los gritos y súplicas de Mamá, paró de trozar estantes porque ya la casa parecía desplomarse y quedó igual que como la cogimos.

—Ahí la tienen —les dijo Papá—. Si la quieren vivir, trabajen como yo lo hice.

Y se marchó cansado como un perro y con la bilis derramada, pero satisfecho.

Capítulo 6

Nuestra nueva residencia era una rústica casa de arrimados situada sobre una estrecha meseta en la cresta de una colina. Como todo lugar, tenía su propio encanto y lo que más me fascinó fue un pasto de margaritas silvestres amarillas que crecían en un tallo largo y se mecían al vaivén del viento y la brisa. Ante mis ojos de niña, aquel pasto se veía inmenso cuando en realidad no lo era; esto lo descubrí ya mayor. Al día siguiente, Papá nos improvisó un retrete ya que no había nada propio en estos aspectos, cosa que Mamá y yo no soportábamos. En aquel entonces no se conocía el papel sanitario pero usábamos hoja del cadillo que crecía silvestre y saludable por dondequiera, al que se le atribuía virtudes medicinales, recetado para aquellos que padecían de hemorroides.

Hasta aquí nos siguió don Masico Pinto, mi viejo y fiel amigo, y de aquí lo sacaron, ya en sus últimos momentos, a morir a casa de un hermano suyo, pues mis padres no tuvieron a bien que yo me percatara de su muerte.

Aquí en esta casa me enfermé de sarampión, lo cual fue una tragedia, fuera de la enfermedad en sí. Mamá me encerró en una habitación, según la costumbre antigua, y comenzó a hacerme los remedios indicados, como tomar leche hervida con pasas, agua hervida con una planta llamada "borraja", frotaciones de alcoholado y zumo de ajo y una estricta dieta sin grasas, en otras palabras, cero comida, dieta que se prolongó hasta después de pasar la crisis y también cero baño.

En su ignorancia creía que cuarentena significaba relativamente cuarenta días, por lo cual se me complicó la vida. Un mes estuve en aquel confinamiento, sin alimentarme ni bañarme y sin abrirme las ventanas para que entrara aire o sol. Pero Dios, que en su infinito amor nunca me ha desamparado, hizo que Papá colgara en mi habitación un hermoso racimo de guineo manzano que pronto comenzó a amarillar debido al calor de la habitación. Mamá me instruyó para que en ningún momento me atreviera a tocar ni siquiera un guineo de aquéllos, pues según ella, podía fácilmente envenenarme. Pero yo pensé que muerta de una manera y muerta de la otra, mejor era arriesgarme a comer algunos. Una por el hambre y otra que ¿quién iba a resistir estar frente a aquel hermoso manzano cuyos olores transcendían y luego con el hambre que yo tenía? Al principio Mamá estuvo muy pendiente, pero luego desistió, ya que esta clase de guineo tan pronto madura, se cae del racimo. Por otro lado, ella confiaba de que con todos los temores que había sembrado en mí, yo no sería capaz de desobedecer. Así que estando de mi parte aquello de que se desprendían por sí solos, pues de cinco que caían, yo me comía dos y dejaba tres en el suelo. Pero como goteaban a cada rato, comía lo suficiente. Ella pasaba por vista; cada vez levantaba los del suelo y se los llevaba, así que sin ella advertirlo, yo estuve cogiendo de ellos siempre. Suerte a Dios que se acordó de mí, de lo contrario no sé que hubiese sido de mí.

Más o menos al mes envió la maestra una nota, pidiéndoles que me mandaran a clases antes de que ella se dispusiera a ir por mí. Yo que, pensando en la escuela, no hacía sino desesperarme en aquel cuarto, cuando llegó la nota, me alegré tremendamente. Mamá renegó y maldijo la escuela y quien la había inventado, como siempre, pero al día siguiente me mandó. ¡Aquello sí fue una tragedia! Cuando salí afuera, no me sostenía en las piernas, y cuando llegué al salón, la maestra me recibió con un carácter de los mil demonios; me hizo pasar al frente y allí hizo escarnio de mi madre y de mí. Toda la clase se mofó como quiso, y juro que me sentí morir de ira y de vergüenza encima de lo débil y lo mal que me sentía. Cuando llegó la hora del almuerzo, me dirigí con el resto de la clase al comedor escolar, con la mala suerte de que Mrs. Durand era la maestra de guardia durante el almuerzo. Yo que siempre había repelido la comida del comedor por lo mal elaborada, ahora tendría que empujármela si no quería más problemas con ella. En cuanto me senté frente al plato, se me revolcó el estómago. Traté de comportarme, pero fue inútil. Luego, que ella no me quitaba el ojo, lo cual me ponía aún más nerviosa, y en una me sacó un grito.

—¡Carmen Luisa Justiniano! —vociferó—. ¿Qué le pasa que no come?

Yo hice un rápido esfuerzo, y de un tirón, agarré la cuchara y la zambullí en la comida, y temblorosa me la fui a llevar a la boca y lo que sucedió fue que me la derramé encima y parte en el piso. Entonces sí que ella se incomodó y se me vino para encima; me agarró por el pecherín y me dio tremendo resacón, gritándome enfurecida, mientras que el resto de la clase, unos reían como tontos y otros hacían gestos de disgusto. En eso alguien llegó a la puerta, alguien enviado por Dios, alguien santo, digno y bueno; era don Miguel Martell, el suegro de ella y, por cierto, muy amigo de mi padre. El anciano se quedó absorto ante la situación.

—¿Pero qué sucede aquí, Angélica? —preguntó con carácter.

—Nada, don Miguel, es esta niña que me trae a prisa. Primero no asiste a clases, pues por cualquier tontería o insignificancia se queda en su casa, después su madre la encierra en un cuarto por un mes por causa del sarampión, y si no mando por ella, allí la deja sabe Dios hasta cuándo, y ahora me viene conque no come la comida del comedor dizque porque le huele mal. ¡Mire, don Miguel, ya esta muchacha me tiene hasta el mismo copete!

El anciano se me acercó, me miró a los ojos y sus gruesas y sensibles manos me atrajeron hacia él con ternura, y con la misma sacó un pañuelo limpio y oloroso de su bolsillo y suavemente enjugó mis lágrimas y mi rostro y mi sudorosa frente; luego le dijo: "Pero, Angélica, ¿no te das cuenta que es un angelito, una tierna criatura; cómo es posible que la trates así?". Entonces me tomó en sus brazos, me puso en el camino, me tomó de la mano y me dijo: "Venga conmigo, mi'ja".

—Adónde la lleva? —preguntó ella incomodada.

—A casa, hija, a almorzar con nosotros.

Aún recuerdo con satisfacción aquellos momentos cuando tomamos por la vereda abajo a donde quedaba su cálida y amigable casa. Desde el batey llamó y salieron a recibirnos sus encantadoras hijas con sus rostros que parecían vírgenes, iguales de adorables que su padre; luego llegaron unos jóvenes también amoroso hijos de la casa. Todos me saludaron muy simpáticos y desde aquel momento nació entre nosotros una preciosa amistad que perdurará mientras viva, y si hay otra vida después de ésta, pues hasta allá también. Desde aquél día en adelante, mientras asistí a aquella escuela, siempre fui a almorzar a la casa de los Martell, porque don Miguel iba por mí todos los días a la hora del almuerzo. Además, sus hijas me peinaban el cabello siempre después que almorzaba. Después que reposaba, el anciano volvía a llevarme al salón; mientras caminábamos lentamente, él hablando conmigo como si yo fuera una persona importante. Este gesto por parte de don Miguel no le agradó a Mrs. Durand. No sé por qué aquella mujer me tenía tan mala voluntad. Un día le pregunté a Mamá, y ella me dijo: "Porque eres una niña muy hermosa y bonita y también muy inteligente, y como ella lleva años de casada y Dios no le ha dado un hijo, quizás al verte a ti tan chula lo resiente". No sé si mi madre tendría razón, pero la maldad de ella fue aún más lejos.

Un día estaba con otras maestras cuando yo iba pasando.

—Mira, tú, ven acá —me dijo, y en tono sarcástico me preguntó—: A ver, dime cuánto dinero le va a pagar tu Papá a mi suegro por los almuerzos que te comes allá.

Yo, muy sana, le contesté lo primero que se me vino a la mente y le dije: "Setenta y cinco pesos mensuales". Ellas prorrumpieron en risotadas, y yo seguí mi camino feliz como si nada, chupándome la paleta de dulce.

En otra ocasión, faltando muy poco para terminarse el curso escolar, en una vuelta que dio ella, algunas niñas la detuvieron para que les dijera si ellas estaban en la lista de los promovidos de grado. Ella, en tono amistoso, tomó la pluma y comenzó a escribirles en el lado posterior del brazo de cada una la palabra *promoted*. Yo que estaba en el grupito, también alargué mi brazo, y ella, con cierto desprecio, me empujó; en otras palabras, me rechazó, y yo, abochornada y muy triste, me salí del grupo y me retiré. A veces se tiene en tan poco a un niño, sin percatarse del daño que se le puede hacer.

Otra cosa bella y fascinante de aquel lugar que ahora habitábamos era su flora y su fauna, las que me emocionaban tanto que me sentía la niña más feliz del mundo, como si fuera un lugar aparte en este mundo sólo para mí. Había variedad de árboles, entre ellos de sombra para el café, como guamá, guaba y búcare, que copiosos ascendían de la hondonada, muchos agarrados a las faldas de la colina a ambos lados de la meseta, además cantidad de otros géneros que vestían todo el monte, y allá al frente había una escabrosa cresta cubierta de zarza, guayabales y matojos que se perdía de vista, y junto a la casa aquel lindo pasto cubierto de margaritas silvestres que me volvía romántica y soñadora.

No lejos de la casa, habitaban unos mameyes antiguos de espesa copa que daban una sombra ideal, tan copiosos que aun a los fuertes aguaceros les daba trabajo penetrar el tupido follaje. Debajo de estos no crecía hierba, sino que era un suelo limpio, duro, fresco, ideal y tranquilo. Aquí veníamos, mi anciano amigo, don Masico, y yo, a buscar jengibre amargo para su remedio de la artritis, y aprovechábamos para sentarnos ratos enteros bajo la encantadora sombra a contemplar y descubrir los secretos hermosos de todo aquel paraíso que nos rodeaba, cuajado de millares de pájaros preciosos de todas clases y colores que colgaban sus nidos en las ramas de los frondoso árboles y por los matorrales y el pastizal.

El anciano era una persona muy receptiva a todo lo bello, dotado de una sensibilidad única, y sus largos años de campesino le habían dado una tremenda agudeza para descubrir el comportamiento de la mayoría de los pájaros que cundían toda aquella región. Conocía cada clase y podía distinguirlos a lo lejos por su cantar, trino o pitío como decía él, y conocía muchas de sus costumbres. Me explicaba que casi siempre es la hembra la que se ocupa de la tarea de la fabricación del nido, mientras que el macho es el responsable de traer comida y engullir a los pichones. Un comportamiento raro es el de la calandria hembra, que acostumbra a engullir al macho. No importa cuánta comida haya a la mano, éste se posa en una rama y allí se mantiene mientras ella va y viene con el pico repleto de alimento, que muy amorosa deposita en el pico de su adorado compañero.

Por otro lado, me enseñó a estudiar al gorrión que como mal vecino y travieso no hay quien lo iguale. Es enemigo de la reinita y de cualquiera que a él le caiga mal, y se dedica a destruirle sus nidos, huevos y cría. Es algo sumamente triste contemplar a un par de reinitas trabajando todo el santo día para darle terminación a su nido y hogar, para ver con cuánta desfachatez y descaro vuela el gorrión y de cuatro tirones lo destruye. La reinita ha aprendido a odiarlo y cuando ella quiere fabricar, si un gorrión vive cerca, muy disimuladamente va sacando paja del nido de éste, llevándosela para ella usarla; realmente es bonito verla hacerlo con tanta cautela y discreción. Por otro lado como el gorrión teme de todos, fabrica su nido en lugares bien espinosos como cepas de piña y árboles de china.

Aparte de esto, recuerdo una vez que nos divertimos mucho con un zorzal que venía todas las tardes a pescar lagartijos debajo de un árbol frondoso. Es un precioso pájaro de color grisáceo, de piquito rojo, patas larguitas rojitas también, dotado de una mirada aguda y una tremenda energía; desde una gran altura, divisa su presa y se tira de picada sobre ella, y nunca pierde el tino, algo sumamente fantástico.

Una de las especies que más abundaban por aquí era el pájaro carpintero o picamaderos. Es un pájaro de una belleza extraordinaria, de un color negro brillante y pecho anaranjado subido, y su cantar es tremendamente estridente. Es sumamente inquieto y usa salir en bandadas a buscar alimento y a fabricar sus nidos, ambas cosas las hacen en los árboles secos. Según mi viejo amigo, jamás fabrican la cueva de sus crías o nido mirando al norte. El deducía que era para evitar que la lluvia penetrara en el hueco.

Había otro pájaro también raro en su clase llamado "pájaro bobo". Su plumaje negro claro entreverado con plumas blancas; y según es su nombre, también es su comportamiento, pues vuela de rama en rama de una forma tonta y pausada y le fascina la lluvia. Su cantar es un "quéque, quéque, qué," largo y monótono, y lo emite cuando percibe que va a llover. En cuanto este pájaro cantaba, se sabía que de seguro llovería.

Don Masico conocía a leguas el pitirre, el ruiseñor, el sinsonte y yo al Juan Chibi. Pero de todos, el que más me fascinaba era el diminuto y precioso colibrí o zumbador. Aunque pequeño, siempre me fascinó su aire de fineza y su forma de vida, pues lo contemplaba horas enteras con la delicadeza que volaba de flor en flor libando sin dejar una sola, y sin siquiera ajarlas, introduciendo cuidadosamente su fino y largo pico. Recuerdo con emoción una vez que sentada en el balcón, ya mayor, me embelesaba contemplando uno de estos, libando en las matas del jardín. Pues salió disparado, después que hubo terminado su tarea aquí, y con un aire de amor profundo, voló y me introdujo el pico en mis labios a libar como si mi boca hubiese sido una flor. Mi hija, Raquel, que me acompañaba, se quedó maravillada. Bien decía el abuelo Pepe que los pájaros y animales tienen una enorme intuición y sentido telepático y saben distinguir y percibir los sentimientos humanos.

Fueron estos dos maravillosos seres humanos, el abuelo Pepe y el anciano Masico, quienes en parte despertaron en mi la virtud y el arte de la contemplación y el despertar de los sentidos hacia la percepción, sutileza y afinidad de cada sonido emitido por la naturaleza y los pájaros. Me decía el abuelo que las flores y los pájaros son las únicas cosas que aún conservábamos del paraíso terrenal.

Hoy comprendo que a medida que crecía me iba moldeando a la forma del medio ambiente en que vivía. Esto, tanto en lo positivo como en lo negativo, y como enormemente receptiva que nací, asimilaba cuanta regla o costumbre que en mí hogar se me enseñaba o se ejecutaba; aunque, cuando pude pensar por mí misma, comencé a descartar de mi mente todo lo que no cuadraba con mis sentimientos o principios, y hoy sólo los recuerdo con el noble propósito de revelarlos, rogando a Dios que esto sirva de algún provecho a aquellos que, como mis padres, también tengan sus mentes equivocadas en estos aspectos.

Mis padres habían crecido con muchos prejuicios y costumbres que habían heredado de sus antepasados nacidos bajo el feudalismo, y aun en la pobreza en que vivíamos dejaban ver su aire de abolengo. Pero eso, si vamos a ver, no era una cosa tan detestable, como los racistas que eran, pues cuando se referían a los negros, lo hacían en un tono de repudio y desprecio. Para ellos un negro era meramente un negro y nada más, y jamás se le miraba como a un ser humano.

Cuando tuvimos al niño, Lolo, con nosotros, fue a modo de peoncito o meramente por hacerle la caridad a un negrito huérfano que necesitaba la protección de una familia blanca. Yo era chica, pero todo cuanto escuchaba, veía o miraba, se me grababa en la mente, y en cierto modo llegué a pensar que los negros eran seres a quienes había que temerles.

Así que un día cuando regresaba con el mandado de la tienda de don Fano Carrera en La Cuchilla, por el camino me alcanzó un señor negro que, por cierto, se dirigía al pueblo. Venía de prisa para no dejarse coger por la noche, y cuando me alcanzó, me saludó muy cortésmente, me preguntó de quién era hija y trató de ser amigable, ya que íbamos por la misma ruta aunque el apuraba el paso. El sólo comprender que era un negro me produjo un miedo horrible, y con todo y paquete que llevaba en la cabeza, eché a correr a toda velocidad, tanto que el buen señor sintió lástima por mí y con frases amables comenzó a hablarme, tratando de tranquilizarme, pero yo más corría. Recuerdo que me gritó y me dijo: "¡No corras, niña, mira que puedes caerte y hacerte daño. Yo no soy una persona mala; mira, soy Mondesí, y soy amigo de tu padre!" —pero yo más corría y en una miré para atrás y lo vi sentarse junto al camino en lo que yo encumbría, pues comprendió que yo estaba muy asustada.

Allá llegué a casa más muerta que viva, y les conté a mis padres lo ocurrido. Papá, muy tranquilo, pausadamente me dijo: "Pero, muchacha, por qué te asustaste tanto, si ése es Máximo Mondesí, un negro buenísimo de ahí de Maricao, y ese negro no es capaz de lastimar a nadie?". ¡Pero qué sabía yo de negros buenos y malos! Yo sólo pensaba que si era un negro, eso bastaba. Más adelante, tuve el privilegio de conocer al Señor Mondesí y recordamos el desagradable incidente y ambos nos disculpamos, él por tratar de ser condescendiente con una niña desconocida y yo por la ignorancia de temerle por el mero hecho de que su piel era diferente a la mía. Hoy me satisface recordar que llegamos a ser muy buenos amigos y también tener la dicha de haber aprendido a amar a todo ser humano, sin importarme el color de su piel, su raza o su credo.

Sucedió un domingo de tardecita que Mamá, quien se desvivía por agradar a Papá a lo sumo, por sobre toda circunstancia y pobreza, después de habernos dado a cenar vianda casi a secas, cocinó el único poco de arroz que había y frió los únicos dos huevos, lo echó todo en una olla pequeña y lo dejó al rescoldo para cuando viniera Papá, y se encaminó al pozo a traer agua fresca, dejándome a mí al cuidado de las dos criaturas, Daniel y Cándida, ésta de un año más o menos. Yo me entretuve jugando, y en un descuido, la pequeña se encaramó sobre algo que había junto al fogón, y al descubrir la olla, le corrió la tapa y con sus manitas se comió casi toda la comida. Aún me duele recordar la angustia de nuestra madre cuando regresó y encontró que la niña se había comido la única comida que había para Papá. Enfurecida, le pegó de nalgadas a tal extremo que la criatura se enfermó de llanto y vómitos. Yo también me llevé mi parte por no cuidar de ella, y Mamá se enfermó de los nervios.

En eso llegó Papá y se encontró en la refriega. Muy conmovido, tomó a mi hermanita en brazos y trató de consolarla, colmándola de besos, y a mí por otro lado, y a Mamá le dio un buen consejo.

—Mira, Bellita —le dijo—, nunca te alteres por pequeñeces de esta índole y recuerda que las criaturas son primero que nosotros y que nadie. Para mí comida, si queda, para eso soy el padre y soy mayor, y con cualquier cosa me conformo, hasta con una taza de café tengo y estoy satisfecho, pero ellos no sabe de no haber; por eso, primero ellos y después yo, si sobra.

En cuanto a mi hermana, le tomó una mala voluntad al arroz blanco, que de sólo verlo le producía náuseas y malestar, y no lo comió por muchos años. Todo esto lo acarreaba aquella pobreza y miseria que nos cubría, culpable de todo nuestro padre y su flojera de espíritu, que no le permitía mantenerse firme en los trabajos.

Pero con todo y los problemas y las dificultades que a montones se aparecían, yo era una niña feliz que sabía sobreponerme a todo lo negativo, y sólo me preocupaba de divertirme, correteando por la ancha meseta y caminando por entre el pasto de margaritas o dramatizando cada historia o cuento que leíamos y aprendía en la escuela, y me encantaba ir por guayabas por el flanco de la colina, y llevar las cabras a pastar por los rincones verdes de la pradera. Recuerdo que mientras éstas pastaban, yo me perdía en busca de frutas y nidos de pájaros, para averiguar en cuál había pichones o huevos, pero casi siempre con la misma suerte de que aquellos se habían convertido en habitación de largatijos y sapos, lo cual me producía un asco terrible.

A pesar de todo, aunque paulatinamente me iba despertando a la conclusión y realidad de que tanto la dicha, la alegría y la felicidad, como todo aquello desagradable y desgraciado de la vida, se complementan fantásticamente, como si uno no pudiese existir sin lo otro, sólo que a la misma vez me ayudaba tremendamente un espíritu de adaptación y aceptación de todo, gozándome exquisitamente de todo lo sublime y provechoso de la vida.

Entre las muchas cosas que me fascinaban una era contemplar el cielo estrellado y las noches brillantes de luna, especialmente cuando ésta estaba llena. En mi mundo de niña llegué a quererla con devoción, y la veía como un ser o poder supremo, que desde su gloria o altura me amaba y me cuidaba siempre, y cuando me hallaba sola por los caminos, hablaba con ella y le pedía su compañía y su protección, y si llevaba miedo, me sentía protegida. Mamá conocía muchas de las estrellas por sus nombres que les daban los campesinos, y me explicaba que los grupitos de a tres eran Los Reyes Magos y Las Tres Marías, y me decía que a ella siempre le había fascinado también contemplar las estrellas. Tanto que cuando estuvo embarazada de mí, las contemplaba con tanta insistencia, que por eso yo nací con un grupito de tres, en forma de pequeñitos lunares en el lado izquierdo del rostro.

También había otra cosa que me encantaba, era contemplar las nubes. Eran mi teatro donde me divertía en grande, a medida que éstas se transformaban en centenares de diferentes cosas, aves, pájaros, criaturas preciosas y animales de todas clases, algo tremendamente fabuloso que me transportaba a un mundo de maravillas.

Otra cosa que también me deleitaba era bañarme en los aguaceros, y una vez empapada, orinarme encima. Esto me producía un placer inmenso, sintiéndome los orines calientitos correrme por las entrepiernas.

Una cosa que salta hoy a mi memoria era con el esmero que el campesino cultivaba las planta medicinales. Había aprendido a depender de ellas para sus remedios, y también para curar a sus animales, sobresaliendo entre todas el limón agrio, el naranjo o azahar y el ajo. En todo hogar había un recodo junto a la casa, dispuesto para la siembra de toda planta medicinal, las cuales crecían en la tierra o en vasijas y latas, pero se ponía sumo interés y cuidado en esto, ya que se puede decir que era la única fuente de que dependían para curarse. Si, por casualidad, un vecino no tenía en su casa alguna planta, semilla u hoja, podía ir a casa de otro vecino quien gustosamente compartía las suyas, pero por lo regular era una regla el que todos se ocuparan de crecer sus propias plantas. Por eso había de todas y en abundancia.

Yo venía de un linaje de gente con la virtud de curar, entendidos en la "botánica" y ya a esta corta edad comenzaba a conocer plantas y árboles, ya fueran cultivados o silvestres, que tuvieran virtudes medicinales. Y como se usaban diariamente, pues uno se iba familiarizando con ellas automáticamente a la vez que aprendía a usarlas, lo cual para mí es una de las ciencias más interesantes y más bellas. De todas las plantas medicinales, la "verbena" se convirtió en mi favorita. Yo crecí con cierta predilección por ciertas cosas, las cuales acariciaba en mi mente con amor, y las convertía en especiales en las cuales mi alma se gozaba hallando un placer, un misticismo y encanto en ello. Por algo la "verbena" se convirtió en una de mis plantas favoritas. Primero, por sus virtudes medicinales extraordinarias, además de su exquisita belleza. Hay dos clases, una llamada cimarrona, y la legítima. Ambas crecen silvestres, pero si se cultiva, hablando de la legítima, crece en una hermosa cepa, la cual se reproduce a través de diminutas semillas. En cocimientos es excelente, tanto en teses como en baños aromáticos, ambas formas para combatir la fiebre y el resfriado. El zumo de ésta, ligado con aceite de oliva y miel de abejas, es fantástico para la fatiga, ahogo y asma. Es un tremendo vaporizante eficaz para los resfriados, tomado en teses, solo o combinado con otras plantas como flor de saúco y poleo, cuestión de tres hojas de cada clase y un ramito de flor de saúco para una taza de té hervido a fuego lento. El zumo de "verbena" con vinagre es eficaz para las urticarias y alergias. Su flor es diminuta, pero sofisticada, de color lila subido, por cierto, mi color favorito, un color que atrae por su sin igual belleza.

Dicho sea de paso, que mi flor favorita es "el angelito", una diminuta y preciosa orquídea que nace agarrada a los arbusto de café. Mi arbusto favorito es precisamente el cafeto y el búcare, el árbol que me fascina. La fruta de mi predilección es el mangó, y el vegetal, el guineo, el cual se puede convertir en tan diversos platillos exquisitos. El abuelo Pepe afirmaba que el guineo era un vegetal especial dotado de unas propiedades maravillosas, excelentes, y eficaz para una buena circulación, lo cual mantiene el corazón saludable. En la estancia se cultivaba en abundancia y se consumía a diario.

En aquellos tiempos y por estos campos, los maestros se preocupaban mucho por la higiene de los niños estudiantes. Por la mañana cada maestro inspeccionaba nuestra manos, uñas, dientes, cabello, y también nuestro vestido. Un niño que no olía agradable llevaba a su casa una nota y al día siguiente venía bien bañado y con ropa limpia. En ocasiones, el maestro hacía que algunos niños se lavaran su cara y manos en el salón. Como no teníamos pastas ni cepillos dentales, recurríamos a lo que había a la mano, así que brillábamos nuestros dientes con raíz de limoncillo, una planta medicinal parecida a una cepa de hierba de guinea, pero de raíces olorosas, de un gusto parecido al jengibre. Su raíz es dura y, a medida que se mastica, se convierte en un cepillo o escobita. También limpiábamos nuestros dientes con hojas de cadillo. Para lavados bucales, se usaba unas gotas de limón en un vaso de agua tibia al que se le añadía tantita sal. Para las caries y dolor de muelas lo más efectivo era la raíz de moriviví hervida y colada y luego, tibia o fría, se usaba en buches, también se usaba rallar y hervir la semilla del aguacate y también se cogían buches. Otro medicamento usado para combatir el dolor de las piezas con caries o picaduras era unas motitas de algodón humedecidas en espíritu de clavos dulces. Para la hemorragia a causa de extracciones se machacaba la hoja de malá y se ponía en la herida o hueco. Esta era efectiva para detener la sangre, además de ser desinfectante. En caso de inflamación a causa de muelas y piezas rotas se aplicaba sobre al área inflamada la hoja de belladona de pobre llamada también chamisco, ésta amortiguada y untada en aceite de oliva, unto o injundia de gallina. En cuanto al jabón que se usaba para bañarse era el de barra azul o sea del mismo que se usaba para lavar ropa. A lo que hay que agregar que era bien elaborado. No todo el mundo usaba esta clase, pues en el mercado y farmacias había jabones de exquisita fabricación y algunos los preferíamos. El cabello lo lavábamos, además de con jabón, con un huevo en vez de champú y como un buen acondicionador lo estregábamos con un aguacate bien maduro, luego un buen enjuague y ya se lucía una cabellera lustrosa y bella.

Al yo ser una niña gruesa y por demás vigorosa e inquieta, luego de estar en un constante ajetreo que casi siempre era bajo el sol, la ropa interior que usaba era de un material ordinario; demás está decir que sufría tremendamente de escaldaduras en las entrepiernas, lo cual me producía un ardor y una irritación horribles. Esto lo combatía lavándome con el mucílago extraído de la planta de la malva. El cual se elabora lavando las hojas, luego de bien limpias se restregan en un recipiente con agua limpia, la que luego se cuela. Con esta agua mucilagosa o babosa se lava cualquier área afectada por hongos o irritación consiguiéndose una cura total.

Otro remedio que no quisiera pasar por alto es el de las hojas de café amortiguadas y untadas en aceite de oliva, para el alivio total del dolor de cabeza o neuralgia. Son eficaces puestas en las sienes, sujetadas con un pañuelo amarrado o meramente pegadas con el aceite a las sienes. Es admirable cómo según se van secando las hojas va desapareciendo el dolor. Me he tomado interés en estas explicaciones de remedios caseros, para demostrar cómo hacíamos frente a toda clase de trastornos y enfermedades.

Nosotros los niños pobres campesinos rara vez disfrutábamos de juguetes comprados, pero Mamá se esmeraba en confeccionarlos para nosotros y tenía una gracia y un arte único para esto. A mi me cosía muñecas de trapo muy curiosas. Recuerdo una vez que cosió algo muy original y gracioso que realmente me fascinó. Una muñeca en forma de una almohadita rectangular rellena de trapo a la que le bordó ojos, nariz y una chula boca. Nada de brazos o pies, una almohadita que se convirtió en un simpático personaje a quien bauticé con el nombre de Almodita. Para mi hermanito ella también fabricaba lindos caballitos que a él le encantaban. Le hacía la cabeza de una de las medias de ella de la cual cortaba un trozo que rellenaba de trapo y luego con botones le hacía ojos, nariz y boca, también le hacía crín y un freno. Después de terminada la amarraba fuerte a una vara y ya estaba el caballo que tanto mi hermano se gozaba en montar y correr.

Yo no disponía de mucho tiempo para jugar con muñecas debido a mis muchas ocupaciones, pues además de ir a la escuela que quedaba a kilómetros de distancia, también traía el agua de la peña y leña del bosque, también llevaba a pastar las cabras, hacía el fregado, barría el batey y, si sobraba algún tiempo, pues cuidaba de mis hermanitos. Así que, como puede verse, mi tiempo para jugar con muñecas era limitado.

Y siempre que tenía la oportunidad de escabullirme me perdía cafetal adentro en un puro embeleso. Por eso creo que he sido una de las niñas más agraciadas y felices del mundo. Feliz porque mis padres nunca me privaron de este hermoso privilegio o pasatiempo. También me ayudaba el que casi todos mis quehaceres eran afuera en contacto con la naturaleza y también el que siempre estuviera sola. A veces me sentaba bajo los árboles y me estaba largo tiempo contemplando y escuchando cada cosa y sonido y toda clase de movimiento ya fuera del viento, la brisa, las ramas, el crujir de los árboles, las astillas quebrarse, las vainas de súbito abrirse dejando escapar de su interior las semillas. Y la hierba ondularse y rozarse unas con otras en un dulce chasquido, igualmente el murmullo del arroyo o el bullir del río. A todo esto se unía el trinar y el revoloteo de los pájaros, la sutileza de las bellas mariposas y el constante zumbido y libar de toda clase de insectos, junto a la gama de colores que con todo lo demás se armonizaba en grandioso acorde y magia, en un rezo santo al Dios y Creador y entonces se obraba el milagro y me sentía parte del grandioso universo.

Algo muy peculiar en mí, desde muy temprana edad, era un interés y apego hacia la gente y su comportamiento y de todo lo que me rodeaba el género humano iba por sobre todo. Después solía recordarlos y me complacía en ello y sin yo darme cuenta el comportamiento de cada persona me era como modelo para aprender lecciones que a medida que iba creciendo y madurando me eran de gran provecho.

Quizás por eso hoy viene a mi memoria cada vecino cercano que tuvimos durante el corto tiempo que vivimos aquí. La primera vivienda que salta a mi memoria quedaba al otro lado de la meseta sobre otra colina, ya que aquí estábamos sobre la cordillera de la Isla y eran colinas tras colinas en una forma preciosa y simétrica. En aquella casa vivía una joven mujer, por desgracia viuda, llamada Raimunda con un cuadro de criaturas, que desde que amanecía comenzaban a escandalizar en tal forma que todo el barrio se percataba. Se divisaban desde nuestra casa, allá sobre el rojo batey, correteando, riendo, gritando, discutiendo o llorando y la madre vociferando en su empeño de calmarlos. Aquello se quedó gravado en mi mente para siempre jamás.

Otra casa nos quedaba a unas cuadras, por un sendero junto a una escabrosa loma que se perdía ante nuestra vista. Aquí vivía otra familia compuesta de tres hermanos adultos, dos mujeres; la mayor y la más joven y el hombre que era el del medio. Todos eran solteros, simpáticos y muy agradables. Allá nos dejaron un día nuestros padres a mi hermanito y a mí, mientras ellos iban al pueblo a echarle agua a la nena Cándida, donde vivían sus padrinos don Lupe y doña Fidencia Cuebas. Nunca antes nos habíamos quedado con personas particulares por lo cual la experiencia nos fue bastante incómoda, pues aquel día pareció no tener fin con la ansiedad de que llegaran nuestros padres. Aún recuerdo la comida que nos sirvieron, ninguno de los dos comimos bocado. Mas luego nos ofrecieron guineos maduros y café y estuvimos más a gusto.

No lejos de esta casa, un poco más abajo, vivía un señor viudo de mediana edad de apellido Martínez con su única hija, ya una joven casadera muy elegante y bonita de nombre Carmen a quien su padre cuidaba con esmero. El señor Martínez era hombre rústico de carácter muy estirante y chocante, pero que mis padres dudaban que fuera en extremo como solía describirlo la gente. Y en esta ocasión en que fueron al pueblo para aquello de la bendición del agua a la niña Cándida, pues Carmen la joven les pidió que la llevaran con ellos y mis padres estuvieron de acuerdo si era que su padre consentía. Pero como el pueblo era distante regresaron ya de noche y ya el señor padre estaba fuera de sus cabales y quería habérselas con Papá con todo y machete en mano. Suerte que Mamá también fue a llevarla y pudo conseguir que el buen señor comprendiera y razonara.

La cuarta y última familia de vecinos, era una anciana, también viuda, con un hijo ya adulto, que era anormal. Esta fue la primera persona anormal que conocí y a la verdad que se me partía el alma ver a aquel ser fuera de sus sentidos, y en mi imaginación se me figuraba un trozo de árbol marchito, sin savia, sin manera alguna de perpetuarse, algo muerto en vida.

Y así cada patrón de vida de cada uno de aquellos seres humanos o personas con quien me relacionaba iba despertando en mí diferentes reacciones que me iban llevando a nuevas experiencias y lecciones, moldeándome a mis necesidades de desarrollo. Por ejemplo, doña Raimunda aquella joven viuda con su caterva de hijos, batallando con tanta estrechez y pobreza, trabajando duro cada día para mantenerse con sus hijos, haciéndole la lucha a la vida, sin negarse ni rechazar su responsabilidad. Por otro lado, los tres solterones unidos en amor demostrando al mundo que en amor es mejor y más agradable llevar la vida y que en la unión está la fuerza. Del señor Martínez me admiraba su gesto de amor y responsabilidad como un amante padre que cuidaba de su hija demostrándoles a todos que se bastaba solo para cuidar de ella. En cuanto a la anciana que vivía abajo en la hondonada con su hijo anormal, me hizo comprender su paciencia y conformidad en una brega tan difícil como lo es atender a una persona en estas condiciones y más cuando es adulta. Más en aquellos tiempos, cuando no se conocía adelanto científico alguno que pudiera aligerarle una carga tan fuerte, haciendo sólo aquello que por intuición le venía a la mente.

Así que, como podemos ver, cada caso era diferente, pero cada cual esforzábase en cumplir con sus responsabilidades, hasta donde mejor le daban sus fuerzas y entendimiento, todos esperando en la misericordia de Dios sin la cual nada se puede alcanzar.

En este lugar no nos quedamos mucho tiempo, imagino que desde Navidad hasta Semana Santa, pues Papá encontró un empleo como administrador de una finca de café en las cercanías del pueblo de Maricao y allá fuimos a parar. El día que nos mudamos era Viernes Santo y, aunque esto no estaba con los principios de mis padres, hubo que hacerlo con perdón de Dios, ya que Papá tendría que estar instalado en su nuevo trabajo para aquel próximo lunes.

Aquel día lo recuerdo tan claro como ahora mismo, pues nos levantamos al rayar el sol, para tener todo listo para cuando llegaran los peones con las bestias que vendrían por nosotros y la mudanza, ya que éste era el único medio posible de transportación que había. Recuerdo que mi hermanito Daniel, quien tendría unos tres años, en su nerviosismo con todo el ajetreo, agarró un mocho viejo y se empeñaba en trozar cuanta mata o arbusto encontraba en frente. También el empeño de nuestros papás de hacernos comprender lo sagrado del Viernes Santo y cuál debía ser nuestro comportamiento. Esta era la primera vez que yo escuchaba de la solemnidad de la Semana Santa y, según Papá, no era lícito ejecutar obra o trabajo alguno en el Viernes Santo. Y el que se arriesgaba a desobedecer de seguro sufriría su castigo, y se aventuraba a que todo aquello con que tuviera contacto en estos aspectos, podía convertirse en sangre. Por ejemplo, si uno iba al pozo por agua, por no haber tenido el cuidado de proveerse de ésta con anticipación, era posible que lo que encontrara en el pozo en vez de agua fuera sangre. Igualmente, si alguien labraba la tierra en un Viernes Santo podía suceder que de ésta brotara sangre. Por eso era necesario, decía Papá, que se proveyera con tiempo de agua, leña y comestibles, para que ese día nadie estuviera envuelto en ningún afán cotidiano, pues según la doctrina o tradición cristiana este día debía ser guardado en santa adoración y reverencia al Cristo Dios que había muerto y derramado su sangre por nosotros en el Calvario.

Yo no entendía mayormente lo que Papá decía pero ponía atención a sus palabras, ya que hacía hincapié en hacerle entender al nene, que si picaba o cortaba algún árbol probablemente de este brotaría sangre. Así que no sólo le predicaba lo sagrado de la Semana Santa sino que lo prevenía de algo muy terrible: ver a un árbol verter sangre. Con la seguridad y solemnidad que Papá afirmaba aquellas palabras, no era para menos que creerlo y aceptarlo y aunque la prédica mayormente iba directamente al niño la que realmente fue tocada fui yo, que decididamente propuse en mi corazón seguir obedientemente aquellas instrucciones, pero no sé por qué me cundió la duda en cuanto a aquello de que las cosas se volvían sangre.

Y ahí estaba yo ayudando a Mamá a empacar, mientras mi mente se perdía y ofuscaba en aquella duda, totalmente intrigada con todo el asunto, cuando se escucharon los chillidos y el llanto del chico que se nos había desaparecido por unos instantes y de todos modos se había ido a dar tajos a un árbol y con la misma se había cortado un dedo. Yo nunca hubiese sido capaz de algo semejante en un Viernes Santo, ni siquiera para cerciorarme de la verdad, pues de sólo pensar que un árbol chorreara sangre, me aterrorizaba. Pero ahora veía con mis propios ojos, que no era verdad, pues allí estaba el árbol y por su herida solo fluía pura savia. Yo, que había nacido preguntona y averiguada por naturaleza, ahora no me atreví a indagarle a Papá sobre el asunto, una por el respeto que le tenía y otra al encontrarnos con el chasco de que todo parecía falso.

Pero aquel asunto no paró ahí, porque en adelante mi mente no estuvo en paz hasta por mí misma llegar al fondo de aquel enigma, porque en eso se convirtió todo aquello para mí, en un terrible enigma. Y dicho sea de paso, en aquel entonces una nueva actitud se estaba desarrollando en mí y era que a pesar de que me gustaba averiguarlo todo a fondo, había casos en que guardaba silencio y trataba de descubrir por mí misma la verdad y realidad de las cosas y éste fue uno de esos casos. De todos modos se curó y vendó el dedo al niño, mientras Papá le hacía comprender una vez más que todo había sucedido por causa de su desobediencia. Después de aquel momento ya nunca pude desprenderme de la mente aquel incidente y seguí por mucho tiempo en mi silencio interno tratando de hallar el punto de las palabras de Papá, pues, según yo, tenía que haber conexión o verdad que yo no entendía, pero no pararía hasta que Dios me revelara la verdad en sí.

Y un día, después de muchos años, desde la distancia, como siempre, con la mente me regresé al lugar y comencé a reconstruir todos los hechos de aquel día y como siempre, volvía a detenerme frente a la herida del árbol y sólo veía la savia brotar. Pero de pronto se obró el milagro al quitar mi mente del árbol y concentrarme en el niño en los brazos de Papá, mientras de su mano brotaba sangre roja, que nos regaba a todos nosotros y hasta el suelo. Entonces se abrieron mis entendimientos y pude ver con claridad la gloriosa verdad de aquel mensaje que Papá trataba de hacernos comprender aquel día. Y comprendí que aquella doctrina de que en el Viernes Santo todo el universo estaba saturado de sangre era simbólica. Porque un día Cristo nuestro Redentor había muerto en la cruz, derramando su preciosísima sangre por nosotros, para redimirnos de nuestros pecados. Y comprendí que el Viernes Santo es digno de reverencia y recordación, ya que en él se conmemora el día más grandioso de la raza humana.

Aquella tarde, cuando nos disponíamos a partir, se apareció nuestra gata barcina que se había ido a tener sus gatitos al monte. Acostumbraba a venir a la casa entre días a comer y varias veces la había seguido, pero sin ninguna suerte. Pues por lo visto había hecho el nido bastante distante y siempre tenía que regresarme sin dar con la cría, pero por suerte aquella tarde llegó justo cuando nos preparábamos para partir. ¡Qué alegría nos dio verla! Aunque a la vez tristeza al saber que tendríamos que irnos sin ella, y sin siquiera ver los gatitos. Entonces Mamá le habló, como si fuera a una persona: "Qué bueno que llegaste! —le dijo—, porque ahora mismo nos vamos de mudanza y por lo visto te quedarás por acá con tus hijos. Así que si quieres irte con nosotros vete rápido y trae esos gatitos, pero eso sí, tiene que ser ahora mismo". Jamás pensamos que la gata pudiera entender, pero lo cierto es que se desapareció y unos minutos después se apareció con un gatito en la boca y lo puso en el mismo medio de la sala. Enseguida volvió a desaparecerse y unos minutos después llegó con otro gatito que puso junto al otro y se regresó corriendo jalda abajo perdiéndose por la finca y un ratito después apareció con el tercero. ¡Qué maravilla! Jamás lo hubiésemos pensado; pero, como decía el abuelo, los animales no hablan nuestro idioma, pero entienden perfectamente nuestra palabras, nuestros sentimientos y gestos

¡Qué felices estábamos de saber que la linda familia se iría con nosotros!

Salimos de Bucarabones aquella tarde a eso de las dos ruta a Maricao para la hacienda de doña América Matos. Papá montaba un hermoso caballo llevando a la nena Cándida en la falda y mamá cabalgaba muy ufana en el suyo. No hay que dudar que era una tremenda amazona, de las mejores de su tiempo y más cuando la mujer cabalgaba sentada de lado.

A esto quiero añadir un anécdota que le sucedió a ella allá en sus años de soltera. Nos contaba que en una ocasión un grupo de jóvenes de ambos sexos, incluyéndose ella, diestros en la equitación se preparaban para salir a un paseo a caballo. Ella era una de las que estaban en la delantera cuando alguien del grupo, falto de entendimiento, quiso jugarle una broma pesada y, cuando menos se lo esperaba, fustigóle su brioso caballo, que salió disparado a toda carrera, que a no ser tan diestra éste la hubiese derribado al suelo, ya que aquel se desbocó por un escabroso camino vecinal de pasos de río. Todos creían que la tiraría por tierra, pero ella pudo mantenerse serena hasta poder dominar el brioso caballo.

Pero volviendo a nuestra travesía en bestias, a mi hermanito y a mí nos tocó viajar en banastas. Tremendamente incómodo, pero a la verdad que me sentía feliz de irme lo más lejos posible de la presencia de la señora Angélica Durand, aunque no niego que echaba tanto de menos a nuestras amistades como los Martell y todo el resto de la familia de Finca Abajo.

Capítulo 7

CUANDO llegamos a la hacienda, ya había anochecido y todos estábamos rendidos, hambrientos y con sueño. Lo primero que hizo Papá fue armar nuestras camas, y mi hermanito y yo nos recostamos tantito en lo que Mamá preparaba algo de comer, pero nos quedamos dormidos y no despertamos hasta el otro día.

Cuando abrí los ojos, ya el sol estaba alto y tuve que estrujarme bien los ojos para saber en qué lugar estaba, entonces recordé que estábamos en otro sitio. Así que salté de la cama y corrí afuera. La hacienda estaba situada sobre una ancha y roja meseta, y a su alrededor se tendía la finca verde y placentera. La casa grande era terrera y hermosa, y al igual que la nuestra miraba al sur, y a mano derecha quedaba la casa de máquina y los glasis, y frente a nuestra casa había un huerto.

Enseguida que conocí a doña América nos hicimos buenas amigas, y en cuanto la traté, descubrí la clase de persona que era, pues a mi corta edad ya sabía distinguir a las personas y reconocer sus virtudes. Físicamente, era una elegante y hermosa mujer, además de muy culta. Ella hizo que Papá fuera aquel mismo lunes a registrarme a la escuela del pueblo. ¡Qué entusiasmada y feliz me sentía! —más al saber que asistiría a la escuela del pueblo, ya que era la primera vez que visitaba mi pueblo natal, o pueblo alguno, pues yo nunca había salido de tierra adentro. La escuela se llamaba Rafael Janer.

Cuando llegamos al salón indicado, Papá tocó la puerta. Yo estaba más que asustada y sudorosa, pues siempre el nerviosismo me provocaba sudores y a mi parecer era Mrs. Durand la que iba a recibirnos, o mejor dicho, me parecía que todas las maestras eran como ella. Pero no fue así; de pronto se abrió la puerta y salió a recibirnos una bonita y simpática maestra que cariñosamente nos mandó a pasar. A mí el corazón se me quería salir del pecho, y ella parece que comprendió mi estado de ánimo. Papá respondió a todo lo concerniente a mí como estudiante y como persona, y después que todos los datos estuvieron registrados debidamente, se despidió y allí me quedé más asustada que una gatita, pero ella me tomó de la mano y me llevó a mi pupitre mientras el resto de la clase hablaba, se reía y me miraba. Aún recuerdo el metal dulce de su voz, su cálida y cariñosa mirada y el olor suave y agradable que despedía su cuerpo, un olor perfumado como huelen las madres amorosas.

Entonces me dijo: "Me llamo Herminia Caparró y quiero que aquí te sientas como en tu casa y que aprendas mucho; no tienes por qué sentirte mal, al contrario, feliz de ser parte de esta clase, pues todos son adorables". Luego fue a su escritorio y me trajo papel, lápiz y también crayolas, y añadió: "Aquí tienes, puedes hacer lo que mejor te plazca, escribir o dibujar", y se marchó al frente y siguió con la clase. Enseguida comencé a sentirme a gusto y relajada, y esta experiencia de relacionarme con un bello ser humano, como resultó la señora Caparró, despertaba en mí un nuevo enfoque hacia la vida y las personas.

Como la escuela estaba situada en el mismo centro del pueblo y éste en sí era pequeño, no tardé en explorarlo en pocos días, pues ésta era mi profesión desde que abrí los ojos al mundo, y para sorpresa mía, tuve la sensación de que en alguna ocasión había estado en este lugar. Entonces me vino a la mente que verdaderamente había estado aquí, claro que sí, pero había sido en un sueño o visión, y recordé con toda claridad que dos años atrás, o mejor dicho, cuando tenía cinco años, hallándome durmiendo en Finca Abajo en casa de los abuelos, desperté al alboroto del abuelo y los tíos que cargaban las bestias de café porque el tío Pepín iba de compras para Maricao. Así, despierta, me mantuve hasta que él se despidió, y escuché al abuelo darle las últimas instrucciones y a la abuela recordarle un sinnúmero de encargos. Después, todo se quedó en calma y mi mente comenzó a maquinar, y sentí un profundo deseo de conocer aquel fantástico lugar que llamaban "pueblo" y Maricao, de donde se traía tanta cosa necesaria, pero especialmente alimentos y golosinas. Así, perdida en mis pensamientos, volví a dormirme con aquel deseo indecible de poder ver aquel maravilloso lugar.

De pronto, se me apareció un joven de hermosa presencia, parado junto a mi cama, que me preguntó: "¿De veras que te gustaría conocer ese lugar?"

—Sí, me gustaría —contesté yo muy emocionada.

—Pues, entonces, ven conmigo; voy allegarte para que lo veas.

Y con la misma me tomó de la mano y salimos volando por el aire, y unos minutos después estábamos volando por sobre la punta arriba del sector llamado La Cuchilla, y desde aquí comenzó a enseñarme el pueblo mientras volábamos sobre él. Entonces le pregunté, por qué las casas eran pegadas unas de otras a lo que él me contestó: "Por que así son los pueblos". Entonces seguimos pueblo abajo y salimos por Camino Nuevo, y volamos de nuevo a casa.

Lo más curioso de todo fue que a nadie dije nada de la preciosa experiencia, y ahora con la claridad que volvía a mi mente, me hizo maravillar tremendamente, pero ni aun así lo divulgué, no sé si por una ley sobrenatural que me lo impedía o por un sentimiento propio que me inducía a guardar silencio respecto a algunas cosas, así como ésta, que retenerlas en secreto me producía cierta complacencia y una unificación con aquel poder oculto que me gustaba.

Mientras tanto, en la hacienda, se sentía vivir la vida. Los primeros días aconteció algo muy curioso y gracioso a la vez. Se escuchaba una voz, como de un niño, que gemía y desesperaba todo el día llamando "mamá, mamá", como si la criatura estuviera encerrada en una habitación. Ya Mamá y yo no podíamos aguantar más la pena, pero no decíamos nada aunque nos desvivíamos por averiguar qué le sucedía a la pobre criatura. Lo que más nos intrigaba era que los lamentos venían precisamente de la casa grande. Mamá imaginaba que a lo mejor había una casa de arrimados por allí cerca, pero si así fuera, pensaba ella, ¿cómo era posible que doña América tolerase semejante cosa? Y como ya no podíamos resistir más, se lo comunicamos a Papá. Entonces supimos que se trataba de la cotorra de doña América. ¡Sí que nos reímos! Yo que nunca antes había visto un pájaro hablar, sí que aquello fue una sorpresa para mí. ¡Bien decía abuelita que el mundo estaba lleno de sorpresas!

En cuanto a doña América, llegó a encariñarse conmigo. Me ayudaba con mis asignaciones, se ocupaba de que las hiciera a tiempo y luego me las corregía. Por las mañanas, cuando yo salía para la escuela, me examinaba de pies a cabeza con la vista para ver si todo estaba en orden y si yo estaba a tono de una escolar. Me enseñó a ser cuidadosa de mi vestir y me decía que mis medias deberían siempre estar bien limpias y en su lugar, jamás caídas, y mis zapatos debidamente lustrados y bien amarrados. Me decía que yo era una niña muy bonita y muy inteligente, lo cual me halagaba y despertaba en mí un gran deseo de superarme.

Yo también le tomé gran afecto y me agradaba su compañía. En ocasiones me llevaba con ella a la casa de máquina donde tenía unos baúles grandísimos, repletos de juguetes y cosas de cuando sus niñas eran pequeñas. Me contaba mucho de ellas cuando eran pequeñas, y cuando nombraba especialmente a una, lloraba mucho. Un día le pregunté por qué lloraba tanto cuando la nombraba, y me contestó: "porque se fue al cielo muy joven". Me decía que la otra vivía muy lejos en el norte y que también le hacía mucha falta, pero que a ésta la vería muy pronto. Lo único, que había que viajar en un barco, navegando por el ancho mar por casi una semana para poder llegar hasta allá.

Yo le preguntaba muchas cosas, cómo era un barco y cómo era el mar. Ella contestaba pacientemente a todas mis preguntas. Luego de un rato, volvía a cerrar los baúles y nos íbamos. A veces, a solas, me preguntaba por qué yo no podía tener juguetes como aquellos, pero aún era muy niña para comprender los muchos reveses de la vida y las injusticias de la miseria.

Cuando llegó el momento en que ella partió para los Estados Unidos a reunirse con su hija, dejó a Papá encargado de la finca y a mí al cuidado de su cotorra, lo cual me produjo gran placer, ya que para entonces nos habíamos hechos amigas. Allí vivía encaramada en el balcón de nuestra casa en una preciosa enredadera que se cargaba de ramilletes azules. Allí se pasaba todo el día gritando, "¡Ahí viene el gato! ¡Ahí viene el gato", esto refiriéndose a nuestra gata barcina, a quien le tenía un miedo aterrador. Por la noche le poníamos dentro de la casa a dormir en su jaula.

Doña América era una mujer muy humanitaria, y antes de partir, dio ordenes a Papá para que dejase entrar en la finca a unas cuantas ancianitas del pueblo, para que éstas recogiesen frutas, leña, hojas o cualquier tontería que a ellas les pareciera bien, además de tener la libertad de dar sus paseos por la finca. También le agradecimos que le regaló a Papá dos libros muy interesantes, titulados *El gran desierto americano* y *Susana*, una preciosa novela francesa traducida al español. Recuerdo que cuando aprendí a leer, los devoraba.

Cuando nos instalamos en la hacienda, faltaba muy poco para terminar el curso escolar, y a la verdad que me sentía muy triste al pensar que no sería promovida al segundo grado, ya que Mrs. Durand, en aquella ocasión, me dio a entender que yo no cualificaba.

mientras doña América pasaba por vista mi asignación, se [le pidi]ó revelarle aquel temor y tristeza que me embargaban. [Nunca ol]vidaré su rostro de amor y sus sabias palabras.

"Mira, hija —me dijo—, eso que tú sientes se llama 'preocupación', algo que no es saludable para nadie y hay que aprender a rechazarlo, o sea, a echarlo fuera de la mente. Lo produce un duendecillo errante llamado Verdín, y dice la leyenda que este duendecillo fue expulsado del territorio de los duendes, porque mientras todos los demás duendes de la población se dedicaban a sus faenas, Verdín decidió vivir una vida ociosa y solía agacharse detrás de las ramas de los árboles desde donde se burlaba de sus compañeros, arrojándoles cuanto hallaba a su alrededor para hacerles perder el tiempo. Cuando no, solía hacer ruidos para mortificarlos y asustarlos, y luego que estos se ponían inquietos y nerviosos, él dejaba oir su risotadas y carcajadas burlonas.

"Esta mortificación llegó a tal extremo, que ellos no podían cumplir con sus obligaciones, y muchos se enfermaron de los nervios y otros sufrieron accidentes, pues cuando menos se percataban, Verdín les arrojaba piedrecitas, trocitos de palo, hojas resbalosas o cáscaras de frutas de las que él holgazanamente comía encaramado en los árboles o desde las altas piedras. Fue tanto el infortunio que les trajo este inconsciente, que decidieron reunirse para pensar qué harían con él. Los ancianos lo llamaron y le aconsejaron cambiar su actitud y dedicarse a cumplir con sus responsabilidades; de lo contrario, tendrían que tomar medidas drásticas para hacerlo reaccionar.

"Verdín prometió portarse bien, pero no lo hizo y siguió con sus travesuras. Entonces todos los duendes se prepararon, cada uno con un látigo; lo echaron del territorio y le juraron que si regresaba, lo iban a colgar de un árbol. Así salió aquel día, aquel malo y travieso duendecillo errante por el mundo. Y como nunca quiso aprender a ser bueno, se dedicó a mortificar a los seres humanos, o sea, a personas como tú y como yo.

"Por eso es que por cualquier insignificancia o tontería nos ponemos temerosos y tristes, y comenzamos a preocuparnos, pero eso no es otro que Verdín haciéndonos pensar que todo saldrá mal, cuando realmente todo va a salir bien.

"¿Y supongamos que algo no sale como esperamos? Eso tampoco es para desesperarnos, pues a veces fracasamos en una cosa para salir bien en otra, pues a veces los fracasos no son otra cosa que lecciones que nos ayudan en nuestra vida.

"Así que lo que hay que hacer es olvidar el temor y dedicarnos de lleno a cumplir con nuestro deber en la escuela, en la casa ayudando a nuestros papás y hermanitos y también a otras personas, si también necesitan de uno. Y recuerda bien, siempre serena, tranquila, nunca triste ni preocupada y confiando siempre en Dios, que es el único que puede ayudarnos cuando tenemos algún problema".

Luego terminamos aquella plática y nos dirigimos al patio, adonde ella se dedicó a un quehacer, pero yo me había quedado con el pensamiento aquel, "de que Dios era el único que me podía ayudar en mis problemas".

Entonces me le acerqué y le pregunté: "¿Y quién es Dios, doña América?"

—¿Dios, hija? Dios es un espíritu poderoso que nos regaló el sol, la luna, las estrellas y la tierra con sus preciosos bosques y también las lindas montañas y los mares con todo lo que vive y se mueve en ellos.

—¿Y dónde está Dios? —le pregunté—. A lo que ella con toda naturalidad me contestó:

—Dios está en todas partes, hija, en todas partes.

—¿En todas partes? —pregunté yo.

—Sí, en todas partes, ya te lo dije.

Entonces me fijé en un barril lleno de agua que había junto a mí, y le pregunté: "¿Y en este barril de agua, también está Dios?".

—Sí, niña, ahí también está Dios, ya te lo dije que está en todas partes.

Yo miré dentro del agua y dije: "¿Y como yo no lo veo?".

—Porque no te has fijado bien —me dijo mientras seguía ocupada en su oficio.

Entonces volví a mirar y lo que vi fue mi rostro reflejado, moviéndose en el agua, y le dije: "Aquí lo que yo veo es mi cara en el agua".

—Ah, sí, pues entonces ya viste a Dios —me contestó tranquilamente.

No le hice más preguntas, pero aquellas palabras suyas se grabaron fuerte en mi mente, y a su debido tiempo pude entender su mensaje: que verdaderamente había sido creada a la semejanza de Dios y que dentro de mí, moraba su Santo Espíritu, el cual estaba más cerca de mí que mis brazos y mis pies, y que a través de mí se reflejaba Dios.

¡Cuánto me hubiese alegrado que aquel último día de clases ella hubiese estado en la hacienda, para que juntas hubiésemos disfrutado de tan inmensa alegría! Yo había escuchado sus consejos y me había dedicado a estudiar y a cumplir con mi deber, como decía ella, y había terminado el curso, no con notas sobresalientes, pero había hecho promedio y me sentía tremendamente feliz. Nuestra amistad fue corta, pero sus enseñanzas y sus consejos me han servido para toda la vida.

Aquel 23 de julio de aquel año 1926, tres meses después de vivir allí, nos azotó la tormenta San Liborio. Era la primera tormenta que yo presenciaba y recuerdo que fue desastrosa, pues un platanal que estaba comenzando a dar fruto quedó derribado todo por tierra, y daba lástima ver el suelo cubierto de toda clases de frutas nuevas y verdes, centenares de árboles caídos y todo el bosque de finca destrozado y demolido.

Aquella noche parió nuestra cabra dos hermosos cabritos, un macho y una hembra. Mamá decía que ésta había parido a causa del temor que le causó el fuerte viento y la lluvia, ya que la casilla donde estaba se había desmantelado. Papá decía que no, que parió porque le llegó la hora, y así andaban los dos, cada cual con su jurisprudencia, más yo, detrás como siempre, escuchando y maquinando.

Fue también para esta fecha cuando yo me enteré de la realidad de la muerte. Un señor vecino estaba grave, y se comentaba en la hacienda de su gravedad, y según los comentarios estaba tuberculoso. Esta fue también la primera vez que yo escuchaba la horrible palabra tuberculosis, enfermedad que estaba acabando con nuestra población en aquel tiempo. Se comentaba de él que había sido un esposo ejemplar y un padre adorable. Tenía el matrimonio dos preciosas niñas entre las edades de seis y ocho años, más o menos, y cuando él murió, éstas no supieron por un tiempo de su muerte, pues se les dijo que su padre había salido de viaje. Yo, por mi parte, me sentía la niña más feliz del mundo, al saber que tenía a mi papacito vivo, joven, fuerte y saludable, aunque me entristecía que fuera bebedor.

Poco después de la tormenta, se procedió a fabricar una casa de arrimados en la hacienda. Era la primera casa que yo presenciaba fabricándose, y confieso que para mí fue algo muy grato y sublime, a medida que aquella casa fue tomando forma. Fue tanta la satisfacción que me produjo que yo misma no me lo explicaba. Fue construida de madera nueva y de zinc corrugado, bien brilloso, montada sobre una roja meseta con una preciosa vista al pueblo. Para entonces, ya yo estaba de regreso a la escuela, y cada tarde cuando regresaba, iba corriendo a ver la obra, y también en los fines de semana, hasta que estuvo terminada. Creo que desde entonces se despertó en mí un gran deseo de tener una casa propia, que fuera fabricada de madera y zinc nuevecito, como aquella.

Hoy, en mi madurez, doy gracias a Dios porque El me dio la dicha de ver aquel sueño mío realizado, y presenciar parte por parte nuestra casa, como aquella, ser levantada. ¡Qué grato es ver nuestros sueños hechos realidad! —y más aquellos que tuvimos cuando fuimos niños. La construcción de aquella casa y todas las otras cosas que sucedieron allí en la hacienda, fueron despertando maravillosamente mi entendimiento hacia el complejo, encantador y bello mundo al que pertenecía, al igual que a mi propio desarrollo.

Aquel adorable lugar dejó en mí gratos y también tristes recuerdos como es en sí la vida, que una cosa siempre se complementa con la otra, pero uno de los recuerdos más agradables que tengo de allí es el rosal en todo su esplendor y variedad, sembrado a lo largo de la entrada de la hacienda hasta la casa grande. Aquel bello rosal aún adorna los caminos de mis recuerdos.

Como dije anteriormente, nunca falta algo negativo que nuble nuestra felicidad, pues sucedió un día que mi hermanita Cándida rodó por la vertiente que había detrás de la casa, yendo a caer sobre un pedazo de botella rota, y uno de los picos se le introdujo en el rostro, muy cerca a uno de los ojos. Aquella experiencia fue muy dolorosa para todos nosotros. Mamá se ocupó de curarla en casa, y recuerdo cómo, sosteniendo a la niña en brazos, anegada en lágrimas, daba gracias a Dios porque, a pesar de todo, sus ojos no se habían lastimado.

Para esos mismos días, una tarde, Mamá me mandó a llevarle café a Papá al trabajo. La peonada había estado desyerbando durante todo el día a todo lo largo y lo ancho de la pieza. Yo seguí por todo el camino hasta donde pude divisar a Papá bastante abajo, desde donde me dirigió por donde debía bajar. Así que seguí loma abajo por donde ya estaba trabajando, y cuando llegué a un hoyo semillano, cubierto de ramas y hojas secas, por donde ya los peones habían pasado trabajando, tranquilamente levanté la pierna para cruzar adelante, sin advertir que debajo de las ramas había un enorme avispero, que de inmediato se me introdujeron por debajo del trajecito, picándome unas diecisiete veces.

Papá corrió en mi ayuda y no le restó otra coas que desvestirme allí mismo, para deshacerme de todas las avispas que seguían picándome, luego me cubrió con su camisa. Recuerdo que uno de los peones corrió, me tomó en brazos y corrió conmigo para la casa. Cuando desperté, no sé cuándo, tenía todo mi cuerpo empapado de barro, y aunque estaba aún hinchada, me sentía mejor. Pregunté a Mamá qué era lo que me habían frotado en el cuerpo y ella me dijo que barro amasado con alcoholado. Según razón, era lo más eficaz para las picaduras de insectos, pero especialmente las de avispas. A mí me resultó muy favorable, así que siempre que estábamos por el campo y nos picaban insectos o avispas, enseguida nos frotábamos con barro, el cual amasábamos hasta con orines que, por lo visto, resultaba más eficaz.

Como puede verse a través de este escrito, el comportamiento de las personas, ya fuese positivo o negativo, hacía un tremendo impacto en mí.

Había una señora en la hacienda, alta, delgada, de cabello rubio ralo y su color era de un blanco lechoso. Tenía bastantes criaturas de ambos sexos, unas siete, si mal no recuerdo. Casi todos eran flacuchos, barrigones y mocosos, y casi no llevaban ropa puesta. Esta infeliz mujer era terriblemente neurótica, sus ropas también eran ralas, no usaba zapatos, sus pies eran delgados y finos y sus piernas bien formadas. Aquella mujer era una calamidad que a mí misma me causaba lástima, porque, mirándola detenidamente, era un espécimen perfecto de mujer, sólo que la miseria estaba acabando con ella. Su marido trabajaba de peón en la hacienda y era una persona tranquila, trabajadora y humilde, que sólo sabía trabajar, comer, dormir y engendrar hijos que luego quedaban a merced de la miseria.

Recuerdo un día que fui a su casa a llevar una razón de mi padre, y ella estaba enguyendo a su bebé, y contemplé con asombro que ella masticaba el alimento y luego se lo daba al niño. Aquello me causó repugnancia; luego supe que esa era la forma más propia que la mayoría de las madres pobres, campesinas, usaban para alimentar a sus criaturas pequeñas.

Otra experiencia que tuve en aquel entonces, que me causó disgusto, además de vergüenza, fue una vez que mamá le relató a una vecina un asunto privado nuestro, que sólo nos concernía a nosotras. Pues parece que cuando yo nací, mi madre tenía los trastes listos para que yo los fregara, porque recuerdo estar fregando desde antes de tener uso de razón. Pero si alguna cosa me disgustaba en extremo, era hacer el fregado cuando la loza se quedaba sucia por la noche hasta el día siguiente. A la verdad que me desagradaba y hasta me producía náuseas. Mamá no me creía ni aceptaba mi repudio a esto y me catalogaba de holgazana, y un día, cuando llegó una vecina, entre chanzas le refirió el asunto, lo cual a aquélla le causó mucha gracia. Y otro día que volvió en el preciso momento en que yo hacía el fregado, trató de mofarse de mí. Yo me enojé y me avergoncé muchísimo, tanto que Mamá comprendió que había hecho muy mal al discutir nuestros asuntos privados de familia con una persona completamente extraña. Yo, por mi parte, desde entonces, siempre hice el fregado a tiempo y confieso que es mi quehacer favorito, además de servirme de una buena terapia.

Cuando nos fuimos de la hacienda, me llevé conmigo un hermoso cofre de recuerdos que aún siguen endulzando mi vivir.

Capítulo 8

Hablando de Maricao, mi querido pueblo natal, diré que se metió profundo en mi corazón desde el primer momento que lo vi. Lo contemplé aquella madrugada, cuando el ángel me llevó a verlo en visión, luego bajando con Papá por La Cuchilla para abajo, aquel primer día cuando fui a registrarme a la escuela, y más tarde por mi propia cuenta, cuando lo exploré palmo a palmo y esquina por esquina. Aquella impresión que experimenté en él aún perdura en mí, y a pesar de que he visitado centenares de pueblos y he vivido en grandes ciudades, Maricao es melodía dulce y suave a mi oído. Tiene algo místico y de ensoñación. Su misticismo hay que sentirlo verbenearle a uno por todo el sistema, alma adentro.

Mis recuerdos de niña son la pequeña plaza con el cafetín de Merejo en una esquina donde se vendían grandotas y sabrosas pirágüas, la iglesia con su imponente campanario y sus anchas puertas abiertas como si en una súplica amorosa dijeran "venid, entrad al cielo", la tienda de Daniel Coronado, donde compraba ricas y rojas manzanas, como también la de don Pablo Coronado, donde siempre había deliciosas cucas.

El río y la quebrada que lo circundan siempre me hacían sentir nostálgica, como en un cuento de hadas, y aun el camposanto me era simpático, y sus fiestas patronales me fascinaban por su colorido, su sentir, su música y su gente.

En el pueblo había dos clases de gente, los pudientes y la clase obrera. Esta última era acomplejada, y la pudiente no la tenía mucho en cuenta, sólo para que trabajase para ellos. Entraba y salía del pueblo, como también el pudiente en sus luchas cotidianas, y tal parecía que el uno no se percatase del otro. Los hijos de los pudientes vestían muy bien y usaban buenos *sweaters*, mientras que los de los pobres mostrábamos nuestra pobreza en el vestuario, y la mayoría iban descalzos a la escuela.

El automóvil era cosa nueva para mí; me gustaba verlos ramblar por la carretera y escuchar sus bocinas desde lejos, pues de cerca me atemorizaban. Entre las familias que poseían autos para entonces, y que yo recuerde, estaban los Arbelos, Ramírez y Oms.

En aquel entonces, Maricao era un pueblo muy concurrido, en su mayoría por campesinos y agricultores que traían sus bestias cargadas de café, frutos menores y carbón para el mercado y los almacenes. Los almacenes de los Arbona y del señor Detrés eran muy concurridos y siempre había bestias cargando y descargando.

Los meses de invierno y primavera los recuerdo fríos; y el verano y el otoño de lluvias torrenciales acompañadas a menudo por grandes descargas de granizo. A la gente la recuerdo terriblemente apática con una dejadez contagiosa que se dejaba sentir por encima, quizás todos embriagados de aquella misma nostalgia que me envolvía a mí.

El nombre Maricao tiene su origen, según una leyenda, en el romance y la tragedia de una hermosa pareja, ella, una bella joven india llamada María y él, un gallardo joven soldado español que pertenecía a un escuadrón de caballería acampado en la costa suroeste de la Isla, que se dedicaba principalmente a la cacería de indios en toda esta área. Cuando los españoles comenzaron su atroz atropello contra los indios, muchos de ellos huyeron a las montañas, y en esta ocasión un grupo bastante nutrido se había refugiado en la espesura alta de la sierra llamada hoy Las Indieras, en el territorio hoy llamado Maricao.

María pertenecía a este grupo de indios refugiados aquí. Por lo visto, esta joven era algo muy especial, a quien le admiraba la naturaleza. Pero se le tenía muy advertido no alejarse del refugio o lugar en que permanecían, lo más cauteloso posible, para no ser descubiertos, pero a ella no había quien la detuviera, pues siempre se escapaba con el pretexto de traer alimento, y siempre traía frutas, raíces, plantas, caracoles o huevos de pájaros, o todo aquello que ella sabía que era bueno para comer. Pero todo esto no era otra cosa que pretextos, aunque conseguir alimento era en parte indispensable, pero el asunto era que María estaba enferma del alma a causa de la suerte que había recaído sobre su pueblo, cosa que estaba acabando con su vida. Por eso solía perderse por las praderas en busca de consuelo que calmara la agonía y amargura que sufría a causa de los suyos, acrecentándose día a día más profundo en su corazón el odio y el rencor hacia aquellos malditos e intrusos hombres blancos, que según ella un día habían invadido su bella isla de Boriquén, y ahora, a causa de ello, se encontraba su pueblo fugitivo en su propia tierra, siendo perseguido y cazado como animales salvajes. Y así se pasaba caminando, siempre caminando como alma en pena, llorando aquella desgracia que sobre ellos había caído.

Nunca le pasó por su mente que un hombre blanco de aquellos pudiera despertar en ella el amor; tampoco Diego jamás pudo imaginar que una india pudiera enloquecerlo a él; pero sí, sucedió porque el amor no conoce fronteras. Y un día en que María se alejó más de lo acostumbrado y Diego se internó más y más montaña adentro en el cumplimiento de su deber como espía y cazador de indios, ocurrió el milagroso encuentro. Ambos quedaron perdidamente enamorados, para luego darse exacta cuenta que aquel amor era imposible, pues de ninguna manera podía uno o el otro divulgar la verdad de aquel gran amor que los abrasaba. Por algún tiempo estuvieron viéndose secretamente en la espesura de la montaña, hasta que las escapadas del joven soldado despertaron sospechas en el campamento, por lo cual decidieron seguirlo y, efectivamente, lo sorprendieron con la india, María, a quien apresaron y obligaron a llevarlos al escondite de su gente, donde les tomaron por sorpresa y asesinaron a casi todos. Pero antes le habían prometido a Diego que a ella no le harían daño alguno, lo cual cumplieron. Algunos de los indios tuvieron la suerte de escapar, y cuando regresaron se encontraron con la terrible masacre. De todo culparon a María y creyeron que, por amor a Diego, los había delatado. De rodillas y con lágrimas, les juró que no era verdad y les relató la historia, pero ellos no la perdonaron, ya que por su culpa les había venido aquella maldición, y decidieron darle muerte amarrándola a un árbol y prendiéndole fuego, donde murió achicharrada. Y así nació el nombre de Maricao, derivado de dos palabras (María y cao), esta última en el lenguaje indio significa sacrificio.

Las primeras fiestas patronales que presencié en mi pueblo para esta misma época me fascinaron y tienen historia; pero entre todo me enloquecieron los caballitos, que aún me fascinan, y las picas, que las había de toda variedad y todos tamaños. Entre todas, había una en forma de tablero, bastante grande, convertida en una gigante lotería, a donde acudía cantidad de personas y donde mayormente la gente ganaba muchos premios, como loza y cristalería. También había ruletas, donde se jugaba por frutas en conservas y otras golosinas. Otras eran exclusivamente de juguetes y cerámicas, predominando, sobre todo, los muñecos de todas formas y variedades.

Pero entre todas, había una pequeña pica de un tal Manano Sierra, que le decía "Usted" y "tenga" a todas las demás. Consistía en una mesa con un círculo numerado del uno al diez, con su espacios correspondientes, y en el mismo centro del círculo había una hermosa muñeca adherida a un tornillo, mecánicamente ajustada, a la cual se le daba vuelta con el dedo o la mano, y aquella salía disparada girando a una tremenda velocidad. Si ésta se detenía frente al número que había jugado, entonces se ganaba una preciosa muñeca igual a aquella.

Aquella muñeca era la ilusión de todas las chicas escolares que día tras día iban a jugar a la pica de Manano, como también papás y mamás entusiasmados, jugando con la esperanza de ganársela para alguna hija suya. Sólo un centavo valía cada apuesta y sólo una persona jugaba a la vez, por lo cual se hacía difícil, pues se tenían nueve números en contra. Y aquel señor tenía una habilidad única para hacer girar la muñeca, que jamás esta se detenía frente al número que iba jugando. Pero a mí, que desde que abrí los ojos al mundo me he revestido de fe aun en lo imposible, se me metió en la cabeza que si jugaba tan sólo una vez, de cierto que me ganaría aquel ángel de muñeca. Y una tarde, al regresar de la escuela, le planteé el asunto a Mamá y le dije que me diera un centavo para el día siguiente jugarlo en la pica de Manano. Para qué fue aquello; mejor hubiese sido golpear un enjambre de abejas, porque Mamá me armó tremendo rebulú y en menos de medio minuto, les sacó la fe de bautismo a los piqueros y a sus picas.

—Todos son unos tramposos, y no me pidas dinero para ir a regalárselo a esos estafadores.

Tanto escándalo hizo, que tuve que quedarme callada, pero sólo por un ratito, porque ya luego le volví con la majadería y ella, por quitarme de su frente, furiosa fue al aposento y trajo la moneda, que de una palmada me la plantó en la mano y con mucho coraje añadió:

—Mira, aquí tienes el centavo; yo sé que lo vas a perder, pero te advierto una cosa, si lo ganas, lo traes y si lo pierdes, también lo traes.

Yo estaba que no cabía de la alegría tan enorme de haber conseguido el centavo, y con aquella fe que de seguro me iba a sacar la bella muñeca, por ahora no le di importancia a las palabras de advertencia de Mamá, y al día siguiente, en cuanto salimos al recreo, corrí para la pica con otro grupo de niñas. Yo siempre era tímida y esperaba paciente mi turno para todo, casi siempre era la última, pero seguía al grupo.

Manano nos estaba esperando como gatito inocente, pero como ya dije, tenía aquel hombre un arte para darle a aquella muñeca, que ésta jamás se detenía frente a ningún número que fuera jugado, como si la tuviera enseñada. Al fin llegó mi turno; temblorosa le entregué la moneda y le indiqué el número que prefería. La muñeca pareció sonreírme, y yo tensa, contuve la respiración y me quede de una pieza mientras el corazón me latía ligero, ligero, y con la misma, el señor Manano le dio velocidad y aquella salió disparada, pero para qué decir, como siempre, no hubo suerte.

Cuando yo entendí que había perdido el centavo, recordé las palabras de Mamá y abrí la boca a grito tieso en plena plaza. Manano se turbó y todo el mundo me rodeó. Entonces me preguntó: "¿Y se puede saber qué te sucede, muchacha?".

Yo, bajo fuerte llanto y lágrimas, le referí las palabras de Mamá. El, furioso, hizo exactamente igual que ella; se metió la mano al bolsillo, sacó una moneda de un centavo y de un tirón me la puso en la mano y me mandó a volar de todo aquello. Si furiosa había estado Mamá por no darme el centavo, más lo estuvo él por tener que devolvérmelo. A mí me mataba la vergüenza y me retiré corriendo.

Aquella tarde, cuando regresé a casa, le entregué el centavo a Mamá en presencia de Papá.

—¿Pero que pasó? —me preguntó ella algo indecisa—, ¿acaso no lo jugaste en la pica?

—Sí, pero lo perdí —contesté yo, bastante frustrada.

—¿Pero qué es eso de que lo perdiste y aquí lo has traído? —interrumpió Papá, que no sabía nada del asunto.

Entonces tuve que relatarle a él toda la historia. ¡Cómo se enojó con Mamá por su falta de tacto hacia mí, pero ya era muy tarde y yo había pasado por una experiencia muy penosa. Pero esto no era nada, comparado con todo lo que me esperaba.

Capítulo 9

PARA aquel entonces las cosas sucedían ante mí con una rapidez extraordinaria y, casi sin percatarme, uno de aquellos días me hallé viviendo en la hacienda Isabelita de los Arbona, por la carretera del Limón, a unos minutos del pueblo de Maricao. Aquí Papá desempeñaba la plaza de mayordomo. La casa que nos tocó vivir estaba situada sobre una loma, arriba del talud de la carretera y miraba al sur, frente a frente al portón de la hacienda. Por el lado norte, o sea, por detrás de la casa, quedaba el cercado de las reses, de un lado y del otro, el espeso bosque de café por donde corría una romántica y cantarina quebrada, y junto a la casa, al compás de la carretera, había un cerrado pasto de camasey.

Ahora yo estaba en el segundo grado y asistía a una escuela de sólo un salón que quedaba en el camino del cementerio frente al hospital, sólo que el río quedaba de por medio. De un lado quedaba la nombrada casa de piedra, trabajada en mampostería, y del otro, la residencia de don Bernabé Feliciano. Mi maestra era la señorita Barbarita Caparró, hermana de Doña Herminia, mi anterior maestra, y ambas eran adorables.

Enseguida conocí a la familia Arbona que, dicho sea de paso, era otra maravillosa familia. Don Juan era un señor ya maduro de un bigote negro abultado, era muy serio y caminaba un poco doblado. Sus hijos, Juanito y Berto, eran jovencitos entonces, Guillermo, el mayor, estudiaba en la universidad, y Emilita, su única hija, según razón, estudiaba en España. También había en la casa un tío solterón llamado don Guillermo, que junto a don Juan, su hermano, atendía su comercio en el pueblo. Don Juan era viudo, y en la casa grande había un ama de llaves llamada doña Rosario, a la que todos llamaban Sayito. Doña Sayito era soltera, una elegante, trigueña mujer y un precioso ser humano, y trataba a los hijos de la casa como si fueran sus propios hijos. Con ella me sucedió igual que con doña Angélica, en cuanto nos trataron, nos hicimos amigas.

Y ya instalados, comenzaron las nuevas experiencias. En la escuela todo marchaba de maravillas y aquella sed de aprender seguía despertando en mí, día a día, pero leer me fascinaba.

Recuerdo una vez que, cuando me desperté, ya el sol estaba alto, a la vez que escuché la voz de Mamá desde su cama ordenándome que me levantara y fuera por leña para preparar el desayuno. Yo obedecí y me fui en busca de la leña, pero de allá regresé llorando a lágrima viva. Entonces Mamá me llamó para preguntarme qué me sucedía. Entre sollozos le dije que porque me cogió tarde para irme a la escuela. Entonces ella me consoló.

—No seas tonta, hija, si hoy es sábado y los sábados los niños no van a la escuela.

Entonces fue que sentí paz. Así era yo con la escuela.

En otra ocasión, me pasó otro chasco. Cuando vine a almorzar a la casa porque me quedaba cerca, comenzó a llover torrencialmente y no paraba. Yo me puse impaciente, pero Mamá me calmaba, diciéndome que la lluvia no pararía y que lo mejor que debía hacer era desistir de ir esa tarde, porque, por lo visto, no iba a escampar. Pero en un momento que amainó tantito, salí corriendo, pero unos segundos después volvió el agua a caer a cántaros, y una vez empapada, en vez de regresarme, seguí mi camino para la escuela, Cuando llegué al salón, la maestra, muy apenada, me hizo regresar a casa, pero no sin antes elogiar ante la clase mi noble actitud hacia la escuela y hacia la responsabilidad, que ni aun la lluvia me detenía.

Mientras tanto, yo me dedicaba a explorar el nuevo lugar y una infinidad de cosas seguían apareciendo en escena. Papá seguía bebiendo más que antes y Mamá esperaba otro bebé que nació un par de meses después de habernos instalado allí. Le pusieron por nombre Lilian, en recordación de una de las hijas de doña América, aquella que estaba en los Estados Unidos. Recuerdo que cuando nació la niña, Mamá me hizo pasar a su habitación, y tomando la pequeña criatura envuelta en pañales, la puso en mis tiernos brazos y me dijo: "Mira que niña más hermosa; de hoy en adelante, es tuya; te la regalo". Mamá no tenía preparación académica alguna, pero era una tremenda sicóloga por naturaleza. Yo, por mi parte y bajo la ignorancia, me sentí muy halagada con el regalo, pero según la niña iba creciendo, Mamá me seguía imponiendo cargos sobre ella, ya que se suponía que era mi niña. Como si con la escuela y el resto de mis otros quehaceres, traer el agua del pozo, ir por leña, atender a las cabras y ayudar a mantener el hogar limpio y ordenado no fuera suficiente, también aquella responsabilidad de cuidar de aquella criatura, a quien tenía que mantener aseada, lavarle los pañales, darle sus alimentos y ponerla a dormir. Yo hacía lo mejor que podía para atender a todo, pero la chiquilla que llegó a engreírse conmigo me traía en un patín.

Un atardecer, después de haber cumplido con todas mis obligaciones y de dar de comer a la chiquita, quise jugar abajo en el batey con mi hermanito Daniel, quien era mi única compañía. Esa tarde, Mamá estaba de muy mal talante, pues insistía en que Papá tenía una amante. Se veía muy pálida y nerviosa, pero jamás imaginé que pudiera enojarse conmigo a tal extremo por una simple tontería. Cuestión de una aguja que buscó con empeño y no la encontró; luego vino por la ventana de la cocina que daba al batey y me preguntó por la aguja. Yo, distraída, le dije que no sabía. Quizás la poca atención que le di la hizo enojar, aunque en realidad con quien estaba enfadada era con Papá y por consiguiente buscaba excusa para formarla. Luego ya no se dijo más de la aguja y yo seguí saltando mi pelegrina dibujada sobre el rojo batey.

Al rato volvió a la ventana y me preguntó si se me había olvidado lo de la aguja, a lo que yo contesté que me había parecido que ella ya no estaba interesada en ella, o que a lo mejor ya la había encontrado, pero para entonces ya ella estaba encolerizada, y con arrebato nos mandó a subir. Entonces comprendí su enojo, más por la palidez de su rostro, que cuando estaba malhumorada se volvía pálida como una muerta y se le producía un tic nervioso. Por qué se revelaba contra mí, no me lo podía explicar, pues por un lado yo era tan sólo una criatura, que aun siendo tan tierna, me esforzaba lo sumo para ayudarla en todo y para hacerla feliz.

Mi hermanito comprendió que el asunto era serio, y de un par de trancos subió la escalera, pero yo me detuve y me acomodé en el primer escalón, un poco aturdida y presa del temor, pues cuando Mamá se enojaba, nunca se sabía hasta dónde llegaba el asunto. Por otro lado, ya comenzaba a anochecer; el día había sido largo y agitado y aún no habíamos cenado, pues casi siempre comíamos ya de noche, ya que regularmente esperábamos a que Papá regresara del trabajo, a menos que fuera durante el fuerte de la cosecha.

De nuevo se escuchó su voz alterada.

—¡¿Qué, subes o no?!

Yo me volví a ella con el alma sin palabras, pero en angustiosa súplica, pero ella, con tono y ademanes furiosos, de un halón cerró la puerta, luego de un par de segundos, volvió a abrir y me dijo: "Tú te lo has buscando y, por desobediente, sabes que tienes una pela pendiente de veinte cantazos, ni uno más ni uno menos, ya lo sabes". Y con la misma cerró de nuevo la puerta.

Yo no supe qué hacer; se me nubló la mente y me cundió el pánico, pues pensar en aquellos veinte cantazos me aterrorizaba, aunque ojalá hubiese subido y me los hubiese dado. Ahora lo único que me alentaba era que llegara Papá; quizás él la persuadiera de quitarme aquel castigo. Así ansiosa esperé como hora y media. Recuerdo que era luna llena y todo quedó alumbrado como el día, por lo cual me sentí confortada, pues la oscuridad fue algo que desde pequeña me atemorizó. Al fin escuché sus pasos y me alegré sobremanera; aquí venía mi padre, la única persona que podía ayudarme y defenderme de la ira de Mamá. Cuando llegó, se sorprendió al encontrarme afuera y la puerta cerrada.

—¿Qué sucede, hija? —me preguntó.

Yo le referí lo sucedido y le rogué con lágrimas que consiguiera que Mamá cambiara su actitud, ya que en realidad, yo no había hecho nada malo.

—Bueno, vamos a ver que se puede hacer —me dijo él, y con la misma tocó la puerta; ella le abrió, pero rápido la cerró de nuevo.

Desde afuera, en una forma muy pasiva, se podía escuchar a Papá tratando de interceder por mí, y a ella alterada por las nubes, que de ninguna forma cedía, o los veinte azotes o dormir afuera. Él, por su parte, no argumentó mucho por miedo a un escándalo, en el cual saliera a relucir lo de la doña aquella, de la cual Mamá estaba bien segura y que, por lo visto, buscaba excusas para formarla, y en casa cuando se formaba, se formaba. Así que, por lo visto, Papá entró por lo que decía ella, una cosa o la otra, y definitivamente parecía que esta última era mi suerte.

Yo estuve tranquila mientras se escuchó conversación arriba, pero después que pasó la refriega de la comida y todo estuvo en calma y apagaron la luz, abrí la boca a gritar y me quedé con el barrio. Entonces, a insistencias de ella, él bajó al batey y, tomándome del brazo, me arrastró y me encerró en la oscura letrina que quedaba un poco retirada en la vertiente, bajo los árboles, y me cerró la puerta por afuera. Yo, más gritaba y gritaba, por temor no sólo a la oscuridad, sino también a las lagartijas y cucarachas que cundían la hedionda letrina. Grité tan fuerte y tan fuerte, que me escucharon en la hacienda y enviaron un peón a averiguar qué sucedía. Papá le explicó lo que había pasado, que me habían encerrado en la letrina por desobediente, pero no me sacó de allí y yo volví a gritar tan fuerte y tan fuerte que me puse histérica. El peón regresó casi en seguida con un recado: que hicieran el favor de sacarme de allí lo antes posible o vendría uno de los señores expresamente a sacarme y que fuera la primera y última vez que una cosa semejante aconteciera. Entonces Papá fue a sacarme y tuvo que arrastrarme de nuevo para sacarme de allí, pues yo no podía valerme por mí misma y estaba casi asfixiada; tuvieron que ayudarme a recuperar. A pesar de todo, me sentí confortada, pero sentía que el corazón se me quería salir del pecho, me dieron temblores y mucha fiebre.

Mamá era extremadamente celosa y Papá se aprovechaba de su debilidad para demostrar que era un Don Juan Tenorio, lo que hacía que siempre estuvieran en una viva guerra y una vez que se perdieron el respeto, pues para qué decir, que hubo veces en que él le pegó malamente. Discutían por cualquier insignificancia a cualquier hora del día o de la noche, y se enojaban por días, por semanas y hasta por meses enteros y ahí estaba yo en medio de dos seres que se suponía se amasen y respetasen y velasen por el bienestar de nosotros, sus criaturas, viviendo en un infierno vivo.

Papá era por demás presumido, gustándole lucir elegante, siendo su predilección la ropa de hilo en blanco o crema, camisas blancas con duro cuello, lindas chalinas, sombrero de Italia, zapatos a la moda bien lustrados; sabía manejar bien un revólver, siempre tenía reloj, fumaba cigarrillos y le fascinaban los buenos caballos, que cuando no los poseía, siempre tenía acceso a montar los mejores de la hacienda.

Gustándole toda esta clase de cosas, es de imaginarse que con el escaso salario que él ganaba, no quedaba nada para que Mamá y nosotros pudiéramos tener con qué vestirnos y calzarnos, ya que no era gran cosa lo que se gastaba en alimentos, pues mayormente lo que consumíamos lo producía la tierra, como viandas, frutas, granos, legumbres y café. Por otro lado, teníamos la cabra recién parida y muchas gallinas ponedoras. Por eso el problema principal era nuestra ropa y zapatos y algunas de aquellas cosas más esenciales para el uso diario de la casa.

La pobre Mamá no tenía un traje decente que ponerse y las chanclas que usaba de diario, eran de mala muerte. Por otro lado, era esclava del lavado y el planchado para que nuestro padre anduviera haciendo bonito cuerpo. A veces, después que le planchaba los trajes de hilo, con planchas de hierro calentadas con leña, por cualquier arruga, se la estrujaba encima o la tiraba contra el piso, y ella tenía que, con su santa paciencia, volver a lavarla y plancharla de nuevo.

Un día de aquellos en que angustiosamente contemplaba ella nuestra escasez, se le vino a la mente que muy bien podíamos aprender a bordar pañuelos, que era la industria que predominaba en estos territorios y así podríamos tener algún dinero para cubrir en parte estas necesidades nuestras. Ella sabía un poco y tenía una máquina, y como los materiales estaban baratos, la idea era fantástica. A mí, que después que el asunto fuera de aprender, también me agradaba, pues estuve de acuerdo con ella. Ahora lo importante era aprender, o mejor dicho, encontrar a la persona que se dignara enseñarnos.

Pero ella no sólo tenía las ideas sino que siempre les buscaba la vuelta para ponerlas a trabajar y, por supuesto, pensó que lo mejor de los dados era que yo aprendiera primero y luego que le enseñara a ella, y ya después ambas nos ocuparíamos de bordar según siguieran las cosas. Yo estuve de acuerdo y ella me prometió que se ocuparía de encontrar a la persona que me sirviera de maestra. Al día siguiente fue al pueblo con tal propósito y ni al zonzo ni al perezoso, abordó a la primera persona que ella creyó que podía ayudarla. Fue a una señora que junto a su esposo tenía un colmado a la subida de la cuesta en la entrada del pueblo, dueños también de una repostería en la calle Marina. Después que hubo escuchado a Mamá y su necesidad, le dijo que no tenía por qué apurarse, que su hija, una joven ya casadera, era especializada en el bordado y que ella misma se ocuparía de hablar con ella; que no había inconveniente alguno y que me mandara a su casa cuando ella quisiera que ya vería cómo su hija me iba a enseñar. De hecho, estábamos en vacaciones y al otro día bien temprano me aparecí a la casa para tener mi primera lección de bordado.

El asunto fue que las dos mamás habían hecho compromiso, pero sin consultar a la joven, y cuando me presenté allá, la joven estaba con un coraje de los mil demonios, ya que cuando estaba sola recibía la visita de su novio a escondidas de sus padres. Lo primero que me dijo fue: "¡Qué bonito! ¿Con que tú eres la chica a quien debo enseñar a bordar, no es así?".

—Sí, señorita, yo soy —dije gagueando y anegada por la timidez.

—Pues eso está muy lindo, tu Mamá y la mía haciendo sus emplastes a espaldas mías.

Yo me sentí bastante avergonzada y di vuelta para marcharme, pero ella me hizo retroceder y me dijo: "Bueno, de todas maneras ya estás aquí, pero eso sí, tienes que aprender rápido porque yo necesito mi tiempo, para estarlo perdiendo con mocosas como tú".

Yo me sentí muy humillada, pero la necesidad y el empeño de aprender me dieron valor para aguantarme serena, y si era que la joven me daba la oportunidad de aprender, pues la aprovecharía lo mejor posible. Sólo tres veces fui a la clase y por tiempo muy limitado. Ella me explicaba, de muy mala gana, toda clase de puntadas que yo ensayaba en un trozo de tela viejo. A la tercera vez me dijo que no volviera, que con lo que había aprendido ya era suficiente, y yo me marché bastante desconsolada, pues mi deseo era aprender a cabalidad, o mejor dicho, a perfección. Pero como tenía tanto interés en practicar, en pocos días ya lo hice mejor y mejor, y luego fui adquiriendo ligereza que era lo más importante, si era que pensábamos ganar dinero.

Con la joven no sólo había aprendido a bordar, sino también a saber lo hermoso del amor, de ese amor romántico, puro y limpio que embriaga a la juventud, aunque ella me hacía mirar a otro lado y concentrarme en el aprendizaje, yo siempre observaba de reojo y me admiraba de las cosas del amor.

Mamá era joven y con voluntad y se le hacía fácil aprender cualquier cosa, pero había algo que estaba acabando con su vida: los embarazos seguidos acompañados de unos males que la dejaban de lastre y, por otro lado, cuando no estaba encinta, eran unas hemorragias que la consumían, pero aun así, se revistió de ánimo, y en pocos días ya había aprendido a bordar y lo hacía bellamente. Una vez que nos envolvimos en el asunto, tal parecía que le sirviera de terapia.

Pero ella en todo dejaba ver su ego, algo que la dominaba y lo dejaba ver hasta en el bordado, en la calidad del trabajo, en la limpieza y en el estilo. Su orgullo era presentar un trabajo pulcro y que todos la halagaran. ¡Fantástico!, pero con esto no nos ayudábamos. A las comisionistas lo que les interesaba era cantidad y ligereza. Yo pensaba que el trabajo debía ser limpio y el bordado bien terminado. Todo trabajo era lavado y planchado antes de ser embarcado, pero el pañuelo que bordaba Mamá ni siquiera se ajaba, lo que hacía que se tomara más tiempo en bordar una docena, por la que sólo se pagaba cinco centavos. Sin embargo, cinco centavos en aquel tiempo era dinero, conforme a cómo estaba el estándar de vida, pues Mamá me hacía un traje con menos de veinticinco centavos.

Yo sí me aplicaba; bordaba una docena al día, además de mis otros quehaceres. En el taller había trabajo por el cual se pagaban precios más altos, hasta treinta y cuarenta centavos la docena, pero ésta llevaba bordado en las cuatro esquinas y esta clase era hecha por personas con experiencia. Era verdad que con el bordado yo aportaba algún dinero para en parte ayudar a Mamá a cubrir algunas de nuestras necesidades más perentorias; pero, por otro lado, era un tremendo sacrificio para una niña de mi edad que sólo acababa de cumplir ocho años y que casi ni tiempo me restaba para jugar, aunque siempre me daba mis escapadas. Pero puedo decir que me sentía feliz de poder ayudar a mi familia y a mí misma en alguna forma para hacernos de lo más indispensable.

Otra fuente de ingreso que comenzamos a desarrollar a escondidas de Papá fue la venta de huevos. Era algo que él nunca aprobó, pero Mamá tenía que hacerlo si era que queríamos hacernos de nuestras cosas. Fuera de los que consumíamos, ella me enviaba al pueblo a vender todos los más posibles. Ya yo tenía el ajuste a personas responsables que me pagaban enseguida. Se vendían a centavo y medio y a dos centavos los más grandes. Así que, por ahora, nuestros ingresos estaban adelantando y todo marchaba bien en estos aspectos.

Hoy viene a mi memoria cuando por primera vez me ilusioné locamente por un par de medias *socks*, de seda color rosa claro, con un bello bordado donde hacían el doblez. Estaban en demostración en la vitrina de la tienda de don Daniel Coronado y fue amor a primera vista. Pregunté el precio y me dijeron que valían treinta y cinco centavos. Cuando volví a casa esa tarde, se lo comuniqué a Mamá, para ver si ella podía darme esa cantidad, a lo que ella rotundamente contestó que no, que eso sería imposible. "Verdaderamente —dijo ella— que estamos ahorrando, pero no para que yo gastar en frivolidades. Diez, doce y hasta quince centavos para unas medias ordinarias, menos mal; pero treinta y cinco centavos, eso es un despilfarro", comentó malhumorada.

Recuerdo lo desdichada que me sentía, y cada día iba por la tienda a pasar por vista, rogando con todas las fuerzas de mi alma que nadie las fuera a comprar. Yo no paraba de insistir con Mamá que me diera el dinero para comprarlas y le contaba qué de lindas y qué bien me quedarían en mis piernas, pero ella decía que yo estaba deseando algo que estaba sobre nuestro alcance. Pero yo no me podía resistir y comencé a pensar de qué forma conseguiría el dinero, y como no tenía a nadie más a quién pedírselo, se me ocurrió una idea.

Como yo era la que me ocupaba de recoger, organizar y vender los huevos, separé unos veinte y los vendí y ya tuve suficiente para pagar por las medias, las que me puse en la misma tienda. La satisfacción que sentí fue maravillosa, aunque no estaba feliz de haber tomado los huevos a escondidas de Mamá. Luego, para usarlas, tuve otra lucha, pues no me las podía poner en presencia de ella, y tenía que estar cambiándomelas dos veces al día, lo que me hacía sentir miserable. Un día las arrojé de mí, nunca fui lo suficientemente feliz con ellas. ¡Cuánto me hubiese gustado que Mamá hubiese entendido qué importantes eran aquellas medias para mí!

Criar en este lugar junto al cercado y el bosque no era fácil del todo, ya que abundaba el guaraguao que se comía las gallinas, pero Mamá muy astuta fabricó un espantapájaros que rellenó de pajilla y hojas secas, lo vistió con ropas viejas de Papá, le ajustó y cosió un viejo sombrero y le amarró un fotuto de una botella a la que quitó el fondo y un peón subió el curioso monigote, y lo ató a uno de los árboles de menos follaje y más alto del cercado, desde donde podía divisarse con facilidad. Era algo fantástico escuchar, según soplaba el viento, el dichoso fotuto. Así nos libramos de los impertinentes guaraguaos.

Los perros realengos eran otra amenaza, no sólo se comían los huevos, ya que por lo regular las gallinas ponían por la finca y por el pasto, sino que muchos también mataban y se comían las gallinas y los pollos. Se les eliminaba con veneno, algo cruel, pero ese era el método que usaba el campesino para librarse de este enemigo.

En una ocasión, siendo aún más pequeña, me vi a punto de envenenarme. Mamá había preparado un huevo, al cual le había despegado un pedacito del cascarón por un extremo y le había introducido veneno que podía verse. Al descubrir el huevo sobre una tablilla, dominada por la curiosidad, busqué un banco y me encaramé para husmear y al descubrir el hueco con el raro contenido enseguida tuve la intención de meter el dedo y chupar. Pero una voz interna me detuvo, aún me parece escucharla: "No, no, no lo hagas". Entonces me detuve para escuchar la voz de Mamá, que me dejó de una pieza con el grito que me sacó. Entonces entendí que se trataba de un huevo que contenía veneno y que estaba destinado a poner a dormir a algún perro, que le gustaban los huevos. Pero, si eso no es nada de extraño ni malo, pensé yo, si al fin, ¿a quién no le gustan los huevos? Pero de todas formas aprendí una buena lección; no comer ni probar nada que no estuviera segura que era bueno y sano para comer. Yo estoy en la entera seguridad de que mi ángel guardián ha sido uno de los más ocupados que ha existido, ya que yo siempre estaba en peligro y porque siempre andaba sola explorándolo todo y sin temor a nada.

La quebrada que nos circundaba por el lado oeste, serpenteaba montaña abajo por el fondo de la vertiente, cruzando el espeso cafetal, desviando su cauce culebrino, en cierto lugar, en forma de herradura o recodo. Aquel día yo venía corriente abajo, distrayéndome a mi paso con todo lo divertido que mi vista encontraba. Solía rastrearla para arriba o para abajo a mi antojo hasta donde me arriesgaba alejarme de la casa, hasta convertirse en un vasto campo de distracción para mí, no sólo por sus aguas frías y cristalinas sino por todas las especies que la cundían, además del cúmulo de variedad de piedras y rocas que había.

En esta ocasión me detuve en donde hacía el recodo o herradura para descubrir que estaba lleno. Las fuertes lluvias del verano anterior habían producido un gran derrumbe al lado de arriba en donde precisamente estaba la carretera y al remover toda la tierra había sido paleada vertiente abajo a caer en la quebrada, que al llegar la seca se había convertido en un lodazal compacto, aunque la corriente había seguido su curso lentamente por donde mejor se le facilitó.

La cosa fue que me dispuse a seguir corriente abajo por sobre lo que me pareció tierra firme, pero unos pasos más y quedé sembrada hasta los sobacos en el lodazal, que junto con la arena de la quebrada, se había convertido como en arena movediza que de inmediato comenzó a chuparme hacia adentro. Pensé gritarle a Mamá por si fuera posible escucharme, porque la casa estaba al lado de arriba, pero no lo hice por miedo a hundirme más o a que ella enfermara del susto. Entonces, calmadamente pensé en hacer todo lo que estuviera a mi alcance para ayudarme. Miré a todos lados para ver si hallaba de qué agarrarme y, efectivamente, había una rama cargada de bayas verdes, de un árbol de café, que con el peso se había inclinado y gran parte estaba dentro del lodazal, pero ésta se encontraba bastante retirada de mí.

Hice un intento para agarrarla pero fue inútil, así que comprendí que cualquier movimiento en falso y me hundiría, pero aún así no perdí el control, aunque estaba asustada, por no decir desesperada, pues yo no sabía qué profundidad tenía la cuenca. En mi desesperado intento comencé a mover la pierna derecha hacia arriba y abajo para ver si lograba aunque fuera un paso al frente y lograba asirme de la rama, pero cada vez que subía la pierna volvía a ser chupada hacia dentro; pero seguí en aquel intento moviéndome de un lado y de otro y me sentí un poco más libre, pero seguía atascada. Entonces se me vino a la mente introducir la mano dentro del lodo tanteando a todos lados para ver si daba con alguna varilla del palo de café, para agarrarme a ella, y se obró el milagro, porque el movimiento que hice por debajo, hizo que entrara aire y con ello también la corriente de agua penetró directamente por el hueco de las piernas abajo y al llenarse quedé totalmente libre, lo cual me hizo fácil moverme unos cuantos pasos hacia el arbusto al cual me agarré y salí a flote.

Luego que me pasó un poco el susto me metí en la corriente y me deshice de todo el lodo mientras daba gracias a aquel Espíritu Poderoso y Grandioso que doña América llamaba Dios y que según ella estaba en todas partes. Él me había librado de una muerte segura.

Los terrenos de la hacienda Isabelita eran de colinas semibajas, agradables por su compleja belleza y por sus senderos deliciosos para caminar y yo seguía desarrollando el placer de la contemplación y me internaba finca adentro, hasta donde el cafetal quedaba atrás y comenzaba el monte bastante tupido, tejido de guayabales, pomarrosas, fresas y cundeamor y zarza espinosa. Solía caminar y caminar en un continuo soliloquio, cosa que había heredado del abuelo Pepe, que por dondequiera que andaba se podía escuchar su conversación. En una ocasión me interné bosque adentro y por allá me topé con Don Kanette, un anciano peón de confianza de la hacienda, cuya ocupación principal era cuidar de las reses y esa vez buscaba un becerro extraviado. Don Kanette no era una persona común y corriente, era algo muy especial y en muchas cosas me hacía recordar tanto al abuelo Pepe, físicamente, pues era un señor de buena presencia, alto, elegante y simpático, agradable, tierno y culto, pero más que nada, amador del bosque y de la naturaleza.

Entre las personas que figuran en mis recuerdos de niña está este gran ser humano que supo darme su amistad, su cariño y su comprensión, lo cual yo catalogo como "luz" porque sus palabras, sus consejos y su respeto y su deseo de compartir conmigo todo lo bueno que había en su alma, es algo que aún, después de tantos años, sigue fructificando en mí.

—Me he dado cuenta de que le gusta hablar sola —me dijo.

—Sí —le contesté—, siempre hablo sola, desde siempre, ¿es malo eso?

—No —dijo él—, en ninguna manera, no es que sea malo. Todos hablamos solos cuando no tenemos con quién hablar o cuando no hemos aprendido a escuchar y porque definitivamente hemos nacido con el don de la comunicación, el don más hermoso de la vida, porque cuando hablamos con otros aprendemos y a la vez enseñamos, lo que significa que cuando nos comunicamos recibimos y damos. Claro, que siempre debemos dar de todo lo bueno que llevamos dentro, esforzándonos siempre en dar lo mejor de nosotros. Igual es al recibir, porque nuestra mente es como una esponja que todo lo absorbe, por lo tanto, también ser astuto, aprovechar todo lo bueno que se nos ofrece y rechazar todo aquellos que nos parece que no es bueno, o saludable.

—¿Y qué es una esponja? —le pregunté.

—Es una fruta silvestre, mejor dicho cimarrona, de la forma de un pepino pequeño, que nace de un bejuco y cuando se seca se le quita la piel y las semillas y entonces queda una masa hueca y porosa que tiene la virtud de llenarse de líquido y si la introduces en el agua absorbe con facilidad; mayormente es usada para fregar.

—¿Y qué quiere decir rechazar?

—Bueno, rechazar es algo así como cuando vas por frutas, y hay que escoger y de pronto ves una china, por ejemplo, que te agrada porque la ves de lindo color y hermosa, pero cuando le das vuelta descubres que tiene una picada de insecto o que al caer se quebró y por lo tanto está desagradable, entonces la desechas; en otras palabras, la excluyes, la tiras, no te sirve. Eso significa rechazar.

—¿Y cómo yo puede entender si alguien no es bueno y que lo que me quiere enseñar es malo?

—Es muy fácil hija, estamos dotados con el espíritu del entendimiento y ya a tu edad sabes comprender qué no es grato al espíritu que siempre anhela, busca y desea lo bueno, lo bello y lo hermoso. Porque Dios quiere que seamos buenos, limpios y sanos.

—Entonces, usted también cree en Dios, ¿verdad?

—Sí, hija, hay que creer en Dios, porque El es nuestro Creador y el que nos hizo y nos dio este mundo tan bello que tú ves.

—¿Y es verdad eso de que Dios está en todas partes?

—Seguramente, Dios está en todas partes y nos ve, nos oye y nos observa, y nos ve por dentro, y por fuera, porque también está dentro de nosotros, y también en cada cosa que se mueve y su espíritu camina por el bosque y si dejas de hablar sola y aprendes a aquietarte, aprenderás a escucharlo mejor, porque hablar en cierta forma es conveniente, pero es en el silencio que se percibe a Dios, Espíritu de vida que está en todas las cosas, porque cada cosa tiene su propio espíritu el cual viene de Dios. Como ya te he dicho, si hablas sola te distraes y confortas, pero si te adiestras a escuchar en silencio y en quietud sentirás bien cerquita al grandioso Espíritu del bosque que es algo maravilloso.

Aquellas palabras suyas sí que me habían llegado al alma. ¡Qué feliz me sentía de aprender cosas tan bellas! Ahora sí que no me sentía sola ni triste con un amigo tan inteligente y amoroso, no había duda que había conseguido otro abuelo tan dulce y tan comprensivo como el abuelo Pepe. Ahora sí que tenía con quien hablar y discutir todos mis asuntos y a quien recurrir cuando deseara aprender o saber algo, porque don Kanette era entendido en todo.

Recuerdo que nos regresamos y por el camino pasamos junto a una hilera de árboles de mamey y todo el suelo estaba cubierto de las ricas frutas. "Me encanta el mamey —le dije—, pero Mamá lo tiene prohibido, ella dice que esta fruta envenena. ¿Y usted, que dice?". "Bueno, hija, como todo alimento que se ingiere fuera de horas, especialmente cuando uno está haciendo la digestión, puede que cause trastornos. Lo que sucede con el mamey es que es una fruta que toma tiempo digerir y si se come y no se ha logrado la digestión completa e ingerimos otro alimento, puede que enfermemos. Pero si se come a su hora y no con el estómago lleno, no hay problemas. Por otro lado, lo que más afecta es el temor. Si lo comes con el miedo que te va a hacer mal, pues puede que te haga daño. Así que lo mejor es comerlo sin ningún temor y cuando lo apetezcas y verás qué agradabable".

Recuerdo que en lo sucesivo lo comí y nunca me hizo daño. Por otro lado, yo nunca pude cambiar mi actitud de hablar sola, pero sí aprendí a aquietarme, como me enseñó él, en sagrado silencio y profunda contemplación absorbiendo tanto con los ojos del cuerpo, como con los del alma, todo lo maravilloso del grandioso y bello bosque, hasta sentir, como decía él, bien cerquita el espíritu del bosque moviéndose en cada cosa, sintiéndome yo también parte de la vida y del universo. Cada una de sus palabras fueron el principio o brecha hacia el descubrimiento de un mundo de maravillosas experiencias, donde por mí misma aprendía a internarme en los encantadores e insondables secretos de la vida y de la naturaleza.

Aquel año el guamá dio un cosecho enorme y a mí, que desde que tuve uso de razón me ha gustado compartir mis bendiciones con otras personas, pues me pareció bien, con permiso de Papá, invitar a algunos compañeros de mi clase que vivían en el pueblo a que vinieran a casa a disfrutar del delicioso fruto y aquel fin de semana se apareció un grupo. Yo esperaba que los varones subieran a los árboles y tumbaran el guamá para las chicas, pero no resultó así, pues las primeras en subir a los altos y corpulentos árboles fueron ellas. ¡Qué raro me estuvo aquello! Yo no sólo raro sino divertido, tanto que me hice de la idea, de también aprender a subir a los árboles, así que, tan pronto ellos se marcharon, me fui para el pozo y enseguida traté de subirme a un árbol de moca que quedaba en un respaldo junto al camino. Para ello tuve que poner el latón boca abajo y con mucho trabajo me encaramé, pero una vez arriba me aterroricé, pues no podía apearme y entonces fueron los aprietos. De todos modos tuve que tirarme y poco faltó para romperme las piernas y estuve coja por varios días, además aprendí que yo no había nacido para subir a los árboles.

Al fin llegó el fin de aquel año y llegó Navidad, y también la celebración o fiesta de Reyes. Yo me sentía terriblemente emocionada. Las tiendas estaban abarrotadas de juguetes, pero más que nada de preciosas muñecas grandes, que me traían sin sentido. Desde que me había enamorado de la muñeca aquellas en la pica del señor Sierra, no pensaba en otra cosa que en poder tener una muñeca como aquélla porque me consideraba una chica estudiosa, trabajadora y buena con mis padres y con mis hermanitos y estaba segura que los Reyes Magos tendrían esto en cuenta y me traerían una muñeca grande como yo tanto lo anhelaba.

Así que aquella mañana de Reyes me desperté y de un salto caí sembrada debajo de la cama donde había puesto la hierba en una caja para los caballos, según la tradición. Verdaderamente que allí había una muñeca, pero no una grande como la que yo esperaba, sino una diminuta y flacucha muñeca de trapo con cara, manos y pies de loza. La levanté de la caja, la tanteé varias veces y las ganas que me dieron fue de restrallarla contra el piso. "¡Qué buena porquería!" grité enojadísima. "¿Pero qué te sucede, hijita?" preguntaron mis padres a una sorprendidos, ya que se habían despertado con mi exclamación o grito. "¡Miren, miren! ¡qué trapo de muñeca me trajeron los Reyes, y yo que estaba esperando una muñeca grande que llorara y que dijera mamá! Esta no la quiero, no la quiero y no la quiero", vociferé a llanto vivo y la tiré sobre la cama y salí corriendo para afuera en busca de aire, porque el llanto me ahogaba. Mis padres me siguieron muertos de pena y hacían todo cuanto podían para consolarme y hacerme razonar, pero no había forma, porque yo estaba desquiciada.

Cuando se levantó el día fui a la hacienda. Bertito y el hijo de la cocinera tenían muchos y buenos juguetes, entonces me regresé a casa más llorosa y más triste que lo que había estado por la mañana. ¿Por qué los Reyes habían dejado tantos y tan bonitos y buenos juguetes en la hacienda, que eran ricos y si querían podían comprarlos, y sin embargo, a mí, que mis padres eran tan pobres, sólo me habían traído una insignificante muñeca de trapo y nada más, además sabiendo con las ansias que yo deseaba y esperaba una muñeca grande?

Y cuando llegué, pedí a mis padres una explicación a todo aquello que yo no lograba entender. Ellos estaban lo bastante desconcertados, pues quizás nunca pensaron encontrarse en esta situación y se esforzaron todo lo posible para tratar de arreglar la situación o por lo menos convencerme a aceptar algo que a la clara vista me parecía una injusticia. La historia que me hicieron fue que cuando los Reyes pasaron por nuestra casa, seguramente ya se les había agotado su cargamento de juguetes ya que eran miles de niños a los que había que dejarles juguetes y muñecas. Yo no estuve de acuerdo. "¡Imposible, no lo creo, porque la hacienda sólo está a unos pasos de aquí y allá dejaron muchos y lindos juguetes!" "Sí, pero allá no llevaron muñecas, así que es muy probable que ya, cuando pasaron por aquí, no tuvieron muñecas grandes, por eso te dejaron esa pequeña." "No estoy de acuerdo", dije, porque a mi hermanito no le dejaron algo mejor, pues también le habían dejado una insignificancia, por lo cual se me metió en la cabeza que algo andaba mal con nosotros que los Reyes no nos tenían en cuenta.

Entonces ellos me prometieron que el año entrante no ocurriría lo de este año, porque ellos mismos se iban a encargar de escribirles a los Reyes Magos con anticipación para que me reservaran una muñeca grande como la que yo quería. Así que tuve que conformarme y me preparé a esperar todo un año por aquella muñeca.

Mientras tanto, me hice de alguna amiguitas en el pueblo y siempre que tenía oportunidad jugaba con ellas, pero esto no me satisfacía, pues quería tener mi propia muñeca, que pudiera acariciarla, hablar con ella, dormir con ella, acariñarla y mimarla sobre mi pecho, y escuchar su dulce vocecita que me dijera ma-maaaá. ¡Eso! Eso era lo que deseaba de todo corazón.

Una de mis amigas tenía unas cuantas muñecas grandes, todas descuidadas, con todo el cabello desaliñado y sin ropas. Cómo me apenaba verlas en aquellas condiciones, por eso un día me ofrecí a llevarme una a una a mi casa, si era que me lo permitía su mamá, para que Mamá le cosiera trajecitos a cada una, ella estuvo de acuerdo y así lo hice. Recuerdo que trataba de encariñarme con ellas, mientras las tenía conmigo en casa pero no lo conseguía.

También la sobrina de doña Rosita Campos tenía centenares de juguetes de todas clases, tenía un cuarto repleto. A veces ella me invitaba a jugar con ella, recuerdo que tenía muñecas de todos los estilos y tamaños, pero a mí no me satisfacían los juguetes de otras niñas, sólo anhelaba y soñaba con aquella muñeca que fuera mía aunque tuviera sólo una.

Pero el tiempo pasó más rápido de lo que yo imaginaba y una tarde de aquellas fue víspera de otro día de Reyes. Mis padres se notaban enormemente felices, lo que significaba que habían escrito a los Reyes Magos y estaban seguros de que ellos me recordarían. Yo por mi parte me sentía en las nubes o mejor dicho en otro mundo.

Aquel atardecer Daniel y yo fuimos a cortar la hierba que pusimos en una caja debajo de la cama como era la costumbre. Mamá se empeñó aquella noche en que nos fuéramos temprano a la cama y se notaba su ansiedad. Yo no deseaba de ninguna forma irme a acostar tan temprano, pues sabía que no podría dormir, pero ella seguía con su insistencia y para que se tranquilizara, nos fuimos a la cama. Mi hermanito, que tendría unos cuatro años más o menos, enseguida se quedó dormido, pero no yo, que la ansiedad era tan grande que de ninguna forma podía conciliar el sueño. De todos modos me concentré en soñar despierta, pues me sentía la niña más feliz del mundo y hubo unos momentos en que dormitaba, pero de súbito quedaba despierta. Así pasaron algunas horas hasta que Papá llegó de la hacienda. Yo seguía en mi soñar, hundida en aquella sublime ilusión sabiendo que al amanecer tendría en mis brazos la muñeca más hermosa del mundo y a mi parecer la veía sonreírme con sus cachetitos rosados y hasta escuchaba su llantito, "ma-maaaá".

Recuerdo que Papá después de asearse un poco, se sentó a cenar. Ambos platicaban en voz baja luego del café, lo escuché arrellenarse en la hamaca a reposar, encendió un cigarrillo y todo el aroma inundó la casa y después de un rato se retiró a dormir sin hacer el menor ruido.

Yo podía escuchar los latidos de mi corazón y el verbeneo de mi sangre en la almohada, cosa que jamás me ha placido y no quería casi ni respirar para que Mamá no descubriera que aún estaba despierta, por temor a que fuera a enojarse conmigo. Entonces la escuché abrir su baúl grande que cerraba con llave y la sentí sacar algo que trajo y lo puso con mucho cuidado en la caja que estaba debajo de mi cama con hierba. Yo no tenía la menor sospecha de lo que ella podía estar haciendo allí, sólo que de pronto escuché el llanto de una muñeca grande. Yo conocía aquel llanto, lo había esperado por tanto tiempo que se me había metido en el alma. Ella que me creyó dormida puso la muñeca en la caja y se apartó con rapidez. Yo temblaba debajo de las cobijas. Si inmensa había sido mi ansiedad por una muñeca grande, mayor era ahora mi angustia. Aquella amargura y aquel dolor que sufrí no se puede describir con palabras, porque las penas de los niños son inexplicables ya que nacen del fondo de un alma inocente, por eso son penas difíciles de describir o explicar.

Fueron tantas las cosas que me pasaron por la imaginación en aquellos momentos que me sentí la niña más indeseable y más miserable del mundo. Ante todo, que yo no era una niña grata o buena, tanto que mis propios padres tenían que comprarme una muñeca por trasmanos, porque los Reyes no me tenían en cuenta. También pensé que quizás se habían enojado conmigo por tomado haber huevos a espaldas de Mamá para comprarme las medias y así bajo las cobijas estuve llorando por largo rato. Después vencida por la angustia me quedé dormida.

Cuando desperté, ya el día brillaba en todo su apogeo. Mamá esperaba con ansiedad a que yo despertara, para ver mi sorpresa y mi felicidad, pero yo no tenía ningún empeño y ni siquiera ánimo, porque mi corazón estaba herido.

—A ver, hija, levántate, ¿no quieres ver la sorpresa que te dejaron los Reyes? —dijo ella. Tuve que hacer un tremendo esfuerzo para no demostrar mi desilusión, bajé de la cama, tomé la muñeca en mis brazos, la contemplé, y lo que sentí por ella fue mala voluntad, me repugnaba su cara risueña, sus mejillas rosadas y su pelo rubio. Me estuvo hipócrita su llanto de "ma-máaa" y quise restrellarla más fuerte de lo que quise hacerlo con la flacucha de trapo, pero por sobre todo estaban mis padres, que siendo tan pobres se habían sacrificado para hacerme feliz.

Entonces me compuse y la abracé sobre mi pecho, acariciándola con una ternura fingida, para que Mamá se sintiera feliz. Aquel día de Reyes fue el último para mí, porque nunca más pedí juguetes ni nada y con ello sentí morirse dentro de mí una ilusión muy grande, y por algún tiempo anduve triste y de pronto me anegaba en lágrimas y usaba perderme por la campiña o por la quebrada como Ofelia la loca, y sufrí un trauma muy profundo y doloroso, pero a nadie conté aquella triste historia. En cuanto a la muñeca, la volví a guardar en el baúl grande de Mamá y allí estuvo por años, hasta un día que se la regalé a mi hermana Cándida.

En la hacienda no había muchos arrimados, pero cuando había que trabajar y recoger el café, acudían brazos de otros lugares. Sólo había cuatro casas de arrimados después de la nuestra, en una vivía don Kanette con su esposa doña Nena, en otro don Martín Cabot y su esposa doña Estefanía; había otra familia que se me escapa su nombre, y en la guardarraya, junto al río, un tal Rivera, que era capataz, con su esposa María. Rivera no tenía reloj y se levantaba con los cantíos de los gallos, pero a veces se despertaba con los cantíos de las dos de la madrugada, y se aparecía a casa a llamar a esa hora, cuando estábamos en el más profundo sueño y había que levantarse a abrirle la puerta y dejarlo entrar para que se acostara en la hamaca en lo que amanecía. Esto lo hacía a menudo y aunque Papá insistía en que se comprara un reloj, nunca lo hizo.

Su esposa era una persona muy agradable y muy católica y una vez se empeñó en llevarme a la iglesia. Recuerdo que era un Domingo de Pascua y la iglesia estaba repleta de esquina a esquina y el padre cura predicó el sermón en un idioma que yo no entendía, pero de todos modos me sentí muy orgullosa de haber asistido a una iglesia en donde se predicaba en un idioma extraño. Cuando regresé a casa conté cuanto pude, pues en verdad me sentía muy emocionada. Papá por su parte se lució hablando en contra del catolicismo, de la iglesia y de los curas, y aquel día dijo todo lo que quizás por mucho tiempo deseaba decir. Esto fue para mí tremendamente chocante, pues cuando creía haber descubierto algo nuevo y provechoso encontré que Papá lo detestaba de remate, pero gracias a Dios porque ya mayor aprendí a aceptar y a amar a las demás personas, fuera de sus creencias religiosas, o políticas, color, raza o sexo, llegando a comprender que todos somos seres humanos y que nos merecemos comprensión, amor y respeto.

Mi niñez y mi adolescencia no fueron algo agradable o normal que se diga. En una ocasión, mi hermanito y yo fabricamos una casita donde jugar, cerca de nuestra casa, pero dentro de la finca, arriba de una ladera. Pusimos varas atravesadas por entre las horquetas de los árboles, techamos con pedazos de zinc viejo, le improvisamos paredes con toldas y sacos, limpiamos bien el piso y se convirtió en algo ideal para jugar. Estuvimos muy felices hasta un día que nos pareció fantástico el que comiéramos nuestro almuerzo allí. Pedimos permiso a Mamá, y ella consintió y ya que el almuerzo casi estuvo listo comenzamos los preparativos, llevando primeramente agua y los cubiertos, pero cuando fuimos por la comida la nena Cándida que tenía unos tres años más o menos, se empeñó en ir con nosotros, cosa que definitivamente era imposible. Primeramente, porque queríamos comer en paz, y segundo, por el peligro que había de resbalarse o rodar por la ladera, pues desde aquella vez en que rodó por la vertiente y se cortó con el pedazo de botella, yo siempre estuve nerviosa. Así que nos negamos rotundamente a llevarla con nosotros y, en una vuelta, tomamos los platos de almuerzo y nos escurrimos de prisa cerrando el rastrillo y dejando a la niña a grito tieso. No sé cómo se las arreglaron para calmarla, pero después de un ratito todo volvió a la normalidad, pero la cosa era que Mamá nos había dicho que nos lleváramos la nena con nosotros o no podríamos almorzar abajo. Pero, por lo visto, todo había salido bien y ahora estábamos más que felices de haber disfrutado de un rato placentero almorzando a gusto en la casita como lo habíamos planeado.

Así que nos olvidamos del incidente y volvimos a nuestro entretenimiento, cuando de pronto vimos a Papá que se acercaba, pero no de buen talante. Yo, que había aprendido a leer sus gestos, de inmediato comprendí que algo andaba mal y se lo comuniqué a mi hermanito y de un salto nos pusimos de pie. Ya para entonces Papá estaba muy cerca y comenzó a quitarse la correa. Tartamudeando quise explicarle y hacerle razonar, pero él no quiso escuchar, ya entonces me aterroricé al comprender sus intenciones y comencé a caminar hacia atrás y mi hermanito me siguió. Papá estaba muy airado y yo muy nerviosa. Ahora él con la correa en la mano, nos seguía y nos gritaba y nosotros más corríamos presas del terror. Pero él más y más se encolerizaba a medida que nos seguía y el blanco era yo. En una ocasión se detuvo y me gritó: "Si a Mayagüez llegan, hasta allí voy detrás de ustedes, así que pueden seguir si así lo desean". "Pues, prométeme que no nos castigarás y regresamos" le pedí yo, y añadí, "si no hemos hecho nada malo, Papá". "Muy bien, regresen, que no les voy a pegar". "Pues, ponte la correa", le supliqué. "Muy bien, ya me la puse, regresen". Entonces, confiados regresamos, temblando del miedo, pero como no habíamos hecho nada malo, además en la confianza de que era nuestro padre y nos había prometido que no nos castigaría; pero mintió, mintió nuestro padre. ¡Qué cosa más terrible! Pues cuando llegamos frente a él, se volvió a quitar la correa y acometió contra mí, con tal furia, pero a mi hermano lo dejó ir. Yo enloquecí y en vez de tomar el camino me desvié quebrada abajo por sobre piedras y rocas, aquí caía y allá levantaba, y él me seguía dándome cantazo sobre cantazo sin piedad ni misericordia. Entonces recordé el lodazal y me desvié vertiente arriba camino a casa, sin parar de correr y él pie a pie conmigo sin dejar de golpearme con la correa, hasta un momento cuando sentí que se me vaciaron las tripas y me desmayé.

Entonces dejó de castigarme y se detuvo y no supe del mundo y cuando volví en mí, estaba tirada en el batey sin vida, donde vomité hasta el verde de las tripas. Mamá parecía sentirse satisfecha de la hazaña de Papá, porque cuando volví en mí replicó: "Eso es para que aprendas a respetar, tienes que aprender tu lección, si te hubieras llevado la nena contigo, nada de eso hubiera sucedido, además, tú conoces bien el genio de tu padre". Entonces se subió a la casa y al son de sus reproches se me fue yendo el mundo y me dormí tirada en el soberado como un animal herido, hedionda a mierda, a orines y a vómitos.

Yo me recuerdo tremendamente inquieta y me encantaban los animales, pero sentía preferencia por los caballos y los gatos. Recuerdo que en una ocasión se apareció rondando por los alrededores de nuestra casa un hermoso gato manchado. Enseguida quedé prendada de él y me vino la idea de tomarlo en brazos para acariciarlo y darle de comer. Mamá, que me vio tan entusiasmada, me advirtió del peligro. "No es fácil ni posible mimar un gato adulto y menos montés, hija. Son igual que una fiera, y si insistes en acercártele puede enojarse y hacerte daño, mejor será que lo dejes en paz". Pero yo, ilusionada con el bello animal, no obedecí a sus palabras y seguí tras el gato por la finca, mientras aquel despedía feroces maullidos, y seguía internándose en el bosque, haciendo caso omiso de mis frases amorosas, hasta que comenzó a correr huyéndome. Mi empeño era hacerlo mi mimado, mi favorito, pero no entendía las palabras de Mamá, de que era imposible y lo seguí en su carrera hasta que fui a tropezar con una estaca de árbol de café y se me produjo una profunda cortada en una pierna, entonces me regresé a casa chorreando sangre. Mamá, pacientemente me curó y vendó la herida, satisfecha de que yo había aprendido mi lección.

Aun así, recuerdo que ella no se esforzaba en detenerme ante aquel mundo lleno de peligros que día a día se abría ante mí. ¡Cuánto se lo agradezco!, porque a pesar de todas las luchas y tragedias, siempre me sentí libre, libre como el viento, como el aire y como el sol, lo cual contribuyó tremendamente a que alcanzara a vivir una plena y fructífera vida colmada de bellas experiencias.

Para esta misma fecha murió el abuelo Ramón. Esa tarde regresó Papá del trabajo con la triste noticia y comenzó a prepararse para asistir al velorio y los funerales. Quise irme con él, pero Mamá no estuvo de acuerdo. Según ella, yo no estaba preparada para viajar, por otro lado me necesitaba con ella y según su razonamiento eso de funerales no era cosa de criaturas. ¡Qué mucho me apenaba no poder darle el último adiós a aquel abuelo tan dulce y adorable! Él y yo habíamos sido muy buenos amigos y en ocasiones me había quedado a hacerle compañía durante la noche en su casa de pensión.

Era la persona más noble y grata que he conocido, tanto que habiendo perdido la vista desde temprana edad, sus amistades usaban tenerlo con ellos en sus casas, donde se le proveía de todo, con el único deseo de disfrutar de su compañía. Recuerdo que después que se despidió Papá, lloré mucho y al día siguiente que era cuando le darían sepultura, me fui al bosque a llorar mi pena y a recordar los momentos felices que pasamos juntos. Ya después, nunca me sentí sola, porque sentía su compañía por dondequiera que andaba. Aún me parece contemplarlo, apoyado en su bastón con su mirada profunda y serena y su rostro iluminado de ternura.

¡Qué ironía la vida! En la hacienda se elaboraba vino de china para el uso de la casa y Papá estaba al cuidado de esto. Lo muy curioso es que un día en que bregaba con el tapón de uno de los barriles, éste se zafó y fue a rodar lejos de su alcance. No podía despegar la mano del chorro que salía a borbotones y tampoco había a quien llamar, ni ninguna cosa a la mano con que tapar el agujero. Así, que lo mejor que pudo hacer fue abrir la boca y beberse todo lo más que pudo y cuando ya se sintió borracho fue cuando se apareció

Don Juan, el hacendado, a quien no le pudo explicar lo sucedido porque de seguro que no iba a creerlo.

En una ocasión, cerca de la casa, bajo los camaseyes, estaba amarrada, pastando, Pepa, nuestra cabra, cuando de pronto pasó por la carretera abuela Rosita, la madre de Papá, que venía a visitarnos. Era la primera vez que ella venía por este lugar y aunque Papá le había explicado de antemano donde vivíamos, ya la anciana comenzaba a pasar de largo. Pero Pepa, la cabra, que bien la conocía, al verla que ya encumbría, desde arriba de la loma le berreó, y le movió la cola tan cariñosamente que la anciana la reconoció y entendió que allí vivíamos. Ese día fue un coloquio para nosotros, pues abuelita decía que la cabra le había hablado porque le había dicho claramente "Doña Rosaaa, aquí e-e-e-e-es". ¡Qué orgullosos nos sentíamos de tener una cabra tan inteligente, además de cariñosa!

A causa de que nuestro padre no dormía lo suficiente, ya que usaba trasnocharse demasiado en los fines de semana, los lunes de mañana casi siempre se levantaba soñoliento y una de aquellas mañanas se fue a la hacienda a comenzar a cortar hierba en la máquina para los caballos, no se percató y al introducir el maso, la máquina le trozó la coronilla del dedo del corazón de su mano derecha con todo y uña. Nosotros le vimos pasar frente a casa en el caballo, para el pueblo y Mamá, siempre con sus sospechas, imaginó que algo le sucedía, pero decidimos esperar a que regresara y, efectivamente, a su regreso supimos del desagradable accidente. No quiero recordar aquella experiencia tan dolorosa, pues siempre que viene a mi memoria, me afecta como en el primer momento. Recuerdo que él extrajo de su bolsillo, envuelto en una gasa, el trozo de dedo y me mandó a enterrarlo. Yo obedecí y me dirigí con un machete frente a la casa donde había un árbol de china y allí cavé un hueco en la tierra y me dispuse a darle sepultura. Lo que sentí fue horrible, tanto que tuve que asirme al árbol para no dejarme caer, pues me dio vértigo y me empapé de sudor y casi me desplomé. El sólo pensar que enterraba una parte del cuerpo de mi querido padre me hacía desfallecer.

Muchas eran las cosas que me fascinaban y me despertaban a la realidad, a la vida, y al mundo que día a día se iban desplegando ante mí con millares de nuevos descubrimientos y sorpresas, pero sobre todo estaba la escuela, fuente inagotable donde más aprendía. Por eso, el día que la señorita Caparró nos anunció que dentro de poco se llevaría a cabo en nuestro pueblo una regia celebración nacional y que nuestra clase dramatizaría en parte, la historia de nuestros indios taínos, yo quedé tremendamente impresionada, más cuando supe que yo representaría a una india.

Para la celebración, primeramente tuvimos que estudiar la vida de los indios y luego le siguieron los preparativos y los ensayos y la recolección de todo aquello propio para los vestuarios y adornos. Fue necesario recolectar plumas, caracoles, camándulas, semillas, cimarrones, como matos, peonías, frutas de la berenjena silvestre, canutillos de hoja de higuereta, piedrecillas y confeccionar tintes a base de semillas como el achiote y también de hojas y raíces de otras plantas. Se confeccionaron plumachos y se fabricaron bellísimos collares y pulseras y adornos para ser usados según el papel de cada cual. Las indias iban vestidas de rojo, algo original y sencillo, una yarda de tela envolvía nuestro cuerpo, la cual era prendida a un lado con imperdibles y luciríamos trenzas largas y vistosos collares y una bandita roja con una pluma coloreada adornaría nuestra frente. Por supuesto que no llevaríamos zapatos para lucir lo más original posible.

El día que le relaté a Mamá la noticia por poco me espanta el ángel de la guarda. "¡Mira que esas maestras tienen estómago, y que vestirlas de colorao, luego pintorrearlas y encima de todo eso, descalzas en ese terrero de sol en plena plaza! No faltaba más, pero tú no irás, además no hay dinero para malgastar". "Pero Mamá, si sólo es una yarda de tela que vale quince centavos, y yo no puedo negarme, soy parte de esa clase, además me encanta el papel; imagínate, yo representando a una india, para mí es muy lindo, Mamá". "Pues, sácatelo de la cabeza", rezongó con disgusto. Tuve que esperar un poco en lo que a ella se le pasaba, pero luego le seguí con la majadería y el lloriqueo, hasta que ella, por quitarme de su frente, me dio los quince centavos y fui por la tela.

¡Al fin llegó el soñado momento! La plaza estaba que no cabía otra alma, de maestros, visitantes, estudiantes y espectadores que no nos quitaban la vista de encima porque lucíamos bellas y originales, pero como había predicho Mamá, el día estaba como candela, pero nosotros supimos comportarnos y representar con todo orgullo y solemnidad la memoria de nuestros antepasados taínos. Yo me sentía sobremanera satisfecha y orgullosa. Lo hicimos tan bien, que recibimos un alto reconocimiento del Departamento de Instrucción Pública y yo permanecí siendo una india por mucho tiempo.

En esta casa enfermé de papera y estuve como una semana con una fuerte y dolorosa hinchazón que no me permitía abrir la boca.

Mamá me curó con una untura casera, hecha a base de garra de yagua quemada, luego pulverizada, mezclada con manteca de cerdo, que se freía sin sal. Esta pomada se frotaba suavemente con una delicada pluma de gallina, aplicándose siempre hacia atrás. Aquellos días que pasé en cama fueron por demás penosos, no sólo por la molestia de la enfermedad, sino por lo intolerable del encerramiento en la alcoba y por la inquietud de no poder asistir a clases.

Allí me pasaba las horas cavilando y un día de pronto me encontré contemplando el techo de mi habitación, que no tenía cielo raso y, para sorpresa mía, allí había algo a lo cual antes no le había puesto atención, aunque no niego que sí lo había visto, pero ahora no era que lo veía o miraba sino que lo contemplaba. Era la huella de un pie descalzo de hombre, sellada con barro en la plancha de zinc. Aquello despertó en mí una profunda y gran curiosidad y comencé a pensar en un sinnúmero de posibilidades, que me llevaran a entender. ¿Cómo podía ser posible, que esto sucediera? Y con los días, aquello se convirtió en un verdadero enigma para mí, pues de ninguna manera concebía la idea de que un hombre hubiese caminado en el techo con el cuerpo hacia abajo. Así estuve por días enteros escudriñando con la mente, pero no hubo forma de poder encontrar la respuesta.

Bueno, seguramente mi lector pensará que por qué no les pregunté a mis padres, pues claro que de inmediato me hubiesen sacado del aprieto. Pues no, no lo hice. ¿Por qué? Pues muy sencillo, porque desde muy pequeña tuve mis propias ideas, y una de ellas era averiguar ciertas cosas por mí misma. Claro que no todas, pero sí aquellas que me parecían raras y profundas o meramente aquellas que se me pegaban en ganas descubrirlas por mi propio esfuerzo. No sé por qué hallaba deleite en ello, y esta fue una de ellas.

La cosa fue que mientras estuve en cama no hacía otra cosa que romperme el cerebro por encontrar la respuesta, pero luego que me alivié y volví a la escuela y a mis quehaceres, ya no tuve tiempo para seguir en la investigación y naturalmente todo quedó olvidado en el subconsciente.

Pero un día, después de muchos años, cuando fabricábamos nuestra casa, bajo una fuerte lluvia, se procedió a subir las planchas de zinc para techar y para sorpresa mía, en una de las planchas sellada estaba una huella de pie descalzo de hombre; uno de los peones se había parado sobre ella con sus pies enlodados. Al contemplarla de inmediato me volvió aquel recuerdo de niña y como tonta reí a carcajadas. ¡Cuánto tiempo había tenido que esperar para entender el enigma, pero qué feliz de haberlo descifrado por mí misma! En cuanto a la papera, hoy es un recuerdo bonito de la ternura con que mis padres me cuidaron y atendieron. Papá iba a verme cada noche cuando regresaba del trabajo, y a pesar de la enfermedad, me sentía la niña más feliz del mundo.

Recuerdo una noche, cuando ya estaba bastante mejorada, que él llegó y sólo se limitó a preguntarle a Mamá por mí, a lo cual ella contestó que bastante bien. Entonces, parece que quizás por estar cansado, no pasó enseguida a verme, luego de comer se estuvo un poco y cuando yo imaginé que me había ignorado, desde mi cama le hablé y le dije para llamar su atención: "Papá, esta noche no te pido la bendición porque no puedo hablar". Ambos prorrumpieron en carcajadas por mi ocurrencia, y entonces él fue a mi cama, me besó en la cabeza, me echó la bendición y me agregó la cobija. ¡Qué felicidad más inmensa me embargó! Creo que lo más hermoso de los niños no es otra cosa que ser niños.

A la verdad, que yo trabajaba demasiado para mi edad, pero como me acostumbré desde muy pequeña, pues esto se hizo hábito en mí, de tal forma que hallaba deleite en ello. No sé, pero Mamá llegó a descubrirlo y, con perdón de Dios, digo que en cierta forma ella obraba injustamente conmigo. Recuerdo que cuando regresaba de la escuela, a eso de las cuatro de la tarde, ella estaba ansiosa, esperando por mí, para que me fuera a traer agua del pozo. A toda prisa me cambiaba la ropa y me quitaba los zapatos y ya ella me tenía preparado medio cacharro de café negro cargado, caliente y con bastante azúcar. Recuerdo que me lo tomaba y era igual que si me hubiese puesto una inyección de energía, pues se me despertaba cuanto nervio tenía en el cuerpo, y me comenzaba un hormigueo por el costado izquierdo junto al corazón, que yo misma escuchaba el chasquido de los nervios sonarme en toda el área y enseguida me sentía ágil como una cabra y saltaba y corría loma abajo con el balde a buscar agua.

Por otro lado, ella cuidaba mucho de mi alimentación y de que yo estuviera saludable. Ella era experta en el arte culinario y si unas sopas cocinaba, ponía en ello toda su gracia, y sus guisos hacían a uno regustarse. Fuera de los clásicos platillos, como el arroz y las habichuelas, el arroz con pollo o con gandures verdes y las viandas y el clásico bacalao; ella era una línea en la brega de la harina y recuerdo que, cuando no era legítima y fresca, maldecía hasta el barco que la trajo. Esto, porque a ella le gustaba elaborar bien los alimentos. Los funches le quedaban deliciosos y en cuanto a sorullos asados, sorullitos fritos, empanadillas, mapiros, guanimes, tortas, o el sabroso pan de maíz, todo lo hacía riquísimo.

Y para qué decir del asopao, potajes o cualquier clase de carnes. Así que esto no sólo despertó en mí el buen gusto del comer, sino el placer de aprender a cocinar, a lo cual aprendí a familiarizarme desde muy pequeña. Pero lo importante del tema fue que crecí fuerte, saludable y enérgica. Y como cargaba los latones de agua en la cabeza, como también la leña y la artesa de ropa, en vez de crecer y espigar, lo que hacía era madurar, pero me mantenía pequeña de estatura.

En cuanto a disciplinarme o imponerme castigos, Mamá tenía sus métodos, los cuales eran bárbaros y anticuados. En una ocasión me arrodilló en un guayo, cosa atroz. En otra me puso de rodillas en el batey en pleno sol con una plancha en cada mano y con los brazos estirados. Esa vez me salvó don Kanette que pasaba para el cercado y al verme quedó sorprendido. De inmediato la llamó y en amor y respeto, le reprendió, haciéndole comprender que era una injusticia lo que ella estaba cometiendo conmigo. "Eso sólo sirve para trastornarle la mente", le dijo. "Usted está en el deber de corregirla, enseñarla y educarla, pero no cometer semejante crimen, luego a mí me consta que es una niña muy buena." Esta fue la última vez que Mamá me impuso castigos y jamás volvió a castigarme.

Para este tiempo se embarcaban para Nueva York, el tío Alcides, hermano menor de Papá, y un pariente de nombre Ermelindo, hijo de tío Joseíto. Tío Alcides vino a despedirse de nosotros y Papá y él comentaron muchísimo en cuanto a su viaje y demás. A mí me estuvo algo emocionante y pensé que algún día cuando fuese mayor, iría a esas tierras maravillosas de las que tanto se comentaba.

En esos mismos días vino también tío Eduardo, el hermano de Mamá, a visitarnos. No hacía mucho que se había graduado de teología en el Poly de San Germán y estaba pastoreando la Iglesia Presbiteriana de Río Piedras. Recuerdo que aquella noche me llevó con él a la iglesia de Maricao. Para mí esto era otra gran experiencia que ponía mi mente a trabajar, ya que descubría que existía otra iglesia además de la católica. Cuando lo discutí con mis compañeras de clase al otro día, surgió una tremenda discusión. Nunca imaginé que esto resultara en algo tan discordante, pues cada cual defendía su creencia y su fe y tanto las católicas como las protestantes exponían sus razones de por qué eran una cosa o la otra. Y yo, como nunca he sido de las personas que les gusta discutir, sino estudiar detenidamente las cosas, pues me escurrí y las dejé enfrascadas en su acalorada discusión.

Unos días después de este incidente nos mudamos para un nuevo lugar, después de dos larguísimos años de vivir en la Isabelita, de donde llevé conmigo algo así como un película de largo metraje, la cual pasaba por mi imaginación cada vez que mi pensamiento se anidaba en el pasado.

Papá no se mudaba por su propia voluntad, sino porque se vio obligado a renunciar.

Capítulo 10

AHORA el nombre de la hacienda era La Esperanza, propiedad de don Nino Fernández. Estaba ubicada a unos kilómetros de Maricao por la carretera del Alto Manzano y para llegar había que bajar por una cuesta empinada y allá abajo estaban los establecimientos. La casa grande era bastante nueva, con un ancho balcón y miraba frente al talud que habían labrado en la colina para poder fabricar. De un lado quedaban la casa de máquinas, los glasis y la cuadra junto al cafetal, y acá, en la misma entrada de la hacienda, estaba nuestra residencia, si así se pudiera decir. Era una vetusta casa, estilo cuartel, alta, montada sobre estantes enterizos de madera del país, con una escalera por el lado.

Don Nino era soltero, un hombre elegante, muy bien parecido y apuesto y manejaba un flamante auto del año, que guardaba en un garaje arriba en la carretera. La otra persona que habitaba en la casa grande era el ama de llaves, una anciana jamona, llamada Antonia, de procedencia española. Antonia había sido la nana de los Fernández por toda su vida y aún trataba al señor don Nino con los mimos de un señorito.

En todas las haciendas, por lo regular, había un segundo mayordomo que se encargaba de la peonada y de las siembras y aquí estaba a cargo de esto don Ramón, que vivía con su esposa y una hija casadera ahí cerca de nosotros. Recuerdo que tenían una hermosa perra, y en la casa grande también había un hermoso perro, de raza pastor alemán que, por desgracia, ladraba constantemente, algo totalmente mortificante y a lo que tuve que acostumbrarme.

Junto a la hacienda, había otra casa de arrimados y unas cuantas más dispersas. La chorra de agua estaba a unos pasos. No sé, pero desde el primer momento, aquel lugar me desencantó totalmente. Trataba de buscarle la gracia, la belleza, pero no había nada que pudiera despertar mi interés. Solo finca y monte y árboles, pero todo sin acorde, sin gracia, como si el espíritu de la belleza no hubiese pasado por allí. Tampoco había niños de mi edad y comencé a sentirme melancólica, y como si esto fuera poco, Mamá esperaba otro bebé, que nació en el mes de septiembre. Un par de meses después, Papá comenzaba a involucrarse en la política.

Yo, por mi parte, seguía constante en los estudios que eran mi afán y mi meta, y en los fines de semana seguía atareada en los trabajos domésticos y en el cuidado de Lilian que, según Mamá, era mi responsabilidad. En este lugar fue donde, por orden de Mamá, comencé a entrenarme en el lavado. Ya había cumplido los diez años y según ella ya era tiempo de tomar en serio este quehacer. Claro que yo ya hacía algo de lavado, pero cuestión de ropa y los pañales y la ropa de las criaturas, pero ahora el asunto tomaba otro aspecto que incluía la ropa de los mayores y la ropa de cama, toallas y demás.

Lo triste del caso es que la quebrada nos quedaba distante, tenía que cruzar por el monte y finca y por obligación llevarme a mi hermanito de cinco años que en vez de serme de ayuda y compañía, yo diría que me era un estorbo y otra responsabilidad además del lavado. Pero no había remedio, había que seguir las instrucciones de Mamá y al pie de la letra, pues mis padres veían las cosas de dos colores, blanco y negro y todo dependía del color que quisieran verlas y no había modo, porque uno no podía exponer sus razones ni su punto de vista.

Aún recuerdo sus instrucciones aquel primer día que me inicié en el lavado general de nuestra casa. "Lo primero que vas a hacer es mojar toda la ropa, una a una y la vas poniendo en una pila, luego de esto, procedes a enjabonar pieza por pieza y la apilas sobre la piedra o laja, entonces comienzas a estregarla bien y a ponerla a un lado. Cuando hayas terminado de estregarla toda, con la paleta, cuidando de los botones, la vas paleteando una a una, a la vez que la vas sumergiendo constantemente en el agua para sacarle todo el jabón y el sucio a medida que la enjuagas y veas que está lo suficientemente limpia. Alguna tendrás que volverla a estregar, como la de tu Papá, a ésa espero que le pongas especial cuidado y que quede bien enjuagada, esto es muy importante porque de lo contrario después de seca despide mal olor y tú sabes cómo es tu padre. ¡Ah! y cuando la pongas en la artesa, cuida de que la de color queda separada de la blanca para que no se tiña una con otra." "¡Ahora, pon atención a esto! —me dijo ya que me iba—. No te acerques a los charcos hondos, tampoco vayas a bañarte, ni te distraigas pescando, cuida de la ropa, de la paleta y del jabón, que no se te vayan corriente abajo. Si notas que el agua se pone turbia, sal de la quebrada de inmediato, puede ser señal de creciente, por estar lloviendo en otro sitio. Igual, si de pronto comienza a llover, recoge todo según está y regresa. No te vayas a buscar frutas o pájaros como te gusta a ti. Cuida de que el nene no se aparte del lado tuyo ni un momento, y cuida de que no se meta en las ortigas o rábano y eso sí, trata de venir pronto. ¿Me has entendido bien?". Estas fueron sus primeras lecciones en cuanto al lavado, pero sí que me las aprendí bien, porque en lo sucesivo tuve que lavar mucho a medida que la familia crecía, que por lo visto iba viento en popa, y así iba pasando el tiempo y la vida seguía sorprendiéndome día a día con nuevas coas y nuevas experiencias, mientras yo seguía fiel y constante a aquella lucha y bárbaro ajetreo.

De todo aquel paraje sólo un lugar en concreto me atraía para mis momentos de retiro y contemplación. Quedaba por detrás de la casa de máquinas, donde había un naranjal o siembra de china que estaba en el fuerte del cosecho. Me agradaba el perfume que despedían los árboles, y porque el sol penetraba a través de las ramas y había tardes que tal parecía que el bosque estaba encendido en llamas. Me fascina recordar aquel lugar y aquellos momentos de soledad conmigo misma, y contemplar las parvadas de perdices que bajo los árboles gustaban tanto de las frutas y de las semillas. Me divertía agachada detrás de los árboles contemplándolas regocijarse y pasearse ya que mayormente andan, aunque vuelan. Es un ave muy linda y agradable, de color pardo y de una mirada dulce.

Pero un día sucedió lo imprevisto, cuando iba dando mi vuelta noté algo así como una canastita hecha de varitas de bambú. Me acerqué para averiguar qué era. Nunca antes había visto algo igual, pero al tantearla descubrí que dentro había una perdiz, que al yo levantar la canasta salió volando dejando atrás todo su plumaje con el roce de la canasta y de mí. Entonces entendí que estas canastas pertenecían a alguien y me alejé del lugar. Al día siguiente volví, para cerciorarme de quién eran, ya que como era nueva en el lugar, no conocía aún a las personas. Pero eran de Toño, el peón de confianza de la hacienda. Cuando lo vi bregando con las trampas me acerqué y me dijo que eran suyas y que la carne de perdiz era exquisita. Desde entonces, perdí el interés en recrearme bajo los preciosos árboles.

En aquellos mismos días enfermó Lilian del sarampión y Mamá le aplicó la misma fórmula que a mí. Para entonces tenía dos años y, al parecer, se recuperó pero quedó pálida y muy débil y poco a poco fue perdiendo los bríos de jugar y reír como antes y siempre estaba soñolienta.

Casi enseguida que nos mudamos a la hacienda, descubrí que el hacendado era tan rutero y bohemio como Papá, con la diferencia de que aquél se podía gastar estos lujos, aunque con las mismas consecuencias. El buen señor se levantaba, ya el sol alto, con un aspecto de trasnochado, tomaba su baño o el desayuno, porque a veces no lo soportaba; si Papá estaba platicaban un poco y ya a las once de la mañana estaba en marcha y no regresaba hasta altas horas de la madrugada, y como nuestra casa pegaba con la casa grande, se podía escuchar vomitando su borrachera.

Recuerdo que desde que nos mudamos, que fue precisamente en el mes de julio, nuestro viejo caserón estaba siendo reparado, pues a decir verdad, estaba tremendamente deteriorado. Claro que era muy poco el adelanto que se le había hecho, ya que el carpintero que estaba a cargo, no sólo era calmoso, sino que comprendía que aquella casa lo que necesitaba era que la demolieran, pues, por lo visto, ya había dado todo cuanto podía.

Cuando llegó el mes de septiembre, la lluvia estaba en todo su apogeo, y Mamá esperaba su bebé en cualquier momento, según las pláticas de ellos. Ya Papá había subido leña seca para la cocina, como era su costumbre, siempre que se esperaba la llegada de un bebé y también se tenía bastante agua reservada, además de una gallina amarrada debajo del fogón, para matarla en cuanto fuese necesario.

El día trece amaneció muy nublado y borrascoso. Yo me levanté antes del amanecer a prepara el café, pues ya Mamá comenzaba a entrenarme también en el quehacer de la cocina y más ahora que estaba en su último mes de embarazo, y ella hallaba placer en permanecer tarde en la cama, siempre que fuera posible. Ese día Papá contaba guineos para le venta en el garaje, arriba en la carretera, así que me dijo a dónde llevarle el desayuno. Mamá permanecía en cama cuando él marchó y afuera el viento y la lluvia seguían entonándose y comenzó a ponerse obscuro.

A eso de las diez de la mañana, cuando yo me disponía a llevarle el desayuno a Papá, ella me llamó y me dijo que me olvidara de todo y fuera por él y le dijera que viniera rápido que tenía algo importante que comunicarle, y ya que salía por la puerta, me gritó, "dile que venga pero enseguida". Yo cogí cuesta arriba a toda carrera, pero cuando le di el mensaje, él, sin incorporarse, me dijo que lo sentía mucho, pero que le era imposible ir por ahora, ya que tendría que terminar de contar aquellos guineos porque el camión vendría en cualquier momento por ellos. "Ve y pregúntale a tu madre qué es lo que quiere," me dijo mientras seguía atareado contando. Yo salí disparada cuesta abajo resbalando, aquí caigo y allá me levanto, empapada de pies a cabeza, y ya el viento soplaba con más fuerza y llovía a cántaros. Subí la escalera de dos o tres trancos y cuando entré, hallé a Mamá parada en medio de la sala temblando de los nervios. "¿Dónde está tu Papá?" me preguntó asustada. "Dice que no puede venir por ahora, que le mandes a decir qué es lo que deseas". "¡No me digas semejante cosa, muchacha! Corre y dile que necesito la comadrona," me dijo en tono desesperado.

Parece que me detuve, quizás a pensar por un momento, porque recuerdo que me sacó de quicio cuando me dijo, "¡pero corre, muchacha!". Yo no sé de dónde saqué fuerzas para volver a subir la empinada cuesta, pero si sé que me hice alcanfor. Cuando él me vio, se asustó y me preguntó: "¿Pero qué es lo que pasa, muchacha?". Yo no podía hablar, pues me faltaba la respiración, pero cuando pude balbucear, le di el recado, "¿Pero, una comadrona en un día como éste?" replicó él con turbación. "Bueno, pues, vamos para allá," dijo, cerrando la puerta del garaje.

Cuando bajábamos la cuesta, ya yo no me sostenía en las rodillas y los dientes me castañeaban como máquina, por un lado las carreras me habían aflojado cuanto nervio tenía en el cuerpo, además no había desayunado y, por otro lado, el frío y el viento me acosaban a tal extremo que no me sostenía.

Cuando llegamos encontramos a Mamá aterrorizada a causa del mal tiempo, y más porque sabía que los síntomas que tenía eran señal de que el bebé estaba en camino. Papá llamó a Toño el peón y lo mandó al pueblo por doña Margara, la comadrona. El ensilló el caballo y salió a toda carrera. Según él nos contara luego, la señora Margara se negaba a salir en un tiempo tan feo, pero a su insistencia, logró conseguir que viniera y hora y media más tarde estaban en casa.

La señora saludó al entrar por la puerta y estaba más aterrorizada que la misma Mamá y empapada, empapada, pero así se dirigió rápido a la recámara de Mamá y unos minutos después se reunió de nuevo con nosotros. "¿Dónde esta la cocina?" me preguntó temblorosa de frío y de nervios. Yo la guié enseguida. "¿Cómo te llamas?" "Carmen Luisa," le dije. "Pues, doña Carmen Luisa, póngase lista porque tenemos mucho que hacer". Yo asentí con la cabeza y le seguí la corriente, mostrándole cada cosa que ella me pedía.

"Lo primero que vamos a hacer es calentar agua," dijo. "¿Y esa gallina es para matarla?" me preguntó. "Sí, señora," dije, y volví a asentir con la cabeza. "Pues, dile a tu papá que se la lleve y la mate rápido". Papá agarró la gallina y un ratito después nos la traía lista para ser pelada. Doña Margara parecía una hormiguita dando carreras de la cocina al cuarto y del cuarto a la cocina, y mientras el viento y la lluvia seguían en su apogeo tomando cada vez más fuerza, ella palidecía y se ponía cada vez más nerviosa.

"Esto tiene que ser una tormenta que se está desarrollando, no puede ser otra cosa," comentaba ella con Papá. "Yo creo que usted está en lo cierto" añadió Papá, "porque el viento está muy recio". "Lo único que yo quiero es que usted tenga el caballo listo para yo irme a casa, tan pronto nazca la criatura," agregó ella. "Pierda cuidado," le dijo Papá, "tan pronto usted termine su trabajito, enseguida la mandamos a su casa".

Mientras tanto, la angustiada señora me ayudaba en la cocina. Ya la gallina estaba hirviendo y olía exquisito, también estábamos haciendo arroz blanco y guisando habichuelas. Todos estábamos hambrientos, ella también. En una vuelta le sirvió una fuente de caldo a Mamá, y me dijo que esto le haría mucho bien.

Mi hermanito no salía de la cocina pidiéndome comida, pero yo en la turbación no me atrevía a servirle por respeto a la doña que era ahora la que estaba al mando de la cocina y yo esperaba que fuera ella la que nos sirviera, pues en aquel tiempo se tenía especial respeto por los mayores.

Afuera el tiempo seguía empeorando y las ráfagas eran cada vez más violentas, tanto que tal parecía que en cualquier momento la casa volaba por la pendiente abajo.

En una, doña Margara salió corriendo del cuarto y le dijo a Papá que se marchaba, que buscara a otra persona que atendiera a Mamá. Esto lo dijo sin saber lo que decía, porque ya no había otro remedio que "aguantar las doscientas," como dice el adagio. En esto se escuchó la voz de Mamá, que fueran de prisa y ambos corrieron al cuarto, pues por lo visto el parto estaba en su apogeo, como el temporal que nos estaba azotando. Entonces todo fue una turbación y Papá salió del cuarto clamando al cielo por misericordia. Yo corrí al cuarto de los niños, Cándida dormía en un catre plegadizo y Lilian en una hamaca y Daniel no me perdía ni pie ni pisada, pidiéndome de comer y muerto del miedo, como un gatito asustado, y de mí no se diga, no sabía qué hacer y el temblor me dominaba.

En eso, doña Margara vino a la cocina y le pedí de favor que me le sirviera comida al nene, pero ella no me hizo caso y volvió con Mamá, para entonces ya la casa daba estrellazos. Tal parecía que el tiempo se detenía, y ahora Papá se volvía más nervioso y más impaciente y contemplaba constantemente el reloj y no nos quitaba la vista a mi hermanito y a mí, pero a mí con una desesperada y profunda angustia.

Ahora el viento le dio un hamaqueón a la casa y afuera se escuchó un tremendo ruido. Era la casa de don Moncho el capataz, que acababa de desmantelarse. Papá trató de abrir la puerta para ver qué ocurría, pero el furioso ventarrón con todo y lluvia lo empujó hacia adentro. Luego, otra fuerte ráfaga y se escuchó el ruido de más planchas de zinc volando por el aire y dando tumbos aquí y allá.

A la verdad que estábamos aterrorizados y doña Margara permanecía en el cuarto con Mamá. Recuerdo que Papá me miró fijo y me dijo, "la una y media de la tarde, hija mía," y volvió a levantar su mirada al cielo y volvió a clamar por misericordia. Ya mi hermanito y yo no pensábamos en comer ni en nada, pues nos habíamos pegado junto a Papá a esperar lo que fuera.

Como a los dos menos cuarto, doña Margara llamó a Papá. ¡Pobre mujer! ya no se aguantaba en sus rodillas. Minutos después Papá volvió a la sala y se reunión con nosotros, ahora rezaba, pues el viento nos quería llevar con todo y casa.

A eso de las dos doña Margara salió con la bebé envuelta en pañales. "Tenga su niña, don Pablo, es hermosa," le dijo. Papá la tomó en sus brazos, pero casi no se sostenía en pie y con agonía exclamó: "¡Ahora sólo necesitamos que Dios tenga misericordia de nosotros!". La partera volvió para donde Mamá con la bebé, cuando de pronto el viento sopló con tal fuerza, que nuestro viejo caserón se desplomó y segundos después estábamos todos abajo en pleno campo abierto y el temible temporal azotando sin piedad, arrasando con cuanto encontraba a su paso.

Papá quedó paralizado en el mismo sitio donde cayó y cerró los ojos para no presenciar la horrible tragedia. Doña Margara salió corriendo como loca por entre los escombros y tomó por el primer camino que halló sólo para darse vuelta y regresarse pues no había adonde ir. Yo corrí en busca de Mamá, que estaba tendida en el suelo bajo la torrencial lluvia, atrapada bajo las pesadas vigas y los escombros. Mi hermanito seguía junto a mí, empapado y temblando. "Corre, le dije, y métete debajo del balcón de la casa grande y no te muevas de allí". Luego busqué la bebé y la tomé en brazos y la abrigué sobre mi pecho, limpiándole su tiernecita carita con mis manos. Con ella en brazos, busqué a Lilian que lloraba desconsoladamente y a Cándida Rosita que aún dormía atrapada en el catre que se había cerrado al caer.

La señorita Antonia, el ama de llaves, se había percatado de la tragedia y corrió escaleras abajo para ayudarnos. Era una anciana bastante entrada en años, pero era enérgica y de un tremendo temple. En cuanto a Papá estaba volviendo en sí, pero quedó aturdido por bastante tiempo. Toño el peón y don Moncho el capataz y su familia, todos vinieron en nuestra ayuda, pues ellos también se habían refugiado en los bajos de la casa grande. A duras penas pudieron rescatar a Mamá de debajo de los enormes vigas y las soleras donde había quedado atrapada, mientras el temporal seguía en su apogeo tratando de arrasar con lo poco que quedaba en pie. Y todos reunidos, como una sola familia, nos refugiamos en aquellos bajos. Entre Papá y los otros hombres le improvisaron una cama a Mamá, pero desgraciadamente toda cobija y colchoneta, todo estaba empapado de lluvia, y ella, la pobrecita, como si no le bastara con las dolencias y las inconveniencias del parto, también tenía varias costillas fracturadas.

¡Qué atrocidad, la de aquellos bajos! Yo no quiero ni recordar, estaban forrados de polvo. Era un lugar que no se usaba para nada y por lo visto, había estado cerrado, quizás por años. Sin nunca haber sido ventilado, y ahora, en estos momentos, tampoco se podía abrir ventana o puerta alguna, a causa de lo recio del viento y la fuerte lluvia. Tal parecía que íbamos a asfixiarnos. Pero lo más terrible de todo fue que, minutos después, también el techo de la casa grande se lo llevaba el viento y de nuevo quedamos como si estuviéramos a la intemperie, a merced de la torrencial lluvia que caía sobre nosotros a cántaros, aunque en cierta forma nos sentimos confortados ya que el agua dominó el polvo. Pero la preocupación de todos era Mamá, por lo que entre todos le improvisaron una cobija sobre su cama de yaguas, que fue lo único que encontraron a mano. Pero esto fue peor, pues cada vez que éstas se llenaban de agua, se le derramaba encima y la pobre, agonizante, sólo le preocupaba cubrir su bebé.

Allí estuvo nuestra querida madre por nueve días, sin siquiera poderse cambiar la única pieza de ropa que tenía puesta, un gabán de Papá, pues no había con qué cambiarla. Aunque alguien hubiese querido ayudar, nadie tenía en su casa nada seco o servible. Yo, como pude, me ocupaba de proveerle pañales para su uso y para la bebé de lo poco que pude rescatar de los escombros y de alguna ropa vieja que la anciana Antonia me proporcionaba. En los mismos bajos los lavaba y tendía, pues por días no salió el sol y por casi semana y media estuvo frío y húmedo. Nosotros perdimos casi todo lo que teníamos, pues lo que el viento no arrasó, lo enterró la lluvia. Aún después, al tiempo, los peones, hoyando, desenterraban nuestras ollas que estaban profundo en la tierra.

Por muchos días no nos fue posible comunicarnos con familia o amigo alguno, pues los caminos y carreteras quedaron intransitables y los ríos y todo arroyo estaban desbordados.

En cuanto a doña Margara, quedó por ahora un poco fuera de sí, no era para menos, ¡pobre mujer! Hubo que mandarla a su casa al día siguiente, aunque fuera imposible. Toño la fue a llevar y contaba de la guerra que le dio por el camino, él armado de un machete, abriendo camino, para poder pasar con ella y decía que en ocasiones casi se la tuvo que echar a cuestas, pero al fin la llevó a su casa. Recuerdo que cuando se fue a marchar y Papá procedió a pagarle lo justo que se pagaba a una comadrona, ella se empeñó en que tenía que pagarle más por todo lo que había sufrido en aquella tragedia. Papá le dijo que de buena gana lo haría, si estuviera en condiciones, pero que ella tenía que comprender cuál era nuestra situación, además, lo del temporal no estaba programado con su trabajo, y que la tragedia había sido para todos, pero más para nosotros. De todos modos se fue refunfuñando.

Después de pagarle a la partera, Papá guardó el resto del dinero que le quedó, que si mal no recuerdo, eran unos seis dólares, pero sucedió que ya no recordó donde los había puesto. Se buscaba en los bolsillos y en todo lugar que pensaba que pudieran estar, pero no los encontraba. Así estuvo por días, yendo cada vez a quejarse y a lamentarse donde Mamá, de que los había perdido. Ella, muy apenada al verlo tan preocupado, le dijo un día, "Ya no te preocupes más, hijo, si se perdieron, pues qué le vamos a hacer, demos gracias a Dios que después de una tragedia tan terrible, por lo menos estamos con vida". Parece que sus palabras lo tranquilizaron, porque más adelante en el transcurso del día, para sorpresa de él, descubrió que todo el tiempo los había tenido apretados en su mano. En ese estado de nervios había quedado nuestro padre ante aquella indescriptible tragedia del 13 de septiembre del año 1928, cuando el horrendo y temible temporal San Felipe azotó nuestra isla de Puerto Rico.

Para entonces yo tenía diez años y tuve que revestirme de valor y aplomo, para poder ayudar a mi familia. Mamá quedó imposibilitada por algún tiempo, y en aquel lugar no había con quien contar que pudiera ayudarnos. Por un lado, porque éramos nuevos en el lugar, y porque cada cual se concretó a sus propios problemas. Así que no tuvimos una mano amiga que nos socorriera y toda la responsabilidad cayó sobre mí, pues Papá era una persona muy apocada que siempre dependía de la astucia y fortaleza de Mamá y él estaba completamente incapacitado para hacerle frente a una tragedia como ésta.

Las únicas personas que podían ayudarnos eran los abuelos, pero vivían distantes y ahora ellos mismos estaban pasando por la misma tragedia que nosotros ya que la casona también se había venido abajo con el temible temporal. Ahora nos mandaban la comida de por la tarde, de la casa de don Ramón, pero yo tenía que a duras penas proporcionar el desayuno y el almuerzo para mi familia. Para esto, le pedí permiso a una vecina para que me dejara usar su fogón, y allá preparaba los alimentos y los traía a los bajos adonde estuvimos por unos quince días, de donde nos mudamos a la casa de máquina en lo que se nos construía una casa, lo cual le tomó al calmoso carpintero aquel tres meses para terminarla, por eso le apodé Calmita.

Papá recurrió como siempre al boticario por medicinas para Mamá que le fueron magníficamente y la recuperaron muy pronto, aunque aquello de las costillas fracturadas le tomó tiempo. Por casi un mes yo no pude asistir a la escuela, pero a insistencias del maestro tuve que regresar, aunque Mamá se había hecho de ideas de que quizás no volviera. A pesar de todo, madrugaba y dejaba listo todo el más trabajo posible, y luego también cuando regresaba de clases y en los fines de semana, hacía el lavado y hasta el planchado, pues fue algo a que también me tuve que entrenar, pues Mamá ni doblarse tantito podía.

De todo lo que se nos echó a perder, lo que aún lamento fue el libro de décimas de Papá, todas de su propia inspiración. Algo precioso, una joya en esta clase de literatura. Estaban escritas en tres tomos copiadas en libros de los que se usan para llevar cuentas y se guardaban en un baúl con todas las demás cosas de valor. Jamás se hubieran echado a perder si Papá no hubiese perdido el control, porque turbado, en vez de asegurar el baúl, lo que hizo fue abrirlo en plena lluvia para ver cómo estaban las cosas adentro, y lo dejó abierto, echándose a perder todo, entre ello las décimas. Después, siempre decía que las volvería a recopilar, cosa que jamás hizo y así se perdió un tesoro de tanto valor, especialmente para mí que siempre he tenido admiración y amor por esta clase de cosas.

Antonia, la anciana ama de llaves y a quien todos llamaban Toña de cariño, también vivió su capítulo en aquella desastrosa tragedia. Era una anciana pequeña, enjuta, que parecía hecha de alambre, tremendamente enérgica y hacendosa como ninguna otra. Se comprendía que había sido rubia y tenía unos ojos azules y profundos, perdidos en unos párpados desnudos y plegados. Su delicado y ajado rostro estaba sombreado de espinillas, lucía una perfilada nariz, unas orejas bastante grandes y arrugadas y su labio inferior estaba flácido y tembloroso. Aún le quedaban dos colmillos y vestía mayormente en andrajos de irlanda azul descoloridos y los zapatos que usaba eran los viejos que desechaba don Nino. Lo único hermoso que le quedaba era una bella forma de hablar el castellano, rastreando una pronunciada "zeta" con aquella misma gracia con que arrastraba los grandotes zapatos sobre la arenosa arcilla del batey. Cuando la conocí la bauticé con el nombre de "la abuela zapatona" y hasta le tuve un poco de repelillo. Ya después nos hicimos buenas amigas y llegué a tomarle cariño, pues yo tenía cierta gracia para amistarme con las personas mayores, quizás porque a mi corta edad ya era adulta.

Días después de la tormenta y cuando se hubo oreado un poco el ambiente y el sol comenzó a calentar como antes, ella comenzó a bajar y a tender en el cordel y en el glasis todo cuanto se le había mojado pero llorando a lágrima viva. Tuvo que hacer varios viajes arriba, mientras seguía tendiendo y llorando como una Magdalena. Yo la seguía como siempre, pero sin atreverme siquiera a pronunciar palabra, pues así había sido enseñada a comportarme, con respeto y con tacto para con los mayores. Cuando comenzó a tender y a desplegar todo aquello yo me quedé boquiabierta y haciendo cruces, pues nunca antes había visto algo igual. Era toda clase de prendas de vestir, finísimo todo en gran manera; trajes lindísimos, ropa interior bellísima, con adornos de cintas, bordados y encajes, ropones de dormir, batas de casa, no pocas; calzado de raso y charol y chinelas de todos los estilos, sin dejar de nombrar carteras, abanicos preciosos y finísimas mantillas españolas de pura seda. ¡Qué belleza! Todo era, en pocas palabras, un primor, todo lo que una culta dama deseara para lucir bella lo tenía Toña en aquel cordel y sobre el glasis.

Muchas cosas estaban deshechas, que al ella tocarlas, se desprendían por las costuras, pero la mayor parte, aunque muchos de los colores estaban mareados, estaban en buenas condiciones y todo era nuevo sin usarse jamás y todo olía a baúl y a bolas de alcanfor. De primera intención no podía imaginar que todo aquel lujo perteneciera a ella. Pensé que quizás podía ser de la difunta patrona, la Señora Fernández, pero nunca que fuera propiedad de aquel espectro humano. Ella seguía tendiendo y llorando, y yo deshecha de saber por qué lloraba tanto, aunque seguía pensando en aquella posibilidad de que era por su antigua patrona, y porque todo aquello que a ella perteneciera se hubiese echado a perder, aunque llegué a pensar que estaba excediéndose. Al fin rompió el hielo y me dijo: "Tienes curiosidad por saber por qué lloro, ¿verdad? y de saber de quién es todo esto, ¿no es así?". Yo asentí respetuosamente con la cabeza. Entonces me dijo: "No acostumbro a divulgar a nadie mis asuntos, pero hoy tengo ganas de decir todo lo que llevo dentro, que tal parece quiere ahogarme" y prosiguió.

"Mira, hija, aunque te sea difícil entenderlo, te diré la verdad. Aunque me veas fea y vieja y dejada, no siempre fue así. Fui bella, joven y hermosa, y como toda mujer tuve mis ilusiones y mi sueño, como toda joven mujer, casarme, tener un hogar feliz y procrear una linda familia y casi lo logré.

"Cuando llegué a la edad casadera, me comprometí con un joven apuesto y trabajador. Ya la boda estaba planeada y se hacían los preparativos. No te imaginas la felicidad tan grande que me embargaba, me sentía la persona más dichosa del mundo, pero la vida está llena de casualidades increíbles, pues otra chica se metió de por medio y conquistó a mi hombre. Y me lo arrebató y yo me quedé plantada. Hija querida, aquello ha sido lo más grande y desgraciado que me ha podido suceder en toda mi vida. Fue como si el sol se me apagara en plena luz del día, un golpe mortal y quedé muerta en vida y se tronchó en mí toda alegría y toda ilusión de vivir. Hubiese preferido una muerte instantánea a seguir viviendo con un peso tan grande como el que he vivido desde aquel día.

"Entonces lo único que quise fue alejarme de aquel lugar y de todo lo que pudiera recordarme a mi Fernando y a toda mi agonía y desesperación y fue cuando vine a este país a trabajar para la familia Fernández y me aclimaté a cuidar de las criaturas que para mí han sido como mis propios hijos y con ellos he vivido casi toda mi vida y desde que vine sólo he vivido para recordar a Fernando, el gran amor de mi vida. Quizás tú no comprendas, porque eres muy niña para entender las cosas del amor; pero, quién sabe, algún día me recuerdes y me podrás entender.

"Luego te preguntarás por qué lloro como tonta al bregar con todo esto que para mí no ha tenido uso, pues te diré que remover cada cosa es como remover las cenizas de un pasado que ya me parecía tan lejano. No creas que he sido capaz de comprar nada de esto, lo cual jamás he usado. Sí que algunas cosas las traje conmigo aquel día que llegué a la isla, en parte, preparativos para la boda, las demás me han sido obsequiadas por personas de buena fe que pensaron en despertar en mí nuevas ansias de vivir, pero ha sido inútil, imposible, porque para mí murió toda alegría y toda esperanza aquel mismo día que perdí a Fernando. Fue como si quedara amortajada en vida."

De todo aquello, lo que estaba demasiado deshecho y dañado, ella lo quemó hasta convertirse en cenizas que luego enterró, y el resto que ordenó cuidadosamente, yo se lo ayudé a subir y volvió a guardarlo en los grandes baúles, donde tenía cosas bellas y alhajas.

Aquel sincero gesto de ella de recurrir a mí, una chiquilla de diez años, para divulgarme la historia de su vida, ha sido algo que siempre me ha hecho pensar, en otras palabras, me he sentido honrada y hoy con todos los respetos, lo hago público con el noble deseo y propósito de que la recordemos y que aquél su "gran amor" siga viviendo eternamente.

Volviendo a nosotros, las cosas se nos siguieron empeorando. Don Nino quedó totalmente desorientado ya que con el temporal no sólo había perdido la cosecha de café sino la de todos los frutos menores. El, que tampoco era agricultor, pensó que el fin había llegado para él y aunque Papá lo aconsejó tener un poco de paciencia y volver de nuevo a levantar la finca como lo hicieron muchos otros hacendados, no quiso escucharlo pensando que lo mejor era dejar todo como estaba, conformándose con un capataz y par de peones para atender lo poco que había quedado en pie para no dejarlo perder todo, obligando automáticamente a mi viejo a renunciar.

Papá, que se encontraba pasando por un terrible trauma y que para mayor desgracia también estaba involucrado en la cuestión política y ahora de buenas a primeras también sin trabajo, era como para volverse loco. Para entonces no existía ninguna ley que protegiera al obrero, ni ninguna clase de ayuda social que por lo menos socorriera a la familia en casos como estos, así que estuvimos al borde de la miseria. En su desesperación, pensó en retirarse definitivamente de la mayordomía y, si fuera posible, de la altura y creo que hasta más allá del país, porque aquello no tenía nombre. En su angustia, salía a dar su vuelta a ver qué se presentaba y qué se comentaba y así pasaba los días y en ocasiones regresaba metido en palos. En una de aquellas ocasiones, habiendo tomado, ebrio, se le ocurrió entrar al cine donde se quedó profundamente dormido. Él, que de por sí tenía el sueño pesado, luego tomado, perdió la noción del tiempo y dónde estaba y cuando terminó la película todo el mundo se marchó y el seguía dormido. Unos amigos trataron de despertarlo pero fue inútil. Así que el dueño del teatro pensó que lo mejor era llamar a un policía, y cuando aquél vino, que trató de despertarlo y no lo consiguió, pues ni al zonzo ni al perezoso, lo agarró por el cabello, le inclinó la cabeza hacia atrás y le propinó tremendo macanazo en la frente, fracturándole el cráneo, dejándole a cuestión de muerte y bañado en sangre.

El dueño del teatro y las demás personas se aterrorizaron, porque creían que el policía lo había matado, además no se le había llamado para que cometiera semejante barbaridad, pero ni modo, ya el daño estaba hecho. Entonces unos amigos suyos lo llevaron al hospital, donde se le prestó la primera ayuda, pero le advirtieron que al otro día tenía que volver para que lo viera un doctor porque la herida era de cuidado. Recuerdo que, como a eso de la una de la madrugada, tocaron a nuestra puerta. Mamá aún estaba desvelada, esperando por él, ella nunca dormía hasta que él regresaba. Así que se levantó como mejor pudo, pues aún estaba de cuidado; pero, como siempre, fue y quitó la aldaba y esperó a que él entrara. Luego, como no lo escuchó pasar, se dispuso ella misma a abrir, al acercarse a la puerta escuchó voces en bajío conversando. Entonces tuvo sospecha y se abrigó bien y abrió la puerta para encontrarse con Papá bañado en sangre y con la cabeza vendada, mientras sus amigos lo sostenían. Poco faltó para que la pobre desfalleciera, pero sacó fuerzas para ayudarlo. Los individuos no dijeron palabra, sólo que lo ayudaron a sentarse en una silla y salieron de prisa, dejándola sola en un caso como aquel. Entonces me llamó a mí y entre ambas lo pusimos en la cama, para revivirlo con algo caliente porque estaba postrado.

Lo peor de todo fue que Papá se negó a ir al doctor, aunque Mamá se empeñaba en ello, pues se comprendía que estaba de cuidado y con fuertes dolores de cabeza acompañados de alta fiebre. Por otro lado, sus amigos, que lo habían traído aquella noche, le aconsejaron formularle cargos al agente público y estaban de acuerdo en servirle de testigos, pero nuestro padre no hizo ni una cosa ni otra, resultando todo en su contra, pues jamás pensó que aquella contusión en la cabeza pudiera más tarde ser la causa de un tumor, por el que casi pierde su vida. Ahora sí que nuestra situación se nos había empeorado de veras. Papá en una cama gravemente herido, curándolo Mamá hasta donde le ayudaba su inteligencia, con medicamentos que yo fui a traer de la farmacia, porque de ningún modo quiso dejarse examinar de un doctor; por otro lado, Mamá no estaba recuperada del todo. Lilian poniéndose cada vez más delicada y a mí se me hacían agua los sesos pensando cómo ayudar a mi familia.

Cuando Don Nino supo lo ocurrido a Papá, y más porque eran contrarios en la política, vino a apurarlo para que se mudara. Papá le prometió que tan pronto se recuperara un poco, enseguida desalojaríamos. La pobre Mamá, que había nacido con la paciencia de Job, no hacía otra cosa que romperse la mente pensando cómo saldríamos de aquel atolladero, pues tal parecía que no había modo ni esperanza, pues ni para comer teníamos, ni ropa casi con que cambiarnos y hubo un momento en que ella no tuvo unas pantuflas, y esto sí que era triste y humillante, pues nunca había estado acostumbrada a tal cosa. Recuerdo que Papá se levantó y como pudo fue al pueblo a pedirle a crédito a un conocido suyo que tenía una gran tienda, unas chancletas de 98 centavos y aquél se las negó. Nos contaba él, que esto ha sido lo más humillante y triste que le haya pasado en toda su vida. ¡Qué lástima que el tal hombre murió en la ruina, y loco!

Nosotras, que últimamente habíamos suspendido de bordar a causa de tanto contratiempo, nos pusimos de acuerdo para volver al quehacer y con empeño, pues por lo visto era lo único que podíamos hacer para ganarnos algunos centavos que por lo menos nos ayudaran para comprar lo más indispensable. Para eso yo propuse dejar de asistir a la escuela por lo menos dos días en la semana, que con el fin de semana hacían cuatro días de bordado bien empleado. Mamá también pensó que podía bordar, pero no le fue posible, pues con las costillas lastimadas no podía mantenerse doblada, y por otro lado estaba demasiado débil, pero yo hacía el máximo y tal pareciera que Dios me daba vigor y ligereza. También tuve suerte con la comisionista para quien trabajaba, pues me pagaba el trabajo en cuanto lo entregaba. Por otro lado, iba a la finca por guineos y al caño por malangas, la cosa era que no nos quedáramos sin comer, aunque tenía que hacerlo a escondidas de Toño, que era chota de don Nino. Y tal parecía que todo estaba en mi contra, pues aún pienso en todo aquello y tal parecía como si sólo mi destino se estuviese cumpliendo, porque a cualquier lado que me volvía, era sobre mí que recaía la maldición y el atropello, más que sobre los demás, algo increíble. Digo esto, porque todo se me presentaba negativo. En la escuela estaba el Míster, que me traía al trote. Convengo en esto, porque él era el profesor y estaba en el deber de apurarme, pero con los apuros de casa tenía y me bastaba. En parte, él no estaba enterado de toda la tragedia, pero qué importaba si era yo la que la sufría y era mi carga de todos modos.

Mr. Enríquez, como se apellidaba aquel divino profesor, era un tipo delgado, enjuto, aborrecido y autoritario, con carácter de oficial del ejército, que nos trataba a todos como reclutas, sin respeto y sin misericordia. Aquel hombre me traía en un patín y estuve a punto de explotar de nervios, pues con él no había forma de poderse uno manifestar o exponer sus razones o punto de vista, algo como para morirse de angustia. Todos en la clase le odiaban a muerte y le llamaban nombres. Yo nunca le llamaba nombres; no sé, me estaba algo inculto. Pero hubo una ocasión en que cometió una injusticia, por no decir una crueldad, conmigo; esto antes que Papá fuera golpeado. Aquello ha sido de lo más doloroso que yo haya podido sufrir en mi edad de infancia. Sucedió un viernes de tarde, cuando salimos de clase, que el grupito acostumbrado nos dirigimos a nuestros hogares. Por el camino se suscitó, como suele suceder entre chicos, una tonta discusión, pero luego de un ratito, todo quedó olvidado y seguimos todos nuestro camino en sana algarabía y en un cierto lugar nos separamos. Unos tomamos jalda arriba por un sendero de finca y los otros siguieron carretera abajo. Socorro, la niña con quien fuera la tontería, era una de mis amigas favoritas, así que jamás me pasó por la mente que aquella pequeñez llegara a tornarse tan desgraciada para mí, pero sí que sucedió.

El lunes, cuando regresamos a clases, ella no estaba y par de días después, cuando regresó, le vino al Míster con que el viernes pasado, cuando íbamos para nuestras casas, yo había peleado con ella por el camino y le había dado de pedradas, tanto que tuvo que quedarse en casa hasta tanto se aliviaba de los golpes. El profesor le creyó el cuento, que no se por qué ella se atrevió a inventar semejante mentira y sin siquiera llamarme a mí para que yo me defendiera, o llamarnos a todo el grupo a una junta para cerciorarse qué verdad había en todo aquello, no lo hizo, sino que le envió una nota a Papá por tras manos para que fuera a verle. Y allá fue Papá a entrevistarse con él y yo ajena a todo lo que estaba sucediendo. La cosa fue que le declaró conforme a la versión de la chica y sin haberme escuchado a mí. Papá, que estaba sumido en aquel terrible trauma, no se tomó tiempo para estudiar el asunto, sino que le creyó al Míster y aquella tarde cuando regresó airado me llamó a cuentas y cuando quise explicarle que todo era un error y que había más niños de testigos y que todo eran historias de aquella niña, que quizás no asistió a la escuela por otras razones y quiso buscar una excusa, pero él no me dio la oportunidad de aclarar los hechos y estuve perdida.

Mamá quiso intervenir, pero tampoco consiguió traerlo a razonamiento. "Usted no se meta en esto," le dijo, "que aquí el varón soy yo, para que aprenda a crecer con decencia y con respeto para con sus compañeras de clase y para con su maestro, un caballero como ése".

Entonces sí que me hallé perdida de verdad, y sin otra alternativa que disponerme a esperar lo que viniera. Pero lo triste de todo fue que él no se sentía en aquellos momentos con ganas de golpearme (yo que ya estaba entregada), pero no, lo pospuso para luego, cuando se sintiera de humor como quien dice, para que fuera un castigo con todos sus gajes, porque tenía sus fórmulas nuestro querido padre.

"Largo de mi frente," me gritó, como si yo hubiese sido su esclava, no su hija del corazón. "Largo, largo, que ya más luego arreglaremos el asunto este, y no se le olvide que lo tenemos pendiente," terminó diciendo en bufidos. Con aquella forma de ser de él, de que después arreglamos, mejor era morirse.

Recuerdo mi angustia según pasaban los días, ni siquiera podía conciliar el sueño y en la clase la mente se me iba en blanco, aprovechándose el Míster para gritarme insolencias.

Así pasaron quince días justos, nunca los olvido, porque los conté uno a uno. Hubo momentos en que quise huir a casa de los abuelitos, pero era imposible porque vivían demasiado lejos.

Mamá no cesaba de altercar con él para que desistiera de castigarme y que me perdonara. La escuchaba de noche suplicándole cuando me creían dormida y de madrugada al despertarse. "Perdónala, hijo" le suplicaba, "mira que eso es cosa de muchachos, además es nuestra hija, nuestro único consuelo, ¿cómo es posible que puedas ensañarte así contra ella? Además yo le creo, si me estuviera mintiendo también lo sabría, las madres conocemos el alma de nuestros hijos". "Tengo que hacerlo, Bellita, no te interpongas en esto, ya le prometí al Míster que lo haría y cumpliré mi palabra, además si no lo hago, ella me perderá el respeto".

Y una tarde en que me hallaba ocupada con el fregado me llamó bruscamente. "Haga el favor de venir acá que ha llegado el momento en que usted y yo arreglemos cuentas" y cuando me acerqué, me agarró por un brazo y con una correa de cuero descargó en mí toda su angustia y su soberbia que tenía acumulada. Me castigó tan severamente que perdí el conocimiento y caí al suelo como muerta. Cuando volví en mí Mamá bregaba conmigo y me revivía, frotándome con alcoholado, ella en estado de histeria y yo no tenía ni una sola parte del cuerpo que no tuviera moretones, igual que la vez aquella en la Hacienda Isabelita, cuando me había castigado despiadadamente.

Y sucedió uno de aquellos días que me aparecí a casa con María Socorro, la chica aquella que me había metido en problemas. Mamá no lo podía creer. Cuando se la presenté, me dijo sorprendida. "¿Pero es ésta la chica que fue a donde el Míster con todo aquel lío?"

La niña demudó ante las palabras de Mamá. "Sí" contesté yo con la mayor naturalidad, porque a la verdad que la amaba y, por otro lado, no le guardé rencor. Entonces Mamá llamó a Papá y le dijo: "Ven, Pablo, para que veas esto". Cuando él salió al balcón, ella le dijo: "Ves lo que te dije, que todo aquello era cuestión de muchachos y, sin embargo, no me quisiste escuchar y cometiste semejante crueldad con esa criatura. Míralas, muy amistades como si nada. ¡Pero tenías que cumplir tu palabra de honor!". Él no dijo palabra, inclinó un poco el rostro y se dio vuelta con su cabeza vendada que daba lástima.

Con todo y esto yo amaba a mi padre entrañablemente y a mi madre con profunda pena. En cuanto al Míster, siempre que me sentaba en el pupitre y me acordaba de lo injusto que había sido conmigo, le llamaba nombres igual que lo hacían los demás niños. Así que ponía mi mente positiva y con el pensamiento le maldecía y le llamaba insolencias, así descargaba sobre él toda mi carga de enojo y resentimiento.

En cuanto al bordado, en una ocasión me vi obligada a cambiar de comisionista, porque el día que fui por trabajo se había escaseado y yo necesitaba trabajar. Mi comisionista me aconsejó esperar un par de días; pero yo, ansiosa como siempre, no tuve paciencia para esperar y me fui por el pueblo a ver adónde tenía suerte de hallar un poco.

Efectivamente, fui a otro sitio, una familia de solterones, donde el varón era maestro y sus dos hermanas se dedicaban a comisionistas. Después que me llevé el paquete de bordado a casa, fue que alguien me advirtió que eran unos malapaga, pero ni modo, ya tendría que terminar el paquete y esperar a ver como me resultaba.

En cuanto a mudarnos, Papá tuvo que hacer algo al respecto, ya que Don Nino le apuraba a desocupar y un día salió a buscar casa y empleo, pero esta vez no fue por las cercanías de Maricao. Se estuvo unas cuantas semanas y una tarde regresó con la noticia de que ya tenía trabajo y casa y que en un par de días nos mudaríamos para el pueblo de Hormigueros. Nos contó que era un pueblo de bajura, en un lugar muy bello y agradable y que él estaba en la seguridad que allí nos íbamos a sentir muy bien. Una vez más me acosó y hostigó la incertidumbre de otro extraño lugar, otra gente, otra escuela, nuevos maestros, otros compañeros de clase y quién sabe de cuantas cosas más, pero me resigné, pues no tenía caso torturarme por algo que no podía remediar. Al otro día fui a la escuela a buscar mis notas, o mejor dicho el informe. Sí que en cierto modo me sentía preocupada, pero por otro lado feliz de irme de la presencia de aquel Míster que era un intolerable y turbado ser humano.

También fui adonde las comisionistas a cobrar el trabajo que hacía días había entregado y que no acababan de pagarme. Bien me lo habían dicho, que no pagaban, que llevaban el trabajo al taller y a nadie querían pagarle y si lo hacían era poco a poco y a duras penas. Y con la necesidad que tenía yo de aquellos tres dólares, que en aquel tiempo era mucho dinero, pues era el sueldo de una semana de un obrero y con los sacrificios que yo había bordado sesenta docenas de pañuelos para ahora tener que dejarlos perdidos. Lo peor que hice fue decirles que al día siguiente nos mudábamos. Ellas, después de hacerme mil indagaciones, tranquilamente me dijeron que lo sentían, pero que hasta que no fueran al taller no podrían pagarme.

¡Qué triste estuve al pensar que perdería mi dinero que tanto lo necesitaba, pues los zapatos que tenía ya no aguantaban más! Pero con todo, no desmayé y cuando llegué a casa, hablé con Papá y le conté lo que había. "Quiero que a la tarde me acompañes al pueblo" le dije. "Quizás esas mujeres al verte a ti, se animen a pagarme". Y así lo hicimos, cuando obscureció nos dirigimos al pueblo.

Cuando llegamos, yo me dirigí a la casa y él esperó por mí en la esquina de la calle. Cuando ellas me vieron se dieron tremenda enfogonada, y hasta alzaron la voz. "¿Qué se trae la chica ésta?" dijo la mayor, "¿No te dijimos esta mañana que no teníamos dinero? Tendrás que volver otro día," ripostó la otra, y el hermano, el que era maestro, que estaba sentado en un sillón leyendo el periódico, me contempló por sobre los anteojos, pero yo no me amilané, sino que muy calmadita les dije, "pues mejor será que me paguen, porque no estoy dispuesta a marcharme hasta que lo hagan, además Papá vino conmigo, no estoy sola". "¡Ah, sí! ¿con que trajistes a tu papá? ¿Lista la niña, no?". "Sí, aquél que está junto al foco en la esquina, aquél es Papá". "Mejor será que le paguen a esa niña," dijo el hermano. Entonces ellas fueron al aposento y me trajeron mi paga. ¡Sí que me sentí contenta! Enseguida fuimos a una tienda y me compré un par de zapatos escolares que me costaron $1.50. También compré dulces de coco, mi dulce favorito, y el resto del dinero se lo di a Papá. Y seguimos carretera arriba saboreando dulces y comentando de aquel día, que había sido bastante fragoso para mí, y de nuestra mudanza, que por ahora era lo más importante para nosotros.

Al día siguiente, temprano por la mañana, varios peones de la hacienda se personaron para ayudar a subir la mudanza a la carretera donde el camión de Fito Trabal esperaba. Solo faltaba un baúl y algunas otras chucherías para llevar cuando me apuré a tomar un baño y a prepararme para de inmediato salir la familia o sea Mamá y nosotros los niños, Papá estaba ya en la carretera.

En eso llegaron los peones y se llevaron lo último que faltaba. Cuando terminé de bañarme y busqué las pantaletas, no estaban. Le pregunté a Mamá y aunque cerceneamos todo nos convencimos de que no estaban; ella, en el ajetreo, recoge aquí y allá, las había echado en el último baúl que ya estaba en el camión. Entonces sí que estuve en aprietos, pues todo estaba empacado y, según Mamá, ya no había remedio, tendría que viajar sin interiores y esto era lo más terrible que me podía pasar en estos momentos, cuando se hacía imposible comprar unas. Aún hoy, cuando escribo estos renglones, todavía se me hace difícil comprender y aceptar toda aquella desgracia.

Papá ya me había dicho de antemano que forzosamente yo tendría que viajar arriba en la caja del *truck* con mi hermanito Daniel, porque al frente con el conductor viajaría él con Mamá y las tres nenas. Antes del percance de perder los interiores no me preocupé, aunque de primera intención la idea me estuvo grotesca, pero ahora se me juntaba el cielo con la tierra de sólo pensar que me tenía que encaramar allá arriba en la caja del camión. Por el camino le rogué a Mamá que convenciera a Papá de que viajara él arriba, en la caja, y que me dejara viajar al frente con ella porque me sentía morir de vergüenza, pero cuando ella se lo propuso, él no estuvo de acuerdo, por más que comprendió mi desesperación. Cuando llegó el momento de treparme allá arriba, Papá y el peón me apuraban y ambos se empeñaron en ayudar y yo, roja como un tomate de la vergüenza, más me resistía. Entonces, como me vieron tan enojada, me pusieron un banco para que subiera por él y se apartaron a un lado. Entonces subí muerta del bochorno porque me parecía que todos adivinaban que yo no llevaba interiores. Y así salí de Maricao, aquel mes de febrero del año 1929, como si la desgracia nunca quisiera dejarme en paz.

Y según se balanceaba el camión entre curva y curva, de la misma manera se mecían en mi mente mis pensamientos. Y me afligía pensar que desde que nací no había hecho otra cosa que correr por el mundo, hoy aquí y mañana allá, conociendo siempre rostros nuevos, pero de todo, lo más que me atormentaba era la miseria y las dificultades que era una quitada y otra puesta, y sin encontrar a quién recurrir, porque según me iba desarrollando la mayor parte de la responsabilidad de nuestro hogar recaía sobre mí. Y mientras más se alejaba el camión de tierra adentro, más echaba de menos a los abuelos y al resto de la parentela, igual que a Finca Abajo, sinónimo de amor, de paz, de amistad y de abundancia y me parecía que jamás volvería a ver mi barrio querido donde nací, bordado sobre cimas, guindas y jaldas de las verdes montañas, con sus mil verdes y caminitos. Aquellos caminitos que recorrí de niña con mis pies descalzos, ellos sabían de mi hablar a solas y de mi inocencia, también de mis sueños infantiles y esperanzas. Y recordé mi río y se me brotaron las lágrimas, aquel adorable río, que nos hicimos amigos desde siempre, desde el mismo instante en que nos conocimos. Y tuve la sensación de ser paloma errante y sin paradero, y aunque alguien ha dicho que los niños no tienen pasado ni futuro, yo digo que a esa corta edad de diez años ya yo sentía mi pasado golpeándome tenazmente, pero seguía soñando con un pletórico y brillante porvenir, aunque todo se quedara reducido a sólo sueños, porque desde que abrí mis ojos a la vida tuve inquietudes, sueños y esperanzas.

Un estrellazo del camión me hizo volver en mí para encontrarme con el rostro pálido y asustado de mi hermanito, que una vez más buscaba mi regazo y con cariño lo atraje y lo sostuve fuerte haciéndole sentir seguro. Y entre una cosa y otra, cuando menos nos percatamos, nos encontramos entrando a la ciudad de Mayagüez, la bella Sultana del Oeste, bajo un candente sol que hacía hervir el aire.

Yo admiraba la gran ciudad con sus calles adoquinadas y las hileras de casas y edificios, todo en colores pintorescos, mientras el camión partía por entre la ciudad yendo a estacionarse frente a una fonda en la calle Camino Nuevo, hoy Post, cerca del Asilo de Pobres. No me imaginaba por qué nos deteníamos y mi hermanito, muy emocionado, me señalaba cada cosa. En eso se acercó Papá y nos dijo, "Este es Mayagüez, bonito, ¿verdad?". "Muy bonito," asentí con la cabeza, pero sin poner atención a nada, pues la preocupación de no llevar pantaletas me tenía fuera de quicio y sólo me interesaba llegar a nuestro destino, pues para una niña de mi edad estar encaramada en la caja de un *truck* rodeada de mudanza en plena ciudad, no era del todo agradable.

"¿Por qué nos hemos detenido aquí?" le pregunté a Papá. "Sólo por unos momentos, para comer algo," me contestó él. "Así que bajen ustedes en lo que yo le ayudo a su Mamá con las nenas."

Ahora sí que se me juntó el cielo con la tierra, pues no me interesaba comer y menos apear de allá arriba y en pleno pueblo. "¡Qué barbaridad!" dije en voz baja y juro que mejor quería morirme. Y él, empeñado en que me diera prisa en bajar. "No tengo apetito" rozongué, "llévate el nene y por mí no te apures, no tengo hambre, además, no quiero apearme de aquí. Déjame aquí, Papá, por favor," le rogué. Pero él, que aun en voz baja se hacía entender, me obligaba a obedecer. La gente que pasaba por la calle, me refiero a los varones, me miraban con picardía o burla y yo seguía pensando que todos adivinaban mi problema y más me abochornaba. Pero, en un arranque, me olvidé de todo y salté a la calle, tomé al chico de la mano y seguí a Papá hasta la fonda.

Don Fito estaba en una mesa con el auxiliar y a nosotros nos habían servido en una mesa grande. Como ya había pasado la hora del almuerzo no había gran cosa que ordenar y Papá, que le encantaban los caldos, ordenó salcocho y arroz blanco.

Esta era la primera vez que yo comía en una fonda y realmente me sentí achicada o mejor dicho jíbara. Por otro lado, aquel guiso no me gustó nada, quizás por las circunstancias y por aquel nerviosismo que me embargaba.

La dueña de la fonda era una mujer blanca, carirredonda, regordeta, de baja estatura, con nariz amontonada y un recorte a lo varón, parecida a las que salen en las tirillas cómicas. Enseguida que nos hubo servido, comenzó a hacer preguntas que Papá gentilmente contestaba entre bocado y bocado. "¿Se puede saber de dónde vienen?". "De Maricao" contestó Papá con orgullo. "¿A dónde van a vivir?" "A Hormigueros" balbuceó Papá. "¿Y usted dejó la altura para venir acá, con tanto muchacho?". "Sí, señora, así es". "Bueno, pero yo creo que a su señora no le va a gustar por estos lares, es mucha la diferencia", añadió ella. "Sí, sí, es mucha, contestó Papá, pero a todo se acostumbra uno, lo importante es que hay que vivir y se vive donde se pueda", ya para entonces Papá estaba un tanto molesto.

Mientras tanto, Mamá engullía a la mayor de las nenas, mientras sostenía a la pequeña en brazos y yo me ocupaba de Lilian, que en ninguna forma quería comer y en un momento dado hizo náuseas.

"Esa nena no luce saludable", comentó la señora, "yo les aconsejo que la lleven a un doctor y pronto, si no es que ya la están tratando". "Bueno, no se está tratando, pero eso es lo que vamos a hacer, llevarla para que la vea un doctor". "¿Y cuántos muchachos son por todos?" prosiguió la señora, mientras nos contaba con el dedo, en alta voz. "Cinco", contestó Papá muy orgulloso, mientras se tomaba el café. "Y eso que se nos murieron dos varoncitos" añadió Mamá que hasta ahora no había dicho palabra. La señora despidió una carcajada burlona y dijo "Mire, señor, a ustedes no los quiero yo ni de vecinos. ¿Con tantos muchachos? ¡Deje eso!". Y todos rieron a mandíbula batiente.

Para entonces ya se había terminado de comer y nos pusimos en marcha, mientras Papá le pagaba a la señora, y yo, aprovechando la oportunidad de que seguían platicando, tomé a mi hermanito de la mano y antes de que nadie llegara al camión ya nos habíamos encaramado por las barandas arriba. Pocos minutos después llegábamos a nuestro destino, y de un salto caí a tierra. ¡Qué confortada me sentí después de tantas dificultades! Porque de verdad que tenemos días penosos en esa vida y aquel fue uno de esos. Ahora sólo pensé qué me tendría deparado el destino en este nuevo lugar, pero eso lo sabremos en el siguiente capítulo.

Capítulo 11

EL contraste entre mi Maricao y Hormigueros era enorme. Mis ojos se perdieron por la vasta llanura cubierta de guajana que el viento mecía a su antojo y las altas palmeras de cocoteros sobresalían grávidas por sobre el verde y suave cañaveral.

De pronto, un estruendo mecánico seguido por un súbito pitar me sacaron los nervios de lugar. "No te asustes, hija", dijo Papá, "es el tren que acaba de llegar a la estación, que queda ahí en frente". Realmente fue algo sumamente maravilloso, desde nuestro hogar se podía contemplar y escuchar todo el bullicio de la estación, así que me prometí a mí misma, que cualquier día iría a la estación para contemplarlo mejor, además pensé que algún día iría a dar un paseo en él. Unos minutos después volvió a ponerse en marcha y pitando se perdió de vista por entre los espesos cañaverales, dejando atrás una densa nube de humo que poco a poco se esfumó en el espacio, su recuerdo aún me baña de nostalgia.

La colonia donde fuimos a vivir se llamaba San Romualdo. Los administradores eran americanos y los capataces criollos. La sede de la colonia estaba ubicada a unos pasos de Hormigueros, por la carretera que conducía a Cabo Rojo. Además de oficinas, almacén, tienda de víveres y potrero, había una aldea que se componía de dos hileras de casas a ambos lados de la carretera, todas empolvadas de cal o una pintura similar. Todas tenían la misma fachada y se componían de sala, cuarto y cocina, ésta última separada por un alero para evitar que las habitaciones se impregnaran de humo, y alguna que otra tenía más de un cuarto de dormitorio dependiendo del número de familia.

A nosotros nos tocó vivir más adelante, donde había un pequeño núcleo de casitas y un vetusto cuartel fabricado y techado de zinc corrugado, junto a un viejo ingenio que estaba en ruinas. Las casitas eran idénticas a las de la aldea y también estaban pintadas de blanco. El cuartelón estaba dividido en unas siete habitaciones, sala, cuarto y cocina corridos y era habitado mayormente por hombres solos, con excepción de dos habitaciones que las habitaban familias.

Desde el primer momento eché de menos mi gente, mi pueblo, el cafetal, las siembras de frutos y los verdes y trenzados bosques y montañas, y en lo que hice amistades y cogí el piso, me sentí como una flor doblada por el peso de la lluvia y por primera vez sentí herirme la soledad. De inmediato descubrí que las costumbres de los bajureños eran muy diferentes a las nuestras, los habitantes de tierra adentro. Por ejemplo, casi todos caminaban cabizbajos, como adormecidos y todos usaban una pava o sombrero de ala ancha, para protegerse del candente sol, que a falta de bosques y montañas castigaba fuertemente el territorio.

Otra experiencia que no olvido fue aquella primera madrugada, que me desperté asustada al fuerte repiqueteo de campanas, pero Papá me calmó, diciéndome que ésta era la forma que se usaba en la colonia para despertar a todo el personal a sus labores, pues había que levantarse temprano para poder llegar a tiempo a los trabajos, ya que los cañaverales eran vastos y se tomaba tiempo llegar a las piezas. Pues como el sol castigaba tan fuerte una vez el día comenzaba a levantarse, lo mejor era comenzar las labores temprano y ya cuando el sol comenzaba a calentar demasiado, se tenía bastante trabajo adelantado.

Luego, más adelante, se escuchó otro repiquetear de campanas, pero era otra melodía, eran las campanas de la iglesia llamando a misa. Mis padres no pertenecían a ninguna secta religiosa, pero sí eran temerosos de Dios y en parte practicaban el espiritismo. Aquella dulce y santa melodía me despertaba el espíritu y unas ansias de yo también correr a misa, pero Papá nunca estuvo de acuerdo con el catolicismo. Yo, que no conocía de sectarismo ni divisiones religiosas, sólo recuerdo mi sed de Dios.

Una vez instalados, las cosas siguieron su curso, como es natural, y yo comencé a enamorarme del lugar, que sí tenía su encanto. Las cuatro casitas y el cuartel estaban ubicados en un espacioso plano y el vasto cañaveral se tendía a la redonda, perdiéndose de vista. Nuestra casa era de una sola habitación, sin división alguna, la cual nos servía de sala, comedor y dormitorio y, al igual que las otras, seguida por el alero estaba la cocinita donde había un estrecho fogón en el que se cocinaba con leña. Quedábamos junto al cuartel, mirando al sur, con un amplio camino al frente por donde transitaban las carretas de bueyes transbordando la caña y también paja u hoja de ésta, la cual usaban para alimentar a los bueyes. A mano izquierda, en una esquina de la plazuela, había una casa de dos plantas, pintada de pintoresco amarillo, los bajos de ladrillo y cemento armado y los altos en madera. Había sido desmantelada por el horrible temporal que acababa de pasar y por lo visto había quedado inservible, pero podía apreciarse lo señorial que había sido, con sus hermosos ventanales de persianas, puertas lujosas, cuartos de baño en azulejos, amplias recámaras, sala y antesala, un bello y clásico balaustrado balcón y una sofisticada escalera en espiral.

Allí estaba frente a nuestras humildes moradas, desmantelada e inservible, pero aún orgullosa de haber sido de clase. Había sido residencia de altos funcionarios de la colonia y la más reciente familia, por lo visto en su desesperada huída a causa del temible temporal, había dejado tras sí algunos muebles, utensilios de cocina y diversas chucherías, que los vecinos del cuartel y de las casitas, poco a poco se fueron llevando al comprender que nadie volvía por ellas. Aquí, junto a la suntuosa y deteriorada casa, quedaba la pluma de agua donde los residentes del núcleo nos abastecíamos de agua, y detrás del cuartelón estaba el viejo ingenio en ruinas, que presumo se había desmoronado con el terremoto de 1918. Mucha de su maquinaria, calderas y tanques de mayor dimensión, estaba diseminada por los alrededores. Por lo que aún quedaba en pie, podía apreciarse que había sido una estructura magníficamente construida. El enorme y fuerte vigaje era de pichipén incrustado sobre paredes de ladrillo y cemento armado y aun en ruinas se comprendía la fuerte consistencia y precisión con que había sido construido. Y, aunque como ingenio no estaba cumpliendo su cometido, estaba dando otros usos de estupenda calidad y necesidad. Primeramente, se había convertido en alojamiento de centenares de palomas que arriba en el arruinado tejado anidaban, llenando el ambiente con su dulce y tierno arrullar y belleza y colorido cuando vestían la plazuela o cuando en bandadas rompían el aire en natural formación.

Por otro lado, los vecinos se habían dado a la tarea de derribar las enormes vigas, que aún se conservaban en perfecto estado, para usarlas para leña, aunque se echaba a perder toda olla, vasija y utensilio con el que tenía contacto, pues una vez quemada producía un fuerte y pegajoso humo, tanto, que había que tapar muy bien las ollas, porque de lo contrario se echaban a perder los alimentos con el pegajoso y fuerte alquitrán. En casa no se cocinaba con ella mientras se podía, aunque Papá cuidaba mucho de que en casa siempre hubiera buena leña. Primeramente, porque estábamos acostumbrados a tenerla en abundancia y porque éramos un tanto escrupulosos en lo que se usaba para cocinar nuestros alimentos. En la bajura eran las mujeres las que se ocupaban de este menester, y como se escaseaba por la falta de bosque, se echaba mano de lo que aparecía para usarse como leña, como cascos o corteza y ramas del cocotero. También el bambú era aprovechado como leña, pero en último extremo, ya que produce demasiada ceniza esponjosa. Realmente era un problema el proporcionarse leña para cada día. Por eso Papá, cuando encontraba un trozo de árbol o madera, cargaba con él aunque estuviera verde, pues lo trozaba y rajaba y al par de días ya estaba seco. Recuerdo una vez que dio con un árbol de genge sarazo, bastante retirado de casa, pero con un hacha lo derribó y lo trajo, tremendamente grande y pesado pero lo trajo. Aquel hallazgo hasta suscitó discusiones entre un par de matrimonios, pues las esposas ponían de ejemplo a Papá como tremendo proveedor de leña.

Algo que en realidad me complacía del lugar era el abastecimiento de agua, pues a pesar de que allá, en la altura, la había en abundancia, había que traerla de los pozos o chorros que brotaban de las peñas, la mayor parte de las veces teniendo que subir y bajar por guindas o veredas estrechas e incómodas. Pero aquí se abastecía a toda la colonia por medio de una bomba eléctrica que extraía el bello líquido de las entrañas de la tierra y luego se distribuía por medio de tuberías. Se nos suministraba dos veces al día y durante la época de sequía sólo una vez. A veces no venía por varios días, pero siempre nos las arreglábamos, pues traíamos de la quebrada para ciertos usos, y para cocinar y tomar los vecinos que tenían pozos privados nos la proveían gustosamente. Eran unos pozos cavados en la tierra y el agua se sacaba por medio de un balde amarrado con una soga y uno lo tiraba boca abajo, se llenaba y se subía. Estos pozos estaban bien protegidos en una caseta con puerta y cerradura para evitar cualquier contaminación, y en algunas casas había una bomba de mano, pero lo más hermoso de todo era el amor con que esta buena gente compartía su agua con toda la gente de la colonia. Claro, que nosotros echábamos mucho de menos nuestra agua de la altura, porque esta otra era salobre, pero a todo se acostumbra uno. Recuerdo que cuando queríamos tomarla fría, con poner una vasija al sereno por par de horas ya estaba refrescante.

A pesar de que al principio me sentí nostálgica y solitaria, y echaba mucho de menos tierra adentro y todo aquel tesoro de familiares y de cosas, también digo que muy pronto comencé a disfrutar de una nueva vida en un pueblo donde todo el mundo era amable, simpático y amistoso. Tanto la gente del pueblo como los de la colonia estaban dotados de una sincera gracia que contagiaba y hacía que toda persona de afuera se sintiera como en su propia casa. Los sacerdotes eran dulces y amorosos, los maestros comprensivos, encantadores diría yo, y los niños maravillosos, de los vecinos ni hablar, todos muy buena gente.

En cuanto a Papá, era un hombrecillo de hierro que ahora ponía de manifiesto no el liderazgo, sino su responsabilidad como obrero. Cuando era administrador y mayordomo, exigía del obrero el máximo y ahora él demostraba que sí se podía y debía hacerse. Cuando sus superiores descubrieron su calidad de hombre trabajador, comenzaron por pagarle diez centavos más al día que a los demás, lo cual suscitó ciertas divergencias entre algunos. De esto se percataron los capataces, por lo cual le proporcionaron trabajo por ajuste, donde él trabajaba solo y rendía todo el trabajo que podía, dándole también la oportunidad de ganar más dinero.

En el cultivo de la caña había diferentes tipo de trabajo, pero Papá se especializó en el desyerbo con azada. Como dijera anteriormente, aquí el sol castigaba fuertísimo, por lo que él optó por levantarse mucho antes del amanecer para así tener tiempo suficiente de llegar al trabajo temprano y sin fatigarse, llevando con el café, pan de maíz y agua. Así que comenzaba a trabajar con la fresca de la mañana y cuando el sol comenzaba a fustigar ya el tenía cinco o seis horas de trabajo bien aprovechadas. Por lo regular, regresaba de dos a tres de la tarde, pero ya había acumulado bastante trabajo. Hombres como él eran estimados por sus superiores y muy pronto se ganó la confianza y estimación de ellos, tanto que quisieron colocarlo como capataz, pero él se negaba. Tenía sus razones, prefería mejor trabajar como obrero y estar en paz consigo mismo.

Aquella época, en cierto modo, la recuerdo con agrado, porque Papá estuvo ligado a nosotros como nunca antes y éramos felices a pesar de todo. Había dejado de tomar licor, con excepción de uno que otro trago en los fines de semana, y estaba dedicado a su trabajo y a nosotros. Aunque estoy segura que aquél no era su ambiente, pues se miraba huérfano de amigos y le hacía falta un caballo de montar y, como yo, echaba de menos todo lo nuestro en el aspecto sentimental, pero por sobre todo el lugar donde habíamos nacido, porque aquí todos nos sentíamos extraños como en otra tierra y sólo nos alentaba la confianza en Dios, y el salario que él pudiera ganarse. "Por eso tengo que sacrificarme", decía él, "para que a ustedes no les falte nada, hasta donde me alcancen las fuerzas". Ojalá que nunca nos hubiésemos ido de Hormigueros, pero como yo siempre he pensado, era mi destino el que se estaba cumpliendo y tendría que seguir aquella jornada que parecía no tener final.

Otra cosa que le atormentaba grandemente a él era la herida de la cabeza que, por lo visto, se le había cicatrizado en falso y, al parecer, las partículas de hueso se le iban incrustando cada vez más, causándole fuertísimos dolores de cabeza, que se le acrecentaban con el calor del sol. Daba lástima cuando regresaba del trabajo, loco del dolor de cabeza, tanto que se tiraba en el suelo y había que abanicarle hasta que lograba tranquilizarse un poco, aquello era más que torturante, pero ni aun así se animaba a ver a un médico. En cuanto a Mamá, ahora más que nunca, se oponía a que yo volviera a la escuela, principalmente porque la salud de Lilian empeoraba cada vez más. Ahora se le había declarado unas coladas diarreas y era yo la que tenía que atenderla, especialmente lavarle sus pañales y su ropa de cama.

Uno de los problemas de aquí era el lavado, pues había que ir a una quebrada que quedaba cerca de la aldea, en el mismo paso de carretera, a pleno sol. Nuestra madre, por su parte, decía que allí jamás iría a lavar, que no se arrellanaría entre tanto público y menos a lavar la trapera apestosa de la niña. En primer lugar, nuestra madre era tímida y en cierto modo orgullosa y, como siempre, sus aires de abolengo la dominaban. Juro que aquellos días los sentí muy pesados sobre mis espaldas de adolescente. Las mujeres en los lavaderos hablaban, inquirían y nos criticaban, pero siempre había alguna que otra que, movida a lástima, me ayudaba a exprimir, ya que la mayor parte de lo que se usaba para ponerle a la enfermita era ropa vieja, entre ello, gabanes y pantalones viejos de Papá, de duro dril o hilo, que una vez mojado necesitaba buena ayuda para poder exprimirse. Por eso cuando entendí la molestia que causaba con mi desagradable lavado y lo impropio para mí de soportar allá abajo toda el agua sucia que bajaba por la corriente, decidí hacer mi lavado al amanecer cuando aún no había nadie en los lavaderos o por las tardes, cuando todas se habían marchado a casa, pues allí se reunían todas las amas de casa del vecindario para hacer el lavado, aun el del hospital. Era verdad que estaba sola y no tenía ayuda para exprimir, pero hacía hasta donde podía, sólo que se me hacía muy difícil cargar la artesa de ropa, por estar ésta muy empapada de agua.

En cuanto a Lilian su salud siguió decayendo y cuando Mamá se decidió a llevarla al médico ya no tenía remedio. Cuando el médico la examinó y escuchó el historial de la pobre criatura, insultó a Mamá por su negligencia, pues ya estaba para morir. Cuando Papá supo la noticia se volvió como loco y a esa hora salió para Mayagüez a casa de un curandero espiritista para ver si aún se podía hacer algo por ella, pero el místico, como el mismo médico, le dijo que lo sentía mucho, pero que la criatura no pasaría de aquella noche. Y así fue, cuando Papá regresó, que por cierto trajo con él a la abuela Rosita, ya la niña agonizaba y aquella madrugada murió a la corta edad de sólo tres años. Lilian era una preciosa niña de ojos claros y cabellos suaves, castaños, inteligente y vivaracha y aun tan enferma siempre me sonreía con cariño como si verdaderamente yo hubiese sido su madre. ¡Qué lástima que no fue atendida a tiempo, ni yo tuve inteligencia suficiente para ayudarla! Murió hinchada de pies a cabeza. Algunas personas diagnosticaron su caso como el cuco, una enfermedad que en aquella época atacaba a los niños pequeños o infantes. Pero yo diría que su muerte se debió más a la falta de nutrición y atención médica, porque después de padecer el sarampión, quedó muy delicada y no fue atendida debidamente. Confieso que su muerte la sentí como si hubiese sido mi propia hija.

A mi corta edad, Mamá no se levantaba de madrugada a prepararle el café a Papá, era yo quien tenía que hacerlo y, como es natural, le temía a la noche y a la oscuridad. Como ya es sabido, la cocina quedaba afuera de la casa y a esa hora cuando tenía que cerrar la puerta y salir, me daba un miedo terrible. Para entonces ya había aprendido a rezar el Padre Nuestro, y cuando cerraba tras mí la puerta lo primero que hacía era rezar y allí comulgaba con Dios, como con un padre y le pedía que me librase del miedo. Cosa maravillosa porque muy pronto quedé curada de este mal. En medio de todo aquel tumulto de cosas, me hallaba a la corta edad de once años cuando sentí la gran necesidad de la ayuda poderosa de alguien superior a mí, porque me sentía totalmente incapacitada e impotente ante tanta adversidad. Hoy comprendo que se obró el milagro y desde entonces comencé a confiar y a caminar con Dios. Gracias a Él por la pobreza y las vicisitudes, que fueron el medio que me llevó a su encuentro y a disfrutar de su divina presencia, porque sentí su poder y su misericordia, que es mejor que todas las riquezas de este mundo, y porque con él percibí y gocé de una vida y un ambiente grandioso y maravilloso que los ojos y las manos materiales no pueden ver, palpar ni percibir. Con Dios aprendí a ver a través del espíritu y a vivir y a sentir paz, amor, perdón y la felicidad de mi alma. Así comencé a sentirme cuando comencé a conocer a aquel Ser Supremo llamado Dios, en quien derramé toda mi confianza despertándome a su grandeza y poder, en una forma queda, paulatinamente, instante por instante, a través de toda mi jornada, sintiendo caer sobre mí sus milagros y su misericordia, de una manera maravillosa y grandiosa. A su nombre gloria, por siempre jamás.

En cuanto a la escuela, que era mi mayor interés, perdí aquel año escolar por faltar a clases los últimos cuatro meses del semestre, pero me propuse asistir el próximo año con la ayuda de Dios. Cuando comenzaron las clases, Mamá no me permitió ir, pero yo, como siempre, en la lucha por vencer, hablé con Karlina Alequín, una niña vecina y le pedí que hablara con la maestra del cuarto grado y le explicara mi situación. Ella lo hizo y aquella misma tarde trajo a casa una nota de la maestra, en la que se exigía a mis padres enviarme a clases de inmediato y a cualquier otro niño de edad escolar que hubiera en la familia.

Fue grata e inmensa la alegría que me embargó al saber que volvía a la escuela. Así que al día siguiente mi hermanito y yo comparecimos a clases. El plantel se llamaba Ruiz Belvis y la maestra era de apellido Ramírez, una encantadora señora. También recuerdo con cariño el dinámico maestro de inglés, Mr. Milán. Fue entonces cuando me juré a mí misma, hacerme una educadora especializada en este idioma.

También se llevaban a cabo lecciones de piano y yo quedé fascinada con la idea, así que me registré para tomarlas, pero no me fue posible, pues Mamá no me lo permitió porque las prácticas eran después de clase y según ella, como siempre, me necesitaba en casa.

A pesar de que yo tuve la gran suerte de encontrarme con maestros tan capacitados como la señora Ramírez y el señor Milán, no sucedió así con mi hermano, que le tocó una joven maestra que comenzaba su carrera y que tenía un genio y unos nervios de los mil demonios, lo cual le trajo serios problemas al muchacho.

El chico sólo contaba seis años, era delgadito con cabello castaño obscuro y semblante sojuzgado a causa de haber estado siempre apegado a Mamá, ya que era su favorito, también a mí como hermana mayor y también con carácter de madre dadas las circunstancias.

Indudablemente que dejaba ver su timidez y una especie de inseguridad o ansiedad que podía leérsele a leguas, lo cual la neófita educadora descubrió de inmediato, viéndole como un tierno capullo en medio de un jardín de flores acostumbradas a la claridad del sol de otra cultura y de otro ambiente. Y como si no bastara con Mamá y conmigo, una vez más se encontraba el chico bajo la tutela de otra fémina, que al reconocer la debilidad del niño comenzó su atropello contra él.

La primera desagradable experiencia surgió durante la Navidad, cuando la señorita maestra organizó la clásica fiestecita navideña; intercambio de regalos entre la clase, música, cánticos, dulces y demás. A mi hermanito le tocó regalarle a una niña del pueblo, y recuerdo lo emocionado que estaba con todo el asunto y cuando llegamos a casa se lo contó a Mamá y enseguida comenzó a hacer planes. Mamá, que cuando se trataba de ciertos asuntos, así como éste, siempre veía las cosas negativamente, le dio a comprender al niño que no teníamos dinero para hacerle un regalo a una chica del pueblo, que quizás merecía algo de valor, y aunque el chico y yo tratábamos de explicarle que una simple chuchería sería suficiente, ella se empeñó en que no sabía qué comprar, hasta que siguió pasando el tiempo y ya que sólo faltaba un día para la fiestecita, el niño estuvo casi a la histeria porque aún no se le había preparado el regalito. Y nuestra santa madre, que tenía sus arranques de ocurrencia, se dispuso a sacar a su hijo de aquel aprieto en el último momento. "Yo lo tengo", dijo con emoción, y con la misma corrió al baúl y extrajo un diminuto muñequito "siempre parao", del tamaño de un diente de ajo, que según era de pequeñito, era de simpático y lindito, con una carita risueña, trajeado de blanco y rojo luciendo una curiosa gorrita azul. "¡Pero eso es muy chiquito!" exclamó él con enojo. "¿Cómo tú quieres que yo me aparezca con semejante cosa a la escuela, Mamá?" replicó casi con lágrimas. "No se apure usted, mijo", le calmó ella. "Ya verá qué sorpresa se van a llevar su maestra y su compañerita de clase. Esto va a ser la sensación de la fiesta", añadió ella con picardía y profunda satisfacción sabiendo que ya su hijo no se quedaría atrás en cuanto a regalo. Él seguía desconforme y atormentado, pues Mamá no conocía bien a la Miss, pero él, que ya tenía una idea de lo cascarrabias que era, le temía, pero como cuando uno es niño, es niño y se debe a los manejos de los adultos, pues no le restó otro remedio que seguirle la corriente a Mamá, que estaba atareada acumulando todo lo necesario para convertir al pequeñín, siempre parao, en la sensación de la fiesta.

Lo primero que hizo fue echarlo en una caja de fósforos y luego extrajo bastantes periódicos para darle cuerpo. Envolvió la cajita de fósforos a modo de paquetito y luego con los demás periódicos estrujados hizo a modo de un paquete regular. Nos la arreglamos para hacer algo como una caja, la cual envolvimos en papel crepé, y del mismo crepé le confeccionamos un precioso lazo, y el regalo lucía bello. Él estaba que no cabía de tan feliz y emocionado y había que ver la ansiedad con que esperó al amanecer para llevar su regalo.

Al fin llegó el momento, su salón quedaba contiguo al nuestro y podía escucharse el júbilo de toda la clase. Nosotros también celebrábamos cuando de pronto entró un niño al salón con una nota para mi maestra que me hizo pasar y me envió al salón de mi hermano. ¡Que desastre! Allí estaba la Miss a punto de histeria, y mi hermanito pálido como un muerto y con sus ojos cubiertos de llanto y al verme corrió y se me agarró de la falda.

La maestra alterada me preguntó a gritos de quién había sido la pesada broma, y con la misma, restrelló sobre el piso el emborujo de periódicos y volvió a vociferar. "¿A quién se le ocurre envolver semejante porquería para impresionar a una niña que espera un regalo de un compañero de clase?". Los niños estaban absortos, asustados, nerviosos y a mí se me partió el alma por ellos, porque tanto Mamá como la señorita habían echado a perder la fiesta y porque en aquel momento recordé a Mrs. Durand y me aterrorice en espíritu. Ella, cuando se calmó un poco, volvió a decirme: "Dice su hermano que fue su mamá la de la ocurrencia, ¿es verdad eso?". "Sí, señorita, es la verdad, pero ella nunca pensó que fuera a causar un problema tan serio; como usted verá, somos pobres y ella lo hizo con la mejor intención, para que el niño tuviera algo que traer, pero como mi Mamá lo había pensado, mejor hubiese sido no traer nada. Perdone usted que se le haya aguado la fiesta de Navidad. Ahora dígame si puedo marcharme". "Sí, puedes marcharte", me dijo en voz entrecortada. Cuando salí del salón, la contemplé y se veía contrariada, y así terminó aquel desagradable incidente.

En otra ocasión volvió Daniel a casa con otra demanda de la señorita maestra. Ahora se trataba de aprenderse un cuento de memoria para decirlo frente a la clase, cada niño relataría el suyo.

"¿Pero, qué es eso de que tienes que aprenderte un cuento para decirlo en frente?" exclamó Mamá, indecisa. "Sí, Mamá, así es; dice la maestra que cada niño tiene que aprenderse un cuento para decirlo frente a la clase". "¿Pero qué clase de cuento, hijo? ¿Algo aprendido en clase o qué cosa en especial?". "Ella sólo dijo que un cuento y ma' na, Mamá". "¿Pero será ignorante la maestra esa?" replicó Mamá con enojo. "Mira que exigirle semejante cosa a un niño de primer grado, ella es la que está llamada a enseñarles cuentos, para eso es que van ustedes a la escuela, para que se les enseñe. ¡Mira que tiene nervios la señorita esa!"

"A ver, Carmen, ven tú acá" me dijo a mí, "tú que entiendes de estas cosas, arréglatelas aquí con tu hermano, porque yo no estoy prepará pa' esas cosas". "Ha, ha", dije yo, "a mí no me metan en esos líos que yo no quiero problemas con esa señorita, ya la conozco lo bastante, así que conmigo no cuenten". Pero el chico seguía insistiendo día por día, mortificando a Mamá con aquello del cuento y ya que sólo faltaban par de días para ir al frente de la clase, Mamá se decidió a pensar cómo ayudar al muchacho, igualito que lo había hecho anteriormente con aquello del regalo de Navidad.

La pobre Mamá no estaba relacionada con literatura, y menos escolar, así que después que repasó su mente se le ocurrió algo sencillo, aunque tantito vulgar, pero que a ella le pareció bien para que el niño cumpliera con su parte. Así que muy emocionada le dijo: "Ya lo tenemos hijo, venga conmigo que le voy a enseñar un cuentito tan lindo que le va a gustar tanto a su clase como a la señorita maestra, porque es un cuento de ratones y los cuentos de ratones siempre gustan".

Así que se echaron a un lado donde el chico pudiera memorizárselo bien y Papá y yo no nos enteramos hasta más tarde. Cuando llegó el momento de recitar al frente cada niño dijo su cuento, hasta que le tocó el turno a él que, con orgullo, además de confiado, pasó al frente y comenzó.

"Esta era una vez que vivían en un tejado un ratón y su esposa y un día él le trajo un poco de harina para que ella le hiciera una torta, porque le encantaban las tortas de maíz y mientras, se retiró a tomar una siesta. Pero por mala suerte, resultó que no había agua a la mano para amasar la harina, pero ella no perdió tiempo, se añingotó sobre la harina para humedecerla, con tan mala suerte que no se sabe de dónde sopló un aire, y ¡zas! se esparció aquella y cero torta. Cuando el esposo se despertó de su siesta y le preguntó por la torta, su esposa muy apenada le contó lo sucedido y él bien enfogonado quiso golpearla, pero ella muy astuta se tiró desde el tejado y desapareció por entre el matorral. Cuanto acabao y arroz con melao, échame otro más salao".

¡Digo, que si con el regalo de Navidad la señorita había llegado al punto de la histeria, pues ahora, para qué decir! Mandó de nuevo por mí y allá la emprendió conmigo. "¡Dígame una cosa, niña! ¿Qué clase de madre es la que tienen ustedes? Pues según razón, fue ella la que instruyó aquí, al chico, con un cuento vulgar y de muy mal gusto". A mí me subieron y me dejaron caer, no sabía qué clase de cuento Mamá le había enseñado al niño, pero lo que fuera, nos había metido en problemas a él y también a mí, y no encontraba qué decir. Primero, porque siempre me achicaba frente a los adultos y más ante los maestros, y porque en nuestra casa se nos enseñaba el respeto y el recato frente a cualquier persona mayor, pero al verla tan airada, y seguía que si Mamá, y Mamá era la responsable de todo, pues humildemente me limité a decirle: "Mire, señorita, nuestra madre es campesina, pero una persona que en su poca capacidad se esfuerza a lo sumo para que mi hermanito la complazca a usted. Además, ella cree que usted está en un error, que es a usted a quien le toca enseñarle cuentos, no es a ella. Ahora, perdóneme, pero tengo que atender a mi clase, con su permiso", y salí. Así terminó la tiranía de aquella maestra con mi hermano.

Durante el corto tiempo que vivimos en este pueblo, sucedieron muchas cosas, unas buenas y otras malas, como es natural; y también conocí mucha gente que perdurará en mi mente para siempre, porque ya son parte de mí misma. Como en cualquier otro lugar del mundo, había personas con inquietudes y sentimientos de lucha a quienes con todos los respetos me tomé la libertad de traerlos a la vida en esta obra, porque tanto ellos como yo fuimos los protagonistas de aquel entonces, en un bello y maravilloso lugar que sigue siendo tan especial para mí, donde la vida se veía, se sentía y se vivía.

En cuanto a la gente de la aldea, vista en masa se comprendía que era gente de costa, aclimatada al ambiente y costumbres de aquí y puede decirse que parecían una sola familia. Por otro lado, los residentes del pequeño núcleo de casitas y el cuartelón donde vivíamos nosotros parecía estar reservado para gente que acostumbraba trabajar durante la zafra y luego marcharse con excepción de un par de familias que parecían ser residentes. Una persona que salta a mi memoria es el campanero y su familia, gente humilde y agradable, de apellido Troche. Tenían una niña hermafrodita de unos diez años más o menos. Toda la gente comentaba al respecto, claro que en una forma reservada.

Recuerdo una vez en que su madre comentaba con otra vecina en los lavaderos, del extraño caso. Le decía ella del fenómeno y de lo serio del problema para ellos como padres. "Cuando nació, dijo ella, y nos percatamos de lo anormal, fuimos mi esposo y yo con la criatura adonde un médico, para que nos orientara porque estábamos indecisos al no saber si era hembra o varón, pero fue muy poca la ayuda que nos proporcionó, pues según él hay que esperar a que llegue a la edad del desarrollo para saberlo. Mientras tanto nos aconsejó a vestirla de hembra para protegerla mejor, aunque yo veo que tiene tendencia hacia varón." Su madre estaba en lo cierto porque aun vestida de niña y educada para ama de casa, Emelina gustaba de la compañía de los varones, de sus tareas y de sus diversiones. Con el correr de los años, supe que se había convertido en un flamante varón por quien las féminas se disputaban su amor y hubo una época en que la prensa hizo historia del fenómeno, y toda su vida fue dada a la publicidad.

Otra familia que vivía en el cuartelón, en la habitación de esquina, junto a nosotros, era una pareja a quien llamaré Álvaro y Malia, con un chico de unos cuatro años. Don Álvaro era blanco, alto, fornido, de profesión negociante, más bien que obrero aunque también desempeñaba esta labor. Este usaba de hacer fiestas en su casa como bailes, maniguas, friquitín y bebidas alcohólicas, todo con miras de lucro. Así que aquí siempre había música brava y juerga, desde el viernes de tarde hasta el domingo entrada la noche. Malia era una enérgica y joven trigueña, esbelta, fuerte y hacendosa como ella sola, a quien su marido explotaba de una manera descarada e inhumana. Tenían abonados a quienes se les suplía desayuno y cena. Así que ella madrugaba para hacer el friquitín y luego de freír una gran cantidad, así caliente de la candela, se echaba la cesta en la cabeza y en una mano un garrafón de café y se iba por las piezas de caña a repartirle a cada abonado. Luego regresaba para proporcionarse de leña y abastecer suficiente agua para ponerse en la brega de la cena y en nada le daba la mano el tal don Álvaro. Y como si fuera poco con toda esta brega de la semana, más el lavado y atender al niño, más la lucha del fin de semana, que era fuerte también, encima de todo eso, él se emborrachaba y la golpeaba. ¡Infeliz mujer! Murió más adelante a causa de un cáncer, según nos informaron, dejando huérfano a su niño de poca edad. Con esta experiencia, a mi corta edad, me hice juramento de que nunca en la vida permitiría que un varón usara de abusos ni de explotación conmigo.

También conocí a un capataz de raza blanca, un cuarentón, hombre elegante que montaba un hermoso caballo; vestía ropa caqui y usaba finos sombreros del país. Por lo que se comentaba entre los vecinos, éste llevaba amores con la esposa de un obrero mulato. Yo era una chica aún, pero no podía evitar ver y escuchar. Así que el magnate le daba trabajo al infeliz esposo en lo más retirado de la colonia, para así él poder tener tiempo suficiente para hacerle el amor a su mujercita. Recuerdo que amarraba el caballo frente a la casa de ella y la puerta permanecía cerrada hasta que él se marchaba. Por otro lado, ella, como astuta, se le quejaba siempre enferma al pobre marido, por lo cual solía decirle que iba a los curanderos por remedios, pero según ella, todo era cuestión de baños aromáticos a base de colonias y perfumes; una buena razón para siempre estar perfumada. Yo no tenía capacidad suficiente para imaginar qué estaba ocurriendo, pero pensaba que lo que fuera, tenía que estar fuera de orden.

Como puede verse, en la casa de don Álvaro y doña Malia, se hacían jaranas todos los fines de semana, pero tremendas jaranas, a son de música brava y lo selecto era la plena, que era lo que estaba en boga. Como el apartamiento quedaba junto a nuestra casa, pues para qué negarlo, aquella música se me fue metiendo en los nervios y en la sangre, en tal forma que un domingo no pude resistir más y me propuse ir hasta allá a bailarme una candente plena de aquellas de moda, "Buscando a Malén" y "Temporal, temporal".

Entre los fieles que frecuentaban el lugar, estaba un tal don Tano, señor ya maduro, blanco, fino y de buen porte, de aspecto español y una joven mulata ponceña, llamada Isabel; una criatura en sus treinta años con cuerpo de guitarra, ojos grandes claros y cabello precioso, lacio, negro como el azabache. A ella sólo le fascinaba y le interesaba bailar y era una bailarina fascinante, pero don Tano, que ya era cuarentón, se enamoró perdidamente de la bella mujer y ella con dolor de su alma tuvo que desaparecerse, para zafárselo de encima, y él al verse defraudado, sólo bebía y bailaba como desesperado para consolarse con su plena favorita, "Buscando a Malén", sólo que él le cambió la letra y la cantaba "Buscando a Isabel".

Aquel domingo, cuando me dispuse a ir allá a sacarme del sistema un poco de aquella fiebre de plena, madrugué más de lo acostumbrado, terminé mis faenas cotidianas, y luego de tomar un fresco baño y de empolvarme olorosa, me peiné el cabello en dos trenzas adornadas con lazos de colores, me vestí el mejor vestido, me puse los zapatos escolares y, en un descuido, me escurrí por el patio y fui a parar al baile que estaba prendido. La señora Malia estaba ocupada friendo toda clase de frituras, que el olor trascendía y arriba en la sala aquella música, al compás de guitarra, bombo y pandereta, entonaba la bella plena "Buscando a Malén" y entre la candela de la cocina y aquélla, no se sabía cuál estaba más fogosa.

Yo, luego de los cumplidos con la señora, pasé a la sala y con la primera persona que me topé fue con don Tano que lloraba a lágrima viva la ausencia de la bella Isabel, quien era una muñeca de chocolate y reina de la plena. En cuanto él me vio, enseguida me pidió que bailara con él y yo muy complacida acepté. Me tomó de la mano muy caballeroso y me escoltó hasta el mismo medio del desnivelado soberao y con mucho estilo y clase comenzamos a danzar la cadenciosa plena. Juro que me quedé sorprendida conmigo misma, pues para nunca antes haber bailado, lo estaba haciendo de maravilla. La música siguió encumbrándose y nosotros dos, igualmente haciendo de nosotros un derroche. Aquel viejo era un danzarín de primera y como lloraba una pena de amor, pues lo hacía aún mejor, y yo, como era mi primer baile, pues me desplacé lo mejor que pude y aquel momento quedó grabado en mi mente y corazón para siempre como una gota de rocío en una mañana primaveral.

En casa, cuando me echaron de menos, comenzaron a buscarme por todas partes, sorprendidos porque yo nunca acostumbraba tirarme abajo sin permiso, pero en una vuelta que dio Papá en mi búsqueda, pasó frente a la casa del baile, allí iba yo de los brazos de Don Tano como la cenicienta con su príncipe, al compás de "Buscando a Malén" y recuerdo que mientras bailábamos, él tarareaba "buscando a Isabel, buscando a Isabel, buscando a Isabel y no la puedo encontrar".

Cuando yo me enfrenté a Papá, el corazón me dio un vuelco y él me hizo seña que saliera de inmediato, pero yo, en una vuelta también le hice ademán y le hice entender que hasta que no terminara la pieza no podría. Porque a la verdad que bajo ningún concepto dejaría plantado a aquel respetuoso señor. Además aquella plena no la cortaba yo por nada del mundo, si era algo así como viajar en una nube de algodón. Papá se regresó a casa y yo seguí hasta que la música dio el toque final. Don Tano me hizo reverencia, me dio las gracias y de nuevo me tomó de la mano y me acompañó hasta la puerta del aposento, quizás con la esperanza de que siguiéramos bailando, pero yo disimuladamente me escurrí por la puerta trasera, satisfecha como una pascua en diciembre, muy feliz y tranquila como si lo que había hecho estuviera en lo más correcto.

Cuando entré a la casa, mis padres leyeron en mi rostro aquella dicha que me embargaba y me sonrieron al ver mi ocurrencia y sólo se limitaron a decirme que no volviera a hacerlo, porque tales fiestas no eran propias para una jovencita de mi edad. Yo comprendí, y en adelante no volví a sentir deseos de ir a bailar a aquel lugar. Pero sí una cosa digo, y es que aquel momento ha sido uno de los más sublimes y felices de mi vida de niña y como desde chica siempre la vida me ha parecido una obra de arte, pues son esos momentos vividos a plenitud y con sencillez de alma los que en realidad han hecho en mí la diferencia o sea vivir la vida.

Después de mi primer baile en casa de don Álvaro, tuve una grata sorpresa. Vino a visitarnos el tío Salvador, un hermano de Papá, aquel que apodaban Bore y que era mi tío favorito. Desde pequeña se había encariñado conmigo, pues, según Mamá, cada tarde venía por nuestra casa, me tomaba en brazos, también una manta, y se encaminaba bajo la arboleda y allí tendía una manta sobre el césped y se pasaba las horas viéndome jugar a su alrededor, entreteniéndome, mientras nos divertíamos contemplando la naturaleza. Así fue conmigo durante mis primeros años de infancia hasta que se mudaron a la costa, mejor dicho a la central Eureka, donde residieran por varios años él y su familia, la tía Luisa y su pequeñita de un año de edad, de nombre Blanca.

Aquel día fue para mí, para recordar, pues volver a verle después de todos estos años era como volver a casa. Tan felices estuvimos que Papá le sugirió mudarse a San Romualdo y ya que había una casa vacante cerca de nosotros, de inmediato fueron a la oficina de personal y sin ninguna objeción, aquella misma semana ya estaban instalados. Grande fue nuestra felicidad, pero yo era la más feliz de todos, porque aquel adorable tío se me aparecía como un ángel para alegrar mi soledad de parientes.

El tío Salvador era una persona muy especial, amable y sencillo, pero sobre todo honesto y sincero, en otras palabras, un precioso ser humano. De inmediato comprendí que entre Papá y él existía una tremenda diferencia de carácter, pues mi padre era la persona extrovertida, comunicativa, que gustaba de hacer amistades, cantar, bailar, darse tragos, fumar, tener amoríos, montar buenos caballos, jugar gallos y a las cartas, vestir a la moda, involucrarse en la política, le divertía la lectura y la oratoria, pero más que nada le gustaba hablar, de lo cual nunca se cansaba ni tampoco el que lo escuchaba porque gozaba de una gracia especial en este aspecto. Además tenía un agradable metal de voz y un abarcante repertorio. No el tío, quien era tímido, callado y retraído, además de casero y apegado a su familia, tanto que después de seis años de casados, parecían seguir disfrutando de su luna de miel y como padre era adorable, y aunque no gustaba de hacer estrecha amistad con nadie, era amigo de todos.

Por otra parte, le gustaba disfrutar de las cosas sencillas y buenas de la vida, como comer bueno y estarse lo más posible en plena tranquilidad y disfrutar de la contemplación, que era su pasatiempo favorito. También le gustaba, mejor dicho, le fascinaba ir de pesca y atrapar jueyes, pero en completa soledad, nada de compañía. Esta forma rara suya llegó a intrigarme, ya que las personas que se dedican a estos quehaceres usaban ir en pequeños grupos y de noche, pero al respecto me dijo un día: "Sabes, sobrina, me complace estar solo en estas cosas, porque solo uno se goza el espectáculo, la gracia y la belleza de todo, mientras que en compañía se pierde el encanto. Si supieras qué bello es contemplar la noche en toda su gala de luna, estrellas y de azul, tendida sobre el palmar y el follaje o sobre el mar o el río y escuchar en el silencio y la paz su magia y su canción. Es en la quietud y en la soledad que el espíritu se extasía, capta y aprecia las maravillas que la bella naturaleza posee para nuestro beneficio y deleite. ¿Acaso nunca has contemplado en un bello amanecer un capullo abrirse al toque suave del tibio sol? Es algo sumamente maravilloso. ¿O el zarcillo de una planta trepadora en acción, buscando en el aire de qué agarrarse? Es otra cosa sumamente interesante. ¿Y qué de un pollito romper el cascarón y salir a la luz? Y en las noches de luna, qué bello es ver cardúmenes de peces deslizarse y arremolinarse en los charcos azules. Y qué dices de los insectos y los pájaros en sus luchas cotidianas, no dejan de zumbar ni de trinar, felices viviendo y trabajando y como si no quisieran dejar ni un solo momento de dar alabanzas a Dios por la alegría de vivir. Son éstas las cosas que me hacen feliz y me hacen sentir agradecido de Dios, seguro de que nosotros los humanos, somos los seres más privilegiados de todo el universo".

Tío Bore no era la persona o el obrero fatigado que era Papá, nunca lo había sido. Decía que era una injusticia que la máxima obra que Dios había creado fuera esclavizada y sacrificada por una mísera paga de cincuenta centavos al día, de sol a sol, como se usaba en aquellos días; según él, semejante cosa era imperdonable, en otras palabras, un sacrilegio. Comentaba que era bueno trabajar duro, si fuera necesario, pero con beneficio, pero por amor al arte y para lucro de otros no era ni justo ni cordura. Recuerdo que acostumbraba trabajar los tres primeros días de la semana, los cobraba, hacía una compra y luego se quedaba en su casa con su familia, comiendo y reposando y yendo de pesca y por jueyes, suculenta carne que la tía Luisa confeccionaba ricamente. Luego, después de un largo y reposado fin de semana, volvía a trabajar. Esto le trajo serios problemas con sus superiores, pues si se le proveía de casa, decían ellos, era porque lo necesitaban toda la semana, de lo contrario, tendría que irse. Y como Papá lo había recomendado, a él le pidieron cuentas, a lo cual Papá contestó que su hermano era mayor de edad, que le pidieran cuentas a él. Aun así, habló con él y le hizo comprender que él tenía un compromiso con la colonia de trabajar semana completa, de lo contrario se estaba arriesgando a que lo despidieran y le hicieran desalojar y eso era algo que realmente no deseábamos, que se mudara lejos de nosotros. Así que le aconsejó a ir a ver a Mr. Meyer, el jefe de personal, un señor alemán-americano, persona muy entendida en la brega con la gente.

En cuanto vio al tío, éste le cayó bien, pues no sólo era bien parecido, sino agradable y simpático, aunque de tez pálida, por naturaleza, cosa que le ayudó en parte, pues al Míster le pareció persona enfermiza. Así que se inició la conversación, y según él, el Míster le preguntó cuál era la razón por la cual él no podía trabajar semana completa, a lo cual, él contestó: "Como usted verá, señor, no soy hombre fuerte para trabajos recios. Desde chico he sido flojo y el sol me fatiga y me causa desmayos. Comprendo que no soy el tipo de obrero que usted necesita, pero tenemos que comer mi familia y yo, por lo cual me esfuerzo al máximo y hago lo mejor que puedo para cumplir con mi obligación, pero honestamente le confieso que sólo puedo trabajar tres días a la semana y lo hago con gusto y trabajo fuerte, pero cinco días, señor, son fuertes para mí. Aunque en las tardes, después que refresca el sol podría sembrar hortalizas, si es que usted me da permiso y me provee de un pequeño cuadro de terreno junto a mi casa, así podríamos alimentarnos mejor mi familia y yo, además usted también tendría verduras frescas sin costarle nada". Lo que puedo decir es que halló gracia delante de aquel santo varón, quien gustosamente le permitió trabajar sólo tres días a la semana y también le facilitó terreno junto a la casa, para que él sembrara hortalizas y, por lo visto, lo hicieron hijo adoptivo de la colonia de San Romualdo por el resto de su vida.

A mi corta edad recuerdo que me esforzaba por agradarle y cuando venía por mi casa le servía café, cosa que a él le encantaba. Pero aún yo no tenía capacidad para prepararlo debidamente y a veces se lo servía tibio o ralo, por lo cual un día él decidió darme una lección de cómo preparar un buen café. Aun recuerdo sus palabras: "Mira sobrina, me dijo, nosotros los Justiniano nos hemos destacado como cosecheros de café y también tenemos un delicado paladar para saborearlo, por lo cual también hemos aprendido a confeccionarlo. Así que tú, como una Justiniano y desarrollándote como ama de casa, estás en el deber de aprender a elaborarlo debidamente. ¿No es así?" me preguntó con picardía. "Claro que sí", le contesté orgullosa de que él se tomara interés en enseñarme estas cosas. Entonces prosiguió: "Lo primero que debe seleccionarse es el grano, si es que se tiene alternativa, pero lo más importante es que esté limpio antes de proceder a tostarlo. Para tostarse, el fuego debe ser promedio, ni flojo ni demasiado flama, esto para evitar que se queme o se pase y pierda sus valores. Entonces se procede a removerlo constantemente con la paleta hasta su punto de tostado, que es cuando adquiere un color achocolatado, entonces hay que quitarlo rápido del fuego y verterlo en un recipiente espacioso que esté seco y limpio, algo así como una batea que se ahume o queme con su propio calor. Una vez se refresca, se muele y envasa en un recipiente con buena tapa, para evitar que se simplifique. También se puede envasar sin moler y hacerlo en cualquier momento necesario. Para colarse, tanto el colador, como todo utensilio que se va a usar deberán estar bien limpios, esto es muy importante si se desea un buen café. El agua para colar debe estar en su máximo hervor. Una cucharada de harina de café colmada es suficiente para una taza, por eso es aconsejable medirse tanto el café como el agua. Jamás se debe colar más café del que se va a usar. Preferible colarlo cuantas veces se va a tomar, pues el café recalentado pierde sus valores, gusto y sabor y puede ser dañino al estómago. Si se prefiere con leche entonces hay que colarlo un poco más fuerte, dependiendo del gusto de la persona, pero para un buen café con leche, ésta se debe hervir a fuego lento, batiéndose constantemente con un cucharón por varios minutos. Para obtener un café caliente y sabroso lo mejor es colarlo con el colador dentro del recipiente, nunca alzado para evitar que se enfríe o pierda el gusto y el aroma. El café es algo delicioso, pero hay que tomarlo con contemplación, como todo lo exquisito".

Hoy en la distancia del tiempo y de la vida, el recuerdo de aquel amoroso tío perdura en mí con la frescura de una tarde otoñal. Sus consejos y enseñanzas, sus palabras de sincera y profunda amistad, sazonadas con dulzura y comprensión, siguen levantando y confortando mi espíritu y por siempre le estaré agradecida por haberse tomado interés en mí y haberme regalado el más preciado tesoro, su tiempo. En paz descanse su alma.

Como es lógico, en la colonia siempre había gente nueva, pues cuando unos se iban, otros llegaban. Una tarde, recién nosotros llegar allí, llegó a vivir al cuartelón un caballero solterón y una vez instalado salió por el vecindario para ver si hallaba donde le pudieran preparar sus alimentos. Al lugar donde primero vino fue a nuestra casa y enseguida entabló una conversación con mis padres, y resultó ser una persona muy tratable. Era blanco, de buena apariencia, bajo de estatura, un poco grueso y de un caminar pausado, y por su aspecto y manera de expresarse se advertía que era persona culta y de buen gusto.

Una vez cambiaron impresiones y se habló de uno que otro tema, salió a relucir que el tal señor se llamaba Celestino Santiago y cuando jovencito había trabajado para los abuelos de Finca Abajo, como criado de confianza y había sido nada menos que la persona que cuando los abuelos salían de visita a caballo, el ayudaba a cargar y cuidar de Mamá que para entonces era pequeña. Fue realmente agradable para ambos encontrarse después de tantos años y divertido para nosotros, cuando por las tardes después de la cena nos reuníamos a escucharles evocar aquel pasado; Mamá recordar su infancia y él sus experiencias y buenos tiempos en Finca Abajo. Así que don Celestino se convirtió no sólo en nuestro abonado, sino también en un fiel amigo de la familia.

Aquellos días nunca los olvido porque fueron tiempos de escasez y apretura para el pobre especialmente y, más que nada, de familia numerosa lo cual empeoraba la situación. Quizás debido a esto, una tarde llegó a San Romualdo en el tren de la tarde, desde la capital, una inesperada visita. Una elegante dama, bien ataviada y bastante sofisticada quien dijo llamarse la señora Marie y según ella era agente hípico, que por ahora estaría a cargo de la jurisdicción de Hormigueros. Para entonces esta cuestión de carreras y apuestas de caballos era desconocida por estos lares, pero la señora, que entendía a perfección su profesión, se hizo entender y fue acogida con gran entusiasmo por los residentes de la colonia. Y aunque la pobreza era extrema y los salarios bajos, la nueva idea y la oportunidad de ganar algún dinero suave, hizo impacto en la gente, mejor dicho en los hombres, pues aun aquellos más pobres se sacrificaban haciendo una que otra apuesta con la esperanza de ganarse unos pesos, y los solteros con la misma ambición, pero más que nada por llevarse negocios con la inteligente e interesante dama y entre esos estaba don Celestino.

Doña Marie, que se hizo pasar por soltera, sólo poseía unos recortes de periódico donde se enumeraban los caballos con los cuales daba instrucciones a las personas de cómo hacer sus apuestas, aunque la mayoría de las veces, era ella misma quien les hacía las papeletas o cuadros en pedazos de papel, ya que, en primer lugar, esta gente no estaba relacionada con el juego o no sabían de letra, o meramente porque confiaban en su prudencia y consejos. Recuerdo que ella les explicaba o les refería los caballos con las mejores perspectivas a ganar, entre todos una yegua de nombre Susana D., que se hizo muy popular en la aldea. Así que, meses después, ya la dama estaba bien encarrilada en su lucrativo negocio, que manejaba a la perfección, a la vez que se ganaba el aprecio, el respeto y la amistad de los obreros y de sus mujeres que también le abrieron sus corazones, haciéndola sentir en casa y, por supuesto, don Celestino, que se enamoró perdidamente de ella creyendo haber hallado la mujer de sus sueños, idea que ella usó para su propio beneficio, pues él por agradarla se gastaba la mayor parte de su salario apostando a los caballos.

Y llegó el momento cuando a ella le pareció bien hacerle creer a la gente que alguien se había ganado una apuesta de treinta dólares y, por supuesto, éste fue don Celestino, que a pesar de que ella lo detestaba, necesitaba sus entradas semanales y por otra parte estaba segura que tal suma regresaría a ella, ya fuera en forma de apuestas o de obsequios, lo cual él se esmeraba en ofrecerle, pues aún no descubría hasta dónde llegaba la maniobra de la dama, a quien sólo le interesaba ganar dinero del cual no gastaba ni un céntimo, pues vivía de balde en el vecindario de la aldea adonde bien se había ganado el aprecio de todos. Pero como todas las cosas tienen su tiempo y su término, de la misma forma que ella se nos había aparecido, así también su esposo se apareció una tarde con su cuadro de cinco hijos y mudanza y todo. Entonces fue que se supo que ella era buscada por la ley en San Juan, por hacerse pasar por agente hípico, extrayéndole engañosamente el dinero a la gente. Por eso se había refugiado en Hormigueros como soltera y no había revelado su identidad y esa era la razón por la cual no gastaba ni un centavo para ella, para poderle mandar todo el dinero que conseguía a su esposo para ayudar a mantener a su familia. Pero él, hallándose imposibilitado de atender a sus hijos y a su trabajo, vino a traérselos a ella. Pero nada de lo dicho hasta aquí tiene gran importancia comparado con el acto de bondad y amor que la gente de San Romualdo tuvo para con ellas y sus hijos. Creo que es digo de ser revelado y recordado, pues a nadie le importó el negativo relato de su esposo en cuanto a la conducta de ella, ni perdieron el tiempo en criticarla, al contrario, todos en la aldea se unieron en una sola familia con el único propósito de ayudarla a resolver su inminente problema. De inmediato se hizo lugar en la aldea para alojar a los chicos, uno aquí y otro allá, y poco después todos estuvieron acomodados y la semana próxima acudieron a clases. Eran unos niños adorables, muy bien parecidos y con refinamiento. Y allí se quedó Doña Marie con sus hijos a comenzar una nueva vida y fue otra que también fue adoptada por aquella adorable gente de Hormigueros.

Un acontecimiento trascendental ocurrido entonces fue la boda de doña Niko, una octogenaria, hermosa mujer de bello porte que aún a su avanzada edad lucía elegante y lozana. Era viuda y sin hijos y dueña de una cómoda residencia ubicada en la calle principal del pueblo a la salida para San Romualdo donde también estaban sus terrenos. La casona quedaba frente a nuestro plantel, al comenzar la cuesta, y recuerdo que en las tardes, acostumbraba sentarse en el espacioso balcón en una mecedora o sillón bajo una copiosa enredadera. Doña Niko tenía siempre a alguien que trabajara sus tierras, personas que trabajaban por su cuenta. Como ella era anciana y no le era posible salir a supervisarlos, hacían a su antojo y la engañaban, y cuando ella les pedía cuentas se enfadaban, por lo que los despedía o ellos se iban por su cuenta. Y sucedió que, entre unos y otros, vino a trabajar para ella un joven de nombre Juan Agosto, obrero de buena reputación, persona humilde y pacífica, bien parecido a quien ella dio autoridad para atender sus tierras, y como era soltero en la misma casa se le proveyó de habitación y alimento. Juan cumplía a cabalidad su responsabilidad, lo que hizo que doña Niko se sintiera feliz y agradecida hasta el punto que patrona y obrero llegaron a cultivar una buena amistad que, con el correr del tiempo, culminó en romance. Recuerdo el tremendo impacto que causó en todo el pueblo y el vecindario la noticia de la boda, pero doña Niko luciendo la frescura de una amapola en primavera, decía que para el amor no había edad ni barreras y que Juan había llegado a su vida para alegrar sus años de vejez. Él, por su parte, no opinaba ni decía una cosa ni otra cuando lo indagaban al respecto, tan solo bajaba la cabeza y sonreía en una forma ingenua y tímida.

Y fue así como una tarde de verano, doña Niko y Agosto se casaron. La boda la ofició el párroco del pueblo, en el ancho balcón de su casa bajo los azules ramilletes de la hermosa enredadera. La calle y aceras estaban tingladas de espectadores que no querían perderse el trascendental acto. Él lucía como era, tímido y callado, pero le realzaba su juventud y elegancia y ella, claro que anciana, pero hermosa y lozana como una rosa de otoño demostrando su felicidad. A mi corta edad, no se lo que pensé, pero sí sé que me sentía emocionada, mientras a mi alrededor todo el mundo expresaba sus sentimientos, pues unos reían burlonamente, otros criticaban la diferencia de edad o de cultura, y la mayoría pronosticaba un futuro negativo para la enamorada pareja. Y muchos estuvieron en lo cierto, porque Agosto no supo apreciar todas las bienaventuranzas que Dios y el destino le habían otorgado a través de doña Niko, que lo hizo señor de todos sus bienes, además de hacer lo imposible para que fuera feliz y la hiciera feliz a ella, porque aquel joven tímido, humilde e introvertido, al comenzar una nueva vida en un ambiente diferente al cual no estaba acostumbrado, se volvió vanidoso, vago y vicioso y se tornó cruel y tirano con aquel precioso ser humano que le había ofrendado su amor y su capital. Y lo último que se supo fue que los amigos y vecinos del pueblo tuvieron que tomar cartas en el asunto, para hacer que la ley interviniera y se consiguió una separación, donde Agosto tuvo que salirse de la casa y dejarla en paz. Y yo pienso, ¡qué extraña es la vida y qué raros somos los seres humanos!

La boda de doña Niko despertó en mí recuerdos dormidos, pues luego de consumada la ceremonia y mientras me encaminaba a mi casa a lo largo de la empedrada y polvorienta carretera, sentí desplegarse en mi imaginación pensamientos encadenados a un pasado de sólo unos cinco años, pero que en mi mente de niña los sentía tremendamente lejanos. Igual de distante sentía a Finca Abajo y a toda la familia, pues me parecía una eternidad que me había separado de ellos. Y por consiguiente vino a mi memoria la tía Mercedes y el inolvidable y hermoso día de su matrimonio con tío Fernando Crespo; y aquel acontecimiento reverdecía ahora en mí, como la página de un libro abierto en todo su esplendor, y porque aquella ocasión fue también la de mi bautizo, quizás se apegaba más a mi memoria.

Siempre recordaba a la tía Mercedes con ternura, pues igual que el tío Bore, era mi tía preferida y me acariciaba su recuerdo, su amistad y dulzura. Era pequeña de estatura, pero grande de nobleza y sinceridad, por eso la echaba de menos y su ausencia me afligía. La celebración de su boda había hecho hueco en mi mente de niña, pues sólo contaba cinco años entonces y aunque fue algo sencillo, para mí fue algo solemne e inolvidable. Recuerdo lo emocionada que yo estaba. La abuela había confeccionado nuestros atavíos y a mi corta edad me sentía tan esplendorosa como la misma novia que lucía bella y graciosa. La casona lucía acogedora y sentíase contagiosa la felicidad y el calor humano y familiar. Desde muy temprano comenzaron a llegar familiares, vecinos y amigos, unos a caballo y otros a pie. Todos ataviados para el bello acto. Podía verse a las damas desfilar en sus bellos trajes largos adornados con cintas y encajes, luciendo preciosas boas y lindas zapatillas, todas con bellos peinados a la usanza española, con elegantes moños y peinetas. Igualmente los caballeros, todos muy elegantes a la moda de principio de siglo. Primero se efectuó el matrimonio y después se procedió a mi bautizo, auspiciados ambos actos por un ministro protestante. En aquella ocasión tuve el privilegio de conocer a mis padrinos, don Eulogio Sánchez y su adorable esposa doña Alejandrina, dos encantadoras personas que fueron agregadas a mi felicidad. Luego de las ceremonias, se procedió al brindis y a disfrutar de un ligero almuerzo, donde se sirvió el clásico chocolate con galletitas, también dulces y para los mayores alguna bebida. Por eso ahora, la boda de doña Niko me remontaba a aquel pasado inmediato y recuerdo cómo mis ojos se inyectaron de lágrimas, pero en santa conformidad volvieron mis recuerdos a dormirse en mi consciente de niña.

Hoy recuerdo con cariño y simpatía a todas aquellas personas que conocí en San Romualdo durante mi corta estadía en aquel lugar y con grato placer escribo de ellos porque los siento parte de mí misma y porque en cierta forma me fueron de gran estímulo ya fueran sus comportamientos negativos o positivos, pues todo me ha sido provechoso a través de toda mi existencia. Y como nunca he mirado a las personas como mera gente o individuos, sino como seres humanos dotados de virtudes, valores y sentimientos, esto me ha dado la oportunidad de descubrir cuánta grandeza hay en las personas.

Y así como las diminutas florecillas que crecen en el prado, que su incomparable belleza deslumbra y su aroma extasía, así me siento al traer a mi memoria a don Sandalio, un vecino nuestro del cuartelón. ¡Qué encantador ser humano! Tendría unos cuarenta años, y su familia se componía de cinco hijos y su esposa Rosita. Era alto, blanco, de cabello negro abultado y de facciones un tanto romas, con pómulos pronunciados. Un hombre rústico, persona común y corriente, sumiso, humilde y noble. Don Sandalio amaba la vida en todos los aspectos, y aunque, como todos los demás, no estaba exento de las mismas penurias y privaciones, abordaba la situación con aplomo y naturalidad y su lema era que "al mal tiempo, buena cara". Es de esperarse que el lamento se había convertido en epidemia, pero no para él que se empeñaba en dar gracias por estar vivo y por todo aquello que según él era un bien, afrontando así cada día con tesón, alegría y buen ánimo, confiado siempre en un mañana mejor. Jamás lo vi enojado, triste o preocupado, al contrario, siempre de buen humor, y nunca podré olvidar su forma de reír. Era una risa contagiosa, natural y franca, que proyectaba la frescura y melodía de una cascada, algo nacido de lo profundo de un alma en paz. Cuántas veces en las duras luchas de la vida y en momentos seriamente difíciles le he recordado y he logrado sobreponerme. ¡Qué agradecida me siento de haberle conocido!

Para aquella misma fecha, a comienzos del mil novecientos treinta, la maestra nos trajo un interesante mensaje. Se trataba nada menos que de la "radio", un aparato eléctrico que tenía propiedad y potencia de transmitir voz y sonido desde larga distancia. Era el descubrimiento del momento y en Hormigueros sólo había una persona que poseía uno de los fantásticos artefactos. Este señor, que lamentablemente no recuerdo su nombre, se interesó en que los estudiantes se relacionaran con el nuevo invento o maravilla. Así que la escuela nos enviaba en pequeños grupos a su casa. Verdaderamente fue para mí una experiencia maravillosa, poder escuchar a través de aquella pequeña y ovalada caja con botones, voces de personas igual que si estuvieran en la misma habitación con nosotros. A mí me fascinaba contarles a mis padres todo cuanto aprendía en la escuela, ahora tuve algo muy interesante que decir. De hecho todo el pueblo de Hormigueros estaba de plácemes.

Una de las características más fascinantes que pude observar del poblado era la manera en que los habitantes observaban y reverenciaban la leyenda de su patrona, La Virgen de Monserrate. Todos en su mayoría eran fieles devotos y se esmeraban en transmitir la verdad y mensaje de su patrona a los nuevos que continuamente se mudaban al poblado, por lo tanto, nosotros no estuvimos exentos de esto y también fuimos doctrinados, ya fuera directa o indirectamente, pues la adoración comprendía desde ancianos a chicos. Recuerdo que cuando se acercó la celebración de las fiestas patronales, el espíritu religioso y festivo embargó a todos, aun en la escuela se dejaba sentir el entusiasmo, la comunión y el júbilo de una nueva primavera religiosa y espiritual. Jamás imaginé que las tales fiestas fueran de tal magnitud. Pues sí que había visto en mi pueblo natal la celebración al patrón San Juan Bautista y recordaba que eran estupendas y de gran colorido, pero jamás pensé que las de Hormigueros tuvieran tal trascendencia. Un par de semanas antes de comenzarse, empezaron a llegar devotos de todas partes de la isla y allende. Recuerdo que el tren llegaba tinglado todos los días, y en el poblado no había ni una sola casa que no alojara visitantes, igual que la casa de huéspedes, todo estaba lleno.

La iglesia quedaba sobre una roca, en lo más alto del pueblo y en la falda del empinado risco estaba erguida la escalinata, que daba la impresión de una escalera al cielo. Aquí venían cada año, especialmente durante las fiestas patronales, centenares de devotos y creyentes a pagar sus promesas a la virgen morena y la mayoría subía de rodillas los cementados y ásperos peldaños a medida que rezaban el santo rosario y daban gracias a la Santa Virgen por haberles escuchado sus plegarias. En cuanto a la santa patrona, había una leyenda que iba de boca en boca. Se decía que para allá, para el año mil seiscientos cuarenta vivía en este lugar un devoto de la Virgen de Monserrate de nombre Girardo González. En cierta ocasión este hombre fue embestido por un toro bravo en pleno campo abierto y hallándose perdido ante el feroz animal, clamó a la Virgen de Monserrate, y en el momento la temible bestia cayó de rodillas al suelo, pudiendo así él escapar. En otra ocasión se le desapareció por la espesura de la montaña su niña de ocho años de edad y estuvo perdida por quince días. De nuevo Girardo clamó a la Virgen que le ayudara a conseguir a su criatura. A los quince días fue encontrada sana y salva, limpia y bien cuidada y al preguntársele quién la había atendido y alimentado ella dijo que una señora trigueña, muy dulce y buena, había cuidado de ella todo el tiempo. La descripción concordaba con la de la Virgen. Fue entonces cuando Girardo levantó una capilla a la Virgen donde actualmente se encuentra la iglesia. Y muchos de los habitantes al referirse a él, lo hacían con reverencias y adoración, ya que ellos por su cuenta lo habían canonizado y en sus problemas y necesidades a él también rogaban.

Lo más trágico que pudo sucederme aquella vez fue el día que Papá quiso que yo le llevara el almuerzo a la pieza donde estaba trabajando. Me orientó claramente cuál ruta seguir y cuando el almuerzo estuvo listo, lo tomé y me encaminé allá con toda la seguridad de que llegaría sin ninguna dificultad. Pero no es fácil hallar camino entre un cañaveral a menos que se esté relacionado con los terrenos, pues una vez dentro de la pieza todos los ángulos parecen iguales. Sólo sé que caminé y caminé creyendo estar en la ruta correcta, pero cuál no fue mi asombro al enfrentarme con un inmenso tablazo de agua que a mi parecer quiso arroparme. Lo que sentí fue angustioso. Me dieron vértigos y la cabeza comenzó a darme vueltas y poco faltó para desmayarme. Jamás había presenciado cosa tal. Se trataba del río Guanajibo que estaba siendo represado para el riego de los cañaverales y ahora comenzaba a desbordarse por las zanjas. Sólo recuerdo que cuando recobré el aliento, eché a correr sin parar hasta llegar a casa. Aquel día Papá no almorzó, ni me permitió nunca más volver a llevarle de comer al trabajo, pues grande fue el susto que me llevé.

Mientras, la vida seguía su curso como es lógico y sin siquiera percatarme mi propia naturaleza física sufría sus cambios biológicos y me iba convirtiendo en mujercita. Por lo cual fue para mí de grande asombro cuando descubrí que en mis genitales habían comenzado a crecer vellos negros, largos y duros. Confieso que me sentí tremendamente molesta, nerviosa y a la vez triste, ya que llegué a pensar que algo anormal me estaba sucediendo. No tenía ninguna persona de confianza a quien acudir y aunque pensé en Mamá, a ella sería la última persona a quien recurriría, ya que no tenía la suficiente confianza para comunicarle mi problema. Así que seguí con mi preocupación, la cual era seria hasta un día que se me ocurrió tomar una tijeras y deshacerme de éstos por lo cual me encerré en el excusado y los recorté. Ya luego me sentí lo bastante tranquila, hasta días después cuando de nuevo descubrí que el mal persistía. Volví de nuevo a cortarlo varias veces para convencerme que de nada valía el procedimiento que estaba usando y decidí aceptar aquella desgracia y esperar a ver hasta donde llegaba la cosa. Recuerdo mi pesadilla, hasta que pude entender la sana verdad.

Haciendo énfasis en las costumbres y modo de vida de los bajureños de entonces diré lo siguiente: en su mayoría era gente humilde y pobre, dedicada al cultivo de la caña de azúcar y por consiguiente personas de escasísimos recursos, que dadas las circunstancias habían aprendido a echar mano de lo que había para ayudarse en términos de alimentación, albergue y medicamentos y en esto el coco o fruto del cocotero jugaba un papel primordial.

Comenzaré por decir que la palma de coco crecía silvestre y abundante por toda la llanura sin ser cultivada por ser planta por excelencia, que una vez el fruto tiene contacto con el suelo tienen la virtud y facilidad de germinar y pegar sus raíces profundas en la tierra y crece por sí sola saludablemente dando fruto en un término de ocho años y ya después da fruto por millar a través de su larga vida. Así que para esta gente no era problema abastecerse del versátil fruto del cual dependían en grande para tantos usos, en su mayoría culinarios. Por ejemplo, guayaban la pulpa, de la cual extraían la leche, que usaban como leche fresca para tomarla con café. La usaban con manteca para cocinar, para hacer funches o cremas, el rico arroz con dulce y el sabrosísimo tembleque con maizena. Elaboraban también un rico refresco llamado piringa mezclando una taza de leche de coco por cada tres tazas de agua, y sazonado al gusto, servido bien frío es ideal. También del coco extraían el aceite, que para ellos tenía altos valores, pues lo tomaban en pequeñas dosis en ayunas para el apetito o como purgante en dosis más grandes y para las criaturas como vermífugo. Era estimado como embellecedor y para hacer crecer el cabello y también para embellecer la piel y para lustrar cuero o muebles.

Con la leche también confeccionaban el rico coquito, una bebida criolla muy sabrosa. Mezclaban: 2 tazas de leche de coco, 1 taza de leche evaporada, 4 yemas de huevos bien batidas en 1/2 taza de azúcar, 1/2 cucharadita de nuez moscada en polvo, y luego de todo bien ligado se le añadía un cuartillo de ron, y de todo ligado detenidamente se obtiene el sabroso coquito. Esta bebida era servida especialmente para la celebración de la Nochebuena. El dulce de coco guayado, picado o amelcochado, ligado con batata también era especialidad de la gente bajureña. Del coco aprovechaban todo, pues el ama de casa, una vez exprimida la pulpa y extraída toda la leche, usaba la viruta o residuo que tostaban con azúcar y hacían lo que llamaban polvo de amor, algo muy rico y sabroso. La fruta del coco también se consumía en su estado tierno por su rica agua y sabrosa carne. También el fruto tierno era usado como medicina para los casos de purificación de la sangre como sífilis y otros. En estos casos tomaban el coco tierno o verde, lo ahuecaban, le echaban cierta cantidad de sal sosa, lo ponían al sereno por varios días o lo enterraban en la tierra igualmente, quizás por siete días, y luego lo comenzaban a tomar en ayunas en pequeñas dosis cada mañana.

Como puede verse, verdaderamente que esta gente dependía del fruto del coco, y no sólo del fruto, sino también de las ramas de las palmas, las cuales usaban como forraje para construir y techar sus chozas, y las tejían con mucha gracia. Muchos usaban también las ramas como adorno en sus festividades, también como leña para cocinar. Por otro lado, las raíces de la palma eran usadas en medicinas como la clásica tisana, o sea brebaje de muchas diferentes raíces ingerida para combatir ciertas enfermedades. También junto a otras raíces como la del maguey, hervidas, se añadían al maví, resultando un rico maví champaña, algo sumamente delicioso que tenía el color del vino semi-tinto, con esto quiero decir que para los bajureños la palma de coco era algo sagrado y estimado en gran manera como el maná del cielo, pues en su mayoría las frutas se maduran, se desprenden y se echan a perder, pero no el coco, que aún después de caerse al suelo, se mantiene y conserva por largo tiempo, y su carne es comestible y nutritiva en su estado natural.

Otra fuente de alimentación muy estimada entre esta gente era el cangrejo o juey, que abundaba silvestre en los cañaverales. Este marisco era convertido en suculentos platillos, como el arroz con jueyes, el salmorejo o guisado en salsa, asopao, con funche o simplemente hervido con sal, acompañado con viandas, pan, funche o arroz blanco. También el pescado de agua dulce era una gran fuente de alimento, y aquí cerca estaba o fluía el río Guanajibo, rico en guavinas, anguilas, dajao, machete y, más que nada, camarones.

Por otro lado, los terrenos eran fértiles en gran manera, lo que hacía que cualquier vegetal o verdura que se cultivara crecía vigoroso y abundante, y casi todos los habitantes, por lo regular, tenían huertos caseros donde cosechaban toda clase de verduras y vegetales. Nosotros sembramos berenjenas y se dieron hermosas y sabrosas. Por cierto, que aquí en Hormigueros fue donde por vez primera vi el fruto del molondrón o guingambó, otros le llaman guimbobó. Para mi fue emocionante sentir los rasgos de este fruto o vegetal. Quiero decir que me esmeré en aprender a aderezarlo y es uno de mis platillos favoritos. Era un alimento muy apreciado por la gente de la bajura. Lo guisaban solo o con carne, lo hacían junto con arroz o hervido para ensalada. La planta del molondrón bien cultivada se cubre de fruto, de copa a tronco casi todo el año y crece en cualquier terreno. Y como si todo lo ya especificado arriba fuera poco, tenían la caña de azúcar para chuparla en su estado natural o convertirla en el sabroso guarapo.

También hay que dar crédito a la mujer bajureña de entonces. Era tremendamente hacendosa y dedicada, luchando pie a pie con el hombre para hacerse la vida más llevadera para ellos y su familia. Además del fragoso quehacer cotidiano, dedicaba parte de su tiempo al bordado en seda o a la industria de la aguja, el cual le era traído a su propia casa por las comisionistas y la que no, se dedicaba al tejido de sombreros de paja. Esta última industria era netamente autóctona y a la vez remunerable ya que había un abarcante mercado, tanto para el sombrero de gala como para el ordinario o clásica pava de trabajar. El tejido de sombrero era enseñado religiosamente por la madre o abuela a las niñas en cuanto éstas llegaban a su edad de razonamiento, lo que hacía que toda niña o mujer adulta se especializara en el oficio. Y, dicho sea de paso, el cultivo de la palma usada para la industria del sombrero era otra fuente de ingreso para el bajureño.

Un año iba a cumplirse que vivíamos en San Romualdo de Hormigueros y muchas cosas habían acontecido. Papá, que cuando llegamos allí no estaba muy relacionado con el cultivo de la caña de azúcar, ahora se había destacado como un tremendo agricultor bajureño. Si en la altura no había quien le pusiera un pie en frente en todo lo relacionado con el cafetal, ahora aquí, se había desarrollado tremendamente en todo ramo del cultivo de la caña. Tal fue que estuvo a punto de aceptar una plaza como capataz en el mismo San Romualdo. En eso estaba pensando cuando supo de un señor llamado don Julián Piñan, rico hacendado mayagüezano que acababa de comprar una hacienda de café en la jurisdicción del pueblo de Las Marías. Parece que esto despertó en él la llama dormida de aquel apego a tierra adentro y fue a ver al tal señor para pedirle que le arrendara parte de aquellas tierras. Don Julián, que para entonces conocía el historial de Papá como buen agricultor, le propuso otro trato, que se fuera con él a la altura como administrador de la hacienda. Papá de primera intención se negó a aceptar, pero luego que don Julián insistiera, consiguió que aceptara. El caso era que todo esto estaba sucediendo a espaldas mías, hasta el día, mientras cenábamos, que la conversación vino a colación. No quiero recordar aquel momento cuando supe que Papá estaba haciendo trámites para irnos a otro lugar. Al día siguiente, cuando regresé de la escuela y hallé que don Julián estaba en casa discutiendo con Papá todo lo concerniente a nuestro traslado, fue uno de los momentos más torturantes de mi vida, pues el sólo pensar que como las golondrinas volvíamos a alzar el vuelo cuando comenzábamos a echar raíces, era algo que mi atribulado espíritu no podía concebir; y volvió a horrorizarme la insistencia de Mamá de no dejarme ir a la escuela, y una vez más se me achicó el espíritu, se me apretó el pecho y me dolió el alma.

De todos modos, Papá me presentó al caballero, quien me saludó cortésmente y de primera intención entendí que era una bella persona, culta y agradable. Era alto, blanco, fornido y de buena presencia y ya peinaba canas, y su acento era de persona instruida. Pero por lo visto, ya la conversación entre ellos había terminado así que se despidió y se marchó, habiendo Papá aceptado la colocación de lo cual se estuvo hablando todo el resto de la tarde hasta que nos retiramos a dormir. Yo, por mi parte, sólo escuchaba, meditaba y me inquietaba, y dentro de mi cabeza tuve la sensación de como si una maquinaria se rompiera en mil pedazos y tuve ansias de gritar, de gritar y gritar y aquella noche tuve un horrible sueño. Soñé que había caído en un caudaloso río de aguas rojizas y turbulentas que se precipitaban a terrible velocidad por enormes despeñaderos y ahí iba yo, a merced de la temible corriente, clamando caridad por Dios, sin haber nadie que pudiera socorrerme; a mis chillidos me despertó Mamá. En mi angustia, hubiera hecho cualquier cosa que estuviera a mi alcance para detener a mis padres de irnos de Hormigueros, pues a mi corta edad de once años ya me sentía cansada de aquel corre-corre, que según yo no tenía nada de provechoso, y aquel futuro incierto me desconcertaba. ¡Cuánto nos había costado acostumbrarnos a cada nuevo lugar en que habíamos vivido! Y ahora que comenzábamos a sentar cabeza y a acogernos a este nuevo ambiente, volvíamos a levantar el vuelo como aves peregrinas. Pero no había remedio porque ya Papá había hecho su decisión y sólo restaba seguir adelante y esperar pacientemente hasta ver qué más me tenía deparado el destino.

Papá había hecho arreglos para mudarnos dentro de una semana y confieso que aquellos días fueron de los más cortos y fragosos de toda mi vida. Hubiese querido detener el reloj del tiempo, pero como es natural llegó el día de irnos. Un camión vino por nosotros y nuestra mudanza. Cuando llegó, ya estábamos listos y todo empacado. Esta vez yo viajé con Mamá junto al conductor, ella con una niña en la falda y yo con la otra. Papá se había ido para la hacienda a principio de semana para comenzar su trabajo y para arreglarnos la casa. Recuerdo que era un precioso sábado de mañana, a mediados del mes de enero, cuando salimos de San Romualdo. El sol brillaba en un cielo azul y esplendoroso.

El tío Bore y la tía Luisa, con su niña, habían venido a despedirse de nosotros, también don Celestino, Karlina con sus padres, don Alequín y doña Segunda y don Sandalio con su esposa Rosita y demás. Aún recuerdo la angustia de mi alma marchita, como arbusto arrancado a la fuerza, y cuando el camión emprendió viaje tuve que revestirme de valor y conformidad y con el pensamiento comencé a despedirme de todas las cosas que allí me habían sido compañía y de aquí en adelante serían herencia de mis recuerdos. ¡Cómo podré olvidar aquel momento, cuando mi vista se perdió por la vasta llanura cubierta de graciosa e inquieta guajana! Aún puedo escuchar la dulce y suave melodía que la vida gorjeaba a sus anchas al compás de la brisa que caprichosa jugueteaba por entre los flamantes flamboyanes, haciéndose coro con el chirrido de los mozambiques y el silbido plácido de las palmeras que, frondosas de hinojos, se inclinaban bajo el peso de los racimos. Una vasta pieza de caña había sido afeitada por los cortadores y sólo se miraba el blanquizar de garzas merendando insectos.

Ahora fue cuando el camión dio un viraje a la izquierda con dirección al pueblo de Hormigueros, ruta de Mayagüez. Cuando doblamos vi a don Kintín, venía de la aldea, aún se veía pálido, pues hacía poco que había salido del hospital a causa de una cuchillada que le habían dado en el vientre, en una trifulca que se armó una noche en el cuartelón durante una manigua. Realmente sentí lástima por él. A unos pasos de haber doblado, y cuando ya el camión aceleraba con velocidad, nos sorprendió la bueyada que se dirigía al abrevadero del paso de quebrada. Esperamos unos minutos en lo que se dispersaron y luego emprendimos nuestro camino. Casi al final de la manada estaba Mr. Meyer, el jefe de personal quien había sido tan bondadoso con el tío Bore, recuerdo que lo bendije con el pensamiento. Montaba un hermoso caballo y bajo el capacete lucía un rostro amable y simpático. Según la gente, había ahorcado los hábitos de sacerdote para casarse con una graciosa mujer y tenían unos niños encantadores. Siempre me había tocado su espíritu de sinceridad.

Cuando pasamos frente al plantel Ruiz Belvis, la escuela que tanto amé y que nunca olvido, me despedí de ella con el pensamiento y las lágrimas me brotaron a borbotones, mientras que a la vez le decía adiós a aquel maravilloso pueblo que con tanto cariño nos había acogido en su seno. Y como si todo a una se uniera para decirme adiós en ese mismo momento llegó el tren a la estación y aquel pitar amigo se fue conmigo para siempre. Aún me parece escucharlo tan real y fresco como en aquella hermosa mañana de enero. Pero para mí lo más triste de todo fue cuando pasamos frente al cementerio y ví a mi querida madre volver el rostro y llorar en silencio por su hija que dejaba atrás. Recuerdo que fijé mi vista en el camposanto y con el alma me despedí de ella.

Durante la travesía no se dijo mucho, el conductor guiaba y Mamá con la niña Josefita añoñada entre sus brazos, se perdía en sus propios pensamientos y yo me hundía y atemorizaba en aquel futuro incierto que ante mí se tejía. El pueblo de Hormigueros dejó en mi mente de niña hermosas impresiones de un lugar donde se proyectaba un profundo sentir y calor humano, además de un apego o encantamiento hacia la tierra y el ambiente que despertaba los sentimientos de amar, vivir y pertenecer. La verde llanura con sus campos cubiertos de guajana o cuando sólo comenzaban a brotar los retoños de la nueva siembra o meramente la tierra rojiza en surco abierto esperando por la semilla, o cuando las brigadas de obreros en pleno ardiente sol, bajo sus anchas pavas, machete en mano, en dulce algarabía y coplas derribaban al suelo la caña y tras ellos centenares de garzas blancas y miríadas de mozambiques y variedades de otros tantos pájaros pescaban insectos. Y los románticos carreteros con sus garrochas, alineadas sus carretas de bueyes cargando la caña para las grúas donde era embalada en vagones de tres o camiones para ser llevada a la central. Y la central, majestuoso ingenio en toda su brega como la Eureka, que vista de lejos o de cerca, con su imponente chimenea, luciendo sus espiras de humo que se perdían en la inmensidad de las nubes, o su pitar que retumbaba en eco sonoro a través de la llanura, un eco de esperanza al corazón de la mayoría de los hombres puertorriqueños que dependían de esta industria. Y aquel inolvidable tren que entraba y salía de la estación, repleto de pasajeros, otras veces con vagones tinglados de caña o carga, son recuerdos que encantan mi memoria. Contemplar a los hombres de tren, fuertes y ágiles, caminando sobre los vagones, aún la máquina en marcha, cuando ésta entraba o salía de la estación, personas que uno no conocía personalmente, pero que con cariño nos saludaban de lejos, éstas son cosas que perduran en el pensamiento para siempre.

¿Y cómo me será posible olvidar la bueyada en todas sus faenas? Como cuando venían al abrevadero del paso a pastar o su regreso, custodiados por diestros sabaneros, hombres dóciles, pero fuertes y ágiles, requemados de sol, contentos en su trabajo y felices en la esperanza de que aquella tierra siguiera por siempre siendo verde.

Tampoco olvido los lavaderos, lugar donde los primeros días de la semana ninguna aldeana se quedaba en casa, excepto Mamá y la doñita que tenía amores con el capataz. Un grupo de humildes mujeres, cortadas todas por el mismo patrón, la típica bajureña, delgaducha, requemada con su moño a la usanza, vestida en el típico vestido de algodón, el material descolorido por el fuerte sol y por el continuo lavarse. Muchas descalzas, alguna que otra con unas chancletas o unos zapatos de muy baja calidad, pero en sus rostros grandeza de alma. Aún las contemplo arrellanadas a la orilla de la corriente, frente a sus baños de ropa, lavando vigorosamente y sus chicos jugando en la clara y llana corriente, unos desnudos, otros en mero jubón o calzoncitos.

También luce vivo en mi mente el puente de mampostería sobre la quebrada, por donde pasaba la roja y polvorienta carretera, perdiéndose ésta por entre cañaverales y por donde muchas veces tuve anhelos de echar a caminar y explorar más allá de los cañaverales que nos rodeaban. Desde aquí, desde los lavaderos, se divisaba la residencia de los americanos dirigentes de la colonia San Romualdo. Esta había sido sentada sobre una bella meseta en lo más alto de la colina a nivel de la ciudad.

También allá a la izquierda, sobre la loma rocosa, el campanario de la iglesia, como un faro que decía: aquí comienza el camino al cielo. Y el poblado, un lugar donde pobres y ricos, negros y blancos, todos trabajaban, reían y rezaban juntos, y como en ningún paraíso puede faltar el bello río, les circundaba el Guanajibo, que en tiempo de sequía lo represaban y se desbordaba a través de las acequias llevando a la matriz llanura su tesoro líquido haciendo posible que germinara vigorosa la dulce y rica caña de azúcar, una de las riquezas de nuestro Puerto Rico de entonces.

Y como el Divino Creador suple a sus hijos todas las cosas conforme a su fe, a ellos les regaló a la Virgen de Monserrate, una virgen morena que podía salir tras ellos sin fatigarse, bajo el candente sol tropical; primero por ser una virgen y segundo por ser morena, dulce y buena como ellos se la merecían.

Por eso, después de convivir por un largo año entre esas maravillosa gente, muy difícil se me hacía aceptar que, cuando comenzaba a ser parte de ellos, tuviera que marcharme y quizás para siempre, como realmente sucedió. ¿Pero, cómo podría pensar entonces que todas aquellas penurias que pasaba junto a mis padres y hermanos, yendo de un lado para otro, me fueran a ser de tanto provecho en el desarrollo de mis potencialidades, pero más que nada el grato privilegio de conocer a tanto lindo e interesante ser humano? Pero así era, porque era mi propio destino el que me guiaba. Por eso tenía que desprenderme de seres y lugares cuando menos me lo esperaba y cuando más me aferraba a ellos.

Pero Dios Todopoderoso, que en su grandeza nos dotara de la grandeza del pensamiento, hacía posible que conmigo me llevara todo lo que de esta buena e inteligente gente había aprendido, lo cual me serviría, en parte, para moldear mi carácter y embellecer mi espíritu. Por lo tanto quiero dar punto final a este capítulo con todos mis respetos y admiración al pueblo de Hormigueros que supo acogerme en su seno de amor, siendo yo una tierna niña de once años, extraña en su municipalidad. Y que a través de maestros, sacerdotes y vecinos me brindó su sincera amistad y hospitalidad en una forma grata y humana, por lo cual siempre les estaré agradecida. Por lo cual, Hormigueros tiene en mi corazón un lugar muy especial. Para ti, Hormigueros, va mi eterno y sincero amor.

Capítulo 12

LLEGAMOS a la Hacienda Casey poco antes del mediodía de aquel bello enero de 1930. Ya Papá nos estaba esperando y de inmediato los peones llevaron la mudanza a la casa, que quedaba más abajo de los establecimientos, por una estrecha vereda de finca.

También venía con nosotros un jovencito llamado Eugenio Rodríguez quien se había encariñado con nosotros. No asistía a la escuela y en San Romualdo vivía con unos parientes, aunque tenía a su papá y hermanos en el poblado del Rosario y era huérfano de madre. Papá lo llevó con él, ajeno al problema en que se estaba involucrando, pues en aquellos tiempos era muy común el que los chicos dejaran los hogares y se fueran en busca de ambiente o aventuras. Eugenio también ayudó con la mudanza.

En cuanto llegamos a la hacienda nos encontramos que había problemas, pues don Julián no le había informado a Papá que en la hacienda aún vivía don Leoquendo Nadal, el viejo mayordomo que había trabajado para el dueño anterior por casi toda su vida y ahora él lo acababa de despedir. Don Leoquendo y toda su familia estaban presentes cuando nosotros arribamos. Vivían en la casa grande de la hacienda frente a frente, al fondo de los glasis. El anciano mayordomo y su esposa eran de la raza negra. Usaba correa y tirantes y un sombrero de paja, mejor dicho, del país, y su hablar era vozarrón y agradable. Su esposa se identificó como Lucinda Andreu y era todo lo contrario a su marido; pues era pequeña, enjuta y tenía un tupido afro al natural, lo suficiente descuidado, pómulos pronunciados y unos ojos negros, pequeños y brillantes y no usaba zapatos.

Luego de los saludos y cumplidos, ambos matrimonios entablaron una cordial conversación a la vez que los hijos de aquellos se iban uniendo a nosotros. Eran seis en total, dos hombres en sus veinte, una hija ya casadera que dijo llamarse Mariana y quien presentó a sus dos hermanos Eleuterio y Joaquín y a dos quinceañeras que asistían a la escuela, una llamada Mónica y la otra Manuelita y un niño pequeño de nombre Berto, que no tenía ropas puestas. Toda la familia me estuvo agradable menos doña Cinda, como le decían a la doña, quien se mostró irritable y una que otra vez durante la conversación usó frases hirientes saliendo a relucir la cesantía de su esposo, culpando en parte a Papá, que nada tenía que ver en el asunto, pero ella insistía que sí. Recuerdo lo incómodo y molesto que se sintió Papá, y cómo se esforzó en hacerles comprender que nada tenía que ver en todo aquello, que si don Julián le hubiese aclarado todos los pormenores, de ninguna forma hubiese aceptado la colocación, pero la señora Nadal, bastante alterada, de ninguna forma quería entender, aunque su esposo y los hijos trataban de convencerla de que Papá estaba en lo correcto. De todas maneras, ya nada se podía remediar, porque ya estábamos allí, pero Papá prometió hacer todo lo que estuviera a su alcance para ayudarles a resolver su grave problema, pero que antes tenía que hablar con don Julián para que le aclarara todo el asunto, lo cual hizo.

El hacendado no escatimó en razones. Primero, que los Nadal habían vivido por tanto tiempo en la hacienda sin ser mayormente supervisados, debido a que el dueño de la hacienda no residía en el lugar, lo cual automáticamente los hacía sentirse como dueños absolutos allí. Segundo, que los hijos eran dos ociosos empedernidos que nunca habían dado un tajo, porque el padre toda la vida los había consentido; y tercero, que como eran una familia numerosa gastaban mucho de los beneficios de la hacienda. Además, que siempre habían vivido en la casa grande y de ninguna forma aceptaban mudarse a una de las más reducidas. Por otro lado, tenían una crianza de reses que ocupaban los mejores pastos y en ocasiones rompían las cercas y se desperdigaban por la finca haciendo incalculables daños. Y según don Julián, don Leoquendo ya era muy viejo para cumplir a cabalidad con la responsabilidad de administrador y mayordomo de una finca grande, la cual él esperaba cultivar lo más y mejor posible. Después de este razonamiento, Papá tuvo que estar de acuerdo con su patrono quien le dijo que si él le hubiese advertido lo que había de por medio estaba seguro de que no hubiese aceptado la colocación.

Como puede verse, la situación económica de esta familia no era del todo fácil, más en aquel entonces, cuando no se conocía pagos por desempleo ni rama alguna de bienestar público que pudiera socorrerles. Sólo les favorecía que tenían un par de vacas paridas, pero don Julián se empeñaba en que desalojaran lo antes posible y les hizo cerrar y amarrar las reses, aunque Papá en parte se hallaba obligado a ayudarles en todo cuanto fuera posible. Así que, como administrador y amigo, hizo posible que el anciano pudiera trabajar durante todo el tiempo que se quedaron allí, proporcionándole tareas que él pudiera llevar a cabo sin mucho esfuerzo, aunque demás está decir que aquel incidente fue una buena razón para que nosotros no nos sintiéramos a gusto allí.

La Hacienda Casey estaba ubicada en las céntricas montañas de la isla, en la jurisdicción del pueblo de Las Marías y en su mayoría era de lomas y bellas colinas cubiertas de verdor por donde corrían románticas y cristalinas quebradas. Había fértiles pastos para el ganado, espesos cafetales y siembras de guineo y árboles frutales, entre ellos el mangó. Cerca de los establecimientos había un cuartel para arrimados además de seis casitas más. La que nos tocó vivir a nosotros era un contraste con la que dejamos en San Romualdo. Era una vetusta casa campesina de madera y zinc, pintada por dentro por el hollín que se desprendía de la leña quemada del fogón y por fuera era un desastre a causa del viento, la lluvia y el sol que por tantos años la habían castigado. Quedaba sobre una baja meseta, rodeada de la espesa arboleda y estaba atestada de chinches, pulgas y murciélagos, éstos últimos colgaban a sus anchas de la solera. Era la primera vez que yo observaba de cerca estos mamíferos y realmente me estuvieron repulsivos y aterrorizantes. En la hacienda abundaban en extremo, pues se multiplicaban por millares en unas antiguas cavernas que según razón habían sido habitadas por indios. Recuerdo que a menudo venían camiones a cargar la murcielaguina para las fábricas de fertilizantes. Lo único que me estuvo servible fue un amplio patio que se usaba para crecer hortalizas y frente a la casa varios ancianos árboles de china donde gustaban anidar las reinitas. La vetusta casa se componía de dos cuartos de dormitorio, el primero o principal y otro que le había sido añadido, fabricado de retazos de zinc viejo y varas, con un piso de mala muerte. Aquí se acomodó el chico Eugenio en una hamaca. Mis padres, mis dos hermanitos y yo en el principal y mi hermano Daniel en un catre en la sala.

El primer día recuerdo de un viento frío que aún tenía sabor a Navidad y traía consigo el aroma del humo de las carboneras. Aquella semana fue agitada, de limpieza y organización y cuando todo estuvo en orden y a gusto y llegó el fin de semana, le pregunté a

Mamá cuándo volveríamos a clases mi hermano y yo. "En cuanto a tu hermano, ya el lunes puede ir, pero tú olvida lo de la escuela, con lo que has aprendido te es suficiente, pues para una convertirse en ama de casa no es necesario tanta escuela," terminó diciendo. ¡Qué equivocada estaba mi madre! ¿Y como era posible que a estas alturas no conociera ella mis sentimientos y anhelos? Por eso no me tomó por sorpresa su reacción; pero, como en ocasiones anteriores, volví a usar la vieja táctica y en la primera oportunidad que tuve le hablé a Mónica y a Manuelita, quienes le refirieron la historia a la maestra y de inmediato se recibió en casa una notificación para que tanto mi hermano como yo compareciéramos a clases lo antes posible, por lo cual al día siguiente, aquel martes ya estuvimos en marcha. "Bueno, por lo visto a ustedes les encanta la escuela," comentó Mónica por el camino haciéndonos broma. "Eso, allá mi hermana" contestó Daniel, yo voy porque me obligan" y sonrió con enajenación. "¿Ah, sí, con que esas tenemos jovencito?" agregó Manuelita acariciándole ligeramente la cabeza y así seguimos nuestro camino, ellas muy inquisitivas y yo bastante retraída y tímida como siempre.

Así caminamos un grupo bastante nutrido, cuesta arriba como por dos kilómetros, por una curvosa y empedrada carretera hasta llegar al lugar llamado La Herrería donde estaba ubicado el salón de clases, algo provisional en lo que se fabricaba un nuevo plantel, pues el anterior había sido destruido por el temporal de San Felipe. También el salón de mi hermano era improvisado en una casa de vivienda. Ya Manuelita y Mónica me habían informado que el nombre de la maestra era doña María Zulima Vélez y me habían hecho ciertas referencias en cuanto a ella, como una tremenda mujer. Encontrarme una vez más asistiendo a clases no sólo era una victoria más, sino un privilegio y una dicha. ¡Cómo quisiera poder expresar en palabras mi felicidad aquel día, al poder una vez más vencer aquel horrible obstáculo que Mamá siempre me ponía, para evitarme el asistir a la escuela! Pero aquella felicidad se unía a un profundo temor, el que un día ella como madre se saliera con la suya y venciera. Entonces sí que se me marchitaría el alma para siempre, porque yo estaba segura de que había venido al mundo para ser una educadora y pasar por la vida sin cumplir mi misión era un fraude a la vida que Dios me había otorgado.

Cuando llegamos, el salón aún estaba cerrado y de todas direcciones llegaban niños y niñas, unos con caras complacientes, otros más serios o tímidos, algunos mejor vestidos y con zapatos, otros modestamente ataviados y descalzos. Disimuladamente eché una ojeada a todos y me estuvieron agradables como todos los niños del mundo. Ellos también me calaron, no se como les caí, pero hice un intento para serles simpática aunque no podía esconder mi timidez. Unos quince minutos después llegó doña Zulima. Una señora en sus cincuenta años más o menos, de estatura regular, blanca, simpática, de cara redonda, usaba moño y su cabello lucía bastante canoso, era un poco gruesa y usaba anteojos. Cuando llegó, dio los buenos días y todos saludamos cariñosamente. Ella misma abrió la puerta y todos comenzamos a entrar, algunos procedieron de inmediato a abrir las ventanas, inundándose la habitación del rico y agradable perfume que venía del bosque.

Yo entré acompañada de Mónica y de su hermana Manuelita y cuando la maestra se hubo puesto cómoda, Mónica pasó al frente conmigo y me presentó a ella, quien me caló de cabeza a pies y me preguntó mi nombre. "Carmen Luisa Justiniano para servirle", le contesté yo un poco nerviosa, mientras le entregaba el informe de mis calificaciones el cual también servía como carta de transferencia. "Déjame ver, eres estudiante de cuarto grado", balbuceó en alta voz, mientras echaba un vistazo a mis calificaciones. "Sí, señora", contesté yo satisfecha, porque éstas eran buenas. "No están mal, no están mal", repitió. Luego agregó, "pero creo que estás atrasada, tienes edad para estar en el quinto grado, ¿qué te ha pasado?". Yo me hice clara y le expliqué la insistencia de Mamá de no dejarme estudiar, además que mis padres se mudaban muy a menudo lo que hacía que uno perdiera clases. "Lo comprendo, es costumbre común entre los campesinos, pero me agrada tu esfuerzo pues ya me explicó Mónica lo que tuviste que hacer para hoy poder estar aquí y eso me agrada mucho, así que bienvenida y suerte."

Entonces se puso de pie para mostrarme mi lugar, cuando yo la interrumpí: "Mrs. Vélez, quisiera pedirle un favor". "A ver, a ver, ¿de qué se trata?". "Como usted acaba de decirme, estoy atrasada para mi edad, ¿sería posible que usted me pusiera en el quinto grado? Como aún estamos a principios del segundo semestre, con un poco de esfuerzo de mi parte y su ayuda es posible que pudiera ponerme a nivel de la clase y así adelantar ese grado en lo que falta del año escolar. ¿Qué cree usted, sería posible?". "¿Y por qué no? Todo depende del empeño y el esfuerzo que pongas. No se pierde nada con tratar", me dijo muy complaciente, al ver mi interés. Yo le di las gracias y ella se puso de pie, pues la hora de comenzar la clase había llegado, entonces se puso ante la clase y me presentó y les explicó mi propósito y me acomodó en el grupo de quinto, ya que ella enseñaba tres grados a la vez. Yo me sentí tremendamente feliz y los deseos que tuve fue de saltar del pupitre, correr y colmarla de besos, porque aun sin conocerme supo comprenderme y estuvo dispuesta a ayudarme y en mi corazón hice voto de cumplir o quedar bien con ella y también conmigo misma.

En cuanto a mí, ya había cumplido once años, medía cuatro pies de estatura, seguía gordita y desarrollándome tremendamente enérgica y saludable. Lucía un color blanco rosado bronceado por el sol y una preciosa y abundante larga cabellera que peinaba en dos trenzas y amarraba en las puntas con cintas, enmarcando un jovial rostro con pestañas largas y cejas bien formadas sobre unos ojos profundos color café y nariz perfilada, una boca regular, bien formada, dientes blancos y saludables, con excepción de uno de los del frente al lado izquierdo que me había crecido un poquito montado sobre el otro. Usaba zapatos y medias para ir a la escuela y por lo regular sólo tenía dos vestidos escolares, casi siempre uno azul y otro rosa, aunque se exigía uniforme que constaba de blusa blanca y falda azul, pero en casa nunca se le dio importancia a este detalle. En mi tiempo de ocio me gustaba pescar, caminar por el bosque, jugar al aire libre, saltar, correr, reír, gritar, imitar a los pájaros, a los animales, también a las personas y a cuanto escuchaba o veía y me fascinaba cantar. Me gustaba bromear, echar chistes, coquetearle a los muchachos, pero mi juego favorito era el de maestra. Como ya dijera anteriormente, era tremendamente enérgica y ayudaba a mi madre en todos los quehaceres del hogar. Traía el agua del pozo en un latón de cinco galones, vasija que anteriormente había sido de manteca o querosén. Buscaba leña en el bosque y lavaba toda la ropa de la familia en la quebrada. En la cocina era diestra, mondaba los guineos y las viandas con ligereza y me gustaba fregar; pero, de todo, mi pasatiempo favorito era leer.

Después de varias semanas y cuando todo estuvo normal, llegó el momento deseado por mí, el de explorar todo aquel territorio que ahora por derecho humano me pertenecía. Todo cuanto me rodeaba y hasta donde mi vista pudiera abarcar comenzaba a sentirlo mío. Y a medida que lo iba conociendo y estudiando, mejor dicho, absorbiendo, un mar de nuevas experiencias hacían su desarrollo en mi gigante ser, que seguía llenándose a plenitud. Y con vehemencia deseaba ver y conocer más de aquel extraordinario mundo que nunca me cansaba de admirar, tanto así, que me mortificaba el tenerme que retirar al sueño por la noche, para no separarme de él.

En aquel febrero llovió ocasionalmente y para mediados de marzo volví a contemplar los árboles vestidos de bellas y perfumadas flores. Los mangós de un color rojito sutil, los aguacates en su verde pálido, los naranjos o chinas cubiertas de perfumados azahares y el cafetal en su blanco nacarado. Con la lluvia salieron de sus escondites a cantar con fervor los coquíes y toda clase de insectos y los pájaros, cada uno en su especie, comenzaron a verse afanosos en la fabricación de sus nidos. Había nidos colgados por todas las ramas y en los tocones y en las noches se escuchaba en la espesura del cafetal el romántico ululeo de los múcaros dando a entender que se acercaba la primavera y yo volví de nuevo a saborear aquel agradable ambiente montañés que me había arrullado de niña.

Abundando en el tema escolar, diré que la señora Vélez era una dinámica maestra y yo estaba encantada con ella y también con aquella escuela. El salón estaba dividido en cinco líneas de seis pupitres cada una, dos líneas para cuarto, dos para quinto y una para sexto, pues ella daba clase a los tres grados, pero en un ordenado ritmo. A pesar de todo, la primera semana de clase me di cuenta de algo que no tenía que ver nada con el currículo, pues al entrar por la mañana a clases, Manolita y Ana Franqui, que eran las mayores del grupo, repartieron bordado a las niñas, media docena a cada una, a un total de dieciséis sin contarme yo. Cada una tomó su porción y la guardó y a la hora del recreo la tomaron y comenzaron a bordar. Les pregunté por qué hacían esto y me respondieron que en aquella escuela así se usaba; que cada niña tenía que bordar media docena de pañuelos diarios y que yo comenzaría la próxima semana, ya que por ahora se había agotado todo el que había. Me preguntaron si yo sabía bordar, a lo que contesté "que sí". No comenté el asunto, pero sí comencé a pensar en ello y al regresar a casa por la tarde lo comenté con mis padres. Papá me aconsejó averiguar por qué se hacía esto en la escuela.

Al día siguiente, mientras caminábamos para la escuela le pregunté a Manolita y a Ana, que eran las que estaban a cargo del bordado, por qué las estudiantes tenían que bordar, a lo que ellas contestaron que con esto se reunían fondos para pagar el almuerzo del comedor escolar y también se compraba papel, lápices y otras misceláneas para los estudiantes. Yo les dije que ésta era la primera vez que yo veía un caso de esta índole y que en las escuelas de que yo venía no se usaba el que las estudiantes bordaran pañuelos. También les dije que para mi entender, esto no era justo, ya que la mayoría teníamos que madrugar, luego caminar a pie desde muy lejos, para asistir a clases y en su mayoría éramos pobres que no teníamos una buena alimentación y encima de todo eso, tener que bordar pañuelos. Que entonces no tendríamos tiempo para jugar y con lo que a mí me gustaba saltar y jugar. También les dije que yo siempre había pagado mi par de centavos por el almuerzo en el comedor, que era lo que se pagaba entonces. Además, que había una ley, que al que no los tenía no se le obligaba y por otro lado, que el Departamento de Educación proveía papel, lápices y libretas para aquellos de escasos recursos y, en cuanto a mí, en mi casa siempre se me había provisto de estas cosas.

Después durante el día una niña llamada Juana González me llamó aparte y me dijo que Manuelita y Ana le habían dicho a la "Mrs." que yo me negaba a hacer mi tarea de bordado. Le pregunté, muy asustada, que había dicho ella, a lo que me respondió, "Te van a dar tu tarea el lunes cuando llegue el trabajo del taller a ver qué de lista eres, a ver si lo haces o no". Yo no comenté nada al respecto y por la noche volví a plantearle el asunto a Papá. El me dijo que si me daban bordado, entonces él mismo iría a ver a la maestra.

Así que el lunes próximo cuando llegó el momento de repartir el bordado, Manuelita pasó junto a mí y puso sobre mi escritorio media docena con su hilo correspondiente y una aguja. Yo no dije nada, sino que cuidadosamente lo guardé y seguí leyendo el libro. La clase siguió su curso acostumbrado y al salir al recreo, cada niña salió afuera con sus pañuelos en su empeño de hacerlos temprano en el día para así tener tiempo durante las otras horas libres para jugar. Muchas eran ligeras y los hacían pronto, pero había otras calmosas y flojas físicamente y les cogía todas las horas libres para poder terminarlo, pues no se les permitía salir sin haberlo hecho. Cuando bajamos al recreo, yo, como de costumbre, fui al servicio, luego a comprar dulces y después a jugar con los muchachos y con algunas niñas que habían dejado su tarea para más adelante. Así se pasó aquel día, entre clases, comer, jugar y a la hora de salir Manuelita recogió el bordado como de costumbre y yo entregué el mío sin hacer.

Aquella noche no vi a Papá porque regresó tarde del trabajo. Con Mamá no quise hablar de esto, pues Papá y yo nos entendíamos mejor en estos asuntos. Al día siguiente se volvieron a repartir las tareas y yo volví a guardar la mía, como el día anterior. Esta vez, antes de comenzar la clase, Mrs. Vélez se puso de pie y con voz autoritaria y enérgica me mandó a poner de pie.

—Carmen Luisa Justiniano, ¿sabe usted por qué la he mandado a ponerse de pie?

—No, señora —contesté asustada.

—Pues bien, me haré bien clara con usted. En primer lugar, yo soy la maestra y quien doy las órdenes aquí y mis órdenes se obedecen, de lo contrario, no estuviera aquí enfrente y por lo visto, usted desobedece mis órdenes. Ahora, jovencita, ¿qué tiene usted que decir al respeto?

—Bueno, Mrs., yo no creo que desobedezca sus órdenes —le contesté en un gagueo—. Yo hago mi trabajo y no creo que le haya faltado el respeto ni desobedecido en el corto tiempo que estoy aquí.

En ese instante todas las miradas estaban sobre mí y el corazón comenzó a latirme con ligereza y las rodillas me temblaban. Estoy segura de que palidecí porque sentí toda la sangre correrme para los pies y sentí las manos frías y sudorosas. Ahora ella me fijó una mirada atenta y penetrante. Yo también la mire fijamente y nuestras miradas chocaron casualmente. Yo seguía temblando, pero me compuse mentalmente y esperé a que ella hablara. Todo estaba sucediendo en tal forma que ninguna de las dos pensaba qué era lo que iba a suceder. Ella siguió en su tono austero: "Aquí todas las niñas bordan pañuelos y los niños buscan el agua, lavan el salón y siembran hortalizas". Luego, bajando un poco el tono de voz, prosiguió: "Aquí todos los estudiantes reciben almuerzo gratis y se les provee de papel y lápices. También se elaboran libretas, por eso las niñas bordan y usted no es una excepción. Ahora, dígame, ¿qué tiene usted que decir a todo esto?".

Las palabras comenzaron a salirme a borbotones con el tremendo nerviosismo que tenía, pero me animé y proseguí: "Mrs. Vélez, usted me perdona, pero en las escuelas que yo vengo, las niñas no hacen bordado mientras están en clase. Sólo se va a estudiar y el tiempo libre es para ejercicio y jugar y se distrae uno para estar alerta y saludable para poder estudiar. En cuanto al almuerzo del comedor, el que puede lleva su par de centavos y es el Departamento de Educación el que provee este alimento. En cuanto a papel, lápices, tiza, borradores y otras misceláneas, también el Departamento provee hasta donde yo sé. Esto en su mayoría va para los niños pobres, porque tengo entendido que la mayoría de los papás suplen estas cosas a sus hijos, como en mi casa y realmente no es un gasto grande.

En cuanto a la limpieza del salón o plantel, creo correcto que todos los estudiantes, tanto varones como hembras deben cooperar para mantenerlo limpio, si es que no hay conserje. Y créame que me apena mucho ver a todas estas niñas bordando cada día, después de estudiar tan fuerte, sin siquiera tener tiempo para jugar y hacer ejercicio que tan importante es para nosotros. Además, dice mi Papá que él va a escribir al Departamento de Educación para ver si esto de bordar en las escuelas está en ley". Claro que esto último lo dije por mi cuenta para salir del trance, pues ya no me aguantaba en las piernas. La clase estaba inmóvil, yo temblaba y la "Mrs." meditaba. Entonces, un tanto indecisa, me dijo: "Muy bien, Carmen Luisa, tenga la bondad de sentarse y ya más adelante hablaremos de este asunto con más calma. Por lo pronto, cada uno a su trabajo," terminó diciendo.

Confieso que todo el día estuve muy nerviosa y al salir afuera todos me felicitaron por el coraje que había demostrado para defenderles de aquel atropello. Yo, por mi parte, me sentía avergonzada y a la vez triste por haber tenido que discutir frente a la clase con mi maestra, a quien respetaba y amaba, aunque sólo la conocía por tan poco tiempo, pero a pesar de todo me satisfacía el haber cumplido con mi deber. Tampoco le di importancia a las frases de elogio de la clase, pues no lo había hecho para satisfacer mi orgullo, sino que todo había surgido de improviso. Diré que de aquel asunto no se habló más y poco a poco se optó por no bordar más. Yo pensaba que el incidente provocaría algún resentimiento en la maestra, pero fue todo lo contrario, me tomó gran cariño y respeto, me ayudaba si tenía dudas en algo y me motivaba a seguir estudiando. Esto me ayudaba mucho y me hacía seguir estudiando con más interés y aquel semestre terminé el quinto grado con magníficas calificaciones.

En cuanto a Eugenio, el jovencito que había venido con nosotros de Hormigueros, pues no le salió como pensaba, y como al mes de estar en Casey, se apareció un policía en su busca y tuvo que regresarse con su padre. Papá también pasó su mal rato, pues fue reprendido con dureza por la ley. Cuando se fue a despedir me llamó aparte y me dijo que si se había venido con nosotros era porque estaba enamorado de mí y que lamentaba en el alma el tener que irse, pero me prometía volver algún día cuando ya fuera un hombre para casarse conmigo. Esto me tomó por sorpresa, pues no imaginaba que a mi corta edad de once años pudiera tener un enamorado tan aferrado. Lo que realmente me apenaba del chico era, primeramente, que fuera huérfano de madre y segundo, que no asistiera a la escuela. Después de todo, me alegró que se marchara, pues en cierto modo lo veía como a un intruso que había venido a interrumpir mi privacidad familiar. En cuanto a aquello de que volvería cuando se hiciera hombre, sí que lo cumplió, pero muy tarde, pues ya yo estaba casada.

    En la escuela, después de aquella cuestión, se suscitaron algunos desagradables incidentes. De primera intención me creyeron bajureña y aquello de haberles liberado del bordado y de buenas a primeras haberle caído bien a la "Mrs." y también haber sido ascendida al quinto grado a mediados de curso, les estuvo a algunos así como supremacía y trataron, quizás inconscientemente, de humillarme en cierta forma. Así que una tarde, después de salir de clases y cuando íbamos camino a nuestras casas, me tendieron una trampa con la idea de hacerme pelear a los puños con otras chicas, a ver qué de guapetona y fuerte era en la lucha física, ya que por lo visto en lo moral y mental parecía despierta. Aquello me tomó por sorpresa, ya que como niña nunca había imaginado que estaba en lo lícito pelearme a los puños con mis compañeras de clase, a quienes conceptuaba como mis hermanas. Obvio que en todas las escuelas los varones se peleaban a menudo, pero no las niñas. Además, en mi casa se me tenía prohibido el tener altercado con los compañeros de clase. De modo que, cuando me hallé ante la provocación, los muchachos mayores y las chicas, muchas mocetonas, todos en rueda obligándome sin razón alguna a pelear con tres chicas, quienes se hacían turno para pelearme, pues demás está decir que me sentí perdida, pero no vacilé en hacerles entender que no les temía. Tenía que hacerlo porque me tenían acorralada y todos a una agitaban a las muchachas a golpearme, o mejor dicho, a hacerme pelear. Así que no me quedó otra alternativa que defenderme. La primera que se me abalanzó encima y me arreó tremendo puñetazo fue Petra. Ya luego no se lo que pasó; sé que me defendí lo mejor que pude. Luego me saltó Juana y con ella también forcejeé y hubo arañazos y halones de pelo, en medio de una fuerte gritería que formaban todos, hasta que le llegó el turno a Malén que me propinó tremendo golpe y me rompió la nariz. ¡Qué tremendo susto el que se llevaron cuando vieron la sangre salirme a borbotones! Todos a una se turbaron y ya no supieron qué hacer. Entre todos me acostaron sobre el césped en el paseo y con cuanto tenían a mano, trataban de aguantarme la fuerte hemorragia que, por lo visto, no se detenía. Hasta un centavo pegado con saliva me pusieron en la frente.

A la algazara se apareció un peón de la hacienda Mayagüesino, llamado don Justino Vientos, quien al verme en aquellas condiciones pidió una explicación y al darse cuenta de la situación, les dio tremenda reprimenda. Les ordenó que me llevaran a mi casa de inmediato y que se disculparan conmigo y con mis padres por tan indecoroso comportamiento con una niña como yo, además de ser nueva en el vecindario y que en nada les había ofendido. Uno de los niños que iba en el grupo era hijo suyo y le ordenó que en lo sucesivo cuidara de mí por el camino. Nenito, que así llamábamos al chico por apodo, fue siempre un buen compañero conmigo. En cuanto a los demás, me pidieron perdón y yo en ningún momento dije en mi casa lo que me había sucedido. Sólo dije que me había caído en la carretera por venir corriendo. Recuerdo que Mama me regañó fuerte por tener semejante comportamiento, y que tenía el rostro amoratado, la nariz hinchada y mis ropas todas ensangrentadas. A pesar de todo, en lo sucesivo fui la niña mimada del grupo.

No se puede negar que había obtenido otra victoria. En cuanto a don Justino Vientos, es curioso, yo diría que maravilloso, cómo aquel santo varón en adelante, según la vida me fue llevando por diversos derroteros, se convirtió en mi fiel amigo y protector, yo diría que como un buen padre. Por eso le estaré siempre agradecida. Y hoy que ya no está con nosotros en la vida, sé que Dios sabrá compensarle en gloria, porque desde aquel primer momento en que nos conocimos, obró conmigo en amor y en justicia. ¡En paz descanse su alma!

Ya estábamos acogiéndonos al nuevo lugar y Mamá, que en la bajura se había recuperado, y Papá gozaban de mejor salud y nosotros los niños nos sentíamos felices, cuando surgió algo que vino a entorpecer nuestra paz. Una arrimada de la hacienda vino a decirle a Mamá que doña Cinda había dicho que nos iba a echar un hechizo para hacernos ir de la hacienda y, es más, que acabaría por destruirnos a todos y que ella venía a ponerla de sobreaviso. Aquella noche, cuando Papá regresó del trabajo, Mamá le contó lo ocurrido. Él se echó a reír como tonto y le contestó: "Mira, Bellita, no le pongas atención a esas tonterías y chismes. Tú sabes bien cómo es la gente, que le gusta hablar torpezas para mortificar a los demás. A lo mejor es por ponerme en enemistad con los Nadal que son buena gente". Luego añadió: "Es verdad que doña Cinda tiene aspecto de bruja, pero eso es todo, porque dentro de ese caparazón humano, sólo se encierra una infeliz mujer llena de privaciones, complejos y amarguras, eso es todo, mujer. Y mira, no quiero que le pongas atención a la doña esa. Cuando te vuelva con otra cuestión de ésas, evádela lo más posible", terminó diciendo.

Pero, por desgracia, aquella misma semana Mamá fue al pozo por agua y dejó las nenas durmiendo y como era cuestión de minutos, porque el pozo no quedaba cerca, pues dejó la puerta abierta y a su regreso encontró a doña Cinda que salía de nuestra casa. Comenzaba a bajar la escalera cuando se enfrentó con Mamá y del susto palideció y sin decir palabra, salió a toda carrera, lo que significaba que a nada bueno había venido. Mamá al ver su actitud se imaginó lo peor, que verdaderamente había venido con alguna mal intención y que seguramente la jíbara tenía razón en lo que le había informado. Y como un pensamiento negativo es destructivo, pues aquella cábula siguió haciendo hueco en la mente de Mamá, quien comenzó a sentirse incómoda en aquella casa y su sistema nervioso comenzó a enfermar.

Mariana, la hija mayor de doña Cinda, solía venir junto a nuestra casa en el camino real con otra amiga y allí, bajo un frondoso mamey, se pasaba el tiempo usando de cuantas mañas podía para mortificar a Mamá. Y aunque ella se lo contaba a Papá, él no ponía atención ni le daba importancia alguna y seguía su estrecha amistad con los Nadal. Otra cosa en particular era que Mónica Nadal, quien era de mi misma edad, tenía una maraña de cabello abultado y engrifado que no le entraba peinilla y ella sólo se lo acomodaba por encima como mejor podía, porque aquel enredo o nido de comején estaba cundido de piojos y liendres en una forma asquerosa y espantosa. En su casa era ella la única que tenía una piojera tan enorme y se decía que aquellos piojos jamás se le curarían porque, según razón, eran y que de "muerto". Lo que significaba, según la creencia de esta gente, que cuando una persona con piojos moría, en cuanto el cuerpo se enfriaba, estos parásitos dejaban el cuerpo para alojarse en otra persona y a la que por desgracia se le pegaban, jamás podría deshacerse de ellos. Y aunque esto era pura falacia, el que así lo creía no hacía esfuerzo alguno para deshacerse de estos, pensando que de nada valía el tratar de exterminarlos. Eran unos piojos negruzcos y punzones, por lo que me figuro que, como nada se hacía para exterminarlos, pues de seguro que chupaban a su antojo. Así que la pobre muchacha estaba sumida en un suplicio y daba asco y terror verle los piojos caminándole por la abultada maraña.

Sus libros daban repugnancia, pues ella se pasaba todo el día rascándose y removiéndose disimuladamente el cabello, haciendo que estos cayeran sobre las páginas del libro según leía donde se pasaba mata que mata. Era lamentable que nadie hiciera algo por esta pobre criatura. Yo pienso que quizás sería por no ofenderla, pero yo pensaba que si yo fuera maestra ya aquella desgracia hubiese desaparecido. Desgracia digo, porque lo era tanto para Mónica como para nosotros, sus compañeros de clase. En una ocasión llegué a decirle que si ese fuera mi problema hace tiempo que me hubiese pelado a coco.

En nuestra casa, no era que no nos cayeran piojos una que otra vez, pues en aquella época era imposible salvarse de ellos cuando en la escuela abundaban tanto, pero nuestra madre nos los combatía a toda costa, porque ella repelía toda clase de parásitos. Así que de continuo nos espulgaba y aseaba el cabello y nunca faltaba en nuestra casa el veneno llamado Precipitado Rojo y par de peines, porque el orgullo de ella era que tuviéramos un cabello limpio y saludable. Mi hermanita que me seguía a mí, quien tenía entonces cinco años, tenía una preciosa cabellera. Su cabello era castaño claro, abundante, largo y sedoso y era la envidia de cuantos la veían y a doña Cinda le dio la manía con su mata de pelo y siempre que la veía tenía que comentar, pero en una forma despreciativa y sarcástica. ¡Cómo le mortificaba que la pequeña tuviera tan hermosa cabellera! Todas las demás personas le echaban bendiciones a la criatura, pero no doña Cinda que la miraba con mala voluntad. Por eso nos sorprendió cuando de la noche a la mañana la nena se cundió de piojos negruzcos y panzones como los de Mónica. Y como nunca antes había tenido piojos, comenzó a rascarse en tal forma que su cabeza, cuello y orejas se le hicieron ampollas, luego llagas y se infectó en una forma desastrosa. Enseguida Mamá pensó que aquella era obra de doña Cinda que tanto odio nos tenía y que se había propuesto destruirnos a toda costa. ¿Y qué más pruebas que atreverse a entrar en nuestra casa cuando sabía que Mamá no estaba y que de seguro la estaba espiando aquella tarde? Y decía Mamá en su turbación: "¡Esa mujer es capaz de echarle piojos en la cabeza a la criatura! ¡Nos odia y le tiene envidia a su cabellera!".

—Tonterías, mujer, tonterías —decía Papá—. Todo eso es fruto de tu imaginación. Eso es absurdo, no lo puedo creer. Hay piojos por todas partes. A lo mejor se le pegaron de los mismos muchachos de aquí que los traen de la escuela.

—¡Imposible! —discutía Mamá—, ¡siempre tengo cuidado de su cabeza y no es posible que de la noche a la mañana se cunda de piojos en esa forma! ¡Además, mira cómo se ha infectado!

Papá era un hombre sano de mente y un pacificador. Jamás pensaba mal de nadie a menos que hubiera pruebas o razones específicas cuando se trataba de otras personas, aunque con nosotros era rudo y severo y en ocasiones, injusto. Nunca le creyó a Mamá lo del comportamiento de Mariana, de lo cual yo era testigo. Siempre decía que todo era fruto de sus celos infundados. Así que toda esta contradictoria situación no dejaba de traer disgustos y malos ratos para toda la familia, pero más para la pobre Mamá que seguía con sus cábulas de que doña Cinda era la responsable de toda aquella maldad. Por lo pronto, lo importante era exterminarle la piojera a la niña y curarle aquella terrible infección que a causa de lo abundante del cabello se hacía difícil sanar.

Mientras tanto, la vida en Casey seguía su rutina para cada uno de nosotros. Para Daniel, mi hermano, y para mí habían llegado las vacaciones. Yo me sentía tremendamente feliz de haber terminado el quinto grado con buenas calificaciones y había sido promovida al sexto. También él había pasado de grado. Él y yo eramos inseparables y a ambos nos gustaba andareguear por la finca y los bosques, pescar, bañarnos en la quebrada e ir por frutas. Así que, una vez terminadas las faenas cotidianas, siempre teníamos planes. Claro, con tal que fuera dentro de los límites de la hacienda, teníamos la libertad de corretear cuanto deseáramos. Estábamos creciendo y descubriendo y conociendo la naturaleza a nuestro antojo y éramos felices. Él no tenía amigos, tampoco yo, pues en casa no se nos permitía asociarnos con otros chicos de la hacienda. ¡Una lástima! Pero así eran nuestros padres. Pensaban que de otros chicos sólo aprendíamos resabios y malas costumbres. ¡Qué pena, cuando realmente lo que nos perdíamos era el disfrutar y compartir lo hermoso y lo interesante de la niñez! De todos modos, en la escuela hacíamos de esto un derroche y, como dijera, él y yo vivíamos nuestra niñez a nuestro antojo.

Recuerdo una vez que nos dio con llevarnos cada uno un pote de maricaos para comerlos después de acostados. En esta zona esta fruta se daba grande y sabrosa y nos daba un gran placer hacer esto, hasta que Mamá nos sorprendió en varias ocasiones y nos hizo desistir de la idea. Así que nos olvidamos por unos días y luego nos dio con otra cosa. Ahora era que guardábamos pan por un par de días y cuando se ponía bastante duro, también lo llevábamos de noche a la cama y allí lo comíamos bajo las cobijas. Esto también nos causaba satisfacción, especialmente escuchar el chasquido al morderlo en el silencio de la habitación. El problema era cuando la cama se nos llenaba de migajas. Entonces nos pasábamos toda la noche en un continuo cosquilleo, pero esto no nos duró mucho porque cuando Mamá descubrió el pasatiempo, nos dio nuestro merecido con la correa, pero de todo esto ambos hacíamos celebración y, a pesar de los zurriagazos, nos rompíamos de risa cada vez que lo recordábamos.

Recuerdo que siempre estábamos averiguando el porqué de esto y de lo otro y una vez nos concentramos en por qué las reses y las cabras rumiaban. "Quizás porque no tienen en qué pensar —decía yo—, y luego que están hartas, se distraen rumiando." "Quizás porque son tontas y no saben jugar", decía él. Entonces nos vino a la mente que nosotros también podíamos rumiar e hicimos la prueba, comiendo fruta de granadilla de la cual comíamos también su semilla. A mí se me hizo bien fácil, pero no a él. De todos modos, fue una experiencia maravillosa.

En otra cosa que nos divertíamos era haciendo apuestas, las que casi siempre yo ganaba por ser mayor. Muchas veces apostábamos a algo a base de pagarnos con cucharadas de comida o parte de nuestro pan. La mayoría de las veces yo no le cobraba, pues me apenaba que él me diera su comida. Otras veces me hacía la tonta para que él ganara y yo pagaba, cuestión de juego de niños, pero así nos divertíamos. Todo esto lo hacíamos a espaldas de Mamá. También jugábamos a hablar palabras hacia atrás o formadas a nuestro antojo. De esta forma, no sólo nos divertíamos sino que hablábamos frente a los demás y no entendían.

Esto nos causó un serio problema con Papá una vez que estábamos sentados a la mesa y comenzamos nuestra jeringonza y mi hermano por pedirme un tenedor me dijo que quería un 'netedor'. Papá, lo bastante estricto en cuanto a los modales al comer, nos reprendió severamente y allí terminó nuestro pasatiempo, pero para qué decir más, nos gozábamos al recordar el mal rato. Por eso es que siempre pienso que la niñez es bella.

En cuanto a nuestro padre, se mantenía tremendamente ocupado, pues en la hacienda todo era actividad. Cuando llegó la primavera se sembró ñame, habichuela y repollo en gran cantidad y todo se dio abundante y colosal. Se comenzó a preparar terreno para sembrar caña y a cultivar el café que comenzó a producir abundante. También, por orden del hacendado, se comenzó a sacar ron cañita en unos alambiques que se montaron en la pieza Santo Domingo. Esto sí que fue una tragedia para Mamá y para mí, pues ahora se trataba nada menos que de Papá, que era el que estaba al frente de este asunto y como se trataba de la ley, pues el asunto era serio. Y en cuanto alguien se dio cuenta de la falla, dieron cuenta a la policía y cuando uno menos se percataba, llegaban a la hacienda haciendo mil averiguaciones. Hubo carreras que yo di, para avisarles a los destiladores, que después estuve días con temblor en las rodillas que no me aguantaba. Por un lado, me preocupaba por mi padre que no se viera involucrado con la ley y, por otro, Mamá, que cada día se veía más deprimida. Supimos que en una ocasión el policía Cardé vino a coger los alambiques y no hizo la denuncia por estar Papá presente, ya que ellos eran íntimos amigos. Esto se lo declaró el mismo Cardé a Papá después. Le dijo que estuvo casi tres horas con otro guardia detrás de unos espesos arbustos en espera de que él se marchara, pero como no se fue, entonces se fueron sin hacer denuncia alguna. En otra ocasión, cuando los alambiques fueron traídos a los establecimientos porque en la finca la policía no los dejaba en paz, de nuevo dieron cuenta y una vez, cuando ya se estaba en el último proceso, llegó la policía con un allanamiento. Aquello fue de película, pues mientras la policía hablaba afuera, Papá y un peón echaron todos los aparatos y el contenido en un tanque de lavar café que estaba lleno de agua. La operación fue cosa de minutos y cuando la policía entró no halló nada. Lo menos que se les ocurrió fue buscar en el tanque.

Para estos mismos días se mudaron los Nadal no muy lejos de Casey, pero ya doña Cinda había dejado sembrada en la mente de Mamá la semilla del temor y la ansiedad y ahora vivía en una continuo desasosiego y, para más angustia, Papá seguía aquella estrecha amistad con ellos, pero más con las mujeres, quienes en su maldad seguían haciéndonos la guerra de todas formas. Bien lo había dicho doña Cinda. Ahora Papá casi todas las tardes se montaba en el caballo y allá iba a parar y no regresaba hasta altas horas de la noche y la mayor de las veces regresaba metido en palos. Todo esto contribuía para que Mamá siguiera empeorando su salud y sin darnos cuenta se iba hundiendo en un profundo letargo.

Aquellos meses que sucedieron fueron arduos y angustiosos y me vi junto a los míos como las hojas cuando se precipitan por una abrupta corriente y van a parar a un remolino que todas a uno batallan y se confunden en su lucha por no dejarse sumergir o arrastrar. Así me sentía junto a mi familia ante tanto ataque y desgracia y todos me miraban a mí con la esperanza de que fuera yo la que resolvería todos los problemas. ¡Qué tremenda responsabilidad para una niña de sólo doce años! Mientras, la vida seguía su curso como es natural. Estábamos de vacaciones y ante mí la vida seguía desplegándose como preciosa gama de colores, a pesar de todos los contratiempos y los inconvenientes. Mamá seguía poniéndose triste y enajenada, mi hermanita no se curaba de la infección, a pesar de que Mamá en su desesperación no dejaba de tratarla a su manera, con mucho lavado, lo cual empeoraba la situación. Papá trabajaba mucho, pero siempre se daba sus escapadas, quizás en su empeño de conseguir un rato de expansión. Nuestra situación económica no era buena que digamos. Papá sólo ganaba cinco dólares a la semana y carecíamos de todo. En ocasiones, durante la época de lluvia, tuve que acostarme sólo en interiores, titiritando de frío porque no tenía un jubón o camisola y porque se me había mojado el único que tenía puesto, o porque las otras pocas ropas que tenía estaban en el tendedero. Pero aun así, que la vida me fustigaba fuerte, no me importaba para sentirme feliz, una felicidad indescriptible y bonita que hacía a mi espíritu sentirse por los aires, algo divino que me hacía soñar despierta.

    A principios de la primavera la maestra nos dio a la clase órdenes de cultivar un huerto casero y que lleváramos anotaciones de todo el trabajo y procedimiento desde el mismo comienzo, o sea, desde preparar el terreno hasta cosechar los frutos; por esto recibíamos crédito. Para esto le pedí ayuda a Papá y él me proporcionó un pedazo de terreno cerca de nuestra casa y un peón, para que me ayudara en el trabajo más fuerte como desyerbar la maleza y picar y repicar el terreno. Entre los dos trabajamos hasta que estuvo listo para ser sembrado. Realmente fue una experiencia maravillosa. En clase aprendimos cómo cultivar cada diferente fruto. Mrs. Vélez no sólo era una dinámica profesora, sino también una magnífica agricultora. En mi huerto sembré gandures, maíz, ñame, yautías, malangas y tomates. Fue curioso como por sí solo nacieron lerenes. Ella nos explicó que esto sucedía porque anteriormente habían sido sembrados allí y que ahora, el removerse el terreno, las semillas que estaban dormidas habían germinado. El terreno que yo cultivé no dio fruto grande, aunque sí sabroso. También ella discutió este punto. Nos dijo que esto se debía en parte a que estos terrenos ya habían sido cultivados anteriormente y quizás carecían de alimento; que para conseguir que produjeran había que abonarlos. Nos sugirió usar el estiércol de las cuadras y, por supuesto, el que estaba curado; también el abono vegetal de la finca y la tierra de las carboneras.

Diré que me complací en gran manera con esta experiencia de cultivo. Fue muy interesante y hermoso sembrar la semilla y luego esperar y ver las diminutas plantitas aparecer y crecer, desarrollándose cada una en su especie. Luego ver cómo se cubrían de flores, luego de fruto que, con el sol y el riego, a su debido tiempo llegaron a su madurez y sazón. Lo más interesante fue cosecharlas, el maíz en sus mazorcas, los gandures en sus maceteros de bellotas, los lerenes en sus racimitos bajo tierra, al igual que el ñame de mina, que eso justo era, una mina de pequeños y sabrosos ñames. Cultivar uno mismo da una sensación de compañerismo con Dios y la naturaleza. Así me sentía yo de feliz y de importante. También Papá labró un huerto junto a la casa y con la ayuda de Mamá se sembró gandures, cilantrillo y tomate; todo se dio abundante y hermoso.

Es de imaginarse que cuando los mayores toman interés en alguna faena, pues los niños también quieren tomar parte. Eso sucedió con mi hermano Daniel. Estaba tan emocionado que él también quería cultivar un huerto casero y ahí andaba dándole guerra a Mamá para que le diera algo que sembrar. Ella, que tenía el buen sentido del humor, especialmente con él que era su consentido, y estando muy ocupada un día preparando unos machuelos, se le acercó el niño con aquello de la siembra y a la vez interesado en saber en cuanto a los machuelos. Ella aprovechando la oportunidad para quitárselo de encima le dijo, "Mira, hijo, quieres sembrar esas cabezas de machuelo?" "Sí, cómo no, Mamá, dámelas, voy a sembrarlas ahora mismo". Y muy feliz se fue a una esquina del patio y allí las plantó. Era curioso con el entusiasmo que él regaba y cuidaba su siembra hasta un día que lo vio Papá.

"¿Qué haces ahí, hijo?" le preguntó. "Aquí, cuidando mis matas de machuelos" le dijo muy orgulloso. Se refería a matas silvestres que crecían allí. "¡Machuelos!" vociferó Papá con asombro. "¿Y quién te dijo a ti que los machuelos se siembran, muchacho? Ah, ya sé, no me lo tienes que decir, ¿tu mamá, no es así?". "Sí, ¿por qué?". "No, no, por nada, hijo, por nada, pero ven, vamos arriba", y tomando al niño de la mano fue a pedirle cuentas a Mamá. Demás está decir que ella no esperaba tal reacción de parte de Papá y todo lo echó a guasa, pero entre chanzas y veras Papá le aclaró al niño de dónde verdaderamente venían estos pescados.

Una cosa desconocida para mí, y que me emocionó mucho, fue el día que descubrí frente a la casa, bajo los ancianos chinos, que habían brotado de la tierra hermosas, perfumadas y delicadas flores lilas. Estas salían de la tierra sin adherirse a ninguna planta. Me maravillé tremendamente y fui a buscar a Mamá. "Mira —le dije—, flores brotando del mismo suelo, no es hermoso?". "Sí, hija, muy bello, se llaman Ilang-Ilang y son de las más perfumadas que existen." ¡Cómo me maravillaba de tantas cosas hermosas que día a día iba descubriendo!

Como es natural, dondequiera que hay seres humanos surgen problemas relativos a la humanidad y Casey no estaba exento de esto. Por eso es preciso conocer a algunos o, mejor dicho, a todos los personajes que fueron protagonistas del drama diario que se estaba desarrollando entonces, cuando por destino humano, yo tuve la dicha de pasar por aquel bello lugar, aunque por muy corto tiempo. Pienso que la gente de allí, en parte, fueron influenciados por el incidente aquel de la cesantía de don Leoquendo, lo cual hacía cómplice a Papá, y, en cierto modo, abrigaron cierto resentimiento hacia nosotros y en parte fuimos rechazados.

Una vez más vuelvo a recalcar que la pobreza era extrema en todo el país, pero más para esta pobre gente de la montaña. Entre los arrimados estaban los Rivera, una familia que vivía en el cuartel. Se componía de su madre viuda, mujer conservada y bien parecida, dos hijos adultos que trabajaban en la finca, otro de mi edad que asistía a la escuela y una joven y guapa muchacha de nombre Paquita. Paquita tenía novio, un elegante y buen mozo joven que pertenecía a otra familia de arrimados de la hacienda de apellido Martínez. Este joven se llamaba Felipe y mayormente se dedicaba a la elaboración de carbón vegetal, el que desconoce su elaboración no sabe de trabajos. Por eso me ha parecido lógico, antes de proseguir con el tema arriba comenzado, dar un vistazo a lo que es en sí la elaboración del carbón en todas sus etapas y aspectos, en beneficio de aquellos que desconocen esta industria.

Para esto hay que derribar muchos árboles y trozar la leña según tamaño y grueso y conforme al tamaño de la carbonera que se quiera montar. Luego de trozada la leña, hay que cargarla a la plaza o lugar donde ésta se va a amontonar, donde también se acumularán otros materiales necesarios como matojo, hojarasca de mata de guineo o yagrumo, matas de guineo enteras, bambú y bastante tierra, todo acumulado en un lado y también drones o vasijas para agua. La plaza es un ancho plano hecho en la tierra el cual será siempre cerca de una corriente de agua, teniendo en mente que se necesita agua en abundancia para apagar el carbón, como también en caso que se propague un fuego.

    Hay dos clases de carboneras, una llamada parada y la otra tumbada. Para montar la parada lo primero que se hace es cortar un palo largo rollizo de mediano grueso al cual se le aguza un extremo y se clava firme en tierra, el cual marcará el mismo centro de la carbonera. Este palo se llama flecha o piloto y sobresaldrá por sobre la carbonera. Una vez este palo esté clavado en tierra, se procederá a acomodar la leña una sobre la otra, cuidadosamente, a la redonda, de punta bien pegada al palo flecha. Se comienza primero por la leña corta y fina y se sigue acomodando según su tamaño hasta terminar con la gruesa. Para evitar que ésta se desuna es preciso acuñarla para ir apretando y reforzando la leña a medida que ésta se va acomodando. Cuando se ha terminado con esto, se procede a hacerle lo que se llama el vuelo o ruedo. Para esto se clavan estacas paradas, fuertes, en tierra a la vuelta redonda de la parte baja de la madera ya montada; éstas pueden ser de bambú o cualquier otro árbol. Entonces se acuestan las matas de guineo entre las estacas y la leña montada, haciendo una especie de barricada en la parte baja a la redonda. Por eso se le llama ruedo o vuelo. El propósito de esta fuerte barricada o ruedo es aguantar la cubierta de tierra y de lo demás que se pondrá sobre la leña. Una vez que se ha terminado con esto, se procede a tapar o techar.

    Para esto se pone primeramente una buena capa de matojo u hojas de yagrumo, o si no, hojarasca verde o seca y sobre esta capa, una de tierra, habiendo así llegado la carbonera al punto de meterle fuego o, mejor dicho, prenderla teniendo ésta el aspecto de una casa de campaña, pero sobresaliendo siempre por encima el palo flecha o piloto. Este palo flecha tiene su propósito, pues es precisamente por ahí por donde se encenderá el fuego. ¿Como? Muy sencillamente. Se sube uno sobre la carbonera, saca el palo flecha, quedando así en el mismo centro de la carbonera un hueco por donde se introducirán las astillas secas, carbones encendidos y una mecha de saco empapada en kerosén prendida. La cosa es, que es por este hueco por donde se prende. Cuando se está seguro que el horno está prendido, porque ahora se le da este nombre, y se sabe por la flama que sube por el hueco o chimenea y por el humo que comienza a filtrarse a través de las pequeñas grietas, entonces se vuelve a introducir el palo flecha por el hueco. A veces es preciso cortarle un pedazo, ya que tiene que quedar al ras o al tope con la cubierta. Una vez que se hace esto, se cubre con matojo y tierra igual que el resto. Y ya ha comenzado el proceso de convertir la leña en carbón. Otra cosa indispensable es fabricar un ranchón para protegerse de las inclemencias del tiempo mientras se atiende el horno.

Bueno, ahora es precisamente cuando ha comenzado la tarea, pues hay que vigilar constantemente, noche y día, cuidando de que en ningún momento se haga una abertura o hueco por donde se cuele viento o brisa, pues si sucede esto se habrá perdido todo el trabajo, ya que toda la leña puede quedar reducida a cenizas en poco rato. De todas maneras, es posible que en un descuido esto acontezca y se sorprenden las llamas saliendo. Entonces hay que palearle tierra hasta que éstas sean extinguidas y, como al principio, se vuelve a tapar.

Ahora bien, nos gustaría saber cúanto tiempo se toma una carbonera en cocinarse. Bueno, depende del tamaño de ésta. Una carbonera de cien mochilas se toma unos diez días para estar lista. ¿Cuándo se sabe que está lista? Bien, pues a medida que la leña se va convirtiendo en carbón, el horno va disminuyendo en cuerpo hasta notarse que la capa de matojo y hojarasca comienza a quemarse. Ahora ha llegado el momento de comenzar a sacar el carbón. Para esto se abre una brecha por el mismo ruedo, junto al suelo, y se comienza a floreársele agua desde lejos para apaciguar las llamas y evitar el fuerte calentón del vapor y con un rastrillo largo se va halando o arrastrando el carbón hacia afuera, tirándole agua constantemente hasta conseguir apagarlo totalmente. Mientras, se va acomodando o apilando a un lado, pero siempre vigilándolo, ya que cualquier diminuto carbón encendido es suficiente para encender toda una pila de carbón. Y así se sigue por la misma brecha descubriendo poco a poco, a la vez que halando y apagando y amontonándolo en una esquina de la plaza donde permanecerá para ser empacado en las mochilas. Un detalle muy especial es que jamás se puede descubrir más carbón del que se puede apagar. He ahí el porqué de la brecha, pues de lo contrario se convierte en cenizas en cuestión de minutos. Cuando se está trabajando a través de la brecha, puede que la flama sea intensa; entonces se le palea tierra para disminuirla y de nuevo se sigue apagando con agua, pero siempre desde lejos para evitar que el vapor lastime a uno.

En cuanto a la otra carbonera, la llamada tumbada, se prepara la plaza y se hace una zanja vertical como de pie y medio de ancho por medio de fondo, en el mismo centro de lo que será la carbonera. Esta zanja, ya bien limpia, se llenará de astillas y leña fina seca. Después se procede a poner pedazos de leña verde atravesados sobre la zanja y sobre esta leña van tres palos del largo de la zanja, igualmente verticales. A estos palos o maderos se les llama madrinas. Entonces se clavan fuertemente en tierra dos estacas junto a las puntas o extremos posteriores de las madrinas, esto con el propósito de comenzar a acomodar la leña, la cual va acostada y atravesada sobre las madrinas, y como la carbonera anterior, bien acuñada. Y siempre se comenzará con la leña más corta y más fina hasta terminar con la más gruesa. Una vez que se ha terminado de acomodar toda la leña, entonces con fuertes estacas de palo o bambú se refuerza por lo lados, acomodando a la vez matas de guineo acostadas a manera de un corto vuelo. Luego se procede a tapar con matojo, yerba, hojarasca, y, encima, la capa de tierra. Para prenderla es muy fácil. Se enciende el fuego por la parte posterior de la zanja, el cual seguirá derecho zanja arriba hasta que se nota el humo saliendo por el lado arriba de la zanja o chimenea como se le llama comúnmente. Entonces se tapan ambas salidas y ya el horno está en su proceso. Para sacarlo se sigue el mismo procedimiento; se abre una brecha por la parte posterior y se sigue sucesivamente descubriendo, halando y apagando y acomodando a un lado de la plaza. Dicho sea de paso, que para embalar el carbón en las mochilas se usa una horca o grinche.

Pero aquí no terminaba la ardua tarea de estos campesinos que se dedicaban a la elaboración del carbón, pues tenían que cargarlo al hombro o en bestias hasta donde el camión lo pudiera trasbordar a la ciudad. Y conste que cada saco o mochila de éste era vendido por sólo quince miserables centavos. Pero con todo este trabajo y riesgo, muchas personas se dedicaban a esta industria, ya que era esto el producto de excelencia para cocinar, planchar y otros tantos usos, pues en aquella época se desconocían los tantos adelantos que se tienen hoy a la mano. Y como había que vivir y comer, pues demás está decir que se hacía cuanto fuera necesario para sobrevivir.

Así que nuestro fuerte y saludable joven, Felipe Martínez, novio de Paquita, se dedicaba mayormente a esta dura tarea. Felipe y Paquita eran novios, como todos los novios del mundo llenos de sueños y de ilusiones. Sueños hermosos como todos los sueños de los enamorados, el de un día casarse y tener un pedacito de tierra con su casa propia donde vieran crecer a sus hijos, sueño de todo matrimonio. Pero no era fácil lograrlo con aquella mísera paga que recibía Felipe, ya fuera haciendo carbón o trabajando por día en la finca por cincuenta centavos. De hecho que se le hacían agua los sesos pensando en una boda bonita para su linda Paquita, donde luciera ella ese día un hermoso atavío de novia, aunque sencillo, para desposarla dignamente, como ella se merecía, y celebrar entre parientes y amigos como lo hacían las familias pudientes.

"¿Pero con qué vamos a celebrar la boda, Paquita?" le decía él un día. "¿Con qué?... ¿con qué dinero, cariño mío? Yo quisiera con el alma ofrecerte una linda boda, pero no hay recursos, preciosa... ¡No hay esperanzas! Si, mija, así como lo oyes, para nosotros los pobres no hay la menor esperanza. Es más, yo creo que vamos a tener que dejarnos. Es la única forma que tú puedes encontrar otro partido, otro hombre que te pueda desposar como tú te mereces y darte todo eso con que sueñas, porque yo soy muy pobre, Paquita... muy pobre y tú te mereces mucho."

Ella lo abrazó fuerte y lo besó en la boca, un beso cálido, sencillo y sincero. Él le acarició la mejilla con sus manos duras y ásperas, pero fieles y ardientes. "Me marcho, cariño, —le dijo—, voy a la carbonera. Esta noche dormiré allá. Ya está a punto de sacarse y temo que se le haga roto y se pierda después de tanta brega." Te veré mañana, si Dios quiere, mi amor", díjole besándola con dulzura y se marchó por la vereda de la finca, camino de la carbonera que quedaba abajo en la rejolla junto a la quebrada. Allí pasaría la noche en vela y quién sabe si par de noches más. Era jueves, oscureciendo. Este fin de semana no podría ir a la manigua. Casi siempre jugaba parte del mísero sueldo con aquellas ansias de ganar, para ver si podía casarse con su adorada mujer, aquella Paquita que lo traía loco de amor.

Pero por lo visto esta vez no podría ir a jugar porque estaría atareado con la brega del carbón. Así caminó pausadamente, como atontado hasta que llegó a la carbonera. Miró y todo estaba normal. Estaba intranquilo, desesperado. Aquella mezquina pobreza lo decepcionaba y destruía y Paquita no se le iba de la mente. La amaba con todas las fuerzas de su corazón. Ya iba a cumplirse un año que eran novios y sin esperanzas de poderse casar. "Si consiguiera aunque fueran cien dólares prestados. Con eso sería suficiente para casarnos. ¿Pero quién diablos me va a prestar cien pesos a mí, a un miserable carbonero, a un peón por días, sufriendo como yo ¡Maldita pobreza!

¡Me va a volver loco!" dijo en voz alta y con soberbia le dio un puntapié a un latón vacío que halló en frente.

Para entonces ya había anochecido y los coquíes, grillos y cigarras comenzaron a chillar a toda fuerza y tuvo la sensación de que la quebrada pausaba su corriente y lentamente se encaminó al ranchón donde se guarecía, a un ranchón de varas y hojas de guineo. Aquí dormía mientras velaba la carbonera. Y allí en una cama de hojas secas y la pila de sacos, se tiró como un desvalido a fumarse un cigarrillo. El tiempo corría lento y agobiante. A mitad del cigarrillo lo apagó...tenía que hacerlo... debía rendirlo, para quizás dos veces más, mientras seguía con el mismo pensamiento, como se martilla sobre hierro frío que no se consigue darle forma. Ahora se levantó y dio un vistazo al horno y envolviose en el perfume de la leña quemada. Tuvo deseos de maldecir, pero no lo hizo; nada conseguía con ello. Después volvió al ranchón, linterna en mano. "Hay que ser varón y tenerlos en su sitio para dispararse la maroma de estar en este lugar a estar horas", monologó en alta voz y entró en el ranchón obligado por unas ligeras lloviznas. "Eso na' más me faltaba para hacerme la vida más placentera!... ¡Maldita perra vida la mía!" y con la misma restrelló la vetusta gorra contra el suelo. "Si no fuera por Paquita dejaba to' esto perdío y me largaba pa' más allá del carajo!" pensó, "pero la amo demasiado y tengo que hacer algo para resolver esto del casorio", se dijo para sí y ansioso vertió un poco de café negro de una botella en un cacharro y así frío se lo empinó y encendió el sobrante del Colectiva. Luego volvió a acostarse en el colchón de hojas y acomodó su turbada cabeza sobre una pila de sacos. Ya no quiso pensar más; era mejor no hacerlo. Mejor sería dormir un poco. Siempre decía que durmiendo sufría menos y que así el tiempo se le pasaba ligero. Así que dio par de fumadas, apagó la colilla, se dio vuelta y se quedó como piedra. Comenzó a soñar que caminaba por un ancho camino, adornado a los lados por frondosos árboles cargados de fruto, mucho fruto. Y al final de este una linda casa rodeada de un bello jardín y en una ventana estaba Paquita, hermosa y bella como nunca, vestida en su atavío de novia. Esta le hacía ademanes que se diera prisa. "Apúrate, Felipe", decía "que se nos está haciendo tarde. ¡Mira, yo estoy lista, solo espero por ti! ¿Acaso se te olvidó que hoy es el día de nuestra boda? ¡Avanza, querido, no te detengas!".

En el sueño Felipe se miró sus ropas, o mejor dicho, polvorientos andrajos tiznados de carbón y todo él tiznado. "¡No! ¡No! ¿Cómo es posible? No podré casarme en esta facha. ¡Mejor me escapo!" decía,

"¡¡No, no, no!!" gritaba en su pesadilla. De pronto una mano suave lo acarició. "Despierta, amor mío.... ¿que te sucede? ¡Despierta, despierta!" le dijo una voz dulce, removiéndole fuerte. De un salto quedó sentado, aún le parecía que soñaba.

—Paquita, mi amor, ¿pero que haces aquí a estas horas de la noche? ¿Qué sucede? ¿Quién vino contigo?

—Shshsh —le indicó ella poniéndole su dedo sobre sus labios y con la misma se arrojó sobre su pecho, besándolo con ardor y le preguntó: ¿Me amas, Felipe?

—¡Con todas las fuerzas de mi alma, adorada mía! Ahora mismo soñaba contigo —y le refirió el divino sueño.

—¿Ah, sí, conque eso soñaste? Pues eso significa que Dios aprueba nuestra unión y siempre nos bendecirá. Y nos abrirá puertas y suplirá a cada una de nuestras necesidades. Y venceremos los imposibles y esta miserable pobreza y todo obstáculo que se nos enfrente, porque este amor que nos une es grandioso, Felipe, grandioso, ¡así como lo oyes, adorado mío! ¡Tengamos fe en nombre de este amor y seremos felices para siempre!

Él la abrazó fuerte sobre su pecho y la colmó de besos. Los gallos cantaron su sereno de la madrugada y la luna traviesa, vistió de gala el ranchón y toda la arboleda y por entre el ramaje brillaron galantes las estrellas. La quebrada despertó de su sueño aletargado y se escuchó su corriente cantarina y se escuchó reír a las ninfas abajo en el charco grande. Y la madrugada se vistió de bello y romántico azul y el ranchón tuvo sabor a fantasía donde el mismo Creador les dio la bendición nupcial a aquella pareja enamorada.

Aquel fin de semana Felipe terminó de sacar la carbonera con la ayuda de Paquita y a principio de semana bajaron al pueblo para que el padre cura los casara. En el vecindario todo era murmuración y vanas opiniones, pero yo me sentía muy feliz de verlos felices a ellos, vencedores de cuantos obstáculos se les había presentado. Pero la cosa no terminó aquí, pues un poco más adelante Felipe incurrió en un error con Papá, que no conocía la misericordia ni el perdón. En la hacienda se hacían vales a los peones y en una ocasión Papá le hizo un vale a Felipe por la cantidad de cincuenta centavos, el cual el falsificó por un dólar más. Cuando Papá fue a arreglar los libros de ninguna forma cuadraban y estuvimos él y yo casi una semana tratando de hallar la falla, pero de ninguna forma lo conseguíamos. Hasta que al fin la encontramos y Papá llamó a Felipe a cuentas. Y aquel, avergonzado, aceptó la culpa y le rogó casi de rodillas que lo perdonara. Mejor era que hubiese muerto, porque Papá no transigió y le dijo que tenía que irse de la hacienda inmediatamente. Esta actitud por parte de mi padre me pareció injusta; pensé que no era para tanto. "Es la pobreza la que obliga a uno a hacer estas cosas" pensé, aquella pobreza extrema que carcomía el cuerpo y corrompía los sentidos. Así que a Felipe no le restó otra cosa que marcharse de la hacienda, pero Dios en su infinita bondad fue con ellos.

Encontró trabajo en un barrio distante de Casey, y por su familia se sabía que estaban bien. Por lo menos en la faena de los cincuenta centavos por día, pero en un nuevo lugar, con nuevas amistades y siempre con aquella esperanza viva y aquella corazonada de ambos de que en no lejano día tendrían su cuadro de terreno y su hogar propio. Un día se supo que Felipe había ganado un premio en "la bolita" por la cantidad de quinientos dólares. Decir quinientos dólares en aquel tiempo de depresión era decir cinco mil o, quién sabe, más. Yo desconocía tal juego, pero fuera lo que fuera, me satisfacía saber que habían sido favorecidos por la suerte y, según razón, se habían comprado una finca con una buena casa, y hasta donde supe, eran muy felices.

Ser mayordomo de hacienda en aquellos tiempos no era cosa fácil. Era verdad que la mayoría eran gente humilde y buena, pero siempre se colaba el que era vago y con resabios. Por lo tanto, el mayordomo tenía que ser fuerte, de lo contrario estaba expuesto a contratiempos. A Papá le ayudaba su carácter riguroso el cual, opino, fue adquiriendo al tener que tratar con tantas diferentes personas. Al extremo que a veces me parecía que obraba con dureza hasta con quien no lo merecía. Pero hubo ocasiones en que le ayudó su fuerza de carácter, para hacerse respetar y que se cumplieran sus órdenes. En una ocasión se topó aquí, en Casey, con un individuo que poco le importaba ir al trabajo. Era vago de profesión y a veces sólo trabajaba un día o dos a la semana y otras se la pasaba la semana entera sin dar un tajo. Se pasaba el tiempo por el vecindario o en la tienda durmiendo a pierna suelta y usando de las facilidades de la hacienda. En varias ocasiones Papá le llamó la atención de buena forma, pero aquel hacía caso omiso de las órdenes que se le daban. Entonces Papá le dijo que tenía que mudarse, que tenía que dejar la casa para otra persona que diera provecho. Así lo exigía el patrón.

Pero el jíbaro se las traía de guapetón y se resistía a ambas cosas, a trabajar y a mudarse. Y una noche que se estaba celebrando una promesa a la Virgen en casa de un arrimado en Mayagüesillo, la hacienda contigua, llegó Papá y allí estaba el hombre. Como había mucha concurrencia pensó que le sería fácil meterle mano a Papá, quien, según yo, tenía más de cinco caracteres en aquel caparazón humano y con respeto le dijo al hombre que aquél no era el lugar ni el momento adecuado para discutir dichos asuntos que concernían a la hacienda. Que por ahora se olvidara de todo y si tenía alguna alegación que hacer que pasara por la oficina al día siguiente y allí se discutiría el asunto. El arrimado, quien tenía algunos palos de aguardiente en la cabeza, insistía en discutir y seguía faltándole el respeto a Papá, con intención de lucirse y hacer que Papá hiciera el ridículo ante todos. Papá, al verse acosado, tomó coraje, se descubrió el pecho, sacó el revólver y se lo dio al jíbaro para que le entrara a tiros si tantas ganas le tenía. Pero aquel, al ver semejante arrebato, le dio tremendo temblequeo, que por poco se cae y turbado le pidió disculpas prometiéndole que se mudaría lo antes posible.

"¡Sí, señor, usted se muda y es ya mismo! —le dijo Papá—, ¡porque yo no le temo a usted ni a diez como usted juntos! Por eso es que estoy al frente de una hacienda, para eso se me paga, ¿me entiende?" y con la misma tiró un tiro al aire. Y contaban mis compañeros de clase que estaban presentes, que se formó tremendo correcorre y a la gritería el primero que salió corriendo fue el tipo, quien al día siguiente se mudó. Lamentable incidente, pero fruto de aquellos tiempos.

Abundando en esto, de promesas a los Santos, en nuestra casa también se acostumbraba celebrar promesa a los Santos Reyes. A principios de mudarnos a Casey habíamos cumplido con este rito. Las promesas a los santos eran muy comunes entre la gente de mi tiempo. Yo diría que quizás por ser los tiempos tan difíciles, hacía que la gente buscase en qué apoyarse, para buscar paz y consuelo en tanta apretura. También los reunía en ratos de camaradería y expansión. Muchas veces buscaban de dónde no había para llevar a cabo tales celebraciones. Recuerdo entonces que Papá fue a la ciudad y trajo cocos, especias, bebidas y otras cosas y de la tienda donde cogíamos fiado llegaron el resto y entre Mamá y yo preparamos el arroz con dulce, el cual se elabora con la leche del coco, especias dulces, jengibre, cáscara de limón, mantequilla, pasas y azúcar, un manjar amelcochado que después de frío, se corta en pequeños trozos. Es autóctono de nuestro país y uno de nuestros manjares favoritos, el cual no falta en nuestras celebraciones, especialmente en la Navidad y las promesas.

Ya de antemano Papá había invitado a su hermano Pedro, quien trajo a sus amigos los músicos y aquella noche tuvimos fiesta de promesa de los Santos Reyes. También vinieron algunos de los arrimados con sus familias y como la casa no era grande, no se necesitó mucha gente para que se llenara. Para esta celebración la abuela Rosa nos regaló un bello Nacimiento, algo sumamente interesante; las figuras representativas fabricadas con arte y colorido. Además, nosotros teníamos tallados en madera a los Tres Reyes en sus cabalgaduras, otra obra de arte, orgullo de nuestros santeros de entonces. Entre Mamá y yo confeccionamos el altar de helechos y bellas flores y todo lucía celestial. Los músicos eran versados en estos de aguinaldos y cantos de promesas y toda la prima noche fue de adoración y festejo. Después de la medianoche se entregó el rito con frases de gratitud y devoción, se cubrió el altar o santuario con un paño y, con permiso de los santos, se procedió a cantar música popular y a bailar hasta el amanecer; así se acostumbraba. La sala era reducida, pero después de unos tragos de aguardiente en la cabeza se baila hasta en una cuerda. Hasta yo me di mis vueltas con aquellos jíbaros que tenían toda la energía y el ritmo en las piernas.

Dicho sea de paso, ésta era la segunda vez que yo tenía la oportunidad de estar en una celebración de promesa. Claro que la primera vez no me había ido muy bien que digamos, dadas las circunstancias. Vivíamos entonces en Las Siete Cuerdas y yo tenía unos siete años, más o menos, cuando nos invitaron a la hacienda Manuela en casa de un tal don Francisco Figueroa y su esposa, doña Monsa a una promesa de Reyes. Como yo no estaba relacionada con esto de promesas, pues estaba tremendamente emocionada. La casa de los Figueroa quedaba abajo en mitad de una empinada colina y nosotros vivíamos arriba en lo alto de la cuesta sobre un llano. Aquella vez, cuando salimos de casa, era a principios de enero y la noche era fría en extremo y no hacía mucha luna. Papá caminaba al frente con la linterna, mi hermanito y yo le seguíamos y Mamá iba detrás de nosotros. Caminamos un poco sobre la plana loma hasta que llegamos al comienzo de la cuesta. Desde allí divisamos la casa. Allá abajo se escuchaba la tertulia y se reflejaban a lo lejos las luces de las linternas y los mechones de la gente que por distintos senderos se acercaban a la casa. Desde aquí se podía escuchar lindamente la música y los cánticos o villancicos. A mí la felicidad me embargaba no cabía en la piel; en otras palabras, estaba fascinada. Era la primera vez que yo salía de juerga por la noche y pensaba que iba a pasar un buen rato.

Así seguimos bajando por el escabroso y estrecho sendero hasta que llegamos. La casa era espaciosa o quizás así la veía por ser tan niña, pero sí recuerdo que había mucha gente, tanto arriba como en el ancho batey, ya que la hacienda Manuela era grande y de muchos arrimados y toda esta gente y mucha otra del vecindario se había reunido para celebrar en grande a los Santos Reyes.

Como era costumbre, se había erguido un bonito altar de helechos y flores y frente a éste estaba el coro, que al compás de la música, seguían a una primera voz o versador, todo en ritmo y acorde, muy bello. Mis padres eran muy queridos por todos y Papá, como trovador, muy estimado entre toda esta buena gente. Así que fuimos recibidos con gran júbilo. Don Francisco y los caballeros se hicieron cargo de Papá, y doña Monsa y las señoras, de Mamá; y adelante siguió la celebración en todo su apogeo y gozo espiritual al compás de cánticos y adoración.

En la cocina estaban varias señoras a cargo del café y los manjares que el aroma trascendía y en un esquina de la sala había una mesa grande adornada con un hule floreado donde estaban las bebidas para los adultos, además varias latas de galletas *Sport Soda* y un frasco grande de bombones y también galletitas. Yo estaba fascinada con las golosinas, pero Mamá me hizo calmar; que ya llegaría el momento en que seríamos servidos, me dijo. Y yo me apacigüé. Todo marchaba de maravilla hasta que mi hermanito comenzó a ponerse incómodo y a molestar a Mamá que de hecho deseaba gozarse la fiesta y, por supuesto, para resolver su problema de inmediato pensó en mí. "Ven conmigo", me dijo tomándome del brazo y encaminándose al aposento, un cuarto grande donde había colchones de pajilla tirados sobre el soberado y donde había como una docena de criaturas más, entre grandecitos y más chicos. "Mira, hija —me dijo—, acuéstate aquí, junto a tu hermanito, y cuando él se duerma, te levantas y te vas de nuevo conmigo para que comas de todo eso sabroso que hay." Yo, muy tonta, me recosté con el chico y creo que me dormí antes que él, y para sorpresa mía, ya había amanecido cuando allí estaba nuestra madre despertándonos para marcharnos. Yo imaginaba que acabábamos de llegar y que ella me despertaba para que fuera a comer del banquete, pero no fue así, pues todo se volvió apuros ya que había llegado la hora de marcharnos. Yo sólo quería comer mi parte y me puse majadera, pero ella se incorporó y comenzó a reprocharme. "¡Bueno, bueno, a ver si te callas, que éstas no son horas de discutir y menos por comer y menos en casa ajena! Además, yo no tengo la culpa que te quedaras dormida. Bien que te dije que durmieras al nene y que te volvieras conmigo. Si no lo hiciste, eso es cosa tuya. Así que apúrate, que tu padre está ansioso por irse."

—Pero, Mami si yo sólo quiero mi parte de arroz con dulce y galletas, aunque sea un bombón, ¡uno sólo nada más y estaré complacida!

—Bueno, bueno, ya basta de lloriqueos, niña y menos por comida. No olvides que estamos en casa ajena —volvió a reprocharme—. Además, todo lo de comer se ha terminado; no olvides que había mucha gente. Ahora de prisa, y en otra ocasión no seas tonta de quedarte dormida —y con enojo me arremetió con dureza.

Quisiera poder expresar mi tristeza, porque a la verdad que fue algo sumamente penoso. Aún lo recuerdo y me dan ganas de llorar porque, si feliz me sentía cuando comencé a bajar la cuesta, mayor era mi tristeza y la amargura que me embargaba cuando iba de regreso a casa. Y como yo siempre digo, son las cosas pequeñas las que cuentan en la vida.

Volviendo a Casey, por este mismo tiempo murió un señor de la raza negra llamado don Gacien. Hacía tiempo venía enfermo según nos informaron cuando llegamos allí. Su casa quedaba junto a la carretera por donde transitábamos diariamente camino a la escuela y yo lo contemplaba cada vez que pasaba o si no, le escuchaba con aquella tos que no lo dejaba en paz. No era un hombre viejo, pero sí consumido por la terrible plaga de la tuberculosis. Su piel se había pegado a sus huesos, su color era macilento y sus ojos cadavéricos. Le sobrevivían tres hijas, una casada y las otras ya casaderas y todas vivían en la casa. El día que él murió todos los vecinos fueron a rendirle sus respetos. Yo también fui para ver cómo era uno después que se le desprendía el alma. Allí estaba el difunto en una cama pisicorre estirado, mejor dicho, tieso, con sus pies y brazos cruzados y su perfil al cielo raso. A la verdad que su aspecto desconcertaba. Yo contemplaba el cadáver y al mismo tiempo escuchaba la gritería, el llanto y la desesperación de las tres mujeres que no cesaban de lamentar a voz en cuello la pérdida de su padre. Yo era muy niña aún, pero por un instante recapacité y me pareció tonto y absurdo el que aquellas se escandalizaran tanto por un caso como aquél. Entonces pensé para mis adentros, si fuera yo, estaría más que agradecida que un papá en este estado se muriera para descansar. Y volviéndome, salí por la puerta afuera sintiendo lástima por aquellas pobres mujeres.

Por ahora los dos meses de vacaciones habían llegado a su fin y de nuevo volvíamos a la escuela. Yo estaba loca de la alegría, pues para mí la escuela era la felicidad más grande que podía existir. Mamá no estaba feliz de verme regresar a clases, pues se lamentaba de no sentirse bien. De todos modos, quedamos en que iría y en caso de que ella me necesitara me quedaría en casa. Esta vez nos acompañó nuestra hermanita, Cándida, que comenzaba a sanar de su infección, después de una grande crisis que al parecer había afectado la mente de nuestra querida madre. Volver a clases era la gloria para mí. Comenzar un nuevo año escolar, con nuevos libros y mil cosas nuevas era como si ante mí se abriera una nueva puerta de sueños y esperanzas encaminándome a un mundo de maravillas. Pero siempre existía aquel entorpecimiento o enemigo activo que a toda costa obstruía mi felicidad y cuando había transcurrido un mes de clase en paz y en toda magnitud, un domingo en la tarde, después de haber almorzado la familia y estando todos reunidos reposando en la escalera, de pronto Mamá se quejó de mareo. Papá se apuró, la tomó en brazos y la llevó a su cama. Luego salió y me dijo: "No la pierdas de vista, parece que ha sufrido una mala digestión, pero cuando repose ya se sentirá mejor. Por ahora voy a la hacienda, pero regreso pronto". "Vaya sin cuidado, Papá, estaré pendiente", le dije.

Quién podría imaginar que aquello no era una simple mala digestión, sino el comienzo de una larga enfermedad y una tragedia no sólo para ella sino para toda la familia, pero especialmente para mí, pues nuestra madre acababa de sufrir un derrame cerebral, algo totalmente desconocido para nosotros. Pero así fue, allí estaba nuestra querida madre inconsciente, mejor dicho, en estado de coma, como muerta, trinca que sólo se sabía que estaba viva porque respiraba y porque se mantenía en su calor natural.

—Por ahora no podrás ir a la escuela —me dijo Papá. Esta frase la había escuchado tantas veces que se me había convertido en pesadilla o monstruo que de todas formas quería destruirme. De todos modos, ahora lo importante era atender a Mamá con la esperanza de que en cualquier momento se recuperase. Así que fui a la escuela y le expliqué a la "Mrs." la situación, que tendría que quedarme en casa; no podía hacer otra cosa.

—Bueno, comenzar a perder clases desde principio de semestre no es bueno; te atrasarías demasiado. Pero podemos hacer otra cosa en lo que tu mamá se recupera. Puedes estudiar tus lecciones en tu casa. Te las puedo enviar todos los días con cualquiera de los niños que viven cerca de ti, tú las haces y me las envías cada viernes; también puedes estudiar con tu compañera más cercana. Así no pierdes el ritmo de las clases y tan pronto tu mamá se recupere, vuelves.

Sus palabras me confortaron mucho y así lo hice. Atendía a Mamá que estaba postrada, también a la familia y estudiaba mis lecciones. No era nada fácil porque no tenía absolutamente a nadie que me diera la mano y todos los niños eran pequeños y Papá no era la persona diestra en estos menesteres; además él tenía sus obligaciones. Y aunque a la verdad, que yo poseía un espíritu vigoroso y competente, me faltaba la experiencia y la madurez.

Así que Papá siguió su brega en la hacienda y sobre mi recayó toda la responsabilidad de la enferma, el hogar y los niños. Y cada noche nos íbamos a la cama con la esperanza de que al día siguiente Mamá despertara y dijera que se sentía mejor. Pero no fue así porque los días siguieron pasando y ella seguía sumida en aquel profundo sueño, como muerta. Después de un par de días de postración comencé a pensar que había que alimentarla de cualquier forma, de lo contrario, moriría de hambre. Lo primero que se me vino a la mente fue humedecer algodón con alimentos líquidos como jugo de pollo, leche tibia, café con leche, chocolate y otros alimentos y engullirla por una esquina de la boca. Así seguí alimentándola largo más de un mes. También me ocupaba de asearla, ya que todo lo hacía en la cama. Suerte que era menuda, pues su peso nunca excedió más de ciento diez libras. Para bañarla me ayudaba Papá.

Recuerdo una tarde de domingo, luego de bañarla, y ver cómo tenía su espalda lacerada, porque se mantenía siempre boca arriba, entonces alterqué con él. "Bueno, mijo, dime una cosa ¿qué piensas tú hacer al respecto? Porque ya van a hacer dos meses que la pobre se halla en este estado y por lo visto yo no veo que tú te apuras para hacer algo por ella. No la llevas a un médico y ni siquiera has ido por una receta. Lo que quiere decir que la vas a dejar morir ahí, sin hacer esfuerzo alguno por ayudarla, ¿no es verdad?"

—Bueno y ¿qué quieres tú que yo haga, hija mía? me —respondió, porque era totalmente apocado. Luego prosiguió—: Primeramente estoy muy ocupado en la hacienda, segundo, no tengo dinero para llevarla a un doctor ni las facilidades para trasbordarla a un hospital.

—Nada de eso, Papá. Todo son excusas; no has hecho nada porque no has querido, creyendo que sin atención médica se va a poner bien. Lo que estás esperando es que se muera en esa cama. Eso es exactamente lo que estás esperando o quizás lo que deseas. —Así le hablé a mi padre, con lágrimas de amargura, porque ya no soportaba más.

—Pues mira, hija, creo que tienes razón y me has dado una magnífica idea. Mañana temprano voy a Las Marías para explicarle al boticario cuál es su estado; puede que él me le recete algo bueno. —Aquellas palabras suyas me fortalecieron y con alegría esperé el nuevo amanecer. Enseguida lo desperté, le serví café y antes de rayar el sol, ya se había marchado. El farmacéutico, al escuchar los síntomas, diagnosticó que era un derrame cerebral y le recetó unas magníficas medicinas, las cuales comencé a darle de inmediato. Fue maravilloso cómo después de algunas cucharadas de aquel medicamento, comenzó a destrincarse y, ya más adelante, a ingerir alimentos más sólidos y a mover las articulaciones y a balbucear sonidos y frases, aunque discordantes.

En eso, el patrón le preguntó por la salud de ella. Sabía que estaba enferma, pero jamás que su estado fuera tan crítico. Cuando Papá le informó de la gravedad y que acababa de ver al boticario por medicinas, él le reprochó fuerte y le preguntó por qué no la había llevado a un doctor. Él le contestó que por falta de recursos. Entonces don Julián, bastante molesto, le dijo: "Creo que usted está equivocado, Justiniano, a veces uno no tiene cinco centavos y se ve obligado a gastar cinco pesos o más. Además, a usted le faltó venir adonde mí; para eso soy su patrón. Así que mañana temprano usted la lleva al doctor Perea y que me pasen la cuenta".

Al día siguiente cuando la llevaron a la clínica, el doctor diagnosticó también que se trataba de un derrame cerebral, pero que, por suerte, ya había pasado el peligro. Ella también se quejaba de un fuerte dolor en un lado del vientre, y luego de los exámenes, el doctor le dijo que tenía un tumor interno. Para todo le recetaron medicamentos. Ya para entonces la abuela Josefa supo de su gravedad, porque hasta aquí a nadie se le había informado y a casa vino, y se pasó dos semanas con nosotros. Confieso que me sentí sumamente feliz al tener a la abuela en casa. Ella se encargaba de cocinar y de atender a Mamá y yo me ocupaba del resto y durante este tiempo volví a la escuela.

Ya cuando Mamá se fortaleció un poco para poder viajar, abuelita se la llevó con ella a Finca Abajo para atenderla y terminar de darle las medicinas, llevándose con ellas a la niña más pequeña, quedándome yo con los de edad escolar y al cuidado de la casa y de

Papá. Cuando se marcharon me sentí más que triste, pero me alentaba ver a Mamá recuperándose. Aquellos días los sentí amargos en mi existencia. Nadie se apareció por nuestra casa para tendernos una mano amiga, lo cual me causaba una profunda tristeza. Estábamos en el fuerte de la lluvia y en plena cosecha de café y Papá salía de casa al amanecer y no regresaba hasta tarde en la noche. Las noches eras húmedas y prietas como boca de lobo y no teníamos vecinos cerca y a mí me atemorizaba la noche y la oscuridad, mientras cuidaba de mis hermanos que dependían de mí para todo, pero más para darles compañía. Recuerdo que se iban temprano a la cama y entonces era que me atribulaba la soledad y la falta de Mamá. Siempre pienso que aquella tragedia recayó más sobre mí que en el resto de la familia. Fue entonces cuando descubrí que carecíamos de ropa para ir a la escuela e hice lo posible para comprar material, el cual nos cosió Fidelia, la costurera. Recuerdo que todos me elogiaban. Por lo menos esto me levantaba la moral.

El día que regresó Mamá yo no cabía de felicidad. Lucía jovial y contenta y hermosa en todos los trajes que la abuela le había confeccionado, pero la presencia de aquella casa la desconcertaba terriblemente. Por eso la abuela, antes de regresarse a Finca Abajo, había hablado con Papá. Que tenía que mudarla de allí, pues la impresión de que la casa estaba hechizada había sido la causa de su grave enfermedad. Papá, siempre con aquel espíritu irresoluto para buscarles solución a las cosas; pero la abuela, firme en su insistencia, le dijo o que mudaba a Mamá a otra casa o se vería obligada a llevársela con ella a Finca Abajo en lo que se resolvía el asunto. Y ahora que regresaba Mamá, el asunto se hacía más serio y Papá tuvo que decidirse a hacer algo. El problema era que ahora no había ninguna casa disponible en la hacienda; pero a Papá, después de dar bastante seso al asunto, se le ocurrió una idea, el de hacer un cambio con alguna familia de las que vivían más cercanas a los establecimientos.

La mejor familia con quien cambiar eran los Martínez. Así que allá se dirigió Papá a plantearle el cambio a la mamá de Felipe, quien era la jefa de la familia. Esto sucedió antes de que Felipe incurriera en el desliz de falsificar el vale, pero sí ya estaba casado con Paquita y todos vivían en familia, además de dos hijos varones más. No fue fácil dialogar con doña Rosa. En primer lugar, la casa que utilizaban estaba en buenas condiciones. No era grande, pero ellos se las arreglaban para acomodarse, ya que no había otra alternativa, pues dicho sea de paso que el arrimado tenía que acogerse a toda falla o incomodidad; no era cosa de que me gusta o no, o hacer exigencias, sino vivir a como diera lugar. Así que esta familia vivía contenta aquí. El lugar era agradable, había agua en abundancia cerca y un monte de leña a sólo unas cuadras. Detrás de la casa había una gallera donde concurría mucha gente los domingos a jugar gallos. Esto, en vez de ser molesto servía de diversión.

Ahora lo importante era convencer a doña Rosa a hacer el cambio. De hecho que si la hostigaban, de todos modos se haría el trato, pero las intenciones de Papá no eran ésas sino que ella comprendiera nuestra situación y estuviera de acuerdo a cooperar, pero por las buenas. Verdaderamente que el asunto no era nada fácil, pero se trataba de Mamá por sobre todas las circunstancias y ahora que se estaba recuperando, de ninguna forma nos arriesgaríamos a que volviera a recaer. Así que nuestro amado padre se revistió de valor, se montó en el caballo y a casa de doña Rosa fue a parar. Cuando llegó, sólo ella se encontraba en casa y él saludó desde el batey sin desmontarse. "¡Doña Rosaaa!... Muy buenos días", saludó. Ella salió a la puerta y saludó gentilmente. "Muy buenos días, muy buenos días, en qué puedo servirle, don Pablo?"

Papá tartamudeó, le dio trabajo explicarse, pero al fin hizo un esfuerzo y dijo pausadamente, "Mire, doña Rosa,... no es fácil lo que vendo a sugerirle, pero yo sé que usted sabrá comprenderme". Ella palideció, se paró firme y miró fijamente a Papá que se había acomodado de medio sosquín en la silla del caballo para explicarse mejor.

—Pues como verá usted, doña Rosa, el problema es el siguiente. Como usted bien sabe, mi mujer ha estado muy enferma de los nervios últimamente y se me ha aconsejado que debo mudarla de casa. Esto, por supuesto, se me hace imposible ya que por ahora no hay ninguna otra disponible en la hacienda. Por eso sé que lo que le voy a proponer le parecerá injusto, pero no me cuesta otro remedio.

Ella atendía atenta, sin balbucear palabra, sus manos apretadas en el delantal, como si tratara de enjugarlas, pero con su mirada fija en Papá esperando la última palabra. Y él más que nervioso, terminó diciendo: "Pues sí, doña Rosa, pidiéndole mil disculpas a usted a su respetable familia y esperando en su gentileza, yo quiero que ustedes hagan un cambio de casa con nosotros".

Mejor hubiese sido toparse con un enjambre de abejas, pues doña Rosa, enfurecida, dijo y maldijo todo lo que le vino en ganas hasta que Papá no pudo aguantar más y apenado y muerto de la vergüenza se puso en marcha, y en una pausa que ella hiciera, él se aprovechó y le vociferó, "¡Bueno, doña Rosa, me marcho, pero el domingo, si Dios permite, hacemos el cambio!". Ella volvió a encenderse y a fulminar con frases hirientes, pero para entonces ya él se había alejado del lugar.

De todos modos, el domingo próximo nosotros nos mudamos a la casa de la gallera y ellos, con mil refunfuños y dimes y diretes, se cambiaron a la de nosotros. El cambio a la nueva residencia le fue de maravilla a nuestra madre que comenzó a recuperarse tremendamente. De hecho a todos nos hizo bien, pues verla a ella saludable y feliz era un tónico para nuestras almas abatidas. Lo que nos sorprendió fue saber que esperaba otro bebé. Esto fue una sorpresa tanto para ella como para nosotros. De primera intención ella creyó que era cuestión de aumento de peso a causa del mucho reposo y de los medicamentos que había ingerido, pero al fin el doctor diagnosticó que estaba embarazada antes de sufrir el ataque cerebral.

Una vez más se me enfriaba el alma. Otra criatura era otra amenaza a mi paz mental, a mi educación y a mi felicidad, pues cada vez que nacía un nuevo retoño en nuestra casa, sobre mí era que recaía toda la brega y la responsabilidad. Así que, por ahora, me olvidé del asunto y comencé con nuevos bríos a estudiar para aprovechar todo el más posible tiempo, pues cada vez que comenzaba un nuevo grado se expandían mis conocimientos y mientras más me envolvía en los estudios, mayores eran mis ansias de aprender. Todas las clases me fascinaban; aunque era la aritmética la asignatura que no me entraba, pero Mrs. Vélez me la hacía entender a la fuerza. También ya se había terminado de fabricar el nuevo plantel, lo cual también me daba satisfacción y un orgullo al pertenecer a algo de buen gusto y ser alumna de la Escuela Consolidada de La Herrería.

Mrs. Vélez era una profesora tremendamente inteligente y me aconsejaba y motivaba a seguir adelante con mis estudios. "No importa la cuna, el color ni el sexo —me decía— para triunfar en la vida. Lo que se necesita es un espíritu de fe y de responsabilidad hacia uno mismo y hacia los demás. La persona debe ser honesta, humilde, honrada, leal, responsable y dedicada para llevar a cabo ciertas responsabilidades humanas que nacen con uno y se sienten constantemente golpeando la mente. Cuando esto acontece y sentimos nuestro deber y responsabilidad, difícilmente hay derrota." Por eso siempre la recuerdo con respeto y agradecimiento.

En cuanto a nuestra nueva morada, diré que para mí fue como si nos hubiésemos ido a otro país. El lugar era hermoso y el ambiente que regía diferente en todos los aspectos. Frente a la casa se elevaba una alta pendiente de verde pasto o cercado para bestias, pero que mayormente no se le daba gran uso, sólo un burro disfrutaba de él a sus anchas. Yo diría que en parte la pendiente nos protegía de los fuertes vientos que en esta dirección azotaban. Por la parte posterior se extendía la finca copiosa, verde y vigorosa y por entre las colinas serpenteaba una cantarina y melancólica quebrada, aquella que fue testigo y canción del romance de Felipe y Paquita. Y no lejos de la casa había un chorro fino y frío que brotaba de un peña de donde nos abastecíamos de agua para tomar y para los usos culinarios.

La primera travesura de mi hermano y mía fue cortar los berros que crecían en el suelo junto al chorro. Nos parecieron silvestres, pero no era así. Pertenecían a una vecina que de hecho le dio la queja a Papá y poco faltó para llevarnos una zumba. Pero yo era buena en el uso de las palabras y Papá siempre me escuchaba, pero el susto que nos llevamos fue grande. Luego Daniel, cuando estábamos a solas, se rompía de risa recordando qué cerca estuvimos de la paliza.

Por otro lado, es curioso cómo, según se desarrolla la vida, un millar de cosas toman su curso y giran alrededor nuestro y sin darnos cuenta somos parte integral del complejo mundo que nos rodea. Así me contemplo yo en aquella lejanía de mi niñez y me veo como una pequeña pieza de un rompecabezas en aquel bello lugar donde, por la gracia de Dios y por orden de un destino cierto, jugaba mi papel o cumplía una voluntad, ya fuese como cosa u objeto o como ser humano. Porque a la verdad que todo, ya sea cosa o ser viviente, tiene su propio destino en este mundo.

Hoy recuerdo el pasto en todo su verdor, la casa, la gallera, la finca, el hilo de agua brotando vivo de la peña, la quebrada soñadora y constante, cada planta que adornaba los alrededores, el árbol de pana, el guaraguao, árbol copioso y dormidero de las gallinas. A lo lejos el espeso bosque que hacía de guardarraya, las verdes colinas con sus laderas y vertientes cargadas de espesas siembras de café y frutos menores, los caminos, veredas y senderos que llevaban a sendas direcciones y me veo en aquel bello lugar, viviendo uno de los más interesantes capítulos de mi joven existencia.

Una tarde hacía yo el lavado en la quebrada, como de costumbre, cuando de pronto me sorprendió al lado arriba sobre la jalda, algo que se balanceaba en el aire atado como una cuerda. Ahí estaba yo contemplando aquello y pensando qué sería, cuando se apareció una vecina.

—¿Qué miras con tanta insistencia? —me preguntó.

—Aquello que se balancea en el aire ¿Qué será? —le pregunté.

—Es un lagarto —dijo ella—, lo colgó uno de los peones ayer cuando pasó por ahí el desyerbo.

—¿Entonces quieres decirme que lo colgaron y ahí se quedará hasta morir de hambre y sed?

—Sí, hija, eso creo, a menos que haya una persona bondadosa que lo suelte.

—¿Sabes quién es el peón que lo hizo? —le pregunté presurosa.

Ella no recordaba el nombre del sujeto, pero me indicó quién era, ya que, según ella, no vivía en la hacienda. Así que dejé todo de mano y fui por Papá y le expliqué el crimen. El envió de inmediato por el individuo y lo hizo ir a soltar el reptil.

Para este mismo tiempo tuvimos la visita de unos primos hermanos. Vivían en los campos de San Sebastián y a menudo venían a visitarnos y a pasarse días con nosotros. Entre ellos estaba Leonides. A ambos nos encantaba pescar, pero yo tenía por costumbre pescar para distraerme observando y contemplando lo que pescaba, lo cual echaba en un recipiente con agua y luego volvía a echarlo a la corriente. No el primo, que le fascinaba la pesca y disfrutaba de ella. Todo cuanto pescaba lo aprovechaba, ya fuera camarones, chagras, buruquenas, dajao, en fin, todo eso le encantaba. Había nacido y crecido junto a un caudaloso río, lo cual había hecho de él un gran pescador, aunque sólo contaba unos diez u once años. En esta ocasión descubrimos un camarón bastante grande en una charca cercana. Ahora quedamos prendados con el ejemplar que saltaba con una energía extraordinaria.

—Vamos a pescarlo —dijo él—. Una presa como ésa no me la pierdo yo.

—No es tan fácil, muchacho —le dije—. Conozco bien a los camarones de charcas, especialmente cuando tiene la cueva bajo la roca, como ese. El crustáceo solo mostraba las largas barbas y las dos palancas como afiladas tenazas, pero el resto de su corpulento cuerpo lo escondía bajo la oscura y negruzca roca. "¡Qué va! —me decía él—, más vivos que ése no se me han escapado a mí!" Así que comenzamos nuestra lucha. Lo más que les gustaba a estos camarones de charca era el jabón azul de barra que se usaba para lavar. Así que esto era lo que le echábamos en la charca, bolitas de jabón que él salía de picada a buscar. Luego el primo se hizo de una vara larga y fuerte con una horqueta en un extremo, para pincharlo por el lomo. No fue un día ni dos los que estuvimos en aquella brega. Fueron varios y mientras más tiempo transcurría, más nos enfrascábamos en la lucha con el despierto crustáceo que muy pronto entendió que le habíamos declarado la guerra. Para esto pensábamos en todo. Una vez que se detuvo afuera, le tapamos la cueva. Nos estuvo práctico porque con la cueva abierta siempre nos jugaba cabeza y se deslizaba hacia adentro hasta que se perdía de vista y se enterraba en la cueva a saborearse las bolitas de jabón. Tal parecía que se burlaba de nosotros, aunque yo sólo le llevaba la corriente a mi primo, que de hecho, era una criatura adorable y, por supuesto, había que hacerlo.

A pesar de todo, una tarde le dije que nos olvidáramos de pescarlo y decidí regresarme a casa. Como ya dijera, le habíamos tapado la cueva con trapo y él, inquieto, revoloteaba por el charco de una esquina a la otra dando fuertes contracciones, sus ojos fuera de órbita como dos cuentas y su mirada en nosotros.

—Me marcho —le dije al primo— y no vuelvo a molestar a ese infeliz. ¡Ven, vámonos, ya déjalo en paz! Destápale la cueva y vente, bastante guerra que le hemos dado —pero el parecía hipnotizado, vara en mano, electro, con su mirada fija en el charco.

—¡Vámonos ya! —le chillé por última vez, pero él se había pegado a la vara y no escuchaba.

Cuando llegué a casa me vestí con ropas secas y comencé a ayudarle a Mamá con la cena y, de pronto, lo divisé que subía a toda carrera por la vereda. Venía jadeante de satisfacción, llamándome a voces y en sus manos traía la presa que vertía millares de bombitas por la boca y daba fuertes aleteos, aunque envuelto en un trapo. Había perdido una de las palancas pero con la que le quedaba tiraba fuertes tenazadas. ¡Qué mal me sentí! Culpable hasta el arrepentimiento, pero como amaba tanto al primo, me olvidé de mi angustia y atendí a sus exigencias de que se lo prepararan de inmediato. Mamá altercó con nosotros, insistiendo que no era saludable comerlo acabado de pescar y menos a aquellas horas de la tarde. Luego ella era tan alérgica a los mariscos y a toda esa clase de crustáceos que de sólo percibir su olor le causaba convulsiones. Por otro lado, era muy cuidadosa con las criaturas o huéspedes y jamás deseaba que les sucediera nada desagradable mientras estaban bajo nuestra tutela. Así que nos aconsejó mantenerlo en agua hasta el otro día, pero el primo insistió en que yo se lo cocinara, así que Mamá, por no lastimarlo, me dejó que lo aderezara, pero con la condición que lo comiera con la cena. Pero el muchacho, ansioso como él sólo y quizás porque tenía hambre, en cuanto dio un hervor, él mismo lo sacó del caldero, lo peló, le echó sal y se lo comió. Un rato después ya estaba enfermo con una fuerte indigestión y cuando estuvo la cena, ya no pudo comer. De hecho pasó una noche de perro y nos la hizo pasar a nosotros, pero en la mañana Mamá le hizo tomar castor. Así pagó su capricho y desobediencia.

A la hacienda Casey y la Mayagüecillo las dividía la carretera que conduce de La Herrería a Las Marías. Nuestra casa de ahora quedaba a sólo unos pasos de la carretera con sólo cruzar un filo de cerca o pasto de reses arrendado por don Nene González. Si cruzábamos por aquí por la loma de quizás unos quince pies, ya estábamos casi en casa, ahorrándonos así un largo tramo de carretera. Cruzar el atajo lo hacíamos a menudo, siempre que estuviéramos seguros que las reses habían sido conducidas a las cuadras donde permanecían hasta la mañana del otro día, para ser ordeñadas. Usualmente se las llevaban a eso de las tres de la tarde.

Aquella tarde caminábamos el grupito acostumbrado, mis dos hermanos, otra niña pequeña y yo. Estábamos tan acostumbrados a subirnos por el atrecho que esta vez no pusimos atención a si estaban las reses y nos encaramamos barranca arriba por los escalones que a fuerza de subir habíamos hecho y unos segundos después ya estábamos en plena loma. Cuál no fue nuestra sorpresa cuando desde la cumbre del cerro nos divisó la vaca más brava de todas, la que llamaban Come Gente, que bramando a toda fuerza embistió loma abajo a toda velocidad en dirección a nosotros. Para más desgracia mi hermanita estaba vestida con un traje rojo, lo cual nos hacía más visibles. Los chicos pusieron los gritos en el cielo y se agarraron de mí en desesperación. Me sentí responsable de ellos, pero qué podía hacer, cuando ya la vaca nos pisaba los talones y tampoco teníamos tiempo de seguir adelante ni tampoco retroceder. Fue entonces cuando una fuerza sobrenatural trabó de nosotros y nos empujó a correr loma abajo a tal velocidad que casi íbamos por el aire y fuimos conducidos debajo de una enorme piedra que tenía una cueva por debajo cubierta de maleza. Allí nos refugiamos mientras la vaca sobre la roca, rebufiaba en su furia por encontrarnos. Desde nuestro escondite esperamos a que pasara alguien para pedir ayuda. Allí permanecimos un buen rato, casi sin respirar ni movernos para que el feroz animal no sospechara que allí estábamos, casi en sus narices. Cuando divisamos al encargado de las vacas que se acercaba, cuidadosamente tocamos alarma y se apresuró a sacarla y a ayudarnos a salir de nuestro escondite. El se quedó frío cuando le hicimos la historia. Siempre que recuerdo aquel trágico incidente comprendo que fue la mano divina de Dios quien nos libró de aquella bestia y también que aquella piedra estaba allí con un propósito, el de librarnos de una muerte segura. ¡Gloria a Dios para siempre, Amén!

Como dije anteriormente, la gallera o valla quedaba detrás de la casa. Esto era otra cosa nueva para mí, aunque estaba bien relacionada con gallos de pelea por ser Papá un fanático de este deporte tan puertorriqueño. Pero nunca antes había tenido la oportunidad de estar tan cerca de una. Por un lado me emocionó y por otro me interesó porque llegué a conocer más a fondo el deporte en sí, además de conocer a mucha gente agradable que aquí venían a jugar sus hermosos ejemplares; también a relacionarme con toda clase de gallos. La gallera era a manera de un ranchón techado de zinc y en el mismo centro había un círculo de unos diez pasos de diámetro, hecho de tablas con una gradería, también de tablas, para los espectadores. Hoy vienen a mi memoria aquellos domingos soleados cuando comenzaban a desfilar desde muy temprano en la mañana tantos jíbaros en sus jergas domingueras, el típico pantalón negro y camisa blanca, el zapato de glacé y el sombrero de Italia o el sombrero del país. El que no, sus pies descalzos, un pie duro y fuerte como cualquier zapato, muchos 'estocados' con su lacio o grifo cabello bien peinado, con mucha brillantina, la mayoría olorosos a Agua de Florida. El pudiente casi siempre cabalgaba en su montura y el que no, a pie, trayendo todos, sus gallos en mochilas y cuando eran más de dos, amarraban éstas en una vara, la cual cargaban sobre el hombro.

Según mis antepasados, el gallo ha sido venerado desde remota antigüedad como sagrado por muchas religiones, pero para mí que fue creado para que nos sirviera de reloj durante la noche, pues así nos servía a nosotros cuando yo me criaba. Sin embargo, en las Antillas ha jugado otro papel, el de ser jugado en la galleras como diversión y a la vez, con fines pecuniarios en forma de apuestas. Como dijera anteriormente, el gallo de pelea no era una cosa nueva para mí, pues en nuestra casa siempre habíamos tenido crianza de estos y de las mejores castas.

Cuando yo sólo contaba seis años de edad tuve mi primera experiencia con un gallo de pelea que, por desgracia, había perdido sus dos ojos en un desafío del cual había salido vencedor, pero que ahora estaba bajo cuidado y tratamiento. Estaba en un cuarto ventilado, pero metido en un barril a oscuras para que no le diera la luz solar. A este se le administraba una dieta blanda de guineos maduros o hervidos, picados en pequeños trocitos y suficiente agua. Como estaba ciego había que acercarle los alimentos y el agua, golpeando suavemente sobre la vasija para que él se percatara. Yo usaba de una dita para hacerle el llamado más agradable. Para este tiempo mi padre se hallaba muy ocupado por ser tiempo de la recolección de café y nuestra madre no era la persona que le gustaba ocuparse de esta clase de menesteres, por eso a ambos les pareció bien adiestrarme para cuidar del lisiado animal y después de algunas lecciones se me encomendó alimentarle, tarea que no supe llevar a cabo ya que era yo la que me alimentaba con los bananos picados y me tomaba el agua. ¿Pero qué se podía esperar de una criatura de seis años? Así que la suerte que corrió el infeliz gallo fue desastrosa, pues un día cuando Papá pasó por vista encontró que su ídolo había dejado de existir. De inmediato se percató que este había muerto de hambre y sed.

Otra de mis descabelladas travesuras cuando ya era mayorcita era jugar los gallos, poniendo uno frente a un espejo, lo cual era una fantástica pelea. Esto lo hice hasta un día cuando regresó Mamá y encontró su mejor espejo destruido con todos los rasguños que el gallo le había propinado con las espuelas. Se puso tan enojada que desistí de jugarlos en el espejo. En otra ocasión, siendo yo ya una jovencita, Papá tenía dos flamantes gallos, los cuales habían ganado varias peleas. Uno era giro, llamado El Isabelino y el otro un rubio colorado que se llamaba Mayagüez. En esta ocasión éramos vecinos del tío Américo, también compadre, que se empeñó en que Papá le vendiera uno de ellos. Papá muy complaciente le cedió el Mayagüez pero con la condición de que no lo tuviera suelto, de lo contrario tendríamos problemas ya que ambos eran bravísimos. El tío aceptó las condiciones, pero en varias ocasiones se apareció el suyo a casa a pelear con El Isabelino, y fue una lucha para evitar que se pelearan.

Para este tiempo Papá tuvo que salir de viaje y me dio estrictas órdenes en cuanto al cuidado del gallo y que en ningún momento lo dejara pelearse con el otro, como si no me bastara con las muchas obligaciones del hogar. Por unas cuantas veces se apareció aquel a casa y fue una lucha evitar que se pelearan. Durante todas estas veces fui a casa del tío a rogarle de buena forma que encerrara su gallo. Pero él lo echó a guasa y me dijo que era imposible encerrar una joya de gallo como aquél. Además, que lo tenía suelto con un par de gallinas de buena raza para ver si cogía pollos de él. Yo no le discutí, pero me hice de la idea de que la próxima vez que aquel se apareciera los dejaría pelear a su gusto y así sucedió. Un día lo escuché que se acercaba cantando loma abajo, desafiando al nuestro. Este le respondía y lo retaba, hasta que ambos se fueron acercando y se inició la feroz batalla. Mamá se alteró de los nervios, sabiendo que si el gallo de Papá llegaba a ser lastimado, era posible que entre él y el compadre hubiera otra peor.

—¡Vete corriendo y encierra al de aquí! —me gritaba desesperada. Cuando llegué, ambos estaban enfrascados en la más fiera riña que he podido presenciar. Entonces me vino a la mente dejarlos pelearse a su gusto. Así continuó el sangriento desafío. ¡Algo espectacular, magnífico, estupendo! Así continuaron vertiente abajo y jalda arriba y yo detrás, muy paciente, pensando que ni mi tío ni mi padre eran merecedores de dos gallos de la calidad de estos. El desafío duró como media hora, no más. Había uno que le gustaba correr, luego esperaba por el otro y de nuevo se acometían fieramente. Yo los seguía tranquilamente para ver en qué paraba la cosa.

Lo que voy a decir me causó dos cosas, por un lado tristeza y por otro satisfacción, porque hubo un momento en que se salieron de la finca y tomaron el pasto y allí, en un claro rodeado de espesa maleza, ambos cayeron muertos a la misma vez y allí mismo se quedaron, porque me regresé satisfecha de que se había terminado con aquella problemática. Con todo y esto, Papá siempre insistía en criar gallos de pelea. Hubo una vez que tenía uno cenizo de magnífica casta, suelto en el gallinero con la intención de coger pollos legítimos. Allá fue mi hermano un día a llevarle maíz, pero era tan bravo que acometió contra el chico, infiriéndole un espuelazo debajo de una mandíbula, atravesándole una de las glándulas salivares. El muchacho estuvo de cuidado. Así se terminó en nuestra casa con la crianza de gallos.

A pesar de todas estas inconveniencias que tuvimos una que otra vez, también digo que criarlos era un agradable pasatiempo donde toda la familia tomaba parte, y en la casa que había un buen gallo, era el orgullo de toda la familia, donde todos se gozaban y tomaban parte en la crianza. Era fascinante contemplar a la parvada de recién nacidos y comenzar cada uno a adivinar cuáles eran los machos o las hembras. Cuando ya estaban grandecitos cada cual nombraba el suyo, aunque al fin era Papá el dueño de todos y en muchas ocasiones le jugaba a las patas de uno los chavos de la compra, quedando chasqueado al ver que el contrario de un picotazo o de par de patadas le dejaba su ídolo estirado en el suelo.

Los gallos de pelea crecen juntos y no se pelean unos con otros. Se respetan entre sí hasta que son pollones de botón, que más o menos tienen un año o dos, cuando es el momento de comenzar a adiestrarlos para la pelea. Lo más interesante es que cada cual canta de diferente forma. Y es muy fácil reconocerlos por esto. Se cuenta de un gallo que hizo historia en el pueblo de Utuado. Tenía por costumbre irse para otros barrios, pero como su dueño le reconocía por su forma de cantar, iba en su busca y lo traía de vuelta a casa. Este fue uno de los gallos campeones de su tiempo. En cuanto al adiestramiento para la pelea, todo gallo tiene que pasar por cierta disciplina. De esto se encarga el gallero, persona sabia y hábil en este menester, o cualquiera que quiera ser entrenador de sus propios gallos. Lo primero que se hace es tomar unas tijeras amoladas y cortar la cresta y barbas. Se le pelan con las tijeras las plumas del pescuezo y las de la parte superior del cuerpo. También la cola, a unos cuatro traveses de dedo, de la rabadilla y lo mismo se hace con las plumas del ala. Después se amarra con una cabuya para que no se suelte y hay que cuidar que no se lastime la pata. Por eso hay que cuidar de cambiarle la cabuya de una pata a la otra entre días. Por lo regular se atan a una estaca adonde les dé el sol mañanero, rociándoles primeramente con buches de aguardiente, ligado con agua.

Allí permanecen hasta las diez u once de la mañana, escarbando y calentándose al sol. A esa hora se llevan de regreso a sus casetas, que son cómodas y están provistas de una palanqueta o banqueta (varita redonda sobre dos pies) donde descansan o duermen. Aquí permanecen hasta por la tarde, cuando de nuevo se vuelven a sacar al sol hasta el oscurecer. De nuevo se llevan adentro y se les administra maíz y agua, según sea necesario o conforme a la prueba anterior, hablando en términos de "careos" y "botas", cuidando de su peso, pues deben de estar bien alimentados, pero en ningún momento demasiado gordos.

Por lo regular todos los gallos de pelea son adiestrados bajo la misma fórmula aunque hay quien tiene sus propios trucos. Por ejemplo, conocí a un señor campesino de nombre Gerardo Pérez que en aquél tiempo se dedicaba a criar gallos de pelea y él mismo los acondicionaba. Sus gallos crecían con las gallinas escarbando, corriendo, volando y viviendo una vida feliz y placentera hasta que llegaba el tiempo del entrenamiento. Después de pelados y descrestados, lo primero que les enseñaba era a correr. Todas las tardes embotaba a uno, esto era envolverle la espuela con un pedacito de trapo o papel de estraza. Luego tomaba un "chata", gallo de poca significancia. Lo corría con el "chata" delante del futuro gladiador para que éste le siguiera a lo largo de una vega hasta que ambos gallos y entrenador estaban extenuados. Entonces le soltaba el "chata" para que se dieran unas cuantas patadas (que es lo que se llama "careo"). Luego, con una pluma de gallina humedecida en agua con limón, le "desvasaba" bien, lo cual quiere decir limpiar toda la baba del esófago. Esto lo hacía por algún tiempo, cuidando de su alimentación a lo cual se le añadía yemas de huevo hervidas majadas, hasta que estaban en perfectas condiciones para ir a la valla. Los gallos de don Gerardo hicieron historia en la isla y fuera.

Un perfecto adiestramiento de gallos de pelea conlleva las "botas" y los "coleos", o sea, las pruebas, las cuales consisten en echar a reñir dos gallos de igual peso con las espuelas embotadas, o sea, envueltas en trapo o papel de estraza, como ya informé anteriormente. Esto para evitar que puedan dañarse. El gallero observa con cuidado a cada uno para ver en que forma pelean o pican y según sus observaciones, coge uno en la mano y lo pone delante del otro, con tal astucia que le enseña todos los movimientos, hasta hacer de él el perfecto peleador. A esto se le llama "coleo". Cuando el gallo está listo para la pelea, se le conoce por lo diestro en las botas y coleos y por lo rojo de su cuello y cuerpo, obtenido por el sol y la buena alimentación.

Una vez en la gallera, el gallo depende totalmente del coleador, quien se ocupa de ayudarle en los momentos difíciles a lo largo de toda la pelea. Un momento crucial, por ejemplo, es cuando por un momento dejan de pelear. En este momento se les da un careo. Esto consiste en que los coleadores los levantan, los limpian chupándoles la sangre de todo el pescuezo, los examinan bien, de tal forma que a veces les devuelven la vista y los animan a seguir peleando. Si por casualidad sucede esto cierta cantidad de veces sin que ninguno ataque, entonces se entabla la pelea (ninguno gana).

En aquel entonces se usaba el echar dos gallos a pelear hasta que uno de los dos moría o caía rendido y no se levantaba más. También hubo casos en que uno mataba al otro del primer golpe, espolazo o tiro, como quiera llamársele, pero había otras ocasiones en que ambos eran tan buenos que se les dejaba pelear por horas, lo cual yo califico de crueldad, pero así era.

El gallo de pelea es por lo regular el de raza "inglés" y los hay de diferentes colores:

El *rubio,* que es de color rojizo y varía desde el rojo requemado oscuro hasta el rojo naranjo claro.

El *giro,* que es de color grisáseo.

El *pinto,* que es jaspeado de plumaje manchado, generalmente manchas blancas.

El *cenizo,* que es gris plomo.

El *camagüey,* que es blanco con plumas amarillentas.

El *gallina,* que es totalmente parecido a una gallina.

El *ala de mosca,* que es el que sobre las alas es moteado o asemeja tener moscas.

El *guinea,* que tiene el parecido del ave guinea con el fondo gris y puntitos redondos blancos.

El *jabao,* que tiene el plumaje de varios colores en forma de escamas.

El *cinqueño,* que tiene cinco dedos.

El *rosón,* que tiene la cresta ancha y gruesa, parecida a una rosa.

Y el *pava,* que tiene la cresta muy finita.

También hay gallos patiamarillos, patinegros y patiblancos. Los hay piquituertos y bolos, o sea, totalmente sin cola.

Lo emocionante de todo es el júbilo con que esta gente jugaba sus gallos, pues a medida que los gladiadores se enfrascaban en la fiera riña, los espectadores a una les hacían coro en exhuberante gritería. La vaya de Casey dejó en mi mente de niña una estampa de lo que era uno de los deportes más relevantes de nuestro Puerto Rico de entonces.

Aquella tarde en que Papá apareció con la potranca fue de júbilo para nosotros, los chicos, pero no para Mamá que siempre había tenido prejuicios contra las perras y las yeguas, y recuerdo que Papá y ella discutieron. "No me gustan en la casa; es un peligro con los niños correteando por el batey, pues cuando uno menos se percata se aparecen caballos sueltos que fácilmente pueden golpear a uno de ellos."

"¡Tonterías, mujer! —decía Papá—. Los caballos se cuidan de no atropellar a los niños, son muy inteligentes. Además, fíjate qué linda es, como todas las hembras hermosas de su especie." Esto lo dijo con cierta picardía para quitarle el enojo a Mamá y pocos días después ya Canela se había ganado el cariño de todos a la vez que tratábamos de hacerla feliz; aunque una tarde no hizo pasar tremendo susto. La amarré frente a la casa sobre una loma, pero distraída no noté que alcanzaba hasta la barranca del camino y abajo, en el plano de éste, había un grande mazo de varas para espeques de una verja. Canela tampoco se percató de la barranca y resbaló, yendo a caer de espinazo, sembrada en el montón de varas. Por unos instantes trató de levantarse, pero al hacer fuerza se sembró más en las varas, imposibilitándosele totalmente el hacer esfuerzo alguno. Cuando Mamá la vio patas arriba, inmóvil y con los ojos cerrados que parecía muerta, sólo se le vino a la mente el escándalo que formaría Papá cuando llegara. Así que sin confesarse con nadie, se echó al cuadril la niña más pequeña, se despidió de nosotros y comenzó a caminar por el primer camino que halló a su frente. Yo insistía en que lo que estaba haciendo era tonto y absurdo, pues una yegua no tenía tanto valor como para que la esposa abandonara el hogar y sus hijos, aunque lo más que me preocupaba era que de ella desaparecerse era yo la que tendría que hacer frente a todo.

Así que, viendo que nada conseguía para detenerla y que se alejaba cada vez más de la casa, corrí al lugar donde yacía Canela, sumida entre las varas y casi de rodillas le rogué, "¡Por favor, Canela, haz algo! ¡Mira que hemos perdido a Mamá y cuando regrese Papá la que voy a llevarme la zumba soy yo! ¡Así que, por favor, te ruego que resucites! ¡Por el amor de Dios, Canela, escúchame!". Fue inmensa la alegría que recibí cuando ésta, como si hubiera entendido, parpadeó un ojo para hacerme entender que estaba vivita y coleando, sólo que estaba tan encajada en las varas que aunque quisiera no podía levantarse. ¡Qué feliz me sentí cuando me hizo aquella guiñada! De inmediato comprendí que el pobre animal lo que necesitaba era un empujoncito para resucitar y rápido comencé a remover las varas. ¡Cuál no fue mi sorpresa al ver que de un salto quedó parada, resopló, sacudió la cola y comenzó a comer! Enseguida corrí a llamar a Mamá, quien estaba un poco retirada de la casa y que a ningún lugar iría, pero al menos se consolaba con alejarse del lugar de la tragedia. Cuando llegó Papá y le contamos lo ocurrido se rió hasta más no poder. Aún, cuando nos reunimos en familia, solemos recordar el incidente y siempre nos causa risa, pues una cosa es contarlo y otra encontrarse en el aprieto.

Para aquella época una de las ventajas que tenía el campesino labrador era que podía mudarse de una hacienda a otra cuando le parecía. Cualquier circunstancia desfavorable lo hacía arrimado de cualquier otro lugar y nadie se lo impedía. Por eso, siempre había gente nueva en las haciendas, pues unos se iban y otros llegaban y aquí en Casey para este tiempo llegó a vivir cerca de nosotros una familia natural del pueblo de Lares, él de nombre don Laureano y ella, Doña Segunda. Era un matrimonio ya maduro, campesinos muy humildes, de piel caucásea, ojos verdes y cabello castaño claro. El esposo era de buena estatura, al igual que su esposa, y tenían un hijo mayor de unos diecisiete años, más o menos, de nombre Pedro Juan y dos chamaquitos más entre las edades de ocho y diez años. Lo más curioso que me estuvo fue el modo que pronunciaban el español. Casi todas las palabras las terminaban en las vocales "i" o "u". Uno de los chicos era de nombre Luis, pero ellos le llamaban Luiii. Un ejemplo: si tenían que llamar al niño, le decían, Miri, Luiii, venga pa' quí." Otro ejemplo: "Ya le dije a uste' que no haga esu". Otro ejemplo: "Todu el mundu lu sabi". Realmente que esta forma de hablar de ellos me estuvo muy simpática, pues cuando se envolvían en una conversación era que se notaba la gran diferencia en la pronunciación del idioma. Era verdad que nosotros éramos también campesinos, pero modestia aparte, nuestro padre estaba siempre al tanto de cómo nosotros pronunciábamos el idioma, hasta donde él tenía conocimiento.

Dicho sea de paso, otra costumbre que prevalecía en aquellos tiempos de mi infancia era la de los matrimonios entre pareja de jovencitos, pero casi siempre era ella la más tierna. Tampoco era cosa rara ver a una niña de doce o trece años tomar marido y en ocasiones, un hombre maduro o un viejo. En su mayoría no se desposaban por la iglesia o por la ley, pues para esta pobre gente de las colonias, no existía religión ni reglas, sólo las que llevaban escritas en sus corazones. No porque desconocían los mandatos, sino porque vivían hundidos en la miseria y en la ignorancia. Por eso la mayor de las veces no cumplían con las reglas que les imponía la sociedad como el casamiento y demás, a causa de su pobreza extrema y falta de conocimientos. Aunque muchas parejas, después de estar juntos eran obligados por sus padres o personas interesadas en su bienestar a tomar el voto matrimonial, ya fuera por la iglesia o por la ley.

Por otro lado, hay que comprender que para entonces se trabajaba el día por sólo cincuenta centavos y esto sólo daba para comer pobre y escasamente, pero el arrimado que por suerte tenía hijos de edad para trabajar, era sobreestimado en las haciendas. Por eso, como el hijo o hijos tenían que romperse el cuero en la finca para ayudar al padre y para dormir colgados en una hamaca en un rincón de la casa, pues preferían buscarse una compañera y hacerse aparte y vivir al igual que su padre, otro arrimado de hacienda, pero, por lo menos, independiente.

Así que cuando don Laureano y doña Segunda, la pareja de Lares, llegaron a Casey con su hijo, Pedro Juan, éste, al conocerme, de inmediato puso sus ojos en mí que sólo contaba doce años. Era verdad que no nos veíamos con frecuencia, pero siempre que se encontraba conmigo me echaba piropos, en una forma de hombre serio y maduro como realmente era él, aunque era sólo un jovencito. A mí me desagradaba grandemente que él se dirigiera a mí en tal forma, ya que yo era una estudiante y además muy niña, pero insistía en que yo fuera su esposa y que no perdía las esperanzas de un día llevarme al altar. Una vez me enojé tanto que le amenacé con decírselo a Papá si no me dejaba en paz. Gracias a Dios, lo conseguí, pero me prometió que cuando tuviera edad para casarme, iría por mí a mi casa (y sí que lo cumplió), pero entonces se estuvo tranquilo y no me mortificó más.

Abundando en el tema del matrimonio, yo catalogo aquella era como época de los matrimonios desiguales en términos de edad y también porque la mayor de las veces la mujer jugaba un papel muy humillante. Pongamos el ejemplo de don Juan Rodríguez, un señor en sus treinta y siete años, casado y con cinco hijos, arrimado de la hacienda Mayagüecillo. Un día se apareció a Casey y le pidió a Papá, quien era su amigo, que le permitiera vivir en el cuartel en concubinato con una hermosa chica de veinte años quien se había escapado con él. Papá consintió, y cuando menos nos percatamos, allí estaban don Juan y María de los Ángeles instalados en el cuartel. Como puede verse, este no era un caso raro en aquellos tiempos, cuando para la mujer había tan poca oportunidad de empleo, salvo el de una humillada criada. Por eso cuando se llegaba a la edad casadera, lo mismo se concretaba a vivir en concubinato con el patrón o con el mayordomo, o meramente con cualquier hombre, ya fuera casado o soltero, no importándole la edad ni posición social. A María de los Ángeles no le fue muy bien en Casey, ya que Mamá puso el grito en el cielo y le armó a Papá tremenda trifulca y esto fue suficiente para que don Juan Rodríguez tuviera que llevarse a su bella amante fuera de Casey.

Diré que a mí de chica siempre me interesaron las personas por sobre todo. El ser humano era y ha sido para mí algo muy especial, no en aspectos de belleza física, clase social y castas, sino el ser humano en sí, en todas sus características y sentimientos, sin distinción de credo o sexo. Creo que por eso llevaba en mi mente el deseo vehemente de educarme, quizás para relacionarme más y mejor con los seres humanos. Me gustaba compartir en armonía con nuestros vecinos y arrimados de la hacienda y me sentía uno con ellos en las luchas y problemas. Me gustaba hablar con todos y cerciorarme de sus penas, necesidades, anhelos, deseos y sueños, y luego a solas descubría hasta donde llegaba la grandeza de alma, la inteligencia y valores de estos seres humanos.

De entre ellos hoy viene a mi memoria un jornalero viudo, de mediana edad, que venía desde muy lejos a trabajar a Casey. En los días de cosecha, muy lluviosos por cierto, casi siempre le cogía la noche para irse a su casa. Este era, por desgracia, aquel tiempo cuando Mamá estuvo recuperándose de su gravedad en Finca Abajo. En varias ocasiones, cuando pasaba frente a nuestra casa ya tarde de noche, muchas veces bajo la lluvia, al verme en la ventana y comprendiendo mi soledad y angustia, en vez de proseguir su camino entraba y nos hacia compañía a mis hermanos y a mí hasta que Papá regresaba, esto sin quejarse del cansancio ni de que llegaría tarde a su casa. El rostro curtido y quemado de sol de don Eloy, sus manos toscas y duras, sus pies descalzos cubiertos de fango, su cuerpo oloroso a fuerte sudor y a tierra y su guiñaposa ropa teñida de manchas de guineo, servían de nicho a un alma pura, caritativa y amable que supo compartir en amor y caridad con nosotros en aquellos momentos de tristeza y amargura.

Félix Nieves era un arrimado de la hacienda y otra persona digna de recordar por sus nobles sentimientos, un joven de humilde cuna, casado con una jibarita bonita y frágil. Pero él siempre presto a escuchar las quejas y penas de aquella compañera tierna a quien había que mimar al igual que a los pequeños, pero Félix tenía siempre para ella una bondad especial. En los días fríos y ventoleros del mes de marzo, su mujercita no se mantenía en pie, ya que su casa estaba ubicada sobre una loma y por otro lado, carecían de suficiente abrigo, por lo cual muchas veces ni los alimentos podía cocinar a causa de la debilidad, pero Félix siempre se mantuvo sosegado y jamás la apuraba por nada. Hubo un momento, cuando su suegra falleció y quedó huérfana su cuñada de diez años, Félix la trajo a vivir con ellos a su casa y se hizo responsable de cuidar de ella, proporcionándole todo lo necesario hasta donde sus fuerzas de arrimado le permitían, para que la chica asistiera a la escuela. Siempre recuerdo a este gran hombre, siempre de tan buen temple, tan amoroso con su familia como con los demás.

Doña Moncha era la esposa de don Juan Rodríguez, el individuo que llevó a María de los Ángeles a vivir al cuartel. Aquella noble mujer dejó en mi corazón de niña la semilla del cristianismo, en otras palabras, la semilla del amor. Esta fue la primera vez que yo escuché de la secta Pentecostal. Comenzaba a predicarse por estas colonias y de toda aquella gente que vivía por aquellos contornos, ella fue de los primeros en abrazar la fe. Y como si una mano oculta la estuviese probando, lo primero que le ocurrió fue que su marido tomara por amante a aquella joven. Yo recuerdo cómo muchas personas aconsejaban a doña Moncha hacer esto y lo otro, para conseguir que su esposo se deshiciera de aquella. Muchas de las cosas que oí eran descabelladas que no sé como cabían en la mente humana, pero doña Moncha, fiel a su Dios y a sus dignos sentimientos, no buscaba venganza sino esperaba en el Gran Poder que le ayudara a salir de aquella apretura. Pero Dios que es justo, resolvió todo a su favor. Gracias al testimonio fiel de aquella santa mujer, mi fe en Dios se fortaleció y cuando más lo necesité, tuve suficiente fortaleza.

Todas y cada una de las personas grandes o chicas que componían el núcleo de Casey están presentes en mi existir y una en especial que nunca olvidaré es nuestro patrón, el señor don Julián Piñán. Siempre le recuerdo con cariño y agradecimiento porque siempre tuvo para mí frases de respeto y bondad y más que nada por su gesto de caridad hacia nuestra madre en aquella gravedad. Otra que no se me puede escapar de la mente es un chico llamado Mateo, quien entonces tendría unos diez años. Mateo tenía su tez requemada y muy pobre cultura, pero un chico como otro cualquiera y siempre que me encontraba usaba de decirme piropos. ¡Cómo me disgustaban sus requiebros! Quizás porque a esa edad uno no sabe comportarse. Además, el chico me parecía tonto y a la verdad que me desagradaban sus niñerías dichas sin entendimiento, que más me parecían una falta de respeto. Así que le dí la queja a Papá con la intención de que él le llamara la atención en buena forma y el chico comprendiera, pero no fue así. Pues al día siguiente cuando Mateo vino por el vale, Papá le regañó con dureza y no conforme con eso, cuando el chico, muerto del susto, le fijó la vista, Papá le propinó una cachetada. La pena que me embargó fue enorme y sentí ira y a la vez vergüenza y tuve ganas de correr y abrazarle en mi pecho como a un hermano y de rodillas pedirle perdón, pero ya el daño estaba hecho. Pienso que la ignorante criatura no se lo comunicó a su padre porque de haberlo hecho de seguro que aquél hubiese venido a pedirle cuentas a Papá.

Otra pareja que vivía en el cuartel era don Moncho y Matilde. Él trabajaba como peón y tendría unos cincuenta años. El típico jornalero, honesto y dedicado, descalzo y curtido y, a la vez, duro, brusco y celoso. Matilde tendría unos veintisiete, guapa y hermosa, de abundante cabellera, ojos verdosos grandes, y un reír dulce y simpático. A esta hermosa mujer sólo le faltaban joyas y atavío para ser una bella dama. Tenían un chico pequeño, como de unos cuatro años, y había que ver la clase de vida que le daba don Moncho. No sólo la privaba de libertad y comodidades, sino que la martirizaba grandemente con sus celos infundados. Cuando llegaba la cosecha de café era cuando la pobre mujer más sufría, ya que por obligación tenía que estar en compañía de otras personas, principalmente hombres, mientras ella le ayudaba en la recolección, y don Moncho se enojaba de sólo verla volver la vista. Esto era suficiente para que se pasara todo el santo día y parte de la noche en una continua discusión, y si ella se incomodaba, también le cargaba la mano.

En cierta ocasión a Andrés, el hermano de Paquita, se le metió en la cabeza conquistar a Matilde. "No eres digna de este vejete sinvergüenza", le dijo un día. "Tu eres una hermosa y buena mujer que te mereces un hombre como yo, joven, fuerte y cariñoso, que te sepa hacer bien el amor y que te haga feliz. Si tu me correspondieras, trabajaría duro para que no te faltara nada y te llevaría lejos de aquí, de Casey, a disfrutar de otra vida." Matilde que no sabía hasta dónde le desagradaba su marido hasta ahora, que se veía galanteada por Andrés, le creyó todas sus mentiras y sin saber cómo, presa de sus halagos y zalamerías, un día se encontró en sus brazos hundida en el mar de la pasión. Andrés resultó ser un falso y truhán que sólo buscaba en la bella Matilde pasar un rato de diversión. Pero ella en su agonía de liberarse del terco de don Moncho, se aferró a las promesas de su amante, exigiéndole que cumpliera su promesa y que se la llevara de Casey. Pero a Andrés no le interesaba el bienestar de ella, sólo pasar un tiempo feliz, mientras la reputación de la joven esposa se ponía en tela de juicio. Así que cuando ella se percató de lo que estaba sucediendo, trató de ponerle coto al asunto. "¡Aquí no puedes venir más, Andrés!" le dijo un día enfadada. "Me he comportado como una idiota y estúpida. Debí percatarme de la clase de hombre que eres, ruin, cobarde y desvergonzado. Me has tomado por tonta y he cometido la falta más deshonrosa que esposa alguna puede hacer. Así que lárgate de mi frente y no quiero volver a verte." Él la escuchaba en silencio, pero maquinando, sabiendo que perdía el amor y los mimos de la hermosa mujer; pero al hallarse perdido, se le acercó para acariciarla y con frases bonitas y cierta sensualidad trató de persuadirla y atraerla hacia él. Ella muy molesta, agarró un tizón prendido del fogón y se le enfrentó.

"¡No me hables ni me toques, Andrés, porque si lo haces, por la salud de mi hijo que te voy a señalar mientras vivas! ¡Salte de mi casa ahora mismo, y no vuelvas a pisar estas puertas porque no respondo de mí! ¡Te has burlado de mí como te ha dado gusto y gana, pero no más!"

Él estaba que echaba chispas, pero no dijo nada y salió de la habitación mientras el chico le golpeaba con sus puñitos en las piernas y se retiró maquinando de qué truco se valdría para no perderla. Después de todo pensaba que le había ido bien con ella, no sólo como amante sino también en los cuidados que le prodigara.

"¡No la perderé, no señor, no la perderé bajo ningún concepto! Me valdré de cualquier maña si es necesario, pero perderla, ¡eso sí que no!" Andrés discutía un día con doña María, su madre. "Ten cuidado, hijo —le decía ella—, que esta cuestión de amoríos con mujeres comprometidas traen malas consecuencias." Por su parte Matilde estaba resuelta a no volver con él y se notaba avergonzada por lo que había hecho y se podía comprender su arrepentimiento, tanto que la mayor parte del tiempo se lo pasaba encerrada en la habitación hasta que don Moncho regresaba de los campos al atardecer. Hasta una tarde que Andrés se salió del trabajo, bajo no se qué pretexto después de haber tratado por mil formas de conseguir que Matilde volviera con él pero sin lograrlo, tanto que ella ni siquiera la palabra le dirigía, pero ahora se valía de una sucia treta para convencerla. O conseguía con esto que volviera con él, o la había perdido para siempre. Verdaderamente que era ruin y torcido de mente. Sabía que a ella le atemorizaban los lagartijos. Así que atrapó uno y se encaminó derecho al cuartel y entró por la portezuela de la cocina donde se hallaba Matilde en sus tareas cotidianas. Ella cambió de colores cuando lo vio entrar.

"¡Qué buscas aquí! Ya te dije que me dejes en paz y si sigues mortificándome, creo que voy a tener que decírselo a Moncho. ¡Así que mejor es que me dejes tranquila y suspende tus estúpidas amenazas o ya verás! Y si crees que voy a volver contigo, estás bien equivocado ¡¡¡Así que lárgate de mi frente!!!" le gritó enfogonada.

"¡¡¡Lárgate de qué!!!" le vociferó él para amedrentarla y se enfrascaron en una calurosa discusión. Al escándalo vino doña María, la madre de Andrés porque eran vecinos a ver qué ocurría y con ella las otras arrimadas del cuartel y se congregaron frente a la habitación. Entonces Andrés, haciéndose el muy macho y muy seguro de sí, le dijo a Matilde, "Mira, linda, quiero que me escuches detenidamente. En adelante serás mi mujer por las buenas o por las malas. No te creas que te será fácil zafarte de mí ahora, ¿me oyes?" vociferó de nuevo, haciendo que el chico prorrumpiera a grito tieso al despertarse asustado. Pero Matilde no le temía y también le chilló:

"Sí te oigo y si no te largas ahora mismo verás de lo que soy capaz" y sumergiendo una hataca en el caldero donde hervían las habichuelas, la sacó llena con agua hirviendo con todo y habichuelas y se dispuso a tirársela si él no cedía, pero cuál no fue su sorpresa al notar que el sostenía en su mano el lagartijo que movía y removía la cola en su agonía de zafarse ya que él lo apretaba en su mano, mientras hacía ademán de tirárselo encima a ella. Y en una le dijo con cierto sarcasmo: "Mira, linda, aquiétate y dime que me amas y que seguirás siendo mía. Así que entras por lo que yo digo o te acordarás de mí mientras vivas, porque si no, te voy a echar el lagartijo por el seno. Así que, ¿qué me contestas?". Matilde jamás pensó que él fuera capaz de semejante vileza y le dijo, "¡No te atrevas, Andrés, no te atrevas, no te creo tan perverso!". "Pues te equivocas, nena —le dijo él—, soy muy perverso y muy malo, además estoy loco, pero loco de amor por tí como para dejar que te me escapes así porque así. Además, me apena mucho que te eches con ese zángano viejo estando yo aquí fuerte y joven, ¿no crees que es una lástima, linda?". "Ya lo se que eres fuerte y joven", le contestó ella, "pero también un buen desgraciado y si no sales de mi casa ahora mismo voy al trabajo a buscar a Moncho, así que mira a ver!" le gritó con todas sus fuerzas.

Para ahora doña María golpeaba la puerta con todas sus fuerzas para que le abrieran pues estaban cerradas. "¡¡¡Por última vez, Andrés, salte de ahí y deja a Matilde en paz!!!" le gritó su madre en desesperación. Con honda pena Andrés comprendió que su romance con Matilde había llegado a su final y su orgullo de hombre se sintió profundamente herido y humillado y si al principio había pensado en el reptil, quizás para amedrentarla, ahora en su deseo de vengarse de un salto se le acercó y se lo introdujo en el seno.

Matilde, presa del pánico, comenzó a gritar en un arranque de histeria, desgarrándose las ropas hasta quedar totalmente desnuda, cayendo desmayada al suelo como muerta, haciendo, que Andrés pusiera pies en polvorosa y ella, a no ser por doña María que la volvió en sí con baños de agua fría y alcoholado, sabe Dios que hubiese sido de ella, que después del desconcertante incidente le tomó tiempo recuperarse.

Como podemos ver no terminó muy alagador este romance y a la pobre Matilde no le restó otro remedio que el de conformarse a vivir con don Moncho el resto de su vida.

Cambiando el tema, diré que en aquellos tiempos cuando yo me criaba, en cierta forma a los niños no se les obligaba a asistir a la escuela, aunque había una cierta cantidad de maestros que se esforzaban para hacerle comprender al ciudadano que esto era compulsorio. Pero había otros a quienes no les importaba el que un gran número de niños se quedaran en sus hogares sin aprender. Este desinterés por parte de los maestros como de los padres tenía sus razones. Primeramente porque el maestro casi siempre era el hijo del pudiente, del agricultor, del comerciante, en otras palabras, del rico y éste cuando venía al salón de clases ya traía sus complejos de superioridad y sus prejuicios contra el hijo del campesino labrador, y de primera intención ya lo veía como algo sin importancia. Esto contribuía a que no se tomara interés para educarlo ni tampoco se le enseñaba en la forma correcta, sino a cocotazos, varazos y reglazos, halones de oreja y de cabello, galletadas y pescozones y hasta patadas. Con esta clase de maltrato, los niños asistían a clases atemorizados en tal forma que lo que sentían hacia el maestro era odio personal, lo cual les impedía aprender. Otra falla que existía era que la agricultura era la riqueza principal del país, ya fuera en el cultivo de la caña de azúcar, el tabaco y el café y en esto siempre estuvo envuelto el patrón, los dirigentes de las colonias y los dueños de fincas y a éstos sólo les interesaban las cosechas, las cuales debían ser recogidas a como diera lugar y en esto el niño jugaba un papel primordial. Esto porque mientras los papás trabajaban en los campos, las niñas mayorcitas cuidaban la casa y los niños más pequeños, y en cuanto a los niños varones, de edad de ocho años en adelante, ya ayudaban a su padre arando y preparando el terreno para el cultivo o regando la semilla, dando agua en las brigadas, llevando los almuerzos a los campos de trabajo o atendiendo a las bestias, y durante la cosecha, recolectando los frutos. A estos chicos nadie les obligaba a ir a la escuela, ya que en su mayoría el agricultor y el maestro eran *pitcher* y *catcher* y sabían arreglárselas muy bien en estos aspectos.

En una ocasión conocí a un agricultor que a la vez era maestro y director escolar. Al darme cuenta de que una chica de unos diez años que residía con sus padres en una finca de aquél, no asistía a clases, le pregunté el porqué, a lo que ella tranquilamente me contestó que porque tenía que cuidar de la casa y de sus hermanitos más pequeños, mientras sus papás atendían a la recolección de café de la hacienda. "Entonces, estás perdiendo clases", le dije yo. "Sí, lo sé, pero no me preocupo por eso, durante los meses de cosecha nunca voy a la escuela, pero mi maestro siempre me da las notas aunque no estudie ya que él es el dueño de la finca." Como puede verse, esta era la suerte de muchos niños campesinos de entonces.

Por otra parte, hay que considerar que entonces, tanto los padres como los niños veían al maestro como a un dios a quien había que venerar y humillársele y por eso, en parte, el maestro obraba con vanidad y con injusticia hacia el estudiante. Conocí a muchos estudiantes que dejaron de asistir a la escuela por terror a los maestros. Conocí a un niño que temblaba cada vez que entraba al salón de clases. Se ponía tan asustado que se le apretaban los nervios en tal forma que la mente se le ponía en blanco y ya no podía pensar. Entonces el maestro enfurecido, se le iba encima a puñetazos hasta una vez que un mozalbete que también estaba en la misma clase, se le impuso al maestro con una cuchilla y se lo quitó, porque al pobre muchacho casi se le vaciaban las tripas y el maestro, frenético, lo sostenía por los encuentros, golpeándole sin piedad contra el pizarrón. Esta fue la última vez que este jovencito estuvo en un salón de clases y ya mayor, lloraba su desgracia. Pero como ya dijera, hubo también muchos maestros dedicados y responsables, dignos de su profesión, como lo fue doña María Zulima Vélez, nuestra maestra de La Herrería. En esta jurisdicción ningún niño se quedaba fuera de la escuela, porque ella hacía el máximo esfuerzo para conseguir que todos aprovecharan el derecho a una educación hasta donde le fuera posible.

¡Cuánto se podría decir de Casey, nombre a mi pensamiento grato! ¡Cuánto se podría escribir de este hermoso lugar! ¡Volúmenes me imagino, de su geografía, su vegetación, llena de variedad y belleza, de su gente humana, sencilla y luchadora, de sus costumbres tan típicas! Un pueblo entre las colinas, pero apto, dedicado, espontáneo y dispuesto a cumplir con la vida, y como Casey, toda aquella jurisdicción que le circundaba. En forma que no era un territorio aparte o separado, sino un lugar que pertenecía y que todo lo demás era parte integral de él. Como el tramo de carretera que conducía a la escuela de La Herrería. Esta también se aferró a mi ser y la llevo conmigo y no la separaré jamás. Era la única distancia que me separaba del hogar por el resto del día, durante la semana escolar y en dos ocasiones la regué con mi sangre.

Una, cuando las muchachas me agredieron y se me lastimó la nariz; y la otra, en una ocasión en que corría desenfrenadamente y tropecé y fui a caer de boca contra las piedras, sellando así con un beso de sangre nuestra amistad eterna.

Esta romántica senda estaba labrada por entre las colinas y por el lado de arriba o talu, crecía espesa la maleza, la zarza y el monte pero todo en verde y en una perfecta coordinación y por el lado abajo, hasta donde se perdía la mirada, un vasto mundo de bello verdor como labrado a mano con un pincel mágico, todo en una extraordinaria simetría y encanto que hacía a uno embelesarse y sumirse en un éxtasis sublime y soñador. Aquel camino de grava lo hice mío y conocía cada vuelta, cada hoyo y recoveco y cada árbol que crecía a su borde o a sus faldas, cada sonido de insecto o pajarillo y cada canción de los chorros que corrían a su compás. Había sufrido derrumbes, tanto en los talus como en los paseos hacia abajo, pero todo jugaba su papel que ante mis ojos era como un destino trazado que le pertenecía.

Los terrenos o jaldas de abajo estaban fincados de espesos cafetales, guineos y árboles frutales bajo la espesa arboleda de sombra, y agarrado a los barrancos, erguido y fuerte, se levantaba el fuerte yagrumo y la bella palma camaroncilla, adorno de nuestra tierra tropical y los claros donde no crecía espesa la vegetación, eran cultivados en talas o conucos por los campesinos labradores donde crecía saludable el maíz, la yautía, la yuca, el ñame, la malanga, el millo, los lerenes, las batatas, las habas, los frijoles, toda clase de habichuelas, plátanos y un sinnúmero más de frutos.

Había un cierto lugar donde se había hecho un profundo derrumbe desde donde se gritaba y se podía escuchar a lo lejos la amigable voz del eco, que siempre estaba dispuesto a responder con dulzura. Esta carretera, por donde escasamente transitaban tres o cuatro vehículos al día, se convirtió en una estampa más de mi mente soñadora. Por ella caminé parte de los días más felices de mi infancia, acompañada de mis dos adorables hermanos, Daniel y Cándida. Aquel sendero se convirtió para mí en un escenario de compañía y júbilo durante el tiempo que tuve la dicha de transitar por él, cada mañana y tarde, junto a aquel grupo de jíbaros como yo, estudiantes de la Escuela Consolidada de La Herrería. ¡Cómo recuerdo cada rostro de ellos, cada gesto, cada sonrisa o carcajada, cada palabra bien dicha o cada frase descompuesta que nos hacía morir de risa a cada descubrimiento que hacía uno u otro a medida que nos íbamos despertando a la vida! ¡Sí, sí, cómo les recuerdo a todos, vivarachos, tiernos y dulces! ¡Hoy es que comprendo cómo era que nos amábamos, igual que hermanos! ¡Cuánto daría por poder volver a ver a cada uno de mis compañeros de clase, en especial a este grupo que cada día compartíamos juntos aquellos momentos de júbilo y solaz!

Pero la vida tiene sus reveses y sus realidades y hoy sólo me resta recordarles con sincero amor. Hoy viene a mi memoria uno de los momentos inolvidables de aquella clase de 1930-31. Aquél ha sido uno de los grupos de estudiantes más interesantes de todos los tiempos, quizás por ser mi clase y por ser mis compañeros. Jamás podré olvidar aquella ocasión cuando Mrs. Vélez nos llamó a ponernos de pie uno a uno, para que expresáramos cuál era nuestro ideal para el futuro. Con qué firmeza cada cual expresó lo que deseaba ser cuando fuera adulto. Eramos, en su mayoría, un grupo vestido pobremente donde se reflejaba la miseria y la mala nutrición, la mayoría descalzos, el cabello de algunos descuidado, la piel curtida, pero en nuestros ojos ardía el deseo de superarnos y triunfar en la vida y convertirnos en hombres y mujeres de provecho. Así que cada cual expresó su anhelo y deseo.

Clarita Rodríguez quería ser actriz. Era bonita y graciosa y cojita de un pie, ya que había sufrido un ataque de parálisis infantil. José Isabel Santiago quería ser barbero como su padre y montar su propio salón de barbería. Hilario Sánchez, agricultor. Luis Brito, comerciante. Cuando me preguntaron a mí, muy orgullosa dije que quería ser maestra. Otras al igual que yo querían también ser maestras, otras modistas. Los muchachos algunos carpinteros, choferes, policías y así sucesivamente. Ella nos felicitó y nos instó a proseguir con fe y valor y nos hizo comprender que el mundo era de los valientes y que si nos lo proponíamos llegaríamos a ser hombres y mujeres de bien, pues sobre nosotros recaía el futuro de nuestro país.

Para esta fecha ya nuestro padre había alcanzado la edad de treinta y cinco años, pero por desgracia se había convertido totalmente en un alcohólico, perdiendo de vista su responsabilidad hacia él y hacia nosotros y también las buenas oportunidades que la vida nos brindara como a gente pobre que éramos. Como puede verse, Casey era un lugar con muchas oportunidades para nosotros, donde nuestro padre era la máxima autoridad y que aprovechando el tiempo y las ventajas que se nos ofrecían, era el momento y el lugar propio para establecernos y de nosotros los niños crecer y estudiar. Lo primero era que el lugar era saludable y compartíamos una buena casa, bien situada y ya nos habíamos hecho de algunas amistades. Por otro lado, la tierra era fructífera y producía y nuestro padre, como administrador, tenía la oportunidad de sembrar terreno de frutos menores hasta utilizando un peón de la hacienda. Además, había pastos en abundancia donde podíamos criar vacas para nuestra alimentación y quizás vender alguna leche. Igualmente se podía tener crianza de aves y cerdos que producían huevos y carne y los negociantes venían hasta nuestros hogares a comprar. Y en cuanto a nuestro patrón, don Julián, era un hombre parcial, generoso y desinteresado al que sólo le interesaban sus tierras, que se trabajaran y que produjeran y Papá era el que tenía el mando de todo.

También Mamá se había recuperado grandemente y nosotros los niños estábamos encarrilados en la escuela y ya la "Mrs." estaba haciendo planes y trámites para que yo siguiera mis estudios en el pueblo, ya que en La Herrería sólo se estudiaba hasta el sexto grado. Así que, como puede verse, esta era nuestra oportunidad para hacer patria, pero la mente torcida y enfermiza de Papá no visualizaba nuestro porvenir y como si una mano oculta me empujase por otros derroteros, casi sin prevenirnos, llegó de nuevo aquella voz que gritaba, "¡Largo a otra parte!" porque así sucedió, pues un día don Julián, no satisfecho con los servicios de Papá, lo despidió ya que éste se pasaba la mayor parte del tiempo ebrio y paseando a caballo. Cuando yo supe la noticia, por poco pierdo el juicio; era de esperarse, aunque me ayudaba un tremendo espíritu de fe y calma que me hacía serenarme y esperar con la esperanza de que detrás de cada apretura se me abriera otra puerta, pero el sólo pensar que se me trastornaba mi educación me sacaba de quicio.

De nuevo volvieron entre mis padres los diálogos en voz baja y ambos le buscaban la solución al problema de siempre. No era cosa fácil, pues Mamá esperaba su bebé dentro de dos meses. Quisiera poder expresar en palabras la amargura y desesperación de la pobre mujer que era siempre la que sufría por todos los deslices de nuestro padre. Al final se optó por regresar a Bucarabones, a Finca Abajo, sin siquiera habérselo notificado a los abuelos. Esto me pareció desastroso, pero nada podía decir ni hacer. En mi angustia hablé con la maestra y le expliqué lo complicado del caso y mi interés en terminar el año escolar, del cual aún faltaban tres meses. Ella me prometió ayudarme y después de unos días me llamó, y me dijo, "Carmen Luisa, creo que puedo ayudarte y estoy en las mejores condiciones de hacerlo. Puedo pagarte una educación y además, tú te la mereces. Veo en ti un gran empeño de superarte y eso hay que premiarlo. Créeme que te admiro y sinceramente quiero ayudarte. Así que dile a tu Papá que venga a verme, pues quiero hablar con él a ver si están de acuerdo en que te quedes con nosotros en casa, para que sigas estudiando".

Yo estaba más que emocionada, feliz y cuando llegué a casa se lo comuniqué a mis padres. De primera intención Mamá no estuvo de acuerdo. "Bajo ningún concepto consentiré en tal cosa", dijo enojadísima. Papá vio que era una fantástica oportunidad para mí y se alegró de saber que la "Mrs." se interesara en mi educación y dijo que, por su parte, no había inconveniente alguno y que podía quedarme con ella tan pronto ellos se marcharan a Finca Abajo. Unos días después él fue a hablar con ella y quedaron en que ella se haría responsable de mí como eran sus deseos y que las vacaciones me las pasaría con mis padres. Confieso que la felicidad que me embargaba eran tan enorme que no podía creerlo. Al fin llegó el día de ellos partir y de yo irme a mi nuevo hogar.

Papá tuvo que dejar la mudanza encerrada en la casa con permiso del patrón en lo que se conseguía otra. Aquel primer día que pasé en casa de la "Mrs." fue demasiado para mí. Primeramente, porque era la primera vez que me separaba de mi familia y segundo, la satisfacción de haberme quedado en la escuela y con la esperanza de que si todo salía bien, tenía mi educación asegurada. Al fin llegó la noche y luego de cenar, la "Mrs." me trajo un paquete de medias de ella y de su esposo para zurcirlas. Yo no estaba acostumbrada a este oficio, pues en casa no había tanta media para zurcir. Para ello me proporcionó una pelota de jugar para hacerme más fácil la tarea. Me hacía compañía otra niña, compañera de clase, mayor que yo y de mi mismo nombre, de apellido Ortiz. Acompañaba a la maestra durante la semana y los fines de semana se los pasaba con sus papás que vivían en la hacienda Cristales en el mismo vecindario. Era también estudiante del sexto grado, una muchacha espigada, trigueña requemada, enjuta, de cabello bien lacio; todos los rasgos de una india. Yo comencé a luchar con el enredo de medias, pero de ningún modo salía con el zurcido. "No te preocupes, muchacha —me dijo ella—, a la Mrs." no le interesan esas viejas medias para nada, lo ha hecho para que te entretengas en algo. También lo hizo conmigo la primera noche que vine aquí. Lo hace para que uno se sienta relajado, ¿me entiendes?" "Ah, sí, comprendo", contesté yo sintiéndome más tranquila. Entonces seguí bregando con las medias, haciendo que zurcía. Cuando hubo anochecido, a eso de las ocho, nos retiramos a nuestra habitación donde había dos camas, un gavetero y un armario para ropa. Después de rezar y meditar un poco todos los sucesos del día, traté de conciliar el sueño, pero no podía; todo esto era demasiado para mí.

De todas maneras, después de unos días ya me sentí como Alicia en el País de las Maravillas. En la casa había muchos libros y en mi tiempo libre me la pasaba leyendo. Los señores poseían una amplia finca y muchos animales domésticos, entre ellos, conejos. Era la primera vez que yo los observaba de cerca y me fascinaron. La "Mrs." era una mujer excepcional y lo mismo sacaba hierba para los animales que cortaba guineos o cocinaba comida para los cerdos y mientras caminábamos por la finca se ocupaba de desyerbar y limpiar con tanta facilidad como dar una clase de geografía o matemáticas. Era una persona amable y bondadosa y al mismo tiempo, poseía un carácter de firmeza y sus arrimados trabajaban para ella con amor y respeto. Siempre recuerdo esta frase de ella: "Lo que deshonra al hombre es que sea holgazán y puerco".

Aún recuerdo con apego las pocas semanas que pasé con ella y me parecen un sueño. Hasta un anochecer que se escucharon los perros ladrando y acometiendo desesperadamente y ella me mandó a ver qué sucedía. Obedecí y me asomé por sobre la varanda del balcón y no tuve que preguntar. A la luz de la luna que brillaba como el día reconocí a mi padre que se tambaleaba borracho sobre la silla, mientras Canela trataba de defenderse de los foroces canes. A mí se me volcó el corazón y sentí vértigos. "¿Qué sucede, Papá?" balbuceé desde arriba. "¿Por qué has venido a estas horas? ¿Qué pasa? ¿Y Mamá, cómo está?"

Él, casi cayéndose de la bestia y con la lengua trabada contestó, "No pasa nada, nada, nada, que recojas tus cosas y bajes de inmediato, vine por tí y no hagas más preguntas". Traté de hacerle razonar, ya que me pareció una locura o tontería de borracho, pero no hubo modo, pues estaba tan ebrio que temí cayera tendido al suelo. Además, los perros ladraban con tanta furia que había que resolver la situación de cualquier forma. Así que corrí adentro y allí estaba la "Mrs." atónita, sus ojos cargados de lágrimas y en su rostro se podía leer la angustia y la ira y a mí, un nudo ahogaba mi garganta. Traté de hablarle, pero ella me lo impidió. "No digas nada; ya lo escuché todo, toma tus cosas y sal y no quiero verte ir. Escríbeme para saber adónde debo enviarte el informe con tus notas." Entonces le dijo a la otra chica: "Cierra la puerta cuando ella se marche", y con la misma se encerró en su habitación. Esta fue la última vez que nos vimos.

Según razón, Papá había venido temprano aquella mañana con intenciones de verme, pero tomó otro rumbo, visitando algunas de sus amistades y a darse tragos y según visitaba a unos y otros entre ellos a los Nadal, unos estaban en favor de la decisión de quedarme con la "Mrs." y otros no, pero doña Cinda, siempre con aquel odio hacia nosotros, le llenó la cabeza y él turbado, salió de su casa disparado, dispuesto a llevarme para casa aquella misma noche y a como diera lugar.

El viaje no fue cosa fácil. Insistió en que me montara en ancas y tuve que hacerlo aunque yo prefería caminar a pie. Tal parecía que en cualquier momento ambos íbamos a dar al pavimento; pero, por suerte, pudimos mantener el equilibrio hasta que llegamos a casa de un compadre suyo de nombre Joaquín Coruminas. Allí nos desmontamos y nos sirvieron café, mientras él, haciendo uso de su elocuencia, enumeró ante los compadres y sus tres hijas las razones por las cuales no me dejaba con la señora Vélez. Ellos le siguieron la corriente, pero sabían que era una ligereza de su parte. En una vuelta, la comadre Alejandrina me llamó aparte y me dijo, "El compadre ha hecho muy mal con llevarte para allá, por lo menos te hubiera dejado terminar el año escolar y esperar un poco a ver cómo se presentaban las cosas. Pero no dejarse llevar por las historias de la gente envidiosa que sólo saben mover la lengua, para perjudicar a los demás sin importarles el daño que hacen. Además, sólo una vez en la vida toca la suerte a nuestras puertas y no se debe dejar escapar, y yo estoy segura que ésta era la oportunidad de tu vida. Porque la señora Vélez es algo especial y su esposo también es una bella persona, gente educada y culta con posible, además no tienen hijos. Por esto te digo que ésta era tu oportunidad de hacerte de una profesión y más adelante ayudar a tus hermanos a encarrilarse, pero por lo visto el compadre no saca los pies del plato. Ojalá que allá, para donde vas, puedas ir a la escuela; yo te aconsejo que lo hagas, pues ya nos ha dicho el compadre que eres aplicada y que te gusta mucho al escuela. Eso es muy importante", terminó ella diciendo.

Cuando regresamos a la sala, Papá y el compadre discutían en cuanto a un potro pinto a medio domar que tenía él y que Papá insistía en que se lo facilitara para así yo cabalgar en Canela y él en el potro. "Pero, compadre —le decía él—, ¿cómo es posible que yo le preste ese potro? si ese animal es cerrero y usted lo que se va a buscar son problemas por esa carretera, y si usted estuviera bien, pero no olvide que está metido en palos. Mire, mire, mejor hagamos un trato. Si usted quiere, váyase en la yegua y mañana Dios mediante, le mandamos la nena con Casiano en el carro público." Pero Papá no entraba en ningún arreglo y visto que se hacía tarde, al compadre Joaquín no le restó otro remedio que cederle el potro que salió del corral relinchando y pateando, tragándose los vientos como un salvaje. La refriega que tuvimos a lo largo de aquella curvosa y solitaria carretera fue trágica. Unas veces era yo la que iba delante y otras era él en el salvaje animal. En uno de esos traqueteos, yo perdí la zalea; se me resbaló de debajo. Cuando la echamos de menos, el pobre, lo bastante incómodo, decidió volver por ella, pensando que quizás estuviera un par de curvas atrás, pero sin ninguna suerte. Así que de nuevo seguimos nuestro camino. Para entonces ya se le había pasado un poco la borrachera y se nos hizo más fácil cabalgar. Unas seis horas después llegamos a La Cuchilla de Bucarabones, mi adorable barrio donde nací. Eran como las dos de la madrugada y la aldea dormía bajo una luna de plata. Sólo el cantío de los gallos rompía el silencio. Yo recordé con desencanto a Mrs. Durand, que tanto había amargado mi niñez, pero sazoné el disgusto con el dulce recuerdo de mi viejo amigo don Miguel Martell. También eché una mirada a la residencia de don Fano Carrera, donde, cuando chica, había pasado ratos placenteros, con el abuelo Ramón, el que era ciego, fenecido ya y mientras unos recuerdos me apretaban el pecho, otros me llenaban de felicidad.

Papá, soñoliento y cansado, agarrado a la crin del potro, despertó de pronto y picándole me apuró a seguirle, ya que tal parecía que me había quedado como petrificada en el mismo sitio donde Canela mordía guineos maduros de los que estaban tirados en el suelo, junto a la tienda de don Toño Figueroa. Así que también le piqué a la potranca que siguió sendero abajo, camino de la estancia que quedaba abajo en el fondo del estrecho valle, junto al río, rodeada por la alta cordillera.

El camino era extremadamente empinado y a la vez resbaladizo a causa de los recientes aguaceros y rítmicamente las bestias se dejaban deslizar cuesta abajo, dándome la impresión de estarme hundiendo en un profundo abismo y no sé por qué volví a recordar aquel macabro sueño que me había atemorizado tanto, aquella noche allá en Hormigueros, cuando soñé que había caído en un río turbio y caudaloso y gritaba caridad por Dios y nadie me oía. Y fue así como se cerraba un capítulo más de mi infancia.

Capítulo 13

AQUELLA madrugada cuando llegamos a la estancia, los perros salieron a recibirnos con sus ladridos feroces. Al principio nos extrañaron; pero una vez que nos desmontamos y nos olfatearon, todo terminó con fuerte mover de colas. En el establo el rucio resoplaba y reclinaba dando vueltas a la redonda al percibir el olor de nuestras bestias. Aún recuerdo la hermosa madrugada vestida de plenilunio y el murmullo del río se me metió en el alma y respiré hondo el aire fresco y puro de la estancia. El gallo también nos recibió con fuerte voz y volví a sentirme en casa. La amada familia no nos esperaba y menos a mí pues Papá había salido a verme pero sin intenciones de traerme con él.

A la refriega de perros y caballos todos en la casa se despertaron. Fue una sorpresa muy agradable tanto para ellos como para mí el volvernos a ver después de cinco largos años. Sólo a la abuela había visto recientemente cuando había estado con nosotros en Casey, durante la enfermedad de Mamá. El tío Pepito estaba hecho todo un hombre y también mis tías se habían convertido en dos hermosas señoritas. El abuelo estaba como siempre, fuerte, guapo y vozarrón y las canas le lucían bellamente y encontré que no había desmerecido en nada, todo lo contrario, un anciano muy elegante. Todos me colmaron de halagos: "¡Qué hermosa, qué mucho has crecido, qué bonita, qué bueno que has venido!".

La abuela se puso en marcha para prepararnos café y yo me excusé y pregunté por la habitación de Mamá.

Allí estaba ella con su carga de bebé, pues esperaba su alumbramiento en cualquier momento. Cuando me vio su rostro se iluminó de alegría y sus ojos se llenaron de lágrimas, lágrimas de gozo. Me acerqué a ella en un caluroso abrazo y ella se aferró a mí como una niña pequeña se aferra a su madre en momentos de incertidumbre.

—Me alegro que hayas venido. —Me dijo sollozando—. Pablo no fue por ti, pero un no sé qué me decía que vendrías. Quizás te traje con el pensamiento o quizás este sentido que hay en mí que me anuncia y anticipa las cosas. ¿Comprendes, hija?

—Sí, madre, te comprendo —le dije atrayéndola tiernamente a mi pecho—. Pobre mujer —pensé en alta voz.

—¿Qué dices hija?

—Nada, Mamá, sólo pensaba —le contesté besándola en la frente.

—Ahora sólo quiero descansar, ese viaje ha sido agobiante y me siento extenuada.

—Sí, hija, lo comprendo.

—¿Trajeron otra bestia?

—Sí, el potro del compadre Coruminas.

—Sí, querida. —Interrumpió Papá que en ese preciso momento entraba al aposento. Suerte a ese animal, si no, no hubiésemos podido llegar hoy.

—Sí, comprendo. —Afirmó ella y así se terminó la charla porque ya Papá estaba dormido en el mismo sitio donde se había sentado.

—Bueno hija, mejor será que se acomoden por ahí y duerman un poco, ya mañana hablaremos con más calma.

—Sí, Mamá, hasta ahorita, porque ya va a amanecer.

Para mí el regreso a la estancia era como abrirse viejas cicatrices y los recuerdos de infancia se agolpaban saliendo de mi cabeza como una cesta de manzanas que se vierte. Ya la vieja casona y la pequeña casita donde yo había nacido, ambas habían desaparecido con el temporal de San Felipe y otras dos nuevas casas habían brotado en sus lugares, pero para mí, aquellas estaban vivas en mi existir, ya que bajo sus techos y dentro de sus calurosas y dulces paredes había yo vivido mis primeros y dulces años de infancia y con el pensamiento volví a recorrer el cafetal, el pasto, las lomas, y el río aquel romántico y soñador, río Bucarabones que poquito a poquito se me había enredado en el alma y volvieron a desfilar por mi mente mis viejos amigos de ayer: Lolo el niño negro, el anciano don Masico Pinto y mi caballo Reloj, y una profunda nostalgia me invadió el alma.

El 31 de mayo Mamá dio a luz otra hermosa niña a quién se le puso por nombre Paulita, siendo su quinta niña y su octavo parto. El nacimiento de Paulita fue una nueva experiencia para mí, pues después de un largo rato de haber nacido la criatura fui llamada por mi abuela al aposento donde mi madre se hallaba de parto, para ayudar porque la placenta aún no salía.

Era la creencia en aquellos tiempos que en estos casos, se hacía que una niña inocente pusiera las manos en cruz sobre la cadera de la parturienta y esto facilitaba el segundo parto. Sólo la abuela se encontraba en la habitación atendiéndola. Mamá estaba acostada en el piso en una cama de colchonetas con una piel curtida a base de plástico, sábana y ropa vieja bien limpia y algunas almohadas. Por suerte todo salió bien, a la verdad que me sentía feliz de haber hecho algo en favor de mi querida madre. Creo que con esta nueva experiencia decía adiós a mis años de inocencia y comenzaba a entrar en la edad de adolescente.

Por ahora andaba yo muy ocupada atendiendo a mis hermanos, cuidando a Mamá y ayudando a la abuela en la cocina con el fregado, mondando las viandas y trayendo agua del pozo, pues con mi llegada ya nadie quiso ir por agua. Tenía el aspecto de una cenicienta, pues ni tiempo tenía para siquiera peinar mi larga cabellera. Recuerdo que se me hicieron tumores en la cabeza de tanto cargar los latones de agua y casi sin darme cuenta seguía creciendo y convirtiéndome en una jovencita cada día más despierta, más fuerte y dinámica y mis tíos y abuelos no cesaban de llenarme de elogios.

En cuanto a Papá, no se encontraba aquella noche en que Mamá dio a luz. Se apareció por la madrugada bajo un torrencial aguacero y se alegró muchísimo al saber que ya Mamá había salido del trance. Según él, estaba muy ocupado buscando trabajo y esa noche regresaba de los contornos de Lares donde vivía el tío Fernando Crespo, el esposo de mi tía Mercedes, quien era mayordomo de una hacienda de café. No traía con él ni una peseta que pudiera remediar a Mamá en algo en aquella miserable situación y aunque en casa de los abuelos no nos faltaba la comida, bastaba con que estuviéramos en casa ajena, y grande era nuestra aflicción, hablando de Mamá y de mí. Papá se quedó solo unos días con nosotros, en su ansiedad de conseguir trabajo para llevarnos de allí, pues según él se sentía abochornado sin poder aportar ni siquiera para nuestro sostenimiento, además había traído consigo un caballo prestado de la casa de tío Fernando lo cual era una perfecta excusa para regresarse.

Antes de marcharse le dio órdenes a Mamá de vender a Canela que era todo el capital que poseíamos. Así lo hicimos y se vendió por siete dólares, los cuales ella usó para comprarle cosas a la bebé. Hoy recuerdo el llanto y el pataleo que formó mi hermanito cuando supo lo del negocio, pues se había encariñado con el animal como me había sucedido a mí con Reloj. Muy triste anduvo el chico por algunos días y fue el abuelo el que tuvo que rescatarlo, diciéndole que ya él era un hombre y que lo mejor que debía hacer era aceptar aquella desgracia a lo macho. Para que se olvidara un poco le ofreció un trabajo y buena paga. Debería desyerbar todos los caminos de la finca en especial el de la entrada a la estancia. Le proveyó de un pequeño machete y convirtió al niño en un hombre de trabajo. Desde esta ocasión siempre se sintió atraído al abuelo en circunstancias difíciles. Creo que, en cierto modo, heredó muchas de las costumbres del anciano.

Un mes de parida tenía Mamá y aun nuestro padre no regresaba, no había escrito, ni se sabía nada de él. La pobre mujer estaba desesperada.

—Creo que voy a perder el sentido —me dijo una tarde—. Ven, acompáñame a la vega necesito respirar aire fresco, tal parece que me quiero asfixiar. Trae contigo un poco de aceite y una peinilla para ver cómo me desenredas este pelo. Eso sí, lo tienes que hacer con mucho cuidado porque aún me duele la cabeza.

Así que tomé las cosas que me ordenó y un banquito y tomamos cuesta abajo camino de la ribera. Estaba tan débil que se quejaba de que se le tambaleaban las rodillas y lucía pálida, pero, más que nada, nerviosa. Llegamos a la vega frente al río y allí bajo las frondosas guabas seleccionamos un lugar adecuado para acomodarnos, luego comencé pacientemente a desenredar su largo, sedoso y oloroso cabello. Me gustaba peinarla y percibir aquel olor, un aroma a madre, a santa.

Entonces de pronto me dijo:
—¿Sabes una cosa, hija?
—¿Qué? —le pregunté.
—Tengo una idea.
—¿Sí?, te escucho.
—Ya no soporto más, estar aquí en casa de mis padres y que nos tengan que mantener, mientras tu padre se la pasa correteando por el mundo como un bohemio. No estoy acostumbrada a esto y me da mucha vergüenza. Así que he pensado irme a casa de tío Joseíto con la bebé y ustedes se quedan aquí con los abuelos hasta ver si aparece tu padre. Ya no soporto más ésta situación. Te juro que los nervios me van a matar y te voy a confesar algo, hace ya algunas noches que no concilio el sueño y temo volver a enfermar del cerebro. Si yo me fuera tú podrías atender a tus hermanitos y ayudar a la abuela como

siempre en los quehaceres, hasta ver qué se resuelve. Confío en tí, ayúdame hija mía ¡te lo ruego! —terminó diciéndome.

—Figúrate que allá no hay comodidades. ¿Entonces qué? Además nosotros te necesitamos cerca, tú sabes que somos muchos y cuando yo esté ocupada no habrá quien cuide de las criaturas, porque tus hermanas sólo se ocupan del bordado, además no les agrada el cuidar niños.

—No importa, es que tengo que irme a otro lugar, a cualquier otro lugar, porque ya no aguanto más. Mejor quisiera morirme que estar pasando por tantas vicisitudes y lo peor es tener que vivir en casa ajena.

—Sí, lo comprendo, pero después de todo ésta es la casa de tus padres, ¿no?

—Pero aún, eso es lo último que le puede suceder a uno, casarse y luego de los años tener que regresar con la prole a la casa de sus padres a mendigar un pedazo de pan, además mis hermanas, especialmente Oliva, me mira como a una intrusa porque comparto con ella su habitación. Prefiero estar en cualquier otro lugar. —Añadió con lágrimas.

—Bueno, pues basta —le dije—. No quiero verte llorar, ni sufrir, si crees que lo mejor para ti es irte a casa del tío Joseíto, pues hazlo. Nosotros nos quedaremos acá y yo trataré de hacer lo mejor que pueda.

De pronto un repentino chubasco nos hizo correr de prisa.

A la mañana siguiente mientras cada uno se ocupaba en sus faenas ella tomó a la bebé y sus pocas piezas de vestir, algunas cobijas y un paquete de bordado que había tomado del tío Pepito que era comisionista, lo puso todo en un paquete, se lo puso a mi hermano Daniel en la cabeza para que lo cargara y se marchó a casa del tío Joseíto quien vivía cerca, arriba sobre una meseta quedando de por medio el pasto cercado de la hacienda Santiago, el cual dividía las dos estancias, siendo el tío Joseíto y la abuela, hermanos y el abuelo Pepe y la tía Juanita hermanos. Se marchó sin ser vista de nadie y sin tampoco notificarle al tío y a su familia que allá iba. Cuando los abuelos supieron que ella se había marchado se escandalizaron, también sus hermanos se enojaron mucho.

—¡Qué dirá el público cuando se enteren! —decían—. ¡Y qué dirá Pablo cuando regrese y no la halle aquí! —comentaban—. ¡El compadre Joseíto y la comadre Juanita qué dirán de nosotros— y la abuela estaba furiosa.

—Jamás se lo perdonaré; tu madre tiene que estar fuera de sus cabales para hacernos esto a nosotros. —decía ella.

Recuerdo como salí en su defensa y todos comprendieron su estado de amargura y ya no se dijo más.

Por dos semanas no nos vimos, ya que yo estaba muy ocupada con mis hermanos y ayudando a la abuela, mas lavaba la ropa de ella y los pañales de la bebé que mi hermano me traía todos los días. Siempre que le preguntaba a mi hermanito por ella me respondía que bien, pero qué sabía un niño de siete años de semejantes cosas y una tardecita enviaron por mí de allá. Que fuera de prisa que Mamá no se sentía bien. Solté lo que estaba haciendo y cogí loma arriba a toda carrera. Jamás había corrido tan rápido, cuesta arriba. Cuando llegué la encontré postrada en el piso, sobre sus cobijas en un rincón de la sala, bañada en vómitos y sudores y se revolcaba con un fuerte dolor de estómago. Me acerqué a ella y estaba pálida como una muerta.

—¿Qué ha pasado? —pregunté a mis primas.

—Parece que ha sufrido un envenenamiento —respondió María Olivia—; para la cena comimos tinapas y parece que a ella no le sientan bien por lo que nos dijo.

Ya no escuché más, corrí para el patio y traje hojas de tártago, túa-túa, naranjo y flores de manzanilla y puse a hervir un té. Mientras hervía, volví a donde ella y comencé a limpiarla y a despojarla de sus ropas sucias; estaba fría e inmóvil. Le pedí un poco de alcoholado a la tía Juanita y con un paño empapado comencé a frotarla un poco fuerte para hacerle circular la sangre, luego le traje té caliente el cual le fui dando poco a poco con una cucharilla. Allí estuve con ella toda la noche sin despegarme un sólo instante y sin dormir dándole cada vez del té caliente. Ya de madrugada se sintió mejorada, el dolor había desaparecido y cogió el sueño.

Al día siguiente bien temprano fui a casa de la abuela, traje una gallina, la maté, la puse a hervir y comencé a darle caldo y allí en el duro soberado estuvo por un par de días porque en la casa no había más habitaciones disponibles. Después de recuperarse un poco entendió que el haberse ido a casa de los tíos no era la solución a sus problemas y ahora comprendía que no podía permanecer allí. No había comodidades, ya que la casa era pequeña y el tío tenía además de sus esposa tres hijas y un hijo joven.

En nuestra angustia salimos a caminar por la finca. Tomamos una vereda por entre el cafetal. El aire fresco la tonificó bastante.

Llegamos a los lavaderos y nos detuvimos a tomar un poco de agua fresca de los chorros que brotaban de la peña. Yo arranqué una hoja de malanga y le serví a ella, después tomé yo. Ella descansaba sobre una ancha laja mientras yo sumergía mis piernas en la suave y fría corriente del arroyo. La contemplé y estaba pálida y en su rostro y párpados había nerviosismo, entonces tuve miedo que volviera a sufrir otro derrame celebral.

—¿Por qué no caminamos un poquito? —le interrumpí.

—No, hija, mejor nos regresamos, temo que la nena despierte y no estemos allí.

—Mira, por qué no hacemos una cosa, tomamos por aquí, por la loma, luego damos la vuelta y regresamos a casa por la vereda de arriba, quizás la caminadita te haga bien. ¿No crees?

—No, hija; lo dudo, lo que puede suceder es que me caiga muerta, porque a la verdad que siento una flojera, que me está matando.

A mí me partió el alma escucharla.

—Pues mira, házme un favor, espérame aquí, que ya mismo regreso.

—¿Pero a dónde vas hija?

—No te preocupes enseguida vuelvo. —Y subí la loma corriendo.

Arriba en la cuesta mi tío Américo tenía un pequeño colmado. Allá llegué en unos minutos, porque a correr no había quien me ganara.

—¿Qué te sucede muchacha? —me preguntó él, un tanto sorprendido.

—Quiero que me despaches unos encargos, —le dije luego de haber recuperado el aliento.

—Te los pagaremos tan pronto cobremos el bordado, es para hacerle algo de comer a Mamá que está muy débil. ¿Supiste que sufrió un envenenamiento?

—Sí, lo supe, pero todo es culpa de ella, no tenía que irse de nuestra casa para casa de tío Joseíto. Tú sabes que allá no hay comodidades, además no está en buena situación económica para alimentar otra boca.

—Sí, sí, tío, lo comprendo, pero no sólo ellos están en mala situación, ¿no lo está el mundo entero?

—Oye, ¿y qué es de la vida de tu padre?

—¿Y me lo preguntas a mí? Ya quisiera yo saber para ir a buscarlo. Pero ahora no es él el que me preocupa, sino Mamá que está muy delicada. Pero tú me vas a ayudar, para eso eres su hermano y, como ya te dije, tan pronto cobremos el bordado, acá vengo a pagarte. Pero, por favor, avanza a despacharme si es que me vas a dar crédito porque la dejé allá abajo en la quebrada esperándome y ella no sabe que vine a pedirte fiado.

—Bueno, ¿y qué es lo que deseas?

—Pues mira, dame un pedazo de bacalao, jamón, papas, fideos, algunos potes de leche evaporada, par de tablillas de chocolate, galletas y manteca. Ah, agrega cebolla, ajos y sal y un pedazo de jabón, es indispensable.

Él agregó otras chucherías que le parecieron necesarias, me lo echó todo en una funda de papel y salí de nuevo corriendo cuesta abajo.

Cuando creí que ella me podía escuchar desde la loma le vociferé, para que supiera que ya venía de regreso.

En la prisa que llevaba tomé un atajo y sin saber cómo me topé con una casita vacía que quedaba en los terrenos del tío Joseíto. Le di una ojeada a la ligera y aunque estaba cobijada de matojos y cercada de yaguas pensé que aún estaba en buenas condiciones para vivir en ella.

Esto es precisamente lo que necesitamos—, me dije en voz alta.

Con solo limpiarla un poco y cambiarle algunas yaguas deterioradas podíamos vivir aquí en lo que Papá regresaba. Corrí hasta donde mi madre sendero abajo y le di la noticia, mientras ponía en su falda los encargos.

—¿Y esto? —preguntó ella con asombro.

—Nada, unos encargos que tomé por adelantado al tío Américo, se los pagaremos tan pronto cobremos el bordado, ahora lo importante es que te alimentes y recobres las fuerzas.

—Ah, hija, no sé qué sería de mí si no te tuviera a ti.

—Pues demos gracias a Dios porque nos tenemos una a la otra. Yo también soy feliz por tenerte a ti; eres la madre más linda y más paciente del mundo. Ahora regresemos a la casa, por favor, quiero prepararte algo de comer, estás muy débil y necesitas estar fuerte, no olvides que tienes que amamantar a la nena.

Ella recobró ánimo y se puso de pie y con mi apoyo comenzó a caminar. La vereda era estrecha y bajo nuestras plantas se escuchaba el crujir de las hojas secas y astillas. Al lado abajo la corriente de la quebrada seguía su curso obedeciendo la ley de la naturaleza sin importarle nuestra tragedia y por entre el verde ramaje, el cantar de los pajarillos envolvía al ambiente en tal forma que se olvidaba uno de su dolor para envolverse en la gracia divina de Dios que llenaba toda la rejolla.

Ella caminaba al frente y yo la seguía, no había paño para las dos. Entonces le dije:

—Mira, Mamá, ahora mismo hablaremos con el tío Joseíto para ver si nos cede la casita.

—Sí, claro, hablaremos con él, ¿qué más da?

Casi llegábamos a la casa, cuando un poco adelante divisamos al tío que caminaba hacia nosotras. Era un hombre alto, fuerte y fornido y ancho de hombros en sus sesenta años y aún en su madurez lucía buen mozo y apuesto. Tenía una sonrisa dulce y le adornaba un bigote abultado. Su caminar era pausado, casi arrastrando las piernas, una lástima, padecía de narcolepsia, lo cual lo convertía en soñoliento ambulante. Se dormía caminando por la finca, o cabalgando sobre el caballo, por lo cual en ocasiones muchas personas le creyeron ebrio, cuando jamás probó el alcohol. Era un trabajador incansable aunque no podía hacer mucho a causa de aquel maldito mal de sueño que lo agobiaba.

Cuando nos encontró se cruzó una corta conversación.

—¿Cómo se siente hoy comadre? —le preguntó a Mamá con mucha dulzura, porque así era él, además eran compadres. Mamá le contestó que se sentía bastante mejorada y después de darle las gracias por ocuparse de su salud le dijo:

—Compadre, quisiera merecer de usted un favor.

—Usted dirá, comadre.

—Pues mire, yo quiero que usted me deje vivir en esa casita desocupada que tiene allá arriba. La nena la vio y dice que si la arreglamos un poco se puede vivir en ella. Así yo recogería mis criaturas y estaría más a gusto y más tranquila hasta ver si viene Pablo, a ver qué resuelve. Usted sabe bien cómo somos las madres. Además yo sé que en su casa estoy estorbando aunque ustedes han sido tan amables de acomodarme en un lado.

—Bueno, comadre, esa casucha está un poco deteriorada pero, si a usted le sirve de algo, por mí no hay inconveniente.

Yo salté de alegría, me aferré a su cuello y lo besé con regocijo.

Mamá le dio las gracias y aquella misma tarde nos mudamos a lo que siempre llamamos El Ranchito.

Capítulo 14

La casucha se componía de tres pequeñas habitaciones, una sala, un cuarto de dormitorio donde cabían dos camas y una hamaca y la cocinita la cual era la única habitación cobijada y cercada de zinc. El piso era de tablas y estaba montada sobre estantes de madera. En la pared del cuarto había unas yaguas rotas que me figuro algún curioso había quebrado para mirar hacia dentro. Esta casita la había fabricado un hijo mayor de tío Joseíto, llamado Jorge, para él y su familia, pero una vez halló una buena oportunidad en la ciudad se marcharon dejando en ella algunas chucherías que muy bien nos sirvieron, ya que nuestra mudanza aún permanecía en Casey. Entre las cosas que encontramos había una mesa con dos bancos y un pilón de moler café. Yo, armada de un machete y una escoba que hice de matas de escobilla, comencé de inmediato a desyerbar y a limpiar los alrededores y en poco rato todo lucía limpio y agradable.

Corté algunas hojas verdes de guineo y cubrí el hueco de las yaguas quebradas. Luego fui por agua al pozo y, después de barrer bien la casa, estregué el piso con agua y perlina ya que por lo visto nuestras camas serían aquí.

Por ahora no contábamos con loza o cacerolas, pero muy pronto nos hicimos de algo servible o igual de útil. Fui a casa de la abuela y traje conmigo todos los cacharros vacíos que encontré; entre ellos, latas vacías de aceite de oliva de a galón. También mitades de ollas de hierro, de las que a veces se rompían y la abuela las desechaba para una esquina. Estas últimas nos sirvieron para tostar café y otras para freír. Las latas, después de quitarles las tapas y lavarlas bien, las usamos como ollas. Mamá llegó a acostumbrarse a ellas a tal ritmo que al saborear los alimentos no se notaba la diferencia. También confeccionó Mamá un colador para el café y de casa de la abuela traje cucharas y platos. El tío Américo me proporcionó un par de latones vacíos y ya estábamos instalados. Tan pronto todo estuvo listo mi hermano y yo fuimos por las nenas y por nuestras cosas que teníamos en casa de la abuela.

Nuestro nuevo hogar nos hacía sentir seguros y felices. Estaba ubicado sobre un altiplano, de espaldas al bosque cafetal, bajo anchas y frondosas guabas. Por el norte lo refrescaba y embellecía una hilera de copiosos árboles de mangó, seguido por el camino real, de frente hacia el noreste estaban las residencias de don Juan Rodríguez y don Cruz Gonzáles, dos adorables seres humanos, y de frente nos quedaba un inmenso vacío de cielo y horizonte donde reposaba la hermosa y ondulada cordillera, la cual adornaba sus faldas de verdes cafetales, románticos pastos, rojos caminos y casas que a lo lejos semejábanse a palomas blancas, prestas a remontar el vuelo. El trinar de los millares de pájaros llenaba el ambiente y abajo en el valle el retumbar del río me hacía sentir maravillosamente feliz.

Aunque yo había nacido en estas cercanías no había tenido la oportunidad de conocer estos lares a fondo. Porque, como se sobrentiende, nos habíamos ido del barrio cuando sólo contaba siete años y, por supuesto, no tenía edad ni capacidad para poder apreciar y valorar tanta belleza, pero ahora regresaba en buena edad y buen entendimiento, no sólo para conocer, ver y percibir todo, sino también para disfrutar de un mundo que ya lo sentía metérseme en la piel, en el corazón y en el alma.

Desde el batey se tendía la vista a lo lejos, y por dondequiera se divisaba un hogar Justiniano, ya que todas estas tierras habían pertenecido al tatarabuelo Pedro o al bisabuelo Germán Justiniano sólo que poco a poco habían ido pasando de padres a hijos y aunque nosotros éramos pobres y no teníamos en qué caernos muertos, nos sentíamos parte de aquellos dominios.

En cuanto a nosotros sólo nos ocupábamos del bordado para así tener alimento seguro. Mamá sonreía con más candidez y su esperanza era que Papá llegara en cualquier momento y así pasaban los días sin casi darnos cuenta. Primeramente, porque estábamos muy atareadas y en segundo lugar porque la lluvia era fuerte y continua lo que hacía que el tiempo se nos fuera más rápido. Mamá me miraba a mí no sólo como compañía, sino como apoyo y ayuda, lo que me hacía sentir responsable y necesaria. Me ocupaba de aviar leña, viandas y frutas las cuales tenía permiso del abuelo de obtener en Finca Arriba, otra pequeña estancia que tenía él aquí cerca de la colindancia del tío Joseíto, donde estaba instalado el tío Américo con su colmado-cafetín.

Estas tierras estaban cultivadas de café y guineo para la venta y, como de costumbre, no faltaban árboles frutales y frutos menores. De recolectar cuanto se necesitaba para nuestro uso, de eso me encargaba yo. Me había desarrollado fuerte, así que se me hacía fácil subir por las laderas llevando sobre mi cabeza u hombros cuanto podía cargar. No usaba zapatos por dos razones: no los podía comprar por falta de recursos y se me hacía más fácil repechar por las vertientes y por los empinados caminos.

Un mes hacía que vivíamos en el ranchito cuando se apareció nuestro padre. Había ido a buscarnos a casa de los abuelos, pero una vez enterado de nuestra nueva residencia, acá se apareció, muy compungido por todo lo que había sucedido, pero sin nuevas que pudieran en alguna forma subsanar nuestra miseria.

—No he hallado trabajo querida —le dijo a Mamá—. No te imaginas cómo me he esforzado. Días enteros caminando, buscando, rogando; pero no hay nada, hija, nada, las cosas están que arden por todas partes. Sólo hambre, angustia, miseria y pobreza es lo que se ve por dondequiera. Bueno, por lo visto a ustedes no les ha ido muy mal. ¡Mira que buena casita ésta! ¿Y cómo se las arreglaron para comer?

Mamá le contó todo y cómo yo me sacrificaba para poder mantener el hogar.

—No solo avía y lava la ropa sino que también me ayuda en el bordado. Tú sabes que para eso tengo las manos pesadas. Pero a la verdad que me apena mucho verla cómo trabaja y se sacrifica por todos y ya es una jovencita para que ande por ahí, como peón por mes. No olvidemos que es una niña convirtiéndose en una señorita. A ti por lo visto, parece que nada te importa. Pero ya que estás aquí, vamos a ver qué es lo que resuelves.

—Sí, sí, claro, querida, tengo que sentar cabeza, ustedes no pueden seguir así. Ya verás cómo todo se va a arreglar.

La llegada de Papá sólo sirvió para empeorar las cosas, pues ahora había otra boca que mantener, comprarle cigarrillos, más ropa para lavar y como Mamá fue siempre muy dulce con él, hacía sacrificios para prodigarle cuidados y atenciones a expensas de lo poco que conseguíamos. Los meses de julio, agosto y septiembre fueron meses muy duros para nosotros. Papá seguía durmiendo hasta tarde, luego dábase paseos por las tiendas de sus amigos regresando tarde en la noche y casi siempre borracho, mientras nosotros seguíamos cocinando en latas, bebiendo en cacharros y durmiendo en el piso.

Para entonces ya había comenzado la cosecha de café y me decidí a ir a los campos de mis parientes a recolectar, ya que me pareció que podía ganar más dinero que con el bordado. Así lo hice y comencé por ir a la finca de tío Joseíto. Yo nunca había recolectado, pero poco a poco fui tomando ligereza y muy pronto recolectaba dos almudes al día por lo que se me pagaba medio dólar, que muy bien nos daba para comer. Cuando se acababa la pasa o la cogida aquí, pues entonces me iba a las tierras del abuelo o a las de los otros parientes o vecinos. Cuando eran las maduradas grandes llegué a recolectar hasta cuatro almudes al día. Esto era mucho para mí, pero así me esforzaba. Cuatro almudes era un saco lleno hasta la borda. Para conseguirlo me iba antes del amanecer y regresaba oscuro. A principio me iba y Papá seguía durmiendo a pierna suelta. Un día mientras recolectaba por las resbaladizas vertientes, pensé que no era justo que yo estuviera matándome por los cafetales mientras mi padre dormía hasta altas horas del día y luego comía el pan que con tanto trabajo yo ganaba. Así que me hice promesa de que cuando llegara a casa le hablaría y así lo hice.

Después de la cena y cuando todos estábamos reunidos le hablé.

—¿Por qué no te vas conmigo a la recolección? —le pregunté. Yo sufro mucho a veces cuando los arbustos son altos y fuertes, también cargando el saco de un lugar a otro. ¿No crees que podías acompañarme?

Él tardó en contestarme y después de una larga pausa y de frotación de barbilla y alargamiento de labio contestó:

—Mi querida hija, en primer lugar yo nunca he cogido café, mis manos son muy pesadas para dicho trabajo y, segundo, que me da vergüenza que me vean por ahí cogiendo café. Yo no soy hombre de eso, hija.

Yo sentí una fuerte ira, no lo niego. Jamás pasó por mi mente el que una hija se ensañase contra su padre, pero así fue. No sé si él notó el cambio en mi rostro, pero estoy segura que lo demostré. Luego sentí que me temblaron las rodillas y un nudo de angustia mataba mi garganta y sin poderme contener le dije:

—Mira, Papá, perdona que te diga esto, pero si tú no vas conmigo a los cafetales, yo tampoco iré, ya me estoy cansando de la vida que llevamos y, por lo visto, parece que a ti nada te importa. Así que te vas a ayudarme mañana mismo o no sé que va a pasar—. Entonces

Mamá salió en mi defensa y él prometió ir si yo le conseguía un canasto.

—Eso no es problema, ahora mismo voy a casa de tío Joseíto por uno —dije— y salí corriendo como un rayo vereda abajo antes de que cayera la noche.

Los próximos cuatro meses no los pasamos mal, pues entre ambos ganábamos bastante para sobrevivir, aunque él siempre se daba sus escapadas para beber y luego se pasaba un par de días grave de las borracheras. En su angustia Mamá buscaba en su mente qué hacer para curarlo de tan horrible mal. En una ocasión leyó en una revista un anuncio de una señora dominicana con altos poderes y grandes aciertos que adivinaba el pasado y futuro de las personas y que conocía lo oculto y que hacía milagros para ayudar a los desdichados en amor y dificultades, pero especialmente que curaba a los alcohólicos. Sólo se le enviaban tres dólares y a vuelta de correo ella enviaba la medicina. Todo lo que cobramos con el bordado lo tomó Mamá para enviárselo a la genio a Santo Domingo y una semanas después se recibió un frasco de tabletas las cuales Papá estuvo de acuerdo en tomar. Fue desastroso lo que ocurrió. El pobre hombre comenzó a sufrir de tremendos dolores de estómago y convulsiones que lo llevaron a la postración. Cuando el dolor le atacaba se arrastraba y revolcaba y le daban sudores y desmayos. Entonces sí que sufríamos. Jamás había sabido cuánto amaba a Papá hasta este momento. Yo no podía soportar el verlo sufrir así y me escondía para llorar. Aunque el medicamento fue suspendido de inmediato, el poco que había ingerido fue suficiente para aniquilarlo y lastimarle tremendamente su organismo.

Antes de Papá postrarse y con la fe que Mamá hablaba de la adivina andaba yo por el bosque pensando mucho y me decía para mis adentros que si el milagro se obraba, de inmediato le escribiría yo a la señora genio para que me ayudara a averiguar quién había sido el secuestrador del niño de Lindbergh que para entonces lo habían secuestrado y por ello mi alma andaba en gran amargura.

Tal parecía que la desgracia nos persiguiera, porque ahora se acababa de abrir un tramo de carretera desde Pierechi hasta el kilómetro veintidós de Yauco, atravesando el barrio de Bucarabones de esquina a esquina, en la que Papá podía trabajar, sin embargo aquella punzante dolencia no se lo permitía. Aunque le dieron trabajo trató pero no le fue posible, pues cuando más tranquilo estaba le atacaba el dolor y las convulsiones y luego que le pasaba un poco a casa aparecía más muerto que vivo. La pobre Mamá se sentía culpable de ello y también se entristecía mucho. Así que se puede deducir cuánta era nuestra amargura.

Pero fuera de todos los contratiempos me encontraba yo, en mi propio medio ambiente, en mi propia vida y experiencias, creciendo, aprendiendo y soñando, porque siempre vivía como en las nubes. Me había adaptado al nuevo lugar y por consiguiente había tenido que aceptar que regresar a la escuela por ahora me era totalmente imposible. Hasta ahora me había esforzado por hacer yo misma cuanto fuese posible por no quedarme fuera de la escuela, pero ahora comprendía que era difícil aun intentarlo. Comprendía que tenía que ayudar a mi familia, por lo que cuando comenzaron las clases aconsejé a Mamá que mandara a Daniel y a Cándida y yo acepté mi derrota con profunda conformidad hasta ver cómo seguían las cosas.

Jamás pude imaginar que el corto tiempo que viví en aquel lugar me fuera de tanto provecho. Por ser la nieta mayor de los Ruiz y también la primera sobrina de la estancia, esto me convirtió en algo muy especial. Nuestros lazos familiares se estrecharon en una forma ideal y maravillosa y de cada uno de los miembros de la adorable familia aprendí y coseché amistad y respeto y la gran oportunidad de aprender hermosas lecciones. A mi corta edad el abuelo y yo nos enfrascábamos en temas profundos como la naturaleza y otros y él me hablaba de su niñez y de su vida. La abuela era una señora con una madurez excepcional y siempre estuvo dispuesta a responder a mis múltiples preguntas. Mis tíos vivían orgullosos de mí y mis dos tías muy poco mayores que yo compartían conmigo y me daban su sincera amistad. Al abuelo lo recuerdo enemigo de la mezquindad y la ociosidad y a la abuela, de la inmoralidad. Todo esto y más hizo posible que yo viviera una adolescencia a plenitud, y aunque en nuestra casa en cierta forma vivíamos en estrechez y privaciones mi vida personal era un mundo de gozo mental indescriptible.

Fue entonces cuando comencé a disfrutar de una especie de inquietud espiritual. Me conmovía el crujir de los altos capás la espumosa y diamantina corriente del río, el cantar de los pájaros, el cantar de las gallinas cuando ponían, el cantío del manilo en la pesadez del día, el mugir de las vacas en la vega, la miríada de mariposas amarillas sobre el campo de moriviví a lo largo de la ribera del río y también el místico y hermoso jardín de la abuela. Me conmovían los primeros rayos del sol al amanecer y las puestas rojizas de otoño, la abuela chiquita y graciosa con su escoba barriendo en las mañanas el glasis, el abuelo bebiendo el agua de un cacharro dejándose correr el chorro por la barbilla abajo hasta el pecho. El tío Pepito corriendo el Rucio desenfrenadamente, o los cogedores de café llegando a las piezas con sus sacos a cuestas. Las noches estrelladas o prietas como bocas de lobo. Lo múcaros en sus serenatas jululantes y el ladrido de los perros en las noches calladas. La gata barsina cuando parió sus gatitos en una de las aguaderas viejas, debajo de la escalera. La trinitaria enredada por los árboles de china. El chirrear de las guineas en la vega, el hermoso cafetal añorado bajo las guabas y más y más de un millar de cosas maravillosas despertaban en mí un deseo vehemente de poesía de verso y de canción y una ansiedad de expresar todo lo que se revolvía en mi mente y corazón, y como carecía de papel y pluma opté por escribir en hojas de guineo y de bruja usando como lápiz espinas de chino, o sobre las anchas rocas o lajas del río usando como tiza las piedrecitas de colores que arrastraba la cristalina corriente.

Fuera de todos los inconvenientes cotidianos, dentro de nuestra humilde morada éramos una familia constituida. Mamá era por excelencia una esposa admirable y comprensiva quien jamás trataba de ofender a Papá en lo más mínimo, a menos que se tratase de "faldas", pero, por lo demás, todo lo perdonaba y pasaba por alto y siempre estaba dispuesta a ayudarlo por dificultoso que fuese el problema. Papá fue siempre un hombre agraciado porque el amor que Mamá le profesaba iba por sobre problemas y dificultades y esto, por supuesto, era pilar fuerte para mantener nuestro hogar unido. Le encantaba la lectura y uno de sus pasatiempos favoritos por ahora era leer en alta voz para nosotros después de la cena.

Sólo poseíamos dos libros, aquellos que nos había regalado doña América Matos *El gran desierto americano* y la novela *Susana*. A todos nos fascinaba la aventurera historia de una familia cruzando el gran desierto americano en los tiempos del despertar de la civilización del gran Oeste, cuando el indio predominaba en este territorio. En mi poca capacidad me parecía cosa de cuentos de hadas, pues no podía imaginar que tales cosas realmente pudieran suceder. Mejor era que así pensara, pues desde muy chica fui muy sensible y sentimental y las tragedias se me colgaban del cuello. Muy pocas veces Papá intentó leer a *Susana*, era una novela de amor, la cual yo leía cuando tenía oportunidad. Con ésta me sucedió todo lo contrario, la hice realidad en mi joven mente.

Aquí, en el ranchito al que convertimos en un lugar dulce y agradable, sucedieron un sin fin de acontecimientos, y, por supuesto, hoy los recuerdo como si estuviera viviendo el momento, ya que las cosas que nos pasaron de niños las tenemos más claras en nuestra mente que las que nos acaban de suceder y obvio que la vida gira alrededor de los acontecimientos. Por ejemplo, en el círculo familiar era la conversación el único medio de comunicación que existía. Por lo tanto surgían historietas, cuentos, chistes y sucesos del diario vivir. Uno de los temas favoritos, por lo visto, eran los cuentos o historias de muertos, aparecidos, espíritus y entierros o tesoros escondidos que, luego de muerta, la persona se le aparecía a cualquiera y le ofrecía aquello que en vida había escondido. Esto era algo que estaba de moda. Por lo tanto hubo muchas personas que de la noche a la mañana se hicieron ricos o pudientes, porque un muerto se les apareció y les dio un entierro. Esta clase de historias saturaban en tal forma las mentes de la gente que el que vivía en la miseria se pasaba toda su vida con la esperanza de que en cualquier momento un rico fenecido se le apareciera y le diera un entierro. Aun los que tenían riquezas soñaban con más tesoro obtenido de esta forma. Por otro lado, las historias de que los muertos aparecían ayudaban en cierta forma, porque a casi nadie le gustaba salir después del oscurecer por temor a ello y esto contribuía a la seguridad de muchos.

Contaba la abuela que, siendo ella de edad de ocho años más o menos, murió su padre. Después de algunos meses de muerto y estando ella abajo en el batey, él se le apareció, le capeó con la mano con intenciones de hablarle. Ella era chica pero recordaba que él había muerto, había presenciado su funeral. Se puso histérica y en su nerviosismo vio cómo desaparecía ante sus ojos. Tanto la bisabuela como el resto de la familia se alarmaron muchísimo y se corrieron las noticias por todo el vecindario, de que el difunto don Germán se la había aparecido a la niña.

—Tiene que ser muy importante lo que el padre vino a decirle a la chica—, comentaban y como en realidad había sido tan rico a alguien se le ocurrió averiguarlo o quién sabe si el muerto a alguien más se le apareció. Porque una mañana al levantarse la bisabuela encontró que en una esquina del glasis, bajo el tronco de dos árboles frondosos de higüero había dos grandes huecos de los cuales se habían extraído dos grandes recipientes que se creyó fueron dos botijuelas de las que se usaban para guardar dinero en aquellos tiempos. Se llegó a dicha conclusión por la forma de los hoyos en la tierra.

En la casona de los Ruiz Justiniano existía otra historia verídica y humana. En un lugar de la finca llamada La Jolla del Muerto reposaban los restos de un hombre. Sí, así era, en el suelo de la estancia había una tumba, secreto único de la familia. Me lo contó la abuela cuando ya le faltaba muy poco para morir y eso a mi continua insistencia, pues cuando comprendí que el final de ella se acercaba insistí en escudriñar todo cuanto me fuese posible para así cerciorarme bien de toda la historia de la familia hasta donde más pudiera alcanzar, y entre mis muchas preguntas, surgió la de cómo había obtenido su nombre La Jolla del Muerto. La abuela comprendiendo que ya no había por qué guardar más aquel secreto me divulgó toda la verdad.

—Esto sucedió —decía ella—, en los tiempos de mis hermanos jóvenes que serán mayores que yo. Todas las tierras entre la estancia de Finca Abajo y terrenos adyacentes pertenecían a mi madre viuda. Al otro lado del río mis hermanos habían construido un cafetín y allí se reunían a charlar, a jugar cartas para pasar el tiempo luego de terminadas las faenas cotidianas y en los fines de semana.

Una tardecita nebulosa y húmeda se apareció un negro al cafetín. Según ellos había bebido porque se tambaleaba un poco. Llegó a la puerta del cafetín, dio las buenas tardes; los muchachos, entre ellos otros primos hermanos, le saludaron y eso fue todo porque el pobre hombre dio una pisada en falso y se fue de espaldas yendo a dar con la cabeza sobre una roca que había en el suelo. Ellos salieron de prisa a socorrerle, pero ya era muy tarde, el hombre estaba muerto. Te puedes imaginar el susto que se llevaron. Entonces fue el apuro. Ir a la policía era lo último que se podía pensar ya que todos los que habían presenciado el accidente eran parientes. Por otro lado, no sólo era negro, sino un desconocido, así que de todas formas estaban perdidos.

Por otra parte, el hombre no tuvo la oportunidad de identificarse para saber de dónde venía o a dónde iba. En sus bolsillos sólo se encontró un pañuelo rojo grande. Todos se volvieron aturdidos, asustados, desesperados, pero Dios siempre guía a los justos y fue entonces cuando pensaron que lo mejor que debían hacer era darle sepultura antes de que alguien fuera a darse cuenta y se metieran en problemas, haciéndose juramento entre ellos de que jamás ninguno divulgaría el secreto. Y así ha sido hasta hoy que ya yo voy para cumplir noventa años y ya mis hermanos duermen en el seno de la tierra y nadie ha roto el juramento, sólo yo para quitarte la curiosidad y para que nuestra historia de familia siga viviendo en el corazón de nuestros hijos.

Y contaba ella que el forastero había sido enterrado en una tumba sin caja, ni nada para así no despertar sospechas si alguien hubiese escuchado serruchar o clavar a esas horas de la noche y que a pesar de ser enterrado en medio del cafetal, jamás se sembró nada sobre la tumba. Aquel lugar fue siempre respetado como lugar sagrado para ellos y cuenta mi madre que siendo ella niña y ajena a que aquello era una tumba, se paró un día sobre ella y para sorpresa suya un poder sobrenatural la levantó por el aire y la tiró de bruces al otro lado. Cuando lo divulgó en la casa, fue advertida por sus padres a nunca más sentar pie sobre aquel lugar por ser sagrado.

Otra historia verídica que sucedió entre mis parientes es la siguiente. Un familiar nuestro compró una finca. Se comenzó la limpieza por todos los alrededores y corrales cuando de pronto el peón, un hombre torpe y honesto dio con una caja debajo del piso de cemento cerca de una cuadra. Corrió a buscar a nuestro pariente para notificarle el hallazgo y éste muy tranquilo le dijo que no tuviera cuidado, que dejara todo quieto como estaba. De inmediato mandó al jíbaro a un mandado mientras él se apoderaba del tesoro, un cofre repleto de dinero que lo hizo rico hasta hoy. Yo me alegré porque habían sido muy pobres y al que Dios se lo da San Pedro se lo bendiga.

Hablando de acontecimientos, para estos días sucedió algo muy significativo y a la vez triste para mí. Fue la muerte de mi bisabuelo Juan Ruiz quien murió a la edad de ciento seis años. Había vivido toda su vida en Río Prieto de Lares y no habíamos tenido la oportunidad de conocernos y ahora yo me empeñaba en ir a su velorio, pero no me fue posible, pues en mi casa no me lo permitieron. Como anteriormente cuando muriera el abuelo Ramón, todo se volvió excusas y buenas razones y no pude asistir, y me sentí muy apenada. Recuerdo que aquella misma semana una parienta nuestra dio a luz un hermoso niño y fue como si Dios se llevara al bisabuelo, pero en su lugar nos diera otra alma y a mi corta edad comprendí que grandes y hermosas son las grandezas de Dios y también que a pesar de todo, la vida sigue su curso inalterable.

Cuando el bisabuelo estuvo en su lecho de muerte la tía Juanita, su hija y el tío Joseíto fueron a estarse allá algo así como dos meses.

Desde hacía bastante tiempo María, hija de estos, había estado de novia con mi tío Pepito, pero a disgustos de los padres por ambas partes, ya que tío Joseíto y abuela Josefa eran hermanos como lo eran también la tía Juanita y el abuelo Pepe viniendo a ser los dos jóvenes primos hermanos dos veces. Era verdad que en nuestra familia se usaba el casarse los primos hermanos, pero nunca había sucedido un caso como éste, y el tío Joseíto decía que era un sacrilegio, y en casa de mis abuelos lo catalogaban como pecado mortal, y comentaban que si se casaban era probable que los hijos nacieran anormales. Pero como donde predomina el amor todo lo demás sobra, cuando el tío Joseíto y la tía Juanita se fueron a atender la gravedad de su anciano padre, los jóvenes tuvieron la oportunidad de estar más tiempo solos y al regreso de los viejos encontraron que ya los jóvenes habían tenido casorio a lo callado. ¡Cómo recuerdo el escándalo! El nuevo matrimonio se fue a vivir a Finca Abajo con mis abuelos, pero el tío Joseíto quedó herido de muerte, pues aquel disgusto le había fustigado profundamente el alma. Lo que él no sabía era que su otro hijo Germán estaba muy en serio de novio con mi tía Oliva, la hermana de tío Pepito, y cuando supo que ya se estaban haciendo preparativos para la boda se agravó y sucumbió a un derrame cerebral del cual murió teniendo que atrasarse la boda.

Hoy se pierde mi pensamiento en aquel ayer y contemplo cada cosa que me acontecía y cada sorpresa que a mi vida venía y entre una y otra cosa, como una película, pienso en el día que compré de manos de nuestro vecino don Cruz Gonzáles una pichona de cabra por la cantidad de setenta y cinco centavos, a la que puse por nombre Titina. Para las personas que no han tenido el privilegio de tener, cuidar y añorar un animalito quizás les sea imposible comprender cuánta grandeza y felicidad ofrece cualquiera de éstos a cambio de nuestro cariño. A Titina sólo le faltaba hablar como nosotros, pero en su lenguaje respondía y compartía conmigo como cualquier ser humano y aún mejor, ya que los humanos somos tan susceptibles a cambios de carácter y los animales no conocen esto excepto el gato que tiene algo de fiera. Aquella cabrita creció y supimos compartir en amor nuestra adolescencia corriendo y saltando por las colinas disfrutando de las cosas buenas de la vida.

Acontenció otro día que Mamá se torció el tobillo, pobrecita, caminaba una tarde por el batey y no se sabe cómo dio una mala pisada y se viró el pie derecho. Yo estaba cerca y la vi caer al suelo desmayada, se desmayaba con facilidad, pero ahora angustiábase del intenso dolor. De inmediato el pie comenzó a hincharse. Traté de subirla arriba pero no me fue posible. Subí al aposento de un salto y traje el alcoholado y la froté pecho, frente y también el pie. Cuando hubo vuelto en sí un poco, casi arrastrándola la subí hasta la cama, no podía esperar mucho a que el pie se le hinchara demasiado, entonces se le haría imposible afirmar. Luego corrí loma abajo con un machete y un trozo de paño, hasta el árbol de pana que quedaba abajo junto al pozo. Le hice varias heridas en el tronco y en el paño recogí toda la savia lechosa que pude, luego subí jalda arriba por el pasto, hasta la colindancia del cercado donde abundaba la suelda con suelda, un ñame silvestre mucilaginoso con altos poderes de sanidad. Escarbé con la punta del machete el flojo terreno y extraje todo el que necesitaba y volví a casa de prisa. Después de lavar los larguchos ñamecillos los machaqué y uní el mucilaginoso contenido al que había obtenido del árbol de pana y después de limpiar y secar bien el pie lo envolví en la cataplasma. Estuvo ella algunas semanas un poco incómoda y molesta, pero al quitarse la venda ya había sanado.

Para Mamá yo jugaba un papel muy especial. La adoraba con locura y me esforzaba hasta lo sumo para hacerla feliz. Era ella tremendamente supersticiosa y había abrazado la creencia de que había que esperar tres meses justos para cortarle las uñas al bebé. Para este oficio se seleccionaba a una persona muy especial y virtuosa, pues según la creencia desde el mismo instante en que se llevaba a cabo el rito la criatura automáticamente era poseedora de todas las virtudes y características de dicha persona. Así que al cumplir Paulita los noventa días fui yo la persona indicada para llevar a cabo tan alto honor, Mamá deseaba que su Paulita creciera semejante a mí, con todos mis rasgos y sentimientos.

Fuera de sus supersticiones pienso que Mamá era una persona demasiado astuta que en cierto modo sabía ganarme y se aprovechaba de mis bondades y a la vez de mi ignorancia para subordinarme demasiado. A pesar de todo me salvaba mi estado de ánimo y mi espíritu inquieto. Todo cuanto hacía lo efectuaba con amor, con gozo y con responsabilidad y, aunque trabajaba duro en verdad, aquel deseo de superarme y de mirar más allá de las circunstancias me ayudaba a vivir momentos de intensa felicidad. Todo cuanto hacía, ya fuera para Mamá o en favor de los demás, lo sentía como un deber humano y en ello ponía todo mi esfuerzo y contento, pero después el tiempo sobrante era mío. Lo mismo lo compartía en casa de los abuelos, como pastoreando a Titina en los verdes prados, o lavando los pañales de mi parienta Estrella, bañándome o pescando en el río, buscando frutas o amapolas silvestres por el bosque o meramente paseándome por donde me diera gusto y gana siempre que fuera en los términos cerca de casa o en las fincas del abuelo. Me gustaba caminar sola para poder contemplar los secretos de la naturaleza a mi antojo, sin que nadie perturbase mi paz, y en esto Mamá era muy, pero muy liberal conmigo.

De todos estos escapes uno de mis favoritos era los ratos que me pasaba en casa de los abuelos y lo que más me fascinaba eran las tertulias de familia. Me interesaban por la forma tan interesante en que se desarrollaban los temas, en los cuales toda la familia tomaba parte en una especie de camaradería y respeto. Algunos de los temas más importantes que surgían eran: la religión, la política, estados financieros, la economía, el noviazgo, matrimonio, maternidad y sexo, este último en pañales aún, hablando con mucho recato y más en parábolas que de otra forma. Diré que durante la conversación cada cual automáticamente tomaba su turno y cada uno era escuchado con atención aunque a la postre siempre se escuchaba la voz de los ancianos y como la abuela era lectora devota de la Biblia por lo regular cada tema terminaba por ser analizado a nivel de las Sagradas Escrituras.

Recuerdo una vez en que se analizaba un tanto el tema del sexo y fue la abuela quien tuvo la última palabra. Hacía énfasis en que se debía ser muy prudente y cuidadoso en cuanto a la manera de contestar a los niños cuando van a los mayores por información sexual.

"Es entonces," decía ella, "cuando se debe tener entendimiento y con inteligencia y recato explicarles, conforme a la edad y capacidad del niño. Jamás trastornándole con información errónea o falsas historias. Tampoco haciéndose maestros en la materia. Dándoles así la oportunidad a que crezcan y descubran por sí solos lo hermoso y sagrado de la vida sexual. Haciendo lo mejor posible para ayudar a estos a mantener una mente sana y tranquila."

Y mientras escribo estos renglones doy gracias a Dios por sus consejos, que muy bien me ayudaron en los momentos en que mis propios hijos vinieron a mí por información de esta índole. Hoy recuerdo a todos los miembros de la estancia y cada uno salta al escenario de mi mente trayéndome júbilo y alegría y aunque la mayoría de ellos ya partieron de este mundo, los siento tan cerca de mí como si aún estuviéramos allí en la casona compartiendo la hermosa vida que nos unía. Su muerte la contemplo como un viaje pasajero y siento como si tan solo haya que cruzar un puente para que en el otro recodo me estén esperando para juntos seguir el camino glorioso de la eternidad que será más sublime que aquella corta época la cual llenó de felicidad mis años de infancia.

Recuerdo el día que caminábamos el abuelo y yo por entre el cafetal. Era a principios del mes de octubre y comenzaba a vislumbrarse en las varillas cargadas granera de rojas uvas anunciando el comienzo de la cosecha y los arbustos y cepas grávidos casi tocando el suelo. Aquello me emocionó tremendamente porque a la verdad que los cafetales de las vegas de Finca Abajo eran una preciosidad y un encanto. Entonces recuerdo que dije, "¿Verdad abuelito que todo esto parece un paraíso? Jamás me gustaría desprenderme de él, creo que en ningún otro lugar me sentiría tan feliz". Y recuerdo sus palabras sabias y pausadas.

—Nos seas tan tontita nieta, dondequiera que fueres encontrarás paraísos.

—¿Qué quieres decir con eso?

—Sí, nieta, porque los paraísos se hacen, no nacen y estoy seguro que tú sabrás levantar paraísos dondequiera que vayas, además te recrearás en los que llevas en el alma.

No podía yo entender entonces, lo que él me quería decir y entendió mi confusión.

—Ya no te esfuerces por entenderme nieta, sé que vas a vivir una hermosa vida y a lo largo de los días, volverás tu mente para recrearte en este paraíso y en todo lo hermoso, dulce y bello que la vida te ha otorgado.

¡Qué cierto estaba el abuelo! En otra ocasión sentados ambos en el balcón me dijo:

—Bueno, ¿y qué te traes tú escribeteando y garrapateando por todas partes? ¿Qué clase de manía es esa, muchacha?

—No lo sé abuelito, pero es algo que yo misma no puedo resistir y ¿sabes una cosa? creo que algún día voy a escribir un libro, si abuelo, un hermoso libro.

—¿Un libro? ¿Pero estás loca?

—Sí, abuelito, un libro de aquí, de la estancia y de todo esto tan hermoso y de todos mis parientes y de la abuela y también de ti, para decir qué elegante y buen mozo tú eras y qué bueno y comprensivo con todos y también lo inteligente.

—¡Ah! y no se te olvide de poner lo mucho que me gustaban las mujeres.

En ese mismo instante se apareció la abuela cuando él acababa de divulgar su broma y para qué fue, se le fue para encima con la escoba y ambos tuvimos que desaparecer rompiéndonos de risa.

Él y yo hablábamos siempre que teníamos una oportunidad, lo hacíamos porque a él le contaba yo todas mis inquietudes y penas. Un día le dije:

—No te imaginas lo triste que me siento por no haber ido a la escuela este año, te confieso que la pena que siento en mi alma es muy grande y fíjate que a Mamá como que nada le preocupa y a Papá, pues menos. Por otro lado la estrechez en que vivimos es tan grande y todo esto me hace pensar mucho y no comprendo el por qué de las cosas. No te imaginas con las ansias que deseo estudiar y hacerme una maestra, pero si no estudio jamás lo podré lograr. ¿Y tú que piensas de todo esto? ¿Tú que eres tan inteligente?

—Mira, nieta, el destino de cada cual es así como un pasaporte al viajero, la vida no es una línea recta, tiene miles de reveses. No sabemos cómo, pero hay una ley gobernándonos, una fuerza sobrenatural, una especie de mano oculta que guía nuestros pasos. Queremos algo, pero no nos damos cuenta que esa no es la voluntad de la Providencia Divina, que nuestra encomienda es otra y que no importa lo mucho que nos esforcemos será siempre lo que ha estado destinado. A veces contemplo el cielo cuando está estrellado. Una miríada de estrellas entre ellas luceros hermosos y brillantes. Cuántas estrellas anhelarían ser luceros, pero no, son estrellas y eso no les quita brillar y llevar a cabo a cada una su cometido. Porque el cielo necesita de estrellas y de luceros. Quizás tu desearás ser un lucero, pero eres una brillante estrellita también iluminando. Y hablando del destino hay un detalle muy especial el cual debemos comprender y es el siguiente, debemos aceptar con humildad, con amor, con valor y con responsabilidad el destino que nos ha sido encomendado y entonces aprenderemos a ser felices en cualquier lugar y bajo cualquier circunstancia.

Entonces le pregunté:

—¿Tuviste tú algún deseo o ilusión de joven, abuelito?

—Sí, cómo no, nieta, todos hemos tenido sueños o ilusiones alguna vez. Pues mira yo tuve uno, una vez y por cierto muy emocionante. Como verás, a mí de joven siempre me fascinaron los caballos de paso fino, por cierto que tuve unos muy hermosos y briosos, pero la ilusión mía era de criarlos, siempre soñé con un buen criadero de caballos de paso fino. Un amigo y compadre mío que vivía en los términos de San Germán sabía de mis sueños. Un día vino a verme.

—Mire compadre —me dijo—. Me venden un predio de terreno todo llanura algo formidable, para que usted y yo lo convirtamos en un criadero de caballos de paso fino, usted pone la mitad del dinero y yo la otra mitad, compramos el terreno en sociedad y nos hacemos de los primeros ejemplares y ¡hagamos realidad ese sueño de su vida, que será también mío!

—Te juro que me emocioné tremendamente, ¡imagínate! Se lo conté a tu abuela y creyó que no estaba mal, después que consiguiera el dinero, pues para entonces yo no podía disponer de un centavo. La familia era numerosa, todos en pleno desarrollo, por lo que no me era fácil atender semejante negocio. Entonces pensé en mi padre y fui a verle, él era el único que me podía facilitar el dinero, prestármelo, que era lo que yo quería en lo que vendía el café de la próxima cosecha. Le planteé el negocio y cuánto me interesaba, pero se negó a ayudarme, pensó que era algo en lo que no se debía de invertir esa suma de dinero y me catalogó de caprichoso y me dijo que estaba arruinado. Aquella tarde regresé a casa como pavo con el moco caído, triste, angustiado, mejor dicho, frustrado. Pero ya luego me pasó. Después sólo he vivido contemplando de lejos mis hermosos ejemplares galopar bellamente por el prado de mis ilusiones, otras veces los monto y recorro la llanura aquella, sintiendo bajo mi la precisión y estilo de sus pasos y así soy feliz, soñando y viviendo porque nuestras mentes son campos abiertos donde se viven existencias eternas, si es que sabemos cultivarlas, porque de lo contrario se puede también convertir en una tragedia o laberinto del cual quizás jamás se pueda uno recuperar. Por esto te aconsejo que no te anonades, nunca te sientas vencida, ni hagas de las cosas pasajeras buitres que te carcoman, o hiedras que te aprieten y te asfixien. Aprende a buscar tu bien de arriba como hacen los árboles y aprende a levantar el vuelo como los pájaros y vuela alto por sobre todo, y arriba, como la gaviota, mécete sobre el aire y olvídate que existe un abajo y confía en el gran poder de Dios, porque con Dios todo trabaja para el bien.

El abuelo murió en buena vejez, lejos de aquel río amargo y de su cafetal, de aquellas verdes praderas y de la linda cordillera que lo hacía soñar y ¡que ironía de la vida! pasó sus últimos años viviendo junto a la playa añorando aquel pasado. Una vez lo fui a visitar ya muy enfermo, casi a la postre. Hablamos de muchas cosas y él me comentó de su melancolía.

—¿Cómo le haces para disipar? —le pregunté.
Pausadamente, como usaba hablarme, me contestó:
—Contemplo las gaviotas mecerse sobre el mar y me olvido de este suplicio que vive mi alma.

En sus ojos había lágrimas, pero en su rostro una bella sonrisa que se iluminaba.

En adición a esto digo que la abuela era una mujer excepcional, inteligente, dedicada y caritativa. Cuando alguien estaba enfermo en el barrio, de inmediato enviaban por ella. Conocía la virtud de curar y conocía los secretos y dones de la botánica y la ejercía con caridad y ternura a lo cual se unía el abuelo en santa cooperación. Desde muy niña la observé en su obra médica. Tendría yo unos cuatro años cuando una tarde abrí la puerta de su alcoba y allí estaba ella ejecutando una curación. En el soberado sobre una manta yacía un joven dando fuertes quejidos de dolor. Era un miembro cercano de la familia y allí estaba ella ñangotada con una vasija con cierto cocimiento de plantas lavando y exprimiendo el pene del joven extrayendo hacia fuera con sus manos toda la podredumbre de lo que imagino era una gonorrea avanzada. Aquel joven permaneció en la estancia en lo que se recuperó y recuerdo que en ayunas ella le administraba una especie de tisana. Lo que pudo decir es que aquel delicado y enfermizo joven sanó y a la edad de setenta años hoy sigue fuerte y vigoroso.

En otra ocasión durante nuestra estancia en el Ranchito le hicieron una operación a un joven vecino nuestro llamado Pablo Poche. A este joven se le extrajeron todas las uñas de los pies, por tenerlas enterradas, por lo cual se le hinchaban los pies inposibilitándole el caminar. Después de la operación Pablo cogió una infección horrible, pero se negaba a ver al doctor. Entonces ella, con la ayuda de abuelito, preparó una pomada casera a base de hollín de cocina (resina de la madera quemada que sube con el humo y se sigue acumulando en el techo hasta convertirse en una capa negra pegajosa). Este hollín fue disuelto con aceite de oliva y zumo de ajo, y convertido en una pomada y fue el medicamento que en pocos días devolvió la salud a Pablo Poche.

Era maravilloso convivir, o mejor dicho, pertenecer a una familia tan inteligente y capacitada que sabía usar de lo que había a la mano, para socorrer las necesidades inmediatas tanto de los seres humanos como de los animales o para salvar la vida de un árbol o una planta. Era realmente maravilloso. Bien decía el abuelo "los paraísos se hacen, no nacen". Jamás olvidaré cómo cada miembro de aquella linda familia se fue yendo, separándose uno a uno, al igual que los granos de una bellota de guisante cuando a su madurez se abre de par en par dejando que las semillas una a una salten al aire y luego al suelo donde se pegarán y germinarán y cada cual crecerá y dará fruto y belleza y cumplirá con su misión en la vida.

Así sucedió, ni más ni menos. El tío Eduardo se encaminó a la universidad y ya jamás volvió, sólo durante las vacaciones o en las fiestas navideñas. Era un hombre pequeño de estatura, como la abuela, parecíase a ella también en el físico y creo que también en la mente. Cuando se graduó se casó con una mujer maravillosa y se fue a vivir a Río Piedras a ejercer su profesión de ministro de la iglesia presbiteriana. Más adelante descubrió que ésta no era su profesión y estudió leyes o mejor dicho cumplía ambas.

El tío Ramón, el que seguía de los varones, no quiso irse a la universidad y se dedicó al comercio trabajando como comisionista de un almacén. Si acaso he traído esto a colación es porque con el correr de los días algunos de ellos tuvieron que ver en cierta forma con el cumplimiento de mi destino. El tío Américo, como ya sabemos, también se convirtió en comerciante y agricultor, también el tío Pepito, al igual que el tío Agripino. Pienso que todos estaban dotados de esto o quizás cada cual siguió al otro, así que no le dieron la satisfacción al abuelo de terminar sus estudios y convertirse en profesionales, aunque de esto hicieron su profesión.

De las mujeres, la tía Mercedes vivió toda su vida de casada en Lares con excepción de un par de años. Y a esta edad mía de trece y catorce años ya todos los hijos de la estancia se habían casado excepto mis dos tías Oliva y Elvira y ya Oliva estaba de novia. Tío Eduardo y tío Ramón no me conocían. Me habían visto de pequeña pero tanto ellos como yo cada cual había tomado rumbos diferentes y se podía decir que éramos desconocidos y como las niñas suelen desarrollarse a temprana edad, cuando volvimos a encontrarnos ya yo era una mocita formada no sólo físicamente, sino con cierta madurez mental, forjada a fuerza del ambiente en que me había desarrollado.

Para esta fecha vino el tío Eduardo a pasarse un mes en la estancia y fui introducida a él. Después de cambiar impresiones me pareció hombre diferente al campesino en todos los aspectos, fino, culto, entendido, con unas manos suaves y tibias, una piel rosada, limpia, su cabello brillante, lustrado y su forma de hablar delicada, en fin, una persona muy especial, y aquel día sentí aún más, aquel interés de convertirme algún día en una profesional, en una mujer ilustrada y culta.

Otro día vino también tío Ramón, otro caballero, un hombre de ciudad, también con fineza y elegancia, bien vestido y muy buen mozo. Lo que más me apenó fue en las circunstancias en que nos conocimos. Estábamos en tiempo de cosecha y yo llegaba a la casa grande con un saco de café en la cabeza. No se me obligaba a hacerlo, pero se me había enseñado a trabajar y a ser responsable, lo cual para mí era de orgullo, y en cierto modo no se me había inculcado de que como moza que me estaba haciendo, debía de aprender ciertos modales y detalles de fineza que deben ir con una dama. Mamá había sido educada así, pero conmigo fue diferente, las circunstancias me habían convertido en un objeto de trabajo y eso sólo respiraba, ella, por su parte, por no destruir su ego se había olvidado que yo también tenía derecho a ser educada con refinamiento. Pero así había sucedido, ella era víctima de una confusión y no podía ver la realidad o por lo menos no quería aceptarla.

A pesar de todo yo llevaba conmigo mi propia personalidad y ya fuera escuchando, mirando, leyendo o porque lo llevaba en la sangre, aunque trabajaba duro y fuerte dejaba ver mi feminidad y coquetería la cual con el tiempo se fue desarrollando en mí. En otras palabras, mi propia individualidad. Pero ahora a ésta edad en la cual no era ni una niña ni una señorita formada, lo mismo hacía una cosa que otra a lo cual como muy natural, tanto en mi hogar como en la estancia, dejábanme ejecutar a mi voluntad y antojo, siendo que desde muy chica, la mayor de las veces había tenido que usar mi propio criterio.

Durante este período fue que llegó el tío Ramón. Aquella tarde que yo llegaba con el saco de café en la cabeza. Recuerdo que él estaba en el balcón de la cocina hablando con la abuela cuando yo llegué. Como estaba dotada de una fuerza extraordinaria, quizás por el continuo manejo de ello, pues con gran facilidad puse el saco de café en el suelo, y con el rostro rojo como una amapola y a la vez tostado por el sol y con el cabello un poco desaliñado caminé hacia la cocina. Yo no conocía al tío, pero de inmediato la abuela nos presentó.

—Esta es Lucho, la hija de Bellita —le dijo a él, y a mí—: Este es tu tío Ramón.

Por un momento él se mostró sorprendido.

—¡Pero, no es posible! ¿Es ésta aquella chiquita que hace poco tuvo Bella? ¡Pero si eso fue ayer, y ya está convertida en toda una mujercita! ¡Bueno, cómo pasa el tiempo! —comentó él.

—Así es —añadió la abuela—. Ahí la tienes toda una mujercita no sólo de cuerpo sino de alma y corazón. Es el tesoro de Bella, si no fuera por esta criatura, no se qué fuera de tu hermana, es su brazo derecho, su paño de lágrimas.

Bueno, la abuela hizo sus comentarios los cuales me hicieron sentir muy bien y aunque a la vez un tanto modesta. Pero en pocos minutos todo cambió entre tomar café y hacer otros agradables comentarios. De todos modos, se hacía tarde y yo tenía que regresarme a casa por lo cual me despedí de ellos y me marché olvidándome de un recado de mi madre, para el abuelo y después de haber caminado un tramo lo recordé y volví de inmediato casi corriendo porque ya atardecía. El camino era por detrás de la cocina, la cual era alta por debajo y que al achicarse el recodo del camino o vereda, junto a ésta se podía oír desde afuera cuanto se estuviese hablando. No fue mi intención escuchar, pero ya que la conversación se refería a mí me detuve. Era tío Ramón el que tenía la palabra:

—¿Pero cómo es posible que a esa niña se le permita coger café? Las de aquí nunca lo hicieron o mejor dicho nunca se les permitió. Y eso sería lo de menos, pero cargarlo como un peón, ah no, ya eso se pasa de su peso. Pero dime, ¿luego no está la chica en la escuela?

Entonces la abuela le explicó cuál era nuestra situación económica y cómo sufríamos ya que Papá era el responsable de todo porque por causa de sus bebelatas perdía buenos trabajos. En fin le puso al tanto de todo. Además, le dijo:

—Y tú conoces bien a tu hermana, la mayor de las veces se hace la enfermiza descargando toda la responsabilidad sobre la niña, luego teniendo una criatura cada año y medio o cada dos, imagínate. Así que es la pobre muchacha la que ha venido a pagar las consecuencias de todo.

—Mira no me digas más —dijo el tío, enfadado y salió dejando ahora a los abuelos enfrascados en la conversación.

Entonces el abuelo comentó:

—Pues mira que sí, de eso me hablaba la muchachita en días pasados. Lamentándose de haber perdido el año escolar y como tiene la manía de ser maestra, pues siempre anda por las nubes y llorando la pena de que por lo visto no va a volver a la escuela. Dice que a Bellita no le importa y que a Pablo pues menos. Me trajo a mí su problema y figúrate, es tanto el enredo que se le ha hecho a esa familia que no hay por donde empezar, aunque bien sabe uno a donde está todo el problema. Pobre muchacha, me pide consejos, dice que yo soy el sabelotodo, al fin quiere que la oriente porque todo se le hace tragedia en la mente ¿y te puedes imaginar en el aprieto que me mete?

—Bueno, y tú que le contestaste a todo eso?

—Pues, ¿tú que crees? Traté de explicarle que tenemos un destino que es responsable de nuestras amarguras, fracasos o dichas y en cierta forma le aclaré que al fin y al cabo siempre hay algo de hermoso en nuestro destino por tenebroso que parezca, después que lo aceptemos y tratemos de buscarle el lado bueno de las cosas. Esa nena tiene buenos sentimientos y no quiero que se le confunda la mente, quiero que se haga por sí misma todo un ser humano, esperando siempre lo bueno, nunca el mal, y después de todo estoy seguro de que existe un destino del cual nadie nos salva mujer.

Entonces la abuela dijo:

—Mira, Pepe, sácate eso de la cabeza, que aquí en este mundo es uno mismo el que se labra su propio destino, y aunque son los padres los responsables de encaminar a sus hijos por caminos derechos ya luego ellos mismos se encargarán del resto. Porque no te olvides que somos libres de pensar y de actuar, por eso es que tenemos que educar a nuestros hijos, prepararlos para comenzar. Esa niña lo que necesita es apoyo moral y económico y también que uno llame a sus padres a capítulo y les haga comprender cuál es su responsabilidad hacia ella, pero si todos nos cruzamos de brazos, todos estamos forjándole un destino desgraciado. Es necesario que su padre siente cabeza y que atienda su obligación de padre y tú verás como el destino de la chica es otro y su sueño se hace realidad. Pero con personas como tú que esperan en un destino forjado y con una madre como Bella que sólo piensa en su bienestar propio y con un irresponsable como Pablo, pues entre los tres hunden el porvenir de la pobre muchacha. Y tú te dejas de decirle a ella que se siente a esperar en su destino, porque tú bien sabes que éste es un mundo hecho a base de sacrificios, si es que uno quiere superarse y vivir una vida, que tenga provecho. —Así terminó ella diciendo.

El abuelo quiso una vez más altercar con ella, pero si algo más se dijo yo no lo escuché porque me marché corriendo, primero porque ya oscurecía y segundo porque no quise que alguien me descubriera y fueran a imaginarse que me había quedado allí a sabiendas, sólo que en lo sucesivo divagaba mi mente entre, si era el abuelo el que tenía la razón o si en verdad era la abuela, o si quizás una combinación de ambas cosas.

Como puede verse, fuera de las adversidades que existían que por un lado aniquilaban mi alma, había un mar de bienaventuranzas que engrandecían mi espíritu como lo era el cafetal. Fue otra cosa bella que se apegó a mi corazón al igual que mis seres queridos y amigos y lo sentí metérseme en el alma, haciéndose parte de mi adorable existencia. Lo veía como un paraíso y me parecía que más allá de él, no existía otro mundo tan maravilloso y perderme caminando por entre los bellos arbustos y contemplar cada uno de sus ciclos me producía un sublime éxtasis. En aquellos tiernos días en que sólo contaba yo con una educación tan elemental, cómo me desvivía deseando poner en versos su grandeza y gracia y me percataba de que algo sublime y nostálgico nos envolvía, como que se me había metido en la piel llenándome de satisfacción indescriptible, de un arrobamiento feliz que me bañaba. Por eso el abuelo ya en sus últimos momentos y en su lejanía del cafetal me hablaba de un profundo suplicio.

Demasiado era la dicha y el encantamiento que existía para mí en todo aquello, para desprenderme de todo a menos que, como decía el abuelo, no estuviera bajo la dirección de una mano oculta o divina, se llamara como se llamara, que iba empujándome hacia un cumplimento o voluntad la cual ahora desconocía, porque una vez que Papá salió de nuevo para Lares, a casa de tío Fernando, como si comenzara de nuevo con sus anteriores andanzas, para evadir su responsabilidad, azotó una tormenta y tuvimos que refugiarnos en casa de tío Américo. A la mañana siguiente Mamá y yo regresamos a la casucha dejando mientras tanto a los niños allá, pensando que de seguro el viento la había desmantelado, pero para sorpresa nuestra todo estaba normal, la fiel morada no había sufrido daño alguno, pero en mi mente inquieta brilló repentinamente una chispa ya que, de chica, tuve siempre el instinto de cambiar las cosas yo misma, si era que andaban mal y no se animaban a cambiar por sí solas. Miré a mi querida madre triste y acongojada. Preocupada al encontrarnos solas una vez más y comprendí que algo había que hacer al respecto. Ella siempre me escuchaba y cuando le dije que tenía un plan para hacer que nuestra vida cambiara, fijó su anhelante mirada en mí, ansiosa de escuchar qué maquinaba yo en mi traviesa cabeza.

—Pues mira, es muy sencillo —le dije—, esta tormenta ha venido a salvarnos.

—Pero ¿cómo? —me preguntó ella un poco confusa.

—Pues fíjate, de seguro que a estas horas Papá debe de estar desesperado, preocupadísimo pensando en nosotros. Lo primero que se le ha venido a la mente es que la tormenta se ha llevado el rancho y que quién sabe qué será de nosotros, y tenemos que aprovecharnos de eso.

—Sí, pero no entiendo, ¿qué vamos a hacer?

—Pues bien, ya verás, vamos a coger dos varas largas y vamos a echar abajo parte del techo de la casucha y cuando él llegue, que creo va a ser muy pronto, tú te alteras y le dices que tiene que sacarnos de aquí a toda costa, pero enseguida y otra cosa, no lo vas a dejar ir. Lo vas a presionar sin darle tregua, en tal forma que no sólo busque casa sino que busque trabajo y ya verás que ésta ha sido una puerta que Dios nos ha abierto para que salgamos de aquí y tenemos que aprovecharla.

Su rostro se iluminó y sin perder tiempo nos encaminamos en busca de las varas y acto seguido derribamos parte del techo como lo hubiera hecho el temporal. Efectivamente, después de la tormenta Papá no tuvo sosiego y con prontitud regresó. Entre Mamá y yo le recibimos con tremendo acto dramático, como si lo hubiésemos ensayado. No le dimos tiempo para pensar y él, turbado, a esa misma hora salió como loco en busca de una casa y no paró hasta que la consiguió. Tenía buenas conexiones y buenos amigos y la casa que consiguió fue algo así como anillo al dedo. Un poco retirada de la estancia de los abuelos, pero en el mismo barrio y cercana a la carretera.

Y hoy, dando un vistazo a aquel pasado, me veo como bola de golf a la que se le da el golpe y de primera intención no llega a su destino y hay que golpearla otra y otra vez hasta que al fin cae en el hoyo.

Capítulo 15

Como anillo al dedo, dije refiriéndome a que, a pesar de ser una casa de finca, a Papá no se le obligaba a trabajar como arrimado. Teníamos el privilegio de vivir allí y disfrutar de todo, como si el lugar fuera nuestro en lo que Papá conseguía otra casa más adelante, pero tampoco era cosa que nos apuraba. La finca pertenecía a doña Rosa Martínez y colindaba por el este con la hacienda Manuela y por el norte con la hacienda Estrella y como era vasta hacia el sur quedábamos magníficamente ubicados sobre una baja meseta rodeada de colinas en tal forma que mirando desde todos los ángulos daba la impresión de estar en una gigante olla rodeados de un exquisito verdor. Lo primero que hizo Papá fue ir por la mudanza a Casey siendo el fiel amigo Félix Nieves quien le ayudara con tan impertinente trabajo, pues hubo que usar bestias. Confieso que fue grande nuestra alegría al poder de nuevo disfrutar de nuestras cosas.

Hoy siento bonito aquel pasado, como un capítulo en blanco que comenzara a escribirse. Porque cuántas inquietudes, cuántas maravillas a descubrirse. Fue como si el sendero de la vida se abriese campo, para dejarme pasar o entrar a una gloria infinita. Catorce años iba a cumplir. ¡Qué edad más maravillosa! Me hallaba en el comienzo de una jornada la cual uno se admira y encanta en comenzar, pero que a la vez no quiere desprenderse de una infancia hermosa y bonita que quisiera arrastrar con uno para siempre. Hoy recuerdo el divino día que me llegó la menstruación. Todo mi ser se conmovió en lo íntimo y me sentí bendecida, como si un rayo de divinidad gloriosa me bañase y cada mes, cuando se repetía, se obraba en mí una euforia, o especie de bienestar hermoso que me hacía muy feliz.

Aquel hermoso paraje fue para mí como un retiro donde tanto mi mente como mi cuerpo se desarrollaban grandiosamente. En cuanto a nuestro diario vivir en familia las cosas cambiaban sucesivamente. Papá trabajó en la carretera que aún no se había terminado, los niños continuaron yendo a la escuela y Mamá y yo bordábamos como siempre y, por supuesto, yo siempre hacía tiempo para perderme por la selva en busca de deleites espirituales. La mayor parte de esta hacienda la habían dejado a merced de los bejucos y la maleza dándole un aspecto selvático por donde se despeñaban frías y cristalinas quebradas, anidaba la tórtola y el guaraguao y millares de pájaros más. Al principio de mudarnos soñé mucho. Con la primavera brotaron de la tierra en lo que había sido un conuco, retoños muchos de yuca. Cuando maduraron arranqué los tubérculos saludables y grandes y me propuse hacer casabe. El sabor a selva, a quebrada y a casabe y el recuerdo dulce de que aquellas tierras habían sido habitadas por indios, me llevaron a traer cerca de mí su época y me perdía en ella en tal forma que en ocasiones caminando por entre la arboleda tuve la sensación extraña de sentir junto a mí mil ojitos que me observaban. Los sentía tan cerca y tan cerca de mí, que estaba segura de que se ocultaban tras los búcares y hasta escuchaba sus risas cantaditas y místicas. Muchas cosas más ocurrieron como cuanto Titina tuvo su primer crío, un hermoso cabrito blanco a quien llamé Consentido. Creció ágil, robusto e inquieto y se subía por los riscos impacientando muchas veces a su madre que no tenía sosiego llamándole. También otro día se apareció Papá con otro cabrito de la misma edad del nuestro, pero enclenque y flojo. Se lo habían regalado en la casa de unos parientes suyos, porque su cabra había tenido tres y no daba suficiente alimento para amamantarlos a todos o, según razón, la familia usaba toda la leche y no le dejaban casi nada a los cabritos.

A Papá le pareció fácil el que Titina le dejase mamar junto a su hijo, pero ¡qué va! no fue así. Se puso furiosa y había que estar muy pendiente porque si lo encontraba en su camino acometía contra él para destruirlo. Pero yo me hice de una maña para que Lelo, que así le nombramos, pudiera alimentarse de ella. Cuando era el momento de mamar yo le cubría los ojos a la cabra para que no lo viera y ambos cabritos se alimentaban a la vez. Así Lelo recobró sus fuerzas y aunque nunca llegó a ser tan fuerte de patas como Consentido se restableció y cumplió su cometido en la vida.

Mi hermano Daniel sabía cuánto me gustaban los animales y un día se apareció con un cachorrito de perro de la raza *beagle* a quien yo puse por nombre Queinés. Un hermoso ejemplar, pequeño de estatura, pero vivo y despierto. Creció lindo y muy diestro y me hizo muy feliz porque ahora tenía yo compañía para ir por la finca, compañía ideal que también nos servía a mi hermano y a mí de compañero de juego. Queinés, nos fue también de gran ayuda para la crianza de gallinas, pues sus feroces ladridos y sus desenfrenadas carreras ahuyentaban las ratas y en especial al manguí o comadreja que era una amenaza para las aves.

Como dijera, las cosas sucedían una tras otra llenando mi vida de sorpresas, y una tarde a eso de las tres estábamos Mamá y yo bordando cuando de pronto le dije:

—¿Recuerdas aquel joven de Casey llamado Pedro Juan el hijo de los lareños?

—Sí, lo recuerdo, ¿por qué hija? —me preguntó ella.

—Pues mira, en estos mismos momentos me vino su recuerdo a la mente.

—Bueno, puede ser que él también haya pensado en ti y los pensamientos se hayan cruzado—, añadió ella y con la misma se levantó y se dirigió al fogón a preparar café y yo me dirigí a la puerta y para sorpresa mía caminando hacia nuestra casa venía Pedro Juan.

Si quizás el camino hubiese sido franco, pues era de imaginarse que yo le había visto, pero no era así pues éste se escondía por entre las zarzas y la arboleda, por detrás de una curva, lo cual lo hacía imposible. Nos quedamos atónitas de que yo hubiese percibido su llegada, a lo que Papá, al nosotros referirle el fenómeno, lo calificó de transmisión de pensamiento o un caso de telepatía. Esto me estuvo raro y a la vez interesantísimo. Le pregunté a Papá si todo el mundo tenía este don, a lo que él contestó que por lo regular todos los seres humanos con mentes saludables estaban dotados de dones, gracias y virtudes pero que había algunos que sobresalían, siendo más agraciados, más bendecidos y más receptivos o mejor dicho más abiertos de mente. Confieso que aquellas sus palabras me hicieron muy dichosa. En cuanto a Pedro Juan había venido a verme para pedirme que le diera la oportunidad de visitarme y cortejarme si era que Papá lo consentía y todo con intenciones de casarse conmigo, pues según él no había tenido sosiego pensando en mí desde que salimos de Casey, hasta ahora por medio de Félix Nieves se había enterado de nosotros. Yo, por mi parte, no estaba interesada en matrimonio y ni antes ni ahora me había sentido atraída a él, por lo que con mucha sensatez le dije que no estaba interesada en su linda y sincera proposición. Al día siguiente muy de mañana se marchó, con el alma triste al no ser correspondido, pero yo estaba segura de que él no estaba en mi destino para acompañarme por el camino de la vida.

Para este mismo tiempo tuvimos otra visita, la de tío Paulino Riva; era hermano de crianza de Mamá. Su madre viuda había estado al servicio de mis abuelos en la estancia. Cuando ésta murió, quedó la criatura de un par de años de edad al amparo de mis abuelos, ya que no había parientes que se hicieran cargo de él, ni tampoco que vinieran a reclamarlo, por lo que fue criado en el seno del hogar con todos los derechos de hijo propio. Pero esta verdad, por ahora, para mí era desconocida, así que desde niña le tuve cariño al igual que a mis otros tíos, ya que entre mis padres y él existía una amistad muy estrecha, la cual de niña yo también aprendí a disfrutar. Paulino era un hombre en sus treinticinco años, alto, grueso, fornido y elegante, con un caballo negro, negrísimo, que con el claro de la luz se tornaba violeta. Estaba casado con una adorable mujer de nombre Anicia de un cabello de color de la barba del maíz y con unos ojos verdes que unidos a su color de morena clara le daban una semejanza de virgen a lo cual le ayudaba también su ternura. Vivían en una hacienda lejana donde mi tío era mayordomo y para esta fecha tenían ya cinco hijos, cuatro varones y una niña. Según él, en aquella ocasión la tía no se sentía bien. Los embarazos seguidos, la lucha de las faenas cotidianas, el mucho bordar y los malos ratos que él le hacía pasar con sus enamoramientos y más que nada la mala nutrición, todo contribuía a que la salud de la pobre mujer fuera decayendo.

Cambiando el tema digo que mis padres trabajaban la obra espiritista y en ocasiones se reunían varios *mediums* en nuestra casa para tener sesiones. Así fue cómo conocí a un hombre de nombre Melchor. Vivía en la hacienda Santiago de Frontera con su mujer de la raza negra, no estaban casados y tenían dos criaturas pequeñas. Después de algunas sesiones don Melchor usó de visitar nuestra casa con frecuencia casi siempre en ausencia de Papá. Daba su vuelta, platicaba un poco con Mamá y conmigo y luego se marchaba, hasta un día en que Mamá se encontraba ocupada en la cocina y él se dirigió a mí para pedirme que me casara con él. Me enojé en gran manera al saberle hombre con mujer y con hijos, un hombre ya maduro, que sólo contaba con cincuenta centavos al día cuando trabajaba, porque, por lo visto, era más el tiempo que se pasaba visitando que trabajando. Así que en voz muy queda le di una buena reprimenda, tanto que desapareció de todo aquello y jamás volví a verle.

Después de varios meses ya comencé a adaptarme al nuevo lugar y escondí, entre mis cosas hermosas, tiempos pasados, lugares vividos y esperanzas muertas y, como puede verse, salían a mi encuentro nueva gente, nuevos acontecimientos y nuevas esperanzas, como hilos que iban tejiendo la red que sin darme cuenta me iba envolviendo. Para este entonces ya el tío Pepito dejaba su comisión para atender otros negocios lo que hizo que yo fuera a la aldea de La Cuchilla en busca de otra comisionista. Varias había, pero el destino me guió derecho a la residencia de la señora Marcelina Rivera quien también era costurera y quien había sido concubina de toda la vida del señor Nicolás Cuevas, comerciante y agricultor y por cierto muy amigo de mi padre. Con doña Marcelina hice estrecha amistad. Trabajaba para ella con prontitud y responsabilidad y a la vez la hice mi costurera. De la otra parte de La Cuchilla, hacia el este, conocí a otra señora un poco diestra en costura de hombre a quien mi madre usaba mandarle costuras de Papá y el niño. Doña Isabel, que así se llamaba la señora, tenía una hija menor, que era negra llamada Laura, una jovencita en sus dieciséis años para entonces. La tal Laura resultó ser una chica tramposa quien en adelante jugó un papel muy deshonesto en mi humilde y sana vida, el cual jamás podré olvidar.

Otro acontecimiento que nos sorprendió fue cuando Papá recibió una carta del Fondo del Seguro del Estado, anunciándole que había llegado su caso a la tesorería, el de aquel accidente cuando la máquina de cortar hierba le había trozado el dedo allá en la hacienda Isabelita de Arbona. Seis años habían transcurrido y en la carta le decían que si él estaba de acuerdo en recibir un cheque por doscientos dólares. La carta estaba escrita en inglés y ahí estaba mi padre pensando quién había en el barrio que le ayudara en la traducción de la misma, cuando yo le dije.

—No tienes que ir por nadie, yo te la puedo traducir —y así fue. Papá se quedó pasmado cuando me escuchó. Así que llenamos los requisitos por escrito, diciendo que estaba de acuerdo, y a eso de un mes Papá recibió el cheque. Doscientos dólares para nosotros en aquellos momentos de apretura y depresión era el cielo abierto, como si tuviéramos dos mil, pero muchísimo más era lo que necesitábamos.

Mamá pensó que lo mejor que se podía hacer era acompañar a Papá al pueblo para ir de compras, porque cada centavo debía ser bien aprovechado. Y mientras Mamá planeaba, Papá se fue solo a la ciudad, cambió el cheque y compró a su antojo lo mejor que creyó. Como es sabido de tiempos pretéritos que los comerciantes en su mayoría han sido educados en la escuela de los ladrones y reconociendo que Papá era hombre campesino y poco entendido en este menester, le echaron pajas en los ojos, como dice el adagio, y a casa apreció con una frisa, algunas toallas, y un paquete de retazos de tela de muy mala calidad, buenos para nada. Para él por el contrario, se había comprado buena ropa, un par de zapatos y un sombrero de Italia, porque en esto de comprar para él era bueno. El resto del dinero fue a sus bolsillos y de allí nada supimos. Lo único que digo es que de tal dinero nada disfrutamos la familia y nos quedamos como estábamos o peor porque ahora nos quedaba el resentimiento, al igual que años antes cuando se había vendido el caballo Reloj.

Así que no fue cosa que nos tomó por sorpresa, pero si nos dolió mucho. Pero hay algo de jocoso en todo esto: Papá en su ignorancia sólo había comprado una sola frisa la cual sería para Mamá y para él y esto me apenó mucho, ya que estábamos en puro invierno y de noche aquí en la sierra hacía un frío bárbaro que nos hacía rechinar los dientes. Las noches nos las pasábamos acurrucados nosotros los niños en tal forma que por las mañanas nos dolían y nos sonaban las coyunturas al estirarlas. No nuestros padres, para ellos siempre había buenas cobijas y cuando compraban nuevas, entonces nos pasaban a nosotros las usadas. Cuando Papá compró la nueva frisa, aún la que ellos usaban estaba en buenas condiciones, por lo que Mamá pensó en guardarla en un baúl hasta más adelante.

Cándida y yo dormíamos en la misma cama y una noche de esas en que el frío era cortante a mí me vino a la mente la frisa nueva que estaba en el baúl. Me levante sigilosamente, la saqué y nos arropamos con ella teniendo cuidado de cubrirla con la vieja y deshilada de nosotras para así evitar que Mamá lo notara. Esto lo hicimos por dos meses consecutivos guardándola en el baúl cada mañana. Hasta el día en que Mamá se decidió a ir por ella. Cuando la sacó la vi un poco pensativa, pero de nuevo cambio el rostro, como dudosa de que fuera verdad lo que estaba pensando o quizás adivinó la verdad, pero no le dio importancia. Entonces nos pasaron a nosotros la de ellos, que no era igual pero sí mejor que la nuestra, además nos quedaba la satisfacción de haber disfrutado de la nueva por dos largos meses de crudo invierno.

Para este tiempo se terminaba el tramo de carretera y Papá habló con el mayordomo de la hacienda Estrella para que le diera trabajo de desyerbo por ajuste, en la colindancia. Lo consiguió y se convirtió de nuevo en aquel hombre duro y constante de trabajo que era, sólo que según él un destino incierto lo llevaba siempre por contrarios derroteros. Una vez le escuché decir:

—Creo que esta vida que estoy viviendo no es la mía.

De modo que de nuevo nos sentimos como personas normales y como una familia que está viviendo la vida: trabajar todo el día, los niños estudiar y luego el reposo, la reunión familiar y volver a escuchar al dulce Papá leernos en alta voz. Pero que cada cosa tiene un provenir o un rumbo trazado eso es un hecho, porque en una ocasión un amigo de Papá insistió en que le prestara aquel hermoso libro que tanto nos alegraba cuando Papá nos leía. Nuestro padre no desistió y el gran libro, nuestro amigo, se fue de nuestra casa y jamás volvió, lo dejó Papá olvidado en un automóvil trayéndolo de vuelta, de casa del amigo. Confieso que lloré aquella joya, recuerdos estimados y biblia del hogar. Ahora sólo nos quedaba la novela *Susana* la cual yo leía con ahínco haciéndola mi libro de texto y fuente única donde mi alma sedienta buscaba refugio intelectual y sus personajes se paseaban por mi mundo mental y cada una de sus frases las sentía correr por mis venas como una corriente en la cual yo también me perdía como una intrusa viviendo la historia junto a los protagonistas. ¡Qué tristeza, qué dolor y qué amargura el día que la hallé con sus páginas destrozadas, tiradas todas por el piso! Paulita, que ya tenía dos años de edad, la había encontrado bajo mi almohada y la había destruido totalmente. ¡Cómo recuerdo la angustia que me embargó! ¡Cómo, entre lágrimas y llanto inconsolable, trataba de recoger cada pedacito, cada trozo y página para volverlos a poner en orden sin poder conseguirlo! ¡Quién me hubiese dicho que así se encaminaba mi vida hacia un total destrozo y qué imposible me sería volver a poner los pedazos juntos!

¿Por qué me sucedían tantas cosas desagradables? pensaba. ¿Qué daño hacía yo para merecer tales castigos? Y a solas me perdía por la finca en busca de respuestas a mi dolor. Esta vez salí vereda abajo en busca de paz. Caminé un largo rato cuando repentinamente di con una mancha de trébol junto a una corriente de arroyo. Decía la gente que el que encontrara una hoja de cuatro pétalos había sido bendecido con suerte y que sólo tenía que demandarla con fe y hallaría consuelo a su dolor y mucho bien. Busqué afanosa entre el espeso verdor y hallé no solo una sino dos. Las arranqué con todo y tallo y con mi mente fina y despierta quise conseguir el hechizo de bien en las delicadas hojas; pero no, mi espíritu no tenía fe en esto. Buscaba mi bien a través de la copiosa montaña por sobre la copa de los gigantes árboles del alto cielo infinito como decía mi abuelo. Era de arriba que tendría que esperar las respuestas a mis preguntas. Era del mundo de la luz, más allá de las estrellas y del sol donde decía el abuelo que estaba nuestro consuelo y la voluntad divina que guiaba a los seres humanos. Sólo que teníamos que tener fe y ser pacientes y aprender a escuchar la voz divina hablando y contestando nuestras preguntas. Decía él que ciertas respuestas tomaban toda una vida para ser entendidas, solo nos faltaba ser pacientes y humildes, de lo contrario nos ahogaríamos en un vaso de agua o haríamos un desierto de un puñadito de arena. Que no habíamos venido a la tierra sólo a disfrutar bienes, sino a vivir la vida que era lo más importante. Vivirla en alegría, en paz, en amor, en perdón y en esperanza. Que habíamos venido a este mundo para aprender y para disfrutar de tantas cosas bellas que existían. No se cuánto tiempo estuve en aquel lugar, luego de escuchar la voz dulce del abuelo hablándome. Luego contemplé las dos hojas de trébol, que aún sostenía entre mis dedos y ya que era imposible regresarlas a sus tallos, como también me sería imposible volver a poner junta la novela, las arrojé a la corriente del arroyo que las llevó lejos de mi vista y me regresé a casa. Cuesta arriba caminaba como si una carga muy pesada se me hubiese quitado del alma y recapacité un poco y pensé si quizás el hechizo de las hojas en mis manos me había abierto la mente a escuchar aquel mensaje del abuelo que estaba perdido por mi subconsciente y de no ser por el poder de las hojas jamás lo hubiese traído a mi memoria tanto como lo necesitaba.

 Cuando dije anteriormente que a veces me sentía mujer y a veces una chiquilla así mismo era. Mil caprichos se me venían a la mente y la mayoría de las veces mi hermano tenía que llevarme la corriente. Tenía él para entonces unos nueve años, pero era bueno y comprensivo para conmigo y cuanto se me antojaba él estaba dispuesto a cooperar. Una vez nos dio con meternos en un saco y deslizarnos por debajo de un mangoál por una empinada vertiente que terminaba en un farallón de ortigas bravas. Siempre que teníamos la oportunidad allá ibamos a parar, en muchas ocasiones casi de noche, otras al aclarar, pero así era. Nos gozábamos de lo lindo, hasta una mañana temprano que allá fuimos. Yo, como siempre, era la primera en deslizarme y atrás me seguía él, que siempre quedaba escorado en mis espaldas por temor a caer por las ortigas abajo. Yo sabía controlar mi saco y frenaba antes de llegar al despeñadero, además por nada del mundo yo le dejaba deslizarse delante. Esta vez yo me deslicé y todo salió bien, pero él, que siempre se deslizaba con cierto temor y despacio, al tropezar con una ramita de café que nos quedaba junto al resbaladero y donde se había anidado una avispa durante la noche, ésta se le pegó y le picó tan fuerte que él puso los gritos en el cielo. A los gritos llegó Mamá corriendo y cuando descubrió nuestro deleitoso resbaladero por poco nos suena, y allí terminó nuestro encanto.

Otro de nuestros pasatiempos favoritos era ir por frutas y en este lugar abundaba el aguacate, y de primera categoría. Cuando llegó el cosecho ambos comenzamos a cargar de ellos para la casa. Él se subía a los árboles y los tumbaba o meramente los recogíamos de entre las hierbas de los que goteaban por sí solos. Llevábamos en abundancia, luego los metíamos en un viejo baúl para que se maduraran y los separábamos con un pedazo de cartón mitad para él, mitad para mí, y claro, para el resto de la familia. Yo como mayor y más astuta, pues cuando notaba que los de la sección de él comenzaban a madurarse acto seguido los pasaba para la sección mía, así que por lo regular eran los míos en comenzarse a madurar primero. Pero el chico, que ya para entonces comenzaba a despertar y a entender que yo le estaba jugando una treta, pues comenzó a hacer la misma jugada. Cambiaba a menudo los míos para su lado. Así fue que, cuando ambos nos dimos cuenta que estábamos tratando de tomarnos por tontos, nos dio tremendo mal de risa, tanto que aún lo recordamos y reímos con gusto.

Yo siempre estaba ideando, inventando, caprichando, y en otra ocasión en que íbamos a casa de los abuelos me empeñé en que dejásemos el camino recto y que tomásemos por el cauce de una despeñada y serpentina quebrada para llegar allá. El no pensaba ni discutía, y para que hacerlo si al fin yo siempre tenía la última palabra. Así que comenzamos a descender corriente abajo, descalzos por supuesto, por riscos y laderas, rocas y peñascos bajando más de nalgas que de pie, en ocasiones entre ortigas y rábanos silvestres o enormes raíces de árboles, resbalando a veces, otras huyendo de insectos y lagartijas que al paso se nos aparecían y cuando caíamos a tierra firme nos dolía cuanto hueso teníamos y las manos y los dedos los teníamos destrozados de agarrarnos, pero todo esto era motivo de júbilo para nosotros. Como puede verse mi hermano y yo éramos inseparables; éramos más que hermanos, amigos y compañeros. No teníamos a nadie más con quien compartir, así que nos teníamos el uno al otro.

Una vez enfermó, tenía alta fiebre y lo mantuvimos en cama. Mamá quizás no se percató de lo serio de su enfermedad, pero yo que lo conocía bien, sí sabía que el niño estaba de cuidado. Claro, en aquel entonces no entendía yo, pero hoy entiendo que se trataba de un ataque de amigdalitis. Era domingo de mañana y mis padres se disponían a salir, como de costumbre, al centro espiritista que quedaba en La Cuchilla. Antes de marcharse llamé a Mamá y le dije,

—¿Por qué no dejas la visita para otro día? Tengo mucho miedo de quedarme sola con el niño, presiento que está muy enfermo.

Ella, por su parte, se sintió un poco enfadada, pensó que eran caprichos míos y se marcharon. Al niño le siguió subiendo la fiebre según el día levantaba y cuando eran como las dos de la tarde estaba rojo como un tomate, y ardiendo en fiebre y para más cogido de la garganta en tal forma que no podía hablar y casi ni respirar. Por unos momentos casi perdí la cabeza, pues era un lugar solitario y no había nadie a quien pedirle ayuda. Aun así me tiré por detrás de la casa y grité caridad por Dios y llamé a la distancia a las casas que quedaban sobre la otra colina, pero nadie me escuchó. Sólo quería que alguien fuera por mis padres al centro. Cuando entendí que todo era inútil recobré la calma, me compuse y corrí a la cocina con un puñado de hierbas medicinales y las puse a hervir. En nuestra casa no nos faltaba alcoholado así que tomé la botella y comencé a frotarle todo el cuerpo, luego comencé a darle el té calientito con una cucharilla, con tanto acierto que muy pronto comenzó a sudar la fiebre y poco a poco se fue refrescando y recuperándose. También maté un pollo, le hice caldo y se lo di a tomar. Cuando mis padres regresaron ya de noche les dije lo ocurrido. Mamá se dirigió a la cama del chico lo tanteó y con cierto desdén me dijo,

—Bueno, muchacha, parece mentira tú siempre exagerando las cosas, ese niño está perfectamente bien.

A pesar de estas nimiedades, Mamá y mi hermano se amaban entrañablemente. Él veía por los ojos de ella y así fue siempre. Le servía de compañía, siempre que fuera necesario y ambos compartían una hermosa amistad, era a donde ella que él siempre iba con sus preguntas y aunque la mayor de las voces ellas no sabía las respuestas o meramente le daba la errónea interpretación él confiaba en su criterio. A ella le gustaba mascar tabaco, vicio que tuvo desde nena y que le acompañó por muchos años y era Daniel quien se ocupaba de este menester muchas veces sin que ella se lo pidiese. Le traía dulces y otras golosinas y se complacía en traerle frutas de las más exquisitas y el Día de las Madres era él quien se ocupaba de comprarle el mejor regalo, en ocasiones tonterías sin gran importancia, ya que en la tiendas del vecindario no se encontraba nada mejor. Hubo una vez que le regaló unos lentes de sol, lo cual ella recibió con agrado, ya que este hijo llenaba su corazón de contento y felicidad.

Cándida, por el contrario, tenía apego hacia mí. De niña buscaba mi regazo el cual nunca le negué y la sentía más hija que hermanita. Por eso insistía en que fuera a la escuela. Le ayudaba al igual que a Daniel con sus asignaciones y me esforzaba para que aprendieran a leer y a escribir. Aquel verano fue su graduación de primer grado. Me esmeré bordando para comprarle todo cuanto necesitaba. Aún la recuerdo en su bello traje azul de organdí de grande banda en lazo, lindas zapatillas negras y su hermosa cabellera peinada lindamente con cintas que hacían juego con su traje. Mientras se efectuaba la graduación, mi corazón se regocijaba dentro de mi pecho, feliz y orgullosa de tan dulce y preciosa muchachita y satisfecha de ser en parte motivación de aquellos sus logros, que también los sentía míos.

A lo largo de mi travesía por la isla y mi estancia de hacienda en hacienda notaba que en cada diferente lugar prevalecía una especie de pájaro aunque se mezclaban diferentes clases. Aquí, en la casa de doña Rosa Martínez, era el pitirre una de las especies que más sobresalía. Es un pájaro autóctono de Puerto Rico y orgullo nuestro. Su color es gris claro y tiene la pechera blanca y de cabeza a la punta de la cola mide unas siete pulgadas por diez de envergadura. Es un pájaro con estilo, ligero en extremo, hábil y capaz de enfrentársele al temido guaraguao. Unos cuantos pitirres violentos matan con facilidad a una de estas aves de rapiña. Suelen atacarla por sobre el lomo, y ésta, aunque enormemente grande comparada con un pitirre le teme con terror, tanto que cuando se siente atacado por éste, se le puede escuchar dando temerosos alaridos. El chirrido del pitirre es agudo, estridente y templado y en su melodía se escucha claramente algo así como pitirrrre, pitirrrre, pitirrrre, dándole una especie de fuerza alargada y raspante a la rr.

El segundo verano que allí pasamos sucedió algo muy emocionante. Un día lluvioso de junio, a eso de las tres de la tarde, salí a dar una de mis acostumbradas caminatas después de la lluvia. De pronto vi que cuatro pitirres se posaban sobre el alto mamey, en sus ramas antenas secas de la copa. Me subí a un alto para así poder apreciar mejor a los lindos pájaros que batían sus alas y chirriaban con gran estridencia. Muy pronto comprendí que era una pareja con su cría. Me mantuve lo más quieta posible para no perder el más mínimo detalle. Aquella tarde tuve la oportunidad de presenciar una lección de entrenamiento de vuelo de pájaros, una cosa bella y formidable. Aquella tarde me entregué totalmente al espectáculo que no imaginé fuera tan emocionante y tampoco pensé que fuera a tomarse cuatro horas, pero así fue.

Presumo que era el padre el responsable del entrenamiento, el cual después de asegurarse de que los chicos estuviesen bien posados y luego de cantares y algunas lecciones en su idioma, comenzó por hacer piruetas en el aire, regresando cada vez, con rapidez y garbo a donde estaban acurrucados los chicos al lado de su madre. Luego de hacerles comprender algunas reglas a lo que ellos parecían responder "si, papá", éste se dedicó por un rato a ir por golosinas, las que conseguía con habilidad y ligereza, poniéndolas en el pico de cada uno con tanta inteligencia, una vez en el pico de uno, luego del otro y últimamente en el de la madre que en ningún momento se separó de los pequeños hasta que todos estuvieron satisfechos. Lo comprendí porque hubo un momento en que uno de ellos echó fuera algo de lo mucho que tenía en el buche. Luego el padre se tomó unos minutos de reposo, sin dejar de chirriar ni un solo instante, cosa que hacía a intérvalos hasta que se dispuso a darles la primera lección de vuelo.

Los chicos observaban a su padre muy entusiasmados y entre un pitirrear y otro contemplaban a su padre y maestro, quién no dejó en ningún momento de hacerles comprender la importancia de observar con atención y cuidado cada movimiento que él les demostraba, ya que al ponerse el sol ya deberían por sí solos haber aprendido bastante. La madre también, a su manera, les advertía que su padre estaba en lo cierto y que la tarde sería dura y atareada, pero de hecho tendrían que prestar mucha atención. Los pichones aún mostraban su forma redonda, como bolas de lana, aunque sus alas y colas estaban más desarrolladas. Se notaban tiernos y mimados, pero a pesar de todo fueron comprendiendo lo serio del asunto. Esto lo demostraba el padre con la destreza y agilidad con que se deslizaba por el aire yendo a posarse a otra rama lejana en otro árbol desde donde les chirriaba en tal forma que les mantenía en constante alerta. La madre también volaba a cierta distancia desde donde les decía en su pitirreo, "atención, hijos, a su padre".

Así continuó la maniobra hasta que las criaturas se decidieron a volar, aunque primeramente sólo de rama en rama. Primero temerosos, pero su padre les trinaba tan agudamente instándoles; luego confiados, siguieron volando con más presteza, alejándose cada vez más, mientras chirriaban más enérgicamente. El espectáculo estuvo soberbio, yo diría que bellísimo, fantástico, ya que el padre se lanzaba al vacío como aviador de las fuerzas aéreas en una celebración de un 4 de Julio. Después de aquellas cuatro horas de aprendizaje me pareció que ya los jovencitos estaban listos para enfrentarse al aire, pero no sucedió así, pues al oscurecer la familia levantó el vuelo, los padres al frente, perdiéndose todos en la espesura.

Para sorpresa mía, la tarde siguiente regresaron de nuevo, lo único que un poco más tarde, y de nuevo se realizó la maniobra, con el mismo procedimiento y una vez más el padre se lució frente a sus adorables hijos haciendo alarde de su capacidad y maestría, y una vez más los pichones observaron con atención a su progenitor. De nuevo me preguntaba yo si esta sería su última práctica; pero no fue así, de nuevo a la tarde siguiente volvieron a reunirse en el mismo árbol, pero más tarde que lo acostumbrado, sólo hora y media estuvieron maniobrando, pero se comprendía que ya la clase había llegado a su final, pues aquel atardecer remontaron el vuelo por el inmenso bosque, sin distinguirse quién era quién, pues todos volaban y chirriaban con estilo y madurez.

Después de mi experiencia con las hojas de trébol estuve inquieta no sé por cuánto tiempo. Así era yo desde que tuve uso de razón. Cuando no entendía las cosas o deseaba saber algo, hasta que no estaba segura de haberlo entendido, fuese lo que fuese, la mente se me rompía por dentro y ahora tenía que revelarle mi sentir a alguien, para que me aclarase qué de verdad había en todo aquello. Casi siempre era a los abuelos a quien revelaba mis cosas, pues con Papá no tenía la misma confianza y con Mamá no me gustaba dialogar de ciertas cosas, pero con los abuelos sí, porque me escuchaban y me entendían. Así que la próxima vez que fui a la estancia hablé con la abuela, ya que el abuelo no se encontraba en casa, por lo que me alegré porque quería escuchar la opinión de ella. Sabía que casi siempre ambos veían las cosas de diferentes puntos de vista y por eso precisamente quería escucharla a ella. Cuando le referí la historia de mi gran pérdida, refiriéndome a lo de la novela, y cómo Paulita la había destruido y lo de las hojas de trébol y cómo me sentía y cómo el abuelo me enseñaba y aconsejaba en cuanto a esperar mi bien y mis respuestas de arriba de lo alto, de lo infinito, ella no vaciló en declararme su punto de vista, que no fue otra cosa que engrandecer y abarcar profundamente aquella verdad tan hermosa del abuelo.

—Tu abuelo, mi niña, se ha hecho viejo en medio de estas verdes montañas y del cafetal, que ha sido una de sus mayores ilusiones. La naturaleza ha sido un templo y libro abierto adonde ha aprendido hermosas lecciones y bellas experiencias. En la dureza de la vida, como todo ser humano temeroso de Dios, ha aprendido a sobreponerse y a escuchar la voz de Dios a través de esta naturaleza. También ha vivido su vida contemplando bellos amaneceres y doradas puestas de sol y en las noches calladas contempla el cielo estrellado y la luna y se pierde su espíritu a través de ese cielo infinito como te dice él, de donde espera su bien y la bendición de Dios. Es un hombre sano y bueno, de fe y esperanzas que ha visto las semillas germinar del seno de la tierra y las ha observado crecer día a día hasta hacerse árboles que se remotan al cielo buscando el sol y la vida. Así también su alma ha aprendido a buscar y a mirar hacia arriba, a ese cielo infinito de donde espera su bien y eso es maravilloso, ¿no crees?

—Sí, abuelita, maravilloso —contesté yo ansiosa de escuchar más y más.

—Ahora volvamos a las hojas de trébol que es exactamente lo que te tiene intrigada. En cuanto a si tienen algún poder o no, ¿no es así?

—Sí, así es —contesté yo anhelosa.

—Pues comenzaré por decirte que Dios Todopoderoso es el dador de toda sabiduría y toda dádiva, o sea, de todo bien. Él es el creador de todo el universo, o sea de todo lo espiritual y material creado y para él no hay alto ni bajo, llano ni profundo en donde no esté su santa y poderosa presencia, porque su espíritu grandioso cubre, fluye y se agita a través de todo, inclusive de nosotros mismos, ya que somos su obra cumbre y está más cerca de nosotros que nuestros brazos y pies y Él escucha a sus hijos desde cualquier distancia y en cualquier lugar. Estuvo con Moisés en lo alto de una cima y escuchó a Jonás desde el vientre de un pez en la profundidad del mar, pero lo más hermoso es que su espíritu mora dentro de nosotros. Así que si aprendes a confiar en Dios hallarás que puedes escuchar su voz hablándote y contestando a tus preguntas, súplicas y necesidades, si tan solo aprendes a aquietarte y escuchar su voz. Pero las personas que no han aprendido a conocerle como realmente es Él, pues ponen su confianza en una hoja de trébol, en una piedra, en un pedazo de palo o en un pedazo de metal y como tienen fe en eso en eso confían, el mismo Dios dador de toda buena dádiva y que a la vez les ama, Él mismo les suple en sus necesidades y súplicas y ellos que no conocen eso enfocan su fe en sus creencias. Por otro lado hay que admitir que hay infinidad de cosas que no entendemos, misterios que nos son ocultos, preguntas sin respuestas, que tan solo Dios nos puede revelar, pero de una cosa sí estoy segura y es que la fe mueve montañas.

—¿Y cómo es la fe abuelita?

—¿La fe? La fe es algo así como tener plena seguridad de que recibirás respuesta a una plegaria o súplica a una necesidad, aun cuando te parezca difícil o imposible el que se realice. Algo que está fuera de tu alcance, pero que lo esperas con una certeza, de recibirlo sin saber cómo, ni de donde vendrá. Aunque tenemos que ser cuidadosos para pedir con entendimiento, porque a veces pedimos algo, o deseamos algo que no es la voluntad de Dios, luego insistimos tanto, que Él nos lo concede y si no es su voluntad puede que no nos traiga bendición con ello. Por eso debemos siempre pensar, antes de pedir y rogar por algo, para estar seguros que no sea un capricho nuestro o quizás nuestro egoísmo. Pero siempre que sea para nuestro bien Dios premiará nuestra fe, o sea, esa segura confianza, porque la fe no es otra cosa que tener la certeza de que recibiremos aquello que pedimos, aun cuando no vemos la posibilidad de que se realice algo que es imposible para nosotros, pero sí posible para Dios porque para Él todo es posible. Pero ahora quiero dejarte en tu mente una cosa más y es que aprendas a confiar en Dios de todo tu corazón. Aprende a escuchar su voz dentro de ti misma. Aprende a escuchar su voz y verás qué hermoso es. También aprende a no desconcertarte por la pérdida de alguna cosa, como ahora por la novela, pues todo cuanto tenemos en esta vida o adquirimos son bendiciones de Dios y si por alguna razón las perdemos, son muchísimas más las que nos quedan y las que nos esperan. Nunca te aflijas por algo que se pierde, al contrario, cuenta las bendiciones que te quedan.

—¿Y cómo sabes tantas cosas tan bonitas y tantos secretos tan hermosos? —pregunté un tanto consternada.

—Pues, mira, te diré algo. Hubo un momento, yo joven aún, cuando murió mi niña Cristina que Dios tenga en su reino. Pequeñita mi criatura enfermó y murió y aquello fue para mí lo más grande que me pudo pasar en aquel entonces. Te confieso que no me podía conformar ni consolar y entonces fue que comprendí que me hallaba sola en mi angustia; porque así es, hay momentos de nuestra vida en que nos encontramos totalmente solos aun cuando tengamos demasiada compañía. Pepe me consolaba, pero sus palabras no mitigaban mi dolor ni mi pena. Grande era mi soledad y sentía un profundo vacío en el alma y la angustia me ahogaba y sentí mis manos vacías. En mi desesperación clamé a Dios por ayuda y fue cuando desde el fondo de mi alma escuché como si una voz me hablara y aun recuerdo la frase que decía: "Hágase la voluntad de Dios, hágase la voluntad de Dios" y escuché aquella frase por un rato hasta que sentí que hizo hueco en mi corazón y me sentí confortada, consolada y en paz y comprendí que el Dios Todopoderoso había escuchado mi clamor y en adelante aprendí a llevarle a Dios todas mis súplicas y todas mis cuitas y aprendí a escuchar su dulce voz hablarme desde lo íntimo de mi ser o sea, desde lo alto infinito como dice tu abuelo, porque dentro de nuestra mente espiritual hay un infinito grandioso donde mora la chispa viva del espíritu de Dios desde donde se oye su voz divina hablarnos.

Bueno, querida lo que puedo decirte es que desde aquel momento en adelante muchas luchas y problemas he tenido, pero sigo escuchando la dulce voz hablándome, y no sólo eso, guiándome, enseñándome y aconsejándome. En cuanto a ti no sé cuánta vida te tiene Dios deparada ni tampoco cuántas amarguras te tenga esa vida reservadas, tampoco cuántas serán las almas a quien tengas que consolar, ayudar, socorrer, enseñar o guiar, porque para eso hemos tenido las mujeres al mundo para ser ayudadoras de Dios en la misión de impartir amor, comprensión, caridad y fe, pero en cualquiera que sea tu necesidad clama a Dios por ayuda y espera en Su gran poder y misericordia y verás que nunca te fallará y deja las hojas de trébol y las supersticiones para aquellos a quienes aún no les ha amanecido.

Cada frase y cada palabra que me dijera la abuela en aquella ocasión hizo profundo hueco en mi alma. Saberme creada por un Dios Todopoderoso que a la vez vivía en lo profundo de mi ser y que sólo tenía que aprender a escuchar su voz y a quien podía ir con todos mis problemas y preguntas, esto me llenaba de una inmensa satisfacción y fe, la cual me sería pilar capacitándome en adelante para vencer al mundo entero y más que nada, jamás me sentiría sola.

Aquella hermosa verdad de un universo, creación de la Mano Divina y Poderosa, daba a mi espíritu una nueva capacidad abriéndose mi entendimiento hacia un mundo de vida y de grandeza del cual yo me sentía parte integrante, y si, como decía ella, el ser humano era la obra cumbre de Dios, entonces yo era algo muy especial, algo más que una simple muchacha campesina y dentro de mi ser me sentía como un mismo universo donde se revolvía una inmensidad de vida, de esperanzas y de ideas y una felicidad que me llenaba como si sintiera dentro de mí una preciosa primavera, no una primavera en lo exterior sino una primavera que comenzaba a brotar y a florecer con fuerza dentro de mi misma.

Cumplir los catorce años fue para mí de mucho significado en diferentes aspectos. Era el tiempo en que, según las tradiciones de nuestra familia, la niña comenzaba a entrenarse para ser la futura ama de casa. Por eso, a pesar de haberme familiarizado con los quehaceres cotidianos, las mujeres mayores de nuestra familia se ocupaban con esmero de adiestrar a uno en todo aquello que tuviese que ver con el hogar y sus ciencias. La costura, el cuidado de la ropa, el bordado, el tejido, el arte culinario y el de la botánica o medicina y cuidado de los bebés eran cosas muy importantes en nuestro linaje. Eran ciencias que iban pasando de madres a hijas y para mí, que tuve la dicha de conocer abuelas y bisabuela y una inteligente madre, fue algo ideal, interesante o mejor dicho maravilloso y grandioso. Esto de enseñar a uno se tomaba muy en serio y a cada vuelta que uno daba y en casa cosa que ponía la mano había siempre alguna de nuestras maduras mujeres leccionando a uno, y cualquier cosa por insignificante que pareciera había que hacerlo con gusto, con gracia, con cuidado y con arte.

Así crecí yo poniendo sumo cuidado en cada detalle, recordando más que nada, pues era en nuestra mente que guardábamos cada secreto importante, a la vez que ejecutábamos cada ciencia en nuestro diario vivir. Hoy, después de cincuenta años, en que el mundo ha madurado y ha despertado científicamente para hacerle la vida fácil y placentera al ama de casa, se hace difícil o imposible aceptar o pensar cómo era que la mujer de entonces hacía para llevar a cabo su tarea de cumplir a cabalidad con cada una de las responsabilidades de su familia, que por supuesto eran y serán justamente las mismas a través de todos los tiempos.

La belleza y cuidado de la mujer eran cultivados con esmero desde su cabellera hasta sus pies, detalle en el cual se esforzaban mucho abuela y mamá. Todas en la familia poseíamos abundante cabellera. El *shampoo* que usábamos era el huevo en su forma natural, lo rompíamos y vertíamos en el pelo estregándolo bien, luego era bien enjuagado. Para el tiempo del aguacate restregábamos la masa de uno bien maduro en el cabello luego del *shampoo* y después de enjuagado quedaba sedoso y brillante. Otro suavizante y embellecedor era el aceite de coco, que también se usaba como crema embellecedora antes del enjuague. Los peinados eran hermosos a base de trenzas o moños. Las que tenían su pelo más vivo, se peinaban bellamente en diferentes formas usando el agua de azúcar como fijador. Se usaba mucho la horquilla y las hebillas en todas sus formas y colores y la peineta y peine español estaban en boga.

El cutis también era tratado con delicadeza dándosele importancia en el lavado y limpieza. Debíase lavarse por lo menos dos veces al día con un buen jabón usándose agua de la que brotaba de las peñas o pozos creyendo que mantenían la piel suave y hermosa, algunas preferían agua de lluvia. El agua debía ser siempre en su estado natural, aunque algunas como Mamá preferían ponerla a tibiar al sol, con hojas de escobilla trituradas y pétalos de rosa que luego de colada se usaba para el primer lavado, luego se enjuagaba con agua fría. Se nos enseñaba a secar el rostro suavemente más en forma de palmaditas que frotándolo y debíamos cuidarnos de noche al dormir pues la mala posición con las almohadas quitaba mucho de la belleza del rostro y también del busto y del cuerpo en general. Otras creencias que existían que el zapato apretado o los cordones amarrados fuertemente, como también el padecimiento de estreñimiento eran factores primordiales que producían arrugas en el rostro.

Los aceites eran fuentes medicinales para nosotras, tanto como medicamentos, como usándolos para dar belleza al cutis, al cabello y todo el cuerpo. Entre ellos prevalecía el de oliva, el de coco, y el de almendras aunque había una infinidad. Así que entre días las mujeres que pasaban de los treinticinco al irse a la cama o en horas propias del día acicalaban su cutis con una mezcla de estos aceites, cuidando de que después del cuidadoso masaje todo el sobrante de este lubricante fuera limpiado cuidadosamente. El rededor de los ojos era masajeado con sumo cuidado frotándolos con el aceite a la redonda para ambos lados y en especial en donde salen las patas de gallina. El cuidado de la boca era muy esencial y a pesar del cepillo casero de limoncillo ya teníamos cepillos y pastas en los mercados.

El *brassiere* de entonces se llamaba justillo y lo usaban las mujeres casadas y por lo regular era fabricado en la casa. Nosotras las jovencitas teníamos el privilegio de lucir nuestro hermoso busto.

Yo, por ejemplo, fui dotada de uno mediano, erecto y duro que provocaba la envidia de las otras chicas. Las parientas sinceras compartían conmigo la dicha de tan hermoso don y los hombres me contemplaban con picardía. Para esta fecha del mil novecientos treintidós ya el corsé y la faja apretados, estaban pasando de moda y aunque abuela y Mamá conservaban los suyos en sus baúles a mí no se me obligó a pensar en ello. Era como si una nueva era se estuviese abriendo paso, y como si la mujer comenzara su época de liberación.

Cuando me llegó la menstruación fue otro momento de adaptación e higiene. El algodón se sembraba y cosechaba y luego de quitársele la semilla se ponía al sol en una funda de tela o papel, luego se guardaba en un baúl. Las camisetas viejas se levaban pulcramente y luego de buen sol y sereno eran hechas pañitos y conservados. Cualquier trozo de tela era guardado para este menester. Una prenda imprescindible entre nuestras mujeres era la media. La abuela las usó siempre y aun nosotras, las más allegadas a ella, nunca veíamos sus piernas desnudas a menos que fuera cambiándose. Por eso las medias venían a la casa en abundancia. Para entonces existía en el mercado la media mercerizada de hilo con brillo. Era una media fuerte y a la vez suave y de fina apariencia. Una vez deshilada o con un pequeño agujerito se desechaba, se lavaban y se guardaban para otros usos. Uno era convertirlas en almohaditas con algodón o con los pañitos para usarlas en los días de la menstruación alfileradas con imperdibles delante y detrás y sujetas a una fajita o tira amarrada a la cintura. Una cosa realmente cómoda e higiénica que luego de usarse se lavaba y descurtía a agua, sol y sereno y luego se guardaba para ser usadas de nuevo.

Cuando la mujer estaba en estado de embarazo sufría los mismos males que la mujer de hoy y según se escuchaba a las mayores había que cuidar a la próxima madre tanto en su alimentación como en la llamada "mala barriga", mal muy severo en nuestra familia. Para esto se preparaba una toma a base de medio cuartillo de ron cañita al que se le agregaba media libra de masa de carne de res en trocitos, una cuarta de queso de flandes, media libra de higos secos y una tablilla de chocolate picado. Todo se echaba en un frasco de cristal o botella y se ponía a curarse por nueve días. Después de curado era tomado por la embarazada, una cucharada en ayunas y otras al acostarse. Si el mal era muy fuerte lo tomaba tres veces al día. Tenía un sabor a exquisito brandy, y era estupendo para este mal. Otra toma que se confeccionaba en cuanto se sabía que se esperaba un bebé era a base también de ron cañita al cual se le agregaban hojas de ajenjo, ruda, mejorana y ajos morados machacados con todo y piel. Esto se guardaba en una botella en un lugar donde los niños no dieran con él y ya cuando llegaba el parto se le administraba a la parturienta acto seguido de nacer la criatura. Se le daba a tomar por lo menos tres tragos fuertes. Era un medicamento que expulsaría cualquier mal engendro que hubiese acompañado al bebé durante la preñez. Se contaba de muchos casos de estos. La leyenda era que cuando el mal engendro se encontraba solo en el vientre solía morder la matriz. Y así la madre se desangraba hasta que moría, ya que no había médico a la mano. A los malos engendros se les llamaba "manta" y contaban mis abuelas de haberlas visto y palpado. Según ellas, tenía forma de pichón de paloma desplumado y tenían un especie de pico. Otros eran simplemente animalejos de carne sin forma alguna.

El embarazo se tomaba en mi familia como una cosa muy normal siguiendo la vida como antes, sólo cuidándose de no hacer fuerzas excesivas y se aconsejaba seriamente que después de los ocho meses no se debía tener contacto sexual. Esta ciencia de la preñez nos era explicada con mucho respeto y responsabilidad. Jamás se sabía cuándo podría encontrarse uno en el preciso momento de ayudar a una mujer en su trance y debía de dársele la mano y si era a uno que le tocaba, pues también estaba uno preparado para aconsejar a alguien para que lo socorriera en un momento tal. Vivíamos a cientos de millas de la ciudad, además eran las comadronas las que se ocupaban de éste tan delicado oficio y en ocasiones no se hallaba una a la mano.

La abuela decía que yo tenía una mente despierta para adiestrarme en partos. Esta fe de ella me hacía apta para prepararme. Lo primero que se me enseñó al atender una parturienta fue la higiene de la partera en sí, y como eso de guantes no se conocía entre las campesinas, por lo tanto antes de atender un parto era necesario, importantísimo o ley que nuestras ropas estuviesen limpias y que nuestras manos y brazos fueran pulcramente lavados con agua y jabón. Las uñas también debían de estar cortas y limpias. El aceite de oliva era indispensable para bregar en dichos casos y se usaba sin reserva, abundantemente en el momento preciso del alumbramiento para facilitarlo. Se me entrenó qué hacer también en casos que no fueran normales o fáciles. Por ejemplo, cuando la parturienta comenzaba a sufrir de ataques era preciso ayudar a nacer a la criatura, para salvar a la madre, con cuidado de poner una pala de una cuchara entre los dientes de la enferma, para así evitar que ésta se mordiera la lengua. En estos casos había hojas y especias para teses, los cuales alentaban los dolores y facilitaban los partos en dichos casos, entre ellos estaba la flor de la malva y la de la berenjena cimarrona a la que se le agregaba piel o pellejo del ajo morado. Cortar el cordón umbilical era otro oficio al cual se le ponía sumo cuidado, para evitar las hemorragias y las infecciones. La medida a cortar debía ser de dos dedos trasversales del nacimiento del ombligo y ahí se amarraba fuerte, luego se medían dos dedos trasversales más, y ahí se cortaba, así había suficiente tramo para evitar hemorragia. La tijera que se usaba era lavada con ron o sumergida en agua hirviendo, si no se pasaba por la flama de una lámpara o vela. El cordón de amarre era casi siempre una tirita rasgada de una camiseta del padre de la criatura, "cuestión de tradición". Esta tirita debía de estar bien esterilizada. Del paño de la misma camiseta se cortaba un trocito, el cual se acercaba a la flama de una lámpara o vela cuando cogía fuego se apagaba y acto seguido se pegaba a la cortada de la tripa o cordón umbilical, esto era hecho por tres o cuatro veces hasta saber que la cortada había sido totalmente desinfectada.

También se tostaban las hojas de romero, del que se hacía un polvo desinfectante para curar el área cortada. Luego se protegía con otro pedacito de paño, se fajaba el niño y ya, a esperar que se cayera, curándole entre días con aceite de oliva. Si acaso después de caerse continuaba supurando o abierto se le aplicaba aceite de palo y al par de días ya estaba cicatrizado. Después del parto la madre debería estar en cama por varios días, tomando en cuenta su higiene y alimentación la cual se componía especialmente de jugo de gallina, leche y viandas, luego se levantaba a intervalos, pero se mantenía por lo menos doce días en cama, en adelante su dieta era regular. Después de levantaba y seguía su cuarentena o purificación hasta los cuarenta días. El último día se guardaba tan riguroso como el día en que dio a luz.

Volviendo a que se nos preparaba para futuras amas de casa en todo lo respectivo, seguiré con el cuidado del cuerpo. Las rodillas, piernas y pies eran muy cuidados por mis antepasados. Según la farmacopea el pimiento era esencial en la dieta para dar fuerza a la babilla de las rodillas y en casos de torceduras de tendones o tobillos se me educó cómo trabajarlos. En cuanto a las piernas de nosotras las mujeres, en nuestra familia las teníamos fuertes, hermosas, a lo que se podría agregar, preciosas, y un tanto velludas y como no se conocía el rasuramiento, pues las vestíamos con medias finas.

La alimentación era algo que la familia tenía por tradición, una buena alimentación era lo aconsejable. Rica en frutas, vegetales, incluyendo las viandas, cereales, granos, salazón, huevo y leche, la carne era cosa secundaria. Siempre recuerdo a la abuela decir que cada vez que ingeríamos carne allá llevábamos las impurezas del animal, por lo contrario el pescado se tenía como aliento primordial y exquisito. El comer entre comidas no era aconsejable, sólo frutas, que las había en abundancia, y el café con leche a las tres de la tarde que era imprescindible, algunos lo preferían negro.

Una cosa que hoy salta a mi memoria era aquel diálogo en cuanto al "andar descalzo". Había una creencia en nuestro clan y era que el andar descalzo era saludable para el ser humano. Que, a pesar de que se contraían ciertos parásitos, era favorable pues el contacto directo de los pies con la tierra hacía que el cuerpo se enriqueciera de ciertas materias saludables e indispensables para el cuerpo las cuales se echan a perder con el uso de medias y zapatos. Pero todo esto era mero diálogo, porque todos usaban zapatos, con excepción de los niños a los que por lo regular no les gustaba andar descalzos.

El azufre era un medicamento esencial e indispensable en nuestros hogares. Se compraba en la farmacia por barras. Para purificar el agua de tomar se echaba en la cántara, balde o recipiente lleno de agua, un trozo grande. Para curar las imperfecciones de la piel se pulverizaba y se hacía una pomada mezclándolo con aceite o manteca, era una medicina estupenda y magnífica. A las personas que sufrían de callos se les aconsejaba frotar regularmente el callo con un trozo de azufre en forma bronca hasta que éste desaparecía.

Toda nuestra familia, por ambas razas, me refiero a los Justiniano y Ruiz eran personas saludables que gustaban de trabajar, de alimentarse y de vivir vidas normales, siendo el baile y la música parte integrante del espíritu. Se aconsejaba a la juventud y se le permitía bailar siempre que hubiese la oportunidad o en días festivos. Había en la familia buenos músicos, yo diría que de los mejores, lo que hacía que las numerosas familias bailaran a gusto cada vez que les parecía, siendo entonces los músicos que sobresalían los hermanos Tito y Práxiles Justiniano, naturales del barrio Río Prieto. Era creencia de los Justiniano que el baile y la música mantenían el espíritu vivo, alegre, feliz y dispuesto y el cuerpo saludable y se decía que una familia que bailaba unida era como aquella que unida rezaba. Mamá fue una de las que se destacó como una de las mejores bailadoras de su tiempo. Papá no se quedaba atrás, tanto así, que fue en un baile donde se conocieron, recuerdo inolvidable que siempre los unió. En cuanto a mí, en cuanto tuve edad Papá usó de llevarme a bailar.

En cuanto a la casa que ahora usábamos era anciana, pero fuerte como algunos humanos. Las inclemencias del tiempo le habían dado una apariencia blanquísima y miraba cara al norte deleitándose con la nueva carretera escarpada sobre la falda de la colina. Estaba sentada casi al final de una meseta, adornándole de frente un ancho paso de rojiza tierra, embellecido de un lado por un fresal robusto y del otro por una espesa cepa de jazmín reverdecida que casi siempre estaba florecida de perfumadas y finas flores, y como si fuera poco al final del paso a la izquierda un frondoso y adulto mamey que también agregaba belleza y encanto al lugar. Tenía la casa rendijas por dondequiera, también en el piso y sus puertas y ventanas habían perdido el balance, las cuales había que levantar fuerte para que sus bisagras pudieran encajar en el ojo de la argolla. ¡Cuántas veces extasiada me perdí en su pasado y hasta quise con la imaginación reunir a todas las personas que habían vivido bajo su tejado entre aquellas tibias paredes! ¡Cuántos sueños de amor vividos allí! pensaba yo. ¡Cuántas lunas de miel o velorios! ¡Cuántas lágrimas de pena o alegría! ¡Cuántos bebés habían visto allí, la luz de la vida y casi podía escuchar el bullicio de toda una eternidad vivida por seres tan humanos como lo era yo.

Sí, lector, aquella humilde y callada morada, entre las montañas, era como yo pensaba, una novela vivida a la que se agregaba un nuevo capítulo, el mío, el cual pienso que iba a ser uno de los más emocionantes, ya que fue aquí donde por primera vez conocí el amor. Un amor que vendría a inquietarme por toda la vida. No sería un amor para vivirlo normal, práctico o pacíficamente, sino un amor que desencadenaría la tragedia, el temor, la desesperación y casi la muerte. Quién podría imaginarse que a aquella chiquilla temprana e ingenua le estuviera esperando una turbulenta corriente de acontecimientos negativos que tratarían por todos los medios de destruirla y que en su agonía le esperaba el vuelo y la lejanía, igual que los pitirres cuando se perdieron bosque adentro aquel atardecer y jamás retornaron, quedando de todo tan sólo un eterno eco lejano, sólo un vivo recuerdo que me seguiría para siempre quizás hasta la eternidad.

Para aquellos mismos días tuve un sueño raro. Soñé que parada junto al mamey de pronto levanté el vuelo por sobre la arboleda, dejando atrás la verde olla y desde las nubes contemplaba cómo me alejaba de todo aquel paraje. A mi corta edad creía en mis sueños y llegué a hacer diferencia entre el tonto y pasajero sueño y el otro, revelación o aviso, o lección en la cual se me demostraba algún suceso próximo en mi vida, y en adelante me perdía entre el sueño funesto aquel que tuve en Hormigueros, del río turbio que me arrastraba y ahora en éste en el cual como un ave remontaba el vuelo y me perdía entre las nubes divisando desde la inmensidad aquellas tierras que tanto amaba.

Hoy contemplo aquel pasado y se pasma mi espíritu al ver cómo era que mi vida se iba envolviendo en un destino trazado del cual no podía escapar. Todo iba desarrollándose en tal forma que mi vida era como fragmentos de un rompecabezas que van encajando casi por sí solos sin haber otra alternativa.

En aquellos días un nuevo dueño, don Benito Campiano, se hizo cargo de la hacienda Estrella. Muy pronto en sus vueltas por la finca dio con Papá trabajando en la pieza por ajuste. Cambiaron impresiones y el quedó impresionado con Papá, un hombre trabajador y dispuesto, dotado de todos los conocimientos de un competente agricultor y administrador. Así que no paró hasta convencerle y conseguir que se fuera a trabajar con él como administrador. Para nosotros esto era muy favorable, solo confiábamos en que Papá pudiera cumplir a cabalidad con su nuevo empleo, lo cual comenzó de maravilla. Don Benito hubiese deseado que Papá se mudara a la hacienda de inmediato, pero hubo que esperar unos meses en lo que fue posible proveernos de una casa.

Con el correr de los meses y agradecidos de que Dios nos había favorecido en salud y nos había prosperado, mis padres hallaron a bien celebrar una vez más la promesa de gratitud a los Reyes Magos. Se invitó a los amigos más cercanos entre los que figuraban los Casianos, cantores especializados en este oficio y aquella noche tuvimos una preciosa velada. Para mí fue de gran júbilo, ya que a esta edad podía disfrutar más a plenitud tanto de la celebración como de las buenas amistades. Entre las jovencitas estuvieron Rosita Casiano, Isabelita Suárez, Lolita Valentín quienes embellecieron y alegraron el acto, ya que sabían tan bien el acompañamiento a coro. El versador principal lo era Monchito Casiano quien estaba casado con María Carrero y tenía una familia de criaturas ya numerosa. Monchito y

María siempre fueron un matrimonio con dificultades, cuestión de diferencia de caracteres y costumbres las cuales les fueron de obstáculo en su matrimonio. María en ocasiones dejaba el hogar y se marchaba dejando detrás su prole y quedaba Monchito el responsable de mantener y cuidar. Esa noche fue que me enteré de todo el asunto, mientras él le platicaba a mis padres.

—Ahora mismo estoy volviéndome loco, pues se me hace difícil el atender el trabajo y a los chicos, especialmente al nene más pequeño, está enfermito y más por falta de la madre que de otra cosa. Está tan malito que de noche no duerme llorando. Además, como María ya me los ha dejado solos por tantas ocasiones, lo que voy a hacer es repartirlos entre mis familiares y amigos y al pequeñito se lo voy a regalar a una persona responsable.

Yo escuchaba atenta la tragedia, entonces pidiendo mis disculpas dije,

—¿Y por qué no me trae usted el niño pequeño a mí, si es que mis padres me dan el permiso?

Porque así era yo, blanda de corazón y dispuesta a amar y cooperar con todos, pero más con los niños.

Mis padres trataron de hacerme razonar en cuanto a lo delicado que era para mí el hacerme responsable de una criatura de un año de edad, más que estaba enfermo, y tratándose de que tenía sus padres, pues era absurdo que a mi edad me hiciera cargo de una criatura tan pequeña. En mi angustia de pensar en la pobre criatura que necesitaba de alguien que cuidara de él, les rogué que por lo menos me dejaran cuidarlo. Papá sabía que María iba a regresar en cualquier momento y de seguro vendría por él. Pero al verme tan conmovida le pidió a Monchito que me lo trajera.

Al día siguiente por la tarde se apareció con él, envuelto en una frisa trayendo consigo una funda con algunas cositas. Lo descubrimos y ardía en fiebre y su nariz chorreaba mucosidad. Lo abracé dulcemente como si fuera mi hijo y lo llevé conmigo al aposento. Aquel fue el principio de una tarea bastante difícil ya que me extrañaba. Los primeros días lloré inconsolablemente, pero callada para no despertar sospechas en mis padres, que bien me lo habían advertido. Aquellas noches fueron tristes en lo que nos acostumbrábamos el uno al otro, pues lo niños de casa eran una cosa, pero éste era diferente en todos los aspectos, aun en el olor de su sudor. Tenía una agudo salpullido el cual me contagió y ahora éramos los dos los que nos pasábamos toda la santa noche rascándonos. Mamá nos proporcionó una cama a base de un colchón con pajilla y algunas mantas en una esquina del cuarto para distanciarnos de los demás. De su alimentación se ocupó ella experta en esto y también, a base de pomada de azufre la cual confeccionábamos, combatíamos el salpullido, lo manteníamos limpio y seco y en pocos días poseíamos un niño saludable y feliz.

En casa miraban mi felicidad, pero estaban bien seguros de que el día menos pensado llegaría María o Monchito en busca de él. Mientras tanto todos gozábamos de la compañía del chiquillo. Dos meses habían transcurrido en los cuales Monchito sólo una vez había ido por casa. Se excusaba de que lo hacía en bien del nene, pues seriamente quería que nos perteneciera y nos afirmó que había discutido el asunto con María y que ambos estaban de acuerdo en que el pequeño se quedara con nosotros para siempre. Pero Papá siempre decían que tanto Monchito como María se estaban aprovechando de nosotros, para evadir la responsabilidad de su hijo. Yo escuchaba los comentarios y como una madre los guardaba en mi corazón, pero aquellas predicciones de Papá se cumplieron y un día se apareció María quien era una persona impulsiva y usando de frases bruscas tomó el niño y lo llevó con ella dejando mi corazón de madre adoptiva, vacío y adolorido por algún tiempo.

En estos mismos días murió el tío Joseíto y cuando hubo pasado el luto riguroso se llevó a cabo la boda de su hijo Germán con mi tía Oliva. El viejo Ruiz, mi abuelo, que siempre se había sobresalido en esto de las bodas de sus dos hijas mayores, ahora se sentía apocado. Tiempos mezquinos, lutos y un sinnúmero más de contratiempos hicieron que el anciano pensara en no realizar el casorio en la estancia y pensó que lo mejor sería que se celebrase en otro lugar, por lo que se pensó en la casa de tío Fernando y tía Mercedes, allá en Lares. No sólo se celebraría en familia y retirado del clan, sino que también se tendría la oportunidad de festejar con aquellos hijos que tanto amaban y que siempre habían estado tan retirados. Por lo tanto se envió a un peón para hacerles saber lo pensado y a su regreso este trajo mensaje de gran gozo y que allá nos esperaban. Sólo los abuelos, los novios, mi tía Elvira, mi tío Américo y yo fuimos de Bucarabones. Nueve años hacía que yo no veía a los tíos Fernando y Mercedes. Grande fue la alegría y la felicidad que sentimos al volvernos a ver. Y sin que nadie se percatase ni aun yo, el destino mismo nos volvía a reunir con un propósito que sólo al destino le incumbía, y sin mi menor conocimiento, se seguían abriendo ante mí puertas de escape hacia un futuro incierto y tenebroso el cual ahora me era totalmente desconocido, pero sí tan cierto y seguro como la misma muerte.

    La noche que murió Nikasio, mi primo que en paz descanse y quien murió más de amor que de otra cosa, Papá me pidió que le acompañara. Desde que cumplí los catorce años complacíase mi padre en presentarme en sociedad y esta fue una de aquellas ocasiones. A nuestra llegada después de los cumplidos de rigor con nuestros familiares fui presentada a las personas que no conocía entre ellas al Sr. Abrán Santiago, gran amigo de mi padre y comerciante acomodado del barrio, y como si fuera poco uno de los casanovas de la jurisdicción, aunque esto de casanova y de don Juan lo supe más adelante. Por ahora no le conocía, pero sí me percaté aquella noche que sólo tenía ojos para mí, lo cual me hizo sentir un tanto incómoda por lo que le evité lo más posible. Así pasó la noche y ya después no vi más al tal señor.

    Al día siguiente le pregunté a Mamá qué clase de hombre era y si era casado. Me dijo ella que tenía una concubina con unos cuantos nenes y que, por cierto, vivían en la trastienda y me puso al tanto de su vida y de todo lo que la gente murmuraba de él, a lo que se agregaba que aun teniendo mujer bajo techo aunque no casados, cortejaba a la hija de otro comerciante del barrio a quien le había prometido matrimonio. Esto fue suficiente para tomarle cierta aversión, porque por otro lado era una persona agradable. Estaba en sus treinticinco años más o menos, de tez oscura, hombre de buen porte y buen mozo y, como si fuera poco, uno de los más acomodados del vecindario, lo cual lo hacía ser presumido.

    Pero como escribiera anteriormente, eran muchas las personas, los acontecimientos y cosas que iban hilvanando aquella túnica estrecha que pararía en aniquilarme. ¡Ojalá jamás hubiese regresado de Hormigueros, ojalá jamás hubiese puesto pie de nuevo en Bucarabones! pensaba. Pero como decía abuelo Pepe, "¿Quién podrá escapar de su destino?".

    No todas las personas que caminaban conmigo en aquellos días por el estrecho camino de la vida tenían mente torcida o corazón egoísta. ¡En ninguna manera! Pero se me aparecían como fantasmas o payasos, todos y cada uno, jugando el papel que mi propio destino les daba a protagonizar de tal forma que aunque desearan darme felicidad sólo me causaban angustia, tristeza o dolor, como si hubiese venido a la tierra a pagar una prueba, una prueba muy dura, durísima diría yo.

Mario Lugo fue otra persona que conocí en aquellos días. Un joven en sus diecisiete años. Trabajaba para Papá de peón en la hacienda Estrella, y era quien venía a buscar el almuerzo todos los días. Mario era el típico jíbaro, humilde, honesto y decente, trabajador y cumplidor. Era el mayor de tres hijos varones que trabajaba para ayudar a su madre, una gran dama porque en la clase humilde también las hay. Doña Úrsula era sola con sus tres hijos hacía ya algún tiempo, pues su marido don Catalino Lugo la había abandonado para irse a vivir con otra mujer y ahora no podía mantenerla ni a los hijos, aunque lo deseara, ya que tenía otra familia y además con los escasos salarios que se pagaban se le hacía imposible. Mario era el mayor y ayudaba a su madre trabajando en la hacienda mientras sus dos hermanos más pequeños asistían a la escuela. Su mamá también se ayudaba cuidando un par de vacas que tenían para vender la leche y además hacía otros trabajos domésticos para ayudarse.

Desde un principio Mario me estuvo un joven agradable, simpático y respetuoso. Era alto, blanco y aún no se había desarrollado, primero por el mucho trabajar y porque aún era muy joven. Comenzamos a conocernos y con el correr del tiempo fuimos buenos amigos. Era de las personas que uno se siente feliz de tener por amigo, alguien con quien se podía charlar, hablar y hacerle confidencias sin la menor duda de que se propasase con uno o que le faltara en nada. Aquella amistad sincera y bonita nos siguió por algún tiempo hasta que las circunstancias de la vida nos separaron y yo me encaminé por mi ruta trazada, pero de todos modos ahí estuvo él, en momentos marcados.

Mientras, mi vida iba tomando significado, una tarde de domingo fui a La Cuchilla y de vuelta, por pedido de Mamá, debería hacer una visita de cortesía a una de sus más viejas y preferidas amigas, doña Laura Quintana, esposa de don Nicolás Cuevas. Cumplí mi cometido y cuando ambas nos hallábamos dialogando, llegó a casa Héctor, su hijo mayor. Vestía el uniforme de la Guardia Nacional y en su mano un fuete estilo varilla forrado de fino cuero, el cual manejaba con cierta gracia. Al entrar en la sala su madre nos presentó. Él cortésmente me dio la mano, y dijo: "Héctor Cuevas, para servirle, señorita", "Carmen Luisa Justiniano" dije yo. Luego el fue a sentarse a una butaca que me quedaba enfrente. Entonces surgieron las preguntas, ¿Cómo es que nunca la había visto por aquí? ¿quiénes eran sus papás? ¿viven en el barrio? y otras, las cuales era su mamá quien las contestaba. Después la señora madre se fue a la cocina a preparar café y nos dejó solos por un ratito.

Aquel momento y aquél día están vivos en mi existir. Él siguió la conversación y yo atendía, pero hubo un momento en que fijó en mí su mirada profunda y sensual, mirada la cual quise rehuir mi vista para encontrar que ambos nos habíamos quedado fundidos en la misma. Mirada que se apegó a mi alma para jamás poderme separar de ella. Aquel momento me pareció eterno y lo que sentí fue tan inmensamente grandioso, profundo, sublime y dulce que inundó todo mi ser de un sentir que jamás había sentido antes. Me conmoví en espíritu, cuerpo y alma y tuve la sensación de haber conocido a Héctor por toda una eternidad, y aún más, me sentí atraída a él en tal forma que hubiese querido en aquel mismo instante apegarme a su alma para no separarme nunca jamás, en otras palabras había quedado prendada de él, pero él también había sentido lo mismo. Como dijera, aquel momento fue de eterna felicidad, una felicidad sin límite que llenó mi alma y me sentí amada por aquel joven de mirada tierna y dulce. Cuando pudimos desprender nuestras miradas el uno del otro, nos sentimos inquietos y nerviosos y ambos en una forma medio tonta tratamos de hacernos desapercibidos, por lo menos yo, que trataba de ocultar mi rubor y el espontáneo proceder de mi alma joven y tímida. Pasados algunos minutos fuimos llamados al comedor para disfrutar del rico café y aún disfruto de aquel momento tan hermoso cuando compartimos nuestros primeros momentos de felicidad, yo diría, de amor.

Héctor era un joven de estatura regular, en buen peso, para servir en la Guardia Nacional donde según razón pertenecía a la reserva. Tendría unos veintidós años de edad, su color de piel bronceado claro y su cabello ondeado, bello, su rostro pecoso, pero unas pecas que lo hacían lucir interesantísimo y como si fuera poco gagueaba, con un gagueo de niño consentido y cuando reía lo hacía con todo su rostro y con sus ojos. Era el hombre perfecto que llega al alma y que jamás se puede uno desprender de él. El hombre al cual jamás se odia por mucho que parezca haber ofendido, y la persona perfecta a quien se le perdona todo y la que uno anhela tener por compañía para caminar con ella por toda una eternidad. Así lo sentí metérseme en el alma aquella tarde de otoño cuando por vez primera nos conocimos y nos enamoramos.

Después del café su mamá nos pidió que la acompañásemos al jardín. Él con mucha cortesía me tomó del brazo para ayudarme a bajar los escalones. El jardín estaba hermoso, bellamente florecido, especialmente el rosal. Ella nos mostraba la variedad y belleza de todo pero nosotros estábamos pasmados, perdidos en el encantamiento de nuestro propio jardín que comenzaba a florecer. Hubo un momento en que tomó una rosa a medio abrir y me la ofreció. Nuestras manos se encontraron en la flor, y las de él frías y temblorosas y las mías turbadas de tanta felicidad, tanto que no nos percatamos de una diminuta y aguda espina oculta entre el tallo y la flor la cual se metió con ligereza en mi dedo del corazón haciéndolo sangrar, sangre que se confundió con el rojo de la rosa. Bien disimulé el dolor que me causó la espina y quise llorar, pero no lo hice ante una felicidad tan inmensa como la que me embargaba y fue así como brotó y se selló con sangre y con un llanto callado aquel nuestro gran amor.

Después de aquel dichoso encuentro no nos fue posible comunicarnos. Yo era la muchacha hogareña que salía de casa por necesidad y el era el hombre trabajador y dedicado que salía antes del amanecer con su camión cargado para los mercados y regresaba a veces de noche. Así pasaba el tiempo sin podernos ver, aunque para mí era como si el tiempo se hubiese detenido el mismo día en que nos conocimos. Solo esperaba la oportunidad de encontrarnos otra vez. ¿Pero cuándo? ¿Cómo? Sólo Dios lo sabía y así se desvivía mi alma sin poder divulgar aquel secreto de amor que me quemaba y sin ninguna esperanza. Sólo me consolaba con ver o escuchar su camión cuando cruzaba por la escarpada carretera por allá arriba frente a mi casa y el ruido de la bocina era melodía dulce a mi alma enamorada.

Así pasaron los meses, yo esperando el feliz momento de encontrarme con él, pero aquel momento tan ansiado no llegaba. Hasta una noche cuando Papá regresó del trabajo y divulgó la noticia del nacimiento de la niña de Héctor y Edelmira Castillo. Siempre compartíamos las noticias agradables del barrio y a todos nos dolía cuando ocurría algo triste. Esta vez Mamá y él se gozaban en el nacimiento de una nueva criatura que vendría a embellecer y a alegrar nuestro pequeño mundo. A mí por el contrario me tomó por sorpresa, pues en ningún momento supe que Héctor tuviese mujer y un poco nerviosa le pregunté a Papá:

—¿Pero, entonces, el tal Héctor es casado?

—No —contestó Papá—. No es casado, esta muchacha es su querida, es hija de un peón de la finca de don Nicolás.

Papá terminó de hablar y disimuladamente me escurrí, abrí la puerta y salí afuera a llorar mi pena. La noche estaba prieta, densa y fría y ni una sola estrella alumbraba mi angustia y sentí ahogarme en mi propio dolor. Allí afuera derramé mi llanto y por primera vez en mi vida sentí y escuché a mi corazón agitarse. Después de un rato con mi alma conturbada, recobré el ánimo, me consolé a mí misma y sin ser vista subí y me fui a la cama. Hasta aquí había tenido una niñez agitada y sufrida con las mil luchas cotidianas, pero cuando me iba al sueño dormía en paz. Ahora no fue así, aquella negra noche insistía en desvelarme y las lágrimas me corrían copiosas sin esfuerzo y una flojera del espíritu me atormentaba. No sé cuándo me quedé dormida, ya de madrugada, allá por la cuarta o quinta velada de cantío de gallos, porque las conté todas, cada hora en la hora.

Al día siguiente a la claridad del día mis pensamientos se reposaron y comprendí que era inútil marchitar mi alma con algo que lo mejor que debía de hacer era cortarlo de remate de mi mente. Quizás era una niña tonta, pensé, al ilusionarme de un hombre a quien sólo había visto una sola vez y que tan sólo tenía de él un leve reflejo de su alma y una pequeña dádiva, aquella rosa que me había regalado la cual vivía entre mis chucherías de niña, pequeñeces que se habían convertido para mí en preciados tesoros y allí estaba ella, mi más preciado tesoro, mustia y sin perfume, pero para mí encarnada en la más hermosa joya que jamás alguien me hubiese ofrendado. No fue fácil desprenderme de su recuerdo, pues yo era de las personas que toman las cosas en serio. Así era de pequeña y más ahora que se trataba del amor, lo más grandioso y hermoso que me había sucedido y me había aferrado a él con toda seriedad y devoción. Pero, por otro lado, estaba de por medio el respeto hacia los demás y también a mí misma, así que pensé en olvidarme de Héctor y guardar su recuerdo junto a la rosa, pues por lo visto él no me pertenecía, era de otra joven mujer que había tenido la dicha de conquistarlo y si no había sido yo la agraciada, pues entonces no estaba él en mi destino y debía olvidarlo, rechazarlo, en otras palabras, arrancarlo de una vez por todas de mi corazón, aunque de mi alma jamás pudiera desprenderlo. En adelante ya no fue como antes, el recuerdo de Héctor lo sentía como una epidemia del alma y en silencio me acongojaba, sólo en el trabajo constante me perdía y luego me ocultaba ante los matorrales a llorar mi pena. Cuando no me alejaba, recurría a la sombra y a la compañía de un búcare, árbol que vivía abajo agarrado a la vertiente junto a la quebrada. A él le contaba mis penas y tal parecía que me hablaba.

—Mira mi tronco y mira mis espinas —me decía—. Soy viejo y fuerte y espinoso y hasta tengo una vieja cicatriz, alguien me la infirió por puro vicio o quizás por egoísmo porque me vio joven, fuerte y hermoso, pero así es el mundo, por eso no en vano he crecido así. También mi corazón se ha hecho duro, aunque mis ramas se quiebran con facilidad y mi savia es suave. Pero soy espino y fuerte, ¿sabes por qué?

—No —contesté yo lagrimeando.

—La vida me ha enseñado a defenderme de las adversidades. Amar es bueno, pero también es bueno ser correspondido. Si alguien te ama, ámalo, sino te aman, no odies, pero olvida. Yo tampoco odio, tengo mis espinas, pero soy espontáneo para dar de mis flores de balde, para que todos disfruten de ellas, pero mis ramas que son agradables al paladar de algunos seres, las cuido, las conservo, tampoco me gusta que nadie suba a mi copa a lastimar mi paz por eso aguzo mis espinas y así soy feliz y le hago la lucha a la vida. Aprende, niña mía, a ser fuerte y a crecer defensas contra el mundo, que es egoísta, mentiroso y malo. Un día saldrás de aquí, de este paraje, de este retiro, de este mundo hermoso que ahora te rodea, que es más tuyo que de nadie, pero allá afuera quién sabe que te espera, y si no aprendes a cuidar de ti ¡quién sabe! ¡quién sabe!.

Recuerdo aquel día como ahora, estábamos para comenzar la primavera y ya el búcare comenzaba a capullar. ¡Cómo lo sentí conmoverse en su espíritu y ya que me marchaba dejó caer sobre mí quizás su única flor temprana que tenía. ¡Qué consuelo, qué paz sentí, fue como si comenzara de nuevo mi propia primavera a florecer! Aquella tarde me despedí de él dándole las gracias por su dulce compañía que me había brindado durante el tiempo que allí viví y le prometí que nunca me olvidaría de él, yo sé que él me comprendió. También me despedí de la quebrada y del pozo y de las almas de los indios que cundían la hondonada y satisfecha subí el sendero hasta el mamey desde donde se podía apreciar todo el lugar a la redonda, lugar que nos había acogido con amor, ofreciéndonos todo cuanto tenía. A la vieja casa le dije adiós de lejos acariciándola con la mirada como se acaricia a una dulce abuela. Gracias por habernos dejado morar entre tus tibias paredes, gracias por habernos dado albergue cuando más lo necesitábamos. Gracias, amiga, jamás te olvidaré. Así me despedí de aquel lugar que había sido tan amigo y acogedor.

Capítulo 16

A MEDIADOS de marzo estábamos aquel día que nos mudamos a la hacienda Estrella. No estuve del todo feliz de haber dejado la hondonada de finca para subir a la carretera. La casa que nos tocó fue una pequeña que hasta entonces había sido utilizada para tienda, o mejor dicho para este propósito había sido fabricada. Pero se le hicieron algunos arreglos, entre ellos añadirle una cocina y, como casa de tienda que había sido, era terrera. Estaba ubicada a unos pasos de los establecimientos de la hacienda, pero escondida detrás de la trinchera mirando frente a frente al talud y entre la pared de la trinchera y ella quedaba al camino real que conducía a la hacienda Manuela.

El día que nos mudamos fue un viernes y confieso que me sentí tremendamente desilusionada. No me agradó en nada el lugar. No estaba acostumbrada a vivir junto a la carretera. Echaba mucho de menos la paz y la tranquilidad de campo adentro y aquí me sentía el alma al descubierto como el mismo lugar, pero de todos modos acepté y me propuse esperar para ver qué de nuevo me traía la suerte. A lo primero que tuve que acostumbrarme fue al bullicio de la gente que por ley transitaba por detrás de nuestro aposento, como también a los automóviles que de temprano comenzaban a transitar. Un verdadero contraste con el apacible lugar que acababa de dejar. Pero como era de un espíritu amigable, de una sinceridad completa y de un buen sentido del humor muy pronto me hallé adaptándome y me hice de amistades.

De lo primero que me percaté, y lo más que me ilusionó, fue que ya se estaba terminando la Segunda Unidad Escolar de Bucarabones y se estaba solicitando por todo el barrio estudiantes que por alguna causa se hubiesen quedado fuera. Según razón se enseñaría hasta el noveno grado lo cual me fascinó de veras. Este era el momento esperado por mí. Ahora podría volver a la escuela. Se lo informé a mis padres. Mamá dijo que era otro de mis caprichos. "Tonterías" dijo con dejadez y Papá se unió a ella para hacerme olvidar la ilusión. Que ya estaba hecha una señorita para ponerme con semejantes tonterías cuando Mamá me necesitaba tanto en la casa, dijo,

—Además, ¿cómo me las arreglaría para proporcionarme ropa y zapatos y las otras misceláneas tan necesarias? —me preguntó.

—Haré un sacrificio si es necesario —dije—. Seguiré bordando en las horas extras y en los fines de semana, también durante la cosecha puedo ir a la recolección y con eso me dará suficiente para proporcionarme lo necesario, además no es tanto lo que se necesita si es que me hago uniformes.

Pero mis padres no estuvieron de acuerdo aunque casi de rodillas les rogué. De ninguna manera estuvieron interesados en cooperar conmigo. Así que tuve una vez más que desistir de la idea y aceptar mi derrota aunque confieso que muchas veces pensé en irme a la escuela por mi propia cuenta, pero aquel respeto a ellos me achicaba y aguantaba aun comprendiendo aquella gran responsabilidad hacia mí. Así andaba mi alma en cierta cavilación y descontento cuando una mañana escuché mucho bullicio en el patio por detrás del aposento y cuando me acerqué a la ventana para cerciorarme fue para encontrarme frente a frente con el rostro de Héctor Cuevas, que allí estaba inspeccionando una estiba de carbón que el peón cargaba hacia el camión.

—¡Maldita hora! —pensé—. ¿Cómo era posible que de nuevo volvieran a encontrarse y a chocar nuestras miradas? Una vez más nos perdimos el uno dentro del otro. Tan sólo por un instante, ¡pero interminable! ¡eterno! Yo cerré la ventana de un tirón y me encerré en la oscuridad del cuarto apretándome el pecho con angustia. Allí me estuve hasta que el camión se perdió ramblando curvas abajo hasta que ya no lo escuché más. Pero ya no tuve sosiego, aunque propuse en mi corazón que en ningún momento daría oportunidad a que me hablara; por lo menos, si en alguna ocasión teníamos la oportunidad de hablarnos y él insistía en mi amistad, le pediría cuentas y como de hecho las había, pues muy bien estaba definido que entre él y yo nunca habría nada. Y aunque lo que había habido entre nosotros eran sólo simples miradas y un amor espontáneo que en mi corazón se había agigantado, pues fácil sería ponerle coto para hacerle que me dejara en paz.

Así estuve todo aquel largo día, día de angustia y desesperación porque le amaba en una forma grandiosa. Algo que le era como una necesidad a mi alma, como una sed insaciable que sólo con su amor se me apagaría y de nuevo volvía a despertarse aquella llama dormida que en el fondo de mi ser yacía. Al siguiente día, de mañana, volvió de nuevo con su peón a cargar el resto de la estiba. De inmediato se dirigió a mi casa y saludó en la puerta. Yo no le puse atención. Realmente estaba decidida a evitarle por todos los medios. Mamá no le conocía y me preguntó quien era. "Es el hijo de doña Laura, tu amiga," le dije. Entonces él la saludó y ambos comenzaron una conversación, pero él no dejaba de mirarme. Mamá se excusó y se fue a sus quehaceres y el insistió en hablarme.

Yo seguía ocupada en lo que estaba haciendo.

—No tengo nada de qué hablar que pueda interesarle —le dije. Además no acostumbro a ser amigable con hombres comprometidos.

—¿De qué me habla? —me dijo él con cierta naturalidad.

—Usted sabe bien a qué me refiero, ¿o es que quiere hacerse el tonto?

—Sí, ya sé bien a qué se refiere, pero si es a lo que yo me imagino puede usted estar tranquila porque eso ya pasó a la historia.

—Ah, sí, ¿conque así es usted? Conquista una muchacha, le da un hijo y luego se zapatea muy tranquilo y luego pica en otra flor para hacer lo mismo y así sigue muy campante. ¿No es así? Pues mire, conmigo se equivoca, soy la muchacha seria y decente que quiero algún día casarme con el hombre que ame, pero que sea para toda la vida y además que sea un hombre serio y cabal. No uno que esté aquí y allá haciendo de las suyas.

—Un momento —interrumpió él—. Yo no soy esa persona. En una ocasión me encontré atrapado con una chica de la cual nació una hija a quien amo, pero su madre y yo encontramos que no somos el uno para el otro, y eso fue todo. Una ligereza de la vida, la cual ambos ahora lamentamos, pero no fue culpa mía. Yo no me porté mal con ella, hasta la traje a vivir con nosotros a la casa de mis padres, pero ni aun así trabajó, en otras palabras no vivimos hace meses. Ella vive con sus padres. Se quiso ir, pues eso es cosa suya y yo mantengo a mi hija, pero le juro que nada hay entre ella y yo.

Entonces llamó al peón que trabajaba con él en el camión, que según razón era hermano de Edelmira, la mamá de la niña, y cuando estuvo frente a nosotros le preguntó.

—A ver, tú dile aquí a la señorita la verdad de tu hermana y yo, ¿Verdad que estamos dejados hace tiempo? Anda contesta.

El individuo era grandote, humilde y atolondrado y con cierta terquedad preguntó,

—¿Y que quieres que le diga?

—Que le digas aquí a la joven lo que hay entre tu hermana y yo.

—Pue' na', que están dejao —contestó el tonto con mucha verdad en los ojos.

Si la respuesta hubiese venido de una persona cuerda quizás yo hubiese dudado pero viniendo del tonto pensé que estaba en lo cierto. La conversación terminó ahí porque la carga se hubo puesto en el camión y él tuvo que marcharse. Luego hizo unas últimas aclaraciones y quedamos conque nos volveríamos a ver y una vez más aquella mirada penetrante volvió a dormirse en mis ojos. ¡Qué confusión llegué a sufrir! Mi corazón gritaba por amor y mi conciencia me reprochaba. En mi duda pensé en ir a casa de Edelmira para cerciorarme de la verdad, pero el corazón me decía que era absurdo, que una mujer cuando se trata de amor o de un hombre de por medio jamás dice la verdad. Quién sabe qué cosa me diría para hacerme desistir, aunque fuera una mentira. Así que descarté la idea. Luego pensé en ir a donde la madre de Héctor para preguntarle, pero eso sí que era absurdo volvió a decirme el corazón, sería a la última persona a quien ir, ya que nunca se sabe cuál será la reacción de una madre en dicho caso. Así que esas dos puertas deberían permanecer cerradas.

Luego volví a pensar en las palabras del hermano de Edelmira. Si quizás fuera cuerdo, me dije, no podría confiar en él, pero ya que era torpe, sí que podía hacerlo, ya que por su torpeza no era persona de torcer los pensamientos sino que de seguro había dicho la verdad. Además, en los ojos de Héctor no había mentira, pero aun así esperaría. En ningún momento me arriesgaría a entregar mi corazón a un hombre que ya tenía enredos, pues siempre pensaba que al hombre a quien le diera mi amor y mi corazón tenía que ser libre. Libre para amarnos sin que hubiera ningún escollo que nos importunara, porque siempre soñé con amar y ser amada y hacer mi vida una quimera, un rosario sagrado de toda la vida. Aquel día para mí fue interminable esperando con ansias a que Héctor regresara de la ciudad. Al fin escuché a lo lejos, por entre la espesa montaña, el pitío agudo de la bocina romper el silencio, el cual me hizo estremecer de alegría y a la vez de temor. Un temor al amor mismo y a la verdad de que quizás nunca pudiera tener la dicha de disfrutar de su amor como lo anhelaba mi corazón, con toda mi alma, con todo mi ser y con todas las fuerzas de mi espíritu. Ya había anochecido y en nuestra casa ya las puertas estaban cerradas. Qué tristeza cuando escuché el camión acercarse, sabiendo que de seguro no podríamos vernos. Pero qué coincidencia, se detuvo frente a la casa ya como si una mano oculta nos quisiera reunir, como cosa de magia, el motor del camión se encendió en llamas. Papá abrió la puerta de par en par para ver qué ocurría y para sorpresa nuestra allí estaba. Héctor y el tonto tratando de apagar el fuego, pero todo en vano. Entonces Mamá corrió al aposento, trajo una manta la sumergió en un balde con agua y así empapada se la dio a Papá para que cubriera la parte ardiendo apagándose el fuego de inmediato. Todo fue tan de súbito que minutos después me encontraba yo en la cocina, curando en una palangana de agua azucarada las adorables manos de Héctor, chamuscadas por la flama. Qué momento de pena para mí ¡pero qué milagro de amor!

Lo que ambos sentimos en aquel momento, no hay palabras que puedan descifrarlo; en otras palabras el fuego del amor nos consumía y éramos felices y nos sentíamos en las nubes, en la eternidad del amor. De nuevo deseé seguir con él en aquel mismo instante para nunca más separarnos. Ya lo sentía mío y en su dulce y tierna mirada comprendí que me amaba.

Luego de los comentarios y la tertulia y de haber tomado café se despidió de nosotros. Se marchó, pero ya no me sentí sola, su alma y la mía se habían apegado para jamás separarse.

Nuestro noviazgo fue algo maravilloso. Algo muy lindo. El trabajaba duro, pero temprano regresaba para estar conmigo. Era dulce y complaciente y, más que nada, romántico y le gustaba cantar tangos y los cantaba para mí. Me colmaba de elogios y presentes, no cosas caras o costosas, pero sí, tonterías que me agradaban. A mí me encantaban los trajes lindos y a él le daba dinero para que me comprara telas bonitas en la ciudad lo cual el escogía con calidad y gracia y mi costurera los convertía en bellos trajes que para él lucía. Así pasaba el tiempo y comenzamos a pensar en nuestra boda y en los preparativos, ambos emocionados y él sólo me hablaba de la luna de miel, de nuestros hijos, y nuestro futuro. Así transcurrieron ocho encantadores y felices meses de amor, de dicha y felicidad. Cuando de pronto surgió algo inesperado que vino a empañar nuestro mundo de amor.

Era un día festivo para último del mes de octubre, siempre lo recuerdo, en parte porque en los días festivos él no trabajaba y los pasábamos siempre juntos en casa, hasta bien tarde, porque mis padres le adoraban y todos éramos felices. Aquel día le espere con ansias pero él no llegó. Ya de tarde envié a mi hermano para averiguar qué le sucedía, pero a su regreso me informó que no estaba en casa, que había salido temprano. Me puse muy triste pero esperaría a que regresara para saber qué pasaba. Quizás alguna emergencia, pensé, y sólo Dios sabe cuántas cosas más me pasaron por la mente y así nerviosa y ansiosa estuve, pues era la primera vez que esto acontecía. No fue hasta el día siguiente cuando se apareció. Muy consternado por lo ocurrido y por supuesto traía una excusa.

—No sabes cuánto lamento lo de ayer, ya que me imagino que estuviste intranquila. Yo también estuve desesperado. Pero no te imaginas, pues ayer cuando me disponía a salir para acá, ¿a qué no sabes con quien me topé?

—No, no, no tengo la menor idea, pero para ahorrarme el pensar, ¿por qué no me lo dices tu mismo? ¿No crees que sería más grato?

—Pues mira amor, con el dichoso Abraham Santiago ¿Qué te parece?

—Ah sí ¿y se puede saber qué más hay del acontecimiento?

—Pues sí, lo primero que hizo fue invitarme a una copa y luego insistió en otra y aunque quise zafarme e insistí en que venía a verte siguió dándome lata hasta que cuando vine a darme cuenta me había llevado él diz que a dar una vuelta y ya descubrí que andábamos por las ventas de Yauco.

—¡Por Yauco! ¿Y qué diablos fueron a hacer por allá?

—A ningún lugar en especial, sólo a dar una vuelta por la carretera y a darnos tragos y a charlar. Y fíjate, yo que nunca bebo, cuando vine a ver creo que hasta borracho estaba. Pero la historia no termina ahí. ¿Sabes cuál era el propósito de ese sinvergüenza? Llevarme con él para meterme en palos para luego aconsejarme que no me case contigo. Si supieras cuántas cosas se inventó para decir. Que tú eres aún una adolescente, que aún no estás capacitada para eso del matrimonio. Que tus padres son muy pobres. Que yo puedo buscarme otra chica con plata y con más madurez y síguele por ahí. Y como no encontraba nada malo que decir de tí ahí estaba hablando estupideces y dale con lo mismo y lo mismo. En otras palabras su intención no fue otra que hacerme desistir que me case contigo, pero con una insistencia como si fuera mi padre o hermano mayor. Y yo me pregunto, ¿Por qué tan interesado en mis asuntos privados y en nosotros?

—Sí, sí, ¿pero tú que le contestaste a todo eso?

—Imagínate, tú sabes como soy yo. Que no me gustan las problemáticas con nadie. Sólo quise hacerle razonar, en otras palabras le hice comprender que te amo y que eso es asunto mío, no de él, ni de nadie. Porque a la verdad que me hizo encabronar. Pero mira que ese tipo es bien desagraciao y hijeputa. Te juro que las ganas que me dieron fue de insultarlo, decirle hasta del mal que va a morir. Pero tú me conoces, no me gustan las dificultades con nadie y con un tipo como él menos. Pero a la verdad que no me esperaba eso de él, te lo juro. Luego de hacerme beber, y una vez que me vio un poco jalao venirme con semejante pocavergüenza y que hablarme de ti. Suerte que nada de lo que dijo es cosa que pueda difamarte porque si no, la cosa cambia. Hijo de su madre, será cosa que jamás le podré perdonar. Lo más coraje que me da es que andábamos en su carro, de lo contrario yo lo dejo por allá y me regreso solo. Lo que yo quisiera saber es qué se trae el desgraciado ese, metiéndose en mis asuntos.

—Bueno, lo que se trae olvídalo y lo que pasó, pasó, y en adelante sabes que no te puedes confiar de él. Y eso de que soy pobre y una adolescente, pues no me molesta en nada, porque soy de familia decente y buena y así, pobre como soy, me siento ser una muchacha inteligente y digna de ti, con toda una vida por delante para aprender, madurar y ayudarte. Porque todos tenemos que crecer y madurar y si tú me das tiempo y la oportunidad, estoy segura que me voy a hacer una mujercita con capacidad para que seamos felices. Y el que tú tengas unas pesetas más que nosotros, eso no viene al caso, porque por sobre todas las cosas está nuestro amor que no se puede comparar con ningún tesoro de este mundo. Además, ser joven y pobre no es deshonra ni obstáculo para ser feliz en la vida. Así que dejémonos de tonterías, que eso es exactamente lo que el tal Abraham busca, que rompamos nuestro compromiso. Bien que tú sabes de la pata que él cojea. Que es un ambicioso y un envidioso y se cree que todas las chicas del barrio van a ser para él.

—¿Tú crees?

—Pues claro, eso mismo es —dije yo bien enfogonada, y así entre una y otra cosa quedó aquella plática que no fue otra cosa que el comienzo de nuestra odisea.

En adelante Abraham optó por pasar frente a nuestra casa en su brioso caballo o en su flamante automóvil e insistía en hablar conmigo. Aunque no lo consiguiera se conformaba con haber estado estacionado allí enfrente aunque fuera sólo por algunos minutos y como era carretera libre nadie se lo podía impedir. Sólo que según pasaba el tiempo yo le iba tomando cierta aversión. Abraham era el tipo poseído y vanidoso y yo la chica temprana e ingenua que no sabía cómo defenderme de sus ataques o impertinencias y sólo trataba de ocultarme de él lo más posible. Lo que más me mortificaba de él era que cuando mi hermanita iba a su colmado por el mercado, él se lucía frente a Julia, su amante, haciéndole preguntas en cuanto a mí, enviándome recados y papelitos lo cual ponía a Julia muy enojada y ya mi hermanita se eximía de ir a la tienda. Yo por mi parte no me atrevía a decírselo a Papá, ya que ellos eran grandes amigos, y menos a Héctor, para así evitarme problemas, siguiendo los consejos de Mamá quien me decía que los hombres son como los niños que creen lo que se les antoja y torciendo las cosas a su modo, pero casi siempre en su favor.

—Tómalo con calma —me aconsejaba ella—. Deja la bola correr para ver en qué para esto.

Yo obedecía aunque por dentro me mataba la ira.

Después del incidente aquél en que Héctor se fuera aquel día con Abraham Santiago, quizás un mes después comencé a notarlo nervioso, lejano e inquieto. Como si un grave problema lo estuviese atormentando. Por varias ocasiones insistí en que me hablara de ello, pero no quiso decirme nada e insistía en que no era nada y que sólo eran insinuaciones mías.

Hasta un día que creyó que había llegado el momento de divulgarme toda la verdad de aquella intranquilidad suya, pero sólo se limitó a intentarlo porque ya nada dijo y bastante triste se despidió de mí, diciéndome que más adelante hablaríamos del asunto. Al día siguiente temprano, antes del amanecer, le oí pasar para la ciudad, y no nos fue posible vernos. Cada mañana por lo menos solíamos saludarnos, aunque fuera él, desde el camión guiando y yo desde mi casa, pero aquella mañana pienso que adrede evadió verme.

Desde este instante comencé a inquietarme mucho. Deseaba con vehemencia saber qué le estaba atormentando y averiguar por qué no me lo podía declarar. Y si eramos novios, si ibamos a casarnos ¿cómo era posible que yo no pudiera estar al tanto de cualquier problema que hubiera en su vida? Mamá era la que me consolaba.

—No sufras hija, eres muy niña para comenzar a inquietarte así por un hombre, sólo sirven para darnos dolores.

Recuerdo que me enojé mucho y por primera vez le riposté a mi adorable madre.

—Bueno, unas veces me dicen que soy ya una mujer para irme a la escuela luego que no debo sufrir por el hombre que amo porque soy una niña. y realmente no sé a qué atenerme. A veces creo que ustedes no me entienden—, dije con cierto arrebato y llanto.

Ella me miró asombrada, nunca antes yo le había hablado así y confieso que me sentí muy avergonzada.

—Perdóname, Mamá —le dije entre sollozos—, no creas que he querido faltarte el respeto sino que estoy confundida. Amo demasiado a Héctor, que si llegara a perderlo no sé de lo que sería capa, creo que me moriría de angustia.

Ella me tranquilizó con sus dulces palabras y entonces recordé aquellas palabras de la abuela.

—Si perdemos algo en la vida, haga Dios su voluntad, y también, si algo perdemos, conformémonos con tantas otras que nos quedan.

Pero yo solo pensaba que si él me faltaba ya nada me quedaba en la vida. Tan sólo un enorme vacío en el corazón y el alma abatida para siempre.

Aquella tarde a su regreso de la ciudad pasó de largo, no entró y me angustié hasta la muerte. Quise salir corriendo carretera arriba hasta encontrarme con él para pedirle una explicación, pero qué imposible me era, entonces pensé que quizás Abraham tenía razón, era muy niña para estas cosas del amor y me sentí como si todos hicieran de mí un juguete.

Cuando Papá llegó del trabajo aquella noche le conté lo que estaba sucediendo. El amorosamente me consoló.

—No te impacientes, hija, los hombres a veces tenemos problemas, pero no te apures que todo tiene su explicación. Espera a que él vuelva y ya te informarás, pero por favor cálmate.

Yo pensaba que al día siguiente vendría para aclararme lo de su extraño proceder, pero no vino hasta el fin de semana, que pudimos vernos porque había ido a la capital con carga.

Ya en el corto tiempo que le conocía sabía leer en sus ojos su estado de ánimo y aquel día adiviné que en su alma había mucha ansiedad. Algo terrible le perturbaba.

—¿Qué te pasa, mi amor? —le pregunté—. ¿Qué te sucede? por favor dímelo.

Él un poco contrariado y en su gagueo niñoso me dijo.

—Sí, mi amor, tú lo has dicho, tengo problemas y bien serios, pero en primer lugar quiero que sepas que te amo por sobre todas las cosas. Que no importa mi forma de proceder o mi estado de ánimo o si puedo revelarte o no la verdad que me atormenta, pero de una cosa quiero que estés segura y es que te amo y que tu eres la muchacha que quiero para hacerla mi esposa. Esto por sobre cualquier cosa que pudiera surgir. Ahora lo único que quiero de ti es que me creas, me comprendas y me ayudes, o mejor dicho debes ayudarme.

—Pero, ¿qué es lo que debo hacer para ayudarte? —pregunté con cierta turbación.

—Pues haciendo exactamente lo que yo te diga —me dijo él.

—Sí, sí, pero, ¿qué es eso que debo hacer? anda dímelo —le rogué con ansiedad.

Él, más gago que nunca y nerviosísimo, reventó con la historia.

—Bueno, el asunto es el siguiente, en primer lugar no deberás hacerme preguntas de nada en absoluto, solo deberás creerme. Luego hablarás con tu Papá y le dices que tu quieres irte a vivir conmigo. Porque eso es precisamente lo que tenemos que hacer. Aunque lo que ansío con toda el alma es casarme contigo y festejar una linda boda, ahora mismo no lo puedo hacer aunque sí te prometo que nos casaremos tan pronto resuelva algo muy serio que se ha presentado de por medio.

Yo estaba absorta, no podía creer lo que escuchaba de sus labios y él seguía.

—Es algo que no te lo puedo declarar ni tampoco insistas en que lo haga, porque no tiene caso, pero sí, tú eres la única que puedes ayudarme a salir del trance y si me quieres puedes y debes ayudarme, te lo suplico, mi amor, te lo suplico.

—Pero ¿cómo? —volví a preguntar desesperada.

—Pues convenciendo a tu Papá para que te deje que te vayas a vivir conmigo, que yo te prometo casarme contigo bien pronto, pero ahora estoy en apuros y esa es la única forma de salvarme.

Yo quedé como en otro mundo al escuchar semejante proposición. Quise decir algo, pero no encontré las palabras. El al verme tan confundida y desesperada, añadió:

—Comprendo cómo te sientes, pero así están las cosas, algo inesperado.

Yo enseguida pensé que de seguro había otro hijo involucrado en todo aquello y por un momento perdí los estribos.

—Pero, ¿qué locura estás tramando? ¿Acaso te crees que Papá es hombre a quien se le puede venir con semejantes tapujos? Papá es un hombre serio y somos pobres, pero decentes. ¿Cómo es que atreves a venirnos con semejantes proposiciones? De seguro otra chica y otro hijo y me vienes a usar para librarte del emborujo. ¿O es acaso que has perdido la razón, o a lo mejor es que ya no me quieres y te has inventado semejante embuste? ¡Claro! Para largarte y dejarme plantada, ¿no es así?

Volví a gritar aunque en voz baja, pero casi perdiendo la razón.

—Si no me quieres no tienes que inventar nada —dije—. Me lo dices y ya. Prefiero la verdad a que vengas con engaños y patrañas para desligarte del compromiso. Para mí es preferible, a que quieras engañarme y reírte de mí y de mis padres, ellos que te tienen en alta estima por no decir que te quieren como a un hijo. ¿Por qué no me hablas por lo claro, de una vez y me dejas en paz y te vas de mi frente, sin que sea también el pobre Papá el que también se inmiscuya en esto? —le dije casi histérica.

Él trató por todos los medios de apaciguarme.

—Pues, mira, mi amor, si no consigues lo que te propongo, entonces sí que tendremos que dejarnos como dices tú y eso será peor para ambos. Porque yo te juro por la honra de mi madre que no he tenido la menor intención de dejarte plantada como piensas. Sólo que son cosas que suceden, cosas que uno no se las espera, cosas que se presentan y de alguna forma hay que buscarle la solución. Y eso que piensas de que hay una criatura involucrada, no cielo, eso no, sácate eso de la cabeza ¡qué va! no hay tal niño, te lo juro por Dios. Y de veras que me apena grandemente el haberte hecho esta descabellada proposición, pero vuelvo y te digo que es porque te amo y en ningún momento quiero perderte. Te lo juro, mi amor, te lo juro.

Mira, ¿por qué no consigues de tu Papá que simulemos una boda? Que todos crean que nos hemos casado, y ya asunto arreglado y luego de par de semanas nos casamos de verdad, calladamente. Sí, consigue eso de tu Papá y ya verás cómo todo se nos arregla.

—Pero, Héctor, cómo me atreveré yo a hablarle a mis padres de semejante cosa, eso sería como si les hundiera un puñal en el corazón. ¿O es acaso que tú no comprendes?

—Sí, comprendo, sé que es algo terrible, pero por eso te lo dejo a tí. Consigue con tu Papá que nos de el consentimiento y ya que estemos juntos verás que todo se va a arreglar. Ya después te lo explicaré todo y sabrás comprenderme y perdonarme y también sabrás cuánto te amo.

Yo estaba bañada en lágrimas y me mataba la angustia.

—No creas que no me duele a mí también todo esto —dijo—. Se que ni tú, ni los tuyos se merecen semejante castigo, pero si supieras por lo que estoy pasando. Bueno, bueno, ya basta, dejémonos de tanta aflicción, consigue que tu Papá se ponga de acuerdo y házmelo saber, para mandar a fabricar una casa de inmediato y rápido amueblarla y enseguida te mudas allí y verás que todo saldrá bien. Luego besándome con dulzura dijo,

—Prométeme que harás lo indecible, lo imposible por conseguir de tu padre que consienta en eso y verás que te haré la mujer más feliz del mundo. Porque te amo, Carmen, te lo juro por el cielo, te amo, por mi madre te lo juro, créeme amor mío.

Y se marchó de mí y yo quedé como en otro mundo.

No era fácil buscarle solución a aquel embrollo. Ni mi padre ni yo éramos personas a quienes nos podía manejar así. Así que fui incapaz de decirle nada. A él sería la última persona a quien iría con semejante laberinto y como yo era inocente, seria y respetuosa, a las cosas por insignificantes que fueran les daba sus merecidos valores, además pensaba en el buen nombre de mi familia y confieso que me hallé en un callejón sin salida o entre la espada y la pared con un problema de tal índole que iba más allá de mi capacidad.

Lo más doloroso de todo era mi amor apasionado por él. Por eso la próxima vez que nos vimos y me preguntó si le había dicho algo a Papá le contesté que sí, que le había dicho de su plan y que Papá estaba de acuerdo. Que comenzara a fabricar la casa que no había inconveniente alguno. El rebosante de alegría me apretó en sus brazos, luego me besó apasionadamente y se despidió de mí feliz y eufórico. Esa misma tarde trajo todos los materiales en el camión y tres días más tarde ya la casa estaba terminada sólo faltaba amueblarla. ¡¡¡Pero qué tragedia!!! En mi casa sabían que él estaba en fabricación de una casa, pero pensaban que era para cuando nos casáramos. El seguía viniendo a casa como de costumbre creído de que Papá estaba enterado del asunto. Por otro lado, Papá no estaba enterado de nada, lo recibía como siempre, con respeto y amistad sin ninguno de los dos imaginarse la verdad que había. Pero en medio de todo estaba yo perdida en una amargura, en una incertidumbre, casi perdiendo la mente; en otras palabras, al borde de un colapso nervioso.

Al tercer día, cuando la casa a la cual se le había dado especial atención con suficiente mano de obra estuvo terminada, Héctor nos invitó a Papá y a mí, un oscurecer para que le acompañáramos a verla, muy ajeno a que yo no le había dicho nada a Papá. Salimos los tres carretera arriba, Papá dichoso por que yo me casaría muy pronto y Héctor feliz de saber que si algún problema tenía y ésta era la solución, pues ya estaba todo arreglado. ¡¡Pero qué tonto!! Ellos iban en paz, la que iba tragándome la lengua era yo. ¿Por qué había llegado aquí con semejante trama? Muy fácil había crecido con un carácter limpio, sano y sin malicia, pues obvio que no pudiera encontrarle solución a aquel torcido enredo de Héctor, y como le adoraba con locura el más leve pensamiento de perderlo me enloquecía. Así que no había hecho otra cosa que dejar que las cosas siguieran su curso para ver por dónde reventaban y eso fue prácticamente lo que sucedió y la bomba explotó a su debido tiempo.

Así que llegamos al lugar, subimos y pasamos revista a la casa. Monísima, por cierto, no una cosa del otro mundo, fabricada en madera, nuevecita como me gustaban a mí. La típica casita boricua, un cuarto de dormitorio, una sala y cocina cómoda. Algo ideal para ser felices. ¡Pero qué lastima que el destino se complacía en torturarme! Ellos, por su parte, se miraban complacidos, la que temblaba de pavor era yo. ¿Cuál sería el desenlace de todo aquello? —pensaba yo con desesperación. Cuando se hubo terminado de revisar, Héctor cerró la puerta y salimos de vuelta a nuestra casa. Yo desilusionada hasta la misma muerte. El amor y el respeto a Papá y la adoración a Héctor y el miedo a perderlo me chocaron en la mente como un volcán en erupción y quise salir corriendo sin rumbo como loca, pero me fallaron las piernas y casi me desmayé.

Héctor estaba nervioso, no había que dudarlo, pero se arriesgó a hablarle a Papá. Él era gago, pero aquí se le trabó la lengua más de la cuenta y las palabras no le salían. Entonces hizo un esfuerzo y se rompió el hielo. ¡Pobre Papá! Él, que minutos antes se sentía en las nubes por la felicidad que le embargaba, ahora recibía un golpe mortal que lo derribaba.

—En primer lugar —dijo Héctor alargando las palabras que no le salían—, tengo que, que, que, pedirle perdón don Pablito por mi inconsciente comportamiento. Yo he pensado muchas veces y sé que es algo terrible para ustedes, pero créame que sabré cumplir con mi deber de hombre y lo que usted ha hecho por mí se lo pagaré con creces por, por, por tán dome bien con, con, su hija a quien amo con todas las fu, fu, fu, fuerzas de mi alma. Pero le prometo que bien pronto todo, todo, todo, quedará arreglado como Dios manda y como manda la ley.

—Pero, ¿de qué me habla usted? —preguntó Papá, que se había detenido y nos miraba a ambos con asombro—. Pero... pero... ¿quieren explicarse de qué se trata? —volvió a preguntar en estado de pavor.

La noche estaba clara como el día y con su reflejo en la nueva carretera pude apreciar el rostro contrariado de Papá, confuso, nervioso, desesperado, temblusco, sosteniendo en sus manos el amolado perrillo. Miré a Héctor y leí en su alma una terrible desesperación, casi una locura de terror, de miedo, como un animal acorralado y con sus ojos me pidió ayuda.

En aquel instante no pensé en Papá ni tampoco en mí, sólo en Héctor y pensé que tenía que salvarlo a como diera lugar. Sabía que si él le decía la verdad de todo aquel emborujo que se traía, Papá era capaz de asesinarlo allí y salí en su defensa hundiéndome en la más vil y desastrosa mentira, que cuando terminé de decirla por poco caigo muerta en la carretera. Yo que nunca había lastimado a mi padre ni con una mirada. Él que era mi adoración y ahora me había atrevido a mentirle, por salvar al hombre que amaba.

Papá, por el contrario, se encontraba como bestia, a quien se le ha inferido una puñalada mortal. Yo estaba herida de muerte. Hubiese deseado morirme en aquel mismo instante a seguir adelante con aquella farsa.

Cuando volvimos en sí, Papá me pidió cuentas.

—¡Bueno ya que estamos en esto quiero cuentas! —dijo casi enloquecido—. ¡Explícate con detalles aunque se me parta el alma de dolor! ¿Qué de verdad hay en todo esto? —vociferó aguantando la ira.

—Sí, Papá, lo que has oído no quiero casarme con Héctor, me quiero ir a vivir con él. Por eso le dije que me hiciera una casa. Después nos casaremos, pero más adelante, pero por favor ya no me hagas más preguntas, te lo suplico.

Yo no me sostenía en las piernas y casi me caía ¿Cómo me había atrevido a mentirle a Papá, cuando no tenía de qué avergonzarme? ¿Cómo era posible que hubiese llegado hasta aquí con semejante engaño? Pero amaba a Héctor hasta la locura, hasta la muerte diría yo, que no me arriesgaría a perderlo aunque para ello tuviera que hundirme para siempre.

Papá apuró el paso. Aquello no era cosa de diálogo ni de pensar. Quizás pensó que al lado de Mamá podría buscarle solución correcta al asunto. Héctor y yo seguimos detrás.

—¿Qué pasó? —me preguntó quedo y asustado—. ¿Acaso no le habías dicho nada a tu Papá, de lo que habíamos hablado?

—No, no, no me atreví, no me fue fácil. Papá es digno y decente. ¿Cómo era posible que a sangre fría le fuera yo con semejante cosa? Sería pa' que me matara, y a tí también.

—Sí, pero ahora es peor ¿Cómo te has atrevido a mentirle? Sí, como te has atrevido a venirle con semejante atrocidad? Esto es peor. ¡Ave María Purísima! —dijo y se persignó—. ¿Pero acaso te has vuelto loca?

—Sí, casi loca estoy y por tu culpa. Además fue lo único que se me vino a la mente para salvarte.

—Sí, ya lo sé y te lo agradezco, pero jamás pensé que pudieras decir semejante disparate, cuando eres pura y buena.

Papá se alejaba y avanzamos el paso. Ojalá que en aquel momento nos hubiéramos escapado. Hubiese sido mejor aunque al día siguiente Papá nos hubiera hecho casar, si era que esto satisfacía la necesidad de Héctor, que por supuesto tenía buenas razones para haber desencadenado todo aquel siniestro. De todos modos avanzamos, y le alcanzamos, no había otra alternativa. En una Héctor me tomó de las manos. Estaba frío como un muerto y yo más muerta que viva y Papá caminaba como un demente. Al llegar a casa abrió la puerta y se dirigió a la recámara donde estaba Mamá en estado grávido, pues ya pronto esperaba otro bebé. Enseguida ella leyó la agonía en su rostro. Una agonía que él no podía esconder, aunque quisiera, aun sabiendo que ella no podría resistir un golpe tal y turbado caminaba desesperado de un lado para otro de la habitación.

—¿Qué te sucede?— le preguntó ella asustada.

Él furioso haciendo ademanes con el machete me llamó y me hizo venir ante ella y allí le relató el terrible incidente. Héctor estaba en la sala.

Mamá me miró fijo a los ojos y dijo:

—No seas tonto hombre, no ves que en esta niña no hay maldad ni engaño alguno, sólo una mentira —y con la vista, porque ella hablaba con los ojos, le preguntó a Papá por Héctor.

Él también le contestó con la mirada que afuera estaba.

Entonces ella insinuando con la mirada y con el dedo señaló y dijo:

—Nuestra hija es buena y sé lo que te digo —todo esto se lo decía en voz baja.

Entonces fue peor, Papá se abalanzó sobre mí con furia por haberle mentido, por salvar a Héctor quiso golpearme por no decir matarme. Yo salí corriendo de terror y me perdí por la curvosa carretera. Como no sabía lo que hacía en mi carrera me dirigí a la casa nueva para refugiarme allí, porque de veras estaba turbada. No pude pensar en otra cosa. Pero para sorpresa mía cuando me encaminaba hacia la entrada me topé con don Nicolás Cuevas, el papá de Héctor, que venía de la casa de su concubina Marcelina que vivía en una vieja casa al lado de la casa nueva.

Traté de esconderme entre los árboles, pero no hubo oportunidad pues el me descubrió y vino hasta donde mí. ¡Qué vergüenza! Aun recordarlo me desconcierta.

Fue peor que todo lo que había ocurrido hasta aquí.

—¿Qué haces por aquí a estas horas? —me preguntó. Entonces sí que se me fue el mundo y tuve que mentirle. Entonces dije algo diferente. Ojalá le hubiese dicho toda la verdad de su hijo y cómo me había envuelto en todo aquel laberinto. Quizás él me hubiese ayudado, pero no tenía capacidad para pensar y el miedo a perderlo o, por otro lado, siempre aquel terror y respeto a los mayores acababa conmigo.

Él se figuró que allí estaba yo, esperando por su hijo quizás para escaparme con él y sólo se limitó a decirme: "Piensa lo que haces, hija, eres una buena muchacha y por favor no metas a mi hijo en problemas, te lo suplico".

Quise correr y aferrarme a su cuello y decirle todo lo que estaba ocurriendo y pedirle que me ayudara pero no tuve valor. ¡Cómo se me complicaban las cosas! Tal parecía que una mano oculta y maligna estuviera hilvanando todo aquel enredo. En mi casa cuando me vieron salir corriendo se asustaron mucho. ¡Cuántas cosas pensaron! Entonces, dejaron de pensar en el asunto y en ellos y comenzaron a preocuparse por mí y como desesperados salieron Héctor y Papá en mi busca. Después que don Nicolás se marchó yo me sentí terriblemente atemorizada. Miedo a la noche, terror a lo que estaba sucediendo y con el susto hice lo último que debí hacer. Fui a buscar refugio a casa de unos parientes que ahí al lado vivían.

Para qué decir. El sólo llamar a las puertas de una casa a esas horas de la noche, una niña como yo, que todos me conocían y que sabían que estaba comprometida en matrimonio y que se me estaba fabricando una casa con estos fines, pues de inmediato se suscitaron sospechas y comenzaron las preguntas y entonces dije otra mentira. Porque así es, una vez se dice la primera, las otras salen muy fácil, como las aceitunas del frasco, después que se extrae la primera las demás salen con facilidad.

Ahí estaba yo tratando de justificar mi presencia en aquella casa cuando llegaron Papá y Héctor. Vieron luz y escucharon voces y cuando comprendieron que allí estaba, llamaron a la puerta, me llamaron y me llevaron a casa. Héctor le pidió a Papá que se calmara, que no se apurara, que al día siguiente se pensaría más detenidamente lo que se iba a hacer, porque, después de todo, él me amaba, dijo y como el siguiente día había que trabajar cada uno se retiró al sueño hasta yo, que me sentía como una oveja herida.

Al día siguiente cuando recapacité me pareció haber despertado de una horrible pesadilla o de una noche de velorio en una mañana en que aún el muerto está presente y como que uno no quiere aceptar la realidad de las cosas. Qué lejos había ido yo con aquella estúpida trama, pero estaba de por medio el hombre a quien amaba y tenía, según yo, que salvarlo, porque si lo perdía era capaz de perder el sentido. Por eso no me importaba el haberle mentido a Papá, y como de nada tenía que avergonzarme, eso me hacía sentirme tranquila. Ahora lo importante era que Papá estuviera de acuerdo con Héctor y se decidiera por lo que éste pedía. ¡Pero qué tonta era! Qué poco conocía yo a Papá y, menos que nada, qué poco conocía la vida y a la gente, pero por sobre todo que poco conocía al aniñado e infantil de Héctor. Aquella mañana Papá amaneció renuente y pálido y yo aturdida e idiotada, y adelante las cosas tomaron un matiz de calma. Papá era violento, controversial, e iracundo, pero usaba de pensar y esperar un poco, cuando se trataba de entender algo y buscarle solución.

Así pasaron quizás dos semanas de continuo desasosiego mientras Héctor seguía visitándome en espera de que Papá dijera la última palabra, ansioso por saber cual sería la respuesta, pues sólo esperaba que Papá le dijera: "Ahí esta la chica, llévesela", como si hubiese sido un objeto cualquiera. Pero no fue así, Papá seguía buscándole la solución correcta y digna al asunto, como hombre de cordura que era. Él y Mamá platicaban de continuo y de noche casi no dormían y antes de aclarar ya estaban enfrascados en el tema. Yo escuchaba desde mi cama y deseaba mejor morirme y me sentí como arrastrada por una turbulenta corriente, sin tener a nadie a quien clamar por ayuda.

Después de aquellas dos semanas de tregua sucedió lo imprevisto. Papá había analizado bien el problema y como hombre capacitado comprendió que Héctor era el responsable de todo, y una noche después de haber reposado la comida y cuando leyó con tranquilidad, lo llamó a cuentas a lo macho y Héctor por poco se traga la lengua. Él que era gago se le fue el habla por completo, y desconcertado no hallaba qué hacer ni qué decir. Papá se las cantó y lo calificó de ruin, tramposo, embustero y engañador de mujeres, además de abusador de confianza y en una le propinó tremenda bofetada.

Héctor quedó como loco, desconcertado, pues era lo menos que esperaba.

—Ahora si quiere casarse con mi hija, se casa y si no, poco me importa —vociferó Papá con ira—, pues no deseo tener por yerno a un individuo de su categoría. En cuanto a ella si le sigue interesando usted eso es cosa suya, pero me la saca de ésta como Dios manda y porque nosotros así nos lo merecemos y porque yo sé que mi hija es buena y usted ha sido su primer novio. Y como ve usted es aún una criatura que no sabe cuál es su mano derecha. Yo consentí en que se casara con usted porque me pareció un caballero, pero veo que me equivoqué, porque usted es un farsante y el responsable de todo este feo y desagradable laberinto. Debería de darle vergüenza, nosotros que pusimos en usted nuestra confianza. Jamás pensé que fuera perverso y, dicho sea de paso, como no sé ni me interesa cuáles son los motivos que le han hecho obrar así, pues allá usted con sus líos, pero a mi hija si la ama como tanto dice, la lleva al altar como Dios manda o de lo contrario no pise más esta casa porque no respondo de mí.

Por un lado yo me alegré del arrebato de Papá, pero por otro me sentí perdida para siempre. Sentí que había perdido a Héctor, el gran amor de mi vida y tuve necesidad de morirme, pues ya para qué quería vivir. Sí, ¿para qué? En adelante ya caí en la corriente de la desgracia y difícilmente volvería a recobrar la paz de mi espíritu, y como era aún tan niña no podía vislumbrar cuánta tragedia me esperaba. ¡Pero, qué bueno es Dios que en su infinita misericordia nos ciega los entendimientos para no ver el futuro, para que no sepamos lo que nos espera. ¡Sí! ¡que bueno, es ese Divino y Poderoso Dios! Pero lo más doloroso de todo fue que ahora Héctor se apegaba a mí con insistencia. Siempre que tuviera la oportunidad, y en una ocasión me habló.

—Necesito verte, es muy importante lo que tengo que decirte. A la noche cuando tus padres se duerman sales afuera, yo estaré esperándote.

Jamás pensé que tuviera valor para hacerlo, pero tenía que escucharlo y aquella noche cuando comprendí que todos dormían salí al patio. La noche era clara como el día y allí estaba él esperándome. Se acercó y me besó y me abrazó con ternura, con pasión y con lágrimas. En todo nuestro tiempo de novios, jamás lo había sentido tan cerca a mí. Yo diría que lo sentí metérseme en el alma y nos confundimos en un profundo abrazo.

Así estuvimos por algunos momentos, él acariciando mi cabeza, mi cabello, mi rostro, como a una esposa y yo más que a un hombre enamorado pues lo sentí como a un hijo que busca el regazo de su madre.

—No te imaginas cuánto te agradezco este gesto de bondad que has profesado para conmigo —me dijo—. Eres la chica más noble y dulce que he conocido y más que nada quiero pedirte perdón por todo el mal y los contratiempos que les he causado tanto a tí como a tus padres que son tan decentes. Tu padre que es un caballero y doña Bellita que es una santa. No sé como he podido ofenderles, pero un día sabrán toda la verdad y estoy seguro que sabrán perdonarme.

El amor que nos unía era grandioso e incomparable, más que pasión y locura, y ambos preferíamos morir a renunciar a él, y hubo un momento que me pidió que me escapara con él.

—Vámonos ahora mismo —me dijo—. Olvídate de todos por ahora y pensemos en nosotros y en este amor que nos abrasa. Ya tenemos casa y cuanto necesites te lo compraré en par de días con el favor de Dios pues tengo suficiente dinero y si tu Papá nos hace casar mañana mismo pues mejor.

Recuerdo que la mente se me hizo maraña y mil cosas se me agolparon en la imaginación. Yo siempre había vivido para los demás, ¿cómo ahora podía ser tan egoísta de sólo pensar en mí? y rotundamente le dije:

—Mira, amor, mejor olvidemos todo y no volvamos a vernos, creo que es lo mejor que debemos hacer. Te amo hasta la muerte, pero si no puedo saber cuál es el motivo que te impulsa a obrar de esta forma, no lastimaré a mis padres ni al resto de mi familia y si es que te resuelves a casarte conmigo ven por mí.

Y me despedí de él temblando de miedo, por haber salido afuera a aquellas horas de la noche y más que nada temblando de dolor, de angustia y desesperación al no encontrarle una solución a aquel problema y me dispuse a entrar a la casa, pero él me sostenía por el brazo rogándome e insistiendo que me escapara con él. Ojalá le hubiese escuchado, pero tenía mucha turbación y mucho respeto a los demás. Lo último que me aconsejó fue que si me decidía que fuera a casa de doña Lina, una anciana que vivía junto a la casa nueva y que allí le esperara, pues según él había hecho arreglos con la anciana por si yo me aparecía por allá. Yo tapé sus labios en señal de que guardara silencio, besé su rostro y con una profunda agonía entré, cerrando la puerta ligeramente.

Una vez adentro me encaminé al aposento. La respiración fuerte de Papá inundaba el recinto y un terrible temor se apoderó de mí, tanto que no se distinguió si la respiración de Papá o el castañeo de mis nervios era más fuerte. Yo me alumbraba con una lámpara de baterías (*flashlight*) y por poco se me cae de las manos. Mamá se movió en la cama y creí que me había escuchado y como aún me encontraba en la sala y vestida no me atreví a entrar al aposento. Entonces le hablé a ella desde la sala para sentirme bien.

—Mamá no me siento bien —le dije—. Necesito ir afuera al excusado, pero temo ir sola.

Entonces ella llamó a mi hermanita Cándida para que me acompañara. Me apenó mucho que la chica se levantara a esas horas, pero yo necesitaba respirar aire libre y sentir que la pesadilla había pasado. Cuando regresamos adentro, en parte me sentía mejor, pero aquella noche no pude dormir. Juro que enloquecía y quise morirme.

De todas formas Dios me reveló la verdad en cuanto a aquella tragedia que estaba agobiando a Héctor. Hacía ya un tiempo que había cambiado de auxiliar de camión. Ahora trabajaba para él Ramón Suárez, el padre de Isabelita, mi amiga, quienes vivían en la hacienda Manuela. Una tarde se apareció ella a mi casa y no se si queriendo o no, me refirió toda la historia de lo que estaba sucediendo a mi adorado hombre.

—Dice Papá que don Héctor está en un grave problema —comenzó ella diciendo—. Según razón él tenía una novia de compromiso en Mayagüez y después que se comprometió contigo la echó a un lado, pero los hermanos de ella, que son un fracatán, en días pasados lo llamaron a capítulo y por poco lo acribillan. Le dijeron que se tiene que casar con ella, porque de ellos él no se va a burlar y menos de su hermana. Así que, imagínate, el pobre don Héctor está volviéndose loco, además él mismo le confesó a Papá que a quien quiere es a ti. Pero, como ves, los hermanos de Herminia, como se llama ella, no están dispuestos a que él la deje plantada y frente del mismo Papá lo amenazaron, si es que no cumple su promesa de casarse con ella. Así que, imagínate como está el pobre don Héctor. —Así terminó Isabelita diciendo.

Cuando ella hubo marchado yo quedé como en otro mundo y confieso que por el momento ya no pensé en mí, sino en Héctor, en aquel hombre que me hacía enloquecer de amor. Él no había dejado de verme a pesar del desastroso incidente con Papá y aunque no me visitaba cuando éste estaba en casa, yo comprendía que estaba atormentándose terriblemente, porque cuando pasaba frente a nuestra casa en el camión con su ansiosa mirada me imploraba ayuda. Tal parecía un niño asustado antes que un hombre que afronta las situaciones.

Aunque yo estaba segura que era a mí a quien amaba, en aquel entonces no tenía la suficiente madurez o capacidad para ayudarle a resolver un problema de tal índole, que no era otra cosa que seguirle la corriente a su capricho. No se podía casar conmigo porque estaba en peligro con los hermanos de Herminia, pero si era que yo me escapaba con él, entonces la misma Herminia desistiría de casarse con él y entonces estábamos libres para casarnos, porque su temor era a los hermanos de ella. Ahora lo veía yo todo muy claro, ¿pero qué podía hacer? Ahora sí que las cosas me venían claras a la mente. Héctor estaba acorralado, en callejón sin salida, y yo con mis manos atadas, sin saber qué hacer. Pues, a pesar de ser joven, había crecido con ciertos sentimientos humanos que estaban por sobre todas las cosas y aunque lo amaba hasta la locura, era capaz de sacrificarlo todo para salvarle. Por eso pensé que lo mejor que debía hacer era dejarlo libre para que él pudiera realizar su matrimonio con la otra muchacha, que también lo amaba y, de hecho, se había comprometido con él antes que yo.

No importa que él dijera que era a mí a quien amaba, porque, de todos modos, se había comprometido con ella antes, y yo jamás podría vivir con una conciencia tranquila. Pensé, que ya luego, si acaso aquello entre ellos no se cuajaba, no se llevaba a cabo, se desvanecía, y si aún él me amaba y estaba en mi destino, pues entonces esperaría, pero de ninguna forma sería culpable de un rompimiento. Así que, por ahora, pensé que lo mejor sería evitar por todos los medios el volvernos a ver. Y así fue; le hice pensar que ya no le amaba y no le daba oportunidad a verse conmigo, aunque, por dentro, enloquecía de amor, de soledad, de tristeza y angustia. El, por su parte, cuando vio mi despego, mi olvido, mi desengaño, se fue retirando y yo poco a poco me fui perdiendo en un mundo dentro de mí misma, en un alejamiento del alma, donde sólo mi espíritu triste y solitario vivía, donde sólo su recuerdo me consolaba y con eso me parecía suficiente, aunque no fue así. Aquella tragedia fue única. Comencé a hundirme en un abismo y me convertí en ermitaña, refugiándome en mi propio ser interno. Por otro lado, tenía ante mí un mundo a quien debía darle cuentas de mis actos. Ese mundo mezquino y exigente que, en vez de ayudarme, de consolarme y aconsejarme, sin piedad ni misericordia me criticaba y condenaba y me exigía cuentas y hacía sus propias conjeturas. Tan sólo por ser mujer me condenaban, pero a él nadie le pediría cuentas, de todos modos era hombre, lo suficiente para ser exonerado de toda culpa, pero no a mí. A mí se me hacían mil preguntas, entre ellas el por qué de nuestro rompimiento. Jamás me creyeron que fui yo quien le dejó libre, para que se casara con la otra. Sólo pensaban que me había plantado y simulaban pena, no sabiendo yo muy bien, que se alegraban, ya que muchos nos envidiaban. Mi familia estaba también en mi contra, por haberles fallado y sólo pensaban en el qué dirán, pero más que nada yo pensaba en mis hermanitos. Por ellos era que más me dolía, pues siempre quise ser para ellos un dechado en todo el sentido de la palabra, sin pensar que mi vida era única y que mi propio destino era el que se estaba cumpliendo.

Así andaba yo a mi corta edad de quince años, martirizada, sacrificada, atormentada hasta la misma muerte, porque en espíritu comenzaba a morir sin poder olvidar a Héctor que se me había hecho callo en el corazón. Aquella decisión mía de dejarle libre para que pudiera pensar, obró exactamente como debía, aunque la fracasada fui yo. Claudicaba entre las dos posibilidades, pero él, al verse atrapado cayó en la red que él mismo había fabricado. Yo vivía con la esperanza de que regresara a mí, pero no sucedió así. Los hermanos de Herminia lo siguieron presionando, y como él era aniñado y cobarde, no tuvo suficiente valor para zafarse y efectivamente se arriesgó a casarse con ella, aunque por dentro lo estuvieran matando la soberbia y la angustia de haberme perdido.

El par de meses que transcurrieron fueron desastrosos e interminables y agonizantes para mí. Pensé que el tiempo se había detenido y me entregué al suplicio sin hallar alivio a mi dolor. Nada me consolaba y perdía el juicio. Con nadie comentaba mi amargura y me conformaba con escuchar el ruido del camión y la bocina cuando por casa pasaba. El, en su agonía y consciente de que yo le amaba, la tocaba adrede, para recordarme que no me había olvidado, no sabiendo, cuánto mal me hacía. ¡Cómo deseaba alejarme de todo aquel maldito lugar! Pero a ningún otro podía ir. Mi obligación a Mamá, que en cualquier momento daba a luz, era una, y otra que yo era la única persona responsable en mi casa para atenderlos a todos. Así que para mí no había escape y poco a poco iba perdiendo el dominio propio y me hundía en un terrible trauma en el cual no veía otra salida que estar unida a Héctor en mente y alma. No concibiendo la idea de haberle perdido, seguía aferrada a su imagen y a su recuerdo.

Muy pronto había caído en mi agonía cuando se realizó la boda de ellos. En otro tiempo difícilmente me hubiese sido posible ni siquiera hablar de esto, pues el solo pensarlo me producía demencia. Cuando se corrió la noticia que se casaban estuve al borde de perder el sentido, mejor dicho, en cierta forma lo perdí y ya no quise vivir más en mi turbación, quise desaparecer de este mundo para perderme de su recuerdo. En mi casa no podía demostrar mi amargura, ni tampoco era mi intención hacerlo. No deseaba que nadie se apiadara de mí ni tampoco que el tema se trajera a colación. Aunque, por un lado, mis padres no deseaban mortificarme sabiendo quizás cómo me sentía.

Yo trataba por todos los medios de no demostrar mi amargura y cumplía con mis deberes cotidianos como de costumbre, aunque sin querer se me olvidaban las cosas, se me rompía casi todo lo que cogía en las manos y me volví atontada. De noche no conciliaba el sueño y comer no me interesaba y comencé a perder peso. No lloraba, por no lavar con mis lágrimas su imagen de mis ojos por eso mi sufrimiento se agigantaba y era como si el engranaje mental se me hiciera mil pedazos. Al fin llegó aquel horrendo día en que Héctor y Herminia Benvenuti se casaron. Por los comentarios fue algo soso y simple. Se casaron por la mañana y a eso de las dos de la tarde pasaron por el frente de mi casa. Ellos solos viajaban en el automóvil de don Pepe Frontera, que Héctor le había cogido prestado. Yo no estaba enterada de eso y jamás pensé que el acontecimiento fuera tan insignificante, si no que creí tuvieran alto festejo, y que quizás se irían de luna de miel a algún ensoñado lugar.

Pero no fue así, pues como dijera antes, a eso de las dos de la tarde, estando yo parada frente a nuestra casa, vi que el auto de don Pepe se acercaba y para sorpresa mía, era Héctor el que guiaba y a su lado su nueva y guapa esposa Herminia. ¡Qué maldita coincidencia! ¿Qué misterio habría en nuestras vidas que hacía que cada vez que nos encontrábamos era para herirnos ya fuera de amor o de angustia? Se pude imaginar, mi amado lector, cómo fue aquel instante para mí, mejor dicho quedé fuera de mí. El, en su apuro, aceleró el auto para pasar de largo lo más ligero posible, pero como era subiendo y había una curva trinchera, por más que quiso aligerar la velocidad siempre hubo tiempo para perdernos en nuestras miradas y nos quedamos absortos en aquel desesperante y terrible momento.

Desde aquel mismo instante ya no quise vivir, en otras palabras enloquecí y me dispuse a morir. Ahora lo importante era conseguir cualquier forma de llevarlo a cabo. Papá, que siempre había tenido revólver en estos momento no poseía uno. ¡Cómo lo lamenté! Luego pensé en ahorcarme, pero pensé que ésta era una muerte infame y cruel para una niña dulce y buena como yo. Entonces opté por tomarme un veneno. Busqué por toda la casa para ver qué había que fuera efectivo y mortal, pero nada había, sólo unas hojas que un vecino curandero llamado don Catalino Lugo le había traído a Mamá. Tenía el anciano jíbaro conocimiento de botánica y un día consiguió una planta rara que, según él, era muy efectiva como vomitivo, pero que, según lo que escuché, si se tomaba en fuerte dosis podía causar la muerte. Mamá le escuchó con atención y luego de secar la planta la guardó dentro de un frasco de cristal en un lugar conveniente. También, detrás de nuestra casa, crecía abundante la planta de campana, una fuerte adormidera que según la gente tenía poderes mortíferos. "Ya tengo lo que necesito," me dije para mis adentros y en una vuelta en que nuestra madre reposaba fui y arranqué una mata grande y saludable y luego de lavada la eché a hervir en un recipiente, hojas, tallos y raíces. Luego pensé en las hojas que había traído don Catalino y para hacer el brebaje más mortífero, también las eché a hervir junto con las otras.

Después que hubo hervido bien y que estuve bien segura de que habían soltado todo el zumo o veneno, lo eché en un jarro grande y lo escondí en el aposento. Luego tomé un baño, me cambié de vestido, arregleme y ya que Mamá se hubo levantado, me encerré en el cuarto, me acosté en mi lecho y comencé a ingerir la venenosa pócima. Bebí y bebí hasta que ya no me cupo más en el estómago y al rato volví a ingerir más hasta haberlo tomado todo. Ahora ya caí en un profundo letargo. Me adormecí de pies a cabeza y me volví pesada como una piedra. A ratos se me iba la mente y deliraba y a ratos volvía en mí. Hubo un momento en que soñé que me había muerto y ví a Héctor asomarse por la puerta de la habitación, había venido a verme al saber que yo había muerto. Allí estaba yo amortajada, muy feliz de haber muerto antes que sucumbir a la desesperación de soledad sin él. Él, por su parte, me miraba con honda pena, sus ojos anegados en lágrimas, triste de haberme causado tanta desgracia.

Luego volví un poco en mí y sentí vértigos y deseos agudos de orinar. Pensé que no era lícito hacerlo en la cama. Quería morirme pero aún usaba mi entendimiento, así que me incorporé como mejor pude y por una puerta que daba al patio salí para el excusado que estaba afuera. Pero para sorpresa mía estaba demasiado adormecida y pesada para caminar. De todos modos, agarrándome de la pared me arrastré hasta salir. Allí tuve fuertes náuseas, algo horrible que me hizo vomitar hasta el verde de las tripas. Efectivamente, las hojas que había traído don Catalino habían servido de vomitivo sin yo desearlo.

Mamá vino corriendo al escucharme, quedando sorprendida al encontrarme en aquel estado, pues ya estaba más muerta que viva. Hice un fuerte esfuerzo para hablarle, pero me fue imposible. Ella desesperada quería saber qué me pasaba. Yo casi arrastrándome volví a la cama. Ahí estaba mi madre turbada sin hallar qué hacer cuando se apareció don Catalino. Ella le informó de mi gravedad y el anciano hizo que lo llevaran a verme y cuando hubo examinado mis ojos y mi pulso le dijo a Mamá que yo estaba envenenada. Yo escuchaba lejana cuando él le aconsejó que me llevaran a un médico de inmediato. Mamá le explicó que en la casa no había nada que fuese venenoso que pudiera ingerir. Entonces el anciano miró el piso y dio con el recipiente en el cual quedaba resquicios del brebaje y luego de investigarlo, diagnosticó el contenido. "Hay que hacerla vomitar de inmediato, es lo más acertado" comentó él. "Vaya por las hojas que le traje en días pasados, ¿recuerda? Mamá corrió en busca del frasco, pero estaba vacío. "Ah," dijo él, "pues no ha sido otra cosa que las tomó para envenenarse". Entonces tanteó mi estómago, pero lo halló vacío. Entonces salió para ver si se cercioraba de otra cosa que le diera la pista al veneno y allí se halló con que yo había devuelto todo cuanto tenía en mi estómago. "No hay por qué apurarse, doña Bellita" le dijo, "ya pasó el peligro, ha vomitado cualquier cosa que haya ingerido. Ahora sólo hay que dejarla descansar. Trate de que tome un poco de café caliente." Mamá se fue a prepararlo y el anciano siguió rebuscando por los alrededores hasta que dio con el residuo del brebaje el cual yo había tirado por detrás de la cocina y después de inspeccionarlo quedó convencido de que yo había ingerido campana.

Después de este doloroso incidente, estuve aturdida por algunos días. Luego se me pasó y cuando volví en mí, volví a pensar en la muerte, pero pensaba que cualquier cosa que hiciera sería para morirnos ambos, Héctor y yo, y por algún tiempo abracé la idea de un día pedirle que me llevara al pueblo con él y cuando estuviéramos frente al precipicio hacerle que perdiera el control y así yo misma provocar un accidente en donde ambos perdiéramos la vida. Pero no lo hice, pensando que le amaba demasiado para yo misma causarle la muerte. Finalmente, descarté la idea, pero no la de suicidarme, y una tarde cuando escuché a lo lejos la bocina del camión, corrí y subí por unos escalones loma arriba hasta lo alto de la trinchera, desde donde intenté desempeñarme, para caer abajo en la carretera por donde él tenía que pasar para que él mismo presenciara mi cadáver hecho trizas. Él me divisó a lo lejos según se acercaba y se imaginó que allí me había subido, quizás para verle mejor y desde abajo cuando yo intentaba tirarme, sacó el brazo y me dijo adiós. Casi me desplomé para caer al abismo. Las piernas me flaquearon y sólo el amor hacia él y el corazón me dieron valor para mantenerme al borde del alto talud. Luego, poco a poco fui perdiendo las fuerzas hasta llegar al suelo, casi sin aliento y con el alma agonizante. Cuánto tiempo permanecí allí, no lo sé, sólo recuerdo que estuve días para convalecer y cuando me hube recuperado un poco, hice voto de que nunca jamás pensaría en quitarme la vida y menos por un amor tan grande como lo era el nuestro. Sí no había conseguido que se realizara, pues me conformaría y que se hiciera la voluntad de Dios y en vez de quitármela pensé en vivirla, para así inmortalizar en ella aquella historia de amor que me era tan hermosa como mi propia vida y convertí a Héctor en compañía eterna de mi existencia, aunque en la vida sólo fuéramos dos hojas que el viento se llevó cada cual por rutas diferentes.

Y fue así como acepté mi derrota, me conformé y comencé de nuevo a buscar mi propia ruta, tratando de rehacer mi vida, y para ello, después que cumplía con mis obligaciones cotidianas, me perdía por el bosque y con la naturaleza conseguía mucho alivio. Durante esas vueltas me encontré en varias ocasiones con Mario Lugo, trabajando, pues él se dedicaba mayormente a la fabricación del carbón. Era mi amigo y un maravilloso ser humano. Charlábamos y platicábamos de todo hasta que un día se me declaró. Yo comprendía que él siempre había estado enamorado de mí, pero ahora se me declaraba, y con respeto, amor y pasión me hizo saber cuánto me amaba. Que siempre me había amado, pero por causa de su pobreza y timidez, jamás se había animado a proponerme matrimonio, luego después Héctor se había puesto en su camino y ya me creyó perdida para siempre. Pero que ahora que el campo estaba libre, se atrevía a confesármelo. Que le aceptara y ya vería de cuánto era capaz para hacerme feliz. En otras palabras, el amor que yo sentía por Héctor, era el que Mario sentía por mi. Un amor con devoción y ternura y me lloraba para que le amara. Esto sí que me desencantó por completo, yo ansiosa por soledad ya ahora llegaba Mario para mortificar mi paz. Me perseguía y como tuviera la oportunidad casi caía de rodillas a mis pies pidiéndome que le amara. ¡Qué cosas tiene la vida! Mario enloquecía por mí y yo por Héctor. ¡Qué vida llena de reveses! ¡Cuánta ironía! ¡Cuánta amargura y desdicha! pensaba yo.

En eso Mamá tuvo su bebé. Otra niña, y yo me entregué, como una responsable ama de casa, para cumplir con todas las obligaciones del hogar y ya no pensaba en mí sino en mi familia. Herida de muerte, pero recuperándome, buscando sosiego para mi alma en pena, pues no era tan fácil olvidarme de aquel grandioso amor. Héctor vivía en mi recuerdo, pero ya había aceptado que lo había perdido para siempre cuando un día se le ocurrió a Mamá decirme: "Bueno, hija, tanta cosa y tanta ilusión y al fin perdiste a Héctor, mejor fuera que te hubieses ido con él". Aquellas sus palabras me sacaron de quicio y no podía creer lo que escuchaba de sus labios, y por unos instantes casi me volví histérica. Recuerdo que me tapé los oídos y salí corriendo camino abajo en busca de sosiego. Entonces sí que quise morirme. ¿Cómo era posible, que mi misma madre pudiera traer a colación semejante argumento? Cuando fue eso mismo lo que Héctor quiso para poder solucionar su problema y luego casarnos. Pero no, primero no hubo arreglo ni quisieron escuchar ni entender y ahora sólo les mortificaba el pensar que yo me había quedado plantada y su orgullo se hallaba herido. Entonces sí que ya no hubo paz para mi espíritu. Ahora sí que el destino volvía a golpearme más fuerte que nunca y sentí que me estallaban los sentidos. Desesperada me hallaba aquel atardecer, cuando se apareció un hermano de Mario con una carta para mí. En ella se desbordaba su corazón ofreciéndome matrimonio y comprensión: "Sólo dí que me aceptas y verás de lo que soy capaz. Así, pobre como soy, venceré al mundo para hacerte feliz, porque te amo demasiado y no quiero la vida sin tí. Sé que es duro para tí decidirte por mí, cuando sé que has amado a otro, pero esperaré a que aprendas a quererme. Seré paciente, te lo juro". Aquellas sinceras palabras de Mario se me figuraron una puerta abierta para escapar y hasta llegué a intentarlo.

Estaba resentida por las palabras de Mamá y cuando llegó Papá le di la carta. Él la leyó y luego me preguntó: "¿Y tú que piensas a todo eso hija?" —"Pues que voy a casarme con Mario si tú das el consentimiento". Entonces, él me miró fijo a los ojos y me dijo: "No lo hagas, hija mía. ¿No ves que tú no estás enamorada de ese muchacho?" —"Yo nunca estaré enamorada de nadie, Papá, y tú bien lo sabes. Jamás podré volver a amar a nadie como he amado a Héctor". "Tampoco digas eso, hija, ya se te pasará, no hay nada mejor que el tiempo para estas cosas. Él nos ayuda a olvidar y a comprender, porque nadie sabe por dónde el tormento viene. Además, aún estás muy niña y tienes toda una vida por delante. Así que por favor, no cometas el error de casarte con ese joven si es que no le amas, no sea que luego te arrepientas de tu ligereza y sea peor tu dolor".

Yo escuché las palabras de Papá y puse acento a sus consejos y la próxima vez que ví a Mario le hice entender que por ahora no estaba interesada en matrimonio y seguimos siendo buenos amigos, pero eso fue todo, aunque él me amó con locura. Llegó a confesarme que fui el amor de su vida, aunque nunca le correspondí.

Después de tanta apretura, sólo Dios sabe como fue que me sentí, pues había llegado a un punto que no podía quedarme ni un minuto más en aquel lugar que se había convertido en un mismo infierno para mí. Hasta el aire que respiraba quería ahogarme y a ningún lado podía volver el rostro que no me fuera por amargura. ¡Y pensar que sobre mi recaía tanta responsabilidad! Si tan sólo hubiese tenido la oportunidad de disfrutar de mi tiempo. Quizás pude haber pensado y, quien sabe, obrar con entendimiento y cordura, o por lo menos reposar mi espíritu fatigado. Pero no fue así, eran muchas las cosas que me fustigaban. Así que no había otra salida que escapar de allí a como diera lugar y lo antes posible. Entonces fue que pensé en mis tíos Fernando y Mercedes, allá en Lares. Sería una buena idea y estaría bastante lejos de todo este ambiente que me estaba envenenando. Mamá era mi mayor preocupación ya que solo tenía quince días de parida. Por el lavado también me preocupé, pero pensé en una vecina nuestra que se dedicaba a este menester. Así que por esto no había problema.

También pensé en que necesitaba dinero para mi pasaje y fui a cerciorarme si Papá tenía alguna reserva en la casa. Efectivamente, había algún dinero. Para viajar tendría que ser bien de mañana, para así poder transbordarme ya que para llegar hasta allá me tomaba casi todo el día. Esa misma tarde empaqué alguna ropa y lo tuve todo listo para salir al día siguiente por la mañana. También me ocupé de limpiar bien la casa y de hacer un buen fregado y de dejarle la cocina a Mamá limpia y ordenada. Desde hacía tiempo no me había sentido de tan buen ánimo. Barrí los alrededores y todo estaba limpio y reluciente. Esa misma tarde organicé toda la ropa sucia, la eché en un saco que se llenó hasta la borda. Mandé a la tienda por suficiente jabón y perlina, y en una vuelta fui a hablar con la señora lavandera y le dije que al día siguiente al amanecer le traería la ropa para lavarla. También hablé con mi parienta Josefa quién era muy amorosa conmigo y le dije de mi plan. Fue necesario hacerlo, ya que Mamá estaba recién parida y al yo desaparecerme podía enfermarse. Le pedí de favor a mi prima que a cierta hora ella enviara a alguien a casa a darle la noticia. Ella estuvo de acuerdo y ya todo estuvo arreglado. A la mañana siguiente bien temprano, después del desayuno y cuando hube organizado un poco, le dije a Mamá que me iba a hacer el lavado a la quebrada. Aquel lavado me tomaría todo el día y una vez que saqué el lavado también saqué mis cosas. Tomé tres dólares del bolsillo de Papá, le llevé setenta y cinco centavos a la lavandera para pagarle el lavado y le pedí de favor que lo hiciera con urgencia. Ella me prometió que ese mismo día estaría terminado. Vivía esta en los terrenos de mi parienta, quién fue testigo que le pagué y ya estuve tranquila. "Vete en paz" me dijo mi prima, "ya verás que todo saldrá bien." Sus palabras me confortaron, me tenía lástima. Entonces cogí mi paquete, me tapé con una sombrilla y salí carretera arriba camino de Lares.

Recuerdo que me sentía por el aire, era tanta la alegría y la felicidad que me embargaba que podía respirar con facilidad a medida que avanzaba, aunque detrás iba dejando parte de mí misma. A ningún lado miraba para evitar el encontrarme con alguien que pudiera entorpecer mi camino, pues no quería saber de nadie. Serían las diez de la mañana y el sol comenzaba a remontarse, pero era una hora apropiada para viajar ya que cada quién se hallaba ocupado en sus quehaceres, además me cubría con la sombrilla para despistar a la gente, ya que siempre había alguien que salía a la puerta o estaba presto a mirar al que pasaba. A pesar de todo me fue fácil despistar y pasé de largo por la aldea de La Cuchilla sin ser importunada hasta llegar al kilómetro veintidós de Yauco donde era el empalme de ambas carreteras. Allí tomaría el autobús o guagua que me conduciría al Ramal La América por donde vivían los tíos. En el empalme había una vieja casita donde vivía un matrimonio anciano. Me informaron que la guagua no pasaría hasta la una de la tarde y sólo eran las once. Aquellas dos horas me parecieron interminables. Sólo pensaba que si Papá descubría de mi escapada de seguro vendría a buscarme, por lo que me puse asustada y nerviosa, aunque me esforzaba en disimularlo para que los viejitos no sospecharan nada, ya que me parecían un par de detectives haciéndome mil preguntas. Yo no había comido bocado ni tampoco tenía hambre, pues con el nerviosismo me era suficiente. Cuando el almuerzo estuvo listo, insistieron en que comiera algo, pero les di las gracias y sólo me limité a tomar un poco de café.

Al fin se escuchó el repechar de la guagua por el fondo de la cuesta y me sentí feliz. Cuando se detuvo, me despedí de los ancianos y subí. Acto seguido emprendió a toda máquina por la curvosa carretera y me pareció que era de Puerto Rico que me despedía y se me vino a la mente aquel sueño que tiempo atrás había tenido, cuando vivía en la casa vieja de la hondonada, cuando había alzado el vuelo por sobre la arboleda y había volado a la lejanía. Luego imaginé que aquí habían terminado todas mis angustias y amarguras y respiré profundamente con tranquilidad. ¡Qué tonta e ingenua era! si no era otra cosa que el comienzo de otra jornada más difícil aún que todo lo que hasta aquí había sufrido.

Lo más que me desilusionó fue que mis padres no hicieron esfuerzo alguno por saber de mí, no contestaron ninguna de mis cartas, ni aun aquella primera en que les decía que llegué bien y que les pedía encarecidamente que me perdonaran y comprendieran, pero nada les preocupó mi situación y en nada se ocuparon de darme apoyo en aquellos momentos tan difíciles. Todo lo contrario, Papá tomó represalia contra mí y ya en adelante fue como un extraño o peor que eso, como un enemigo. Yo que tanto necesitaba de él. En cuanto a Mamá, nunca me demostró su sentir, aunque deduzco que como madre sufrió mi fracaso. No fue hasta un tiempo más tarde que me enteré que en mi casa no fue hasta las cuatro de la tarde de aquel día que descubrieron mi desaparición, pero a esa hora exactamente estaba yo arribando al Ramal La América camino de casa de los tíos. Según supe, Papá, al no hallarme, montó a caballo y salió por el barrio en busca de información. Cuando le informaron que me habían visto pasar temprano en la mañana, tomó carretera arriba hasta llegar al veintidós, donde los viejitos le dijeron que yo había abordado la guagua de Lares y que yo les había dicho que iba para la casa de unos tíos que allá vivían.

Aunque más que nada creo que lo que más echaban de menos en mi hogar era mi ayuda, por eso pensé que jamás podrían perdonarme. ¿Cómo era posible que yo les abandonara cuando mi madre más me necesitaba, cuando acababa de tener otra criatura? Por eso llegué a pensar que para nada contaba y era eso exactamente lo que más me hería. Que sólo para trabajar duro y cuidar niños, era para lo que había servido hasta aquí y harta estaba del trabajo y de las luchas de otros, sin siquiera encontrar un poquito de bien o de comprensión que endulzara aquella vida de dureza y estragos que hasta aquí había llevado, desde que tuviera uso de razón. Y así entre un pensamiento y otro descubrí que me había rebelado, que sólo deseaba vivir mi propia vida, como me lo exigía mi propia conciencia. Ahora comprendía por qué iba huyendo y mientras avanzaba por el ancho camino que conducía a la hacienda donde vivían los tíos me hacía de ilusiones de cómo viviría en adelante. Lo primero que haría sería irme a la escuela. Ahí estaba la respuesta o principio de un futuro con provecho. Si estudiaba todo estaría resuelto. Les pediría a los tíos que me apoyaran en esto y que supieran comprenderme ya que lo único que tenía en mente era estudiar, triunfar y vencer y vivir una vida que tuviera sentido. Así podría algún día ayudar a mi familia, especialmente a mis hermanos, a encarrilarse porque yo les sería ejemplo, pilar y principio a todos.

Capítulo 17

AQUEL atardecer, cuando llegué a la hacienda, el sol aún brillaba en el firmamento y una fresca brisa tonificaba. ¡Qué sorpresa fue para los tíos cuando me vieron! Tuve que hablarles con mucha calma para que pudieran entenderme. No era posible para ellos escuchar mi relato. Ya después de un rato las cosas fueron dialogadas más calmadamente, pues la tía no concebía la idea de que yo hubiese abandonado el hogar sin el consentimiento de mis padres. Aunque su preocupación principal era Mamá. Pensaba que esto podría provocarle otro desajuste mental, como en la ocasión que sufriera el ataque cerebral, pero cuando les hube explicado una y otra vez, se calmaron. El tío Fernando era una persona calmada, pacífica y muy pausado, que todo lo pensaba detenidamente y con sus palabras calmó a la tía.

—Mira, querida —le dijo—, si es como dice aquí la niña que la parienta, Josefa, prometió informarles a los cuñados que ésta salió para acá, pues entonces no hay por qué apurar. Y si es necesario, para sentirnos mejor, podemos mandar a un peón mañana temprano a informarles que aquí está. Y ya estarán sin cuidado. Pero ahora, lo más importante es ayudar a esta criatura nerviosa y desorientada y para comenzar vamos a cenar y luego a descansar que le hará mucho bien—. Así terminó diciendo el tío, haciéndome sentir mejor.

Tío Fernando era blanco, alto, fuerte, medía casi siete pies, una persona dulce y agradable y a su lado me sentí junto a Dios. La tía, por el contrario, pequeñita y graciosa, de un color trigueño claro, que aun no medía cinco pies y como el tío, amorosa, la vi como a una santa, como verdaderamente la madre que siempre anhelé. En otras palabras, formaban una adorable pareja y al lado de ellos se respiraba un ambiente de felicidad.

Tenían cuatro criaturas, dos varones y dos hembritas, el mayorcito de nueve años y el pequeño de meses. La tía era muy ingeniosa y esto me alegró mucho. Así, yo le ayudaría en los quehaceres del hogar y ella me cosería ropa. Sería ventajoso, pensé, pues las costureras cobraban caro y siempre estaban muy abastecidas de trabajo, lo cual significaba que se sufría mucho esperando que le cosieran algo a uno.

No niego que los primeros días me fueron difíciles en lo que me adapté a mi nuevo hogar y pude soltar un poco aquella carga de pesares o trauma que me aniquilaba. Pero la tía, inteligente y comprensiva, me ayudó mucho hasta que poco a poco recobré la tranquilidad y comencé a encontrarme de nuevo.

La hacienda estaba ubicada en las inmediaciones de Lares y Adjuntas, en unos preciosos terrenos de llanuras, lomas y faldas fértiles y por cualquier parte que se miraba había verdor y belleza. Cuando me hube percatado de esto, comprendí el por qué a Papá se le hacía difícil regresar a casa cuando por acá venía. La vecindad estaba compuesta de gente dulce y amigable, como si todos estuviesen cortados por una misma tijera. Algo sumamente agradable, natural y típico que fácilmente se contagiaba, así eran todos, niños y adultos. Algo muy lindo. La adorable tía se encargó los primeros días de llevarme a conocer a los vecinos que muy pronto me aceptaron y ya me sentí en casa.

La casa de hacienda donde residían los tíos era antigua, pero conservada, con cara al sur y con un largo balcón de una esquina a otra. Había amplios glasis de resecar café y una ancha cuadra para bestias y el cafetal, que rodeaba los establecimientos donde millares de pajarillos entonaban sus dulces trinos. Los frutos que se cosechaban eran abundantes y saludables y, para mejor decir, exquisitos.

El cuarto de dormitorio que se me asignó, como yo, también había vivido su odisea. En él se había suicidado un pariente nuestro que había sido mayordomo de la hacienda antes que tío Fernando. Aquel hombre, igual que yo, había sufrido una decepción amorosa, habiéndole tocado por esposa una mujer dura e intransigente, haciendo que éste sucumbiera al suicidio. Aquí mismo, en este cuarto, se había disparado con un rifle y allí, en el cielo raso, estaban aún los dos orificios que las balas habían dejado. Allí me había conducido Dios que obra por senderos de misterio, para darme una lección de lo que es perder los estribos y la fe y la confianza en el Gran Poder Divino, Dios a quien debemos dar cuenta de nuestros actos. Allí, en mi meditación, comprendí lo absurdo y mezquino que es quitarse uno la vida sin pensar en Dios y en los demás. Y qué cobarde y funesto dar rienda suelta a corrientes desenfrenadas que sólo sirven para empañar los entendimientos que empujan a uno a la destrucción total. Yo estaba muy joven, sólo quince años, pero entendí muy bien el menaje y le pedí perdón a Dios e imploré que en lo sucesivo me guiara siempre por caminos rectos y que, aunque la senda fuera ruda, yo tuviera suficiente visión para comprender y vencer.

Hoy comprendo que Dios me escuchó y perdonó y en adelante jamás me sentí tentada a acometer contra mi vida, ni tampoco me he hallado desamparada, aunque los estragos han sido de muerte. Hoy recuerdo con gratitud cómo aquellos adorables tíos abrieron sus brazos y sus corazones para acogerme como a una hija. Escucharon con atención cuáles eran mis anhelos y propósitos, que no eran otras coas que estudiar y hacerme una mujer de bien y estuvieron dispuestos a ayudarme y cooperar conmigo en todo lo que fuera posible. Aunque, por lo visto, había que vencer ciertos problemas, ya que eran tiempos de fuerte depresión económica y el tío lo que ganaba era un miserable sueldo de cinco dólares a la semana que escasamente le daba para mantener a su familia. Así que, aunque quisieran no podían suplirme de ropa y zapatos y todas las demás misceláneas que yo necesitaría en la escuela.

Entonces la tía y yo comenzamos a pensar de qué forma yo podría ayudarme a ganar algún dinero. "Bueno, eso no es problema —le dije—, yo sé bordar y soy práctica y ligera, lo importante sería conseguir trabajo."

De inmediato me informó donde había dos comisionistas y fui a verlas. Ambas me dijeron lo mismo, que por ahora el bordado estaba escaso y el poco que se conseguía ya estaba estipulado entre sus viejas trabajadoras y que de ningún modo sería justo rebajárselo a ellas para facilitármelo a mí. Así que, por lo visto, estas dos puertas ya estaban cerradas. Entonces tuve una idea y se la comuniqué a la tía, pues de chica jamás me detenía ante ningún obstáculo, sino que insistía y trataba por diferentes medios hasta descubrir la forma de resolverlos.

Así que hablamos de la posibilidad de que yo fuera personalmente al taller de bordados de Mayagüez a buscar trabajo. ¡Qué ignorancia la mía! ¡Cómo se comprendía que nada conocía del mundo y de la vida! En otras palabras, no sabía "cómo se bate el cobre" fuera del mundo en que había crecido y qué mucho me faltaba por descubrir y saber qué mucho desgraciado hay en este mundo.

Pero yo era de un espíritu valeroso y por la misma razón de desconocer la vida y la gente y con la necesidad de trabajar, me arriesgué a ir a la ciudad. El dueño del colmado me facilitó par de dólares; el tío me sirvió de fiador. Y aquel mismo día, de tardecita, fui a ver al chofer de carro público para hacerle saber que al día siguiente iría a Mayagüez. Él me aconsejó que tratara de estar a tiempo, pues saldría temprano al amanecer. Así se usaba, por ser distante, y no regresaban hasta casi el atardecer.

Aquella noche la tía se empeñó en que por nada del mundo me dejaría viajar sola. Pensó que lo mejor era mandar a su nena de siete años, Carmencita, para que me sirviera de compañía. Yo no quise llevarle la contraria y fue ahí donde las cosas tomaron otro giro. Pues como la niña no podía caminar con ligereza, cuando llegamos ya el conductor se había marchado y nos quedamos sin carro. Confieso que me sentí terriblemente desilusionada, yo que llevaba tantas esperanzas. Y a causa de mi intrepidez e ignorancia no paré ahí, sino que sin preveer los peligros y obstáculos que acarreaba, seguí carretera adelante con la chica que ya comenzaba a sentirse incómoda, además de una gallina que la tía nos había dado para venderla, para que tuviéramos un dinerito extra para comer. Lo triste, o quizá lo más acertado, fue que tomé la ruta de carretera que conocía, aquella misma que me había traído, la del empalme de Yauco. Yo llevaba conmigo la dirección de tío Ramón, un hermano de Mamá que vivía en Mayagüez. Allá pensaba alojarnos hasta que sacara el bordado del taller y ya me veía regresando al otro día con un buen paquete de trabajo, el cual sería el comienzo de una nueva vida, estudiar y bordar y asunto resuelto.

Ahí caminábamos por la calurosa carretera, la niña comenzando a cansarse y yo a cansarme de ella y de la gallina y ya ambas sintiendo hambre, cuando a lo lejos se escuchó un camión que venía en dirección a nosotras. Pensé que no nos sería de ayuda ya que venía en dirección contraria, pero cuando se acercó reconocí que era una persona conocida, Miguel M... amigo de Papá. Su ocupación era comprar carbón y frutos menores por tierra adentro, lo cual vendía en los pueblos grandes. Este vivía en Mayagüez y cuando me reconoció, detuvo el camión, me saludó amistosamente como siempre y enseguida comenzó a interrogarme, por qué me hallaba por aquellos lares, ya que me conocía bien. En pocas palabras le expliqué cuanto quiso saber y mi empeño de llegar temprano a la cuidad y mi intención de regresar al día siguiente, con trabajo. El hombre, maduro y de mundo, al reconocer mi ingenuidad se ofreció a ayudarme.

—Suban, vengan, no hay problema. Yo voy hasta ahí 'alante' a recoger una carga y enseguida regreso para el pueblo. Así que te va a dar tiempo de hacer hoy mismo todos esos trámites que tienes en mente.

Le colmé de agradecimientos por todo el interés que se estaba tomando en ayudarme y como era amigo de Papá, confié en su palabra. El buen señor siguió su destino, deteniéndose adrede aquí y más allá y cuando llegamos a la ciudad ya eran las ocho de la noche. Él nos había obsequiado algo de comer por el camino, pero sólo la chica había comido porque yo de los nervios no quise nada. También me compró la gallina, que mucho le agradecí.

Al arribar a la cuidad le pedí de favor que de inmediato me llevara a casa de tío Ramón, quién vivía con su familia en la Calle El Culto, en el barrio Balboa, pero él, muy amigable me dijo que no me preocupara que eso no era necesario. "¿Ir a molestar a sus tíos a estas horas? No hombre, no. Yo las voy a llevar a casa de un tío mío que vive con su esposa y sus hijas en una casa muy cómoda, donde pueden quedarse en confianza hasta mañana."

Yo me empeñaba en ir a casa de mis tíos para comer y tomar un baño y porque de hecho, eran mis tíos, pero el gran amigo insistió que de ninguna forma. "En casa de mi tío se bañan y todo y por comer no hay problema, porque ahora mismo las llevaré a cenar a un lugar de lo mejor."

Yo me sentía extenuada del largo viaje y más que nada, preocupada por la muchachita y gustosa acepté los ofrecimientos del caballero y amigo. Así que estacionó el camión en una calle aislada, entre los altos edificios y nos llevó a comer al restaurante La Palma. Más que nada, me alegré por la niña que comió a gusto.

Ahora lo importante era irnos a dormir para levantarnos temprano y así coger un primer turno en el taller. Después de la cena volvimos a subir al *truck* y nos encaminamos por la calle Post que en aquel entonces llamábase Camino Nuevo, como yendo para Hormigueros. De inmediato reconocí la calle, pues recordé cuando años antes pasamos por aquí de mudanza para la colonia San Romualdo. Un poco antes de llegar al Asilo Municipal de Ancianos, mejor dicho, casi llegando a la calle Santo Tomás, estacionó el vehículo, se desmontó y nos hizo que le siguiéramos. Cruzó la calle con ligereza y con rapidez, subió las escaleras de una casa de dos plantas, la parte de arriba en madera y los bajos en cemento, con una escalera para subir a la planta alta por el lado oeste.

Tocó a la puerta y salió a recibirle un hombre blanco, 'jincho', bastante grueso, de mediana edad y de mirada agazapada. Se saludaron amigablemente y enseguida entramos. "¿Y la tía, está?" preguntó Miguel a su tío.

—Bueno, por ahora no se encuentra en casa, pero ¿qué se te ofrece?

—Bueno, tío, mi problema es el siguiente —y le informó al 'jincho' por qué deseaba que nos proporcionara alojamiento allí hasta por la mañana. El individuo contestó que no había inconveniente alguno y acto seguido nos enseñaron nuestras habitaciones.

Yo insistí en dormir con la nena, pero el tío insistió en que ella podía utilizar la habitación contigua para que así ambas pudiéramos descansar a gusto.

Yo fui a pasar por vista la habitación y ella quiso acostarse enseguida. Se nos proporcionó toallas y jabón y yo luego de tomar un baño, me acosté. A pesar de los inconvenientes del día, recé y dí gracias a Dios por haberme ayudado a terminar el día sin incidente alguno y me dispuse a descansar para madrugar, ya que el señor Miguel me había prometido que al amanecer vendría por nosotras. Así que no hice nada más que poner la cabeza sobre la pulcra almohada y ya me fui de este mundo.

Había dormido quizás una hora cuando me desperté al toque de la puerta. Pregunté quién era y me contestó el agazapado. De inmediato pensé en la primita, si quizás le sucedía algo y en un santiamén me tiré el traje a la ligera y abrí la puerta para encontrarme que quien estaba en la puerta era Miguel y ya el otro tipo se había hecho incienso. De hecho, era raro, escurridizo, que no daba el rostro, pero a mi corta edad sólo pensé que así eran algunas personas de ciudad. Miguel entró en la habitación como Juan por su casa y por un momento me encontré confusa, pues además de soñolienta y cansada, no quise portarme mal con quien se había portado tan bien con mi niña y conmigo.

Confieso que fue un momento muy difícil para mí, aunque de todos modos, esperé a que él expusiera sus razones, el porqué de encontrarse en mi habitación, ya que no había justificación alguna para ello, siendo que por aquel día todo había llegado a su terminación cuando nos había dejado en manos del tío, según él.

Miguel era bien alto y fornido, trigueño, de cabello bien negro y dientes arreglados en oro y además, era casado. Al entrar al cuarto cerró la puerta tras sí y se sentó en una silla, mostrándose amigable y romántico.

Yo me puse incómoda y sin ninguna intención de ofenderle le pregunté cuál era el motivo de su visita. Él se hizo medio tonto y dijo que sólo había venido para cerciorarse de que estuviésemos bien instaladas y con la misma, se puso de pie y se me fue acercando con un gesto de enamorado. Yo estaba sentada en la borda de la cama y acto seguido entendí cuál era su jugada, pero no quise cometer indiscreción alguna, aunque mi instinto de mujer me hacía comprender que algo andaba mal. Aun así, no perdí la calma y con mucho entendimiento y seriedad le dije: "Mire, señor Miguel, le agradezco en grande todo lo que usted ha hecho por mí, pero no creo lógico el que usted se halle aquí en mi habitación a estas horas de la noche. Así que creo que lo mejor que usted debe hacer es marcharse de inmediato. Creo sea lo mejor, ya que usted es un hombre casado y yo una señorita y además, no quiero que sus tíos y primas vengan a tener mal concepto de mí, si es que lo llegan a ver aquí en mi habitación. Así que váyase, por favor".

Él parece que no entendió y como hombre corpulento que era, se me acercó ligeramente y con el peso de su cuerpo fue suficiente para hacerme caer de espaldas sobre la cama. Entonces pensé que el asunto era serio y comprendí que debía actuar con rapidez, pues ya no confié en el hombre. Fue entonces cuando recordé que en la bolsa tenía conmigo unas tijeras las cuales había traído para usarlas en el taller y usando de cierta astucia me le escurrí y abriendo la bolsa, las agarré de un tirón. Él no esperaba esto y se me quedó mirando con gran asombro, volviendo a hacerse el tonto, pero ya yo tenía violencia en mis ojos y él lo comprendió. Quiso decir algo, pero yo con ira le mandé a salir del cuarto, amenazándole de que una palabra más y gritaba.

—Ah, y una cosa más —le advertí—. Venga por mí en cuanto amanezca porque no sabe usted de lo que soy capaz.

El tío parece que estaba escondido detrás de la puerta, escuchando, porque cuando Miguel salió afuera a la sala, discutían el asunto. Yo escuchaba pegada a la puerta, la cual había cerrado de un halón y no me aguantaba en las rodillas del susto.

Después ya no podía conciliar el sueño; lo buscaba pero despertaba a sobresaltos. En una me levanté y fui al cuarto de baño que quedaba en un corredor. Todo estaba alumbrado a media luz. Dí un vistazo a la nena y dormía como un lirón. De otra cosa que me cercioré fue que en el pasillo de atrás unas cuantas parejas, las damas en ropones, fumaban y platicaban en voz baja. Entonces corrí a mi recámara para no ser vista de nadie, pensando que aquellas eran las hijas del tío con sus maridos.

Ya luego me quedé dormida y me desperté de mañanita al sonsonete de los carretones de los revendones y a los trotes de los caballos que de temprano conducían los carros de leche. Era mi primera noche en una ciudad y en cierta forma me sentí emocionada. Después de todo, lo había pasado en una buena posada sin haberme costado un solo penique y aunque había habido su incidente, ahora sólo me interesaba comenzar el nuevo día con suerte y mi esperanza era que pudiera conseguir un buen paquete de bordado en el taller.

Así que rápidamente fui a despertar a la chica y ambas nos fuimos al cuarto de baño, nos aseamos y acicalamos y luego de ordenar las camas, nos dirigimos a una salita que había, donde unas cuantas mujeres jóvenes, todas en bellos ropones de casa y de noche, algunas aún conservando sus rostros maquillados, platicaban, fumaban y se relajaban. Yo, en mi manera siempre extrovertida, enseguida comencé a conversar, pero ellas en ningún momento se interesaron en mi tema. Definitivamente se mostraron frías, a lo que pensé que me habían reconocido muchacha campesina y que por eso me repelían. Cuando comprendí que no les interesaba en lo absoluto, me puse de pie y me dirigí a un balconcito que daba frente a la calle, con intenciones de abrir la puerta y respirar un poco de aire mañanero y así subsanar un poco mi ansiedad, pero ellas me lo impidieron.

—No se permite a nadie abrir esa puerta —me dijeron. Entonces volví al sofá, sintiéndome bastante incómoda, pero unos segundos después apareció Miguel por la puerta y me hizo señal que bajara y rápido tomé la niña de la mano, me despedí de las damas con un simple mover de cabeza y salimos escaleras abajo con bastante prisa.

Serían las siete de la mañana más o menos y abajo en la calle habían algunos hombres reunidos. Cuando nos vieron le dieron una fuerte ovación a Miguel, como si éste se hubiese sacado el premio gordo. Pero éste iba como alma que lleva el diablo y con un genio de los mil demonios. Yo por mi parte muy tranquila, ajena a que había pasado la noche en una de las casas de prostitución más notorias de la ciudad.

Al llegar al camión bruscamente nos mandó a subir con ligereza y salió como un rayo sin pronunciar palabra, yendo a parar a la calle San Rafael esquina Oriente. "Ese es el taller de Freyre," rebuznó y nos mandó a salir con prisa; poco faltó para empujarnos. Una vez en la calle suspiré de satisfacción y me encaminé de inmediato adentro. Las enormes puertas estaban abiertas de par en par y ya había bullicio adentro.

Eran las empleadas y enseguida comenzaron a llegar personas de ambos sexos a traer y llevar trabajo. Era gente adiestrada en el manejo de estas labores; cada quien llegaba y era atendido con reverencia y prontitud, pero a mí nadie me ponía atención. Por un lado desconocía el formato y por otro, como campesina, esperaba una oportunidad para hacerme oír, pero nadie me escuchaba. Si me acercaba a una ventanilla, las que atendían se hacían las desentendidas y las personas en turno me miraban mal y disimuladamente me empujaban. Así se fue volando el tiempo de la mañana y yo en un vivo empeño de conseguir trabajo para regresarme a casa cuanto antes y como si todo esto fuera poco, la chiquita dándome guerra porque tenía hambre y yo no sé qué cuántas cosas más.

Así que salí afuera a ver donde había un lugar donde pudiera darle de comer. No me fue difícil. Unas cuantas personas que atendían sus picas, por ser celebración de fiestas patronales, me condujeron por señas a un restaurante que quedaba al fondo de la manzana. Casi corriendo me dirigí allá, llevando de la mano a la criatura. En lo que fuimos servidas y comimos pan con mantequilla y café y regresamos, casi a la carrera para no perder el turno, se nos fue casi una hora y para mi sorpresa, lo había perdido. El lugar estaba congestionado y aún seguían comisionistas entrando y saliendo, en un constante ajetreo. Todos se entendían, comprendían y comunicaban, pero a mí nadie me hacía caso.

Ya me sentí desesperada y angustiada, pues para mejor decir no podía regresar a Lares sin llevar trabajo. ¿Qué le diría a los tíos? Por otro lado, si a estas horas no había ya resuelto este asunto, había otro peor, el de conseguir carro para regresarme. Tampoco sabía transitar en la ciudad y tenía que averiguar dónde se estacionaban los carros públicos que porteaban por aquella ruta.

Aún con tantas dificultades no me daba por vencida y en vez de regresar a casa y olvidarme de todo, seguía insistiendo en esperar, con la esperanza de conseguir trabajo. Ya casi para las doce y cuando tuve una oportunidad, me acerqué a una ventanilla y le rogué a una de las empleadas que por favor me escuchara. Ella, supongo que cansada del ajetreo de toda la mañana, de muy mala gana me atendió.

"Lo siento mucho jovencita, pero si es que usted viene por primera vez tendrá que esperar hasta después de almuerzo, cuando la encargada de las nuevas regrese de almorzar." Yo hice un intento más para pedirle que me informara algo más al respecto, pero ésta me dio la espalda, dejándome con la palabra en la boca.

Cuando volví la vista encontré que la pequeña lloraba desconsoladamente sobre la pared. "¿A ver, a ver y ahora qué te sucede?" le pregunte con apuro. "Es que quiero ir al excusado y estoy muy apurada, avanza, llévame por favor," me rogó con lágrimas. Salí de prisa, llevándola casi a rastras, cruzamos la calle y nos dirigimos a una bodeguita que había enfrente. "Mire, señor," le dije al hombre que atendía, "¿dónde puedo hallar un excusado para llevar la niña que, mire, está apurada?". El buen señor nos señaló por un callejón, "Allá dentro encontrará lo que busca, jovencita". Le dí las gracias y nos metimos por el callejón a toda carrera.

Era un patio asqueroso de cartuchos de mala muerte, donde había gritería de chiquillos y chillidos de madres que desde el interior de las obscuras covachas intentaban controlar a sus chicos, la mayoría desnudos y descalzos, algunos barrigones y el que más ropa traía, llevaba sólo una chamarra o blusa corta.

Cruzamos por el frente del inmundo y apestoso cuartelón y nos dirigimos a la otra esquina del patio donde había unas piletas y donde tertuliaban unas mujeres mientras hacían el lavado.

"Buenos días," dije, y con la misma les rogué me guiaran al excusado. "Es para la nena que está en apuro." Ellas me guiaron alargando el brazo y yo corrí con la niña a la necesitada habitación. Abrí la puerta y quise morirme de repugnancia. ¡Qué atrocidad! No había forma de usarlo. Había porquería y orines por dondequiera y casi me desmayé. Entonces no hallaba qué hacer. Una de las mujeres me divisó en mi turbación y corrió para ayudarme. Sacó una llave que llevaba atada a una tira y abrió la puerta de otro excusado, pero limpio.

"Vengan, vengan aquí," nos dijo. Después que salimos afuera ella comentó: "Este lo conservo para nosotras las mujeres porque esos demonios de muchachos y esos puercos hombres no saben conservar nada limpio". Yo me alegré en gran manera que aquella buena mujer se apiadara de nosotras y luego de darle las gracias nos regresamos con ligereza.

Para entonces ya era mediodía y la ciudad inquieta como un hormiguero se había revuelto, regresando casa cual a sus hogares para almorzar y tomar sus siestas acostumbradas. Las campanas de la iglesia comenzaron a repiquetear y yo muerta de cansancio, de ansiedad y con hambre, me sentí totalmente abandonada y sin esperanzas en aquella ciudad extraña. Miré la nena y la ví soñolienta. Entonces me senté en el escalón de la puerta del taller y me la recosté de la falda y enseguida se quedó dormida. En medio del tumulto y del fuerte calor del día me encontré lejana y triste y todo me pareció un sueño, mientras buscaba una respuesta a mi dolor.

¡Qué dura se me hacía la vida! A dondequiera que volvía el rostro o cualquier cosa que iniciaba, bajo cualquier circunstancia, sólo trastornos hallaba y en la maquinación de mi mente, sentí un enorme agotamiento del alma, y, como el profeta, me arrepentí de haber nacido y deseé de todo corazón haber sido un aborto que nunca hubiera conocido la luz.

El repiqueteo de campanas se había dormido en el silencio, pero en mis oídos permanecía su místico y glorioso eco lejano. Tuve ansias de correr al templo en busca de refugio espiritual, pero me sentí pesada, como una piedra, adormecida, como si toda la carga del mundo se me cayera encima.

Entonces contemplé el rostro tranquilo y rosado de mi niña que reposaba en mi falda y se me sentí responsable de ella y en mi tortura pensé en Dios. Aquel Dios santo, poderoso y glorioso que había aprendido a conocer por medio de la abuela Josefa, desde que abrí los ojos al mundo. "A Él únicamente hay que recurrir en momentos difíciles o que estemos en necesidad o angustia", decía ella, "Jamás hay que perder la calma ni la fe, por grande que sea el problema, porque si confiamos en Él, ya Él se encargará de abrir puertas". Entonces recé un Padrenuestro y me dispuse a esperar y sentí paz.

Después del mediodía, cuando de nuevo se abrieron las ventanillas del taller, ya yo estaba allí. Ahora sí que de ninguna forma dejaría que otra persona me quitara mi turno y abordé con seguridad a la primera persona que ví.

La señora vino a atenderme y yo ahora con inseguridad y súplica le expliqué mi necesidad de obtener trabajo. "¿Cuántos años tienes y dónde vives?" fueron sus palabras. "Quince —le contesté con madurez— y vivo en Lares".

—Pues, mira muchacha, lo siento muchísimo, pero no pudo darte trabajo para llevar. En primer lugar, porque eres menor de edad y segundo, porque vives demasiado lejos del territorio—. Hice hincapié para rogarle de nuevo, pero ella, ignorándome totalmente, me dejó con la frase en la boca como me había sucedido con la otra mujer.

Aquello me pareció el final de mi vida. Dos días fuera de casa, las angustias que tendrían los tíos, y para colmo no conseguir trabajo y por lo visto, ya los carros de Lares se habían ido.

Al borde de un colapso nervioso estaba cuando oí una voz conocida y una mano que me tocaba en el hombro. Me volví de una vuelta para encontrarme con doña Marcelina Rivera, la comisionista de Bucarabones para quién había trabajado por algún tiempo. En pocos minutos le conté toda la historia y ella como persona adulta y con experiencia de la vida, de inmediato estudió el cuadro y se propuso ayudarme. "Mira, Carmen Luisa, vas a hacer exactamente lo que yo te diga. Lo primero es regresarte a tu casa de inmediato, con esa criaturita, que a la verdad no sé lo que estaba pensando tu tía cuando te la dejó traer en estos trajines de buscar trabajo. Bien se conoce que ustedes no entienden nada de esto, pero de todos modos, no viene al caso. Ahora lo importante es resolver el problema de que tú puedas conseguir bordado y en eso yo te voy a ayudar. Te conozco como buena y responsable trabajadora, ya que has trabajado anteriormente para mí y eso acredita que te ayude. El único problema es que vives un poco distante, pero eso es fácil de resolver. Lo que vamos a hacer es lo siguiente —dijo ella—. Puedo mandarte bordado a través de los choferes de guaguas. Jeño, el chofer de Bucarabones es mi amigo y a él le entregaré un paquete dirigido a tí, para que lo deje en el Veintidós de Yauco, en donde la guagua que va a Lares te lo entregue a tí personalmente. ¿Ves qué fácil es? Sé que no habrá dificultad alguna. Mensualmente me enviarás el trabajo terminado y una vez que yo lo reciba te envío otro paquete y, con él, la paga del trabajo anterior. Podría mandarte hasta trescientas docenas. ¿Qué tu crees? ¿No es fantástico?"

"Sí, señora, más que fantástico, yo diría ideal. Jamás me imaginé que pudiera resolver mi problema tan fácil, pero gracias a usted, ya me siento feliz y muy contenta, y por siempre le estaré agradecida."

¡Pero que tonta y que ingenua era yo! Si la señora Marcelina no había hecho otra cosa que ayudarme a salir del trance. En ningún momento cumpliría su promesa. En verdad era algo imposible que ni ella ni nadie se arriesgaría a tal cosa, pero por el momento me alentó aquella fantástica idea de ella de mandarme trabajo vía las guaguas y pensé que cuando llegara a casa y se lo comunicara a los tíos estos se alegrarían del éxito de mi viaje.

—Sí, pero y ahora qué hago para regresarme a Lares, si yo creo que a estas horas ya he perdido lo carros —le pregunté asustada, casi desesperada.

—Cálmate, muchacha —me dijo ella—. Eso tampoco es problema, pues por lo visto parece que Dios está contigo. Porque esta es la última noche de las fiestas patronales, la celebración de Nuestra Señora de la Candelaria y todas las guaguas de los pueblos limítrofes vienen a traer gente, incluso la de Indiera-Bucarabones. Así que, a medianoche cuando se regrese, te vas hasta la casa de tus padres y mañana temprano se te hará más fácil irte a Lares por cualquier ruta.

—Así que por ahora no te desesperes, vete a cualquier casa de un familiar. Tú tienes mucha familia aquí, ¿no es así?

—Síií, síií —contesté yo con una enorme conformidad y ella, un tanto apurada, me pidió que le escribiera en un trozo de papel mi dirección con detalles para uso de nuestros trámites de trabajo y se despidió de mí, pidiéndome mil excusas, ya que tenía que atender a sus negocios. Me despedí de ella dándole las más infinitas gracias y salí de prisa a la calle para pensar con claridad qué debía hacer por ahora.

A casa de tío Ramón era el lugar más práctico donde pudiera ir, pero eso ni pensarlo. ¿Cómo me disculparía habiendo estado en la ciudad desde el día anterior, sin explicarles todos los pormenores y en especial, cómo decirles donde había pernoctado aquella noche? Así que descarté aquel pensamiento y cuando ya me disponía a pensar en otra cosa, la niña comenzó a llorar desconsoladamente, clamando a sollozos, casi a voz en cuello, por su madre. Entonces sí que las cosas se me complicaban, si era que alguien se me acercaba y me hacía preguntas, por ejemplo, un policía. Tendría que darles cuenta de todo y como aún no sabía desenvolverme y siempre los mayores me aterrorizaban, pues definitivamente me ví en apuros. Luego pensé que lo mejor era volver a la fonda y ambas comer y a la vez, reposar un poco. Así lo hicimos, comimos y tomamos café y salimos a ver las tiendas para distraer a la niña en lo que oscurecía.

El pueblo estaba bullicioso, con muchas picas alrededor de la plaza y en las calles y mucha gente. Entre una cosa y otra fui a la parada de la guagua para ver si encontraba a alguien que me orientase y así asegurarme de que en verdad la guagua vendría en la noche. Un hombre me informó algo, pero me dijo, "¿Por qué no va usted a la casa del conductor para asegurarse mejor, jovencita?" Después me indicó el lugar, le dí las gracias y allá fui.

Este vivía a la salida del barrio Limón en una casa de dos plantas. Pregunté a los vecinos y me informaron que en la planta alta. Allá subí y me salió a recibir la esposa. Hablé con ella y le expliqué la situación. "Me atrasé en el taller y perdí los carros y alguien me informó que podía subir en la guagua de la noche que según razón viene con gente para las fiestas." Ella me dijo que sí, que de seguro la guagua vendría esa noche. Entonces me sentí bastante confortada. Me abrigaba la esperanza de que esa misma noche saldría de la ciudad y ya en adelante las cosas tomarían su curso. Toda la tarde me la pasé pajareando y consolando a la nena. Le compré caramelos y nos detuvimos en la escalera de la iglesia en lo que pasaban aquellas interminables horas, mientras me inventaba mil historietas para distraerla.

¡Cómo recuerdo mi aflicción, pensando en los tíos, pero más que nada en tía Mercedes! Nunca me perdonaría ella semejante cosa, pensaba. Pero Dios me fortaleció porque de lo contrario creo que hubiese perdido el sentido. Aquella tarde fue eterna, pero al fin anocheció, aunque la ciudad se hizo día con tanto alumbrado y la gente comenzó a llenar cada hueco. Comenzó la retreta y los fuegos artificiales y todo me pareció un sueño en algún lejano y maravilloso lugar, sólo que mi alma estaba triste hasta la amargura.

Todas las guaguas de los diferentes pueblos y barrios comenzaron a desfilar y yo ansiosa esperaba por la de mi barrio. En esto se apareció un jovencito conocido de allá de mi barrio, un tal Marcelino Díaz. Nos alegramos de vernos y realmente me sentí feliz al ver a alguien conocido en medio de aquel tumulto.

—¿Viniste a la fiesta? —me preguntó simpáticamente—. Sí, a eso vine —no queriendo entrar en detalles.

—¿Ah sí? Pues si a eso has venido, yo también. Entonces, ¿Por qué no nos divertimos un poco? —Yo le seguí la corriente y él de inmediato fue por taquillas para subirnos a la estrella. "Pero, no puedo subir con la nena," le dije. Entonces, una señora que allí estaba, se empeñó en cuidármela en lo que nosotros cogíamos el paseo, ya que una hija suya también iba a subirse a la máquina. La nena se entretuvo con otros chicos que tenía la señora y estuvo contenta en lo que Marcelino y yo terminamos la carrera.

Para mí era la primera vez que me subía a una machina y como tenía los nervios descontrolados, pues ni hablar, me pareció que se me arrancaba el alma. Si aquella vuelta no termina pronto, no sé qué hubiese sido de mí, pero de todos modos, un cambio de nerviosismo me hizo mucho bien.

Aquel joven quiso hacerme la noche placentera porque era un gran muchacho, pero a mí en nada que me interesaba todo aquello y en una le pedí por favor que me llevara a la guagua. El muy complaciente allá nos llevó, no sin antes obsequiarnos con balacaítos y refrescos y otras golosinas. ¡Cómo se lo agradecí! Pues en ningún momento me atrevía a gastar el poco dinero que me restaba, pensando en que tendría que pagar los pasajes de regreso a casa y aun darle de comer a la chica. Una vez allí, me sentí mejor y puse la nena a dormir en el asiento posterior, donde cayó como en su cama. Entonces fue que pude reposar, mientras escuchaba su respiración tranquila.

Creo que despierta, dormí un poco porque en ningún momento me entregué al sueño profundo, para estar pendiente de ella. Así dormitando estuve mientras pasaba el tiempo escuchando cómo se divertía y gozaba la gente. Yo sólo deseaba que aquella guagua permaneciera allí hasta el otro día porque si se iba temprano ¿qué sería de nosotras aquella noche?

Al fin llegó la hora de partida. A las doce de la noche comenzó la gente a subir al vehículo y media hora después ya estábamos en marcha. Algunas personas me eran conocidas, otras no. Tampoco me interesaba conocer o no a la gente, pues no deseaba entrar en detalles con nadie, como ya dijera anteriormente. De todos modos, ninguna de las personas que viajaban eran de mi amistad y me sentí mejor.

El viaje se tomó casi dos horas, así que me concreté a dormir y a descansar, pues mucho que lo necesitaba. Cuando pasamos por la casa donde vivían mis padres me hice que dormía y noté que nadie se interesó en nosotras. Cuando el vehículo hubo pasado de largo me recobré, pues aquel lugar me disgustaba en lo más profundo, aunque no niego que amaba a los míos. Sin lugar a dudas me hallaba en tiempo de desarrollo y aún sin comprenderlo, no hacía otra cosa que tratar de encontrarme a mi misma.

La guagua era propiedad de don Nito Miró y al llegar a su destino se detuvo. El conductor se dirigió a mí, siendo que era su última pasajera y me dijo, "Solo hasta aquí llegamos, jovencita". Yo le pagué el pasaje y le dije, "¿Podemos quedarnos aquí hasta que amanezca? Es que voy para Lares, fue que ayer perdí el carro público... pero en cuanto amanezca nos vamos para así llegar temprano allá".

—Bueno, eso es cosa suya, pero espere aquí en lo que voy a notificárselo al dueño para ver si está de acuerdo. —Para entonces ya don Nito se había levantado y vino hacia nosotros con una linterna para cerciorarse del problema. El conductor le explicó el caso y el otro se empeñó en que entrásemos a la casa hasta que amaneciera, siendo que era muy amigo de nuestra familia y en verdad se hallaba, decía él, obligado a darnos alojo y atenciones bajo su techo. Yo me resistí a hacerlo, aunque le di las gracias, por no despertar a la criatura que descansaba en paz y le rogué que de favor nos dejara acabar de pasar la noche allí, siendo que no faltaba mucho para amanecer.

Como el vehículo estaba estacionado dentro del patio de la casa, yo pensé que allí estábamos seguras. El buen hombre convino, comprendiendo mis buenas razones y nos permitió que nos quedáramos. En adelante ya no dormí cuidando de mi primita y esperando a que amaneciera para rápido marcharnos, evitando así que alguna persona se empeñase en averiguar los pormenores de nuestra presencia allí, siendo que éramos menores de edad y, además, andábamos solas.

Serían las cinco de la mañana cuando desperté a la pequeña para que se refrescara un poco. Nos arreglamos el cabello, fuimos de prisa al excusado y con los primeros rayos de la aurora emprendimos viaje sin ser vistas de nadie. Cuando llegamos al kilómetro veintidós de Yauco ya comenzaba a despuntar el sol y con fervoroso ánimo comenzamos a caminar para Lares, con la dulce impresión de que curvas más adelante encontraríamos la entrada de la hacienda.

El poco dinero que nos quedaba nos sirvió muy bien. Por el camino compramos pan y salchichón y dulce de coco y en los chorros que hallamos a nuestro paso, bebíamos agua. Yo me hice de una vara para defendernos de los perros que de continuo no salían al encuentro con sus feroces ladridos y cuando teníamos necesidad de ir al excusado, pedíamos permiso a alguien para usar el suyo, sin decir en ningún momento de donde veníamos o adonde íbamos.

En el camino nos topamos con la guagua de Lares que venía para Yauco. Esta era nuestra guagua, pero no regresaría hasta por la tarde, pero mi empeño era ganarle terreno. Esto según yo. Así caminamos todo el tiempo, sin descansar, pues con el empeño que teníamos de llegar, no deseábamos perder ni un solo minuto. La cosa fue que cuando llegamos al Ramal La América, justamente a las cuatro de la tarde, se detuvo frente a nosotros la dichosa guagua que regresaba de Yauco. La misma que se suponía nos trajera hasta aquí, habiendo caminado nosotras once horas seguidas, sin detenernos. Aún lo recuerdo y me parece una locura, un sueño, una pesadilla, pero así fue. La pobre muchachita ya no podía gapalear y yo, más muerta que viva, me hacía la fuerte para darle ánimo a ella y aún nos restaban casi dos kilómetros para llegar a nuestra casa. Esta, al reconocer el lugar y pensando que le restaba poco, comparado con todo lo que habíamos caminado, recobró ánimo y avanzaba para llegar pronto. No sé de dónde aquella criatura sacó energías. La cosa fue que nos repusimos y casi arrastrándonos, llegamos.

Los tíos tenían la esperanza de que en la guagua de las cuatro llegaríamos y ansiosos esperaban que en cualquier momento llegáramos. La tía fue la primera en divisarnos y echó a correr hacia nosotras, echándose la niña en hombros, dando gracias a Dios que nos había devuelto sanas y salvas. A mí una inmensa alegría con llanto me embargaba y no podía creer que estábamos en casa. Tampoco por ahora quise decir nada o mejor dicho, me faltaba el ánimo para hablar. A los tíos con la alegría de vernos les bastó y nosotras estábamos tan cansadas que cenamos y nos tiramos a dormir como muertas.

Al día siguiente tuvimos la oportunidad de dialogar. La tía me contó que el día después de habernos ido, al no vernos regresar, habían mandado a un peón a caballo a casa de mis padres para ver si allá estábamos. A su regreso y cuando se supo que nada se sabía de nosotras, ella por poco pierde la mente. A mí su declaración no me tomó por sorpresa, pues era de imaginarse. De todos modos, les conté lo que me pareció y lo que no, me lo callé, pero a pesar de todo nos alegramos todos en pensar que doña Marcelina me mandaría trabajo.

¡Maldita sea! ¡Cómo había caído de tonta! Un mes consecutivo yendo, día tras día, a esperar la guagua para ver si traía el bordado, pero sin suerte alguna. Ya me daba vergüenza preguntarle al conductor. Ahora sí que me sentí frustrada y tremendamente decepcionada. Fue entonces cuando comprendí que la buena señora no había echo otra cosa que ayudarme a salir del trance. Fue un gran favor el que me había hecho; a veces pienso que fue el mismo Dios quien la envió para ayudarme aquella tarde.

Por sobre todos los contratiempos me desvivía esperando el momento en que se apareciera Papá para dialogar un poco. Me sentía culpable de haberles dejado, pero por otro lado necesitaba mucho de él. Necesitaba decirle, contarle, explicarle todo y pedirle perdón y también para que me dieran algún dinero para comprarme unos zapatos. Pero él jamás se apareció, ni envió a nadie a saber de mí y ni siquiera me escribió unas letras. Esto me dio mucho sentimiento y me sentí rechazada, olvidada, sola en el mundo, en una edad cuando más necesitaba comprensión. Y lo que más me dolía era pensar que en los momentos más difíciles de nuestra familia yo había sido el todo de nuestra casa, por no decir, el paño de lágrimas y sin embargo, ahora que tanto necesitaba de mis padres ellos no se tomaban la molestia de averiguar qué era de mí. Yo, sin embargo, seguía en mi afán de sobreponerme y superarme y continuaba esperando, soñando, empeñada en que tendría que haber una salida, una puerta por donde llegara a mí mi bien y en mi afán se unía mi santa tía, anhelosa de ayudarme, pero la pobre mujer, qué podía hacer si como el resto del mundo, ellos estaban cruzando por aquella dolorosa depresión.

Todo estaba por el suelo, hablando en términos de precios, pero no había con qué comprar y tanto a ella como a mí se nos aguaban los sesos pensando que ya estábamos a fines del mes de marzo y si era que yo me proponía regresar a la escuela, tenía que apurarme para hacerme de lo necesario para cuando volvieran a abrirse las clases. Ahora mismo los zapatos que había traído conmigo estaban casi sin suela y sin esperanzas de conseguir con qué comprarme otros. Entonces, la tía, a espaldas del tío Fernando, me dio un poco de café para que lo vendiera en el pueblo y me comprara unos. Tuve suerte porque el importe me dio exactamente para comprarme un par del país, los cuales me costaron dos dólares y cincuenta centavos. Ahora el problema era que no me los podía poner para usarlos en donde el tío me viera con ellos, pues tendría que decirle de dónde los saqué y de ninguna forma podía decirle que la tía me dio el café para venderlo, pues de seguro le daría disgustos con el tío, ya que aquella ración de café les tendría que durar hasta el nuevo cosecho. Así que tenía que esconder los zapatos nuevos y usar las chancletas hasta tanto surgía otra cosa, porque así era yo, no me quedaba rezagada ni vencida, siempre con fe, con esperanzas, con valor, dispuesta a vencer y a triunfar por sobre todas las dificultades.

Después que me hube olvidado un poco de doña Marcelina y del amargo incidente del bordado, había que buscar otra brecha, otra solución o fuente de donde viniera alguna entrada financiera que me ayudara a pagarme una educación y como la deseaba con tanta vehemencia, ya no me conformé en pensar en ir quizás hasta el cuarto año de escuela superior, sino que pensé en grande y tiré mi vista directamente hasta una educación universitaria. Abrigué la idea en tal forma que la sentí convertirse en una verdadera realidad. ¡Pero qué fácil es soñar! Entonces sí que los tíos se hallaron confusos. Tío Fernando de acuerdo con que era lo lógico, pero en su pobreza lo veía como una locura mía y nos dejó a tía y a mí que siguiéramos soñando. Ella quería ayudarme aunque fuera a pensar. "¡Ah, si yo tuviera posible para pagarte una educación, con cuánto gusto lo haría, te lo juro 'mija', te lo juro!" me decía con honda tristeza.

Y un día en que andaba yo dando una caminata para disipar mis inquietantes pensamientos se me ocurrió una tremenda idea y pensé que era imposible que pudiera fallar y corrí a comunicárselo a ella.

"Tíaaa, tíaa," vociferé desde abajo. "¿Ahora que te pasa, niña?" me gritó ella desde arriba. "Pues que ya tengo la solución de mi problema," volví a vociferar. "¿Ah, sí? Pues entonces sube acá para que me lo expliques."

Subí los escalones de tres o cuatro saltos y allí mismo en la escalera la hice que me escuchara.

"Pues, mira tía, he decidido escribirle una carta a la Sra. Roosevelt, la esposa del Presidente de los Estados Unidos de América. Ella es la única persona que me puede ayudar. Los periódicos hablan de ella y dicen que es una persona maravillosa y si es así, yo estoy segura que ella sabrá comprenderme. ¿No crees tía?"

Ella estuvo de acuerdo conmigo, pensó que era una idea formidable, que nada nos costaba tratar. Como yo sabía escribir inglés y había aprendido a dedicar una carta al Presidente o a la Casa Blanca, de inmediato me senté y escribí un borrador, el cual traduje a ella y luego de escucharme, entre ambas pulimos la carta hasta que nos pareció bien. Luego la puse en un sobre con sello y al día siguiente yo misma fui a Lares y la deposité en el correo.

En la carta le decía a la señora Roosevelt cuáles eran mis inquietudes y necesidades y que por causa de mi pobreza me era difícil asistir a la escuela, cuando mi empeño era hacerme una profesional en el campo de la educación y con frase al punto, le rogué me ayudara. En aquella carta puse toda mi fe, mi esperanza y mi corazón. Si tan solo la persona que cogió la carta en el correo la hubiese enviado. ¡Qué mucho bien me hubiese hecho!, no sólo a mí sino sabe Dios a cuántos más, pero no fue así, porque aquella carta jamás salió del país. ¡Cómo me apena hoy comprender hasta el nivel que llega la maldad y la ignorancia del ser humano! ¡Qué lástima que no se respeten los derechos de los demás! Porque creo que lo que me hizo a mí al no enviar aquella carta a su destino fue una crueldad, pero así sucedió.

Aquellos días en espera de una respuesta fueron desesperantes y ansiosos, al igual que con el bordado, día tras días yendo al correo sin ninguna suerte. Nadie puede imaginarse mi agonía y desaliento. Ya después de cierto tiempo perdí totalmente las esperanzas y pensé que quién era yo para que la Primera Dama de los Estados Unidos de América se preocupara por mí, una pobre muchacha campesina puertorriqueña.

Después de otro fracaso nadie imagine que me conformé o me crucé de brazos. ¡Oh, no! De ninguna forma. Al contrario, pensaba que tenía que haber otra puerta por donde me llegara ayuda financiera y no pararía hasta conseguirla con el favor de Dios para irme a estudiar. Fue entonces cuando pensé en tío Eduardo, mi tío materno que residía en Río Piedras y que desempeñaba el pastorado de una de las iglesias bautistas de aquella municipalidad.

Enseguida le comuniqué la idea a tía Mercedes. "¿Qué tu crees si voy donde él y le expongo mi problema y la necesidad y empeño que tengo en regresar a la escuela? ¿Qué crees tu, tía, querrá ayudarme? Porque él sí podrá comprenderme. ¿Verdad, tía, que sí? Primero, por ser un profesional y porque es mi tío y también porque es un siervo de Dios. Ahora sí que no puedo fallar. ¿Verdad tía, que no puedo fallar?"

—Pero, cálmate criatura, cálmate, —me dijo ella en un esfuerzo de también dejarse oír, pues con la nueva visión yo parecía fuera de mí. Cuando me hube apaciguado un poco, entonces ella continuó.

—Mira, hija, creo que tú tienes sobrada razón, mi hermano es la persona indicada para ayudarte, porque el sí sabe los valores de una educación. Le imagino un hombre de conciencia y estoy segura de que no te defraudará. Basta que seas su sobrina y estoy segura de que cuando te conozca, no podrá negarse, al contrario se sentirá honrado de compartir contigo en tan noble causa. Puede muy bien darte mensualmente alguna ayuda financiera y también puede facilitarte libros y otras misceláneas cuando ya estés en grados más avanzados y después, ya Dios dirá, uno nunca sabe cuántas puertas pueden abrirse ante uno por donde le llegue a uno su bien, además nuestro futuro está escondido en Dios y en Él solo está escondido, pero hay un adagio que dice que, 'a Dios orando y con el mazo dando'. así que uno no se puede dormir en las pajas sino 'pa 'lante nunca para atrás, hija mía. Ahora lo importante es conseguirte ropa y zapatos, libretas y esas cosas. De tu ropa y uniformes, de eso me encargo de confeccionarlo yo misma. Así que por ese lado no te será difícil. Lo importante es que comiences a asistir a clases, porque lo importante de las cosas es comenzar. Ahora mismo lo que necesitas es un empujoncito, luego ya verás que fácil.

Aquellas alentadoras palabras de ella me llegaron hasta lo más profundo de mi espíritu y la colmé de besos y halagos en medio de un mar de lágrimas y sollozos.

—Mira, hija —interrumpió ella—, con un poquito que él te ayude y otro que te ayudes tu misma durante la cosecha, que muy bien puedes ir a la recolección en los fines de semana, pues ni hablar, ya está todo solucionado para comenzar. Ahora lo importante es ponerte en contacto con mi hermano. Pero para eso tienes que ir personalmente donde él, porque yo no confío en eso de cartas ni papeles. Los papeles se echan al olvido. Ya ves lo que te ha sucedido con la carta a la señora Roosevelt. A saber adónde fue a parar, y así son las cosas.

—Bueno, si tía, entiendo, pero ¿cómo voy a ir a verle si no tengo dinero para el pasaje y además nunca he viajado tan lejos?

—Bueno, eso no debe preocuparte, tengo su dirección y aunque hace unos meses que murió su esposa, estoy segura de que él aún vive en el mismo lugar. En cuanto a eso de dinero para el pasaje tampoco es problema. Verás lo que haremos. Tengo un pariente que es porteador de carro público en la ruta de Lares a Arecibo. Le escribiré una carta que tú le llevarás, pidiéndole de favor que te lleve hasta Arecibo. No te cobrará, estoy segura, para eso es nuestro pariente y en la carta le haré saber cuál es nuestra necesidad. Además, por unos cuantos centavos él no se negará. En la carta le rogaré que de Arecibo a Río Piedras te mande con un chofer responsable y este cobrará su pasaje cuando te deje en manos de tu tío. ¿Qué tu crees, no está claro y facilito? Ahora todo depende de que tú te quieras tomar el riesgo y yo sé que tú eres suficientemente inteligente para hacerlo. ¿Qué piensas? ¿Te atreves?

—Claro que haré todo cuanto me dices y por qué no? Y no pararé hasta conseguir verme con tío Eduardo y que él me asegure que está dispuesto a ayudarme.

—Bueno, hijita, pues ahora esperamos a que regrese Fernando y le decimos de nuestros planes, porque después de todo, él es tu guardián y tus padres están tranquilos porque saben que éstas en nuestro regazo, de lo contrario estarían volviéndose locos. Yo que soy madre te lo puedo asegurar. Así que no haremos nada que te ponga en peligro. A pesar de todo, tengo gran fe en Dios y también en ti. Por eso estoy haciendo cuanto esté a mi alcance para ayudarte, siendo que te comprendo como si fueras mi propia hija y no te imaginas cuánto me alegraría verte encaminada como lo deseas y como realmente te lo mereces y más cuando tienes un sueño tan hermoso como el de estudiar. No creas, hija, ese también fue mi sueño dorado, pero nuestro padre siempre ha pensado que eso de estudios y escuelas está reservado sólo para varones. Cómo nos enojábamos tu madre y yo de chicas cada vez que llegaba el tiempo de matrícula y venían a nuestra casa los maestros apuntando las criaturas de edad escolar. Él hacía que nuestra madre nos escondiera y sólo los varones eran enviados a clases. Te juro que a esta fecha aún lo recuerdo y la soberbia y el sentimiento me carcomen, sabiendo que se nos arrebataba un derecho y una oportunidad que era nuestra y se nos negaba tan solo por ser hembras. ¿No crees que era una injusticia? ¡Claro que lo era y sigue siendo! Por eso es que trato de hacer lo sumo para que tú tengas esa hermosa oportunidad y porque sé que lo deseas de corazón y porque a personas como tú no se les debe dejar caídas. Al contrario, ayudarlas a levantarse y a que sus sueños se les hagan realidad.

En ti veo mi sueño pasado al igual que el de tu madre y el de millares de muchachas que deseábamos abrirnos campo y aprender y ver y saber las maravillas de una educación y aún hoy puede verse este enigma carcomiendo la mente de nuestra sociedad. Pero tú no fracasarás porque a fe de que soy tu tía y te amo como a mi propia hija, te prometo que haré todo cuanto de mi parte esté para apoyarte y cooperar contigo ciento por ciento hasta verte vencer todos los imposibles. Y si no lo consiguieras, te confieso que grande sería mi angustia y no sé si podría soportar tu fracaso, que de hecho sería también el mío, ya que en tu angustia has buscado nuestro refugio y eso siempre lo tendré presente. Pero dejemos a un lado los sentimentalismos y pesimismos y seamos realistas, poniendo manos a la obra y al Santo Dios que reparta su suerte. Porque sin Dios, nada, hija mía. Además, nunca sabemos los designios de ese Padre Celestial. Así que lo que será, será, ni más ni menos, pero sin antes nosotras hacer nuestra parte, aunque con grande esfuerzo.

Así que nos pusimos en acción y al día siguiente fui a Lares para ver al tal pariente. Pregunté por él en la plaza y enseguida me informaron a qué hora podía verle. Así que le esperé y le dí el recado y la carta de la tía, a lo cual él estuvo muy dispuesto en ayudarme en todo lo que fuese posible.

Era un hombre en sus treinta, buen mozo, de buen porte, afable y comunicativo, demasiado despierto, diría yo. De inmediato se volvió muy familiar y me rogó que el día antes de yo viajar a Río Piedras, de tarde, me personara en el cruce de la carretera, para llevarme a su hogar donde podía pasar la noche con la familia, porque el viajaba muy de mañana y así me evitaría el caminar de madrugada con apuros o quién sabe no llegara a tiempo. Me informó de su dirección y a la hora que podía esperarle en la carretera a su regreso a casa por la tarde. Me despedí de Antonio, que así se llamaba y tomé la carretera camino a casa, pero confieso que no era yo la que caminaba. La euforia que me embargaba era tal que sólo Dios sabe cómo me sentía. Una felicidad inmensa me llenaba. Imaginaba que este era el final de todas mis amarguras.

Ahora sí que había dado en el clavo, pensaba yo. Estaba tan segura de que cuando le revelara mis inquietudes al tío Eduardo, el sabría valorar mis potencialidades. Y así, casi por el aire, llegué a casa de los tíos. Cuando les conté mi suerte y que el pariente Antonio estaba dispuesto a ayudarme, tía le echó mil bendiciones.

"¡Hasta que se nos hizo, 'mija'!" prorrumpió ella en alabanzas, estrechándome en sus brazos y besándome con gran gozo. "¡Cuánta satisfacción y cuánta alegría, saber que hay esperanzas de que llegues hasta mi hermano! ¡Gracias, Dios mío!" dijo casi con lágrimas. "Estoy bien segura de que Eduardo no te dejará chasqueada, o mejor dicho, no nos dejará, porque tu triunfo es el nuestro."

—Bueno, eso espero, tía —dije saltando de gozo y colmándoles de besos a ella y a tío Fernando que también compartía nuestra felicidad.

De inmediato me puse a empacar mis pocas cosas que tenía para el días siguiente de tarde irme a esperar al pariente al cruce, para irme a su casa y así al otro día de mañana salir de viaje. No había tiempo que perder y si se me había presentado la oportunidad, la aprovecharía.

Ella estuvo de acuerdo. "Si, 'mija', vete rápido, mientras más pronto mejor. ¡Quién sabe si esta es la oportunidad de tu vida!"

—Sí, tía, así lo espero. —Y así terminó aquel día de incidencias agradables.

Al día siguiente, a la hora indicada por Antonio ya estuve esperando en la carretera a que éste regresara de sus labores. Al fin lo vi acercarse. Detuvo el auto y me mandó a subir. Enseguida comenzó a platicar y a informarse de todo cuanto deseaba saber.

—Es maravilloso que una jovencita como tú se esfuerce por estudiar. Yo creo que es algo que merece admiración, pues muy pocas jóvenes de tu edad y como tú, de escasos recursos, se empeña en abrirse campo por medio de los estudios como lo deseas.

De veras que me sentí bien al escuchar las palabras alentadoras del pariente.

Cuando llegamos a la casa su esposa aún no había regresado de clases. Era maestra y enseñaba en una escuela rural del barrio. El insistió en que fuéramos por ella. Recuerdo que llevamos con nosotros un flacucho y ágil caballo. La pedregosa colina era por sobremanera empinada y escabrosa, pero el rocinante estaba acostumbrado a repechar y a bajar por ella. Cuando llegamos al salón, aún la clase no había terminado. "Esta es la chica de quien te hablé anoche," díjole. Su esposa, una agradable y simpática mujer, después de un cariñoso saludo, me felicitó y me deseó mucha suerte al saberme tan interesada en una educación académica.

—Ojalá todo te salga bien y que consigas lo que buscas. Realmente te admiro y te felicito, muchacha —terminó ella diciendo.

Luego él y yo salimos afuera en lo que ella despedía la clase. Nunca podré olvidar el gesto de bondad de ella. Cuando partimos para la casa, insistió en que yo montara el caballo, y yo por no desairarla lo hice, mientras esposa y marido caminaban lentamente detrás, platicando no sé de qué cosa. Aquella tarde nunca la he olvidado. Antonio fue a casa de un vecino y entre ambos sacrificaron un cordero y el trajo chuletas, las cuales se aderezaron y aquella noche cenamos una suculenta comida. Toda la familia se portó noble conmigo, desde los chiquitines. Aún recuerdo el mayorcito, un varoncito de unos siete años, treméndamente enérgico y travieso y dos hermosas niñas menores que eran preciosas y adorables. También una hermana solterona de Antonio que vivía con ellos.

A la hora de ir a la cama cada cual se retiró a su recámara y a mí me mostraron dónde debía dormir. ¡Qué feliz me sentía! ¡Cuántos sueños tuve antes de quedarme dormida! Tal parecía que había llegado el momento que tanto había anhelado. Y así, entre soñar despierta y regocijarme, me quedé dormida.

Por la mañana, al comenzar a repuntar el alba, me despertó la hermana de Antonio. "Anda, hija, levántate, que ya es hora." Me puse de pie de un salto y comencé a ponerme en tiempo. El matrimonio ya estaba levantado y cada uno enfrascado en su comenzar del día. Una vez lista, me llamaron al comedor para desayunar. No tenía apetito, así que sólo tomé una taza de café con leche y casi enseguida, luego de despedirme de todos, salimos él y yo ruta a Lares donde él recogería pasajeros.

Yo llevaba conmigo todas mis pertenencias, que no eran muchas, en una caja pequeña, en la que también guardaba una camisa de Héctor que la conservaba de recuerdo. Era una camisa caqui de las de uniforme de la Guardia Nacional. En ocasiones me la ponía y el solo pensar que bajo de ella había una vez latido su corazón era suficiente para sentirme feliz. También conservaba sus retratos y versos que el mismo me había escrito y dedicado. Aún recuerdo uno que terminaba con esta frase:

y si ves que de sed muero,

me darás de beber, Carmen mía.

Siempre se quedó conmigo aquella súplica de amor. Una sed insaciable de un amor que según sus palabras, era yo la única que podía apagarla. Pero en aquel entonces no tenía yo suficiente visión para comprender el sentido de aquellos versos tan hermosos que habían surgido en momentos de tanta apretura.

Así que en medio de mi soledad y de aquel empeño en buscar canales o sendas que pudieran serme puertas hacia un futuro mejor, también se me aparecía su recuerdo como un fantasma que sólo servía para inquietar mi alma atormentada.

De todos modos, aquella fría mañana arribamos temprano a Lares. Antonio se acomodó en su lugar en espera de pasajeros. Par de autos antes que él ya iban de partida. Sólo otro carro con un pasajero y él quedaban en la parada. Llegaron dos pasajeros y abordaron nuestro auto. Pasó un rato y nadie aparecía. Entonces Antonio tuvo una retentiva y dijo, "Mira, Fulano —a su compañero—, coje estos dos pasajeros que yo me voy vacío. Tengo prisa para llevar a esta parienta que va para la capital". Su compañero, muy complacido, se hizo cargo de los pasajeros y el partió a velocidad, ruta de Arecibo. Ahora sí que me sentí feliz.

El corazón se me agigantaba dentro del pecho y con palabras agradecí al pariente todo cuanto por mí estaba haciendo. El, por el contrario, con cierto gesto de desinterés pero de aprecio dijo, "Bah, prima, no es nada, para eso estamos la familia para ayudarnos unos a otros cuando hay momentos de dificultad" y mientras hablaba más aceleraba el auto. Yo sólo hablaba de mis planes y él, un tanto distraído, contestaba una que otra tontería y cuando llegamos a la entrada del Barrio Ángeles de Utuado se desvío por aquella ruta. Yo lo miré sorprendida, comprendiendo que se había salido de la ruta que llevábamos, pero él rápidamente se excusó diciendo que sólo entraría un poco adelante para pasar por vista una casa que le estaban fabricando, pero que regresaríamos en cuestión de minutos.

No me gustó en nada aquella reacción súbita de él, pero no restaba otra alternativa debido a las circunstancias. Serían las diez de la mañana, más o menos y aunque no lo deseaba, no dejaba de demostrar mi ansiedad. "No te impacientes, primita —me calmó él—, temprano estaremos en Arecibo. De todos modos, allí siempre hay carros para la capital y para Río Piedras que es para donde tú vas. ¿No es así?"

"Sí, así es, para Río Piedras es que voy." Entonces callé y no dije más, pero ya estuve impaciente. El tiempo corría y yo no deseaba viajar de tarde o quién sabe de noche, por territorios desconocidos y luego con extraños, si era que él me llevaba a coger carro.

No tenía cartera conmigo a causa de mi pobreza, sólo una pequeña cajita donde llevaba la dirección, una carta de tía Mercedes, un pañuelo, una peinilla pequeña y una estampita de San Antonio de Padua, la cual me había regalado un ministro católico que semanalmente venía a casa de los tíos a enseñar el cursillo y a rezar con la familia y con los que allí ser reunían.

El pariente llegó a su destino, estacionó el auto y con él trajo una funda con ciertos artículos comestibles, los cuales se había detenido a comprar en una tienda y los cuales llevó a casa de una vecina para que esta nos aderezara almuerzo y 'mientras' me hizo subir a la casa que estaba en fabricación. Yo seguía inquieta, por no decir desesperada, pensando en mi viaje, pero él, por el contrario, se mostraba tranquilo como si nada le importara mi asunto.

"No hay por qué desesperarse —me dijo una vez que estuvimos arriba—. El día es largo y tenemos suficiente tiempo. Es más si hay que llevarte hasta el mismo Río Piedras no hay problema, yo mismo te llevaré hasta allá, pero eso si ahora tranquila. Comeremos cuando el almuerzo esté listo y luego, a viajar se ha dicho." Y mientras decía estas palabras, con mucha cautela se acercó a la puerta y la cerró de un tirón.

Enseguida comprendí que había caído en una trampa, pero de ningún modo le di a entender que estaba asustada. Sino todo lo contrario, le seguí la corriente esperando a ver de qué forma le convencía a desistir de lo que comprendí en sus ojos. Primeramente se limitó a hablarme con dulzura y amorío por si quizás esto fuera suficiente, pero como no le salió, cambió de táctica. Me haló por el brazo con brusquedad e insistió a que debía ceder a sus demandas o me iría muy mal y con la misma sacó un revólver y lo puso sobre una estiba de tablas que en una esquina del piso había. Yo vestía un traje blanco de algodón y cada vez que él me daba un halón o un apretón o me revolcaba sobre la estiba de tablas, el traje se me ajaba y se impregnaba de polvo, cosa que me desconcertó terriblemente. Después de un terrible forcejeo y cuando sólo respiraba ira y mala intención contra mí, se sentó sobre la estiba a maquinar cuál sería su próxima jugada. En una, yo corrí a la puerta para abrirla y escapar, pero él de un salto me arrastró de nuevo al fondo de la habitación que aún no tenía divisiones y el piso estaba todo cubierto de aserrín, clavos y trozos y cospes de madera.

Con el revólver me amenazó que si gritaba me mataría y yo me encontré despavorida, verdaderamente en un callejón sin salida, pues ya el individuo estaba fuera de sus cabales. Cuando de veras me aterroricé fue cuando comenzó a desabrocharse la ropa. Entonces creí que se había vuelto loco y que sólo un milagro me podía salvar de aquella bestia humana, que en su lenguaje rebullaba de rabia al no haber podido lograr su intento. Yo prefería morir antes que dejarme seducir y ultrajar por aquel salvaje y allí, de pie, recostada sobre una pared y temblando de terror, abrí la cajita y contemplé la imagen del Santo y desde el fondo de mi alma le rogué que viniera en mi ayuda porque ya me sentía perdida. Antonio me contempló pensativo desde la estiba donde estaba sentado, hebilla aflojada y de un salto se puso de pie, se ajustó los pantalones y se acercó con furia.

Yo seguía en silencio, clamando fervorosamente al Santo y de pronto se obró el milagro. Cuando se me abalanzó encima y sin siquiera darnos cuenta, me fui de espaldas contra una pared que al parecer estaba cerrada pero sólo estaba aguantada por el lado de afuera con una floja trabilla y que al yo hacerle fuerza con el cuerpo, rehuyéndole a él, caí abajo en campo abierto y salí corriendo hacia la carretera, por un estrecho y enyerbado sendero de matojo que me cubría hasta la cabeza. Él por lo visto se compuso y salió detrás de mí como un rayo, llamándome con insistencia, pero como estábamos al lado de una escuela, por cierto la Segunda Unidad de Ángeles, pues se turbó en gran manera, mientras yo me le hacía incienso entre un grupo de niños que a esa hora salían al almuerzo. Pensé entrar a la escuela y pedir ayuda, pero desde el primer momento que lo hiciera ya se desencadenaría una investigación que quién sabe cuantas personas se verían envueltas, entre ellas mis padres, mis tíos y pensé en las consecuencias. Aunque hoy pienso que si lo hubiese hecho quizás me hubiese sido de provecho pues al escucharme alguien con espíritu de humanidad, me hubiese comprendido y mi problema y necesidad hubiese salido a claridad. Pero siempre aquel temor a los mayores me achicaba.

Las mujeres que atendían el comedor se dieron cuenta de mi actitud de animal asustado y en vez de acercarse a mí para preguntarme y socorrerme, comenzaron entre sí a fabricar conjeturas y críticas y a reír con sorna y ya me sentí terriblemente desconcertada y abochornada y humillada. Si hubiesen obrado en forma humana y misericordiosa, quién sabe les hubiese manifestado mi aprieto y terror. En cuanto a Antonio, se hizo el disimulado, pero con todos sus sentidos despiertos, dispuesto a todo para defenderse en caso de que yo hablara y así se encaminó despacito hasta el auto sin perderme de vista en ningún momento ya que hasta ahora yo me mantenía entre el grupo de escolares, sin demostrar mi desesperación y angustia.

En eso llegó un policía insular a caballo que estaba en servicio. ¡Qué ironía de la vida! Exactamente lo que necesitaba para que el gran desgraciado fuera a parar a la cárcel que era lo que se merecía. Pero entonces pensé que si las cosas se torcían en mi contra por ser menor y estar fuera de mi territorio, así que desistí de la idea. Él y el policía que, por lo visto, eran buenos amigos, siguieron su charla, pero Antonio no me quitaba la vista. Pero como no podía demostrar que estaba involucrado conmigo en nada, tuvo que mantenerse a raya, mientras yo ahí, en sus mismas narices, me le perdía de vista por la primera salida que encontré ante mí, pues sólo quería huir de su presencia.

Salí a toda carrera por una carretera que estaba en construcción y ya no iba corriendo sino volando. El ramal salía de Ángeles hasta empalmar con la carretera de Adjuntas a Lares. Por ahora yo lo desconocía. El territorio completo me era desconocido y sólo me guiaba por los puntos cardinales imaginariamente y por la ancha y roja brecha en construcción. Cuando ya no podía ni gapalear miré para atrás para cerciorarme de que el salvaje no venía siguiéndome. Después de varias horas de carrera incesante me tranquilicé y comencé a respirar con más reposo y a caminar ligero, pero calmadamente. Según mis cálculos, la ruta me llevaría hasta la hacienda de tío Fernando, así que seguía apurando con fe de que aquél atardecer llegara allá, pues si no lo conseguía, sabe Dios que sería de mi, perdida por terrenos desconocidos y con la sospecha de quién sabe toparme con otro desalmado al igual que Antonio. Pero Dios no me desamparó. El camino fue duro pero me ayudó que no había llovido. De lo contrario, jamás hubiera salido del pantano pues las puercas mecánicas había escarbado, ahondado y hoyado el terreno y solo se respiraba un fuerte polvorín colorado según lo levantaba la brisa. Pobre de mi traje blanco, ya no era blanco sino rojo del camino.

Una cosa que me preocupaba era mi caja con las pocas cosas que poseía. Lo único que tenía y estaban en el carro de aquel sinvergüenza, pero volví a recapacitar y pensaba que eso no tenía importancia ya que por la misericordia de Dios y el Santo me había librado de la desgracia. Pensaba que si hasta aquí no me habían desamparado, me seguirían protegiendo y así pensaba mientras avanzaba sin parar y a la vez que rezaba todo cuanto me venía a los labios. Porque eso sólo hacía, caminar a toda prisa, pensar y rezar. Cuando llegué al empalme de la carretera había que subir un repecho y como ya oscurecía y no sabía donde me encontraba, lo subí de dos a tres trancos. Más muerta que viva estaba después de ocho horas de puro correr y apurar, esto sin parar y sin haber probado bocado, sólo agua de los chorros. Al ver la carretera me alegré tremendamente, pues el sentido común me decía que me encontraba en territorio civilizado y hasta aquí solo había atravesado por montañas y caminos vecinales y arduos senderos.

Lo que no esperaba era que allí estuviera el desgraciado de Antonio esperándome, pues el sabía que no había otra salida y estaba seguro de que tendría que salir. Cuando me vio, el muy degenerado me invitó a subir al auto, disculpándose de mil formas por lo que había sucedido.

Yo estaba furiosa y en unos segundos le dije mil maldiciones y le pedí la caja antes que allí, ante todo el público, me explayara y gritara a voz en cuello su comportamiento de aquella mañana. Él, muy asustado, me tiró la caja y salió a toda velocidad. En eso se me acercó un jovencito llamado Manuel que acostumbraba ir por la casa de los tíos y quiso ayudarme.

—¿Cuál es el problema, Carmen Luisa?— me preguntó.

—Bueno, he tenido un pequeño contratiempo con el señor ese, que por desgracia es mi pariente. Quedó de llevarme a Arecibo hoy y según él, tuvo inconvenientes, se le hizo tarde y yo perdí la oportunidad de viajar, siendo que tengo gran empeño. Por eso me he enojado mucho y ahora solo quiero regresar a casa de los tíos antes de que anochezca. —Luego ya no dije más, pues no quise hacer comentario alguno al horrible incidente ocurrido y de chica aprendí a no hablar demasiado y de la abuela había aprendido "que la mejor palabra es aquella que no se dice". Por otro lado, me sentía demasiado agotada y solo deseaba llegar a la casa para reposar.

El joven Manuel en ningún momento supo que yo había caminado todo el santo día, sino que entendió que el pariente había venido a traerme en su carro. Así que se ofreció a llevarme hasta la hacienda y yo, muy gustosa, acepté pues ya había anochecido. A pesar de que me sentía terriblemente extenuada no dejé de sentirme feliz al comprender que durante todo aquel horrible día Dios había sido conmigo y me había protegido de aquel salvaje y de todos los peligros del camino y sin que el joven lo notara, apretaba contra mi pecho la cajita donde tenía la imagen del Santo y mentalmente le agradecía por el milagro que me había otorgado.

Llegar a la casa nos tomó unos dos kilómetros, o por lo menos así los sentí yo. Casi todo jalda abajo y recuerdo que casi no me sostenía en las rodillas, pero de veras que me sentí tranquila. Cuando llegamos tuve que inventar una buena excusa, pero en ningún momento referí la triste historia. Los tíos se interesaron en saber si aun el pariente estaba dispuesto a llevarme hasta Arecibo, a lo que yo respondí que sí y que sólo dependía de mí. Que lo de ese día había sido algo imprevisto ya que al pariente se le había presentado un flete. "Entonces, ¿cuando piensas salir" me preguntaron. "Bueno, en cualquier momento, quizás mañana o pasado, solo que como hoy estuve tan ansiosa al no poder salir, me siento un poco cansada y quiero reposar un poco."

Esto lo dije para despistarles y además en lo que pensaba en otra forma de como llegar a Río Piedras, pues la idea seguía martillándome en la cabeza. Aquella noche tuve fuertes pesadillas. El horror de pensar en lo que me había sucedido me había descompuesto los nervios a tal estado de crispárseme el cuero cabelludo.

Tenía fuerte dolor de cabeza, temblores, el corazón agitado y tuve fiebre.

Al día siguiente, muy de mañana, desperté al ajetreo de peones y escuché la voz dulce de tío Fernando dando órdenes y también la suave y mimosa voz de tía Mercedes desde el balcón ofreciéndole café. Cuando hube despertado bien, después de hacer mis rezos y dar gracias a Dios, fui recordando como en una película todos los acontecimientos de aquellos últimos días y me fue difícil comprender la vida. Yo que de chica había crecido amando a la humanidad, ahora me encontraba en medio de un mundo a merced de seres equivocados y dondequiera que me volvía sólo hallaba egoísmo insano, perversidad, engaño, mentira y por otro lado, aquellos que en realidad me amaban y deseaban ayudarme no estaban en condiciones de hacerlo y no podía comprender cuál era en realidad mi destino. Por un momento pensé que muy bien me podía conformar con vivir con los tíos y aceptar mi desdicha de no estudiar. Había cumplido los quince años y como muchacha campesina había aprendido bastante el quehacer hogareño, refiriéndome a mi mundo de clase pobre. Muy bien podía esperar a que un joven de mi misma categoría se casara conmigo y resuelto mi problema, pero todo esto no era sino una ilusión mental.

Porque, contrario a todo estaba mi ser interno desde donde surgía otro mundo, uno que se remontaba en busca de los verdaderos conceptos de la vida. Remontábase por sobre dificultades, obstáculos y adversidades y no aceptaba derrotas ni excusas, siempre persiguiendo aquel mundo infinito del "Saber". Creía que podía vencer y no reconocía limitaciones ni negaciones y vivía en una continua lucha del espíritu por vencer depresiones y toda clase de mezquindad humana y así me remontaba por sobre todo esto y más para hacerme creer a mi misma que vencería cualquier reto y que llegaría a conquistar aquella meta que me había propuesto. Y una tremenda fuerza de energía mental e interna no me dejaba en paz y tenía que responder a ello positivamente, aunque se me culpara de caprichosa y hasta de loca. Porque los humanos, cuando no comprenden a los demás, y la mayoría de las veces tampoco hacen el empeño en hacerlo, pues les culpan de locos. Así que conmigo sucedió exactamente eso y muchos me tuvieron por trastornada.

Así que después de escuchar con atención a mi otro yo explayarse a su antojo para divulgarme todo cuanto había en mi cerebro, me hice de la idea de que seguiría adelante con mi plan y ya nada me pararía. En mi imaginación me vi en la ciudad universitaria como en el mismo cielo y al tío cómo a un ángel en toda su divinidad y pureza, dispuesto a abrirme sus brazos de amor y caridad para darme su apoyo. Todo se me parecía tan fácil que por un momento pude contemplar en mí aquella imagen que siempre me había inquietado, el de ser 'una maestra' y tuve la ilusión de estar en un salón de clase rodeada por un nutrido grupo de hermosos niños que a mi miraban, para forjarse futuros que les llevasen a realizarse en la vida como verdaderos seres humanos. Victoriosa me sentía ya, sabiendo que podría hacerlo y prometime a mí misma esforzarme hasta lo sumo para conseguirlo.

Cuando hube puesto los pies en la tierra me percaté del próximo paso que debía dar. No tenía un solo centavo para viajar, pero antes de pensarlo dos veces mi mente vital me irradió tremendo chispazo. A diario, temprano en la mañana salía una guagua grande de Lares a Arecibo. Si podía viajar en ella no me arriesgaría a peligros como el día anterior. ¿Qué tal si me atrevía a hablarle al conductor y le revelaba mi necesidad? Él muy bien podía llevarme de gratis. Luego él mismo me podía enviar en un carro público de su confianza hasta Río Piedras y una vez allá, el tío le pagaría el pasaje. Para esto tenía también que pensar en alguien, en alguna persona de confianza. Una familia que viviera en el mismo pueblo donde pudiera quedarme a pasar la noche, si era que todo me salía como lo planeaba.

Así que sin perder tiempo me apuré y arreglé todo para ponerme en marcha. Cuándo la tía me vio de tan buen ánimo y dispuesta a viajar, una vez mas compartió conmigo sus esperanzas, confiando que todo me saliera bien. Aunque no dejaba de preocuparse al pensarme viajando sola y si dinero, pero había algo en mí, decía ella, que le impartía gran confianza y era mi espíritu valeroso y atrevido. Esto la hacía afianzarse en mí.

Así que aquella bella mañana me despedí de mi adorable tía, no imaginando que esta sería la última vez que nos veríamos, ya que unos años más tarde moría a consecuencia de una pulmonía. Una lástima porque era en realidad un precioso ser humano. Murió en la plenitud de su juventud. ¡Cómo me dolió al saberlo! De todos modos, aquel día me dirigí al pueblo llevando conmigo la misma caja con mis pocas cosas y la pequeñita donde volvía a llevar la imagen de mi Santo Protector, las otras pequeñeces y unas cuantas monedas que ella me había dado para comprarme algo de comer por el camino. Mientras caminaba comencé a hacer memoria de dónde podría dirigirme que me dieran alojo aquella noche.

Entonces recordé que Papá tenía un viejo y fiel amigo de infancia, algo así como un hermano llamado Daniel Planel, quien vivía en la misma ciudad de Lares. En cuanto llegué a la entrada del pueblo pregunté por él. "Ah, sí —me informaron en un colmado—. Usted sube aquella cuesta grande que se ve allá —dijo, alargando la mano—, pues a mitad de cuesta ahí mismo está su casa. Es un hombre muy conocido de todos aquí, una bella persona", terminó diciendo el caballero. Esto me alentó muchísimo, así que le dí las gracias y me encaminé hacia allá.

Avanzaba cuando al otro lado de la ruta hacia Arecibo un camión rojo se abastecía de gasolina. La distancia era bastante ya que la carretera aquí hacía una especie de arco de desvío, pero pude adivinar que aquél era el camión de Héctor Cuevas. No pensé en otra cosa que en gritarle, aunque pareciera ridículo y apuré el paso para alcanzarlo. Vociferé a voz en cuello cuando pensé que me era difícil llegar a tiempo, pero todo parecía en vano. Entonces eché a correr lo más rápido que pude sin pensar que con esto también hacia el ridículo, pero era lo único que podía hacer o mejor dicho, tenía que hacerlo si era que intentaba alcanzarlo. Tenía que hacerlo porque tenía que contarle mi triste suerte, mi tragedia. Por un instante pensé que Dios lo había puesto en mi camino en aquellos momentos tan difíciles para ayudarme y si lo alcanzaba muy bien él podía llevarme hasta Río Piedras. Sino, pues me conformaría con contarle mi dolor y eso me bastaría. ¡Quién mejor que él para desahogarme de tanta depresión! Porque eso era exactamente lo que necesitaba, desahogarme con alguien y llorar mi desesperación, no para que se me compadeciera, sino para que se me diera ayuda moral. Un encuentro con Héctor sería como descubrir un oasis en medio de mi árido desierto. "¡Si llegara a tiempo! ¡Que no se vaya, Dios mío!" supliqué mientras seguía aquella desenfrenada carrera.

Ya casi llegaba cuando vi que el empleado de la gasolinera retiraba la manga y el camión emprendía viaje perdiéndose de vista por la curvosa carretera. Casi me desplomé de angustia y olvidándome por un momento de mis propósitos anteriores quise morirme. Ya después caminé despacio, sin fuerzas ni ánimo para preguntar al empleado si el camión que acababa de salir era él de Héctor. "En efecto, jovencita —me contestó él—, para San Juan va con carga." "Gracias, señor", le dije y me regresé al pueblo con el alma mustia y el espíritu rendido.

Una vez más me convencía de que Héctor no era para mí, sino una amargura, una pesadilla, un fantasma en mi vida que cada vez que se me aparecía era tan solo para torturarme. Pensaba que tan sólo se me había puesto en mi camino como prueba o castigo. Hasta llegué a creer en la posibilidad de otra existencia y que quizás entonces hubiese sido yo injusta con él, que en alguna forma le hubiese martirizado o engañado y ahora era él quien se las cobraba con creces, burlándose de mí, aun sin él mismo percatarse. Síii, algo extraño o misterioso había en todo aquello porque amándonos como era, siempre había un abismo que nos separaba. Un espíritu de desunión que cuando más cerca parecía estar de mí, se me escapaba como se escapa de entre las manos un fugaz e inquieto pajarillo. Así como se escapa el agua entre los dedos, así se me escapaba siempre su amor y su compañía.

Recuerdo que en adelante, con el correr del tiempo, su imagen se convirtió en mí, en un sueño fantasma. Siempre el mismo sueño, sólo que en diferentes formas, pero siempre que soñaba con él, se me aparecía súbitamente y para amarnos apasionadamente y de pronto, algo surgía que él tenía que irse y alejábase quedando yo con los brazos vacíos, extendidos en súplica de amor y reclamo. Siempre me quedaba con los brazos vacíos y extendidos y despertaba en un mar de lágrimas. Hasta que por fin pude arrancarlo del corazón y de la mente, quedando de todo aquello tan sólo un lejano y borroso recuerdo el cual con el tiempo (parecía) esfumarse en la inmensidad de la lejanía y del olvido.

Así que me regresé al pueblo para emprender lo que había comenzado. Primeramente, conseguir al señor Daniel Planel, aquel amigo de quien mi padre hablaba tanto y que tanto estimaba. Subí la empinada cuesta y ya en medio del repecho, pregunté a alguien. Había preguntado en la puerta equivocada, pero la persona que salió a mi llamado me informó que la casa contigua era la que buscaba. Toqué en la puerta indicada y salió una joven dama quien me preguntó qué se me ofrecía. Era la hermana de don Daniel.

—Mire, joven, busco al señor Daniel Planel. Soy la hija de Pablo Justiniano para servirle.

Cuando ella escuchó el nombre de mi padre, ya nada más tuve que decir. Me hizo entrar y de inmediato se inició la plática. Conversábamos cuando llegó el señor Daniel, un hombre amistoso, agradable, más o menos de la misma edad de Papá, unos cuarenta años. Les dije que me había atrevido a ir a su casa en nombre de la amistad que les unía a mi padre para pedirles un favor. Llevaba el propósito de viajar a Río Piedras a casa del hermano de mi madre, pero como el autobús no saldría hasta el amanecer, pues necesitaba que ellos tuvieran la amabilidad y me permitieran alojarme allí aquella noche, si no les era inconveniente alguno. Estuvieron felices de ayudarme y desde aquel momento ya no tuve por qué preocuparme. Me dieron de comer y por el resto de la tarde estuve en paz, por lo menos a lo que esto respectaba, porque ahora era preciso llevar a cabo mi próximo intento, el de conseguir que el conductor del autobús consintiera en llevarme hasta Arecibo sin cobrarme. Mi insistencia era tan profunda y tan positiva que cuando la guagua se detuvo frente a la plaza por la tarde, a su regreso, recobré ánimo y enseguida fui a hablarle al conductor.

"¿Podría usted escucharme dos palabras, caballero?" —le abordé con confianza—. "Sí, como no, ¿qué se le ofrece jovencita?" —me habló el con respeto y atención. Era un joven en sus veinte años, de mediana estatura, delgado, blanco, de fino perfil y a su corta edad demostraba una madurez admirable. Cuando hube leído estos rasgos de caballerosidad en él, cuestión de segundos, le expliqué mi problema. "Debo ir hasta Arecibo, pero no tengo un sólo centavo y quisiera merecer de usted ese favor, si es que usted no se perjudica. Luego allí, quiero que me ponga en un carro público de su confianza que pueda llevarme hasta Río Piedras, que es precisamente para donde voy, a casa de un tío. Este se encargará de pagar mi pasaje allá." Él muy complaciente, estuvo de acuerdo en ayudarme y me indicó la hora de salida, rogándome que temprano al amanecer estuviese en la parada. Le di las gracias y salí de vuelta para la casa de don Daniel, dando gracias a Dios y al Santo de mi devoción por seguir ayudándome a salir de tantos apuros.

En la casa me hacían una que otra pregunta, pero yo contestaba al punto y sin muchos detalles para así no incurrir en algún desliz. Me fui temprano a la cama para descansar mi cuerpo y la mente, pero más que nada para evadir las conversaciones y las preguntas inquisitivas.

La noche se me fue en un sueño, cuando escuché la voz agradable de la joven para decirme que ya eran las cinco de la mañana. Que me apurara para que no perdiera la guagua. Enseguida me puse en acción y poco después, ya tomaba el café y me despedía de aquella amable familia que tan bondadosos habían sido conmigo. Y sin perder tiempo tomé por la cuesta arriba con ligereza, pues pensaba que si perdía aquella oportunidad quién sabe jamás tendría otra. No hice sólo llegar a la parada y enseguida se apareció el anhelado vehículo y aquel ángel de Dios. En cuanto me vio me mandó a subir. Le dí los buenos días y me senté ahí cerca, tras él.

Los pasajeros comenzaron a llegar y cada cual a acomodarse en su asiento, mientras conversaban unos con otros. Yo no hablaba con nadie, meditaba, rezaba y me perdía en mi soñado futuro y me contemplaba en mi encuentro con el tío. Aquella inquietud y ansiedad mía me hacían creer que no podía fallar. Estoy segura de que mi rostro demostraba aquella inmensa felicidad que me embargaba. Me sentía como el profeta en el carro de fuego camino al cielo, sin siquiera imaginar que seguía siendo marioneta de mi cruel destino mientras seguía en pos de aquel futuro incierto.

Capítulo 18

CUANDO llegamos a Arecibo, aún temprano en la mañana, lo primero que hizo el conductor fue dirigirse a donde estaban estacionados los carros públicos que iban para San Juan y desde adentro llamó:

—¡Oye! Fulano, acércate acá —le dijo a uno. El individuo corrió y vino hasta la guagua—. Mira, tengo una encomienda para ti muy especial.

—Sí, —dijo el otro siendo todo oídos.

—Ves esta jovencita, va para Río Piedras. Ella te dirá la dirección. De todos modos, allá cobrarás tu pasaje porque según razón, ella no lleva dinero consigo, ¿entiendes?

—Si, chico, entiendo —respondió el otro.

—Bueno, por eso te la encargo a ti, porque eres de mi confianza. Te la encargo como si fuera mi hermana. Ya sabes.

—Pierda cuidado, mi panita —le dijo el chofer mientras me guiaba al auto, luego de despedirme de aquel ángel de Dios y recordar aquella frase que había escuchado del abuelo Pepe, "que en el mundo nos encontramos con una persona malvada por diez de buenos sentimientos".

Al fin llegó el momento de salida, una vez que el auto se hizo de sus pasajeros y salimos rumbo a la capital, yo con una alegría y una satisfacción enorme, gustando de los primeros vestigios de mi carrera profesional y el cumplimiento de mis sueños de toda una vida.

La dirección que llevaba del tío era en la calle Capetillo en Río Piedras, el número por desgracia ya se ha apagado de mi mente, pero recuerdo muy claro el lugar. La casa era terrera de una sola planta, fabricada en madera y un poco vieja, pintada en color rojizo y era la última de la manzana, quedándole frente a frente el colegio católico San Antonio.

¡Que susto me llevé cuando el auto se detuvo frente a la casa en cuestión y vimos que estaban sus puertas condenadas con largas alfajías. Confieso que grande fue el susto. Sería lo último que me pudiera suceder. El chofer se incomodó y exclamó, "¡Ya estamos en problemas! ¿Y ahora qué hacemos y quién me va a pagar el pasaje? Además, no se crea usted, joven que la voy a regresar para también perder otro pasaje", dijo muy enfadado. Yo me volví y le dije, "Mire, señor, parece mentira que usted sea tan inhumano y que sólo piense en su mezquino pasaje. ¿Por qué no me ayuda o al menos me da la oportunidad y espera a ver que puedo hacer?".

Enseguida pensé que si mi tío había vivido en esta casa, por supuesto algún vecino tenía que conocerle y sin perder el tiempo me encaminé casi corriendo a la primera casa del lado. Toqué a la puerta y salió una señora de mediana edad, alta, gruesa y muy agradable.

—En que puedo ayudarla, joven —me preguntó con dulzura. En pocas palabras le expliqué quién era y a quién buscaba—. "Quizás pueda usted ayudarme, señora, porque mire, el chofer me está apurando."

"Sí, como no," dijo ella dirigiéndose adentro y regresando de inmediato con un papelito. "Mire, jovencita, tenga esta dirección. Allí encontrará a su tío" y me encomendó a ir al Instituto Presbiteriano donde, por ahora se alojaba el tío. Allá fue el chofer de muy mala gana, pero como le interesaba su dinero y más que nada, deshacerse de mí, pues en poco rato ya estuvimos en el lugar. En Información lo llamaron y por suerte, allí encontré a mi adorado tío, quien le pagó al chofer y luego, un tanto desconcertado, me llevó a un lugar aparte y allí hablamos.

De primera intención se limitó a decirme que por qué me había arriesgado a viajar sin antes habérselo notificado. "Pudiste haberme escrito una carta y yo te hubiese dicho de todos los inconvenientes que existen. En primer lugar, hace un tiempo, como tú sabrás, que murió mi esposa. Casi ese tiempo hace que vivo aquí en la institución mientras me organizo. Los niños están con los viejos en Finca Abajo, de seguro estas enterada."

—No lo estoy —le dije.—, hace un tiempo estoy con tía Mercedes y tío Fernando en Lares.

—Bueno, pero ahora lo primero es salir de aquí para llevarte a comer y buscarte alojamiento, pues como verás, esto aquí es sólo para hombres.

Entonces tomome del brazo y salimos a la calle donde llamó un taxi que nos llevó de nuevo a la casa de Capetillo, a la misma donde poco antes había yo estado. La señora era una fiel sierva de Dios y nos recibió amorosamente. El nos presentó. "Ella es la hermana Lulú —me dijo y a ella—: Esta es mi sobrina, Carmen Luisa, la hija de nuestra hermana mayor." La corpulenta señora me abrazó cariñosamente. "Una chiquilla demasiado abierta de mente —prosiguió el—, sólo que necesita orientación y apoyo moral y más que nada, ayuda económica, según me ha dicho ella. Una lástima que mi cuñado y hermana no puedan comprenderla." Ahí se quedó por ahora la conversación porque él tuvo que marcharse, pero me dejó en manos de la noble señora para que ella me proporcionara habitación, alimento y cuidado, corriendo todo por la cuenta de él hasta ver qué se resolvía conmigo. Después de tomar un refrigerio se despidió, quedando en volver tan pronto tuviera una oportunidad para así hablar más detenidamente del asunto.

Doña Lulú era una mujer de oración y de fe y mucho que lo necesitaba, pues sus pruebas eran muchas. Tenía a su madre, ya una ancianita, más una hija con cuatro hijos, dos mayores, varones adolescentes y dos hembras, la mayor de diez años y la pequeñina tendría unos seis, más o menos. Su hija era enfermera y era la que trabajaba para sostenerse con su cuadro de hijos pues su marido, un bala perdida de nombre Pablo Vallejo, los haía abandonado embarcándose para los Estados Unidos y no les mandaba ni un solo centavo. Todo esto lo sufría doña Lulú, quien se sacrificaba también para ayudar a su hija y nietos. Que yo recuerde, la única fuente de ingreso de doña Lulú provenía un par de pupilas a quien también les proveía alimentos. Este extraordinario ser humano me tomó gran cariño y confianza y en varias ocasiones me platicó de la desgracia de su hija por causa del tal Vallejo y ambas íbamos de rodillas en oración, pidiéndole a Dios amparo en aquella desastrosa situación económica.

¡Cómo deseé de todo corazón encontrarme con aquel individuo para decirle en su propia cara su falta de responsabilidad hacia su familia! En aquel entonces jamás me pasó por la mente que Dios me escuchara y contestara aquella sincera súplica, pero así sucedió, pues años más tarde, así de incógnito, encontrándome en la ciudad de New

York me topé con el tal Vallejo. Como si el mismo Dios me lo hubiese puesto enfrente y allí en su rostro le reproché su mal proceder. Él muy avergonzado lloró su pecado pudiéndole perdón a Dios por todo el daño que había causado a su familia.

Aquella gran mujer de oración me ayudó mucho durante el poco tiempo que allí estuve, pues me enseñó a ir de rodillas ante el Dios Todopoderoso cada día en busca de dirección divina. Allí estuve como si fuera de la familia y como estaba acostumbrada a trabajar, le ayudaba en los quehaceres cotidianos.

Encontrarme así de pronto en la ciudad universitaria fue algo lindamente emocionante. Exactamente como siempre lo había soñado. Un ambiente donde se vivía la vida y más que nada, donde se iba en busca de sabiduría y cultura. Realmente a lo que aspiraba mi alma desde chica, pues dentro de mi ser interno sólo había una sed de ver, aprender y conocer el mundo y las gentes. Por eso me sentía tan emocionada y feliz y por eso daba gracias a Dios de que hasta aquí me estuviera guiando y ayudando.

Doña Lulú, quien era un persona de una estupenda madurez mental y espiritual, en un par de ocasiones se sentó conmigo a charlar y a escucharme mientras me hacía preguntas y yo daba rienda suelta a mis inquietudes. Ella no decía mucho, pero inquiría y yo me desbordaba. Alguna que otra vez la escuché pensar en alta voz mientras platicabamos, "¡Pobre muchacha!" decía moviendo su cabeza con ternura. Tío Eduardo venía en ocasiones y era con ella con quien más discutía mi problema. Ambos se pasaban ratos quizás estudiando mi caso que obviamente era complicado. Luego él se marchaba. Así pasaron tres semanas en las cuales yo me encargué de explorar el medio ambiente. Me gané la confianza de la noble señora y ella me permitía salir por las manzanas a la redonda, pero siempre con su permiso. A veces salía a dar una vuelta con su nieta de diez años, pero a mí me placía mejor salir sola, como lo hacía allá en las colinas. Sola me divertía mejor, explorando todo aquello que para mí era nuevo, raro, extraño y emocionante.

Las casas de la manzana donde vivíamos eran casi todas iguales, en cemento, todas de dos plantas, altas por la parte posterior. Todo aquello lo cercenié, y me cercioré que había gente viviendo debajo de las casas. Tenían hamacas colgadas de las fuertes vigas de cemento y anafres de carbón donde cocinaban sus alimentos. En una ocasión hable con un anciano. Me explicó que la situación económica en que se vivía era caótica y como no tenían con qué pagar alquiler, allí se habían refugiado. Salían a pedir para comer o hacían una que otra cosa para costearse la comida y, por lo menos, allí vivían, donde no se mojaban ni nadie les echaba por no poder pagar la renta. También hice amistad con una joven mujer casada que tenía una preciosa bebé. Vivían en una habitación en la estrecha callejuela que nos circundaba. Su marido trabajaba y vivían bastante desahogados. Su bebé tenía una linda cuna, mucha ropita bonita y juguetes. Yo pensé en Héctor y en los hijos que tanto habíamos soñado y me sentí muy triste. Nunca olvido que frente a nuestra casa había una estación de alquilar bicicletas. Pertenecía a un amable y respetuoso joven, quien se empeñó en enseñarme a correrlas, pero según nunca me había podido encaramar a un árbol porque me producía canillera, tampoco me fue posible montar una bicicleta.

En la casa del lado vivían tres hermanas adultas. Las dos mayores eran profesoras y, si mal no recuerdo, enseñaban en la universidad; la más joven era un tanto anormal y también era diabética. Esta fue la primera vez que escuché de la diabetes y me pareció algo sumamente torturante y me hice de la idea de que si alguna vez este martirio me aquejaba, jamás me dejaría dominar por él, en otras palabras, aprendería a vivir con ello y usar los medicamentos, pero sin darle la importancia que estas dos hermanas le daban, pues martirizaban en extremo a aquella pobre mujer.

En todos los aspectos me sentí complacida con la amistad de doña Lulú, pero más en esto de no prohibirme el que saliera por el vecindario. A menos que fuera que no había modo de impedírmelo o detenerme, ya que mi espíritu de exploración y averiguación me empujaba, me gobernaba, pero hay que admitir que ella fue tremendamente tolerante conmigo. Hoy recuerdo como me perdía por el vecindario, al igual que solía hacerlo allá en las fincas. En el campo me divertía contemplando las montañas, las nubes, las corrientes de las aguas, el verdor y toda la naturaleza en sí, con su variedad de encantos y aquí, en la bella ciudad, descubría la civilización en todo su esplendor y facetas y tan interesante y hermoso me era el campo adentro, como este otro mundo maravilloso, de gente, edificios, automóviles, autobuses, anchas calles y avenidas, colegios y costumbres y todo me parecía extraordinariamente fascinante.

En una de mis vueltas descubrí el teatro. Presumo que el Paramount. Estaban presentando una película de Carlos Gardel que en aquel entonces estaba en toda su gloria artística. Me emocioné mucho con los carteles. Yo nunca había entrado por las puertas de un cine. Cuando regresé a casa se lo conté a doña Lulú. Ella me dijo que si me interesaba, podía ir y me dio para pagar la entrada. Entonces sí que me sentí por las nubes. ¡Cuántas maravillas había descubierto y cuánto estaba aprendiendo!

Algún día cuando volviera a casa le contaría a mis hermanos todas estas bellas cosas que se disfrutaban por estos mundos de Dios. No se equivocaba mi alma, había mucho que ver, aprender y conocer fuera de mi intrincado mundo y en mi implacable sed de conocimientos seguía afanosa tratando de abarcarlo todo, sin perder el más mínimo detalle de las cosas.

La calle Capetillo era una constante afluencia de estudiantes durante todo el día y parte de la noche, en su mayoría universitarios. Esto sí que me llegó al alma, al corazón, a la misma médula de mi existir. Había llegado al lugar por mí deseado y seguía empeñada en estudiar y educarme a nivel universitario.

Durante las cortas conversaciones con el tío le había hecho claro cuáles eran mis ideales. Estudiar era mi meta y si él era tan generoso y humanitario y me proporcionaba ayuda financiera, yo haría todo el sacrificio necesario para llevar a cabo aquel sueño. Bien que podía quedarme bajo su tutela en una casa de pupilas y trabajar en la casa en algo para ayudarme a costear los gastos, cualquier cosa que estuviera a mi alcance después que fuera para ayudarme en mis estudios.

¡Cómo recuerdo la ocasión en que seguí calle arriba hasta la universidad! Cuando llegué frente a frente al imponente edificio fue como si hubiese llegado a las puertas del cielo. Lo contemplé con respeto y adoración, yo diría más bien con idolatría y asida a la verja me perdí en mis pensamientos y con egoísmo, ambición y apego deseé ser parte de aquel sagrado recinto. Por qué el destino se había complacido en llevarme hasta allí, no me lo explicaba. Palpar con mis manos, oídos y alma las puertas de aquel lugar para luego quedar chasqueada sería el más torturante castigo o martirio que pudiera dárseme, pero me abrigaba la esperanza de que el tío me ayudaría a salir adelante. Era la única persona con quien contaba que entendía esta suerte de cosas y sus valores y cuánto significaba para mí una educación académica. ¡En la clase de persona que me convertiría, luego de educarme y pulirme! Entonces sí que me iba a sentir tremendamente bien. ¡Cuántas ventajas y privilegios, cuántas aventuras a disfrutar! ¡Qué grandioso! Poder vivir una vida plena.

Luego también muchas serían las personas a beneficiarse porque no sería egoísta en este respecto. Lo primero que tendría en mente sería mi familia, especialmente mis hermanos. Uno a uno se convertirían en mis protegidos para ayudarles a abrirse campo en la vida, pero por medio de los estudios. Entonces sí seríamos una familia normal, feliz, capacitados para vivir una vida con provecho. No sé cuánto tiempo estuve allí, agarrada a la verja. Sólo sé que cansada de soñar me despegué calmadamente y regresé calle abajo para la casa, dominada, imbuida por una especie de sensación sublime de la cual no hubiese querido despertar.

Aquella misma tarde vino tío Eduardo a verme. Había llegado el momento de darle fin al asunto. Lo había estudiado detenidamente y según el, ya tenía la solución. Me llamó aparte y dialogamos.

—Bueno, jovencita, ha llegado el momento de usted y yo hablar seriamente—. Yo temblaba de emoción en espera de aquella respuesta—. Quedamos con que todo se reduce a que quieres volver a la escuela, ¿no es así? —me preguntó.

—Sí, señor, eso es lo que siempre he deseado y eso es lo que de todo corazón quiero.

—Pues bien, entonces no hay problema alguno. Sólo que haremos lo que es lógico. Porque todo hay que hacerlo por su derecha. Con eso quiero decir que, como eres una jovencita menor de edad tienes que estar en el lugar que te pertenece por ley y es exactamente en el hogar con tus padres. ¿Me entiendes? En ningún otro sitio estarás tan protegida como allí, aunque te parezca absurdo. Lo que sucede es que estás en pleno desarrollo, eres inteligente, despierta y todo esto te impulsa a actuar de un modo positivo. Pero como verás, hay un sinnúmero de cosas que están de por medio. Lo que significa que tienes que detenerte y pensar cuál es tu deber como hija y como menor, pues, por lo que he notado en ti, tienes una madurez que va más allá de tu capacidad.

Pero vamos al grano, tu queja es que tus padres no te permiten ir a la escuela. En eso yo estoy contigo ciento por ciento y estoy dispuesto a ayudarte. Iremos allá y yo mismo les haré comprender cuáles son tus inquietudes y conseguiré de ellos que te permitan regresar a tus estudios. En cuanto a ayuda financiera se refiere, te enviaré una mensualidad para que te proporciones lo más pertinente, lo cual espero hacerlo cada principio de mes, comenzando el mes próximo, cosa de que cuando comience el próximo semestre puedas comenzar sin dificultad alguna. Tengo entendido, como ya tú misma me has informado, que tienen una Segunda Unidad allá en Bucarabones. Ahora irás al séptimo grado ¿no es así?

—Sí, así es.

—Bueno, pues en lo que se pasan los próximos tres años que es justo hasta donde allí se enseña, pues ya se verá en adelante. Yo me voy a esforzar en ayudarte porque en realidad a personas como tú difícilmente se les puede uno negar —terminó él diciendo.

Quise saltar para abrazarle y colmarle de besos, pero a una persona como él era imposible hacerle esa clase de demostraciones. Solo me limité a decirle: "Gracias, tío, no sabe usted cuanto se lo agradezco. Me hace usted inmensamente feliz y no crea, ya sabré recompensarle en alguna forma".

—Bueno, bueno, no es para tanto —dijo—. Ahora lo siguiente será llegar hasta tu casa. Ya me imagino qué felices van a estar tus padres cuando te vean. Tu también vas a sentirte complacida de regresar con tu familia, ¿no es así?

—Bueno, sí. ¿Cómo no?, pero si es que voy a estudiar, por supuesto —contesté con una demostración de satisfacción. Entonces él se puso de pie para despedirse, sacó la billetera, extrajo dos billetes de a diez y me los entregó. "Toma —me dijo—, ve a las tiendas y comprate un traje bonito, unos zapatos y alguna que otra cosa que te haga falta, porque dentro de una semana, Dios mediante, viajaremos a Bucarabones." Entonces se despidió y marchose.

Aquella noticia de que iba a volver a la escuela ha sido una de mis más sublimes alegrías y encerrada en mi habitación dí gracias a Dios por haberme dado un tío tan humano y comprensivo e hice voto de ser fiel a su amistad.

Enseguida le escribí una carta a los tíos de Lares. Estoy segura que cuando la recibieron también dieron gracias al cielo porque al fin había yo conseguido lo que con tantos estragos había buscado o mejor dicho, perseguido. No se imaginaba el tío Eduardo por los peligros y penurias por los que hacía poco había yo pasado, hasta ahora que conseguía que alguien del corazón de él se compadeciera de mí y pensé que en alguna ocasión, cuando llegara el momento propicio, le contaría de todas aquellas desgracias por las que había pasado. Me refiero a lo de Miguel M. y Antonio el pariente y la terrible frustración con la carta a la señora Roosevelt, para que él supiera cuánto valor tenía él para mí. Pero esto lo dejaría para cuando yo fuera adulta y supiera expresarme inteligentemente y cuando me atreviera a conversar de semejantes temas. Pensé hacerlo porque me parecía que estaba obligada o por lo menos, pensé que él debía de saberlo todo.

¡Qué feliz estaba! ¡Qué agradable ir de compras y tener dinerito para gastar! Por eso era que también me esforzaba por una educación para poder vivir una vida decente y desahogada. En otras palabras, no sufrir privaciones y que tampoco nadie me humillara. Sí, eso mismo, tener para mí y para los míos porque siempre decía que cuando fuera una profesional, a los míos nada les faltaría y así, cayendo de un pensamiento en otro se me pasó aquella semana y llego el día precioso del regreso a casa.

Bajo otras circunstancias imposible me hubiese sido volver, pero ahora regresaba con nuevos propósitos, sino el mejor. A comienzos del mes de mayo estábamos cuando salí de Río Piedras. El tío quiso que llegara a tiempo para el Día de las Madres, para que le diera una linda sorpresa a Mamá. Salimos un viernes al amanecer y viajamos en tren. Lo abordamos en Martín Peña. ¡Cómo recuerdo aquel día! Mi tío, hombre pequeño de estatura, pero gigante en aspecto de cultura y refinamiento. ¡Cómo lo había envidiado desde que tuve uso de razón!

Además de nuestro equipaje traíamos una cesta con merienda y frutas para el camino. Una vez acomodados y que el tren partió, suspiré de gozo y satisfacción y recordé aquella vez cuando nos mudamos a la colonia San Romualdo en Hormigueros que me había hecho la promesa de que un día tomaría un viaje en tren y ahora veía aquel sueño realizado y me dispuse a disfrutar del maravilloso paseo, mientras el tío compartía con personas de su categoría que allí encontró y con otras que le fueron presentadas.

Yo le admiraba tan popular y comunicativo y cómo los demás le escuchaban con atención, mientras el hacía derroche de su oratoria. Le contemplaba disimuladamente y para mis adentros decía, "¡He ahí un hombre, he ahí un perfecto caballero!" y me sentí profundamente orgullosa de ser su sobrina.

Él había traído también periódicos y revistas de lo cual yo me encargué de leer a mi antojo y él se ocupó muy poco de perturbar mi sosiego; si acaso no fui yo la que me hice a un lado perdiéndome en mi propio mundo.

El eco de los rieles, el campaneo y pitar de aquel inolvidable tren aún están conmigo. Aún sigo gustando de aquel sublime y placentero encanto y lo recuerdo como se deslizaba a toda máquina por entre cañaverales, cocales, túneles y covachas fabricadas de pencas de palma y hojas de caña desde donde se divisaban columnas de humo que se escapaban desde los fogones remontándose a las nubes.

Los verdes y espesos cañaverales ante mi vista eran algo así como la tierra cuajada de miel, riqueza en grande de nuestro país en aquellos tiempos. Divisábase también a través de las ventanillas la vasta llanura donde pastaban los rebaños de reses, los machos imponentes y fuertes, adiestrados en el manejo de las duras tareas cotidianas, los cuales trabajaban pie a pie con el agricultor. Las hembras me parecían palmeras, sus ubres pesadas, cargadas del rico líquido que alimentaba y fortalecía al pueblo. Luego el ganado caballar que también pacía a sus anchas en la verde llanura, animal fuerte de extraordinaria belleza, dócil e inteligente, mano derecha del puertorriqueño de entonces, al igual que lujo de montar.

¡Quien podría pasar inadvertido ante tan imponente paisaje! Por eso para mis adentros exclamaba, "¡Qué maravilla, qué tierra tan bella la nuestra y qué cielo y qué mar más precioso nos ha regalado ese Dios tan divino!" "No se puede negar que vivimos en un paraíso" y así me encumbraba en mis alabanzas mientras el tren seguía su desenfrenada carrera.

Llegamos a la estación de Mayagüez a las dos de la tarde. Allí el tío llamó a un carro público que nos llevó directamente a nuestra casa, donde llegamos casi a las cuatro de la tarde. No le tomó mucho hablar con mis padres. Era una persona que se hacía entender con muy pocas palabras. Además llevaba prisa para llegar con día a Finca Abajo. Allí pasaría el fin de semana con sus dos niños y los abuelos y luego se regresaría a Río Piedras.

Les habló a mis padres en cuanto a mí y les rogó fueran pacientes para conmigo, siendo que yo era de esas personas, según él, con una mente más allá de lo normal, en otras palabras, normal pero no ajustable a mi medio ambiente. "Tienen que sobrellevarla y ayudarla, ustedes más que nadie ya que son sus padres." Y allí mismo me prometió que mensualmente me enviaría dinero para proporcionarme cuanto me fuera necesario para que fuera a la escuela. "Tienen que permitirle estudiar, mándenla a la escuela por favor, no se lo impidan," les rogó y mis padres consintieron en que lo harían y así terminó aquella promesa.

Sólo aquella esperanza que traía conmigo me mantenía contenta y con fe. De otro modo no hubiese podido estarme allí un solo instante. De nuevo volvieron a despertarse ante mí viejos recuerdos como verdes cicatrices que no dejaron de atormentarme. Sólo la compañía de mis hermanitos me alegraba porque a mis padres ya los sentí lejanos, no con odio o rencor, pero sí con cierto resentimiento.

Mientras esperaba a que tío me enviara la mensualidad que con afirmación me había prometido, volví a mis pasadas tareas, lavar, planchar, aviar agua y leña, cuidar de las criaturas y mantener el hogar ordenado y limpio y como si esto fuera poco, volvieron de nuevo a aparecer aquellos viejos fantasmas de ayer, Mario Lugo, Abraham Santiago y Héctor Cuevas, cada uno en su diferente faceta.

Mario fue el primero en correr a mí. Llegó dispuesto a todo, por tal que le aceptara. Nos casaríamos enseguida, sólo que le diera el "sí" y de inmediato saldría a cualquiera de las haciendas vecinas a pedir una casa, hasta allí mismo en La Estrella si era que yo no objetaba. La amueblaría con lo más necesario y ya terminarían mis andadas y agonías, según él. "Me amaba demasiado para verme sufrir," me confesó. Qué bien poco me conocía y lo que buscaba mi espíritu inquieto que él pensaba apaciguar con tan sólo llevarme al matrimonio. Yo que veía el matrimonio algo concreto, divino, sagrado, hermoso, eterno, en otras palabras, el "amor mismo en toda su esencia". Y si en realidad él me hubiese atraído como esposo, pero si en mi corazón no era un marido o un hombre lo que necesitaba, si allí reinaba Héctor por los siglos de los siglos, aunque jamás pudiéramos ni siquiera mirarnos.

También Abraham Santiago, cuando supo que yo estaba en casa, se empeñó en verme y comenzó a mandarme cartas con mi hermanita Cándida. Yo le prohibía a ella que las tomara. Entonces él llegaba hasta nuestra casa, preguntaba por mí pero yo siempre me le ocultaba. Pero como hombre de mundo no paró hasta conseguir cómo poder hablarme, aunque para eso tuvo que usar de su insana astucia. Para eso se confabuló con Rafael Muñoz y con Laura Dizarden, la muchacha negra de quien hablara ya en una ocasión. Yo no era de las chicas que gustaba de visitar a los vecinos ni arrimados, a menos que fuera en caso de necesidad porque así había crecido, o mejor dicho, así me habían criado. Laura insistía en que yo la visitara, pero ni mi madre ni yo estábamos de acuerdo y ajenas a su complot, Mamá le dijo que si bien le parecía, en vez de yo ir a su casa, que ella muy bien podía venir a la nuestra siempre que lo deseara, que sería muy bien recibida. Desde entonces la joven usó de visitarnos casi a diario, hasta que poco a poco fue ganándose nuestra amistad y confianza.

Después de un mes, más o menos, insistió en que Mamá me dejara acompañarla a dar una vuelta, un poco adelante por la carretera. Era encantador contemplar desde la curva en lontananza y también divisar hacia abajo la inmensa hondonada y contemplar por sobre las colinas las tierras del abuelo Pepe y las fincas de los parientes. Era algo hermoso y fascinante y ella sabía que a mí esto me complacía. Por eso me pidió que la acompañara y por eso mismo Mamá estuvo de acuerdo, pero nos advirtió: "No vayan muy lejos y tampoco tarden". "Pierda cuidado, doña Bellita, sólo una vuelta y enseguida estamos de regreso" dijo la muchacha. Y salimos carretera arriba, yo muy ajena a que aquella perversa criatura estuviera tramando maldad. Después de haber disfrutado bastante del paisaje, cuando ya habíamos caminado hasta la entrada del barrio La Guaba, yo me detuve, "Hasta aquí solamente llego yo, regresemos a casa. No quiero que Mamá se impaciente", dije. Despedía la frase, cuando de pronto se apareció Rafael Muñoz en su Chevrolet rojo y al vernos se detuvo.

—¿Paseando, no? —nos dijo con cierta picardía. Era un tipo de mediana estatura, flacucho, vano, fantasioso y como si fuera poco, borrachín, un cómico diría yo, y Laura, fea, regordeta, en extremo extrovertida, vulgar y misteriosa. En mi ignorancia comprendí que algo andaba mal porque ambos se miraron con cierta malicia, pero en mi ingenuidad no llegaba a entender que me tendían una trampa. Ella se acercó a la puerta del vehículo y yo permanecí en el paseo de la carretera, un poco distante. Siguieron su secreteo y ya me sentí incómoda.

—Me regreso a casa —le hice entender, alzando un tanto la voz—. ¿Te quedas? —le pregunté—. "¡No, noo!" protestó ella con apuro. "Espera, chica, espera, ¿cómo es posible irte sin mí?" Y con la misma Rafael dio riversa hasta donde yo estaba e insistió en que me subiera al auto pues nos haría la cortesía de llevarnos de vuelta a casa.

—¡No, no, eso sí que no! —alterqué yo—, doy las gracias pero no es necesario. Yo me regreso a pie, después de todo el tramo es corto. Además, no quiero que Papá me encuentre por ahí paseando en auto. Muchas gracias, se lo agradezco, pero no—, le dije, ya que ambos insistían. Entonces ella se me acercó y con mucha zalamería me convenció de que debíamos montarnos en el auto y volver a casa, o por lo menos hasta la curva anterior, si era que no queríamos que Mamá se enterara. Rafael también insistía con tal vehemencia que yo, turbada, con el empeño que tenía en regresarme acepté y subí, pero un tanto insegura.

Laura se sentó con él al frente y yo en el asiento trasero sola. De pronto Rafael aceleró y salió disparado, pero en la dirección contraria. Ya me disponía a protestar, cuando en la próxima curva se detuvo y para sorpresa mía allí estaba Abraham Santiago. Este, al detenerse el auto, abrió la puerta con rapidez y se sentó a mi lado. Yo no quería creerlo y me quedé fría como una muerta y el corazón comenzó a darme tumbos. Ahora era que entendía cuánto le odiaba. Le repelía y detestaba, pero ahora que lo sentía tan cerca, más que todo, le tuve asco, una repugnancia que me brotaba de adentro. Luego, al verme entre los tres me sentí como animal acorralado. Rafael aceleró de nuevo y guió a toda máquina que parecía estrellarse entre curva y curva, en dirección a Yauco y Laura a su lado reía campante con aire de satisfacción por haber logrado su intento de que yo cayera en aquella red, pues eso fue lo que entre los tres me habían tendido, una red.

De seguro, como Abraham tenía plata, les estaba pagando muy bien a ambos por su sucio trabajo. Mucho esfuerzo y tiempo me costó perdonarle a Abraham aquella injusticia, porque, para colmo se detuvieron frente a la tienda de don Nicolás Cuevas, el padre de Héctor, para que el noble señor me viera en su compañía. Tuve la intención de allí mismo armar un escándalo, pero entendí que serían peores las consecuencias, así que me controlé. Y si el inconsciente se hubiese detenido a comprar cualquier otro artículo, pero no, sólo por una botella de vino, la cual se tomaron entre los tres y más que nada, para darse pisto de que lo vieran conmigo. Luego con mucho regodeo, volvió a subirse al auto, despidiéndose de todas las personas que allí estaban con cierto aire de Don Juan y rebosando de risa y satisfacción, le ordenó a Rafael que siguiera viaje.

Yo no encontraba qué pensar o hacer, sólo esperé a ver en qué paraba todo aquello. Me sentía terriblemente nerviosa y aunque no me faltaron ganas de bajarme del auto, no lo conseguía, pues el desequilibrado de Rafael guiaba a toda velocidad. Cuando llegamos a la próxima curva, después de la entrada a la Segunda Unidad donde había una línea de muros de alcantarillado, el carro se detuvo. Abraham abrió la puerta y salió, también Laura y luego yo, que esperaba en alguna forma librarme de ellos y ansiaba estar afuera en campo abierto, pensando que a lo mejor tendría mejor oportunidad, aunque me encontraba bastante distante de casa. Cuando estuvimos afuera, ella con rapidez volvió a subirse al auto con Rafael que en ningún momento se había despegado del volante y se desaparecieron, dejándonos solos a Abraham y a mí en aquel solitario lugar que era exactamente lo que habían tramado. Una vez solos, Abraham quiso ganarse mi confianza, hablándome con dulzura y excusándose de mil formas por su mal proceder y a la vez tratando de besarme.

—No sabes con las ansias que he deseado este momento, Carmencita linda, para decirte cuánto te amo. No sé por siempre te has empeñado en rechazarme cuando te he amado desde siempre, desde el primer instante en que te conocí, ¿lo recuerdas?, en el velorio de Nicasio. Ya ves si soy capaz de cualquier cosa por conseguir tu amor. Fíjate que me he tenido que valer de esta farsa para poder hablarte porque nunca me has dado una oportunidad. ¡Cómo me desvivo por ti! Quiero que te cases conmigo, Carmen Luisa, te lo ruego, te lo suplico, acepta mi proposición que te la hago de todo corazón. Me casaré cuando tu lo dispongas, pero dime que me aceptas, que estás dispuesta a ser mi esposa y seré el hombre más feliz del mundo. Quizás no esperabas esto de mí, pero así es como me siento hacia ti. Por lo más que quieras en el mundo, dime que sí —y con la misma me reclamó en sus brazos, nervioso, desesperado.

De un tirón me le zafé, maquinando con ira y angustia sobre aquella frase que él acababa de soltar, pensando que si era a Héctor a quien yo amaba por sobre todo en la vida, cómo sería capaz de comprometerme con él, basándome en aquel profundo sentimiento. Confieso que no quería escucharle al recordar cuánto daño me había hecho. ¡Cuánto me había perjudicado! hablándole injusticias de mí, a Héctor, siendo él en parte el causante de nuestro rompimiento. Ahora que le tenía frente a frente le odiaba más que nunca y tuve ganas de escupirle el rostro y abofetearle sin piedad, pero me contuve y con la misma, le fulminé: "¡Usted no es más que un ruin, un cínico y vil hombre! Un cobarde de bajos principios que siempre ha usado de su malsana mente para engañar a las mujeres y para conseguir lo que se propone y como por suerte tiene unas pesetas, pues esto también lo hace sentirse con derecho a obtener cuanto se le antoja, pero conmigo se equivocó, porque usted me repugna hasta en lo más íntimo! Fíjese que tiene usted nervios, que teniendo bajo su techo a una amante con tres criaturas y otra infeliz muchacha por ahí que también está en espera de un hijo suyo, tiene usted el arrojo de ofrecerme matrimonio, como si yo no tuviera alma o dignidad o sentimientos. ¿Acaso se figura que todo el mundo es como usted?".

Él me quería calmar, me interrumpía, me suplicaba y la sangre se le quería salir por el rostro. "¡Usted no tiene escrúpulos!" casi le grité en la cara y volví a zafarme, pues como me vio tan airada y rabiosa, me quiso calmar volviéndome a arropar en sus fuertes brazos. ¡Cómo llegué a odiar a aquel hombre! Era buen mozo, trigueño, elegante, bien formado, pero a mí me parecía un monstruo. No importaba que casi con lágrimas me confesara que me amaba. Nunca le aceptaría. Un hombre como él era como yo siempre lo catalogué, egoísta y presumido y con todo y sus súplicas allí mismo lo mandé al diablo y le ordené que me volvieran a regresar a casa antes de que me pusiera histérica y echara a gritar. Rafael parece que recibió el mensaje porque rápido se apareció y me llevaron a casa sin ser vistos por Mamá.

¡Cómo me arrepentía de haber regresado al barrio! A no ser por aquella esperanza que abrigaba de volver a la escuela, de lo contrario, hubiese preferido desaparecer del mapa. ¡Cómo maldije a aquella muchacha! o mejor dicho, mujer, porque era una persona de unos veinte años, Pero ella tuvo su castigo a su debido tiempo, porque siempre fue perversa y en este mundo lo que el hombre sembrare eso también segará.

A Rafael lo ignoré por completo; era tan sólo un pobre diablo. Con Abraham la lucha siguió por algún tiempo hasta que pude deshacerme de él. No me fue fácil porque Papá y él eran íntimos amigos y siempre buscaba formas para verme y hablarme, pero al fin vencí. En cuanto a Héctor, me había hecho juramento de jamás verme con él, porque quise arrancarlo de mi corazón. Dos meses hacía que yo había regresado y aún no nos habíamos visto, ni yo lo intentaba.

Pero sucedió lo que tenía que suceder. Una tardecita, casi oscureciendo, una de las nenas enfermó y Mamá me mandó con mi hermano, quien ya tenía unos diez años, a buscar unas hojas medicinales. Como estaba casi oscuro y cerca de la casa no las había y si las había, era difícil hallarlas, fui por ellas a un lugar más adelante, junto a la carretera, donde había visto una planta saludable. Como cosa del destino, yo que me doy vuelta ya con las hojas y el camión de Héctor que asoma por la trinchera deteniéndose frente a nosotros. Quise salir de prisa y ni siquiera fijarme en él, pero me quedé inmóvil, petrificada, perdida en su mirada y él en la mía, como siempre nos sucedía. Nos saludamos emocionadamente y aquella sonrisa cautivadora, sana, dulce y amorosa volvió a cautivarme y su olor envolvió el ambiente.

—Acércate acá, —me dijo con dulzura— ¿Como has estado, mi amor?

—Bien —le dije temblorosa y bañados mis ojos en lágrimas sin poderme contener.

—¿Porqué te fuiste del barrio?
—Por nada —contesté entre sollozos.
—¿Me quieres todavía? —me preguntó.
—Siempre —balbuceé, con la garganta apretada.
—Sabes que siempre te quiero y te querré y que por nada del mundo podré olvidarte —me dijo.
—Te lo agradezco mucho —le dije—, y con eso me conformo. Yo tampoco podré olvidarte jamás.
—Bueno, preciosa, te dejo y quiero que sepas que nunca te irás de mi corazón.
—Gracias, siempre lo recordaré —dije yo con la voz entrecortada y triste.
—Anda, dame la mano —me dijo. Yo me acerqué a la puerta y él la tomó entre las suyas que estaban ardientes como si tuviera fuego en ellas y sudorosas. Luego, se despojó de su sortija y me la dio. "Toma, consérvala como un recuerdo. Con ella va mi corazón." Yo la tomé temblorosa, la abracé fuerte en mi pecho y la besé y nos despedimos. Aún recuerdo sus ojos penosos, dolidos y húmedos.

El camión se perdió de mi vista por la curvosa carretera. Ya había anochecido y yo envuelta en las tinieblas, volví a quedar herida de amor con mis brazos vacíos, a mi ver extendidos en una súplica. Deseé que todo aquello fuese tan solo un sueño y no la realidad misma, porque ya no tuve fuerzas ni valor para soportar las angustias de aquel amor. Nos regresamos a casa con las hojas y yo disimuladamente guardé la sortija, mientras la cubría de besos, pero mi hermano me espiaba. Supongo que estaba preocupado de saber que ya Héctor era hombre casado y que, por lo visto, me metería en problemas si era que volvía en amores con él. Pero yo no pensaba en tales cosas, el que siguiera amándole no significaba que volvería con él. Pero al chico le estuvo a bien decírselo a Mamá y por supuesto, ella se lo informo a Papá y se adueñaron de la sortija. Cuando al día siguiente fui a buscarla y no la hallé me llevé tremendo susto. "Ya estaba en problemas," pensé y los viejos que no estaban muy contentos conmigo. Llamé a mi hermano para pedirle cuentas, pero él con mucha hombría me dijo que allá yo con mis problemas, que muy demás estaba que yo estuviera de nuevo escuchándole las zalamerías y embustes a ese individuo que solo me había ocasionado fracasos. "No debiste habérselo dicho a los viejos," le dije; "¿por qué no me hablaste tú si es que pensaste que hice mal. Además, ¿que entiendes tu de las cosas del corazón? ¡Imposible, tú no puedes entender!" dije con arrebato. "Yo no quiero nada con él que pueda perjudicarme, pero es mi amigo y alguien a quien no puedo dejar de querer, aunque no sea correspondida. Ese ha sido mi gran amor, el amor de mi vida," dije con enojo "y tú no puedes ni tienes que intervenir en esto. Tú estás equivocado, no necesito su amistad como hombre, pero me conformo con sus palabras, su saludo, su mirada y su sincera amistad. ¡Si supieras cuánto valor tienen esas cosas para mí, hermanito! Son vida y esperanza a mi alma solitaria y angustiada, son la única motivación para seguir viviendo, porque aunque tú no lo creas, me siento muerta en vida. ¿Pero qué hago mortificándote con estas tonterías que a ti ni te complacen ni te interesan? Y por favor, 'mijo', no me pongas en litigio con los viejos".

Él, aún un niño, no transigía y a su corta edad ya demostraba un carácter severo y recio. No me perdonó y enojado se marchó de mí. Ahora me tendría que avenir a las consecuencias. Papá se guardó la sortija en el bolsillo de la camisa, amarrada con un pedazo de cordoncillo, luego alfilerada para no perderla. Estas eran cosas de Mamá, nuestro padre no era tan malicioso. Si algo me abatía era que cuando algo andaba mal ambos dialogaban y dialogaban por días y semanas sobre el mismo tema, sin cansarse y a oídos de uno. Se hacían los disimulados, pero sabían que uno escuchaba. Acostumbraban a conversar de ello cuando se retiraban al sueño o de mañana, antes de uno levantarse y como todos dormíamos en la misma habitación, pues de hecho tenía uno que escuchar aunque no dudo que adrede lo hacían.

Recuerdo que era nuestra madre al que traía el tema a colación y no paraba hasta que lo sacaba a él de quicio y ya era suficiente para que estuviera malhumorado. Odiaba aquellos diálogos entre ellos; era algo chocante, mortificante y me juré a mí misma que cuando fuera adulta y tuviera criaturas o alguien que dependiera de mí, jamás usaría esta clase de métodos. Al contrario, si algo hubiese que corregir o aclarar sería cosa de descubrir dónde estaba el error o la falla y hacer lo posible por buscarle la solución y asunto terminado. Porque también siempre he creído que todo tiene su solución. Pero hacer sufrir a otros seres jamás estuvo con mi carácter.

Así que aquel asunto se tomó tiempo porque así era mi padre. Lo pensaba y pensaba hasta volverse iracundo y ¡zas!, reventaba la bomba y una tarde me llamó aparte para pedirme cuentas, mientras me mostraba la alhaja. Me pidió cuentas digo, pero en ningún momento esperó mi respuesta, sino que cuando traté de decir algo, sin darme tregua arremetió contra mi a bofetadas hasta reventarme los oídos. Allí se las cobró todas en una. Sobre mí descargó toda la ira que hasta aquí había acumulado y al suelo fui a dar, más muerta que viva. Confieso que me sentí tan bien y las lágrimas que derramé me fueron de sublime aliciente. Necesitaba tanto llorar para desahogarme de toda aquella depresión interna y así pude despojarme y ya me sentí reposada.

Pero ahí no terminó aquel asunto porque el menso hijo de Pipe Castillo, que había vuelto a trabajar de peón en el camión, no se las calló y le fue con el chisme a la esposa de Héctor y ésta, en todo su derecho, le escribió una carta a Papá en la cual difamaba mi dignidad y pedíale que como padre pusiera coto a esto y me ajustara como hija para que yo no anduviera haciéndole el lado a su marido. A lo que mi padre, dolido como se encontraba después de haberme golpeado tan severamente, le contestó su carta. En ella me defendía y le hacía saber a la señora que esta humilde muchacha campesina, a quien ella parecía querer humillar, había sido tan noble que le había dejado el camino libre a ella para que pudiera casarse con Héctor, habiendo yo sacrificado todo, mi gran amor por él, mi paz y mi felicidad. Que se estuviera tranquila que yo no era la chica que ella imaginaba, sino todo lo contrario. Y que el incidente sucedido en cuanto a nuestro encuentro y la sortija que él me había regalado, era algo natural que entre dos seres que se idolatraban como él y yo, era aceptable y perdonable, ya que éramos seres humanos con profundos sentimientos, por lo cual todos tenían que ser tolerantes en este aspecto. "No dude usted de la integridad de mi hija. La conozco mejor que a mí mismo y sé que no es capaz de lastimar a nadie para conseguir algo en su favor." De esto no supe hasta años más tarde, pero siempre recordaré aquel noble gesto de Papá. En cuanto a la señora Herminia, no podía por ahora vislumbrar su porvenir, no muy halagüeño que digamos, y como todo el que obra mal lo ve, pues a su tiempo le tocó la de perder y con mis ojos pude ver cómo la vida le cobraba sin piedad.

Luego de la golpiza que me propinara Papá y la profunda herida que me causara el encuentro con Héctor, caí en un letargo del cual tuve yo misma que despertar y sobreponerme, si era que quería estar a tiempo para irme a estudiar, pues sólo faltaban pocos días y aunque hasta este momento el tío Eduardo no me había enviado la mensualidad por él ofrecida, seguí en espera. Hablé con Mamá y me dijo que me calmara, que quizás él lo había dejado para mandarme todo el dinero de una vez. Que no me apurara, que si él me lo había prometido lo cumpliría, que de personas como él no se podía dudar. Sus palabras me confortaron, pero el corazón me decía lo contrario y tuve temor de verme burlada una vez más por mi cruel destino. Profundo en mi alma albergué tal desaliento que volví a recordar aquel macabro sueño cuando el río turbio y caudaloso me arrastraba corriente abajo, mientras clamaba "¡Caridad por Dios!" y nadie me escuchaba ni socorría. Y en adelante anduve atormentada hasta el día que los estudiantes regresaron a clases y yo no pude hacerlo, porque el tío jamás me escribió una letra ni tampoco me envió un solo centavo, y con la seriedad que lo hubo prometido.

Después de tantos fracasos, uno tras otro, me sentí terriblemente frustrada y opté por leer y leer. Cualquier periódico o trozo de literatura que caía en mis manos lo devoraba. Tenía que hacer algo. Invertir mi tiempo libre en alguna cosa que ayudara a mi angustiada y desesperada mente a relajarse un poco. Salirme de lo corriente; más que nada buscaba un escape, algo que me ayudara a olvidar todas mis aflicciones. En mi afanosa búsqueda por literatura di con el único libro que había en la casa, el *Colecciones,* libro pequeño de oraciones espiritistas, el cual en mi casa se guardaba con sumo cuidado y reverencia. Me apoderé de él y comencé a leerlo y a devorar sus misteriosas páginas, sin percatarme que con esto sólo había conseguido desatar una corriente de fenómenos sobrenaturales que se apoderaron de mí, persiguiéndome a todos lados. Comencé a recibir mensajes telepáticos y poderes extrasensoriales.

Una noche mientras dormíamos desperté de pronto y contemplé a Mamá que a mi ver estaba sentada en la cama. Le hablé, pero de pronto descubrí que ella estaba profundamente dormida y que lo que acababa de ver era su ángel, que como un celaje desapareció en su interior. También tuve la sensación de percibir junto a mí la compañía de algún ente que me irradiaba cierto magnetismo escalofriante. En ocasiones cometía errores que yo sabía no era yo la que voluntariamente los hacía, sino que algo sobrenatural me impulsaba. Mamá comprendió que algo raro me estaba sucediendo y cuando descubrió que yo andaba leyendo el *Colecciones* como si fuera un libro cualquiera y recitando sus oraciones como si fuera poesía, me ordenó a ni siquiera tocarlo y luego Papá con oraciones reprendió todo lo que se había posesionado de mí y ya me sentí libre.

Para ese mismo tiempo se apareció por nuestra casa un propagandista adventista, vendiendo libros y revistas religiosas. Visitaba los hogares, hacia la demostración, tomaba los pedidos, los cobraba ahora o al entregar la mercancía, pero por lo regular exigía un adelanto. ¡Cómo deseé comprar un libro de aquellos, todos, si me hubiese sido posible, pero ni siquiera uno pequeño pude adquirir por falta de recursos! Él me consoló regalándome un tratado el cual me explicó con punto de detalles. Aquel pequeño fragmento de literatura era lo único único que poseía. Lo leía y releía hasta que lo hice parte de mi hambrienta memoria y aunque no entendía a cabalidad su gran significado, trataba a mi modo de comprenderlo.

El propagandista, que de hecho pernoctó aquella noche en nuestro hogar, me dio una cátedra en cuanto al Cristo que había muerto en el Gólgota para salvarnos de la condenación eterna. También de sus discípulos y muchas de las verdades sagradas. Las horas que pasó con nosotros las aproveché sin darle reposo, haciéndole pregunta tras pregunta, ansiosa por abarcar en pocas horas la historia universal de miles de años.

Qué curioso, aún después de tantos años puedo ver ante mí la imagen de aquel joven delgaducho, blanco-pálido, vestido pulcramente, un simple hombre versado en el Evangelio, como si su cerebro fuera una biblioteca, con la facilidad que se expresaba y con el conocimiento que discernía, enseñaba y manejaba aquellos hermosos y profundos libros. ¡Que tristeza para mí cuando se marchó llevándose con él toda aquella hermosa e interesante literatura de la cual no pude disfrutar a causa de mis escasos recursos! ¡Cómo deseé obtener aunque fuera un solo libro pequeño, pero no me fue posible!

Hoy, en la lejanía de mi adolescencia, contemplo aquellos días de apretura y desgracia cuando todo cuanto pensaba, deseaba o emprendía se me hacía imposible y recuerdo que no me conformaba ni resignaba y no habiendo otra alternativa, me fuí a la recolección ya que la cosecha comenzaba, no sólo con la ambición de ganar algún dinero para cubrir mis necesidades, sino como una necesidad imperiosa o retiro sagrado de mi alma y espíritu agobiados.

Como mi padre era el administrador de la hacienda, me permitía recolectar en las cercanías de nuestra casa, primeramente por la comodidad de estar cerca de nuestro hogar y así poder poder cumplir con las otras tareas requeridas y también para no estar mezclada con la peonada por todos los contornos de la hacienda. Más que nada deseaba ir en busca de privacidad y así, en la soledad, dar rienda suelta a mi espíritu, a disfrutar de toda la magnitud de la grandiosa naturaleza. Todo cuanto me rodeaba hacía hueco en mí, a pesar de aquella ansiedad de escuela y libros para descubrir todas las profundidades de las ciencias y humanidades y de la civilización más allá de mi estrecho mundo. Y estaba consciente de que aquel ambiente en que había crecido era un regalo de Dios, una maravilla. Por eso allí, en medio del bosque y del espeso cafetal, me sentía feliz. Cada criatura grande o pequeña que cundía la selva, cada fuente y corriente de agua, la viaredad de flora y fauna y la sublime y preciosa sinfonía de toda la vida en sí, irradiaba, envolvía y absorbíame totalmente y me sentía parte integrante de todo el universo.

Así fue como un día, absorta en mis pensamientos me percaté de mí misma y de mis raíces y descubrí que era descendiente de un linaje muy especial y que aún en la más remota pobreza de las cosas materiales, traía conmigo una herencia de gente noble e inteligente y me sentí altamente orgullosa. Muchos eran desarrollados a un alto nivel de conocimientos que les hacían virtuosos, convirtiéndose en seres o personas capacitadas para bregar con los problemas del diario vivir.

Pues, según mi abuela, Josefa Justiniano, lo más importante del ser humano era enfrentarse a sus problemas, echando mano de lo existente para combatirlos. Sus frases me hacían despertar conciencia y creer que mi raza, a la par de otras también desarrolladas, se superaba y distinguía por su tenacidad, valor, fe, responsabilidad e ingenio para hacer la vida más placentera y fructífera y hacer de este mundo uno mejor para habitar. Era obvio, mi mente no se engañaba y dando un vistazo al pasado y a mis antepasados y ahora mismo, en tiempos contemporáneos, comprendía que verdaderamente era gente de conciencia, buen juicio, valerosos, de fe y de una inteligencia extraordinaria.

Un incidente ocurrido en casa para este mismo tiempo al enfermar Papá, me hizo aferrarme más a la creencia aquella. Como en otras ocasiones, como cuando enfermó de la hepatitis, enviaron por tío Juancho Justiniano, tío paterno a quien llamaban el médico. Muy seguido Papá se recuperó de su mal y volvió a su labores. Yo que por instinto me hallaba descubriendo verdades en cuanto a mi gente, al conocer más de cerca a este familiar, más me interesé en averiguar qué clase de persona era y de sus virtudes de sanidad.

Pronto supe que era conocido, aclamado y venerado en toda la comarca y de todos los lugares hasta donde había llegado su fama recurrían a él para ser sanados. Me empeñé en saber todos los pormenores de su carrera, al principio me pareció un graduado de medicina, pero se me dijo que no tenía título alguno, sino que Dios mismo, en la grandeza de su amor y misericordia le había otorgado esta gracia. Todo el clan conocía aquella preciosa historia, que ya a mi edad se había convertido en leyenda. Se decía que don Juancho, a quien físicamente lo relaciono con Abraham Lincoln, desde su infancia fue un hombre de bien, un precioso ser humano y un alto espiritualista. Siendo que nació y creció en tierra adentro, en una época de pocos conocimientos científicos, pero existiendo los problemas y enfermedades que aquejan al ser humano, este gigante de la época no se anonadó a causa de la escasez de dichos recursos, ni se limitó a contemplar el dolor y la miseria física o mental sin combatirla, sino que en una constante lucha y deseo de contribuir a tal causa, rogaba a Dios y a los ángeles o espíritus poderosos para que le otorgaran la gracia o virtud para ayudar a su prójimo afligido. Usaba de todos sus conocimientos botánicos y técnicas de salubridad y consejos hasta donde alcanzaba su experiencia, pero su capacidad no le otorgaba suficiente inteligencia como para combatir a cabalidad la magnitud de los males y enfermedades que acarreaban a aquel pueblo.

Según él, había nacido médico, por lo cual no se podía mantener inmune ante semejante situación sin hacer algo al respecto, por lo cual en su inquietud y angustia suplicaba a los tesoros celestiales por sabiduría para poder bregar con tales causas. Se cuenta que con tanto fervor rogaba este hombre que en una ocasión en una sesión espiritista se comunicó un ser de gran luz que le trajo el siguiente mensaje:

—Tu aflicción y preocupación por tu prójimo afligido a causa de la enfermedad ha sido escuchada y he venido a traerte buenas nuevas que te harán muy feliz. Desde este mismo instante se te otorga la gracia de la medicina y podrás en toda la plenitud reprender, recetar, curar y aliviar al enfermo. También se te otorga la bendición de la letra, la cual sólo podrás usar para estos menesteres, pues el día que por casualidad usares la escritura para algún uso común, de inmediato te será quitada de ti, —Esto porque era analfabeta.

Para recibir estos dones también le dijo el ser que el debía deshacerse de la mujer con quien ahora vivía en concubinato y le ordenó ir a casa de cierto pariente quien tenía una hija casadera, llamada Julia, a quien pediría por esposa para que todo estuviera en orden divino. A todo esto obedeció don Juancho con humildad y espíritu caritativo, comenzando aquella preciosa obra de curación en toda su extensión. Hubo casos en que los doctores desahuciaron enfermos, aun ricos y pudientes, dejándoles a merced de la muerte y fue el tío Juancho, este gran hombre de fe, quien pudo echar fuera la enfermedad.

Existe una leyenda en cuanto a él y fue que un amanecer, cuando regresaba a su casa, después de haber pasado la noche junto a un enfermo, se enfrentó al salir de un camino vecinal, en la carretera, con un grupo de personas que llevaban a enterrar el cuerpecito de un niño de corta edad, mientras su madre lloraba detrás a lágrima viva. Don Juancho que siempre montaba un flacucho rocinante, teniendo aspecto de don Quijote, se detuvo en reverencia, pero la angustiada mujer al reconocerle comenzó a dar gritos de súplica al místico, diciendo agonizante "¡Señor, señor, devuélvele la vida a mi hijo, es el único que tengo!". Dicen los que acompañaban el féretro que don Juancho se le acercó, puso sobre el muertecito sus manos y clamó al cielo por la vida y salud de la criatura y que de inmediato el niño recobró la vida.

Dios en su infinita bondad dio tal sabiduría a este humilde hombre que su única preocupación era su prójimo afligido. Se dice que llegó a conocer todas las causas y trabas de la enfermedad y tuvo la virtud de catalogarlas cada una en su orden, pues según él había la enfermedad del cuerpo, la del espíritu y la del alma. Según su teoría, el alma es el centro principal del ser humano, esencia pura, sublime y excelsa, parte integrante del mismo Dios. Que el espíritu es la parte vital, la misma vida, en sí, que rige la mente y que, unida al cuerpo, se convierte en alma viviente. Que el cuerpo, templo o depósito revestido del potencial del espíritu y con la esencia infinita del alma, conviértese en el llamado ser humano, creación suprema de Dios en el universo, hecho a su semejanza.

Según él había que tener tanto cuidado del cuerpo y del espíritu como del alma, pues si el espíritu carecía de salud, el cuerpo enfermaba o viceversa. En cuanto al alma, ésta sufre la aflicción de ambos, del cuerpo y del espíritu, por lo cual se hace difícil sanar una mente o un cuerpo cuando ya el alma se ha agobiado demasiado o ha caído muy profundo. Por eso, según él, cuando se enfrentaba con un paciente sondeaba profundamente para averiguar cuál era la parte afectada, si el cuerpo, el espíritu o el alma. Sus profundos conocimientos psicológicos y parasicológicos le dieron gran inteligencia para curar cualquier causa al respecto. Tuvo la capacidad de descubrir que según somos capaces de enfermar por causa o proyección mental, pues de la misma forma podemos proyectarnos salud. Así que el hacía que el enfermo tuviera conocimiento de esto y le hacía que recobrara fuerza de voluntad y fe en sí mismo para irradiarse salud, aunque lo más que ayudaba a los enfermos era aquella fe que tenían en él.

Por otro lado, tenía sus técnicas. Cuando visitaba a un paciente, se percataba primeramente si este sufría de mala nutrición. Por lo que hacía que fuera primeramente alimentado y luego él le recetaba. Si la persona era muy pobre y no tenían para alimentarle, pues él mismo se ocupaba en ayudarles y les proporcionaba dinero para que fueran a comprar el ave, la leche o el cereal. Casi siempre hacía que le prepararan una sustancia o caldo caliente. Después que el enfermo se reponía un poco, el disponíase a recetarle, pues siempre argumentaba que el mayor mal del jíbaro era el hambre. En los casos en que el paciente estaba en condición crítica, recurría a alimentarle exteriormente, sobre el estómago, cerebro, muñecas y tobillos. Esto con ciertas cataplasmas hechas a base de huevos, leche, vino, alcoholado y yerbas de menta, toronjil y yerbabuena, lo cual era todo revuelto en una olla para cocerlo un poco. Después era vertido en un paño de franela y tibio se ponía en el estómago del paciente. También se procedía en estos casos a alimentar al paciente con paños de vino tibio como ya dijera, en el cerebro, estómago, muñecas y tobillos.

Otra causa que atormentaba en grande al ser humano de aquella época era la posesión por los demonios o espíritus malignos, pues según él, había malicias espirituales que se posesionaban de las personas hasta destruirlas por completo. Pero él, dotado de aquella gracia y poder que Dios le había otorgado, reprendía reprendía y combatía este gran mal. Múltiples eran sus procedimientos, además de las medicinas patentizadas que recetaba, las cuales eran despachadas en la farmacia sin ningún impedimento, pues era reconocido por toda la comarca. No sólo les sanaba, sino que les instaba a mantenerse sanos que era lo más importante. Para esto les doctrinaba a alimentarse en especial de frutas cítricas que para él eran de vital importancia para combatir muchas enfermedades y también todas las otras cosas que la naturaleza producía para mantenerse fuerte y vigoroso, pues su lema no era estar grueso sino sano y vigoroso. Él, por su parte, era una persona tremendamente vigorosa, pero delgado, lo cual le ayudó a vivir una larga y saludable vida.

Otra cosa que les aconsejaba era el uso de letrinas para evitar la contaminación y mucho les recalcaba evitar por todos los medios el uso del agua del río, la cual, según él, era fuente de múltiples enfermedades y el riesgo principal del tifus. Bien que se podía escribir un libro de este humilde y gigante hombre que salió de los lomos de nuestros antepasados, gloria de nuestro clan, los Justiniano.

Comentando de nuestro clan, se extendía a todo lo largo y todo lo ancho de las jurisdicciones de los barrios Bucarabones, Indiera, Bartolo, Río Prieto y Lagunas, destacándose los hombres como inteligentes y grandes agricultores, comerciantes y en las artes como música, cantar, versar, artesanía, fabricación de madera y casas, la crianza de todo animal doméstico, la equitación y la pesca, y como si fuera poco, bailarines de primera categoría. Las mujeres no se quedaban rezagadas, pues no sólo eran hermosas y bellas sino inteligentes e ingeniosas. Se destacaban trabajando pie a pie con sus maridos o familia en el desarrollo de la industria cafetera; además eran diestras en las faenas del hogar, magníficas amas de casa que conocían al dedillo el arte culinario. No se quedaban atrás como modistas, bordadoras, tejedoras y cultivaban el arte de ser bellas. Dentro de mi parentela se destacaron las mejores comadronas de aquel entonces y curiosas que entendían el bello arte de la botánica. En resumen, una raza formidable, a la cual me sentía y me siento sumamente orgullosa de pertenecer y de quien con honra y respeto escribo.

Encontrarme a mí misma fue y ha sido el empeño de toda mi vida. Así que, desde que tuve uso de razón, me empeñaba en hurgar hasta lo más profundo valiéndome de cuanta fuente de información hubiera, ya fuera a través de parientes, en especial ancianos y adultos o mis tíos, abuelos y mis padres, que me llevase a recopilar datos concretos en cuanto a mis raíces. Según la abuela Josefa, había un rumor de que nuestro tronco familiar venia de Bizancio, o tierra del Emperador, como decía ella y que había llegado a la isla de Puerto Rico a principios del mil setecientos (1700) cuando hicieron patria en el poblado de San Germán, desde donde mi tatarabuelo, Pedro Justiniano un incansable luchador y trabajador incesante, hizo su residencia en el barrio Bucarabones de Maricao y de donde se expandió la familia a todo lo ancho y todo lo largo, de los barrios contiguos, Lagunas, Río Prieto, Bartolo y Las Indieras, lugar que fuera la sede del tío Juancho, el médico.

Era una tremenda gente, orgullosos de su linaje, inteligentes, que traían con ellos una preciosa herencia de creencias, tradiciones y ciencias que les distinguía como pueblo. Eran trabajadores, dedicados, empeñados en demostrar que por medio del trabajo y el respeto a las leyes divinas es como se consigue la felicidad. Tenían por lema sembrar la tierra con devoción, creyendo que es a través de la agricultura como un pueblo se mantiene vivo. Educando a sus hijos a seguir esto como rito, pues según ellos, Dios nos ha dado la tierra como herencia para ser cultivada. Por eso daba gusto tender la vista y contemplar sus heredades, repletas de verdor y grosura, como también apreciar las bellas crianzas de toda ave y animal doméstico, otra fuente de ingreso y alimentación.

Se comentaba de los antepasados, y aún se comprobaba entre los contemporáneos, que gozaban de una vitalidad potencial, pues nuestro tatarabuelo Pedro, siendo ya un octogenario contrajo matrimonio con una joven muchacha, procreando una familia de dos hijos de los cuales uno llegó a los cien años, por lo que quedaba establecido que eran una raza vigorosa y saludable. Se tenía por apostolado el de pasar de padres a hijos las creencias, tradiciones y ciencias de la familia, confiando que el legado siguiera circulando hacia el futuro y sirviera como fundamento y cimiento de la raza. Todo don o virtud atesorado era enseñado con diligencia, instando a uno a ser reverente y consecuente en la obligación de pasarlo a hijos y nietos. Sobre estas bases nací y crecí yo, teniendo por suerte muchas personas que no sólo me ayudaron en mi desarrollo, sino que a la vez me sirvieron para recopilar datos concretos no sólo para compartirlos con los míos sino con otros.

Decíase que debido al constante esfuerzo y duro trabajo, el tatarabuelo había amasado una cuantiosa fortuna, al igual que su hijo, mi bisabuelo Germán, de quien se cuenta que, cuando mi bisabuela Ángela dio a luz a su hijo José, lo hizo sobre colchonetas, escorada de baúles repletos de monedas de oro. Se comentaba también que se inclinaba a obedecer leyes, tradiciones y creencias de familia, para así lograr el éxito rotundo de la felicidad y la vida plena.

A pesar de ser cultivadores y cosecheros en grande, se obedecía a la ley de la buena alimentación y la temperancia para no sucumbir a la obesidad ni a las enfermedades digestivas. El matrimonio jugaba un papel primordial en la familia, pues se estimaba o consideraba como base fundamental para el fortalecimiento de la comunidad y el país y columna vertebral de la raza en sí hasta consentirse los matrimonios entre los primos hermanos. En el matrimonio el hombre ocupaba un alto honor y era respetado y honrado tanto por su esposa como por el resto de la familia. Se aceptaba que el hombre había sido instituido por Dios como cabeza y jefe del hogar, no obstante, no debería bajo este privilegio abusar de sus derechos, revelando espíritu de machismo, sino con sentimientos de humanidad compartir con los suyos con toda consideración y respeto. Los padres eran fuertes de carácter en corregir a sus hijos, pero a la vez dulces, motivándoles en todo aquello que creían provechoso para el desarrollo humano.

El Justiniano en su mayoría ha sido un marido consciente, compañero y amigo de su mujer, otorgándole liberación y privilegios que la hacían partícipe en toda clase de actividad familiar, social y de negocio, como en la crianza de los hijos y como timón del hogar. Compartían en toda camaradería con ellas y aceptaban también el ser aconsejados por ellas, pues según creencia de la raza, la mujer está dotada de alta visión y se estaba en lo cierto de que esta tiene un sexto sentido. Una mujer que venía de los lomos Justiniano traía consigo su herencia de virtudes y sentimientos, haciendo de su marido una persona muy agraciada y a su familia muy dichosa. En la mayoría de los matrimonios se rehusaba el llamarse papá o mamá, sino por su nombre de pila, costumbre que se proyecta inconscientemente a los hijos, quienes acostumbran también a llamar a sus padres por sus nombres de pila. También estos eran muy respetuosos y cariñosos en el trato con sus padres, tratándoles de señor y señora, el viejo, la vieja, o los viejos.

En cuanto a la crianza de los hijos, se velaba celosamente que el varón creciera con conciencia de hombría y sentimientos de varón, cuidando de que no creciera bajo mucha o constante tutela o dominio de mujeres, para evitarle equívocos o desvíos mentales que pudieran en alguna forma afectar su identidad varonil, aunque se le educaba a ser dócil, decente y respetuoso, en especial con el sexo opuesto. Igual cuidado había con la niña para que se desarrollara en todo el sentido una dama, lo cual no se afectaba o alteraba por el trabajo o rústica faena que ejecutase, pues en nuestro clan el trabajo ha sido siempre honroso y la mujer ha compartido siempre con los varones este derecho.

Dios, el Supremo Creador, ha sido desde la antigüedad la fuente principal y base fundamental de esta maravillosa raza, ejecutando costumbres y creencias, guardando con reverencia sus mandatos, enseñándoles a sus vástagos a respetar, honrar y obedecer las leyes divinas, las cuales llevaban en sus mentes y corazones. Esto fue algo muy admirable que recibí de ellos. Desde muy niña aprendí el respeto y el amor a Dios y la dependencia de El en todo, ya que estas experiencias no sólo se nos enseñaban, sino que se vivían. Se creía en la vida después de la muerte, por lo cual era imperativo vivir esta a nivel espiritual.

El alcoholismo se reconocía como una enfermedad producida por complejos y frustraciones, lo cual se convertía en puerta de escape al adicto. Por eso mi padre, que a la edad de veinticinco años ya era un alcohólico, jamás fue repudiado por ninguno de la familia, sino todo lo contrario, sobrellevado y respetado por sus otras virtudes y fue de gran gozo para todos cuando consiguió salud completa de dicho mal, siendo curado por medio de la oración y convirtiéndose en una persona totalmente recuperada, rehabilitada y saludable. Siendo su postrimería de gran provecho, convirtiéndose en apóstol del Evangelio y pilar de la Iglesia Pentecostal, hasta este momento por la gracia de Dios, de ochenta y cinco años, de los cuales cuarenta los ha dedicado a la predicación de Evangelio junto a mi madre que también cuenta la misma edad, sintiéndose ambos fuertes y vigorosos, tanto física como mentalmente y habiendo combatido grandes enfermedades entre ellas el cáncer que veinte años atrás parecía diezmar la vida de nuestra madre.

Fuerte ha sido la lucha a vencer y muchos los obstáculos, pero de todos Dios les ha librado y les ha dado sabiduría y fe para vencer. Les ha dado la oportunidad de vivir una vida preciosa, colmada de bellas experiencias, sintiéndose gozosos y con miras de seguir viviendo una vida plena, tanto material como espiritual, pues en estos momentos se halla él activo en la construcción de un segundo templo, pues bajo su dirección se levantó uno en Indiera y como puede verse, sigue vigoroso con el deseo de que las almas vengan al servicio de Dios. Es hermoso escucharle decir que no tiene tiempo para ponerse viejo, ni desperdiciar su tiempo. Un Justiniano de sangre y corazón.

La más hermosa verdad reconocida por nuestro clan es que el ser humano está dotado de una energía que proviene del mismo Dios, vida en sí que lo capacita para vivir una vida plena, longeva y equilibrada,una vez que se obedezcan las leyes del sano vivir, en forma de balance entre trabajo, ocio, sana diversión, ejercicio, beneficiándose a la vez de todas las abundancias provechosas de la naturaleza. Entendían que el cuerpo humano es renovado constantemente, habiendo la seguridad no sólo de sanar y recuperarse de las enfermedades, sino también el hecho de que no hay que envejecer ni deteriorarse si es que se sabe depender de tan ventajosa fuente de energía. También estaban en lo cierto de que es por medio de la respiración que el organismo se provee de vida, la cual fluye a través de la sangre supliendo todo el cuerpo con vitalidad. Combatían todo sentimiento negativo, seguros de que el odio, rencor, resentimiento, envidia, celos, ansiedad, frustraciones y temores eran la causa principal de casi toda enfermedad, pues el veneno que se genera a causa de todas estas negaciones sólo sirve para bloquear la circulación de la sangre causando así graves deterioros. Por eso el tío Juancho no recetaba hasta estar seguro de dónde provenía la causa.

Una de las terapias más estupendas reconocida entre ellos era el masaje, esencial para facilitar una circulación normal y constante lo cual permite al organismo reabastecerse de energía y a la vez despojarse de cualquier materia nociva segregada por las glándulas. Eran maravillosos los resultados obtenidos por medio de esta fabulosa terapia. Se llegaba a conseguir la curación de infinidad de enfermedades entre ellas las neuróticas. Mi abuela paterna, doña Rosa, consiguió corregir por completo un tétano avanzado en mi padre cuando era niño. La infección se produjo por una hincadura en una mano que ya amenazaba el brazo. Ella, usando un trozo de cordoncillo grueso el cual enceró, le ligó un poco más arriba de la parte hinchada. Luego comenzó a aplicarle compresas de agua aromática tibia, extraída de yerbas medicinales hervidas, a la vez que alternaba masajeándole con aceite de oliva, rodando la liga a su juicio, pero sin parar el masaje, no dando ocasión a la sangre a llevar o arrastrar la infección a través del organismo. Eran milagros los que se obraban, combatiendo desde resfriados, pulmonías o cualquier miembro del cuerpo sufriendo torceduras, calambres y hasta la artritis aguda. Como estos territorios eran distantes de la ciudad y fuera del alcance de médicos, dependían tanto de las curaciones naturales y en especial del masaje, una de las terapias por excelencia.

En aquel entonces no se conocía de dietas, vitaminas, ni colesterol, pero mis antepasados estaban en la seguridad de que había una fuente en nuestro organismo que segregaba cierta materia la que el cuerpo usaba a modo de energía instantánea, la cual es usada en casos de terror, apuros, amargura, etc., cuando tenemos que defendernos o defender a otro o algo, lo cual no se podría conseguir a sangre fría. Se creía que, en estos casos, esto era muy necesario, pero por otro lado se agregaba que cuando el organismo no está normal y alguna cosa negativa le mortifica, también el líquido se derrama convirtiéndose en arma mortífera para la salud, produciendo así el ataque cerebral, afecciones cardíacas y deterioro del sistema nervioso, a veces en casos parciales, otras del organismo total, e infecciones agudas de la piel. Era grandioso con el amor y la fe abnegada con que luchaban para devolver la salud a cualquiera, pues para ellos la vida era el más preciado tesoro o sentimiento. Por eso, a pesar de sus altos conocimientos medicinales, estos jamás se usaban para destruir la vida humana como en casos de provocar abortos.

Era algo sumamente sensacional como esta gente usaba el poder de la mente, seguros de que se está dotado de una poderosa fuente de inteligencia, suficiente para contender o habérselas con toda clase de problemas, dificultades o circunstancias. Creían en la astrología como una unificación con lo terrestre y cuanto ejecutaban lo hacían asegurándose de que estuviera en común acuerdo con los astros. Esto se notaba en el tiempo de sembrar y cosechar y también en el corte de árboles para madera. Aún en sus curaciones de masaje se aseguraban de que tanto lo físico como lo mental y astral concordase, pues ponían su sentimiento tanto en las cosas grandes como pequeñas, mirándolo todo según ciencia, seguros de una unidad universal. Creían a ciencia cierta en sueños y revelaciones y poseían la facultad de interpretarlos y también tenían la certeza de que el alma se desprendía del cuerpo mientras este dormía y que mientras, vivía otra faceta, en la que en ocasiones preveía sucesos ya fuesen inmediatos o futuros. Creían en la vida después de la muerte, por lo cual era preciso vivir a nivel espiritual. No permitían que las criaturas anduviesen desnudas, pues pensaban que también su mente se desnudaba. Eran desconfiados en el autojuicio y cuando de asunto de negocio se trataba, como en colocar a una persona para ponerla a cargo de sus intereses, si a ésta se le proponía un problema, se esperaba que usase un lápiz, aún cuando el problema fuese tan fácil como sumar dos y dos.

Tenían una bella costumbre y era el que las damas tomasen parte junto a los caballeros en actividades o diversiones, como caminatas, paseos a pie o a caballo, bailando, cantando, haciendo música, festejando, celebrando, merendando o comiendo. El asunto era que ellas tuvieran la oportunidad de divertirse junto a los varones, comprendiendo que la soledad forzada, la amargura y el atropello era muy perjudicial a la salud, por lo cual tanto el hombre como la mujer tenían el derecho de ser felices disfrutando juntos de sana diversion.

Otra costumbre linda de ellos era la conversación y el diálogo, pues no sólo se desarrollaba el arte de la buena conversación, sino que se había descubierto que el escuchar es el primer paso a un mejor entendimiento. En otras palabras, habían desarrollado un sistema que capacitaba a vivir cada momento, cada día, con el mismo fervor, ahinco y dedicación, aprovechándose de todo lo nuevo que surgía que fuese provechoso, lo cual se iba añadiendo para beneficio y bienestar del individuo. Se ponía mente a máximas:

Al que madruga Dios lo ayuda.
No por mucho madrugar amanece más temprano.
A Dios rogando y con el mazo dando.
Con la buena palabra se saca el cimarrón del monte.
Todo llega para el que sabe esperar.
Todas las cosas tienen dos lados, uno bueno, otro malo.
Los humanos somos todos iguales.
El que se ría hoy, muérase mañana.
Más vale poco que nada.
Del lobo un pelo.
En la unión está la fuerza.
Nadie escupa para arriba sin saber su porvenir.
Cuando veas la barba de tu vecino rasurada, pon la tuya en remojo.
Si una cosa tiene remedio no hay por qué apurarse y si no la tiene, entonces ¿por qué apurarse?
Tenían también un dicho no sólo verdadero sino práctico y leía así:
La diferencia que usted haga de las cosas es lo que cuenta.

Aún en poner nombres a sus hijos lo hacían con bello y profundo sentimiento, como si le hiciesen un regalo, por lo cual abundan entre ellos los nombres:

Juan — amoroso, humilde, sencillo, obediente.
Pedro — significa fe y fuerte para ser domado.
José — jefe, dirigente, sombra, apoyo, refugio, esperanza.
Bartolo — rústico.
Antonio — sagaz como un pez.
Germán — alemán.
Nicolás — luz.
María — estrella boreal.

Este último lo usaban acompañado después de Juan, como Juan María. También acostumbraban Juan Julián y Bartolomé.

Impartían el espíritu de ser inquietos y soñadores en la verdad de que hay que inquietarse y soñar, dar rienda al espíritu para poder uno desarrollarse, pues de lo contrario se estanca, se aniquila o pervierte. Creyendo así que todos estamos dotados de las mismas gracias y virtudes, sólo que es necesario tener el deseo de desarrollarlas para ser usadas en favor de la humanidad. Por eso un Justiniano es por herencia sumamente inquieto, un soñador y un realista empedernido; es humorístico, una gracia fabulosa que lo distingue. También es romántico y leal, capaz de ser fiel a su amor por toda una eternidad. Es nocturnal por naturaleza, pues en el silencio de la noche es tremendamente receptivo. Es profundamente sentimental y cualquier cosa por pequeña que sea puede lastimarle hasta lo más profundo del alma, pero generalmente es extremadamente optimista. A todos estos hermosos atributos hay que agregar también aquellos negativos que complementan un verdadero ser humano, pues es también extremadamente conservador, obstinado, desconfiado, hipertenso, despistado, caprichoso, bocón, ligero a enojarse o enfogonarse, como decimos nosotros; capaz de rehuir, evitar o repeler cualquier cosa o persona que no le sea grata. No obstante, no es rencoroso y aunque orgulloso de sí mismo, jamás vanidoso.

Eran personas capaces de morir por su palabra. Se cuenta que por el año mil novecientos quince un joven llamado Vicente pidió en matrimonio a su novia Isabel y fue aceptado. Este vendió una heredad que tenía para tener suficiente dinero para casarse, por lo cual dio el dinero a un tío suyo para que este se lo guardara. El tío uso el dinero, creyendo tenerlo para cuando su sobrino se lo pidiese, pero pasó el tiempo y no pudo regresar la suma. Vicente, no pudiendo cumplir con su palabra a su novia y a los padres de ésta, muy avergonzado por esto, se colgó de un árbol. Fue muy triste la odisea, pero así sucedió, lo que prueba que eran hombres de palabra.

En una ocasión mi padre poseía un revólver, el cual estaba defectuoso. Un amigo suyo insistía en comprárselo, a lo que mi padre se negaba rotundamente sabiendo la falla que el arma tenía. Fue tanto lo que el sujeto insistió que mi padre consintió en vendérselo, pero advirtiéndole del defecto. Aquel lo echó a guasa, tomó el arma y se despidió muy satisfecho. Luego de unos días regresó con la historia de que realmente el revólver estaba defectuoso.

—Bueno —dijo mi padre— eso no es nuevo para mí, te lo advertí varias veces y tú no me escuchaste.

—Bueno, ¿pero cómo es posible que tú mismo me advirtieras que estaba defectuoso? No te lo puedo creer.

—Pues créemelo, ¿por qué tenía que engañarte, si al fin tú lo ibas a descubrir?

—Sí, pero es que nadie hace eso.

—Bueno, pero ya ves, así soy yo, para mí mi palabra tiene mucho valor.

En otra ocasión mi padre trabajaba de administrador de una hacienda. La dueña era no sólo su hermana en la fe, sino también una anciana. Esta, en estimación y agradecimiento hacia nuestro padre y sabiendo que vivíamos pobremente y que éramos un cuadro grande de familia, le ofreció la oportunidad de obtener de ella, en buen negocio, una pequeña finca que ésta poseía, a lo cual nuestro padre se negó rotundamente en aceptar, evitando así que el público hubiese interpretado mal, pareciendo que él hubiese tomado ventaja de la amistad de la anciana cristiana para hacerse de una heredad. Pues el dicho más común de nuestro padre ha sido "que no es que las cosas sean ciertas, sino que también lo parezcan". Y quiero cerrar este párrafo con un atributo que ha distinguido a nuestro pueblo y es un profundo aprecio y respeto entre sí, orgulloso cada uno de ser parte de tan maravillosa clase de gente o de gente de tan maravillosa clase. Un Justiniano se regocija de ver o conocer a un pariente suyo y aunque jamás le haya visto, es como si le hubiese conocido de siempre. Tenemos la linda experiencia de personas que en ninguna forma han llevado nuestra sangre, sin embargo, han adoptado nuestro apellido con gozo. Conocí a un tal Félix, hombre que creció al servicio de unos Justiniano y cuando se hizo adulto, él mismo se regaló el honroso apellido, luego se lo pasó a sus hijos. Por eso me siento tan favorecida de que Dios, en su infinito amor, me haya otorgado tan sublime privilegio, el de llevar en mis venas sangre de una raza tan preciosa. Yo, al igual que mis antepasados, hago hincapié y me esfuerzo por también hacer mi aportación para hacer este mundo más dulce y hermoso para vivir.

Ya casi llegaba a su fin la cosecha, la cual había sido bajo constante lluvia y según se miraba la vegetación, así también se sentía mi espíritu, receptivo, verde, saludable y vigoroso, en una constante agilidad mental, descubriendo, buscando y persiguiendo respuestas, las cuales deseaba desde su mismo origen o raíz. Grande era mi esfuerzo, pero sin lograr nada, pues tenía la certeza que era a través de libros y estudios que esto se lograba. Mas entendiendo que me era tan difícil como alcanzar una estrella, inquieta y a punto de estallar, seguía sin conseguir tranquilidad y dolida y atormentada mi alma angustiábase porque una vez terminada la cosecha no habría otra alternativa que volver al círculo vicioso cotidiano, mientras aquella fuente de energía mental que se revolvía dentro de mí, amenazaba con obsesionarme como un volcán a punto de erupción en busca de su propio cráter.

En medio de todo aquel conflicto me hallaba cuando un destello o celaje cruzó por mi mente, la idea de volver al bordado. Fue tan solo un chispazo porque inmediatamente recapacité y comprendí mi estado de ánimo, que ni entonces y quién sabe si alguna vez podría tener la suficiente calma como para sentarme con un paquete de bordado y hallar en ello satisfacción como lo hacía anteriormente. Tampoco podría visitar a doña Marcelina, ni siquiera mirarle frente a frente pues desgraciadamente resentía que me había mentido en aquella ocasión cuando me había dado su palabra de enviarme bordado a Lares, martirizándome hasta la agonía en espera de él, que nunca envió. Esto me hizo repelerla desde el fondo de mis sentimientos. Otra cosa que tampoco le perdonaba era que ahora vivía en la casa que Héctor había fabricado para mí y la miraba como una intrusa usurpando algo que lo había sentido tan mío. De ningún modo podría pisar su estrado y desde entonces la saqué de mi reino, a la vez que me olvidaba del bordado.

En medio de toda aquella turbación respondí a mi sentido o instinto de hallar paz y sosiego y aquel fin de semana me refugié en Finca Abajo con los abuelos, otro de mis sublimes retiros. Este lugar había sido mi principio, donde el universo me había dado la bienvenida al despertar a la vida y donde mis pies habían pisado por primera vez y aunque, como una paloma había alzado el vuelo tantas veces, siempre mi espíritu volvía aquí y hallaba reposo. Desde el principio de mi niñez había disfrutado de la vieja casona y sus hechizos, la cual por desgracia ya no existía, pero si vivía en mi hermoso mundo mental por lo cual la miraba allí erguida frente al sol, orgullosa de haber sido amparo de una tan adorable familia y estímulo de cuantos tuvieron la dicha de visitarla o acampar bajo su techo. No se para cuántos era motivo de satisfacción recordarla, pero para mí era de sublime encanto. Era algo así como un principio sin final el cual me acompañaría hasta la eternidad. Y así, contemplando el lugar donde una vez estuvo erguida, me perdía en la bella ilusión de corretear sus habitaciones como solía hacerlo de niña y volvía a escuchar las voces de cada uno de los miembros que la habían habitado, casi todos adultos ya dispersados cada cual por su mundo. Y cada carcajada, risa o frase de ellos hacíame revivir aquel pasado inmediato. También en mi soñar, perdime recordando los estrillazos del zinc al cambio de la temperatura, y la lluvia torrencial o serena que me hacían caer al sueño sobre las estibas de sacos de café reseco. Cada bestia, animal o ave que nos había acompañado paseábase por mi imaginación y seguía cada cual ocupando su lugar, hasta los múcaros que vivían en el tronco hueco detrás de la casa y de noche pescaban insectos en la pared del cuarto de la tía Mercedes. Aún las noches, unas cargadas de estrellas, otras borrascosas, las tibias o calladas o aquellas prietas como bocas de lobo, seguían siendo parte de mi existir para nunca irse de mí.

Contemplé el lugar y a la verdad que todo estaba cambiado y una nueva casa había sido construida en su lugar y todo había cambiado por completo, tanto que difícil reconocerlo y la poca familia que quedaba seguía en continuo desarrollo. Mas, llegando a la nueva residencia, nuevos retoños, nietos que comenzaban a descubrir, al igual que yo, el encanto del lugar y el calor de aquella sangre que nos unía. Algún día también podrían soñar un pasado florido y hermoso como yo ahora lo disfrutaba a plenitud.

Y así, llevando conmigo la preciosa memoria de la vieja casona y mi infancia, como un cofre repleto de recuerdos, acepté acoger la nueva estructura la cual ahora hacíame compañía en plena adolescencia dejando en mí a cada instante, fulgores de vida, paz y amores y esperanzas vivas. Y como si un presente y un futuro se encadenasen, la última noche en mi estancia tuve un raro sueño y fue que de pronto me hallé caminando aprisa, a saltos por un estrecho y tortuoso sendero que serpenteaba sobre la cuchilla de una estrecha y alta colina, y que estaba acolchonado de grama verde mojada y resbaladiza. De pronto me desvié hacia la izquierda falda abajo por donde según yo iba en pos de la dirección correcta o destino que llevaba, el cual me era velado a causa de otras colinas que se alzaban ante mí, obstaculizando ver el final de mi jornada. Sólo saltaba y corría sabiendo que aquella ruta me llevaría al lugar destinado y sólo me empeñaba en proseguir a toda prisa para llegar lo antes posible a pesar de lo dificultoso del camino. De pronto tuve que detenerme pues me percaté que lo enyerbado había quedado atrás y que ahora me encontraba cruzando sobre un suelo rojizo y toscoso que al caminar sobre él, las toscas como cuadros de terrazo se separaban por sus dimensiones haciendo imposible poder proseguir mi camino. Así que quise entender el fenómeno y mentalmente pregunté, a lo que una voz a modo de telepatía me respondió y me mostró el misterio, mientras yo, absorta y fascinada descubría como a través de un cristal por las rejas de las divisiones de las toscas que aquel rojizo suelo, estaba cimentado sobre panales de dorada y preciosa miel. En otras palabras, debajo era una colmena de miel donde las abejas pacíficas libaban. En pleno embeleso estaba cuando desperté, intrigada con la bella visión. ¡Que hermoso! Aquí, a la estancia, había venido en busca de refugio espiritual y tal parecía que lo había conseguido, porque pude marcharme llevando no sólo la riqueza de mis preciosas memorias, sino también un mensaje de inmensa felicidad y dulzura el cual no sabía cuando se cumpliría, pero sí estaba segura que algún día hallaría la respuesta o realización a tan sublime y preciosa visión. Y por lo visto comenzaba a depender de mis sueños o revelaciones como una forma ideal para aprender a vivir una vida feliz y normal aunque sazonada de amarguras.

Lo que jamás imaginé fue que aquel retiro fuese de adiós o despedida, pero así sucedió, pues ya nunca más regresaría a la estancia como en los tiempos pasados. Tampoco podía pensar que a mi regreso a casa mis padres tuvieran planes para mí, pero así sucedió. Habían hecho arreglos para llevarme a casa del hermano de crianza de nuestra madre, Paulino Riva, quien por desgracia tenía a su esposa Anicia enferma y, como si fuera poco, tenían siete hijos, una niña de tres años y el resto todos varones, que fluctuaban entre las edades de trece años a ocho meses. Mis padres estaban muy apenados por la tragedia de la pobre familia, así que, sin consultar conmigo ya tenían todo planeado. "Te irás allá por un poco de tiempo," me dijo Papá, "para que le ayudes a la tía, pues la pobre mujer está que no puede ni con su alma y aquel cuadro de criaturas da lástima". Enseguida comprendí que aquel llamado a servir era una orden, a la cual difícilmente podría negarme. No era que me negara en sí, pues de hecho lo sentí como una obligación humana hacia un prójimo en desgracia, pero no dejó de entristecerme el pensar que mi vida parecía tomar otro giro al cual no le veía futuro alguno. Así que, después de analizar todo el asunto, hice un intento para convencer a mi padre a ver mi punto de vista, pues según yo, no le veía lógica o cordura a aquel sacrificio por otras personas cuando yo estaba en necesidad de algo mayor y tan importante para mí, sino para todos. Y pensé una vez más en mi educación, en mi futuro, por no decir en mi salud mental, pues confieso que aquel deseo y empeño mío de escuela fue algo más intenso que una ambición, fue una obsesión, una necesidad imperiosa, una sed insaciable de mi espíritu.

Papá comprendió mi congoja y quiso consolarme con frases con frases de lógica que me parecieron absurdas y huecas. "Mira, hija mía," me dijo con ternura, "no sé por qué te empeñas en algo que realmente no puedes realizar bajo esta pobreza extrema en que vivimos. No creas que no me preocupa tu desesperación y aflicción por alcanzar una meta, pero a la vez creo que te estás destruyendo a tí misma por hacer algo que está fuera de nuestro alcance. Para estudiar, hija mía, se necesita algo más que afición, entusiasmo o deseo, también se necesitan recursos y de estos carecemos nosotros. Además, el hombre es hijo de las circunstancias y ya ves las nuestras".

Confieso que, aunque hice gran esfuerzo para no demostrarlo, sentía una tremenda soberbia que me carcomía. Y por segunda vez en la vida, con gran temor, pero con madurez, le riposté a mi padre. "Mira, Papá," dije temblorosa, "esa frase que acabas de declararme jamás la aceptaré pues pienso que es todo lo contrario, no que el hombre sea hijo de las circunstancias, sino las circunstancias hijas del hombre". Él se enojó bastante al oírme razonar de esta forma, pero no dijo más y se marchó. Y allí quedé yo obstinada, pensando que aquella frase era una pura falacia. Recordaba hombres y mujeres de gran fe y tesón que habían vencido imposibles y circunstancias demostrando que cuando se quiere se puede, si es que se le da a uno la oportunidad.

Pensé en la persona que había inventado el automóvil que ahora cruzaba nuestras montañas. También en personas como Abraham Lincoln y Charles Lindbergh, quien hacía poco había realizado la primera travesía sin escala de Nueva York a París en un monoplano. ¿Y qué de Tomás Edison que había inventado la bombilla eléctrica y otros tantos inventos? Así que, con desesperación, comprendí que si no estaba estudiando no era cosa de circunstancias sino falta de responsabilidad de todos aquellos vinculados con mi tutela y también me enfocaba hacia aquellas ramas gubernamentales que podían y tenían el deber de hacer esto posible. Pero mejor sería olvidarme completamente de todo el asunto y obediente, seguirles la corriente a mis padres, pues para eso eran mis padres, pensando que tan pronto se recuperase la señora tía regresaría a mi hogar hasta que Dios o el destino dispusieran otra cosa.

Mis pláticas y controversias casi siempre eran con mi padre, debido a que nuestra madre, en la mayoría de los casos, no se involucraba o por lo menos, así parecía, pero siempre lo estaba, pienso que por no hacer enemistad conmigo ya que éramos buenas amigas y, por otra parte, siempre le dejó este menester a Papá; cosa que no era favorable para uno, pues muchas veces él no estaba relacionado a cabalidad con el asunto o no estaba lo suficientemente preparado para ayudarme, o no obraba en justicia, o estaba demasiado fatigado en sus propios quehaceres para comprender a conciencia qué era lo mejor para mí. Lo que sucedía era que casi siempre ella le exponía el caso a él, cualquiera que fuese, pero siempre moldeado a su capacidad o comodidad, debido a su instinto psicológico que por naturaleza tenía, pero como puede verse, era siempre Papá el que decía la última palabra.

Por eso en aquella ocasión, después que él se hubo marchado, recurrí a ella en busca de un mejor entendimiento para ver si desistían de llevarme casa del tío Riva. Recuerdo que con lágrimas le rogué, pues no sé, pero tenía una corazonada de que aquel viaje no me traería nada bueno. Confieso que me sentía tremendamente atemorizada y una terrible inseguridad me abatía. Jamás había experimentado una sensación así. Mi madre, por lo visto, no tenía ninguna intención de buscarle solución al problema y con dulzura me reprendió, haciéndome pensar que yo estaba obrando con soberbia y desobediencia a un mandato de mi padre. Además, me dio a entender que yo estaba poseída de mi orgullo propio o vanidad y que no era en nada humilde, que me estaba dejando dominar por mi soberbia y que tenía que aprender a ser dócil y conformarme con mi suerte y también comprender cuando el propio hombre dentro de nosotros se ensañaba.

"¿Entonces tenemos a alguien dentro de nosotros que se ensaña?" pregunté con asombro. "¿A alguien?" contestó ella en tono de pavor, "a veces tenemos que hacer guerra contra un paquetón de personajes que si les damos rienda suelta es posible hasta perder los sentidos. Por eso, hijita, cuídate y refrénate pues de nada te servirá ir contra la corriente. Aprende a ser paciente y a dejar que sea Dios el que guíe tu vida o de lo contrario estás en grave peligro, pues hay que aceptar que tanto lo bueno como lo malo que nos llega proviene de Dios que es el único que sabe que es lo mejor para nosotros. Y no creas que tus sufrimientos no son los nuestros, ¿pero qué podemos hacer? O por lo menos, yo. ¿Qué puedo hacer por ti con un padre tan irresponsable como el tuyo y, por otro lado, esta desgraciada pobreza que nos abacora? Pero como te acabo de decir, uno no sabe que es lo qué Dios quiere para uno, así que no resta otra cosa que esperar y confiar en su bendita misericordia, porque ¿de qué nos servirá rebelarnos contra todo si al fin el damnificado es uno mismo? Así que aprende, hija, a esperar con calma y con fe. Aprende de mí que ya ves qué pesada ha sido mi cruz y sin embargo, sigo esperando y confiando que algún día Dios me la quitará. Y si coges mis consejos, ya verás como vas a vencer al mundo, porque confío también en tu inteligencia y fuerza de voluntad y al que espera en Dios, El nunca lo abandona.

"Y otra cosa, hija mía, a veces no sólo nosotros estamos bajo el juicio de Dios sino los pueblos, el mundo entero, lo que quiere decir que ahí estamos incluidos nosotros también sin darnos cuenta. Por eso es necesario tener fe, tener valor y paciencia y ponernos bajo la Bondad Divina hasta que El diga y ya luego comprenderemos el resultado o cumplimiento de sus designios. Además, eres tan solo una niña de dieciséis años con toda una vida por delante. Quizás allá adonde vas, te haga bien. A veces pienso que esto aquí no te está aprovechando."

Aquel inteligente reproche de Mamá me había venido como aceite al ombligo. Jamás le había oído razonar con tan buen juicio hacia mí y por todo el resto del día sus palabras me siguieron martillando al oído. Por lo visto me había vuelto soberbia y no solo eso, me negaba a aceptar la voluntad de Dios. Además, era ahora que entendía que había la posibilidad de que hubiera varias personalidades en mí, que me hacían rebelarme y ensañarme y fue como entrar en una nueva dimensión y me puse alerta. Ahora ya estuve confusa e intrigada por varios días. Necesitaba arrepentirme de mi soberbia, lo cual lo sentí como una plaga destruyéndome y tampoco era mi intención ofender a Dios con mi comportamiento y menos a mis padres. También, el saber que podía tener más personalidades en mí que me causaran tal desvío mental me producía gran tristeza y, como siempre, quise saber las cosas a la luz del entendimiento, estuve terriblemente inquieta y me volví demudada y pensativa.

Así andaba imaginando que no lo dejaba ver, pero hubo una persona que sí se percató de mi estado de ánimo. Fue Ethel, la hija de nuestro patrón. Era una persona maravillosa, un precioso ser humano que, además de inteligente, había nacido al norte de la isla donde a esta fecha la civilización había florecido y, en adición a eso, había estudiado en reconocidas universidades de Puerto Rico y Estados Unidos, no como yo, que solo conocía la vida campesina y sólo contaba con una escasa preparación elemental. Ethel se empeñó en que le divulgara mi preocupación. A su insistencia le dije de los planes de Papá de llevarme a casa de los tíos Riva, a un lugar que no conocía y le revelé mis temores. También le divulgué todo lo dicho por Mamá en cuanto a la posibilidad de que en mí hubiera ciertos personajes responsables de mi comportamiento y cuáles podían ser las consecuencias, por lo cual le rogué que me ayudara a comprender todo aquel embrollo, pues me hallaba tremendamente confusa.

Ella con gran interés y ternura respondió: "Un momento, niña, vamos por partes. Explícame con detalles eso de irte a casa de esos parientes". Entonces le dije las causas y nuevamente le declaré aquel temor mío de irme allá, dándole a entender que por primera vez en la vida me sentía así ante una situación, ya que hasta aquí siempre me había enfrentado a cualquier situación por precaria que fuese y que a nada le había temido nunca y "¿por qué ahora esta ansiedad o inseguridad?" le pregunté. "Vamos a ver, vamos a ver," pensó ella. "Déjame ver si puedo ayudarte porque de ninguna forma quisiera darte la contestación equivocada. Por referencias tengo sabido que has sido una niña precoz, pero ya no eres una niña, ya eres una jovencita comenzando a desarrollarte en todos los aspectos de la vida. Por otro lado, en el poco tiempo que te he tratado has demostrado ser una persona despierta e inteligente y con altas aspiraciones. Quizás tus mayores ambiciones han sido la escuela, como tengo entendido, y tu frustrado romance con Héctor y para una jovencita de tu edad dos fracasos de esta índole son suficientes, por no decir demasiado empuje para tu corta edad y mentalidad, ya que según estudios en la materia, la edad de la adolescencia la cual va de los catorce hasta los veinte, es una etapa de crecer y desarrollarse la persona tanto física como mentalmente. Luego entra en la etapa de la madurez o primera juventud porque así es el desarrollo del ser humano, ¿te das cuenta? Va desarrollándose de etapa en etapa, preparándose contínuamente para asumir responsabilidades que van con cada una de estas etapas, ¿entiendes?".

"Así que ahora mismo tu estás en esa etapa de adolescencia, o sea, la etapa de crecer y desarrollarte como todo lo que vemos en la naturaleza, porque eso somos, parte de la naturaleza, parte del vasto universo y tenemos que aprender de la naturaleza. Ella nos enseña preciosas lecciones si es que deseamos aprender. Por ejemplo, por medio de la vegetación y los animales entendemos que todo tiene su tiempo. Bien, se sobrentiende que una fruta cogida fuera de tiempo es un daño, una pérdida; igual que una flor arrancada de su tallo en su proceso de crecimiento o estado hermético prematuro, ¿para que sirve? Para nada, para ser tirada solamente, algo sin importancia, sin valor alguno. Sin embargo, ¡qué hermoso ver las frutas en su tiempo y en su jugo o contemplar un hermoso capullo despertarse a la vida una hermosa mañana en todo su aroma y fulgor!"

"Otro ejemplo, ¡qué interesante es observar un par de pájaros en la fabricación de su nido! Luego se ven volar felices, saltar, chirriar, aparearse. Después aparecen en el nido los huevitos y al cabo de su tiempo, salen a la vida los tiernos pajaritos y se ven débiles e indefensos, pero al cuidado de Dios y de sus padres crecen, crecen y maduran y sus alas se vuelven ágiles, fuertes y resistentes y a su debido tiempo sus padres les enseñan a volar. Y fíjate en este detalle tan importante, que si los padres pájaros no fueran lo suficientemente capacitados para cuidar de sus pequeñines, estos llegarían a su estado de adultos, incapacitados para vivir por sí solos. Te das cuenta por qué es tan importante el ajustarnos a cada una de estas etapas para poder crecer, madurar y educarnos y así tener la debida madurez para cuando nos toque ser padres o guardianes? Porque, ¿cómo un ciego podrá guiar a otro ciego sin que vayan ambos a parar a un hoyo? ¿No crees? Así que, como ves, todo es cuestión de ajustarnos al proceso de crecimiento y madurez, porque con un noble propósito hemos venido al mundo para vivir una vida plena en un universo tan bello en compañía de otros y para bien de otros, de lo contrario nuestra existencia sería un total fracaso."

"Todo esto que acabo de explicarte es para abrirte una brecha a entender la realidad de ti misma, las circunstancias existentes, más, dónde debes situarte básica y fundamentalmente. Te encuentras indecisa y desorientada porque para ti se ha roto el patrón de crecimiento mental o desarrollo, como si estuvieras subiendo una escalera pero pasando por alto algunos escalones. A muchas personas les sucede lo mismo, más no descubren el perjuicio, motivo de su llana mentalidad, aunque como seres humanos no dejan de sufrir el fracaso. Con personas como tú es diferente dado el caso que posees una mentalidad receptiva y tremendamente despierta. He ahí tu desconcierto y preocupación sabiendo que algo anda mal. Como si hubieras perdido la ruta directa o rumbo a tus propósitos y percibiendo los peligros existentes o reveses que te llevan a perder la oportunidad, te rebelas y atemorizas. Pienso que es algo terriblemente desavenido porque estás peleando una batalla tú sola, lo cual es sumamente lamentable y torturante. Por eso te niegas a irte a ese lugar de parientes porque tu mismo instinto te grita que no es justo ni lógico ir en ayuda de otras personas cuando en realidad tu estás en necesidad de algo tan importante como tu crecimiento o desarrollo. Por eso inconscientemente rechazas la idea de irte. Aunque hay otra posibilidad, pues se dice que cuando el instinto se empeña en mostrarnos o revelarnos algún peligro, debemos poner atención, pues es posible que suceda, lo que quiere decir que en guerra avisada no muere gente y tú, como ya puesta de sobreaviso por ese instinto, prepárate de antemano para cualquier situación precaria que pudiese presentarse."

"Ahora, quiero llamarte la atención a otra cosa, porque quizás estés imaginando que tus problemas sean una cuestión que se ha originado hace poco. No, no, hija, tus problemas comenzaron desde el mismo instante en que fuiste engendrada. Allí se originaron los cimientos de tu existencia, quizás por voluntad de Dios, porque aquí en este mundo ni una hoja cae o se desprende de un árbol sin que sea la voluntad de El. Por otro lado quizás los culpables y responsables de tus dificultades sean tus propios padres quienes son los llamados a velar por tu bienestar y crecimiento. Pero si ellos no tienen la madurez suficiente o la preparación, entonces ni se pueden culpar ni tampoco esperar que compartan contigo aquello de que carecen y cuando los padres se hallan en esta situación, son los hijos los que heredan no sólo su propia tragedia sino también cargan con la de sus padres. Y así seguirá la cadena a menos que uno mismo esté dispuesto a romper esos viejos patrones volviendo a los fundamentos básicos de responsabilidad y respeto de las normas instituidas por Dios y el verdadero sentido humano, para darle al hombre la oportunidad de desarrollarse en todo el sentido de la palabra."

"Y la sociedad en su totalidad tiene que despertar conciencia a esto y debe de estar a la vanguardia del desarrollo humano en todos sus aspectos, pero en especial en guiar a la juventud proporcionándole toda clase de oportunidad que les capacite para enfrentarse a un futuro, ya que la seguridad, la tranquilidad y el bienestar de un país estriba en el buen juicio de un pueblo educado y tú y yo y cada individuo necesita desarrollar sus potencialidades para prepararse y enfrentarse a la vida, pero con éxito, dispuestos todos y unidos como un solo hombre a cooperar y a aportar cada cual con amor y responsabilidad nuestra parte en nuestra sociedad. De lo contrario, ¿qué se podrá esperar de un pueblo ignorante e incapacitado para bregar con sus propios problemas?"

"Esto es precisamente lo que nuestro país necesitaría en estos momentos para que jóvenes como tú y centenares más, pudieran estudiar y realizarse como personas, porque hay que admitir que la mayoría de los padres hoy día no tienen los recursos suficientes para ayudar a sus hijos a encaminarse hacía un mejor porvenir. He ahí el problema de los tuyos. No les puedes culpar, están atascados en una situación desastrosa. Por eso quizás, en su afán de hacer algo por ti y no pudiendo, se animan a enviarte allá, a sacarte fuera de ellos pensando que quizás en otro lugar puedas desenvolverte mejor. Es como si inconscientemente trataran de deshacerse de ti; en otras palabras, empujarte a la suerte, a la vida, obligándote a que tú misma te arriesgues a resolver tus propios problemas, no previendo que al hacer esto es como si tu vida, como un vagón que se desprende de la máquina principal, se descarrilase o desenfrenase hacía un futuro sin rumbo."

"Pero ahora dejemos a un lado los sermones y concentremos en ti que eres lo importante en este caso. Te encuentras temerosa y ansiosa frente al umbral de un mundo que no tiene mucho que ofrecerte a menos que estés dispuesta a arrancarlo por ti misma con esfuerzo y dignidad, pues si sólo te inclinas a contemplar el lado malo desagradable o imposible de las cosas, nunca llegarás a ningún lado. En primer lugar tienes que confiar en Dios y en tu buen juicio, aceptando que no puedes detenerte para esperar que tu bien venga a ti suavemente. No, hija, hay que ser positiva, optimista y realista, segura de que nada recibiremos si no es que nos decidimos a enfrentarnos a la realidad, y a la misma vez escuchando dentro de nosotros mismos esa voz que nos grita: ¡sigue, no te detengas, confía, vence, lucha contra toda limitación que se te ponga enfrente! Es de la única forma que se le saca provecho a la vida, lo cual es un proceso continuo de aprendizaje de toda una existencia, sin detenernos para así conseguir vivir plena, provechosa, feliz y satisfactoriamente."

"Por lo tanto, si a Dios y al destino les ha placido sacarte de este lugar, tómalo como un reto y prosigue, siempre con la mira de que cada empujón que te da la vida sea para tu propio bien y desarrollo, estipulando que personas como tú se abren campo dondequiera, porque son como la maleza que dondequiera florece. Olvídate de los temores que sólo sirven para limitarnos y recuerda que 'el que con Dios navega, a puerto seguro llega'."

Ethel hablaba y yo, atónita, la escuchaba sin desear ni siquiera parpadear o hacer ruido con mi respiración para no perderme ni una sílaba o frase de sus labios. Era como si Dios mismo la hubiese usado para hablarme aquellas confortantes, profundas y sabias palabras, lo mismo que yo necesitaba, orientación y comprensión, lo cual nunca había conseguido en casa, sólo lo aprovechado al azar de la vida, un poquito aquí, otro allá, como si la Providencia Divina me tuviera reservado personas como ésta que, a través de mi corta edad siempre habían estado dispuestas para aconsejarme, ayudarme y guiarme con sus buenos consejos cuando en realidad más lo necesité. Y así, sin perder el más mínimo detalle de su inteligente, abarcador y profundo discurso, sin darle tiempo seguí inquiriendo y ella muy complaciente escuchaba.

"¿Y qué de eso que dice Mamá, que puedo estar poseída de otros personajes?" le pregunté con preocupación. "Bueno, en cuanto a eso hay la posibilidad de que poseas, no personajes como declara ella, sino personalidades que es otra cosa. Yo diría que hay algo de lógica en sus palabras. A lo que ella quiere referirse es a tu individualidad consciente, que quiere decir tu propia persona, tu propio yo consciente que se agiganta, que se multiplica, que busca puertas, formas de manifestarse, de desarrollarse de tal forma que parecen muchas personas a la vez, ¿entiendes? Lo que sucede es que ella no te sabe explicar ya que no tiene conocimientos escolásticos, pero sí tiene la experiencia de la vida que es una escuela como otra cualquiera, pues no hay escuela más real y verídica que ésa. Además, hay un adagio que dice que ¡más sabe el diablo por viejo que por diablo! ¿Te das cuenta? Por eso a veces te encuentras con estos campesinos nacidos por estos contornos que son una inteligencia y aunque sus palabras son rústicas y elementales, hay que poner acento y atención a sus dichos porque tiene el mismo significado que si vinieran de una autoridad en la materia."

"Y dando crédito a sus palabras, te diré que en una ocasión leí una pequeña obra de un hombre que tenía cinco personalidades. Así que es una cosa muy natural. Yo lo que imagino es que como la sabiduría de Dios en nosotros es un potencial tan intensamente grandioso y abarcador, nos permite esa individualidad de caracteres."

Aquél atardecer brumoso aún lo recuerdo con ternura. Ella me dijo, "Creo que abarcamos bastante de estos temas; ojalá mis palabras te sirvan de algo y recuerda, ¡al mal tiempo, buena cara! Mucha suerte y como te dije, valor". Me despedí de ella con un abrazo y me encaminé a casa, como si una ventana más se abriera ante mí, por donde pudiera mirar al mundo con más claridad.

Como puede verse, aquella situación mía no era nada fácil y mi mente se me hacía maraña. Un viaje sin tino, Papá disgustado por mi forma de reaccionar, Mamá que me tildaba de soberbia y vanidosa y los consejos o palabras astutas de Ethel que me eran tan profundas que me tomaría tiempo asimilarlas. ¡Y cómo me entristecía alejarme de Héctor! que aunque lo sentía perdido para siempre, me consolaba con escuchar el camión y la bocina a diario cuando pasaba frente a casa. También se sustentaba mi alma con sólo respirar el aire de aquel paraje, pensando que quizás así inhalaba o absorbía vida que viniera de él. Meditaba en muchas cosas y también en Dios que me había dado aquel espíritu intrépido que me hacía pensar, soñar, aspirar a tantas cosas, especialmente aquel empeño en descubrir, aprender y desarrollarme y conocer el mundo, la vida, las gentes y las grandezas y secretos del universo. Porque seguía como un volcán buscando salida y sin embargo, me sentía como si los demás quisieran ponerme freno, capaces de juzgarme a la ligera y poniéndome a Dios como un juez severo. ¿Sería este Dios Poderoso que me había fortalecido de osadía, capaz también de refrenarme o de ponerme a prueba? ¿Sería posible que, habiendo nacido con tal acometividad, fuese capaz de ofender a Dios o a nadie? ¿Yo, que a pesar de mi intrepidez había crecido humilde, sincera y noble, sólo que franca cuando estaba segura que estaba en lo cierto o que tenía la razón?

Siempre sentí una inclinación a ayudar a otros y en mi fuero interno ardía una llama de respeto a Dios aunque no le conociera de cerca. Entonces, ¿que quería este Dios conmigo? ¿O que quería mi destino? Y en aquella desesperación volví a sentirme confusa, atribulada, atormentada y disgustada en grado sumo, mas aquella noche tuve otro sueño tan raro como aquel que hacía poco había tenido durante mi estancia en Finca Abajo. Y fue que caminaba por un ancho, espacioso y pedregoso camino, rodeado de frente y lados por altas colinas copiosas de árboles de mangó los cuales no tenían fruto, solo copa y verdor. Y en el mismo centro que hacía el ancho recodo pedregoso, había una mina de sal a la cual se bajaba a su interior por medio de una estrecha y larga escalerilla de metal. La mina era tremendamente espaciosa y estaba en pleno desarrollo industrial. Me acerqué a la boca de la entrada y pregunté a alguien si se me daba permiso para bajar al interior, lo cual se me otorgó y descendí para quedar pasmada ante tan imponente maravilla. Era semejante a una cantera, pero de blanquísimas gemas brillantes como la nieve o mármol y pude sentir penetrárseme por los poros y sentidos el poder soluble de la sustancia en sí. Absorta estaba ante tal magnitud cuando de pronto de alguna ruta de la mina vi salir a una mujer trigueña que, al verme, ni al soso ni al perezoso, acometió contra mí sin piedad como si quisiera destruirme. Los presentes detuvieron sus labores para ver cómo ella con furia trataba de golpearme. Entonces salí a toda carrera, escalerilla arriba para escapar, pero ella me seguía de cerca halándome hacia abajo con todas sus fuerzas, mientras yo luchaba tenazmente para zafarme, pues solo quería salir a la superficie, pero tal parecía que ella me ganaba la batalla. Entonces escuché a todos los trabajadores en una sola voz gritarme: "¡Defiéndete, pelea, domínala, puedes hacerlo, puedes, puedes, puedes! ¡No te dejes arrastrar! ¡Lucha fuerte y vencerás!", Esto me hizo recobrar ánimo, así que me di vuelta y desde el escalón donde me hallaba parada, le propiné tremendo puntapié que la hizo rodar escalerilla abajo hasta ir a caer tendida al fondo de la mina. Luego corrí escalerilla arriba hasta encontrarme afuera en campo abierto, satisfecha de haberla podido vencer.

A la mañana siguiente lo primero que se me vino a la mente fue el sueño y medité mucho en cuál podía ser su interpretación, mas no tuve la intención de comentarlo con nadie aunque la intensidad del fenómeno me intrigaba y sentí una gran necesidad de saber qué significaba todo aquello. Tan profundo fue mi deseo que fui guiada para que alguien me ayudara, pues en aquella misma semana, así de incógnito, me hallé en la casa de mi parienta, Josefa quien estaba en compañía de sus papás, don Pedro y doña Segunda y otras personas más. Su padre, ya anciano y un labrador de la tierra toda su vida, era una persona inteligente, afable a la vez que serio, profundo y pausado en el hablar y como todo Justiniano, no le faltaba el buen sentido del humor. Me tenía cariño desde yo chica y sentía por él gran admiración y respeto. Además de sentirme atraída a él, por ser cercano a mí en sangre, ya que era sobrino de mi abuela.

Y sucedió que, entre una conversación y otra, sin siquiera pensarlo, me hallé relatando el extraño sueño. Cada cual dijo lo que le pareció al respecto y varios fueron los atributos que se otorgaron a la sal en sí unos positivos y otros negativos. Mas el anciano no decía nada, sólo meditaba hasta que se hubieron agotado todos los argumentos. Entonces me preguntó: "¿Sueñas a menudo?" "Con frecuencia, le contesté. "¿Desde cuándo recuerdas que comenzaste a soñar?". "Desde muy pequeña, señor", "¿Entiendes tus sueños, o mejor dicho, ha habido alguno en especial al cual tú hallas visto su significado o que hallas entendido la respuesta?". "Si, señor, varios." "Pues, entonces, escucha con atención esto que voy a decirte, —prosiguió en un tono místico:

"Todos soñamos. A veces recordamos los sueños, otras veces se nos esfuman o no son de mayor importancia, pero la cosa es que todos soñamos. Mas hay personas que tienen la virtud, por medio de los sueños, de ver su vida y su futuro. Estas personas son agraciadas si llegan a desarrollar el entendimiento para interpretar sus sueños, ya estos pronostiquen felicidad o amargura, ya que ambas cosas se complementan para vivir una vida plena. En otras palabras, una necesita de la otra, pues todo dulzura sería tan desgraciado como si todo fuera amargura. Pero Dios, todo sabiduría, sabe lo que es provechoso al hombre. Así que si aprendes a entender y a dejarte guiar por tus sueños puedes llegar a aprender a vivir una vida feliz y hermosa a pesar de los contratiempos que ésta pueda traer, porque la vida es como un viaje, un camino o senda que se hace hermoso caminar por la variedad de cosas, paisajes y cambios físicos hallados a lo largo de la travesía. Cuando vamos en una caminata por el campo nos podemos encontrar con infinidad de cosas, momentos agradables que siempre recordaremos, los preciosos paisajes, el cantar de aves y pájaros, mariposas posarse sobre las flores, algún travieso animalillo saltando de las rocas o malezas, los peces en las charcas, variedad de flores y frutas, árboles y plantas, asustados reptiles. Respiramos el aire fresco y sentimos la paz campestre inundarnos o nos encontramos a un niño que al pesar nos sonríe o personas extrañas, pero que tal parece que se les ha conocido de toda la vida y hasta hacemos amigos que a veces se convierten en algo de uno mismo."

"Mas no faltan las dificultades. Estas vienen a la par con todo aquello agradable, porque todo pertenece al camino. Es algo que está ahí y que no se puede cambiar ni quitar porque se pertenecen una cosa y otra y una no puede existir sin la otra. Así que de momento vas caminando y te encuentras con un río que hay que cruzar y ya comenzaste con dificultades o un arroyo crecido y hay que esperar a que sus aguas bajen. A veces te puedes topar con un derrumbe. Otra vez hay dificultades en las cuales se necesita paciencia y cuidado para pasar. Y si te encuentras que un árbol se ha caído y está atravesado en el camino, también es otra dificultad, pero te tomas tiempo y al fin pasas y sigues tu camino. A veces nos encontramos con una bestia desperdigada. Esta nos da un poco de guerra, pero vencemos y continuamos. Quizás el sol nos sofoque un poco o nos sorprenda una lluvia con rayos y truenos y ésta nos abacore y hasta nos atemorice, pero se vencen todos los obstáculos y peligros y al fin llegamos a nuestro destino, cansados y agobiados pero felices de haber disfrutado de todo lo bello y felices de haber vencido todo lo desagradable y dificultoso que hubo. Y nos complacemos de recordar tanto lo bueno como lo malo, como si tanto una cosa como la otra se complementasen para darnos una alegría total."

"¿Pero qué tal si todo hubiese sido común, cómodo, tranquilo, feliz, sin cambio ni variedad, sin emoción ni diversión alguna? Sería entonces algo monótono, soso y aburrido, ya que en la variedad está el gusto. Te das cuenta, hija, lo que quiero que entiendas? Que la vida es un viaje el cual debemos aceptar tal cual es, aprovechando y viviendo hasta el final con inteligencia y fuerza de voluntad y si se tiene la suerte de llegar a la ancianidad, que es lo más bello que le puede suceder a una persona, entonces se disfruta de las memorias de un pasado y se recuerda tanto lo bueno como lo malo, uno con felicidad, lo otro con satisfacción de haber podido vencer y triunfar, lo cual hace a uno completo y feliz."

"Pero volvamos al sueño del cual hablábamos," dijo el anciano. "Ahora dime, ¿recuerdas por casualidad algún otro sueño que hayas tenido recientemente, además del de la mina de sal?" "Sí, señor," le contesté y le referí aquel cuando iba por la corriente abajo del río turbio, caudaloso, clamando caridad por Dios y nadie me escuchaba; también el otro en el cual caminaba por el tortuoso sendero resbaladizo y enyerbado hasta que llegué a aquel lugar rojizo, toscoso, cimentado sobre panales de miel. El me escuchaba con atención y cuando hube terminado me dijo:

"El río turbio, caudaloso, significa gran tragedia, mucha desesperación y angustia, algo así como una etapa en tu vida." De inmediato me pasó por la imaginación que ya había sufrido demasiado, que ya había saboreado aquella angustia al haber gustado la hiel de haber perdido a Héctor y todo aquel suplicio que me había seguido hasta este momento, en que aún seguía saboreando la amargura. "Vayamos por parte," prosiguió el anciano que parecía estar en un trance. "Me dices que tuviste otro sueño, el de un sendero tortuoso, enyerbado y resbaladizo que te llevó hasta pisar un lugar firme y supiste que debajo había panales de miel. Este concuerda con el de la mina de sal, rodeada de árboles de mangó. Ambos significan lo mismo. Si realmente te interesa saber su significado, haré lo posible por declarártelo, de lo contrario puedes mantenerlos para ti hasta que descubras por ti misma su interpretación." "No señor," le dije con empeño, "quiero que me diga todo al respecto."

"Bueno, pues ambos sueños quieren decir lo mismo. Que te esperan tiempos duros, pero muy duros, trabajosos y colmados de necesidad, muchos sufrimientos como una grande salazón, y te parecerá que nunca termina el tormento y la escasez. Mas según llegaste al lugar en que te paraste firme y descubriste que era un sitio cimentado sobre miel, significa que tu postrimería será de paz, reposo, abundancia y dulzura, en otras palabras, felicidad plena para tu alma cansada de rodar y batallar. En cuanto a que estuviste dentro de la mina de sal y podías sentir lo soluble penetrarte por tus poros y sentidos, así también en carne viva sentirás la salazón de la escasez, de todo y por todo, en todo el sentido de la palabra, porque el destino te castigará sin piedad, pero todo en tu propio provecho porque el martirio te servirá para agudeza mental y espiritualidad y según venciste a la mujer y la contemplaste caer tendida en el vacío y pudiste salir afuera a campo abierto, así también vencerás al mundo con todas sus penurias y mezquindades y saldrás ilesa para contar tus victorias, las cuales serán muchas."

"Y que la mina de sal estaba rodeada de árboles de mangó es lo mismo que el sueño de la miel, ya que el mangó es una fruta que puede compararse con esta. Claro que los árboles solo tenían copa y verdor y carecían de fruto lo cual significa un lapso de tiempo, pero llegará el momento en que se cubran de fruto. En otras palabras, después de la miseria y de la apretura disfrutarás del néctar y de la dicha que será en abundancia, como lo denota esta fruta que en sí es sabrosa, rica y abundante. Por eso te aconsejo que seas paciente y humilde, pero despierta e inteligente y sin desmayar, que el mismo Dios que te ha dado el bello don de poder descifrar tu futuro, Él mismo te guardará y te fortalecerá en todo. Y otro consejo más, de un anciano y pariente que te estima, se prudente y astuta, pero nunca ignorante como lo son las hojas de los árboles cuando se desprenden que se dejan llevar por cualquier viento o corriente y aquí caen y allá se levantan, hasta que al fin van a parar a cualquier punto, sin hacer resistencia a los imposibles por ser livianas, débiles y flojas. Por eso las encuentras secas, amontonadas o podridas o llevadas por las corrientes y se dejan arrastrar de cualquier movimiento o fuerza. Por el contrario, ten siempre presente las ramas, estas son resistentes y aún cuando el árbol se seca, ellas permanecen agarradas a él, como si nunca quisieran ser destruidas y luchan contra todo por reverdecer y perpetuarse. Aun hay muchas que fuera del tronco germinan. Y es así precisamente como debemos ser en la vida, luchar y pelear contra viento y marea para llegar a la ancianidad que es lo más bello que le puede suceder a un ser humano, para poder un día contemplarse uno a si mismo, recordando su pasado y comprendiendo que se ha sabido vivir la vida, viviéndola no soportándola, no importando los suplicios o sacrificios, sino reconociendo que se ha vencido y que en verdad, se ha vivido."

"Y eso, hija mía, es lo hermoso del viaje, poder llegar al final viendo y disfrutando cada momento, sin quejarnos y sin desmayar, porque vivir es un arte, quizás el más hermoso que pueda existir."

Cuando el anciano terminó de hablar yo estaba anegada en llanto, un llanto que no podía contener, no por lo que me esperaba según la interpretación de los sueños, sino humillada, enternecida, feliz, agradecida de Dios por ser tan misericordioso para conmigo, al darme tan hermoso don, el de hacerme entender o ver mi vida y futuro a través de mis sueños y revelaciones. Y así me despedí de la amada familia llevando conmigo otra grandiosa, fabulosa y preciosa experiencia que jamás olvidaré.

Estábamos en vísperas de Nochebuena, o sea, Navidad y, me olvidé de todos mis problemas para entregarme a la faena de la preparación de la gran noche. El tiempo se presentaba precioso con las noches ventosas y frías pero agradables y un sentir del alma, liviano, como si todo el peso de la brega y lucha de todo el año se fuese desprendiendo de mí, como un despojo total que diera paso a un nuevo año próximo a comenzar. Por fin llegó la gran noche en que toda la familia reunida disfrutamos de la gran cena: pasteles, el clásico arroz con gandures, abundancia de carne y embutidos, el sabroso arroz con dulce, las almojábanas, majarete, nueces, maíz tierno hervido, bebidas y refrescos, todo según la tradición de nuestra tierra, festejando con banquete y júbilo el nacimiento del Niño Dios. Se cocinó en abundancia y compartimos con nuestros vecinos y amigos. Como vivíamos junto al camino vecinal, hubo gran concurrencia, música, parranda y aguinaldos. Nunca antes habíamos pasado una Nochebuena tan novedosa, la más exitosa de toda mi niñez hasta aquí, algo muy especial para recordar para siempre, como que sería la última que pasaría junto a los míos en dulce camaradería familiar.

Mientras cenamos salió a colación lo del viaje a casa de los Riva. Papá, un poco alegre por los tragos, se le ocurrió saber cómo me sentía al respecto y yo mostrando gran conformidad y habiendo sido ya de antemano a través de las represiones, consejos, orientación y admonición de unos y otros, declaré que estaba dispuesta a irme sin ninguna objeción y comprendí que mis padres estuvieron complacidos. Después que hubo anochecido y cuando el bullicio de todo se hubo calmado, salí afuera, a estarme un rato a solas.

La noche se había engalanado de dorado topacio y arriba en el firmamento, un suave y sereno azul servía de fondo a millares de brillantes y refulgentes estrellas que se lucían para dar esplendor a tan memorable ocasión. De pronto todo mi pasado comenzó a agolparse frente a mí, cada momento y acontecimiento, cada victoria y fracaso, cada pena y alegría y aquella extraordinaria experiencia que yo siempre he llamado, Mi Gran Amor. Todo se me apareció como una película. Luego también mis sueños y revelaciones y los consejos y orientaciones de Mamá y de Ethel y las premoniciones del anciano Pedro y en adición a esto, aquel viaje que tanto había rechazado. Pero todo sucedía como si estuviese escrito, como los fragmentos de un rompecabezas que va encajando cada cual en su lugar. Y un tremendo desaliento se apoderó de mi alma, como si de pronto perdiera mi identidad y un nuevo ser se apoderara de mí y volví a llorar desconsoladamente.

Luego me sentí como si tanto el cuerpo como el alma recibiesen un baño celestial e hice votos de esperar en la Voluntad Divina y me preparé para aquella lucha que me esperaba, aunque jamás mi mente joven podía concebir la idea de que lo que me esperaba fuese tan desastroso.

A Papá le pareció verme de buen ánimo y se animó a apresurar el viaje disponiendo que fuese el día de Año Nuevo, como si mi propio destino se empeñase en que comenzara a vivir un nuevo capítulo desde el mismo principio de año.

Capítulo 19

LLEGAMOS al ramal o empalme El Consumo, lugar donde vivían los tíos y donde él era uno de los capataces de la hacienda Fajardo. La casa que habitaban era la segunda después de la entrada a la hacienda. Quedaba a mano derecha, a la orilla de la carretera, rodeada de finca y cañaveral, una casa de arrimado común y corriente con tan solo un estrecho cuarto de dormitorio, una sala regular y una pequeña cocina con fogón de leña.

Di una ojeada y pensé cómo me iban a alojar con una familia tan numerosa, yo que era tan tímida para mi privacidad. En nuestra casa era una cosa, pero aquí entre extraños y con tanta incomodidad, ¡qué mal me sentí! Confieso que quise regresarme a casa de inmediato. Ojalá lo hubiese hecho. Luego me calmé pensando que si el matrimonio dormía en el aposento, pues de todos modos era con los chicos que me tendría que acomodar y ya me las arreglaría, pues siempre me gustaron los niños, fuesen de quien fuesen. De todos modos, esperaría a ver cómo se resolvía el asunto. La tía lucía pálida, débil y ojerosa, sin vigores y le mortificaba una tos seca y majadera. Se quejó de fiebre y se echó a un lado y yo, como había venido a ayudar, emprendí mi faena como lo tenía acostumbrado en mi hogar, después que ella me hubo informado donde se hallaba cada cosa y como le gustaban los guisos, ya que por lo regular cada cual tiene sus propios gustos y costumbres. No me fue difícil entender todos los requisitos, entre los cuales, se me prohibió servir al tío ningún platillo que llevara huevos. Tampoco se usaba achiote o sofrito en las habichuelas, tan sólo se aderezaban con un trozo de cebolla, salsa de tomate y manteca y sal al gusto. El café se colaba ralo. A esto último no pude acostumbrarme y opté por colar el mío fuerte.

Lo único que me agradó del lugar fue que desde aquí, a través de la arboleda, se divisaban y escuchaban los automóviles de Maricao. Desde aquí podía escuchar y contemplar el camión de Héctor sin siquiera saber él que aquí vivía yo por ahora y haría lo posible para que nunca lo supiera, a menos que se informara por otras fuentes. Sólo me conformaría con ver pasar el camión, arca bendita que llevaba dentro el más grande amor de mi vida.

Aquella noche al retirarnos al sueño me sentí tremendamente chasqueada. La tía dormía en el pequeño aposento con varias de las criaturas más pequeñas, unos en la cama con ella y otros en una cama de sacos y toldas en el suelo. También en una esquina de la sala se tendían más sacos, toldas y mantas para los chicos mayores Para mí se abrió una cama pisicorre y el tío descolgó una hamaca que estaba enrollada sobre la pared, la cual quedó casi junto a mi cama con tan solo un pequeño tramo para pasar. Aquella situación me estuvo desastrosa por demás y no podía aceptar la realidad de que estuviese compartiendo mi privacidad con un hombre extraño, porque a la verdad que no tenía una amistad extrecha con él, pues le había visto muy pocas veces, y, de pronto encontrarme bajo estas circunstancias, me era terriblemente embarazoso.

Entonces pensé que haría todo cuanto estuviera de mi parte para aligerar el restablecimiento de la tía para así poder marcharme a casa lo antes posible. Así se lo haría saber a Papá cuando viniera la próxima vez. Por ahora nada se podía remediar sino calmarme y esperar y como a lo que había venido era a ayudar a estas personas, pues pensé que lo mejor sería olvidarme de mí y acogerme a cuantos inconveniente hubiera.

El tío era un hombre fuerte, fraguado a fuerza del ordinario trabajo, un tipo un tanto vulgar y vanidoso que reía de todo y no le importaba nada, pero me lo habían dado por un tío desde pequeña y eso era suficiente para comportarme como sobrina, además de buena samaritana. Así que con todo el corazón y con los brazos abiertos me entregué de lleno al cuidado de aquella familia en desgracia, ya que la pobre tía era muy poco lo que podía hacer.

Una vez más comenzaba en otro medio ambiente, otra gente y otros problemas. La hacienda era vasta, cientos de cuerdas a la redonda y según razón, no hacía mucho que el señor don Luis Fajardo la había comprado. Era este un rico hacendado especializado en la elaboración del azúcar y dueño de vastas colonias de caña de azúcar y también de la Central Igualdad. Esta hacienda llamada en otro tiempo La Constancia había sido siempre de cafetales, pero ahora, su mayor parte estaba siendo cultivada de caña de azúcar. Para esta época de depresión el que de pronto estos terrenos se convirtiesen en fuentes de trabajo fue el cielo abierto para muchos campesinos y sus familias que estaban muriendo de necesidad. La afluencia trajo consigo gente de todos los pueblos limítrofes y también de otros lugares y todo el que llegó a tiempo consiguió alojamiento y trabajo. También de la ciudad de Mayagüez llegaron los choferes que se ocuparían de trasbordar la caña a la central. El corte de caña comenzó el día dos de enero, un día después de yo haber llegado allí.

En la brega de la cocina estaba cuando llegó el tío en uno de los camiones. Se desmontó con el chofer, me llamó y me lo presentó. "Mira, sobrina, este es don Julio Betances, uno de los choferes. Tiene un problema, llegó muy tarde y aún no ha encontrado un lugar donde le preparen los alimentos porque ya todo está copado. Me ha pedido si quizás aquí se le pudiera cocinar, pero le acabo de explicar la situación, que mi esposa está muy enferma y sólo contamos contigo que has venido para hacernos el favor de ayudarnos. Así que de ti depende si es que crees que puedes cocinar también para él. No es cosa de que yo quiera presionarte, pero viendo la necesidad perentoria del joven aquí, pues tu dirás."

Con todo este razonamiento, ¿cómo podría negarme? "Haré todo lo que esté a mi alcance paa cooperar con usted," le dije al joven, "porque, como ve usted, soy muy joven y aquí la familia es numerosa y hay bastante que hacer, pero si usted se conforma, pues ni modo, haremos lo que se pueda por usted". Y así fue nuestro encuentro aquel dos de enero del año 1935, faltando sólo unos meses para yo cumplir los diecisiete años. ¡Quién me hubiese dicho que me hallaba frente al hombre que dentro de poco se convertiría en mi esposo! Pero así sucedió, allí estábamos uno frente al otro, unidos por un destino como sólo un destino sabe hacer las cosas.

Después de algunos días de conocernos y de explayarnos, desvistiendo nuestras almas a nuestro antojo, cada uno se empapó de la vida del otro y comprendimos que teníamos mucho en común. Eramos extremadamente inquietos, soñadores, esperanzados, y a la vez humildes, con sentimientos, persiguiendo metas hacia un futuro cierto y con la única ilusión de vivir vidas plenas y normales, con la única desgracia de ser pobres de recursos y no comprendidos, y él, como yo, cargando con un pasado triste y una infancia totalmente extorsionada y en diferentes aspectos, ambos sufriendo una pena de amor. Sólo en el color de la piel nos diferenciábamos y también en que él era persona de ciudad, mientras que yo era campesina.

Como ya refiriera, Julio era mulato, alto, delgado y esbelto, de cabello grifo, nariz chata, con boca bien formada y dientes muy bonitos y su rostro un tanto hoyado por el acné que había sufrido durante su adolescencia. Vestía a la moda y lucía reloj de pulsera y sortija fina, en otras palabras, todo un elegante caballero, acompañándole una dulce manera de expresarse. Tenía ojos achinados, como puertas francas por las que uno entraba con facilidad para encontrarse con un alma limpia y serena, algo así como una expansión de bondad donde no existía maldad alguna, sólo que las tragedias vividas desde muy temprana edad habíanle golpeado tan duramente que, sin él percatarse, habíase despojado totalmente de su fuerza de voluntad y cuando no estaba ejercitado en sus faenas, recurría a la bebida en demasía, hundiéndose en la embriaguez para poder sobrellevar aquel martirio constante de su vida pasada y a la edad de veinticinco años parecía hombre más maduro y en cierta forma parecía haber perdido su dominio propio. De que Julio fuera adicto a la bebida no lo supe por ahora. Si sabía que se daba sus tragos, pero me parecía cosa normal y como vivía en la ciudad, luego de trabajar toda la semana en la hacienda, allá se iba, pues nadie sabía que era entonces cuando se entregaba a la bebida, regresando los lunes al amanecer a reanudar sus labores. Además, como no era de mi incumbencia su vida privada, pues no era cosa a la cual le pusiera atención. Sólo era un amigo y punto. En otras palabras, no me interesaba su vida en absoluto, sólo que cada día después que terminábamos nuestras faenas, solíamos conversar ya que éramos extraños en aquel lugar y de esta forma nos consolábamos. Y fue así como el tiempo se encargó de lo demás.

Acogerme al nuevo ambiente no fue cosa fácil. La pesada responsabilidad de la familia, la incomodidad del alojamiento y la enfermedad de la tía Anicia eran cosas muy severas para mi corta edad, a pesar de estar acostumbrada a la brega y a la estrechez. Por otro lado, los habitantes de la hacienda eran personas totalmente desconocidas para mí, por lo cual me tomó tiempo familiarizarme con ellos, para descubrir que en su mayoría eran gente maravillosa. Pero el que viviéramos a orillas de la carretera por donde transitaba toda esta gente, en su mayoría hombres y el que yo fuera una joven de mis atributos (modestia aparte), hizo que algunos se interesasen en mí y hubo quien se hizo la ilusión de conquistarme de todas formas, aún hombres casados y sin escrúpulos. Confieso que en este lugar me hallé como ave acorralada, no sólo por los contratiempos ya estipulados, sino también porque los terrenos que nos rodeaban eran cañaverales riscosos y vertientes sin gracia, carreteras, caminos y senderos que se perdían finca adentro, lugares inseguros que no guardaban proporción, donde ni siquiera podía irme a dar una caminata, como tanto me agradaba de chica.

Otra cosa que en verdad me mortificaba era ir a hacer el lavado por lo dificultoso que se hacía. Tenía que internarme por una vereda encentrada, húmeda, fría y resbalosa, de espeso bosque hasta un estrecho e incómodo arroyo que luego se hundía por un farallón abajo. Cuando terminaba, los niños de la casa bajaban en mi ayuda para subir la ropa a casa. Las horas que allí pasaba eran angustiosas y de mucha maquinación. Sólo me fortalecía el pensar que estaba allí por una buena causa y seguía abrigando la esperanza de que tan pronto la tía se fortaleciera, de lo que imaginé fuera un fuerte resfriado, de inmediato me regresaría a casa con los míos, ya que les echaba mucho de menos. Lo que ignoraba totalmente era que la tía estuviese tuberculosa. Tampoco llegaba a comprender qué peligrosa fuera esta plaga.

Otra sorpresa terriblemente desagradable fue que algunas semanas después se apareció Papá nada menos que con Abraham Santiago. Cuando lo vi se me enfrió el alma y maldije aquel momento. ¿Como sería posible que mi propio padre me diera el disgusto de traer con él a este individuo que tanto me desagradaba? Era un viernes de tarde y entre Papá, el tío Riva y un tal Morales, en pocas horas improvisaron un baile. Fue cuestión de horas, pero apareció música y parejas y a eso de las ocho de la noche ya el baile estaba prendido. ¡Cómo recuerdo el disgusto que me causaba Abraham! Insistía en bailar conmigo! ¡Y con lo que yo lo detestaba! Pero estaba Papá de por medio, además los visitantes, y tenía que soportarlo y bailar con él. Su empeño era conquistarme.

"Te necesito, Carmelita y te amo como a nadie he amado jamás y vine a buscarte con tu padre. Vámonos esta misma noche a tu casa en lo que se resuelve lo de casarnos." Yo seguía furiosa, mortificada cada vez que me hablaba de amor o de matrimonio. "¿Qué sabe usted de amor o respeto al amor?" le reproché. "Usted sólo entiende de amoríos y egoísmos y de engañar muchachas con sus cuentos y mentiras. Y a mí mejor será que me deje en paz porque ya se lo dije una vez y vuelvo a repetírselo, con usted no quiero nada y si es posible no quiero que se me cruce jamás en mi camino."

¡Cómo me dolía todo esto! y sin atreverme a decirle nada a Papá, porque sabía que era hombre iracundo e impulsivo, moríame mejor de angustia que atreverme a dialogar con él de cualquier asunto y menos de este. Pero el señor Abraham no paró ahí. Ahora sabía donde yo vivía y llegaba cada vez que se le antojaba y a cualquier momento del día, hasta que ya estuve muy molesta y le despedí con coraje, casi con insulto. "No quiero volverle a ver por aquí, ¿me entiende? ¡Nunca más! Le detesto y me repugna su presencia, ¿o es acaso que no lo comprende? ¡Váyase y no vuelva más, ni solo ni con Papá!" Esto porque ya se habían realizado dos bailes más y yo no quería que esto continuara, primero porque no me interesaba y segundo, pensando en la salud de la tía. Él se enfureció y lo único que me juró, para mortificarme fue que no pararía hasta casarse con una Justiniano. Lo juró y también lo cumplió. Pero, vaya que castigo, si el podía ser un buen marido para cualquier mujer después que se lo propusiera. Sólo que en mi reino jamás entró y nunca le perdoné el que aquél día se llevara a Héctor para indisponerme injustamente con él, ni tampoco de la trampa que me tendió con Rafael y Laura y más que nada, el que en aquella ocasión detuvieran el auto frente a la tienda del Papá de Héctor para jactarse de que andaba conmigo.

Después de todo esto, necesitaba de algo o de alguien que me ayudara a mitigar mis penas y recurría a la iglesia más cercana, a la Iglesia Pentecostal de Naranjales. Ansiosa iba en busca de consuelo y de refugio, en busca de paz para mi alma atribulada, pero sin que nadie invadiera mi privacidad mental o humana. Sin embargo, fue eso exactamente lo que encontré. Me hallé con un grupo de religiosos que se me enfrentaron dispuestos a llevarme a rastras, para hacerme entrar al reino de los cielos y al seno de la iglesia sin entender ni comprender por cuántas vicisitudes estaba pasando. De inmediato quisieron convencerme de una profesión de fe y comenzó la disciplina y adoctrinación. En otras palabras, prepararme como miembro activo de la secta. Comencé muy gozosa a dar los primeros pasos, pero de pronto me encontré con un sinnúmero de cambios y reformas que llevar a cabo y no teniendo suficiente visión para ajustarme a la poda y pareciéndome todo contrario a lo que yo buscaba y necesitaba, en mi ignorancia no divisé la senda y me detuve con mi alma cansada y mi espíritu agotado al igual que mis fuerzas físicas que las usaba en demasía al cuidado de aquel hogar que tanto demandaba de mí.

Hoy, como en otras muchas ocasiones, he recordado aquella preciosa experiencia y entiendo que a pesar de no haber divisado el camino a causa de mi ignorancia y de la grande tribulación que me agobiaba, comprendo que Dios en su infinita bondad y misericordia me había recibido en sus brazos de eterno amor y me había comprendido y había venido a mi corazón para nunca dejarme sola. Cada palabra que escuché, sermón tras sermón, se había apegado a mi mente para serme, por cuchillo y adarga, para pelear la batalla de la vida, cada promesa de Dios como aquella "Todo lo que pidieres al Padre en mi nombre os será dado" y "No se turbe vuestro corazón". "Estaos quietos que yo pelearé por vosotros." "Con mi Dios saltaré muros" y muchas otras promesas me fueron de apoyo y fortaleza en los momentos más cruciales. El mismo Dios me había guiado hasta allí, para prepararme y ayudarme porque El solo sabía la tragedia que me esperaba y con tan solo algunas de estas preciosas promesas contaba para vencer la gran tribulación que se acercaba.

La guerra comenzó una noche cuando de pronto desperté para encontrar que el tío estaba junto a mi cama acariciando mi cuerpo con sus ásperas y duras manos. De un zafón le despegué y quedé sentada con más susto que vergüenza. El muy desvergonzado me hizo silbido con los labios para hacerme guardar silencio, no queriendo despertar a la tía. Después de aquel momento ya no pude conciliar el sueño y la noche se me hizo infernal. No podía concebir ni siquiera la idea de que aquel hombre, que se suponía fuera mi tío, no me respetase. ¿Cómo se lo diría a mi padre que de seguro no me creería? Y si era que me creía estaba exponiéndole a sabe Dios cuantos riesgos, si era que se enfurecía y le pedía cuentas al insolente, Y por otro lado, ¿como me atrevería a decírselo a la tía en las condiciones en que se encontraba la pobre mujer? ¿Me creería ella? Así que, haciéndome mil conjeturas esperé a ver que sucedía, pero confieso que estuve al borde de un colapso, pero sin atraverme a revelar nada a nadie.

A la mañana siguiente, cuando me levanté a preparar el café, pensaba que él estuviera avergonzado por su indigna conducta, pero no fue así, estaba muy campante, fresco como una lechuga y risueño de oreja a oreja y por la forma de mirarme entendí que me había metido en la boca del lobo. Aquel día fue angustioso y desesperante para mí. Quise hablarle a ella, pero en ningún momento tuve el valor. No podía darle semejante disgusto pues estaba delicada y enferma. Además, parecía tan dulce. Ese mismo día le subió la fiebre demasiado y me dijo: "No puedo esperar más, mañana mismo, Dios mediante, voy a ver a un médico. Tengo familia en la ciudad y puedo quedarme varios días allá para así atenderme con diligencia". "¿Por qué has esperado tanto para atenderte," le pregunté. "Has debido ir mucho antes, ¿no crees? Luces muy cansada." Ella, un tanto fatigada, me explicó: "No creas que no he deseado hacerlo, siempre se me ha hecho difícil a causa de tanta responsabilidad. Con tantas criaturas, tanto quehacer y con un marido tan terco como el mío, pues imagínate," terminó diciendo. Tuve que ayudarla para hacerla reposar. Le faltaba el aire y la cubría una palidez macilenta.

Ahora sólo me inquietaba el que ella se fuera a la ciudad, quién sabe por cuántos días y tuviera que quedarme sola con los niños y el sinvergüenza del tío a quien ya le tenía desconfianza. Luego, sin remedio, pues por lo visto no había otra alternativa, ya que era de la única forma que yo podría regresarme pronto a casa. Al otro día partió, llevándose el bebé con ella, luego de darme las instrucciones necesarias. Confieso que me dominaba el temor, pero ya que nada se podía remediar, decidí afrontar la situación y me hice de la idea de que mientras la tía permaneciese fuera, yo dormiría en su recámara con los niños pequeños como acostumbraba ella. De seguro que esto no lo pensó el bribón y seguramente que durante el día se hizo de ideas porque esa tarde, al regreso del campo estuvo muy gracioso, todo risa, chiste y necedad, una necedad nerviosa y luego que hubo cenado se dirigió al colmado de don Celin Medina, diciéndome que regresaría un poco tarde. Yo me aproveché para preparar las camas y poner los niños a dormir y en vez de poner los chicos adentro como lo tenía pensado, les preparé cama en la sala y puse al mayor de trece años a dormir en el suelo en el cuarto conmigo, con el pretexto de que me daba miedo, más en ningún momento le hice saber del problema. Le dejamos la puerta de entrada junta y todos nos retiramos, ellos al sueño y yo sin desvestirme y con el quinqué a media luz. Por el jugueteo del perro entendí que se acercaba y se acrecentó en mí el temor, tanto que no me sostenía en las piernas. Sólo me consolaba que estaba encerrada en el cuarto. Él esperaba encontrar a los chicos dormidos y a mí, naturalmente, despierta en la sala donde estaba mi cama, pero se llevó tremendo chasco cuando no me encontró allí. Se acercó a la puerta y me llamó en voz baja. "Carmen, Carmen, ¿puedes prepararme un poco de café?". Yo me hice la dormida pero el siguió insistiendo y tratando de abrir la puerta. Con esto, el niño quedó despierto y le hice señal que se estuviera quieto. Él obedeció.

Como la ventana era bajita pensé tirarme por ella y huir a casa de cualquier vecino, pero no lo hice por temor a un escándalo y, además, me daría bochorno tener que dar explicaciones de esta índole a nadie. Por otro lado, temía a que él me siguiera si era que se percataba pues yo le tenía terror a los hombres. Así que, en mi desesperación, esperé a ver qué ocurría sin jamás figurarme que aquel inconsciente fuera capaz de tanta bajeza.

Luego de insistir tenazmente para que le abriera y sin ninguna suerte, se decidió a forzar la puerta sin la menor idea de que allí estuviera su hijo mayor. Como hombre fuerte que era, de un empellón rompió la aldabilla y se personó desnudo como su madre lo trajo al mundo y con sus vergüenzas alzadas. Fue horrible la vergüenza y la soberbia que sentí. Quise salir corriendo y no volver a sentar pie en aquella casa, pero ahora lo importante era hacerle frente a la situación. Pensé cubrirme el rostro ante semejante descaro, pero era lo menos que podía o debía de hacer. Turbarme sería entregarme a aquel salvaje que, por lo visto, tenía todos sus sentidos ofuscados. En su furia trató de cerrar la puerta tras sí, pero para su sorpresa su propio hijo, que estaba acostado en el piso se puso de pie entre él y yo y con valor de hombre le mandó a salir de la habitación.

"¡No te atrevas a tocarla!" le dijo. "Acometes contra ella y no respondo de mí!: ¡Debía de darte vergüenza! ¡A nuestra propia prima que está haciéndonos el favor de ayudarnos! ¡Luego también en nuestra propia casa! ¡No has tenido respeto por ella, ni tampoco por nosotros, ni por mamá¡ ¡Jamás pensé que fueras tan bajo!"

El desvergonzado se salió del cuarto, pero aquella fue otra infernal noche para mí. De cuántas cosas había sido capaz y, sin embargo, ahora no encontraba qué hacer ni a quién recurrir porque a nadie me atrevería revelar semejante atrocidad. Aunque tenía que decírselo a alguien, porque me estaba matando la angustia el terror. Sabía que aquel hombre era una amenaza para mí, pero el pensar que era mi tío no me dejaba denunciarlo y menos a Papá. La próxima noche cuando Julio vino a cenar me encontró triste y muy asustada. Tanto insistió hasta que tuve que contárselo todo. Él no quería creerme, pero sabía que yo no era capaz de mentir y menos de inventar semejante barbaridad.

—¡Qué hijeputa! —comentó airado—. ¿Y usted qué piensa hacer al respecto? —me preguntó.

—No lo sé, Julio, no lo sé, pero le juro que tengo mucho miedo. ¿Qué me aconseja usted? —le pregunté ansiosa.

—Bueno, yo creo que lo primero que usted debe hacer es informárselo a doña Anicia tan pronto regrese para que ella tome cartas en el asunto. Luego lo más aconsejable es que usted se lo haga saber a sus padres ya que ellos fueron quienes la enviaron aquí. Además, este no es lugar para una joven como usted. No se qué estaba pensando su padre cuando la trajo aquí.

—Sí, pero decírcelo a mi padre sería lo último que haría. Conozco bien su carácter y se de lo que es capaz en un caso como este, es capaz de asesinar a este bandido que tanto él estima, no sabiendo la clase de persona que es. Y luego, si por yo revelarle lo que hay, mi padre se ve envuelto con la ley, jamás me lo podría perdonar ¿no cree usted?

—Bueno, pero de todos modos, algo tendrá usted que hacer porque, como están las cosas, no creo que podrá quedarse por más tiempo en este sitio. Por lo menos eso creo yo porque si ese tipo ha llegado hasta aquí, sabe Dios de lo que es capaz. Aunque si se va usted, el que saldrá perdiendo soy yo porque no tengo quien me cocine y ya estoy acostumbrado a sus guisos.

—Bueno, eso sería lo de menos. Yo sólo pienso en la tía Anicia que no puede ni con su alma y en ese cuadro de criaturas, que si fueran dos o tres, pero ocho niños bajo esta incomodidad pobreza es algo terriblemente penoso. Por ejemplo, ahí, esta Manuel, ¡pobre niño! Está tan enfermo. Sólo que ella llegue y tendré que irme a llevarlo a cualquier parte para que lo receten, porque si lo dejan así no creo que dure mucho. ¡Pobrecito, sólo tres años y vea que barrigón y qué pálido esta! Tampoco tiene apetito y lo peor son esas diarreas que están acabando con él. A mí que ese niño está empachado. Y no sabe usted, Julio, cómo me duele toda esta miseria y desgracia de esta gente, pero al padre, nada que le importa. Solo piensa en él. ¡Tan degenerado! ¡Tiene los sentimientos podridos! ¡Es un cínico y yo no lo soporto! Pero eso no es todo. Cuando llegué aquí descubrí que a los tres niños mayores se les obligaba en la escuela a bordar pañuelos. Yo estoy relacionada con esta falla, pues en una escuela a la que asistía unos años atrás, usaban esto, pero sólo las niñas. ¿Pero los varones? Creo que va más allá de lo prudente.

—¿Y no se puede hacer algo para corregir esa falla como dice usted? —me preguntó él.

—Claro que sí, ya lo hice. Le mandé una nota a la maestra amenazándola de que que si no suspende el abuso de poner los estudiantes a bordar, sean estos hembras o varones, yo misma me encargaré de escribir al Departamento de Instrucción Pública para reportarla. Y a los muchachos de aquí les dije que en ningún momento le permitan a una maestra que les haga bordar pañuelos, pero me han dicho ellos que desde que le escribí la nota a la maestra se ha suspendido el bordado.

—Bueno, pues gracias a Dios que ha podido usted ayudar en eso porque a la verdad que es abusivo. Con lo atropellado que viven estas criaturas campesinas que desde que tienen uso de razón ya comienzan a luchar y a trabajar, luego mal alimentados y encima de todo eso, ir a la escuela a estudiar y también a bordar pañuelos. Y si el dinero que se ganan fuera para beneficiarse ellos en algo, pero estoy seguro que es la maestra la que usa las ganancias ¿no es así?

—Claro que sí, son ellas las que se benefician. Ah..., mire y volviendo a lo que le dije de esa escuela a la que yo asistí años atrás, las niñas bordaban, yo me impuse y se terminó el atropello. Para entonces contaba yo sólo once años, pero a esa corta edad pude vislumbrar la injusticia y enfrentarme a ella.

—Ve usted, así me gusta que cuando sea necesario hacer justicia se haga y que cuando se necesite el valor para obrar en asuntos como éste, se ejecute sin temor a nada. Así va a tener que hacer con el asunto este del asqueroso de Riva. De lo contrario, se va a ver envuelta en serios problemas. Porque personas como él, sin escrúpulos, son una amenaza para una joven como usted. Luego teniendo que dormir aquí en esa sala junto a él. Mire, deje eso, ¡no quiero ni siquiera pensarlo! Realmente no sé dónde tiene su padre la cabeza. Mire que hay que estar fuera de sí, para traer a una joya de hija como usted a un lugar como este. Y como ya le dije, algo tendrá usted que hacer para salir de aquí porque no creo que en este lugar haya seguridad para usted.

—Ya lo sé, pero por un lado temo y respeto a Papá y, por otro, me acongoja la situación de estos niños. Figúrese, ocho criaturas orinándose todas las noches en la cama. Cuando llegué, ¡si usted hubiera visto! Por las mañanas los mayores enrollaban todas sus cobijas empapadas y las metían debajo de la casa y por las noches cuando se iban a acostar, iban por ellas y volvían a envolverse en ellas, encharcadas y hediondas, ¿usted cree que eso sea saludable?

—Bueno, yo creo que eso es desastroso —comentó él— aunque por lo regular casi todos los chicos se orinan en la cama, ¿no es así?

—Bueno, sí lo comprendo, pero por eso es que necesitan cuidado y atención, precisamente porque son niños.

—¿Pero ha conseguido usted hacer algo al respecto?

Bueno, creo que sí. En primer lugar, les lavo las cobijas a menudo, cosa de que estén limpias y confortables. Por las noches cuando van a dormir les hago lavarse sus pies con agua tibia y que se sequen bien. El encontrarse en cobijas confortables les ayuda a reposar mejor y a no orinarse. En caso de que orinen hago que antes que se marchen a sus tareas o a clases, las tiendan al sol, si es que se me dificulta lavarlas. Luego yo misma me encargo de recogerlas y doblarlas. Las cobijas y pañales de los pequeñitos las lavo a diario; eso conserva los niños felices y saludables y la casa sin malos olores. Porque la tía, aunque quisiera, esa está que no puede ni con ella misma. Así que, como ve usted, esta familia necesita de alguien con suficientes energías para llevar a cabo tanta tarea. Por otro lado, no sabe usted cómo me apena la suerte del niño mayor, sólo trece años y ya está trabajando en las cañas. Es uno de los pinches, usted sabe, de los que sirven agua a los trabajadores. Luego de trabajar la mañana viene cansado y agotado a comerse un almuerzo que no le nutre gran cosa y se va para la escuela. ¿Con qué ánimo cree usted que ese niño pueda estudiar? ¡Qué clase de vida para un niño de trece años! Luego si fuera fuerte y saludable, pero tan delicado y endeble, ya que de pequeño sufrió el raquitismo. Y salve que ahora no va a bordar al salón. ¿Y usted que opina de todo eso?

—Bueno, Carmen, yo diría que esa es la suerte de todo hijo de pobreza. Es todo lo que estos jíbaros pueden dejar a sus hijos, que aprendan desde pequeños a romperse el cuero y a trabajar, para que en el mañana sepan ganarse el sustento de ellos y de los suyos. Y cada cual adiestra a los suyos como mejor puede y en aquello que el padre sabe o entiende mejor, así que a éstos les toca el rudo trabajo de labrar la tierra. De lo contrario, cuando crezcan, se moririán de hambre y como no tienen otro ambiente, pues imagínese, pero lo importante es que se dediquen al trabajo, sea lo que sea, pero a temprana edad, porque si esperan a hacerlo cuando sean mayores entonces se les hace difícil acogerse a la brega, ¿me entiende? Porque hoy día con esta depresión en que estamos viviendo, a menos que uno tenga una profesión o que los padres tengan dinero, le cantan a uno los turpiales, como dice el adagio.

Fíjese a nosotros, me refiero a mi hermana y mi otro hermano, menores que yo y a mí mismo. Nuestro padre, un negro, pero un hombre a cabalidad, era policía estatal, un hombre con un récord honorable, con altos ideales y grandes ilusiones para nosotros. Mi madre, una hermosa mujer blanca y mi abuela, dos modistas de alta costura. Bajo nuestras circunstancias vivíamos bien. Él siempre decía que quería que nosotros estudiáramos, que fuéramos alguien en la vida. Quería que yo estudiara abogacía. Por eso se preocupaba que yo lo hiciera bien en la escuela. Yo ya me había hecho ilusiones y mi meta era hacerme un profesional y un hombre de provecho, fascinándome a la vez la música y el canto; la guitarra que ha sido mi predilección, por lo que pensaba estudiar y a la vez aprender guitarra. Lleno de sueños vivía, cuando quiso la mala suerte que ambos fallecieran, una tras el otro, primero Mamá en toda su juventud. Los celos la hundieron en un abismo del cual jamás se recuperó. Después él, el próximo año lo mataron estando en servicio en una huelga en la Central Igualdad. Contaba yo solo once años entonces. Faltar ambos en término de un año no ha sido cosa fácil de aceptar para mí. Fue como si se hubiese tronchado mi vida por el mismo tronco.

Pero ahí no terminó. Quedamos al amparo de nuestra abuela materna, una anciana de avanzada edad y la única persona que nos quedaba. Se llamaba Escolástica y la llamaban doña Cola. ¡Cómo la recuerdo! Una mujer excepcional de raza española, de un tremendo temple, una mujer de hierro. Ella se hizo cargo de nosotros y el Gobierno nos compró una casa que aún conservamos y le entregó a la abuela una suma de dinero para que ella pusiera un bazar que fue justamente lo que ella quiso, para cuidar de nosotros y mandarnos a la escuela.

¿Pues qué cree? Vino un tío, hermano de Mamá, que en paz descanse, un tipo ambicioso y sinvergüenza, un hijeputa, y se robó el dinero que tenía la abuela metido en una media en su baúl y se fue a disfrutarlo a Santo Domingo. La vieja, cuando se percató que el descarado hijo le habla ahí robado, por poco se muere de angustia. Así que hasta aquí duró nuestra suerte y todo cambió por completo. Tres chicos a quien, alimentar y darle ropa y zapatos y mandarlos a la escuela y la pobre anciana envejeciendo. Pero, de todos modos, nos crió. Hace un año que murió, pero con la satisfacción de habernos ayudado y protegido hasta donde le dieron sus fuerzas, y yo sigo sufriendo su ausencia. No me puedo resignar a tanta desdicha, además de negro, ya ve usted, pobre y solo en el mundo.

Pero eso no es todo. A los catorce años ya estaba zampao en un garaje lavando carros para ayudar al sostenimiento de la familia, ensopao desde el aclarar hasta la noche. Ahí aprendí a beber. La misma gente que traía los carros a lavar, también traía la botella. Al principio uno sólo se daba una chispita para calentarse del frío y la humedad, pero luego iba aumentando la dosis. Y una vez se hace hábito es como una maldición y ya que se da uno unos tragos no es dueño de sí. A veces me aborrezco de la vida y de todo, entonces me meto en palos, porque lo más triste de todo es la soledad, esa maldita soledad, sin familia y sin nadie con quien compartir la vida. Le confieso que es algo sumamente penoso y si es que uno prefiere compañía, pues entonces hay que darse el trago. Porque usted ve, uno tiene amigos mientras uno tiene el peso para gastarlo, aunque también hay su amigo sincero, pero hay que beber con ellos. Y una vez terminada la jarana o se cierra el pueblo y se encumbra la noche y en casa del amigo es hora de retirarse al sueño, regresa uno a su casa para encontrarse de nuevo entre cuatro paredes y vuelve la soledad a mortificar y vuelven los recuerdos y todo un pasado se viene encima. Así es que de la única forma que se puede soportar un poco esa tragedia es con cuatro jiguillazos en la cabeza. Ahora, que si uno tiene una mujercita, entonces la cosa cambia. Bueno, eso creo yo. Porque yo me fijo en algunos de mis amigos. Es verdad que la situación es crítica, pero ellos se ven más felices con su familia que yo que soy soltero.

—Sí, usted lo ve así, pero yo conozco muchos que se dan el trago y la que sufre es la pobre mujer y los hijos. A mí que me libre Dios de semejante cosa, porque yo se lo que es eso, pues con Papá en casa basta y sobra para saber de alcohólicos.

—Ah, bueno, pero usted se refiere a alcohólicos, yo hablo de tragos, que es muy diferente.

—Bueno, yo lo que sé es que después que sea de bebida, respeto el asunto. Porque una persona que bebe es una persona fuera de sus cabales y si lo sabré yo que estoy viendo a Papá beber desde que nací al mundo y a mi pobre madre llorar la gota amarga.

—Bueno, sí, creo que usted está en lo correcto, pero le juro que si una chica tan maravillosa como usted me aceptara en matrimonio, por mi madrecita muerta que dejaba de beber.

—¡Ah, sí! Pues no me lo diga que se lo creo —le dije con una carcajada que me salió del alma y él me sonrió con picardía y ternura. Y así quedó aquella conversación, yo muy ajena a aquellas frases de matrimonio, aunque no niego que se iba ganando mi amistad por su dulzura, su honestidad y bondad.

El que yo le informara a la tía Anicia del indecoroso comportamiento de su marido cuando ésta regresó del doctor fue para tremendo escándalo de parte de él, cuando ella le ajustó a cuentas. Le dijo el muy descarado que todo eran cuentos y mentiras mías, que lo que pasaba era que yo quería irme y por eso me había inventado tal historia. Suerte que el chico salió en mi defensa, pero ya estuve en dificultades. Al padre poco le faltó para darle de bofetadas al muchacho, pero éste con valor de hombrecito, se le impuso frente a su madre y el sinvergüenza tuvo que aguantarse con su genio y sus embustes. De todos modos, ahora tenía un enemigo que no sólo me veía con egoísmo, sino con odio y resentimiento.

De todo lo que me acontecía yo hablaba o lo discutía con Julio, ya que nos habíamos hecho buenos amigos y porque no tenía a nadie más con quien platicar, hasta un día que me dijo: "Mire, Carmen Luisa, a usted se le resolverían todos sus problemas si se casara conmigo. Usted es una chica adorable, me gusta mucho y desde el primer momento que la ví estoy enamorado de usted. No me había atrevido a decírselo, pero creo que usted lo ha adivinado. Me da el sí y ya estamos comprometidos. Soy soltero, tengo mi propia casa, la cual comparto con mi hermano menor, pero si nos casamos usted y yo bien que podíamos vivir todos en familia. Además, creo que tanto él como yo nos sentiríamos muy felices de tener a una damita como usted de dueña y señora en nuestro hogar, así que nos casaríamos y asunto arreglado, yo feliz con una hermosa, linda e inteligente chica como usted y usted feliz de quitarse tanto problema de encima. Porque está claro, éste no es un lugar propio para una joven decente como es usted. Y ya se lo dije una vez y vuelvo a repetírselo.

—¿Y y si me decidiera a irme de aquí, qué de Anicia y los chicos?

—Al diablo con Anicia y los chicos, ese no es problema suyo. Olvídese de todo y piense en usted que si sigue aquí está arriesgándose a muchos peligros con ese puerco hombre.

Así platicábamos, él arriba en el asiento del *truck* y yo sentada en los estribos, mirando en lontananza el vaivén de los inquietos yagrumales, mi pensamiento volando como una paloma sin rumbo y él acariciando mi larga cabellera con sus dedos suaves, delgados y dóciles. ¡Cómo me hubiese gustado estar enamorada de Julio y no sentir piedad de aquellos niños y su madre para en aquel mismo instante pedirle que nos casáramos y que me llevara lejos de todo aquel lugar! Pero no estaba enamorada de él, ni de nadie. Sólo los problemas me abatían y lo que verdaderamente necesitaba era una mano amiga que me ayudara a salir de aquel infierno. Así que le di las gracias por sus bondades y por su ofrecimiento de matrimonio y nos despedimos. Luego a solas pensé en sus palabras, en sus consejos y en su ofrecimiento, pero tendría que pensarlo. Casarme con él sin amor sería tan cruel como toda la aflicción por la cual estaba pasando.

Y como si no bastara con toda aquella tribulación y confusión, llegó a escena otro fantasma, otro hombre de mente torcida, equivocada y malévola. Era P. Cruz, el primer mayordomo de la hacienda quién estaba por sobre los capataces. P. Cruz era un individuo blanco, bajo de estatura, unos cuatro pies y medio, de cara redonda como una luna y con un semblante de hipócrita que podía leerse a leguas. Reía a carcajadas con cierta ironía y al igual que el tío Riva, era un tipo vano y fantasioso y como si no bastara todo esto, también tenía humos de ser entendido en ciencias ocultas, según él, especializado en la Magia Negra. El tío y el eran compadres y se demostraban una cerrada amistad, un tal para cual, y cuando no estaban en sus faenas agrícolas, P. Cruz no salía de la casa de los tíos. Así que, como puede verse, cuando vine a vivir a la hacienda, ya P. Cruz era un visitante regular de la casa. En cuanto llegaba había festín. Llegaban las bebidas y los antojitos y hasta banqueteos que de inmediato se improvisaban, también bailes, de modo que entre una cosa y otra era a mí a quien me tocaba cocinar y preparar y ahí estaba el imbécil y odioso de P. Cruz haciéndome guiñadas y dándome miradas deshonestas y si le pasaba cerca, enseguida trataba de besarme. ¡Cómo me enfurecía todo esto! Ahora no era sólo el tío, sino este otro indeseable que no solo era desagradable sino casado, con un cuadro numeroso de hijos y ya naciéndole nietos. Por un lado el sobresalto con el tío y ahora esta otra cosa, que según él no era sólo brujo, sino también un don Juan con unas técnicas infalibles para conquistar mujeres. Y que por lo visto podía jactarse de ello, pues ya eran unas cuantas las jibaritas inocentes y torpes que habían caido en sus redes, pra luego abandonarlas con hijos, sin amparo alguno.

Todo el mundo conocía la historia de este otro puerco. Se contaba que en una ocasión estaba frente a la tienda de don Celín en El Consumo con sus amigotes de juerga, cuando de pronto se le acercó un chiquillo y díjole: "Papá, papá, dice mi mamá que me des dinero para comprar de comer". El se hizo el inocente, pero el pequeño insistía llamándole y golpéandole las polainas con los puñitos y seguíale interrumpiendo con su súplica, "Papá, papá, mira, mira, dame dinero, tengo hambre". Pero él en un arranque le despegó con frases hirientes y maldiciones, diciéndole que se largara que él no era su padre, aunque todo el mundo sabía que sí lo era. Entonces la madre salió de detrás de la curva y allí frente a todos lo insultó y lo maldijo malamente. Hay quien asegura que aquella maldición le cayó, porque meses después sufrió un accidente automovilístico que le desfiguró el rostro para siempre. Cuando yo le conocí ya lucía las horribles cicatrices.

También tenía P. Cruz otra historia la cual corría de boca en boca y era que éste había deshonrado a su propia cuñada cuando ésta había venido a ayudar, cuando su mujer tuvo su primer hijo. Estas eran las buenas recomendaciones que yo tenía de este insolente. Así que se puede imaginar, mi amado lector, como era que me desagradaba y me atemorizaba su presencia. Lo peor de todo era que P. Cruz daba rienda suelta a sus piropos y requiebros frente al tío, que por dentro se rompía de rabia, pero sin poder hacer ni decir nada. Tampoco se imaginaba P. Cruz que el tío llegara a ser tan indecente como él mismo, a menos que se conocieran tan bien que estuvieran jugando a lo inocente. Pero una cosa sí estaba sucediendo y era que ambos hombres me pretendían y yo enloquecía de ansiedad y temores en medio de toda aquella corrupta atmósfera. En cuanto a Julio, éste se iba todos los viernes a la ciudad y no regresaba hasta el lunes. ¡Qué triste me sentía bajo tanta presión! Y sin alguien de confianza con quien hablar. Él era la única persona a quien hacía todas mis confidencias y ahora cuando regresara, le informaría de los nuevos ataques y atropellos por parte de P. Cruz que se me había declarado abiertamente.

Perdida en mis sinsabores estaba cuando se apareció Papá con un descabellado plan. Traía la idea de que si se hacía posible, comenzaría el negocio clandestino de matar reses para vender la carne en la vecindad. Si todo salía bien, sería fantástico pues era una vasta comunidad. No le fue difícil emprender el negocio ya que P. Cruz era su amigo y enseguida le dio el permiso y muy bien que le convenía tenerle complacido. De inmediato trajo Papá el primer ejemplar, una preciosa y saludable novilla, la cual introdujeron en la espesura de la finca no muy lejos de la casa de los tíos y allí la sacrificaron y trozaron sobre una cama de hojas de guineo, luego de haber ido casa por casa para hacer la venta.

El negocio no le salió como lo había soñado. La mayoría de la gente no pagó la carne y después de resumidas cuentas descubrió que había tenido una enorme pérdida. Después de todo, él no era hombre de negocios, aunque de toda esta refriega la más perjudicada fui yo que me mandaron a lavar el estripaje a una quebrada. Un peón se encargó de llevarlo hasta allá mientras yo cargaba todos los utensilios necesarios para la obra. Aún recuerdo aquella experiencia y se me desconcierta el alma porque aquello era un trabajo de hombre. Cuando me hallé en un lugar solitario y con tal brega, quise morirme y maldije la hora en que a Papá se le había ocurrido semejante atrocidad. Confieso que en mi desesperación tuve ganas de echar corriente abajo todo aquello y regresarme a casa, pero no tuve el valor, achicada, bajo aquellos temores y respeto a Papá, pero aquella tragedia fue única.

Cómo se me presentaba la vida era algo que yo misma no comprendía. Por un lado anhelaba que Papá estuviera a mi cuidado y estando él, más se me complicaban las cosas, como si de todas formas se me empujase a una encerrona sin haber ninguna salida, porque a cualquier lado que volvía la mente solo encontraba barreras. Entonces me detuve a pensar y recordé los consejos que se me habían dado y medité en las promesas de Dios a través de su palabra y descubrí que no había otra salida, otra espreanza u otro camino que no fuera Dios y me aferré a Él en constante oración y súplica. Para ello esperaba cuando estaba sola en casa. La tía se iba casi a diario a inyectarse al doctor, que según razón le había encontrado manchas en los pulmones, cosa que en mi ignorancia desconocía y tampoco ponía atención, sólo que estuve muy feliz de saber que ella se estaba tratando. Así que ella en el doctor, los niños mayores en la escuela y el demonio de Riva en el trabajo. Entonces ponía los chiquitos a dormir después que almorzaban y yo me iba para detrás de la casa, en medio de un espeso cañaveral y allí me entregaba a Dios en oración y súplica. ¡Qué experiencia maravillosa! Allí sentía derramarse sobre mí su Poder Divino. Sentía junto a mi su Presencia de una manera grandiosa y me fortalecía. Allí le contaba a Dios todas mis aflicciones y le pedía que me ayudara porque ya no tenía sosiego, por el temor que le tenía a aquellos dos salvajes. Precisamente un par de días antes P. Cruz me había dicho: "Mire, Carmelita, usted tiene que ser mía por las buenas o por las malas. Así que mire a ver qué piensa, porque no la dejaré escapar. Tengo las formas para hacerla venir rendida a mis pies. Para eso tengo mis poderes y la mujer que me gusta la consigo porque la consigo. Tengo mis trucos y más, se hacer el amor como ningún hombre y la mujer que me prueba jamás me puede olvidar. Además, trabajo con la Magia Negra, que esa es otra. Así que una noche de éstas, sin siquiera usted darse cuenta, sale por ahí a caminar y no para hasta llegar a mí y para entonces yo la estaré esperando con los brazos abiertos, y ya nunca podrá irse de mí. Así como lo oye y no se me ponga changa porque no respondo de mí". No niego que me sentí atemorizada, pero por otro lado había algo en mi que me hacía comprender que todo aquello no era otra cosa que mera fanfarronería. Aún así estuve alerta y seguía orando a Dios que me ayudara, pues las miradas, la palabras y la insistencia de éste me mortificaban.

Par de semanas llevaba en constante oración cuando a eso de las dos de la tarde, hallándome ocupada en el fregado, el tío que entra en la cocina. Al verle me quedé petrificada y como una muerta. Lo miré y leí maldad en sus ojos, mucha maldad y lujuria. Me encontraba sola en la casa y distante de vecinos, en un lugar que, aunque hubiese gritado, nadie podía escucharme. Además, gritar era lo menos que podía hacer, pues era hombre fuerte y corpulento y ya estaba junto a mí. Solo pensé en Dios y con la mente clamé a Él con todas las fuerzas de mi alma y le pedí ayuda porque sabía que estaba perdida. Disimuladamente quise hacerle una que otra historia, para hacerle divagar el pensamiento, pero él sin más ni más, se me fue encima y trabó de mí con todas sus fuerzas para arrojarme al piso. Yo también era fuerte y seguí forcejeando con él, pero él, al encontrar que yo le hacía resistencia me puso ambos brazos en la espalda y con todo el peso de su cuerpo me apretó fuerte de pecho contra una esquina del fogón. Me apretaba a tal extremo que ya me sentí desfallecer. Cuando de pronto, se apareció P. Cruz a la puerta en su caballo y dio las buenas tardes. Aquél se turbó en gran manera, pues esas no eran horas en las cuales él pudiera estar fuera de su trabajo y al escuchar la voz de su superior, se volvió terriblemente nervioso y luego de componerse, gagueando, salió a disculparse con él. Entonces, P. Cruz, un tanto molesto, díjole: "Lo siento muchísimo, compadre, pero usted conoce bien las reglas de la hacienda y usted sabe muy bien que no está supuesto a estar fuera de su trabajo a estas horas, a menos que haya una razón muy especial". Riva, turbado y no hallando que decir, disculpándose, salió disparado jalda abajo.

P. Cruz como que entendió que algo andaba mal, pero se hizo el disimulado y se portó cordial y amigable, y aunque yo le odiaba a muerte, le estuve más que agradecida, pues a no ser por él, sabe Dios si la misma vida hubiese perdido, pues el infame de Riva era capaz de asesinarme por hacerme sucumbir a sus caprichos y bajas pasiones. Yo por mi parte sentíame morir, no sólo de vergüenza, angustia y terror, sino también por el fuerte dolor del abdomen, el cual me había lastimado con la esquina del fogón. Luego que me hube recobrado un poco me disculpé con P. Cruz para hacerle que se marchara, pues sólo deseaba estar sola. Él, muy caballeroso me dijo adiós y se despidió. Entonces me arrojé al piso a llorar desconsoladamente. ¡Cómo me dolía tanta ignominia! ¿Qué había hecho yo para merecer tanto oprobio y humillación?, me preguntaba. ¿Por qué? ¿Por qué?, ¿Por qué, Señor?, grité casi a voz en cuello y sin poder aguantar el llanto, di gracias a Dios por haberme escuchado y porque una vez más me libraba de las garras de otro malvado, de otro monstruo.

Aquella tarde el desgraciado regresó a casa más temprano de lo acostumbrado, pensando que a lo mejor yo le había divulgado lo que pasó a su superior. Y asustado se empeñaba en que le dijera de qué habíamos hablado. Yo no le dirigí la palabra y ni siquiera le miré al rostro y aún seguía llorando sin poderme consolar. Después de que nada me sacó, muy sumiso me vino con otra historia y me abordó en otra forma con otra táctica. En otras palabras, me habló con dulzura y me pidió disculpas por haberse portado violento y rudo, pero que, según él, me amaba hasta la locura y que no pararía hasta convencerme. Yo le reventé con ira, "¡Nunca me imaginé que fuera usted una persona tan vil y tan baja que después que mis padres han depositado en usted toda su confianza y siendo que es mi tío, que se supone que cuide mí y me respete, fíjese hasta dónde ha llegado. Lo que usted se merece es que yo lo denuncie a la policía y también a Papá. Es en la cárcel donde un tipo como usted se merece estar por indecente y degenerado. Y no me presione mucho porque lo denuncio!".

Él estaba rojo como un tomate y a la vez, soberbio. Trató de tocarme para calmarme, pero yo enfurecida seguí insultándole. "¡No me ponga una mano encima porque le va a pesar!" le dije. "¡No respondo de mí y tan pronto regrese Anicia me voy! ¡No me voy ahora mismo para la casa de cualquier vecino por ahí porque no quiero dejar a estas criaturas solas!"

Entonces él con palabras sazonadas me dijo: "Mira, preciosa, escúchame bien lo que voy a decirte. Para tu información, mi mujer está enferma, muy enferma, está tuberculosa y de un momento a otro espicha, así como lo oyes y yo necesito una mujer. ¿Y qué mejor que tú? Lo que tenemos que hacer es querernos. Luego hacer las cosas bien hechas. Fíjate lo que haremos. Yo voy al pueblo y te busco una colocación en una casa de familia, trabajando de criada. También te busco un cuarto que tú puedes pagar con lo que ganas y como comes en la misma casa, no hay problema y voy a verte todos los fines de semana. Y cuando Anicia se muera, te vienes a vivir aquí conmigo y ya. ¿Te fijas que suave? Lo importante es que me quieras porque en cuanto a mí, no hay problema, estoy que me desvivo por ser tu marido. Y eso de que soy tu tío, sácatelo de la cabeza, nena, porque no soy nadita de ti. Tampoco soy tu tío ni cosa que se parezca, así que si eso te estaba mortificando, olvídalo, porque yo soy hermano de tu madre, pero de crianza ¡óyelo bien, de crianza! Yo soy Riva y ella Ruiz, así que mira a ver qué me contestas".

Yo agarré un tizón prendido y me le enfrenté. "Lo que le contesto es que usted es un cerdo asqueroso y no sabe cuánto peso me quita de encima al saber que no es hermano de mi madre! ¡Ya sabía yo! Sólo me gustaría saber qué piensa usted si su hijita ahora de tres años fuera mayor y que un asqueroso vulgar como usted le hiciera semejante proposición como la que usted me acaba de hacer o que alguien se la tratara como usted ha hecho conmigo. ¿Piense en eso y dígame, cómo le agradaría, cerdo?" y con la misma le escupí la cara. Él se enfureció y ahí estaba que echaba chispas cuando divisó a la tía que regresaba de la ciudad. Cuando la vio me amenazó, "No te apures, chiquilla aguzada, que de ti me encargo yo. Ya verás cómo me las vas a pagar todas juntas, a fe que me llamo Paulino Riva, y sepas que vas a ser mía así se eclipse el sol y la luna".

Ahora sí que estuve en aprieto y cuando vino Julio se lo conté todo. No era para menos, pues estaba perdiendo el sentido. Este se encolerizó y lo maldijo. "No puedo creer que sea tan hijeputa y tan canalla. Usted no puede permanecer aquí ni un minuto más. Si me lo permite, ahora mismo voy a llevarla a casa de sus padres. Nos vamos en el *truck*. Nadie tiene que enterarse. Vamos, recoja sus cosas. ¿Qué me contesta?" Yo estaba confusa. No hallaba como quedarme ni como irme. El solo pensar en Papá me trastornaba. Entonces le dije: "Mire, Julio, si esa es la respuesta, lamentablemente no puedo aceptar. Definitivamente comprendo que eso es exactamente lo que debo hacer, pero es que usted no conoce el genio de mi padre. Tendría que explicarle todo y ya no me atrevería".

—Bueno, pues no le explique nada. Sólo dígale que quiso regresarse a casa y eso es todo. Él no la podrá matar por eso. De todos modos, aquella es su casa, ¿no es así? Y qué puede suceder, que le den un regaño? Esto es peor. Bueno, peor no, yo diría que desastroso y arriesgado para usted.

—Es que usted no conoce el carácter de mi padre; le juro que le temo y yo sé que me va a sacar la verdad porque quién sabe no tenga el valor de callar. Y si así fuera, viene y asesina a este bandido y va a parar a la cárcel.

—Pues que lo asesine, si eso es precisamente lo que ese granuja se merece. Lo mata y yo soy el primero que voy a declarar en su favor y estoy seguro que nadita que le pasa. Pero allá usted si no quiere irse.

Luego de una pausa volvió a insistir.

—Déjeme ayudarla, Carmen Luisa, por favor. Váyase con sus padres. Obedezca, que es por su bien. Mire que me he encariñado con usted no quiero que nadie la lastime. —Yo seguía indecisa y él con su insistencia y en una me dijo:

—¿Por qué no nos comprometemos? Una vez que sepan que somos novios verá cómo la respetan y si no, ya tendrán que vérselas conmigo. Soy suficiente varón para hacerla respetar. Además, la amo y usted lo sabe.

—Pero, Julio, ¿cómo nos vamos a comprometer si no estoy enamorada de usted? Le estimo como amigo, pero enamorada no lo estoy—. Entonces por un instante pensé. Estaba consciente del significado del amor. Aún sentía aquella llama quemándome. Julio lo sabía, se lo había confesado todo, días después que él se me declarara por primera vez. Aún recordaba sus palabras, "Ya llegará a quererme. En el corto tiempo que hace que nos conocemos he aprendido a verla como realmente es usted, amorosa, tierna, dinámica e inteligente y sé que si se lo propone, puede hacer de usted lo que quiera. Confieso que es usted una muchacha ideal que muy bien quisiera hacerla mi esposa. Y eso de que estuvo locamente enamorada de ese tal Héctor, no olvide que yo también lo estuve de Gloria Antequera, y cuando tuvimos que dejarnos fue algo muy duro para mí. Así que ambos estamos en las mismas condiciones y hemos sufrido las mismas decepciones. Y qué se imagina, que vamos a detenernos a llorar nuestros pasados fracasos y desengaños, o vamos a olvidar todas esas pesadillas y comenzamos de nuevo a vivir nuestras propias vidas y nuestro propio romance, ¿eh, gordita? ¿No cree usted en el destino? ¿Y si es el destino el que nos ha juntado para amarnos y querernos y vivir eternamente juntos? ¿No cree que eso puede suceder? No sea tonta y escúcheme y salga de aquí, de toda esta inmundicia y de todos estos enfermos mentales, porque eso es lo que son, unos carnales y unos inconscientes. Piénselo y hágame caso. Me haría el hombre más feliz del mundo casándose conmigo".

Recuerdo que yo estaba como atontada y él me interrumpió. "A ver, anímese, diga algo. Parece que está en otro mundo. No piense mucho porque eso también afecta la mente." Yo no pensaba en nada. Estaba tan profunda en mis pensamientos que ya no pensaba, mejor dicho, ya no quería pensar.

Aquella noche Riva no durmió en casa y tuve tiempo para pensar y relajarme. La tía y los niños se retiraron al sueño y yo en mi cama meditaba y rebuscaba con la mente qué hacer con mi vida que, por lo visto se había convertido en un callejón sin salida. Yo que desde que tuve uso de razón me sentí como un gran total. Yo que siempre había vislumbrado la vida como un banquete. Yo que había contemplado la humanidad como una gran familia con quien compartir todas las bienaventuranzas que Dios me otorgara. Yo que era una persona que no me conformaba con migajas de nada, aunque por desgracia hubiese vivido siempre en la miseria, pero estaba en la creencia de que el ser humano jamás debía de conformarse con esto o sucumbir a ello. Yo que estaba cierta de que el mundo necesitaba y esperaba mucho de mí, por lo cual siempre pensaba en desarrollarme espiritual e intelectualmente. Yo que no me conformaba ni anonadaba. Yo que no creía en detenerme, que sentía la vida como una embarcación que prosigue a seguro puerto. Yo que me veía como capitán y navegante de mi propio barco o vida. Yo que me sentía proa y brújula de mi propia existencia y ahora me sentía como encallada en un arrecife. Algo tenía que hacer para salir a flote porque sentíame hundir en el mar de la desgracia y la miseria de todo.

Entonces pensé en las palabras de Julio y en sus ofrecimientos ¿Sería él la puerta abierta, la brecha o salida que Dios me estaba mostrando para liberarme de todas mis dificultades, para obligarme a salir de allí? ¿Qué tal si aceptaba sus ofrecimientos y me encaminaba hacía otros horizontes? ¿Sí, qué tal si era la Voluntad Divina de que me hiciera al mundo donde pudiera crecer y conocer la vida? Tal vez Julio fuera mi suerte y con él hallara todo aquello que tanto anhelaba como escuela, libros, amistades y descubrir el mundo en todas sus facetas y belleza. Por supuesto, él tenía que ser la respuesta. Después de todo era un buen hombre, sólo que le pediría que me dejara estarme un poco de tiempo para ayudarle a la pobre tía en lo que ésta se reponía un poco, pues en ningún momento creí aquello que dijera su marido de que ella estaba sentenciada a muerte por la tuberculosis. Ahora sus hermanos la estaban ayudando económicamente, para que ella pudiera pagar los gastos de doctor y las inyecciones y yo tenía fe que ella iba a recuperarse muy pronto. También estaba en la seguridad de que, cuando Paulino y P. Cruz se enteraran de que yo era novia de Julio, tendrían que respetarme y ya por ese lado estaría tranquila.

Pensaba que una vez había rechazado a Mario Lugo por darle gusto Papá y porque entendía que no estaba enamorada de él, pero esta vez no volvería a incurrir en el mismo error. Y volví a escuchar en la voz de Julio las mismas frases de Mario. "Esperaré a que aprendas a quererme." Por eso aquella noche me hice del pensamiento que la próxima vez que Julio me pidiera que le aceptara o que le diera el sí como decía él, no vacilaría en aceptarle. Entonces sería él quien se ocuparía de cuidar de mí y de darme a respetar hasta que se arreglara todo para la boda.

"Y qué mejor, él también necesita de una chica como yo," me dije, "y si nos proponemos podemos llegar a ser muy felices y yo haré todo cuanto esté de mi parte para lograrlo". Así me perdí en mi pensamientos y cuando desperté, ya había amanecido.

Aquél día me pareció más claro y más sereno, Con ansias esperé a que Julio pasara con el *truck* de caña para la central. Nos dijimos adiós como de costumbre, él pegado al volante y yo desde la puerta. Hasta que llegó el anochecer y él vino a cenar. Después de la refriega de cena y trastes y de ayudar a poner los pequeños a dormir, salimos afuera a respirar el aire fresco de la noche, como de costumbre. El se subía al camión y yo me sentaba en los estribos. Esperé ansiosa a que me hablara y que volviera a preguntarme. Siempre insistía "¿Bueno, gordita, qué has pensado? ¿Me das el sí o qué?" me preguntó con dulzura. Yo no me mostré ansiosa, pero después de una y otra conversación, le dije: "Sí, Julio, puedes contar con mi amistad. En adelante seré tu prometida y ya tú te encargarás de cumplir con tu compromiso. Nos casaremos, Dios mediante. Así que lo puedes decir a todos para que sea una cosa formal.

Él se sintió tremendamente emocionado y feliz. Entonces se quitó su sortija, una bella acerina y me la regaló en prueba de nuestro amor, mientras sellábamos nuestro compromiso con un beso. Yo besé también la alhaja con ternura y como no me ajustaba al dedo, cuando subí arriba la amarré con una cinta y me la colgué al cuello.

—¡Adiós! ¿y qué es eso? —me preguntó la tía—, la sortija de don Betances? —porque así le llamaban todos por su apellido.

—Sí, —contesté yo muy orgullosa. —Me la acaba de regalar en prueba de su amor. Acabamos de comprometernos. ¿Qué le parece, tía, no es algo maravilloso?

En su rostro pude leer el disgusto.

—¿Pero es que acaso te has vuelto loca, niña? ¿No tienes ojos en la cara para ver que ese hombre no hace pareja contigo? —casi me gritó.

—¿A qué te refieres, tía? No te comprendo.

—No me comprendes o es que quieres hacerte la tonta. Tú sabes muy bien lo que yo me refiero— rezongó.

—Pues mira, mija, no sé a qué te refieres —le dije yo—. Es soltero, decente, trabajador y además, elegante. Creo que es una bella persona y un precioso ser humano. Y vamos a casarnos. ¿Acaso tiene eso algo de malo?—le pregunté.

—¿Pero no te das cuenta que es un negro, niña? ¿O es que estás perdiendo el seso?

-¡Ah! Es a eso a lo que tú te refieres, al color de su piel? Pues mira, mija, no valoro a las personas por su color. Lo aprendí desde muy temprana edad. Pero estoy entendiendo que para ti un hombre, aunque sea un cretino, un malvado o un cerdo, después que sea de piel blanca, no importa verdad? ¿No es así, tía? Para ti lo importante es que sea blanco.

—Bueno, yo a lo que me refiero es que tu padre no te va a permitir que te cases con ese hombre porque es de color.

—Con ese joven, será —dije yo con seriedad—. Y mire, tía, por ese joven estoy dispuesta a todo y Papá es el menos que tiene que reprocharme nada pues bastante incomprensivo que ha sido conmigo. Y hace rato que yo le pude haber informado de mis contratiempos aquí. Pero te juro que es por tí que he callado. Te quiero mucho, tía Anicia y me apena tu enfermedad y tu situación. Amo también a tus niños y por eso he soportado las humillaciones y descaros de tu marido que se ha propasado más de una vez conmigo, pero como, según él, no es mi tío de sangre, pues por eso no me ha respetado. Pero ahora que soy novia de Julio Betances, veremos a ver cómo va a ser en adelante. Porque podría irme a casa ahora mismo si quisiera, pero como te acabo de decir, es por ti y las criaturas que no lo hago—. Y eso, que no quise decirle de lo ocurrido cuando el cerdo de su marido se me apareció de momento y quiso abusar de mí por la fuerza. No lo hice por no lastimarla pensando en su condición de salud y porque me pareció que no se merecía tal dolor. Pero con todo y lo que hablamos y que le confesé que la estimaba mucho y que era más por ella que me arriesgaba a quedarme, a ella como que no le gustó el que yo me hubiese comprometido con Julio y en cuanto llegó su marido, se lo despepitó todo. Aquel recibió la noticia con ira y con sarcasmo y entre risotadas dijo: "¡No me digas que la sobrina se ha comprometido con ese negro, ja, ja, ja, ja!" y cuando la tía no estaba mirando me señaló hirientes amenazas. Yo me demostré feliz y tranquila y con aire de confianza le dejé ver que estaba en serio con Julio y que ya verían cómo ahora todo iba a cambiar.

Al día siguiente todos en la hacienda se enteraron de nuestro compromiso y el que vino a casa a toda carrera en el mulo fue P. Cruz. Quería cerciorarse por sí mismo si era verdad lo que se comentaba. "Pues sí," le informó su comadre. "Ya ve usted, compadre, aquí la niña se ha salido con la suya y se ha comprometido con el don Betances. Pero ya le advertí lo que le espera cuando venga su padre y si no, yo misma le escribiré para hacerle venir lo antes posible, porque aquí en mi casa yo no permito esa clase de noviazgos."

P. Cruz me miraba con asombro. Luego, con mucha zalamería me dijo: "Pero venga acá, Carmelita, verdad que usted no está en serio con don Betances?"

—Oh sí y bien en serio, ¿por qué? ¿Tiene usted algo que objetar al respecto? ¿Acaso es usted alguien que pueda o quiera oponerse a nuestro compromiso? —le riposté con carácter.

—Bueno...yo...yo... —titubeó el gordiflón, mejor conocido por tapón y barril.

—¿Yo qué? —le pregunté con autoridad—. Es que tiene usted algún derecho para oponerse a ello?

—Oh, no, no...a la verdad que nooo, pero como la conozco y basta que sea de aquí, de esta casa, para considerarla como de la familia y a la vez como hombre me gustaría aconsejarla.

Yo me reí a carcajadas conociendo la clase de individuo que era. Y fijando la mirada en la suya le reventé: "¡Ay, por favor, señor Cruz, no me haga usted reír! ¿Aconsejarme usted a mí? No me diga. Pues mire, señor, para su información, no necesito consejos de personas como usted o el tío Riva. Ambos a cual más mezquino, insano y egoísta, incapaces de atender a sus propios hijos y tan espontáneos para aconsejar a las hijas de otros. Pero no crea, me doy exacta cuenta del porqué de tal interés. Claro que sí, que lo entiendo. Pero sepa usted que no soy huérfana en el mundo, por lo cual no voy a carecer de consejeros. Así que, por mí, despreocúpese, que no necesito sus consejos. Guárdeselos para sus hijos.

Él se puso tremendamente acalorado y alzando la voz me dijo: "Usted fíjese bien como me habla. Parece que no me conoce todavía, pues quiero que sepa que si me propongo puedo hacer de usted lo que me plazca. Todavía no se me ha escapado la mujer que me guste y la puedo poner ahí a mis pies a llorarme y a quererme si me da la gana, con los poderes que poseo. Lo que pasa es que no me lo he propuesto, pero no me haga que me decida a mi manera".

¡Cómo me enfurecí al ver a la tía gozarse como tonta de las estupideces de aquel imbécil! Entonces con desprecio y asco y, además, alterada le dije: "Mire, Cruz, usted me tiene sin cuidado, porque usted es tan sólo un fanfarrón, un cuentista, un mentiroso y un estúpido idiota con ventolera de brujo. Y si alguna ignorante le ha creído su basura, yo no. Tampoco le temo y tampoco le voy a coger sus mierdas. Y usted a mí me respeta porque soy una señorita decente y porque hoy soy la novia de don Julio Enrique Betances y sepa usted que no le temo a usted ni a nadie y váyase al diablo con sus amenazas de magias, sean del color que sean". Luego le di la espalda y me marché a mis quehaceres.

Él no esperaba mi reacción ni tampoco ella. Entonces furioso le picó a la bestia y salió disparado, perdiéndose por la curvosa carretera. Ella quiso altercar conmigo y como regañarme por mi comportamiento con su adorable compadre, pero yo no se lo permití. "¡Un momento!" le dije. "Aquí vine a cuidarla y a servirle, claro que con amor. Los he respetado a todos y conforme a mi capacidad he tratado de hacer lo mejor. Sin embargo, a mí no se me ha considerado como creo que merezco. Y tampoco he protestado a nivel de justicia y dignidad. Pero si se me presiona y no se nos respeta a mi novio y a mí, me voy a mi casa por donde mismo vine. Porque ya me estoy cansando de todo y de todos. Y si me obligo a quedarme es por usted y por los chicos, porque sé que me necesitan, pero tiene que ser por lo correcto. Y si no puede ser así, lo siento pero mañana mismo me regreso a casa. En cuanto a Julio, él sabe dónde vivo y si es que me quiere, ya buscará las formas de ir a verme."

—Ah, mija, pero si no es para tanto —comentó ella—. Y que irte, de ninguna manera. ¿Cómo puedes hacerme eso a mí, siendo que estoy tan enferma y necesitada de tu ayuda? Se que mi marido se ha portado suciamente contigo, tú tan buena que ni siquiera se lo has dicho a tu padre y que si fueras otra ya te hubieras marchado, sin embargo, tan dulce y sacrificada por nosotros. ¡No sabes cuánto te lo agradezco! Ya Dios te lo pagará. Pero, por favor, no te marches, no me dejes sola, te lo suplico, más ahora que estoy yendo al médico.

—Bueno, pues me alegra mucho que lo veas de esa forma ya que quiero cooperar contigo, pero a tu marido y a ese otro asqueroso Cruz, que me dejen en paz.

Al otro día le conté a Julio todo lo sucedido. ¡Cómo recuerdo su reacción, su rostro dolido y triste, con una amargura madura y profunda, algo que se miraba y se adivinaba que con él vivía, la calma y la paciencia que me habló! "No te apures, gordita, no te aflijas por nada. Así es la gente, llenos de celos, de complejos y prejuicios. Es la gente la que valora o degrada a uno. Es esta maldita sociedad en que vivimos donde predomina la injusticia. Eso es todo, la injusticia. Todo depende de lo que quieran con uno. Ya sabía yo que esto iba a suceder. Me lo esperaba. Conozco muy bien a la gente en la corta edad que tengo. Pero no hay que hacer caso. Sé muy bien que mi piel es oscura, ésa es mi desgracia, pero como no puedo hacerme el pellejo blanco para agradar a los demás, pues ni modo, hay que tirar pa'lante. Ahora lo importante somos nosotros, que seamos sinceros con nosotros mismos y tengamos el valor suficiente para vencer todos los obstáculos y tú, por tu parte, da gracias a Dios porque eres blanca y bonita, porque ser blanco es una carrera y a mí que me parta un rayo." Esto último lo dijo con cierto resentimiento.

—¿Acaso no crees que esas son las causas, en parte, que llevan a uno a la bebida y sabe Dios a cuántas cosas más? Claro, linda, es la falta de amor y de comprensión de la humanidad. Es igual que si apuñalaran a uno, igual de cruel, chiquita. Porque ¿qué tiene que ver el color de la piel si uno es decente y caballero? Eso es lo importante, pero no, mi amor, no quieren aceptarnos como somos, nos ven como a un animal, como a una plaga. Sí, y te lo demuestran descaradamente ahí en tu propia cara, basura como estos dos tipos de aquí, con el pellejo blanco, pero con la mente podrida, y eso tú lo ves aquí entre los jíbaros y adondequiera y en cualquier sociedad. Ahora que si uno tiene dinero, la cosa cambia. Entonces como que uno se ve de otro color. Entonces ves tú al blanco besándole el trasero al negro y cómo que no apesta. Y como ves, no hay cómo entender al mundo. Por eso yo digo que lo mejor de los dados es coger la vida como venga, porque si no, gordita, se lo come a uno un caballo mellao, o se le explota el corazón. Así que tú, tranquila, que yo voy a ver cómo le hago para que nos casemos lo antes posible.

—Bueno, pero primero tienes que hablar con mi padre para pedir mi mano.

—Ah, pero si es para una sola mano, entonces olvídalo. O todita tú o nada. —Esto lo dijo con picardía porque tenía el buen sentido del humor aunque el mundo se le estuviera cayendo encima.

Yo, que imaginaba que el comprometerme con Julio sería la solución a mis problemas. ¡Bendito sea Dios! Si no fue otra cosa que el estallido de una bomba de tiempo, porque ahora hasta la misma Anicia se me volvió en contra y no sé cómo se apareció Papá más pronto que lo acostumbrado. Presumo que de seguro enviaron por él, porque de primera intención le comprendí contrariado y él no sabía esconder el coraje aunque quisiera. Confieso que ya no tuve sosiego y en cuanto él llegó, la tía me mandó con el niño Manuel a casa de una curandera que vivía en el barrio para que lo recetaran. Así que me despedí después de vestir al chico y fui por la receta mientras ellos se quedaron a sus anchas discutiendo el asunto de mi noviazgo, que por lo visto a la tía, le había también afectado tremendamente.

Caminar por caminos soleados con aquella alma en pena fue algo muy triste. La mayor parte del camino tuve que cargarlo en brazos, pero al fin, después de casi tres horas regresamos con la receta a base de guarapillos y purgante de flor de ceniza, pues según la curiosa el niño sufría de un empacho que, a no ser que se le atendiera con diligencia, la pobre criatura estaba en camino del cementerio. Yo estuve de acuerdo con ella porque ya el chico no podía ni con su alma. En cuanto a mí, en parte estaba asustada, pero por otra me sentía confiada y de buen ánimo, pues según estaban las cosas entendía que yo estaba venciendo y esto era favorable después de tanta tragedia.

Papá no esperó bien a que yo llegara para reventar y casi a voz en cuello me exigió una explicación en cuanto al rumor aquél de que yo andaba de novia con un negro. Hasta aquí siempre me había muerto de miedo al dialogar con mi padre, pero esta vez, después de tantos disgustos, humillaciones y contratiempos, recobré ánimo y me arriesgué a decirle la verdad y a defender mis derechos de ser humano y también a defender a Julio, mientras él enfurecido caminaba de un lado para otro como una fiera enjaulada, como no queriendo escucharme.

—Cálmate y escúchame, Papá, por favor —le rogué—. Creo que estoy un poco mayorcita para que por lo menos se me escuche ¿no crees? Hasta aquí todos, comenzando por ti que eres mi padre, no han hecho otra cosa que manejarme a su antojo, de lo cual me estoy cansando. Nadie nunca ha querido escucharme ni han querido darme cooperación ni una oportunidad para ser yo misma, o lo que quiero hacer de mí, una persona desarrollada mentalmente y útil. Sin embargo, ya ves que ni tú mismo te has detenido a pensar que soy tu hija y un ser humano que merezco y necesito comprensión. Sólo he servido para servir a los demás, ya sea por amor o por obligación, sin poderme realizar a mí misma. Con lágrimas y angustia deseé estudiar, pero a nadie le ha importado y se me ha negado ese derecho tan mío y se me ha engañado como lo hizo tío Eduardo. Cuando amé a Héctor con locura y él tuvo problemas nadie nos pudo ayudar, cuando sólo necesitábamos un poco de ternura y comprensión, hasta que lo perdí. Y cuando ha habido un desgraciado como Abraham Santiago persiguiéndome, todo parece como que hay quien lo apoye para mi propia desgracia. A esta casa vine y no por mi voluntad. Tampoco quiero explicarte cómo me ha ido y no creas que me ha sido placentero. Ni quiero entrar en detalles ni darte disgustos. Ahora, después de tanta agonía, he decidido por mí misma liberarme de tanta injusticia y hacer lo que me ha parecido sea una puerta abierta a tanta desilusión. Te confieso que no estoy apasionadamente enamorada de ese joven, pero voy a tratar de rehacer mi vida y voy a casarme con él, aunque tenga la piel oscura. Le amo porque es decente y bueno y no me importa el color de su piel, sino su persona y su dignidad, Así que estoy decidida a casarme con él. Sólo espero que tú des el consentimiento.

Cuando hube terminado de hablar, Papá estaba sumiso, enternecido. Parece que había entendido mi franca resolución y comprendido que estaba resuelta a todo y sólo se limitó a decirme: "Bueno, pues dile al negro ese que quiero hablarle y sepas que te casas con él, pero en contra de mi voluntad y en adelante, entiéndelo, no quiero nada contigo. Estás fuera de mi reino, ¿lo oyes?" vociferó. "Mire, a qué casarse con un negro, habiendo tanto hombre blanco" volvió a tronar. "No faltaba más, no faltaba mas", balbuceaba, ahora restregándose fuerte el cabello. Anicia acompañaba con gestos las frases hirientes de Papá y me miraba con encono y cuando dijera él aquello de que me sacaría de su reino, ella me dio una mirada despreciativa. "Infeliz mujer," pensé yo, "tanto como me he preocupado por ti y con lo que me pagas." Confieso que en aquel instante sentí desprecio y disgusto por la vida y por la gente y por todo, sólo que aquella seguridad de pertenecer a Julio me daba fuerzas para seguir luchando. Entonces respiré profundamente, levanté el rostro y me sentí importante.

Papá se marchó enseguida, pero me dijo que regresaría lo antes posible para formalizar el compromiso con mi novio. Si no hubiese sido por Julio me hubiese ido a casa con Papá en aquel mismo momento, porque ya no podía resistir la hipócrita mirada de aquella mujer. Jamás la pensé tan injusta, o quizás a ella no le convenía que yo me casara, para que siguiera siéndole criada y sirvienta. Quién sabe cual sería su intención, pero cualquiera que fuera ya me había lastimado lo suficiente como para no confiar en ella. No la odiaba, pero tampoco me inspiraba lástima como antes. Pasaron unos días y todo parecía normal, aunque se podía respirar la incomodidad en el ambiente y tal parecía que el matrimonio se disponía a todo para hacer que nuestro compromiso se rompiera. También P. Cruz se unió a ellos en cierta forma. Todo parecía estar en mi contra. Vivía en la hacienda una muchacha de mi misma edad llamada Mariana. Una chica morenita clara, delgada y graciosa que en aquel entonces era una chica totalmente liberada, un caso excepcional. Era única hija mujer, con varios hermanos mayores y tanto sus padres, un poco ancianos, como sus hermanos la amaban entrañablemente y la consentían y mimaban. Aún en la pobreza que se vivía a Mariana no le faltaba nada. Vestía a la moda, usaba zapatos bonitos y cosméticos. Tenía la libertad de salir y nadie se lo impedía y tenía amigos con quien salir al cine, a bailar y al pueblo. En fin, Mariana era feliz, sólo que como toda joven buscaba novio con quien casarse.

A Cruz y a los demás hombres de la hacienda les chocaba el que esta chica llevara una vida tan regalada y cómo ella no se dejaba mangonear de ninguno de ellos porque tenía la lengua ligera y si se propasaban con ella les colmaba de insultos, por eso a ninguno le caía bien y sólo se complacían en llamarle nombres "la sardinilla" por su físico delgaducho y por su carácter liberado y escurridizo.

A Mariana siempre le había gustado Julio y él como hombre la piropeaba, pero eso era todo. Pero ahora que todos sabían que él y yo eramos novios de compromiso, Cruz, Riva y Anicia se aliaron para jugarle bromas a Mariana, sabiendo que a ella le caía bien Julio, haciéndole creer que debía conquistarlo. Ella, coqueta al fin y como que nada le importaba y a nadie temía, les siguió la corriente y quiso jugarse el papel. Así que comenzó por ir al corte de caña adonde cargaban los *trucks* para hacerle el lado a Julio. Él, siempre respetuoso y serio, pero claro, como hombre al fin, le seguía la corriente hasta que Riva vino a casa con el cuento de que Mariana y don Betances estaban enamorados. Con ello consiguió exactamente lo que quería, porque a la verdad que ya estuve celosa y cuando Julio vino a cenar me encontró llorando. Tuve que decirle la verdad y él muy amoroso me quitó la majadería de la mente y ya estuvimos contentos.

Pero al día siguiente sucedió lo inesperado. Escuché el *truck* repechar por la cuesta cargado hasta las teleras y como siempre, me dispuse a decirle adiós desde la puerta, cuando noté que al pasar él aceleró y ni siquiera me miró y divisé que a su lado viajaba Mariana. ¡Qué angustia me cubrió! ¿Cómo era posible que él me hiciera semejante cosa? Me enfurecí y tomé papel y lápiz y le escribí una carta desengañándole y aquella noche cuando se despidió de cenar se la dí, sin darle oportunidad de hablarme. Él, bastante acongojado, se fue llevándose la carta y allí comenzó una semana de inquietud y discusiones, pues cada vez que nos veíamos era para yo discutir y él para hacerme entender que nada tenía que ver con la joven, sólo que ella le pidió que la llevara hasta el pueblo y él como caballero no se atrevió a negarse. Mucho se esforzaba en hacerme entender, pero para mí que Anicia se había confabulado con la chica para mortificarme y romperme el compromiso, porque ahora Mariana visitaba la casa con frecuencia, lo cual no hacía antes y como yo por lo regular estaba muy ocupada en los quehaceres, mientras ellas se echaban a un lado a cuchichear y reírse como tontas, como burlándose de mí, la cosa era que Mariana insistía en hacerle el lado de Julio y en ocasiones me tiraba puyas para ponerme celosa. ¡Cómo me mortificaba todo aquello! Y a solas lloraba, pensando que para mí no había dicha completa e imaginaba que había venido al mundo con la maldición del sufrimiento y pensaba que nunca hallaría paz. Y como amaba a la humanidad, más me amargaba, porque no era mi intención lastimar a nadie, sino todo lo contrario y me desvivía por agradar a los demás, anhelando a la vez ser correspondida, pero por lo visto no lo conseguía.

Aquella misma semana, estando yo haciendo el fregado, ya oscuro se me acercó Riva con sus frescuras de siempre, burlándose de mi compromiso con Julio y sin más ni más, me recitó unos versos vulgares, burlones y humillantes. "Escucha esto, muñeca," me dijo, "a ver como te gusta":

Al negro lo hizo Dios
para completar un grupo

y como lo encontró tan bruto
al Diablo se lo entregó.
La cabeza le dejó
prieta como un comején
y el negro por justa ley
y por su mala conducta
debe de estar con una tusa
limpiándole el culo al buey.

Una cosa como ésta, viniendo de una persona vulgar y mezquina como Riva, no me tomó por sorpresa y aun en mi corta edad, lo que sentí por él fue lástima y tuve el buen juicio para valorar los sentimientos y dignidad de Julio, a quien traté de defender en una forma honrosa y delicada. "Julio es un precioso ser humano, —le dije—, un buen hombre y una persona decente y respetuosa y esas virtudes no se desmerecen por el color de su piel ni con todo el lodo que usted quiera arrojarle. Ojalá que usted tuviera los sentimientos de él, otra cosa sería", le dije. Él, como siempre, se limitó a reírse burlonamente. Yo por mi parte sentía todo aquello demasiado humillante, denigrante.

Unos días después, vísperas de Semana Santa, vino Papá para conocer a Julio y a la vez hablar de nuestro compromiso. Recuerdo que fue directamente al corte de caña porque le urgía verle. Durante el día Julio no tenía tiempo, aunque era su deseo comunicarse con él, y Papá en su apuro no quiso esperar, pues por lo visto había venido más por compromiso que por deseo o voluntad. ¡Cómo me lastimó el que Papá fuera directamente al trabajo para hablar con mi novio de un asunto tan delicado como el de un compromiso matrimonial! Me pareció demasiado incorrecto el que no se le diera a esto su debido valor, aprecio y respeto, pues bien que me hubiese gustado que cenáramos todos juntos para hablar respetuosa y detenidamente de algo tan sumamente importante para Julio y para mí. ¡Qué bonito y hermoso hubiese sido de este modo! Pero a Papá nada que le importaba, así que ninguna importancia le dio al asunto. Grande y profunda fue mi pena y profunda mi humillación, pero nada podía hacer.

Cuando Julio vino a cenar por la noche me contó del apuro de Papá, que más bien quería mirarle al rostro que formalizar un compromiso de esponsales. Dijo Julio que parecía ansioso de zafarse a la ligera de su responsabilidad a cumplir con un requisito de tales principios. Confieso que estuve muy afligida y lloré a solas porque aquello me había dolido en lo más profundo de mi ser. Me hería el pensar que cuanto intentaba, hacía o pensaba tuviese maldición y en nadie encontraba confianza o apoyo, sólo en Julio; y ahora mismo teníamos problemas por causa de Mariana que se complacía en mortificarme. ¡Cómo tuve ganas de romperle la nariz para hacerla recordarme para siempre! Pero no debía ni podía hacerlo ya que me hallaba en corral ajeno y me sentía con el deber de respetar. Además, era novia de Julio, aunque le había escrito aquella carta en la cual descargué todo mi coraje. Porque como estaba tan sufrida, quizás dije más de la cuenta, aunque después me sentí profundamente arrepentida y muy triste, pues amaba a Julio con ternura: más, por otro lado, a pesar de mi temperamento, siempre quise ser buena, amable y respetuosa con los demás. Después de esto ya estuve avergonzada y no quería ni verle, aunque él me perdonaba mis ignorancias y chiquilladas, como decía él y estaba dispuesto a que volviéramos a reanudar nuestras relaciones y que nos olvidáramos de Mariana y de todos, porque según él, todos nos tenían envidia. "Sí, eso es todo, envidia."

Así que aquel Sábado de Gloria, por cierto, al anochecer nos volvimos a contentar y ya todo quedó arreglado y él fue al colmado y trajo una botella para festejar nuestra reconciliación. Riva se puso furioso cuando vio a Julio brindando por nuestra felicidad y cuando éste le pidió que le acompañara en el brindis, aquél se negó rotundamente y con aspereza dijo: "No, gracias, no tengo ningún empeño en beber y menos en brindar. Beban ustedes que son blancos y se entienden", Julio por poco se rompe de risa al escuchar dicha frase, sabiendo cómo era que le tildaban de negro, y Riva, al entender que había metido la pata, más se encolerizó. Ahí estábamos entre una cosa y otra cuando llegó un muchacho, hijo de un vecino de la hacienda para invitarnos a un baile que se iba a celebrar esa noche en un sitio denominado La Joya Fría en casa de un tal don Jaime.

Lloviznaba tenuemente, pero como se acostumbraba a bailar siempre en el Sábado de Gloria por la noche, pues ya la gente bailaba aunque lloviera a cántaros. Riva quedó en ir y Julio le pidió permiso a la tía para llevarme a mí, aunque fuera un rato. Ella estuvo de acuerdo y luego de acicalarme un poco y cambiarme de traje, salimos. Riva caminaba delante llevando un perrillo amolado, costumbre del jíbaro de entonces y nosotros dos seguíamos detrás despacito, muy felices de habernos contentado, mientras que aquél raspaba fuerte entre cuando y cuando el perrillo sobre la carretera para demostrar su machismo y hablando una que otra fanfarronería o idiotez, sazonada siempre con ironía o sarcasmo. Yo caminaba de la mano de

Julio y parecía más una niña a la que se cuida y protege, feliz, orgullosa y tranquila, con la seguridad de que había hallado mi felicidad. Jamás me sentí tan protegida y segura y a medida que avanzábamos tuve la sensación de que aquella senda era la vida y que Julio era mi ángel guardián que había llegado para serme guía y protección y me embargó una tremenda y enorme felicidad. Entonces respiré fuerte y profundo el aire fresco y húmedo de la noche y a la claridad de la bella luna Julio fijó su mirada en mí, me sonrió y con dulzura inclinose para besar mis tiernos labios, ansiosos de amor. Tres meses y medio justos habían transcurrido desde que había a llegado a la hacienda. Tiempo de amargura y sobresalto. Muchas lágrimas había derramado en silencio, sin siquiera mis padres saberlo. ¡Si los abuelos hubiesen sabido cuánto estaba sufriendo! ¡Cuánto había batallado! Igual que si hubiese sido arrastrada por una caudalosa y turbia corriente, sin tener una mano amiga que me socorriera. Y el sólo pensar que tendría que seguir en aquella casa hasta el día de la boda me contrariaba mucho.

¿Seré capaz de soportar más injusticia, de toda esta gente por más tiempo? me preguntaba. ¡Con lo que le temo a Riva! Y ahora también la tía Anicia que parece haberse recelado contra mí. Y si Papá no se hubiese portado tan frío y rebelde cuando vino a hablar con Julio y me hubiese llevado con él, en lo que Julio arreglaba todo para casarnos ¿no hubiese sido lo ideal? Y si Mamá fuera comprensiva e hiciera que Papá me llevara de regreso a casa junto a ella, ¿no sería lo mejor para mí? Si ya Anicia está recuperada y puede muy bien seguir sola. Además, ¿por qué tengo yo que preocuparme por ella si a ella nada que le importo yo? Sólo que me necesita, eso es todo, claro que me necesita. Pero yo creo que debía tener más respeto y consideración para mí. Además, ¿por qué tanto prejuicio por Julio porque es de color, si eso a ella nada que le importa. Y así seguíamos caminando y yo continuaba con mi soliloquio.

¡Ah, si Julio pudiera hacer todos los arreglos para casarnos lo antes posible y me llevara de este infierno! ¡Qué feliz sería, yo que he sufrido tanto en la vida! ¡Cuánto daría por tener mi propia casa junto a Julio que es bueno! ¡Ay, Señor Dios, tú que todo lo puedes, haz un milagro y sácame de casa de Riva, sabes cuánto le temo, Señor! ¡Ayúdame, Dios mío, Tú que todo lo puedes! Esto último lo pensé en voz alta y Julio creyó que a él le hablaba y me preguntó, "¿Que te pasa, gordita, dijiste algo?".

—No es nada, mi amor, sólo pensaba en voz alta, eso es todo.
—¿Y se puede saber qué pensabas?
—Cosas sin importancia, tonterías que le vienen a uno a la mente, tu sabes.

¡Cosas sin importancia! ¡Si tan sólo él hubiese adivinado! ¡Cuántas cosas se amotinaban en mi mente y cómo rogaba a Dios en mi angustia! Y así, casi sin darnos cuenta, llegamos a la casa donde se iba a celebrar el baile.

El terreno estaba tremendamente saturado de lluvia, ya que hacía varios días que estaban cayendo fuertes aguaceros. Al llegar al batey toda la familia y amigos salieron a recibirnos. Los jóvenes de la casa estimaban mucho a Julio y se reunieron con él y las muchachas conmigo y el señor de la casa bajó para hablar con el tío. Aún la música no llegaba; se había retrasado y todos comentaban que era a causa de la fuerte lluvia, pero se abrigaba la esperanza de que en cualquier momento apareciera. "Son unas personas muy responsables," comentó don Jaime. "En otras ocasiones ha llovido también mucho y sin embargo siempre han venido." Todavía estábamos en el batey sin atrevernos a subir a causa del lodo en los zapatos y seguía la buena familia instándonos a entrar y se esforzaban en ayudarnos a limpiar nuestro calzado. De todos modos, había que hacerlo si era que el baile se llevaba a cabo. Yo subí para no hacerme de rogar y las chicas me proveyeron con qué lavar y limpiar los míos, mientras los caballeros permanecieron en el batey charlando hasta ver si llegaban los músicos, mientras se daban traguitos.

Todos estábamos ansiosos porque aquella música apareciera. Había bastantes parejas con las jóvenes de la casa, más algunas más de los vecinos. Pero creo que la más ansiosa que estaba por bailar, aunque no lo dejaba ver, era yo. Tenía necesidad de sacarme del sistema toda aquella depresión que me estaba arruinando y a la vez sentirme mimada en los brazos de Julio que lo sentía como frondosa sombra en mi angustia y como único refugio en tanto desasosiego y más que un amigo en quien confiar, un amor que llenaba el gran vacío de mi alma. Lo admiraba por muy hombre, por bueno y sano, humilde y complaciente, tanto que mí alma sintió ganas de metérsele en su alma para conseguir paz y tranquilidad.

Así estaba absorta, perdida en mí pensamientos mientras el resto de la concurrencia en su algarabía, tertuliaba, dialogaba y soltaba uno que otro chiste picante que se entendía por la forma en que reían y, entre una cosa y otra, caía otro fuerte chubasco que entristecía a los ansiosos bailadores, mas con la esperanza de que en cualquier momento se obrara el milagro y se escuchara el resonar de cuerdas o el 'chiquichí, chiquichí' del güiro o el 'pun, cutupun, pun, pun' del bombo. Y cuando no era uno, era el otro que decía que escuchaba la música bajar por la colina. Entonces todos hacíamos silencio parábamos el oído, pero sólo era la imaginación. Yo sí que en mi ansiedad escuchaba a los músicos jalda abajo por la espesura del bosque, con todo el acompañamiento. Yo sí que escuchaba la melodía, aunque nunca hubiesen aparecido. ¡Cuánto necesitaba envolverme en un poco de música, baile y cánticos para borrar mis amarguras! ¡Cuánto lo necesitaba! Pero pasaba el tiempo y no llegaba. Entonces Julio miró el reloj y dijo: "Las once en punto," y Riva, haciéndose el enfadado replicó, "¿Las once? Ah, pues entonces nos vamos a casa, sobrina. Usted, don Betances, si lo desea puede quedarse, pero ella y yo nos vamos".

Julio habitaba acá en la hacienda, precisamente cerca de donde estábamos, junto a la casa grande de los patrones. Ahí tenían sus habitaciones los choferes, mecánicos y criados. Aquí se alojaban durante la semana, pero como era fin de semana y días festivos de Semana Santa, todos se habían marchado a sus hogares, excepto Julio. También la familia del patrón estaba en la ciudad, sólo Pabín, el ama de llaves estaba en la casa grande y afuera, en las habitaciones de personal, un criado.

Cuando Riva se puso inquieto, mi novio decidió no esperar más y me llamó para irnos. Yo bastante triste y con la impresión de que en cualquier momento llegaban los músicos pero sin haber otra alternativa, nos despedimos y nos marchamos. Riva, bastante molesto, siguió delante refunfuñando y tratando de demostrar siempre su machismo y desde que salió de la casa no hizo otra cosa que decir sandeces y tirar sátiras. Nosotros, envueltos en nosotros mismos, nada que nos importaba su comportamiento, pues éramos muy felices para mortificarnos con sus estupideces. Así que charlábamos y nos reíamos, nos abrazábamos a sus espaldas y cuando la luna se escondía tras una nube, nos dábamos uno que otro caluroso beso. Así llegamos al cruce de camino en donde se suponía se quedara Julio, para seguir hasta su habitación, un poco arriba al terminarse la cuesta, donde sobre una bella meseta estaban los establecimientos de la casa grande. Así que Riva se despidió de él y con bastante brusquedad me instó a seguirle, con el pretexto de que se sentía muy cansado y que no estaba dispuesto a demorarse más.

Conociéndole muy bien y habiendo aprendido a leerle el rostro, descubrí que había maldad en él y me puse asustada. El sólo pensar que tendría que cruzar el solitario bosque de finca a esas horas de la noche me atemorizó. Julio me tenía de la mano y comprendió mi angustia y yo, al darme cuenta que él me había comprendido, me aproveché apretándole fuerte la mano y con una ansiosa mirada le supliqué que en ningún momento me dejara seguir sola con aquél. Él entendió mi mensaje y ya que Riva me apuraba, él le interrumpió, "Bueno, pues mejor los acompaño hasta un poco allá, ¿verdad gordita, que a ti no te está malo?" "Claro que no, mi amor, todo lo contrario, encantada," respondí haciéndome la tonta, no demostrando la satisfacción que sentía.

Dios sólo sabe cómo era que le temía a aquel hombre, después de aquellos horribles momentos en que casi me vi al borde de la desgracia, sino de la misma muerte. Aún me dolía el esternón cuando respiraba profundo. Riva, envenenado de la rabia, raspó con todas sus fuerzas la deslumbrante hoja sobre la carretera y dijo una maldición creyendo que con esto atemorizaba a Julio, pero éste, muy hombre de calma y temple y con bastante alcohol en la sangre, se mostró animoso. El otro, al encontrarse chasqueado al vernos caminar tomados de la mano, muy campantes detrás de él carretera abajo, más se enfureció y tomó cuesta abajo echando peste por la boca. "Ese hombre esta poseído del demonio," dijo Julio, "pero si se dispara cualquier maroma lo muelo a pedradas. Apúrate para alcanzarle," me dijo y avanzamos casi corriendo a tramo largo por la empedrada carretera. De pronto nos detuvimos al ver que aquél se había hecho incienso fondo abajo por el viraje de curva, hacia el puente de quebrada que quedaba en la oscura y tenebrosa hondonada donde se decía que aun en pleno día los demonios azoraban.

—¿Acaso no estás pensando lo que yo? —me preguntó sobresaltado.

—¿Qué cosa? —dije yo sin la menor sospecha.

—¡Que ese tipo está endiablado y que es capaz de cualquier barbaridad!

—¿Qué insinúas? —le pregunté.

—No insinúo nada. Que ese demente esta poseído del demonio y se dispara cualquier maroma por tal de conseguirte por las buenas o por las malas y ahora lo que tiene es despecho al ver que lo nuestro es en serio y es capaz de darme un trastazo a traición en la oscuridad

para abusar de ti. Ya sabes que lo ha intentado por dos ocasiones y a la tercera va la vencida.
　—¿Qué quieres decir con eso?
　—¿Que qué quiero decir? Por ahora olvídalo, luego te lo explico. Pero escucha esto, temo por los dos, porque no se sabe cuáles son sus intenciones. Estos jíbaros cuando se enfogonan son la hostia y no piensan y yo no quiero mi cuero pa' tambor. Además, tengo que protegerte pues por lo visto no tienes a quien recurrir. Te amo y sé que tu también me quieres, pero por ahora ya ves cuántos inconvenientes hay y en la casa de esa gente no puedes quedarte por más tiempo. Ahí no estás segura. Además, ¿para qué estar en un lugar que no guarda proporción para una joven decente como tú, arriesgando tu honra, tu reputación y tu tranquilidad mental? Así que te propongo algo que te parecerá descabellado, quizás injusto porque se que te mereces lo mejor de lo mejor, pero mirándolo bien es la única solución a tus problemas y sufrimientos y también a los míos, porque hoy lo que te pase a ti, yo también lo sufro. Ven conmigo a mi habitación y ya para la semana entrante estaremos casados como Dios manda, en cuanto se arregle todo y tengamos el permiso de tus padres, a lo cual ya no podrán negarse; pero no le des la oportunidad a ese inconsciente y cerdo de seguir ofendiéndote, porque ni se lo permito ni tampoco lo soporto, para eso soy un hombre y también tu novio de compromiso.
　—¿Pero te has vuelto loco ¿Y mi reputación y mi familia y el público? —le pregunté asustada, nerviosa, ya que todo estaba sucediendo tan de súbito.
　—¡Al diablo con el público y con tu familia! Eso no es familia. Tus padres no se merecen una hija tan buena como tú y en cuanto a tu reputación, eso es precisamente lo que quiero salvarte, casándome contigo y dándote mi nombre y un hogar donde tu seas dueña y señora. Pero apúrate y acepta mi ofrecimiento de amor, respeto y protección como tú te lo mereces y como Dios manda, pero decídete ahora, porque aquí en este lugar ambos estamos en peligro.
　No tuve tiempo para pensar. Entendí que Julio me amaba y que era sincero y que no valía la pena seguir adelante y eran ya las doce de la noche. "Está bien, haré lo que tú digas," le dije y viramos casi corriendo para su habitación. Él temía por Riva que al no vernos seguir regresara, así que dejamos la carretera y subimos por una vereda cañaveral arriba, para ganar tiempo. El terreno estaba terriblemente mojado y los zapatos de Julio resbalaban mientras me ayu-

daba a encaramar de prisa. En una, muy agitado, porque tal parecía que jamás lo lograríamos, se le salió una blasfemia. A mí me cubrió la pena y el temor, además de la vergüenza al escuchar aquella maldición de sus labios y por un momento me arrepentí de la escapada. Había crecido con sensibilidad y respeto hacia las cosas santas y de moral que realmente me sentí dolida y atormentada, pues aunque me escapaba, para mí aquél momento tenía un significado muy sagrado, pues era la noche de mi boda. Pero ya no había remedio ni tiempo que perder. Así que recobré ánimo y de un salto me agarré a su mano tambaleante que, asido a una cepa de caña, de un tirón me subió, faltando poco para ambos irnos de cabeza por el risco, pero lo logramos y agarrándonos de las cepas, subimos a la carretera y seguimos a toda carrera, como si fuera un sueño, porque todo sucedió tan de prisa como en un sueño.

Entrar en la habitación, cerrar la puerta y escuchar a P. Cruz en el caballo, todo fue una. Julio apagó la luz y se quedó parado en el mismo sitio donde estaba sin moverse y casi sin respiración, y yo fatigada sentada en la cama, que de la carrera allí había caído. A oscuras estábamos cuando P. Cruz llamó a la puerta a toda boca: "¡Betances, Betances, abra la puerta, hágame el favor! Yo sé que usted está ahí con la muchachita esa. Ya me lo dijo el compadre en el camino que usted se quedó detrás con ella y no llegó a la casa. ¡Qué pasa con usted, está loco o qué? ¡Acabe de abrir esa puerta o la tumbo yo! —vociferó—. ¡Usted no sabe que cuando don Luis no está en la hacienda la máxima autoridad soy yo!" volvió a vociferar, mejor dicho, gritó a voz en cuello. "¡Usted no sabe que esa niña es hija de mi amigo y sobrina de mi compadre? ¡Ábrame la puerta y entrégueme la muchacha o verá en qué lío lo meto!"

Así siguió por un rato vociferando en aquella loma y dando golpes en la puerta hasta cansarse y convencido de que no le íbamos a abrir, o que a lo mejor no estábamos allí, furioso se despidió echando peste por la boca. Julio no se atrevía ni siquiera a encender la luz por temor a que estuviera escondido y regresara, pues conociéndole bien temía a que este fuera capaz de fabricarle un caso para hacerle perder su trabajo. Además, se sentía muy cansado con la lucha del día y ya habíamos tenido suficiente. ¡Cuántos contratiempos y amarguras! ¡Cuánta ironía! En este momento mismo se escuchó la música llegar a la casa de don Jaime y enseguida se prendió el baile, que duró hasta el otro día. Mi novio estaba tremendamente agobiado de toda la brega de la semana, más nervioso con todo lo ocurrido y un poco adormecido por el licor y el sueño, pero aún así se empeñaba en hacerme el amor. Yo me acurruqué en una esquina de la cama, a oscuras, perdida en mi agonizante amargura, mientras allá abajo la música y el baile rompían el silencio del inmenso bosque y cuando cesaba la música, era el retumbar de la feroz quebrada que rajaba con su veloz y precipitada corriente las profundidades de los precipicios y farallones, pareciendo que ya mismo terminaba de derramarse por completo, pero seguía en su rítmico retumbar para nunca detenerse.

Mi amado dormitaba y despertaba en su afán de convencerme a entregarme al milagro divino del amor, pero yo volvía a convencerle que siguiera durmiendo un poco más para darme tiempo a reflexionar, para concretarme a la realidad de aquella verdad o destino que hasta aquí me había traído. Y mientras él volvía a perderse en su sueño, yo seguía deshilvanando mi pasado. Cada paso de mi existencia volcábase ante mí y con el pensamiento pedí perdón a cada uno de los míos por haberles fallado, no cumpliendo con los requisitos y tradiciones que me exigía la sociedad. Y me sentí egoísta y mezquina, como si sólo me hubiese importado mi bienestar, pero era tanto y tanto lo que había batallado en busca de mi bien y el de los demás, que por un momento sentime trastornar en mis pensamientos. Entonces recapacité y sentí la respiración pacífica y tranquila de mi hombre, de mi amigo y ángel guardián y ya no le temí a Riva ni a P. Cruz, ni a la injusta de Anicia, ni tampoco a la rebeldía, irresponsabilidad y dejadez de mi padre, ni al desamor de Mamá. Y ya casi amaneciendo me despojé de mi traje fino y de las medias de seda y busqué sumisa el calor de Julio que con ternura y pasión me arrulló en sus brazos, colmándome de besos y caricias y según rompía la naciente aurora, así también mi cuerpo virgen se convertía en surco arado con amor.

Capítulo 20

AL día siguiente nos despertamos entrada ya la mañana. Como Domingo de Pascua que era, el día lucía precioso en todo su esplendor. Julio se ciñó los pantalones, se ajustó los zapatos, cepilló su cabello, sin decir palabra y se dirigió a la ventana, perdiéndose en sus pensamientos. Yo fingía dormir con un brazo sobre mis ojos para disipar la claridad de la ventana y la emoción de los acontecimientos. En cierta forma, feliz de saberme amada y que pertenecía a alguien que tenía alma y corazón, pero un tanto zozobrada al descubrir que mis ideales y principios habían sido frustrados. A Julio quizás le sucedía lo mismo, ya que las circunstancias habían sido tan adversas que no le habían permitido cumplir a cabalidad con todos los requisitos y tradiciones que iban con una pareja de novios.

Después de un rato de cavilación, comprendiendo que nada se podía remediar sino enfrentarse a la realidad, volviose a mí haciéndome juramentos y promesas de que se sacrificaría como hombre y como esposo para hacerme feliz todo el tiempo que Dios nos diera de vida, prometiéndome que unos días más y nos casaríamos como mandaba la ley de Dios y de los hombres. Yo me sentí más que feliz al escuchar aquellas hermosas promesas y en cuerpo y alma juré también que haría todo cuanto de mi parte estuviese para convertir nuestro matrimonio en un gran logro, confiando en la ayuda poderosa de Dios.

Luego de las promesas y de dialogar sobre aquella inquietud o sobresalto que nos producía P. Cruz, Julio fue a la casa grande a informarle a su amiga Pabín, el ama de llaves, de nuestro matrimonio y también a traer algo de comer. Ella era una persona adorable, también de la raza de color y le aconsejó portarse bien conmigo y a que nos casáramos lo antes posible y enseguida preparó almuerzo, lo cual él trajo a la habitación.

Todo parecía marchar bien cuando se apareció uno de los hijos de P. Cruz. Venía a cerciorarse si estábamos en la habitación y cuando se hubo enterado, se regresó y en cuestión de minutos ya su padre estaba frente a nuestra puerta más furioso de lo que había estado la noche anterior y respirando fuertes amenazas y bárbaras groserías le ordenó a mi marido que dejáramos la hacienda en aquel mismo instante. Julio se limitó a decirle que perdiera cuidado que nos iríamos y con la misma le cerró la puerta en la cara y aquél, rabioso, le picó al caballo y salió disparado rezongando injurias.

Entonces comenzamos a pensar qué haríamos. Era verdad que él tenía su casa en Mayagüez, pero de ninguna manera podría llevarme allá y dejarme sola, si era que tenía que quedarse toda la semana en la hacienda. Tampoco teníamos dinero para proporcionarnos de cuantas cosas necesitábamos para comenzar. Tampoco se sabía con qué historia le iría P. Cruz a don Luis, ya que de todas formas insistía en hacernos daño. Muchas eran las dificultades existentes y como éramos jóvenes y sin experiencia, además, bajo tanta presión y pobreza y sin familiar alguno que nos orientara, pues realmente nos encontramos perplejos.

Entonces Julio pensó en una familia amiga suya que vivía en la ciudad, no lejos de su casa y pensó en llevarme allá, aunque fuera por una semana en lo que cobraba y hasta ver en qué paraban las cosas. Caminar a pie desde la hacienda hasta el ramal El Consumo adonde se abordaban los carros públicos no me fue del todo agradable, después de mi escapada, pues no deseaba ser vista en público, ya que en aquellos tiempos esto se miraba en cierto modo vergonzoso, pues una chica no se dejaba ver hasta unos nueve días después de su matrimonio, algo sumamente tradicional. He ahí porqué Cruz había insistido en que nos fuéramos aquél mismo día, sólo para lastimar mis sentimientos y dignidad. Con la frialdad de sangre que Julio tomó toda la situación y las humillaciones de aquel sinvergüenza y grosero, me pareció más que una persona de temple porque a mí las ganas que me dieron fue de romperle la crisma, pero según mi marido, mejor era tomarlo con calma hasta ver qué giro tomaban las cosas. Por eso me hizo arreglar y salimos con nuestros rostros inclinados, no dando ocasión a que nadie nos diera conversación y cuando pasamos frente a la casa de Riva, la tía y los chicos salieron a la puerta, mas nosotros nos hicimos los desapercibidos y pasamos de largo.

Mientras aguardábamos el auto, todo el que pasaba que estaba enterado de lo nuestro, nos saludaba con franqueza o meramente disimulaba hacerlo, pero yo comprendí el despego. Confieso que me sentí terriblemente avergonzada y muy triste y en lo más profundo de mi ser se despertó un enorme resentimiento hacia aquellos que pudiendo, no estuvieron de acuerdo en compartir conmigo un poco de comprensión y ternura para ayudar a guiarme hacia un mundo mejor, ya que tanto lo había ansiado y, por otro lado, me parecía merecerlo. Y sin querer llorar, porque nunca he sido de las que vuelcan sus fracasos en lágrimas, mas mi alma dolida en lo más profundo, enterneciose dejando aflorar un ligero y callado lagrimeo, desprendido sin esfuerzo alguno y sentime desfallecer. Julio me contempló y con ternura me ofreció su pañuelo. "Toma, mi amor. Enjuga tus ojos," me dijo. Los suyos también se aguaron y sentí más lástima por él que por mí misma. ¡Qué triste! Parecíamos dos huérfanos, dos olvidados, mejor dicho, eso exactamente éramos. Aquellos momentos de espera fueron interminables y ansiosos y tuve deseos de desaparecer de todo aquel lugar donde en tan poco tiempo había sufrido tanto y hubo un momento en que me pareció experimentar aquella misma terrible y desagradable sensación de cuando estuviera dentro de la cantera de sal, durante el atroz sueño aquel que tuviera un tiempo atrás.

La misma horrible sensación aquella sentía incrustrárseme en los poros y en el alma, aquella misma angustia en carne viva y una terrible incertidumbre se apoderó de todo mi ser, mientras un copioso llanto me rodaba por las mejillas, el cual disimuladamente enjugaba, para ocultar de Julio mi tristeza. Fuerte era la batalla interna en una incesante agonía de calmar mi alma desesperada. Por un instante contemplé a mi marido y lo vi indefenso, ignorante y totalmente carente de madurez, y aunque físicamente fuerte y desarrollado, mentalmente lo comprendí vacío y volví el rostro hacia la inmensidad en desesperación y súplica. Él, ensimismado, sólo el auto le preocupaba, pero al fin se vislumbró arriba en el altiplano de la carretera y unos segundos y ya estaba frente a nosotros y de prisa subimos mientras aquél se deslizaba suavemente carretera abajo, atravesando curvas a lo largo del espeso bosque. Ya caía la tarde y una húmeda y fresca brisa acompañaba el estridente chillido de coquíes y pajarillos. Los pasajeros se envolvieron entre sí en una amena charla y Julio y yo permanecimos en silencio. A nadie conocíamos. Mejor así, me dije para mis adentros, sintiéndome un tanto relajada. ¡Qué muchos pensamientos se alojaron en mi mente! ¿Cuál sería mi futuro? ¿Hacia dónde me llevaba el destino? ¿Acaso no estaba satisfecho con todo el mal y la desgracia que hasta aquí me había causado? ¿Qué había hecho yo para merecer tanta injusticia? ¿Acaso no me había esforzado hasta lo sumo para hacer de mí un ser humano útil y digno y me había forjado metas que me llevaran a vivir como una persona normal y decente? Entonces ¿por qué tantos reveses y tanta ingratitud de la vida?

Así, perdida en mis pensamientos estaba y torturada hasta la amargura, cuando de pronto recapacité y me vi tal cual era, un optimista ser humano en pos de una estrella, mas batallando en un mundo de vicisitudes y pensé que no eran momentos para lamentarse ni desquiciarme por fracasos pasados. Así que me compuse y una vez más me aferré a aquella fe y valor que siempre me habían servido por pilares y decidí enfrentarme a aquel derrotero que como un nuevo horizonte ante mí se erguía.

Cuando llegamos a Mayagüez ya había anochecido y la bella ciudad, conocida como La Sultana del Oeste lucía esplendorosa entre millares de luces, vitrinas y anuncios comerciales, todo al ritmo de tañido de campanas, bocinas, ruido de autos y conversar alegre de gente en quien aún ardía el júbilo y la felicidad de un glorioso Domingo de Pascua que daba a su fin. Se advertía que hacía poco había llovido sobre la señorial ciudad y la frescura y humedad de la noche se apegó a mi con placidez. Cuando sólo Julio y yo quedábamos de los pasajeros, me apegué a él con mimo, feliz de su compañía y de sentirme su mujer. El me atrajo hacia él con ternura y me sentí dichosa. Un cúmulo de esperanzas se agolparon en mi mente y pensé que aquí habían terminado todas mis frustraciones y me aferré a la idea de que él era mi camino y la respuesta a todas mis penurias. Y con mi mente acaricié la bella ciudad, adivinándola virtuosa en todas aquellas cosas que siempre había imaginado y la comprendí rica en tesoros de cultura y civilización, pero más que nada en gente, personas, seres humanos con quienes compartir y de quien aprender porque mi deseo no era otro que conocer y aprender todo lo hermoso y útil que la vida pudiera ofrecerme, hasta saciar aquella sed de saber que en mí ardía, terrible ansiedad que aun dormida me fatigaba. Y una vez más abrigué la esperanza de que si Julio y yo alguna vez aquí nos establecíamos, que era lo más probable según cálculos, yo sabría aprovechar cada oportunidad y me dedicaría más que nada a leer, pues dependía tanto de ello, no sólo para mi satisfacción, sino para instruirme y si era que tenía la oportunidad de estudiar, bien que la aprovecharía, ya que ésta era mi mayor ilusión.

Así pensaba cuando el auto se detuvo donde Julio indicó. Estábamos en el barrio Colombia, en la calle Delicias, al costado izquierdo del Asilo de Pobres. Nos bajamos del vehículo, él le pagó al conductor y tomamos por un estrecho callejón hasta la residencia de los Villareal, la familia amiga de Julio. Ambos esposos eran de mediana edad, también de la raza negra y tenían cuatro hijas señoritas, otra de unos diez años y dos pequeñines varones. Fuimos muy bien recibidos por toda la familia y luego de un ratito, Julio llamó aparte a doña Conchita, que así se llamaba la señora y le expuso nuestro problema. Que quería merecer de ellos el favor de dejarme en su casa por una semana, si fuera posible, en lo que él cobraba y arreglábamos todo para casarnos y mudarnos a nuestra casa o regresarnos a la hacienda, dependiendo de las circunstancias. Ella lo consultó con don Daniel, su esposo y ambos estuvieron de acuerdo, si se trataba de sólo una semana, ya que no disponían de comodidades. Así que allí me quedé y él se marchó, dejándome muy triste. ¡Qué semana más infeliz! Me pareció interminable en espera de que llegara en cualquier momento, más no lo hizo pues según él no le fue posible a causa del mucho trabajo.

Esto dio oportunidad a doña Conchita que con tanto amor me acogiera en su hogar, para ponerme al tanto de la persona que era mi marido. Me contó que había sido amigo íntimo del hijo de ella, fallecido un año atrás. Fue bajo una fuerte borrachera; habíase suicidado de un tiro de revólver y por quien la dolida madre aún lloraba desconsoladamente. "Julio y mi adorado hijo, Wenceslao, que en paz descanse, fueron amigos de siempre, inseparables, como si fueran gemelos, parecidos aun físicamente. Después que mi hijo se casó, al nacerles la primera niña, se hicieron compadres y Julio encantado la bautizó."

"Antes de casarse Wenceslao, pues ambos llevaban una vida de bohemios, amigos, bebelatas y malgastar de dinero, vistiéndose a la moda y de fiesta en fiesta. Yo imaginé que al casarse, su vida cambiaría, pero no fue así, mi querida, todo lo contrario, pues siguió aquella vida sin rienda y fue peor que antes hasta que perdió el sentido, al encontrarse destruido y sin voluntad, siendo su esposa la que se sacrificaba y trabajaba para sostener la casa y ya con tres criaturas. Así que, mijita, a pesar de que Julio es una bella persona, es un bebedor empedernido. Todo lo que gana lo desperdicia con amigos y por eso ha perdido buenos empleos y buenas oportunidades, al igual que le sucedía a mi hijo, que en esa borrachera perdió la vida. Pero esa no es toda la historia, según supe luego, Julio también iba a privarse de la vida. ¡Que locura les dio! Al darse cuenta ambos de que la vida no tenía ninguna clase de significado, dominados por el vicio, pues imagínate, prefirieron acabar con sus vidas. Así que, según razón, hicieron un pacto suicida, para cada cual a la misma hora, pero en su propia casa, dispararse a la sien con un revólver. Luego se supo que Julio estaba tan borracho y tan nervioso que se le zafó el arma, disparándose en una pierna, pero no mi hijo, que del tiro se voló los sesos. Cuando Julio se enteró de la tragedia, por poco pierde la mente. Ahora figúrate de mí, aún me dura la amargura. No puedo creer que mi hijo haya muerto tan trágicamente. Y esa es toda la historia, hija mía, no sabes cuánto me apena saber que una chica como tú haya caído en la suerte de Julio Betances."

Yo no quería creer las palabras de la señora Villareal. ¿Cómo sería posible después de tanto soñar, anhelar y desesperar y aun arriesgar mi vida y mi paz mental para hacerme una mujer de bien, haber caído en tan terrible desgracia con lo que yo repudiaba el alcoholismo? Realmente no quería ni pensarlo, pero ¿qué podía hacer ahora? Nada, pensé. Sólo aceptar mi derrota y esperar con la única esperanza de poder ayudarlo hasta donde Dios me diera inteligencia, aunque me hallé impotente ante el reto y no niego que me aterroricé y fue como encontrarme en un callejón sin salida.

Verle llegar a la puerta aquella noche del viernes después de aquella interminable y ansiosa espera fue de gran felicidad. Le abracé con ternura, colmándole de besos y le rogué por favor que me contara los acontecimientos de la semana. Así que nos hicimos a un lado donde pudiéramos hablar con libertad y parte por parte, fue detallando todos los pormenores al respecto. Don Luis se había enterado de las imprudencias y atribuciones de P. Cruz con nosotros y le había dado tremenda reprimenda, pudiéndole a Julio que olvidara todo el incidente y que fuera por mí y por nuestras cosas y que viniéramos a vivir a la hacienda. Aquí había una cómoda casa, con dos entradas en la que habitaba un mayordomo y su esposa, sin hijos, y al patrón le pareció bien que compartieran con nosotros la vivienda, ya que por el momento no había otra cosa disponible. Realmente estábamos felices de saber que las cosas parecían normalizarse y podíamos comenzar nuestras vidas tranquilamente. Así que, a la mañana siguiente, después de comprar una cama de hierro y algunas de las cosas más necesarias, partimos para el campo.

Por el camino Julio me dio otra noticia, Papá había venido a pedirle cuentas en cuanto a mí. Según él, estaba furioso. Le tildó de aprovechado, hombre sin palabras y de irresponsable. Julio no altercó con él ni tampoco quiso decirle de las inmoralidades y desvergüenzas de Riva, ni tampoco de las infamias y descaros de P. Cruz, sólo se limitó a decirle que se tranquilizara que yo estaba en buenas manos y que unos días más y nos casaríamos y todo estaría arreglado. Muy triste me sentí al saber de tantas contrariedades, pero después de todo, feliz de regresar con mi marido a la hacienda, ya que no había otra alternativa, pues ahora sólo me interesaba que estuviéramos juntos para comenzar nuestras vidas normalmente y demostrarle a todos, no sólo que éramos felices, sino capaces de vencer todo obstáculo para hacer perdurar nuestra felicidad. La primera dificultad que tuvimos al llegar fue que al personarnos a la residencia del matrimonio en cuestión con quien deberíamos convivir, el esposo se rehusó terminantemente a compartir la vivienda con nosotros y con una descarada desfachatez nos dijo que no tenía ninguna intención de cedernos la mitad de la casa ya que en ningún momento deseaba amistarse con un negro. Sus palabras me sacaron de quicio y sentí una gran turbación. No podía concebir semejante comportamiento ni tal prejuicio y discrimen. La esposa al ver mi conturbación salió en nuestra defensa. "¡Por Dios, Alfredo!" díjole al esposo, "¿Te has vuelto loco? se consciente, no ves que vienen de parte del patrón. Además esta casa no es nuestra y es espaciosa y tiene dos salidas independientes. Entonces, ¿por qué tanta cosa y tanta ofensa si pueden vivir aquí y en nada que nos estorban? Además, le has faltado el respeto al caballero".

Alfredo se enfureció y la cogió con su mujer y de ninguna forma consintió y vociferando dijo: "¡Aunque pierda el empleo no comparto mi vivienda con negros!". (Lo que no preveía el iluso era que antes de un año saldría de la hacienda herido de una enfermedad incurable y entonces le lloraba a Julio por una peseta y por perdón.)

De todos modos, aquel fue uno de los momentos más humillantes de mi vida, pues hasta aquí yo no sabía que existía tal discriminación entre los seres humanos y furiosa insistía en que Julio fuera adonde don Luis y le notificara el humillante y desagradable incidente y que reclamara sus derechos, pues había aprendido que los derechos humanos ni se dan, ni se prestan, sino que se reclaman. Pero él, muy serenamente me dijo: "No tiene caso, gordita, bien se ve que no entiendes hasta donde llega la ignorancia y discriminación de la mayoría de la gente".

—Bueno, pues por esa misma razón hay que sacarles de toda esa ofuscación para que aprendan a respetar a los demás —le dije yo.

—Sí, claro, como no, te comprendo y veo tu punto de vista, pero no es tan fácil, querida. Además, nada se arregla por la fuerza, ni con reclamos cuando es un caso de tal magnitud.

—¿Qué que quieres decir? No te comprendo.

—Me refiero a "la maldición de nosotros los negros".

—¿Por qué dices maldición?

—Bueno, amor, la historia es larga y por ahora no viene al caso. Olvidemos el tema que hay otras cosas más importantes que hacer. Ven, vámonos de aquí a ver qué otro problema se nos presenta ahora y, prendiendo el camión, nos alejamos y mientras él conducía yo meditaba en sus palabras, "la maldición de nosotros los negros, la maldición de nosotros los negros". ¿Cuál será esa maldición? me preguntaba yo en silencio y sin atreverme a proferir palabra, pues se comprendía que vivía dolido y amargado en gran manera. Hasta ahora yo no estaba enterada ni relacionada con la verdadera historia del pueblo negro, ni como habían sido humillados y traicionados por el hombre blanco. Me parecía que sólo existían unos vagos prejuicios por diferencias de color, pero la verdad desnuda de la horrible y descabellada odisea de este pueblo la desconocía totalmente. Con razón decía Julio, "la maldición de nosotros los negros". ¡Y qué en lo cierto estaba!

Cuando llegamos a la casa grande, sin mencionar nada de lo ocurrido, Julio le pidió a don Luis que por favor nos alojara en otro lugar pues no era de nuestro agrado estorbar aquella familia. El patrón hizo lo mejor que pudo y nos mandó a una habitación de mala muerte, estilo establo, mejor dicho, eso precisamente había sido anteriormente, no más que se había cercado con zinc para usarlo como vivienda a causa de la gran necesidad que había. Allí sí que me sentí de verdad humillada y triste. ¡Que desastroso! Una cocina con fogón de leña para uso de cinco familias y algunos hombres solos. Un lugar en donde no había agua cerca; había que subirla por una guinda de un chorro. Una letrina a punto de desplomarse y como si fuera poco, un territorio y un público totalmente extraños para mí y en mi primera semana de matrimonio. Todo era como para volverme loca.

Julio comprendió mi angustia y estado de ánimo y en su empeño trataba por todos los medios de confortarme. Entonces habló con una de las vecinas para que nos cocinara los alimentos aquella semana en lo que yo me calmaba los nervios un poco. Así que la mayor parte del tiempo me la pasé hundida en la horrible habitación, cavilando y rebuscando con la mente el punto, la verdad, la realidad o verdadero sentido y significado de mi vida, ¿Por qué me hallaba en este lugar y bajo todas estas circunstancias, las cuales no tenían ninguna clase de valores para mí? Y en aquellos momentos no lo podía entender. Pero sí que los había grandes y muy hermosos, sólo que tendría que esperar para poderlo comprender.

Lo que más recuerdo con cariño de toda aquella experiencia poco agradable fue el gesto humano de una anciana vecina llamada Paulina. Un día fue por mí y me llevó a su casa. Habitaba con su familia en una casa más privada bajo unos copiosos robles florecidos, junto a una verde y linda huerta y un patio de gallinas, pollitos y gallos que cantaban y adornaban el ambiente. Allá me llevó y me hizo estar con ella cada día hasta que Julio regresaba por la tarde de la central. Allá cocinaba los alimentos, iba con ella por agua al chorro y por leña al bosque y juntas íbamos a lavar la ropa. ¡Qué dulce me fue su compañía! Me hablaba con madurez y sabiduría y cada una de sus palabras me eran un bálsamo. Quizás ella nunca imaginó cuánto bien me hizo su compañía, no sólo por la satisfacción del momento, sino la gran lección de estímulo para que en lo sucesivo yo también aprendiera a compartir en armonía con otros, pero especialmente con aquellos más jóvenes que yo.

Sólo dos semanas permanecimos en la detestable habitación. Ninguno de los dos podía soportar semejante cosa, cuando a don Luis se le ocurrió preguntarle a Julio cómo nos iba. "Desesperados estamos, no creo que podamos quedarnos ahí ni un día mas, pensando en qué hacer a respecto estoy," díjole.

"Te comprendo, muchacho, te comprendo," le dijo el anciano y le mandó que tratáramos de acomodarnos con otro matrimonio que ya estaba viviendo allí, en la casa de máquina, aprovechando que no estábamos en cosecha, en lo que se fabricaba un cuartel de unas diez habitaciones, el cual ya estaba en proceso y allí fuimos a parar. Tres semanas hacía que habitábamos allí con el otro matrimonio. Ella una enjuta, pálida y descuidada joven mujer que tenía su habitación polvorienta y todo tirado, sucio y desordenado y su marido, un individuo de regular estatura, cariredondo, jincho y repulsivo, acogido al hábito cochino de su mujer. En cuanto lo vi me desagradó su forma de mirarme y con su mujer hice las pases por ser mi vecina, pero sin meter mi nariz en su asqueroso y desagradable departamento. El salón era espacioso y ellos estaban bastante bien instalados. En una esquina habían hecho sus divisiones improvisadas con toldas y varas y nosotros nos hicimos a un lado con lo poco que teníamos y también improvisamos una pared con mantas y quedamos instalados, tratando de hacerlo lo más privado posible, aunque fuera imposible conseguirlo. Lo peor de todo era que no había servicio sanitario y eso me aniquilaba, pero había que hacerle la lucha a la vida para sobrevivir, y para no hacerle la vida imposible a mi marido soportaba callada todas estas terribles inconveniencias.

El colmo fue cuando una tarde, mientras dormía la siesta, abrí los ojos y ahí, junto a mi cama acariciando mi cuerpo, estaba el jincho. Del susto quedé despierta y sorprendida como animal acechado y de un salto me senté en la cama. Él, con sus dedos sobre su boca, me mandó a hacer silencio y por lo visto tenía todos sus sentidos despiertos para abusar de mí. Su mujer no se hallaba en casa por el momento, así que el jincho se hizo de ideas. Yo me saqué cuatro gritos y de un salto quedé de pie y con la misma agarré la escoba y me le fui encima, furiosa como una loca y armé tremendo escándalo. Esto atrajo a su mujer que se hallaba a unas cuadras en casa de su madre y el tipo turbado y titubeando no hallaba qué hacer y cuando aquella se personó con suegra y medio mundo de la familia, el descarado juraba que yo mentía. Pero parece que su esposa le conocía muy bien, pues le armó tremenda bronca y de desvergonzado y descarado para arriba lo puso nuevo, y aquél, con el rabo entre las patas, se hizo incienso. Cuando llegó Julio tuve que decírselo todo. Quería callarme, pero me sentía no sólo asustada, sino que avergonzada y muy humillada, por lo que él decidió llevarme a vivir a la casa del pueblo en lo que se acababa de fabricar el cuartel y pudiéramos tener una habitación propia. Así que él dormía en el pueblo y temprano en la mañana se iba a la hacienda. Y así fue como fui a vivir a la ciudad con mi adorable Julio a quien comenzaba a conocer.

¡Cómo recuerdo aquellos días! Yo tan niña, a veces actuando con mucha madurez y otras voluntariosa, consentida, mimada, agresiva y más que nada, impulsiva, toda una chiquilla. Julio, por el contrario, sumiso, calmado, apocado, inconforme y muy humilde. Todo lo contrario a mí; dos polos opuestos, eso éramos en nuestra manera de pensar. Él, un soñador empedernido, esperando que todo le bajara como el maná del cielo, sin planear ni hacer esfuerzo alguno y como si fuera poco, en un continuo y habitual lamento, llorando su mala suerte, su desgracia, su pobreza y su color. Yo por mi parte, feliz de estar viva y de ser un ser humano con tantas potencialidades, dando gracias por todas las cosas bellas y buenas de la vida. En todo práctica, además de una enorme fe en Dios, y en todo aquello que me vinculara con un más allá de luz y de verdad. Dependiendo de Dios como si El fuera únicamente quien estuviera a cargo de resolver todos mis asuntos, mas a la vez dependiendo de mi máximo esfuerzo como si fuese solamente de mí que dependiera mi existencia. Así había crecido, llegando a sentir que mientras más recio el reto, más valor y entereza, aferrándome, queriendo arrancarle a la vida aquello que por ley parecía pertenecerme.

No Julio, que en su estado pasivo de ningún modo encajaba con mi fuerza de ánimo. Por eso bebía cuando se hallaba impotente ante cualquier situación. Y como si todo esto fuera poco, había algo más que parecía entorpecer mi paz mental. Dos meses llevábamos de matrimonio cuando comencé a descubrir que nuestra vida sexual no era lo que yo esperaba, pues desde que tuve uso de razón para estas cosas había escuchado de la magia, el encanto y la sublimidad que era en sí la vida sexual de los recién casados, por lo cual se le llamaba luna de miel pero para mí aún no había llegado tal encantamiento. A la verdad que lo resentía, llegando a pensar que aun en esto había fracasado. Nuestras relaciones íntimas no tenían ninguna clase de placer, pues Julio al menor roce con mi cuerpo ya estaba listo para el clímax. Todo esto me producía una muy desagradable sensación, dejándome en un estado de nerviosismo y depresión y sin siquiera yo misma saber qué me acontecía.

Fue entonces cuando una señora vecina nuestra, una persona madura y capacitada, en uno de esos momentos de la casualidad me hiciera ciertas indagaciones al respecto, a lo que yo con cierta timidez pero con franqueza le declaré lo decepcionada que estaba de mi vida matrimonial en lo que a la sexualidad se refería. Ella con vasta experiencia de la vida y con mucho recato, me aconsejó cómo ayudarnos a conseguir un mejor entendimiento en nuestras relaciones sexuales. No me fue fácil explicarle a Julio aquellas técnicas, pero me arriesgué a decírselo todo, pues cualquier cosa sana y útil para hacer de nuestro matrimonio un éxito yo lo trataría, más en este aspecto, uno de los más importantes para la felicidad conyugal. Confieso que mejoramos tremendamente y nos hizo mucho bien.

Jamás imaginé que mudarnos al pueblo sucediera tan seguido, pues sí que había pensado en ello, pero no para un futuro tan inmediato, siendo que el trabajo de Julio era en el campo, pero por lo visto las cosas habían tomado otro curso y aquí me hallaba. Nuestra casa era la número ocho, estaba pintada de azul y estaba ubicada a la entrada de la calle Capestany, la cual quedaba frente al Asilo de Pobres. Era una casa pequeña fabricada en madera sobre un complejo cimiento de cemento y tenía unos cuantos peldaños de escalera para subir a un estrecho balconcito donde había dos puertas de entrada. Estaba dividida en cinco habitaciones regulares, a la derecha la salita, el comedor y la cocina corridos y la otra mitad estaba dividida en dos cuartos de dormitorio. El servicio sanitario, con ducha, quedaba en el patio por la cocina. Por los lados quedaban dos casas casi pegadas y por el lado posterior había más casas y una alta pared de cemento. Allí me sentí el alma apretada como la misma casa en sí, que por todos lados la exprimían más y más casas, pues aun de frente éstas eran altas, impidiendo el mirar a través y quedando tan solo la estrecha calle de por medio. Para una chica como yo, acostumbrada a disfrutar del sol y la expansión y del verdor de la naturaleza fue igual que haberme encerrado en una cárcel. De inmediato comencé a descubrir el contraste y a cubrirme cierta melancolía.

Pero no era el momento para buscar romanticismos, gustos ni encantos, pues había muchas otras cosas más importantes por qué preocuparme y con doble ánimo, rechacé toda inquietud y sinsabor y me concreté a pensar en la lógica y en la realidad de las cosas del momento. Un día de aquellos Julio me presentó a su hermano Ramón, a quien apodamos Monchín. Un joven en sus veinte años, alto, delgaducho, más requemado que él, sin ningún parecido físico entre ambos. De inmediato me estuvo tímido, nervioso e impulsivo y no me equivocaba. Luego de compartir con nosotros unos momentos, se despidió informándole a su hermano mayor que acababa de mudarse para que así nosotros estuviésemos más a gusto en la casa. Luego supimos que se había casado, pero como retraído que era, nada le había informado a su hermano.

Por ahora Julio madrugaba y se iba a la hacienda y no regresaba hasta las ocho o nueve de la noche. Las primeras semanas las dediqué a limpiar y ordenar y a deshacerme de todo cuanto no fuese necesario. Después que hube convertido la pequeña residencia en algo dulce y agradable, abriendo sus puertas y ventanas para que se ventilase y todo estuvo a mi gusto, detuve mi obra, comenzando un período de reposo y meditación, estudiando y escudriñando con la vista y con el alma todo lo que me rodeaba.

Los muebles de la pequeña salita se componían de una mesa y varias sillas y sobre aquella descansaban los retratos de los fenecidos padres de Julio, don Fermín Betances y doña Ángela Santiago y de la pared colgaba un retrato grande, de medio cuerpo de la difunta abuela, doña Escolástica, a la que se referían cariñosamente como doña Cola, fallecida hacía un año. Esta anciana señora de raza española, había sido una persona de un tremendo temple que a no ser por su imponente carácter y su tremenda fe, tenacidad y entereza, jamás hubiese podido romper con los retos que le dio la vida. No sólo había sufrido la tragedia de su hija Ángela cuando Fermín se enamorara de una flamante rubia en la misma calle, exigiéndole a Ángela el divorcio por la fuerza, llevándola a encerrarse en su habitación hasta esperar la muerte, negándose a alimentarse y a todo lo que pudiera darle la vida. Y no suficiente con todo esto, al año justo de su muerte, asesinaban a Fermín de un balazo mientras cumplía con su deber de policía insular en una huelga en la Central Igualdad.

No hubiese sido tan ardua la tarea para la anciana si su hijo Manolo no hubiese sido tan tirano y cruel de robarle la cantidad de dinero que el Gobierno le diera a ésta, como indemnización por la muerte de Fermín para la crianza de las criaturas. Pero una vez sucedido, nada se podía remediar, así que la pobre anciana, amargada hasta lo sumo, no vaciló en aceptar la desgracia y dio frente al desconcertante y terrible problema. Y contaba Julio de aquella descabellada y miserable desgracia como algo que no tenía nombre. Y a solas, encerrada en aquellas cuatro paredes, que más parecía una tumba, contemplaba los retratos y parecíame sentir la presencia de cada uno de ellos.

Fermín, un negro de cara grande oval, pelo grifo tupido, nariz chata y labios carnosos, galantemente vestido en su impecable uniforme policíaco, su mirada imponente, pero dejando entrever cierta dulzura humana, aquella misma de su hijo Julio. Y Ángela, de la raza blanca, de finas facciones, alta, esbelta, peinada y vestida a la moda de su época de principio de siglo, en traje largo floreado y botas finísimas, toda una gran dama. Ella también lucía una linda y tierna mirada que me cautivaba. ¡Cuántas veces abracé su retrato sobre mi pecho y lo cubrí de besos y lloré con una enorme necesidad de su regazo y comprensión! ¡Cómo me hubiese gustado que todos estuviesen con vida! Quizás nuestra suerte no hubiese sido tan cruel. Y el amor y la ternura de Fermín, ¡cuánto lo suplicaba mi alma sedienta de calor humano! Pero no estaban allí para socorrernos; se habían ido. ¡Tanto que los necesitábamos!

A la abuela la contemplaba allí en la pared, su mirada solemne, fija y penetrante, dominante y fría, lo que hacía que tuviera que quitar de ella mi vista, aun cuando me sentía atraída a mirarla, pues tal parecía que a mí también quisiera disciplinar, pues no había sido la abuela ideal que da amor, cariño y ternura a unos nietos, sino padre-madre y brazo fuerte para suplir en todo y educar y disciplinar a aquellos niños.

Así que, como puede verse, una enorme soledad me abatía, además de aquella terrible melancolía que me producía la ausencia de aquel pasado inmediato del cual no podía desprenderme, pero consciente a que debía enfrentarme a la vida con valor y a como diera lugar, hacía caso omiso de tantos reveses y contratiempos para entregarme a la lucha cotidiana y la responsabilidad de esposa y hermana y madre de Monchín, que inconscientemente buscaba mi regazo. Vivía en Lajas, pero como su trabajo de porteador de carro público era aquí en Mayagüez, venía a diario a tomar el baño, cambiarse de ropa o a tomar algún refrigerio y en ocasiones también a almorzar. Así que, dadas las circunstancias, todo parecía marchar bastante bien, mientras me esforzaba en acogerme a mi nuevo estado de vida.

Parece que era muy poco lo que hasta aquí me había sucedido, cuando descubrí que nuestra casa estaba embrujada. Sí, amado lector, un simpático fantasma moraba allí, que quiso amistarse conmigo a como diera lugar. Esto lo descubrí una noche como a eso de las once, hallándome a solas, acostada en mi cama. Allí, mirando al cielo raso, perdida en mis pensamientos estaba, la luz apagada, maquinando de mi suerte y de mi soledad, cuando de pronto escuché pasos que venían de la cocina y a medida que se acercaban, la habitación se hinchó de un poder escalofriante que me convirtió rígida y pesada, tanto que no pude moverme ni gritar ni hacer absolutamente ningún movimiento. Allí me quedé petrificada mientras aquella sobrenatural y poderosa fuerza magnética se mantuvo junto a mi cama por espacio de unos cinco minutos. Confieso que fueron cinco minutos terribles y agonizantes. En mi desesperación con la mente clamé a Dios, a los santos y hasta a mi abuelito muerto que viniera en mi ayuda, pues estaba terriblemente aterrorizada. Entonces aquello se fue desvaneciendo hasta quedar todo normal y de un salto salí corriendo, abrí la puerta de la calle y salí al balcón. Aquello fue demasiado para mí. Contemplé la calle de esquina a esquina y todo estaba en silencio, tan sólo yo afuera en el balcón. Entonces me cubrió el terror de que apareciera algún maleante y me sorprendiera allí. Por otro lado, no me atreví a llamar a ninguna casa vecina a esas horas y para referirles semejante historia, pues pensé que a lo mejor no me creerían. Tampoco me atrevía regresarme adentro. Aquellas horas que estuve allí en espera de Julio fueron agonizantes, pues no regresó hasta las dos de la mañana, junto con Monchín que esa noche durmió en casa. Cuando me hallaron en el balcón se asustaron y cuando les referí la espeluznante historia no les tomó por sorpresa, pues según ellos y los vecinos, la leyenda era que en esta casa vivía un fantasma, aunque ellos nunca lo habían oído o visto, pero sí me contaron que la abuela hablaba con él y que los vecinos escuchaban ruidos de noche y pasos por el patio y los alrededores. Por eso, decía Julio, que prefería acostarse ebrio para no escuchar ni ver nada.

    Entonces sí que se me complicó la vida, pues me amanecía de claro en claro sin poder dormir, si era que Julio no estaba en casa, y en ocasiones aun estando él, el ente se me acercaba y no me dejaba conciliar el sueño o lo sentía caminando por la casa, abriendo y cerrando puertas o dando golpecitos en el piso, o haciendo toda clase de travesuras. Fue bastante seria tal experiencia para una jovencita de mi edad y en tales circunstancias. Cuando le referí la historia a unas vecinas, por cierto muy amables sintieron mucha pena por mí y decidieron ayudarme. "Cuando tu esposo no esté puedes quedarte a dormir en nuestra casa," me dijeron las buenas mujeres. ¡Qué feliz me sentí! Así que en la próxima ocasión, allá me fui. A la hora de dormir, todos nos retiramos al sueño y yo contentísima de estar en compañía y de poder descansar en paz.

    Sería más o menos la una de la madrugada cuando se escucharon pasos subiendo la alta escalera y luego aquella escalofriante presencia del fantasma henchir toda la casa. Todos en la casa quedaron despiertos y aterrorizados y a esa misma hora me hicieron levantar y marcharme. Así que con esta familia jamás tuve la oportunidad de volver a quedarme. Y así me sucedió con otras buenas personas que quisieron ayudarme. Todo estaba en calma hasta que el fantasma llegaba. Parece que se iba por toda la ciudad en mi busca. Unas veces llegaba más temprano, otras más tarde, pero por lo regular casi siempre daba conmigo o con nosotros, pues en ocasiones Julio se quedaba también y por supuesto, a la hora que llegaba, teníamos que marcharnos.

La amistad con un ser espiritual no es cosa agradable que digamos. A veces estaba sentada en el balcón y lo sentía subir la escalera y estarse a mi lado, cubriéndome aquel frío que me aterrorizaba, o si no me soplaba los oídos o las piernas por debajo del balcón. Recuerdo una ocasión, cuando fui a subir la escalera y me topé con su mirada, la criatura más simpática que he conocido. Sus ojos se quedaron fijos en los míos sin yo poder quitar de él mi vista. Estaba debajo de la casa, como parado en el aire y sólo pude contemplarlo de la cintura para arriba. Tenía una cabellera negra reluciente, apuntando canas, que encuadraba un rostro redondo de mejillas sonrosadas y unas cejas bien formadas y unos chispeantes y penetrantes ojos azules, con una mirada dulce y simpática y sonreía adorablemente. Vestía un traje inmaculado muy fino, color azul oscuro, con una camisa blanca con pechera de volantes fruncidos. No niego que me asusté un poco y claro, quise quitar de él mi vista y no pude. Tal parecía que estaba hipnotizada. Entonces le rogué telepáticamente que quitara de mí su mirada y lo hizo. Jamás podré olvidar tan dulce y simpática mirada, aunque no niego que siempre estaba asustada, tanto que le supliqué a Julio que consiguiera dinero, aunque fuera prestado para que rentara un apartamentito, aunque fuera pequeño, para mudarnos, a ver si por lo menos en otro lugar podía descansar un poco y a la vez deshacerme de aquella terrible incertidumbre.

Él lo consiguió y nos mudamos bastante distante de nuestra casa. Estuve muy feliz las primeras tres semanas y comencé, a recuperar mi tranquilidad, ya que tanto lo necesitaba a causa de mi estado de gravidez, el sueño atrasado y la flojera a causa de la falta de alimentación.

En eso, llegó la Navidad. Aquella noche Julio salió y tuve que quedarme sola. Y me retiré al sueño y como a eso de las dos de la mañana escuché música en la escalera. Pensé que fuera Julio a traerme una parranda, pero puse atención y la música era divina, preciosa, celestial. Jamás he escuchado algo semejante. Pero de todos modos, esperé a que terminara para ir a abrir la puerta y cuando lo hice no había nadie y todo estaba en silencio, pero entendí que había sido el ente el que me había traído tan bellos villancicos, pues reconocí su presencia. Así que al día siguiente volvimos a nuestra casa, pues no tenía caso. Qué quería este simpático fantasma conmigo no lo sé, pero si sé que se encariñó conmigo. Algo que descubrí que sólo cuando hablábamos en voz alta sabía de nuestros planes, por eso cuando decidimos mudarnos definitivamente, lo hicimos bien secretamente y ahí terminó todo. De todas formas, fue una gran experiencia. Lástima de que yo era tan joven y no tenía la suficiente capacidad para disfrutar mejor de algo tan extraordinario.

En todo aquel desafío me hallaba cuando una tarde se apareció Julio con la triste nueva de que acababa de dejar el empleo. Que en un arrebato, según él, le había entregado las llaves del camión a don Luis, porque éste, en un momento de mal humor, habíale faltado el respeto con frases humillantes frente a sus compañeros de trabajo. Esto, por supuesto, hirióle profundamente la moral y no dándole tiempo para reflexionar en las consecuencias y ahora lo tenía frente a mi angustiado y arrepentido por su estúpida ligereza. A mí se me subió lo de Justiniano a la cabeza y disparé reprochándole por su falta de entendimiento y responsabilidad y él en una tremenda turbación, sólo se esforzaba por consolarme y hacerme entender, a la vez tratando en vano de justificarse. "Comprendo que hice mal," decía queriéndose arrancar los grifos y sudando de ira, "¿pero qué querías que hiciera? ¿No ves que estoy harto de tantas humillaciones de parte de todos? Primero el desgraciado de Paulino Riva y el otro hijo de su madre P. Cruz; luego aquel hijeputa, Alfredo, que mal fin tenga, que se negó a compartir la vivienda con nosotros dizque porque soy negro y ni que la casa fuera de él. ¿Y qué me dices del jincho sucio aquél que no me respetó para meterse en tu habitación? Y tu padre tan desconsiderado que me ha tratado como a un vulgar cualquiera y ahora, para colmo, don Luis se siente malhumorado y la coge conmigo, aunque con él es el menos que debía enojarme, pero ya ves, metí la pata. Ahora dime, ¿tú, qué crees que puedo hacer ante tanta pocavergüenza, si a uno las ganas que le dan es de coger una pistola e irse a matar gente por el mundo? ¿Pero, qué carajo estoy diciendo? ¡Si yo creo que me estoy volviendo loco!" dijo con desesperación. "¡Pero es que soy humano y tengo derecho de explotar con tanta injusticia! ¿Acaso no ves que estoy hasta el mismo copete?," gritó enfurecido.

Luego, calmándose y con mucha dulzura añadió, "Compréndeme, mi amor, no te enojes conmigo, comprendo que tú tienes razón, no debe uno partirse con la primera, pero no te apures, verás como enseguida encuentro otro empleo. Verás como todo se arregla, porque ahora es por ti que tengo que apurarme, pero ya verás que todo va a salir bien," terminó diciendo, aunque se notaba muy contrariado. Así que me controlé y decidí esperar lo mejor o, quien sabe, lo peor, pero nunca me pasó por la mente que aquello fuera el comienzo de algo tan desastroso.

Y volvieron a inquietarme aquellos sueños del pasado; la corriente caudalosa y turbulenta que me arrastraba y la horripilante cantera de sal y su escalofriante sensación, aunque como un deslumbrante destello a través de la abertura de un encierro, me acariciaba la esperanza de aquel otro sublime sueño en que detenía mi desbocada carrera para descubrir que estaba pisando firme sobre suelo cimentado de panales de dorada miel. Y así, entre una terrible incertidumbre y una verde esperanza, me entregué a la espera.

Él creyó que enseguida encontraría otro empleo, pero no sucedió así, pues había llegado el invernazo, tiempo muerto después de la zafra y no había nada que hacer, sólo para aquellos camioneros que habían cumplido durante el fuerte de la zafra. A estos los colonos les estaban aguantando, dándoles algunos días de trabajo a la semana, ya fuera cargando cachaza de la central para los cultivos o haciendo cualquier otro menester en lo que volvía el corte de caña, pero para mi marido no había esperanza, ya que estábamos en tiempos difíciles de depresión económica y no había nada que hacer y el que tenía un empleo se esforzaba por conservarlo. Y según Julio se esforzaba en una lucha incesante por conseguir trabajo, yo me detenía en una especie de letargo como si de pronto mi vida se hubiese detenido, como si por el momento no vislumbrara el camino, un más allá. Como si mi propio yo se me hubiese escapado, sumiéndose en un adormecimiento total del espíritu, envolviéndome en una especie de sublimación o éxtasis, en una evocación constante de aquel agridulce pasado que llevaba a cuestas.

Y volví de niña a recorrer la verde campiña en pos de mariposas y flores y a inhalar el perfume sutil del heno montañés. Y volví a sentir junto a mis talones la tibia y amiga respiración de Quiénes, mi favorito e inolvidable perro de infancia. Y con mi cabellera tendida al viento, recorrí las verdes colinas, lomas y faldas y las mil veredas y caminos amigos, y volví a escuchar el dulce trinar de pitirres, sinsontes y ruiseñores, hasta caer muchas veces tendida sobre el mullido césped, mientras Quiénes, con su lengua húmeda y roja, también tendíase jadeante junto a mí, después de la intrépida carrera. ¡Cuántas fueron las veces que mi caballo Reloj me llevó a cuestas en este soñar hermoso de un ayer hecho presente, de una imaginación ansiosa de amor y de recuerdos! ¡Cuántas veces canté y recité a voz en cuello y a los cuatro vientos desde las cimas de aquella roja y linda tierra de mi barrio Bucarabones, las canciones y versos aprendidos de niña! Y cada verso o canción escolar o popular hacía hueco en mi corazón, divinos versos y melodías que abrían brecha a mis propias inspiraciones, pues descubría que desde el fondo de mi ser interno una intensa e inagotable fuente de poesía fluía cual maravilloso bálsamo a mi alma inquieta y conturbadora. Múltiples, mil veces me brotaban del alma como una fresca, grandiosa y burbujeante cascada, glorioso milagro del espíritu, culto y credo, rosario santo a todas aquellas cosas lindas que me habían hecho feliz o me habían sido compañía o fundamento en mi vida de niña y adolescente.

Y sentía renacer en todo su esplendor mi lindo barrio y también Finca Abajo, la estancia de los abuelos, con todo su tesoro de familiares, al igual que la humilde casita que me sirviera de cuna. También aquel inolvidable río que cruzaba la estancia, amigo de siempre que supo arrullarme con su canción. Sí, aquel río amado que como un collar se me había enredado en el alma. ¡Cuántas veces, en aquel desandar del espíritu, me sumergí en sus cristalinas y frías aguas para refrescar mi alma fatigada! Y aquel dulce y sublime apego me motivaba a decirle versos. Obvio que el destino me había arrancado de mi barrio y de los míos, pero todo, absolutamente todo estaba conmigo. La dulce voz de mamá, su rostro, su linda sonrisa, sus canciones, porque siempre hacía una pausa para cantar y también bailar. Siempre bailaba, era algo que llevaba dentro a pesar de aquella vida de estrechez y zozobras en que se vivía. Siempre recordaba su juventud jovial que la hiciera sentirse mujer y toda una dama en todo esplendor y gracia. Y a Papá, ¡pobre Papá!, también lo recordaba con amor. Siempre amable y más que nada, humorístico, pero con un peso enorme de inseguridad. Recordaba cuando me cantaba aquellas lindas décimas de su propia inspiración, mientras yo lo mecía en la hamaca. "Pobre Papá" dije anteriormente, porque es algo muy doloroso cuando el ser humano no está preparado para enfrentarse a una tarea en la vida y de súbito se encuentra con todo el peso de ella encima.

Pues a él le sucedió cuando Dios o el destino le ofrendaron siete mujeres virtuosas y preciosas, todas como un manojo de bellas rosas, (modestia aparte). Esto lo resintió él, como si fuera un castigo y en una terrible turbación, impotente ante el reto, cubrióle el pánico, temiendo hincarse con las espinas de la responsabilidad y optó por deshacerse de nosotras, una a una, comenzando por mí cuando me llevara a casa de Riva. ¡Pobre Papá, si él hubiese sabido cuánto había sufrido yo desde aquel mismo instante y lo que aún estaba sufriendo, sin pensar en aquel futuro incierto que ante mí se tendía!

Y no sólo mis padres venían a mi memoria, sino también mis adorables hermanos, pequeños aún, Daniel, Cándida, Rosa, Paulita y Alicia, todos, y era algo así como un enorme vacío y los echaba de menos igual que si hubiesen sido mis propios hijos y, sin desearlo, recordaba a Héctor, aquel primer amor que despertara en mí una enorme razón de ser, aquel joven que le diera amor a mi vida y sabor a mi existencia y lo sentía profundo en mí como una espina punzante. Y recordaba su risa sana, dulce y placentera y su sencillez de alma, su gagueo, como un niño mimado y también su color bronceado, su cabello rojizo ondeado, precioso, su rostro pecoso, su mirada de terciopelo y su sonrisa dulce como la de un ángel. Así se había quedado fotografiado en mi mente y su recuerdo me producía demencia y me era imposible arrancármelo del alma y aquel verso que un día escribiera para mí me golpeaba fuerte en la memoria— "Y si ves que de sed muero, me darás de beber, Carmen mía".

Y aquel verso no era otra cosa que un lamento o suplica desprendido de un alma en momentos de incertidumbre y agonía, a lo cual mi alma respondía con un sagrado juramento, contrariándome a la vez un profundo sentimiento de culpa, sabiéndome mujer de otro hombre y en una constante agonía pedía perdón a Dios, no comprendiendo los misterios ni sentimientos humanos y en medio de toda aquella confrontación mental a este infinito amor, como un rosario santo, mi alma agonizante ofrecíale versos y poesía. Y era como si, desde lo más recóndito de mi existir, un clamor vivo y desgarrador disfrazado de versos llevara a lo infinito todo aquel caudal de amor y sentimiento humano que de mi alma brotaba. Y la melancolía gris de toda aquella orfandad me era vía en busca de respuestas en una continua tortura y ansiedad por encontrarme a mí misma y por descubrir los insondables misterios de la vida y del amor.

Y sucedió en uno de aquellos días amargos y de cavilación y mientras invertía mis energías en mantener la casa lo más limpia y ordenada posible mientras limpiaba las puertas, allí sobre un batiente, dí con un retrato de Gloria, la novia que había sido de Julio anteriormente. Allí lo conservaba él, no sé si olvidado o a sabiendas, pero allí estaba. Lo tomé y temblorosa lo contemplé una y otra vez, nublándose mi mente de celos y de angustia, Muchas veces me había él hablado de esta hermosa y bella mujer de piel canela que en una ocasión había sido proclamada reina de belleza mayagüezana. Y si conservaba su retrato significaba que aún vivía en su pensamiento y corazón. Por lo tanto, el retrato estaba en aquel lugar porque allí lo había puesto él, quizás imaginando que éste sería el último lugar donde yo pudiera rebuscar, pero ahora el retrato estaba en mi poder y le pediría cuentas.

Y como los celos son diabólicos y el ser humano débil y flojo, comencé a pensar que no era a mí a quien él amaba sino a Gloria Antequera y, por supuesto, tenía derecho a ello porque ella había sido su primer y grande amor. Y como yo siempre he pensado que el verdadero amor nunca muere, así que pensé que ella era su único y eterno amor y que yo tan solo era su esposa, pero no su gran amor. Y vencida por los celos recordé a Héctor y sentí revivir en mí aquel amor de ayer y me creí con derecho de acariciar en mi mente su recuerdo, segura de que podía hacerlo ya que mi compañero aún vivía en el pasado junto a Gloria. Y en mi desesperación tomé un periódico y comencé a ojearlo tratando de disipar o distraer mi agonía de celos y como algo diabólico, con lo primero que dio mi vista fue con el nombre Héctor en una columna. De inmediato mi alma se ensombreció, tomé unas tijeras y recorté el nombre y lo pegué en la pared de nuestro dormitorio donde Julio pudiera verlo cuando entrara. Pero aquella noche regresó demasiado tarde y metido en palos y enseguida se retiró al sueño. Yo estaba en plan de acción, pero comprendí que no era el momento apropiado para estas cosas, así que paciente esperé hasta el día siguiente para ver cómo salían las cosas.

Efectivamente, todo salió a pedir de boca. Yo hice que la luz penetrara en la habitación para hacer accesible su mirada hacia la pared adonde el nombre aquel resplandecía. Él, al percatarse, de un tirón quedó sentado en la cama y no podía creer lo que veía y encolerizado me pidió cuentas, a lo que yo, también enfurecida, le arrojé en sus manos el retrato de Gloria. "¿Y qué tienes tú que decir a esto?" le exigí. Él, pálido como un muerto se puso de pie y con gran esfuerzo trataba de razonar y disculparse. Yo estaba furiosa, enojada, dolida y, sin contenerme, acometí contra él pegándole con los puños en el pecho y pateando en el piso hasta ponerme casi histérica. Y en mi desesperación y congoja le pedí cuentas en cuanto al derecho de su amor y sinceridad hacía mí, creyendo que esto tenía que darse por la fuerza u obligación, en una incomprensión total del comportamiento humano en estos aspectos. Y cuando hube demostrado todo mi resentimiento, avergonzada por mi comportamiento, me arrojé sobre la cama en busca de paz y de consuelo. Él por su parte, lo bastante contrariado, se retiró a darse una ducha y luego de vestirse y acicalarse, sin decir palabra, salió a la calle cerrando tras sí la puerta.

Cuando me hallé sola fue que realmente me sentí decepcionada, como si todo el peso del mundo se me viniera encima. Entonces fue que comprendí que aún era una chiquilla y que la vida era demasiado para mí. Y en medio de toda aquella pesadumbre el recuerdo de Héctor volvió a inundar mi ser atormentado, pero de pronto mi mente se detuvo al escuchar los campanazos del reloj del municipio; las diez de la mañana y era viernes. Entonces de un salto me puse de pie, me arreglé un poco y salí a la calle de prisa, casi corriendo y me dirigí a la plaza del mercado con la necesidad de verle. Quería hablarle y decirle cuanto le amaba todavía y contarle mi suerte, mi amargura, mi tristeza y desilusión y la miseria, tanto de las cosas del alma como de las materiales. El tendría que escucharme, pensé y no sólo eso, comprenderme. Y escucharía una vez más su voz, aconsejarme qué hacer y yo haría exactamente lo que él me dijera. Así pensaba mientras más avanzaba con la esperanza de lograr encontrarle. Siempre venía al mercado, lo recordaba cuando éramos novios que cada mañana, al romper el alba, acá se dirigía con el camión cargado. ¿Y si no estuviera, Dios mío? me pregunté en un momento de duda y desaliento. Entonces sí que estaría perdida, me dije a mí misma con una ansiedad tan grande como si el mundo se me hubiese acabado. Pero allí estaba; lo divisé de lejos, parado junto al *truck* con los brazos cruzados mientras hablaba con otro individuo. Lucía tranquilo, sereno, en una completa paz charlando quizás de negocios. Entones me detuve desde un ángulo donde no podía ser vista por él y le contemplé bien, bien, bien. Era el hombre que un par de años atrás había amado yo con todas las fuerzas de mi alma y de mi corazón y con cada latido de mi ser. El era y aún vivía en mi pensamiento y difícil sería arrancarlo de allí. Hubiese querido hacerlo, pero hasta donde llegaba mi capacidad humana, le seguiría amando por toda una eternidad. Ahora comprendía por qué Julio no podía desprenderse del recuerdo de Gloria, porque a ambos nos sucedía lo mismo y todo esto se me hacía misterio y una profunda agonía. Y como las cosas que no entendía, pues meramente no las entendía, pero me fustigaban profundamente, como un enigma o problema de matemáticas. ¡Y este sí que era para mí un terrible enigma, ya que era tan joven y no podía entender!

En medio de toda aquella confusión estaba cuando volví a fijar en él la vista y algo muy raro me sucedió. Y fue que, de pronto, como que le sentí lejano. Hubiese querido correr hacía él y abrazarle con regocijo y besarle mil veces hasta saciar aquellas ansias de amor que me quemaban, pero algo me detenía. Como si de pronto un abismo se interpusiera entre los dos, como si algo más poderoso que yo me hiciera volver en mí y comprendí que un enorme vacío o inmensidad nos separaba. Y aun tan cerca de mí y sabiendo que aquel grandioso amor me atraía hasta la locura, aquella fuerza mayor y poder me hacía entender que no era lo correcto ni lo justo ni tampoco lo ideal. Aún así, le contemplé por largo rato sin ser notada y tal parecía que Dios mismo lo había puesto allí para que yo le pudiera contemplar a mi antojo.

En su plática con el otro, cambiaba de posición y hacía uno que otro ademán, hasta que me sacié de su físico y de todo él y entonces comprendí toda la verdad de mi sentir por aquel hombre. Le había amado como a nadie, hasta la locura. Le amaba porque imposible me sería olvidarlo, decir lo contrario sería mentir y mentir es pecar y estaba segura de que le amaría eternamente, pero con un sentimiento sano, puro, digno, sin egoísmo de ninguna clase, como se acaricia una bella flor en un jardín ajeno, con admiración, con respeto y sin codicia ni apego, en otras palabras, con un amor santo, sagrado y lo sentí encumbrarse y perderse en la lejanía del pensamiento. Me pareció tan lejano como una estrella refulgente, brillando en lo infinito del firmamento que se acaricia con la vista y con el alma y que parece estar a nuestro alcance y hasta nos parece que podemos contar sus centelleos. Sí, como una estrella o lucero que deslumbra y trasciende y sentimos casi junto nosotros su gloria y magnitud, pero que está tan lejana de nosotros que jamás podremos tener acceso a ella por más que lo deseáramos. Así de lejano sentí yo a Héctor, aunque estaba a sólo unos pasos de mí.

Gracias Dios, el milagro se había obrado. Hasta este momento había acariciado la ilusión de tenerle aunque fuese preso en mi imaginación. Muchas veces pensé que no podría vivir sin él, aunque tratara de olvidarlo, pero ahora en este instante hallé la verdad, este amor estaba demasiado lejano, como una estrella en su órbita y de aquel gran amor sólo quedaba un gran recuerdo titilando en la lejanía de mi pensamiento. Entonces recordé a Julio y comprendí cuánto le amaba. Mi adorable Julio que me había amado antes que yo a él y que me había ofrecido todo lo que tenía, su amor, su amistad, su sinceridad y hasta su alma, su alma triste y agobiada, pero su preciosa alma, llena de ternura y devoción. El, que al igual que yo, llevaba profundas cicatrices en el corazón y en este mundo no tenía nadie, sólo a mí. Yo que me había atormentado tanto cuando descubrí que conservaba el retrato de Gloria, como un chico añora y conserva aquel juguete preferido. Y apenada en lo más profundo pensé que quién era yo para arrancarle de su alma aquel gran amor de su vida, cuando el amor nunca muere, y me sentí egoísta y cruel y me regresé a casa de prisa.

Ahora hubiera querido correr, volar para encontrarme con él, para abrazarle con ternura y con el corazón en la mano decirle cuánto le amaba y pedirle mil veces perdón por mi estúpido comportamiento. Casi corriendo llegué a la casa, deseando que allí estuviera. Lo busqué por todas partes, pero no estaba y me sentí desfallecer y de nuevo me tiré sobre aquella cama a reposar y a meditar en las maravillas y secretos infinitos del amor. No se cuánto tiempo estuve allí, cuando de pronto escuché su dulce voz que me despertaba y me besaba una y otra vez y en una súplica me pedía perdón. "Perdóname, mi vida, te lo suplico y quiero que sepas que tú eres mi único amor y que jamás habrá otro, créemelo, te lo juro." Yo también me aferré a él en una súplica arrancada de lo más profundo de mi ser y entre sollozos también le pedía perdón, confundiéndonos en un largo, sincero y apasionado beso. "Jamás supe cuanto te amaba hasta hoy," le dije con lágrimas. El también lloraba. Un milagro se había obrado en nuestras vidas y por primera vez descubríamos que nuestro amor no sólo era diferente, sino único y que nada importaba nuestra vida pasada, aunque a veces pareciera que nuestros corazones quisieran traicionarnos.

A pesar de todo y de mi depresión mental a causa de tantas dificultades y vicisitudes, dadas las circunstancias ya que Julio seguía sin trabajo, no me confiné materialmente sino que di rienda suelta a la exploración de la bella ciudad la cual parecía tenerme hechizada. El primer edificio con el cual me relacioné fue con el Asilo de Pobres por quedarme tan vecino. Sólo tenía que cruzar la calle para estar allí. Su magnífico y suntuoso edificio me fascinó y muy pronto hice amistad con las Hermanas de la Caridad y siempre que tenía una oportunidad allá iba a visitar y compartir con las criaturas que con tanto amor ellas atendían. Con Julio fui al Cementerio Municipal a visitar las tumbas de sus muertos; su padre yacía en un nicho aparte. Del tranquilo camposanto más adelante descubrí el bello arco de triunfo que le sirve de portal, una real y magnífica obra de arte. Entre las muchas otras obras de arquitectura que me llamaron la atención fue la Plaza del Mercado, la cual no distaba de nuestra casa. Era espaciosa, toda fabricada en hierro, algo fantástico y monumental, al estilo francés, y como plaza de mercado se merecía el nombre de Señora Plaza porque eso era, una doña plaza. Daba gusto ir allí de compras o meramente a deleitarse contemplando su estructura o la manera en que se desarrollaba el comercio. En aquellos tiempos por lo regular todo se compraba en la plaza del mercado y en ésta había de todo absolutamente. Lo mismo hojas para teses o baños aromáticos, que un saludable pollo o gallina, carnes, frutas y vegetales a escoger, al igual que cualquier prenda de vestir para todos en la familia, sin faltar muebles para la casa y utensilios en general. Cualquier cosa necesaria se podía ir allí a buscar con la certeza de que se hallaría. Había abundancia, variedad y calidad, pero más que nada, respeto y buen trato hacia el parroquiano. A ella acudía todo el pueblo, de todas las clases sociales, lo que hacía que hubiera confraternidad y comunicación entre todos. Todo el mundo se conocía y compartía en buena camaradería y respeto. No sólo se tenía en estima a don Fulano de Tal, sino también al más pobre y humilde que podía ser un desequilibrado mental como lo era el gran Zurú, loco del pueblo a quien todos estimaban mucho. ¡Cómo lo sentimos todos cuando muriera atropellado por un auto!

Diré que el pueblo mayagüezano siempre se ha caracterizado por su caridad piadosa, compartiendo con el más infeliz o carente de recursos. En aquél entonces había centenares de pordioseros, pero nadie se quedaba sin comer, porque aquí cada persona pudiente aportaba diariamente limosnas para cubrir en parte las necesidades de esta pobre gente. Aún había hogares pudientes donde se acostumbraba proveer alimentos a personas pobres o menesterosos, teniendo muy en cuenta a la viuda y el huérfano y toda caridad se hacía con amor, lo cual lo acredita como pueblo caritativo. Así lo iba yo descubriendo a medida que me iba familiarizando con su gente y sus costumbres, mientras seguía en aquella constante exploración, descubriendo no sólo sus virtudes y características como pueblo, sino también su belleza geográfica. Uno de los lugares que en aquel entonces más me fascinara de la bella Sultana del Oeste fue su preciosa playa de Guanajibo. Allí me encontré de incógnito una tarde de verano y jamás podré olvidar aquel momento ni el bello paisaje. Un pueblo en su totalidad conglomerado bajo un cielo azul, a la vez que una nube de gaviotas revoloteaban y mecianse sobre el mar al vaivén del viento y la brisa. Y en la límpida playa, centenares de bañistas regocijábanse y divertíanse. Y bajo las sombras del bello palmar y de las frondosas magas, un sinnúmero de espectadores disfrutando todos en grande de un placentero día. Aún se recrea mi mente en aquella preciosa e inolvidable tarde, cuando este pueblo disfrutaba en todo su esplendor de su encantadora playa de Guanajibo.

Como puede verse, Mayagüez se me iba metiendo en el alma o quién sabe si era yo la que me iba introduciendo en su corazón. Por eso bajo aquella melancolía gris en que vivía, aquí buscaba alivio a mi tristeza y hacía que Julio me llevara por todos sus contornos y periferia. A veces, a pesar de nuestra miseria, me alegraba de que él no estuviera trabajando, para que así pudiera llevarme a caminar por todos sus barrios y vericuetos para disfrutar de sus encantos. Y fue así como me relacioné con cada uno de sus barrios urbanos y rurales.

¡Con qué paciencia que mi marido me soportaba! Cuántas veces, aun sin probar bocado, nos íbamos a pie a caminar, hasta saciarme de ver, explorar, averiguar y contemplar las bellas tierras que las circundaban y sus formidables obras arquitectónicas y todo aquello que tuviera que ver con su cultura y belleza. Toda su jurisdicción me conmovía, pero los barrios Río Hondo y Miradero me robaron el corazón. Cada cual tenía para mí su encanto y en cualquiera de ellos me sentía feliz y los contemplaba y los sentía allí como si fueran parte del mismo paraíso y allá iba siempre que se me antojaba.

Camino de Río Hondo abundaba el rico y sabroso mangó. Este fantástico lugar de bosque húmedo, fincado y de sublime frescura por sus chorros y quebradas, me convertía en soñadora. Cuántas veces estuve débil por falta de alimento (que dicho sea de paso, hubo un par de ocasiones en que estuve hasta cuatro días sin probar bocado, algo desesperante) a tal extremo que no me mantenía en pie. En una ocasión tuve el valor de comerme una hogaza de pan viejo que estaba en un clavo en la pared del comedor que no se sabe cuánto tiempo tenía allí. Allí lo había enganchado la abuela antes de morir, cuestión de costumbre antigua. La cosa es que el hambre era tan fuerte que lo desenganché del clavo y lo comí. Por otro lado, los críticos males del embarazo que fueron horribles, pero aún así en cuanto me sentía con tantita energía, me animaba a caminar y recuerdo que me iba hasta donde el río hacía una despeñada caída, precipitándose por la peñascosa hondonada y allí, luego de reposar sobre los palenques del majagual, embriagándome de melodía de pájaros, de aire, de cielo y de sol, nos regresábamos, yo extenuada pero saciada de tanta belleza y paz celestial.

En cuanto a Miradero, además de las bellas siembras, se vestía de guayabales, flores y mariposas y su hierba resplandecía aceitosa y brillante al resplandor del sol, adornándose a la vez el paisaje con el ganado que a sus anchas pastaba en las verdes praderas. Este encantador lugar con su inmensidad de lomas, valles y verdor me producía un sublime éxtasis, tanto que llegué a desear vivir aquí.

El Cerro de las Mesas se convirtió en otro de mis lugares favoritos, aunque a este no lo descubrí hasta más adelante debido a mi precario estado de salud que me impedía subir la empinada cuesta. Pero cuando tuve la dicha de subir a la cumbre quedé maravillada y enamorada de todo el territorio, especialmente de la encantadora flora que crecía en sus rojas laderas. Crecía también espesa y frondosamente el rico mangó y el carnoso y sabroso hicaco. Se decía que aquí crecía el maní silvestre, dado que los indios usaban cultivarlo. Esto me producía una sublime sensación que me hacía sentir unida a una tan noble raza que hacía poco había habitado aquellos bellos parajes. Arriba en el Cerro me sentía movida a darle alabanzas al Divino Creador por su bondad infinita de haber creado tan preciado tesoro de tierras y desde la cuesta contemplaba la regia y bella ciudad que abajo en la cuenca yacía hermosa al regazo del mar.

Y dadas las circunstancias de que no siempre me era posible hacer largas caminatas, entonces me deleitaba con voltear la ciudad a mi antojo, igual que solía hacerlo cuando estaba allá en tierra adentro que me perdía por el bosque para disfrutar de los encantos de la naturaleza. Solía caminar a lo largo de la calle Capestany hasta el barrio Buena Vista, luego el barrio Salud hasta Villa Angélica. De allí me desviaba hacia Balboa, cruzaba al barrio París, de allí a Barcelona hasta la calle Camino Nuevo, hoy Post, de la cual me regresaba a casa. Otras veces volteaba todo el barrio Colombia y Dulces Labios hasta la estación del tren o cualquier otro sector nuevo para mí, pero cada rincón y calle lo caminé detenidamente, lo cual me era de profunda satisfacción. Cuando no, me concentraba en el centro de la ciudad. Es curioso, hacía que Julio me llevara de noche cuando la gente comenzaba a retirarse a sus hogares, esto para tener la oportunidad de que él pudiera enseñarme y explicarme cada edificio, cada cosa y detalle. Él me complacía mientras nos deleitábamos contemplando las vitrinas y comprando con el alma a nuestro antojo. Entre todos los edificios la Casa Alcaldía en su elegante neoclásica estructura me estaba solemne y majestuosa. La Plaza de Colón me impresionó desde el primer momento que la vi y el Gran Descubridor me tenía aspecto de titán. A Julio le gustaba Las Cuatro Esquinas, un lugar en el mismo centro en las calles Peral y Méndez Vigo. Este sitio tenía para los caballeros mayagüezanos una gracia especial. Aquí se reunían diariamente y era donde se llevaban a cabo las tertulias, especialmente políticas o de qualquier índole o el chisme del momento, o meramente se deleitaban contemplando las féminas que con gran donaire cruzaban las calles. También era punto de salida de pasajeros y turistas y por ser un lugar tan especial que a él le divertía, yo llegué a tomarle gran afecto. Y gracias a Julio y a muchas otras personas, me fui poco a poco informando y relacionando con la historia de la encantadora ciudad.

Me contaron del devastador terremoto de San Fermín, ocurrido el 11 de octubre del año 1918. Para entonces Julio era aún un niño, pero recordaba mucho de la catástrofe. Según razón a eso de las diez de la mañana la ciudad fue sacudida por el intenso terremoto y la población, despavorida, se lanzó a la calle ante el temor de ser sepultados con todo y casas y edificios de trabajo, pues en la corta sacudida centenares de casas y edificios quedaron destruidos y averiados. Se decía que después de la primera sacudida el mar enfurecido se retiró de la playa y la gente en pánico huyó hacia el Cerro de las Mesas, creyendo que a su retorno arroparía la ciudad, pero gracias a Dios, sólo entró unos cuarenta o cincuenta metros. Según razón, al día siguiente vilvió la tierra a dar otra sacudida igual a la del día anterior, lo cual hizo pensar a la gente que la tierra se hundía. Y contaba él que todo el pueblo se tiró a la calle con velas prendidas en una rogativa a Dios Todopoderoso por misericordia. Y Dios les escuchó porque desde el mismo instante la tierra comenzó a calmarse y las sacudidas fueron menguando y a hacerse cada vez más leves aunque tembló por espacio de un año. Él me llevó para que viera calles y edificios que aún estaban averiados. Recuerdo el edificio de Infantería que, para esa fecha del 1936, aunque averiado totalmente, aún estaba en pie (lugar donde hoy reside el edificio de Correos). Recuerdo que aquel edificio le causaba a Julio una profunda tristeza pues fue aquí precisamente donde trajeron el cuerpo de su padre asesinado y cuando él hablaba de cualquiera de las dos tragedias, le producía una horrible angustia.

Él también me contó del horrendo fuego del Teatro Yagüez acaecido en el año 1919. Me decía que esa noche él se encontraba en el teatro y que su padre se hallaba de servicio en la puerta. Según él, siempre acostumbraba a subirse al gallinero, pero esa noche los muchachos más grandes comenzaron a mortificar y él, molesto, bajó adonde su padre a darle las quejas. Entonces él lo acomodó en una butaca junto a la puerta y unos segundos después estalló el incendio, saliendo él disparado a toda carrera, tanto que ni aun su padre se percató. Este, angustiado, no hallaba qué pensar y angustiado se fue a casa con la esperanza de que allí estuviera. Efectivamente, debajo de la cama lo encontró temblando de pavor y alzándolo en brazos, en medio de un mar de lágrimas, besándole dio gracias a Dios por haberle salvado la vida. Según Julio todo el desastre se debió a que las puertas abrían para adentro y la misma gente, presa del pánico, se amotinaron a la salida, no dando oportunidad a que estas pudieran abrirse, siendo presas de las llamas, donde mucha gente en su mayoría jóvenes y adolescentes perdieron la vida. Llegué a conocer a una anciana vecina nuestra que perdió sus cinco hijos varones en el terrible siniestro más a su esposo a causa del *shock*.

Como puede verse, fue a través de otras personas que llegué a enterarme de la suerte de la gran ciudad de Mayagüez, no sólo de sus buenos tiempos, sino también de sus tragedias que por lo visto, no fueron pocas y muy amargas por cierto, pues se decía que en distintas ocasiones había sufrido incendios y pestes, como el cólera, la fiebre amarilla, el vómito negro y la viruela brava, pero que, gracias a Dios y a una ciudadanía inteligente, optimista y unida, siempre habían logrado sobreponerse. Hoy, en mis momentos de nostalgia la recuerdo y contemplo tal cual era en todos sus afanes y luchas y se reviven en mí sus bellos amaneceres, el toque de Diana, el reloj del Municipio dando cada hora en la hora, el trotar de caballos antes de amanecer conduciendo los carros de la leche, los panaderos empujando sus carretones de pan acabado de hacer, los chicos vendedores de periódicos anunciando en su pregonar cantado, ¡El Mundo! ¡El Imparcial! ¡Puerto Rico Ilustrado!, y así diversidad de revendones que según iba amaneciendo iban apareciendo cada cual pregonando su producto y dándole a ésta un tradicional toque, un pueblo que vivía al paso de una vida serena, tranquila y feliz.

A mediodía se acostumbraba cerrar todos los negocios y oficinas para ir a la casa a almorzar y tomar la tradicional siesta y no se volvía al movimiento hasta las dos de la tarde. En las noches, después de haberse cumplido con las faenas cotidianas, luego de cenar, gran parte del pueblo, en su mayoría la juventud, se encaminaba a la

Plaza de Colón adonde se llevaba a cabo la retreta amenizada por la Banda Municipal. Aquí las jovencitas paseaban alrededor de la plaza, de brazo o cogidas de la mano, como exhibiéndose, a la vez que los jóvenes desde las aceras las admiraban y piropeaban con frases halagadoras y era así como, bajo el bello azul de noches celestes, Cupido flechaba a muchas parejas, que casi siempre terminaban en el vínculo santo del matrimonio.

Otra diversión que el pueblo disfrutaba en grande era el cine. Todas las noches era ideal para disfrutar de buenas películas, pero más durante los fines de semana que mañana, tarde y noche los cines se desbordaban en lleno por solo cinco o diez centavos la entrada. ¡Qué juventud jovial! Aún les recuerdo saliendo de los teatros en sana algarabía.

Algo muy típico de aquí era la variedad en cuestión de comidas y antojitos. Cada barrio tenía su especialidad. Por ejemplo, el famoso friquitín de Toña en el barrio Barcelona, era un lugar que estaba abierto toda la noche, adonde se saboreaban los más exquisitos rellenos de papa. En el centro de la ciudad estaba La Greca un distinguido lugar donde se servían ricos y sabrosos platillos, el mejor café, batidas y sabrosísimos pasteles. En La Cuesta de La Mineral había otro negocio al aire libre donde se cocinaba maíz tierno, ñame y pescado frito, algo ideal. En la calle Post esquina Nenadich estaba un criollísimo friquitín famoso por su cuajito, piquito, cuchifrito y viandas todo tremendamente suculento. En la calle Capestany, frente a nuestra casa había un negocio de tembleque y mazamorra con sus vendedores ambulantes, un tembleque de vainilla y coco que hacía a cualquiera relamerse de gusto y una mazamorra sabrosísima.

Luego de oscurecer también había mucho movimiento de ventas ambulantes, en su mayoría por jóvenes y adolescentes vigorosos que recorrían toda la ciudad pregonando su especialidad, que mayormente se componía de pasteles calientes, panas de grano hervidas, calientitas, maní tostado fresquecito, gofio, platanutres, pilones, capuchinos, tembleque, mazamorra y otros antojitos. También había carros de mano aparcados alrededor de la Plaza de Colón que vendían helado, raspao o piragua, maví y guarapo de caña bien frío, dulce de batea o pastelería, pan acabado de hornear, frutas del país y extranjeras y otras ricuras.

Otra costumbre muy bella de aquí eran las serenatas, música y y románticas canciones que se tocaban de madrugada en honor a la dama o joven amada. Era algo sumamente romántico y lindo escuchar en el silencio y quietud de la noche las sutiles notas de una guitarra y la voz sonora de un trovador entonar dulces melodías a su amada junto a su balcón o ventana. Julio acostumbraba a llevarme serenatas; aún resuenan en mis oídos aquellas románticas canciones de entonces. Y era así como se desarrollaba esta jovial y jubilosa ciudad. Un pueblo que en buena armonía, trabajaba, luchaba y se desarrollaba a pesar de todo y se divertía en paz y amor.

A la verdad que Julio no tenía muchos familiares fuera de sus hermanos, Monchín y Esther. Solo un par de tíos y una tía que vivía en la capital y un par de primos, hijos de un hermano de Fermín. A pesar de ello tenía muchas amistades las cuales habían sido de sus padres y que una vez estos fallecidos, habían seguido siendo fieles a la amistad a través de sus hijos, especialmente de Julio que no sólo era una persona amistosa y amigable, sino con un extraordinario parecido a su padre y que tampoco perdió el contacto con ellos. Entre toda esta gente linda estaba doña Adela Vidal, una extraordinaria mujer y un precioso ser humano. Tendría unos cuarenta y cinco años cuando la conocí. Era trigueña, delgada, alta, de bello porte y de un carácter dócil y amigable. Era viuda con tres hijos jóvenes y residían en la calle Peral esquina San Vicente. Esta encantadora mujer supo darme su amistad, apoyo y comprensión. Creo que a no ser por ella, no sé qué hubiese sido de mí en esta ciudad adonde no contaba con familiar o amistad alguna. Ella me fue madre, hermana mayor y consejera y sus adorables hijos como mis propios hermanos. Doña Adela, como ya dijera, era una extraordinaria mujer que en su vida le tocó llevar una muy pesada cruz, pues según me contara ella, aún eran muy pequeñitos sus niños cuando su esposo había desaparecido, quedando ella sin ayuda alguna y bajo aquella deprimente situación en que vivía. Y no sólo eso la abatía, sino también pensar en el paradero de su esposo, lo cual era demasiada amargura. Así que sola tuvo que enfrentarse a la dura tarea de educar y mantener a sus tres hijos. Era costurera y para poder cumplir con tal obligación trabajaba todo el día y gran parte de la noche, pegada a la máquina. Así pasaron los años y ya los chicos estaban quinceañeros cuando se apareció el tal marido terriblemente enfermo, herido de muerte, mejor dicho, y sin un solo céntimo en el bolsillo con la triste historia de que todo estos años había vivido en la República Dominicana, pero que ahora necesitaba de la ayuda de ella, ya que él pensaba sería la única persona que pudiera cuidar de él. Y ella sin ningún reproche cuidó de él hasta su muerte. Pero esta no es toda la historia. Esta buena mujer cuidó de su madre enferma hasta que le dio sepultura. Luego le quedó la responsabilidad de cuidar a su padrastro, un enérgico y saludable anciano que pasó del siglo, siendo ella la única persona que cuidaba de él. En este mismo tiempo de lo cual yo fui testigo, llegó de Nueva York un medio hermano de ella con una enfermedad incurable, para mejor decir, tuberculoso. Había venido a la isla a pasar sus últimos días. A ella también le tocó la brega de este hasta el día de su muerte y no había enterrado bien a este, cuando uno de sus hijos, Eduardo, en toda su juventud contrajo una horrenda enfermedad que lo destruyó en menos de un año. Para entonces ya ella estaba demasiado enferma a causa de un corazón quebrantado. Pero a pesar de toda la desgracia y el atropello que le causó la vida, Adela fue siempre un ser amoroso y humilde. Jamás la escuché quejarse. Cumplía su misión con caridad para con todos, siempre con una cálida sonrisa en sus labios. A su casa acudía todo aquel que necesitaba orientación, ya fuera joven o adulto y ella con ternura y sabiduría ayudaba y consolaba a todos. Adela Vidal se fue de este mundo, pero la obra que había comenzado en mí aún perdura. No era una persona fanática religiosa, sino un testimonio vivo de mujer cristiana. Siempre tuvo tiempo para mí, para escucharme aun cuando la cargaba con mis cuitas y pesares y mis ignorancias de muchacha joven. Nunca se sintió molesta de mis tantas preguntas y averiguaciones, ya que todo lo quería saber y aprender en cuestión de minutos, al contrario me alentaba y enseñaba con paciencia y aunque mujer madura y capacitada e inteligente en gran manera, nunca se hizo sabia, todo lo contrario, siempre me instruía en amor. Era una persona que buscaba la verdad con empeño y hablaba La Palabra de Dios con discernimiento. Recuerdo cómo la impacientaba ante la rudeza de la vida, y en mis desalientos me le quejaba y afligía, pero ella siempre con sus palabras dóciles, amorosas, convincentes, abarcadoras me consolaba, aconsejaba e instruía en amor. "Hija mía," me decía "sé paciente, toma las cosas con calma que en la vida todo trabaja para nuestro propio bien. Podemos creerlo ante los problemas, retos y cambios de la vida. Aprende a confiar en Dios Todopoderoso que es luz, amor y todo bien. Hemos sido creados para el bien, hija mía, y todas las cosas están siempre trabajando para ese bien. Todos deseamos crecer para poder expresar todo nuestro potencial; el crecimiento no es otra cosa, cambio y cambio, no solo para ti o para mí, sino para todos. El infante debe llegar a adulto para alcanzar su potencial humano ¿no es así? Así que cada etapa de nuestro crecimiento es muy importante. Por eso debemos ser pacientes. Es verdad que a veces se rompen algunas cortezas al crecer y esto nos perturba, pero si mantenemos nuestra fe en Dios encontraremos que todas las cosas están trabajando juntas para nuestro bien. Así que debemos tener fe en Dios y también mucha, mucha paciencia, paciencia con nosotros mismos y con la vida, porque la paciencia nos ayuda en nuestro crecimiento, por lo tanto, es también un bien".

Hoy, recordando aquel pasado y comparando aquella etapa de amargura y recordando sus consejos, entiendo que en realidad todo sucedía en mi favor y analizándolo todo comprendo que doña Adela Vidal era una extraordinaria mujer y un precioso ser humano, ejemplo vivo y en parte motivación para hacer de mí una persona dispuesta a encaminarme hacia un mundo de amor y justicia, en paciencia, fe y humildad.

Durante la corta estancia que me permití vivir en la gran ciudad crecí extraordinariamente, aprovechando cada oportunidad y cada momento para engrandecer mi espíritu y cada experiencia o fracaso sentaba las bases hacia una sólida y estable madurez, la cual me serviría en grande a medida que me iba envolviendo en la vida.

En una ocasión me dispuse a ir a un taller de pañuelos a buscar trabajo, ya que por lo visto Julio no encontraba empleo y estábamos muriéndonos de hambre. No olvido la reacción del jefe de personal al entrevistarme. Me dio un vistazo de arriba abajo y me dijo: "A usted, jovencita, le aconsejo que mejor se vaya a la escuela". Aquellas sus palabras, me fustigaron tan fuerte como si él hubiese abofeteado el rostro. ¡Si él hubiese sabido con las ansias que había luchado para conseguirlo, más sin ningún éxito! "Señor, por Dios, deme trabajo", le supliqué, "mire que lo necesito tanto. Le aseguro que aprenderé muy pronto. No sabe usted de lo que soy capaz, quiero decir, que estoy acostumbrada al duro trabajo." "No lo dudo," dijo él burlonamente y agregó, "lo siento, jovencita, pero usted es tan solo una niña para estas bregas". "Pero, señor, es que..." y no quiso escucharme, me volvió la espalda y se marchó por una escalera arriba. Y allí me quedé yo inmóvil y triste hasta la amargura.

Quizás mi espíritu en aquella eterna soledad y aflicción en que vivía aprendía a elevarse por sobre las amarguras y vicisitudes y a participar de los misterios y tesoros infinitos, porque comencé a disfrutar de la preciosa "gracia" de escuchar clara y maravillosamente una voz que desde lo más recóndito de mi ser me hablaba. En las dos primeras ocasiones en que el fenómeno o milagro ocurrió, fueron mensajes en favor de personas que por el momento cruzaban por enfermedad y gran desaliento. Como puede verse a esta fecha habían transcurrido diez meses que no tenía noticias de la casa de mi padre, dado que desde que me uní en matrimonio con Julio, Papá no me permitía visitarles. Esto más que cruel para mí era torturante y a solas me afligía terriblemente, más por mi madre, en una necesidad inmensa de saber de su salud, ya que para este tiempo esperaba la llegada de otro bebé. Sola me encontraba en casa una de aquellas tardes, perdida en mis pensamientos, cuando ocurrió el milagro y escuchaba por primera vez aquella maravillosa voz que me decía: "A esta fecha han transcurrido cuatro días que tu madre ha dado a luz una niña, pero a causa del parto sufre una severa infección. Por lo tanto, ve a verla inmediatamente, apunta los medicamentos que le llevarás". Yo obedecí. El mensaje me fue dado a eso de las tres de la tarde, así que ansiosa esperé a que Julio llegara, quién regresó a eso de las seis y con diligencia le conté el hallazgo. Él, un tanto emocionado, salió en busca de su hermano que era la única persona que podía ayudarnos, pues nosotros no contábamos ni con dinero, ni automóvil. Pero aquél, como siempre dispuesto a ayudar, nos proporcionó para comprar las medicinas y enseguida salimos para el campo que nos quedaba a un par de horas de camino. Cuando llegamos allá, nuestro padre no se encontraba en casa, por lo cual nos sentimos más tranquilos. Lo siguiente fue que quien salió a recibirnos fue mi abuela paterna, doña Rosa, que nos dio las nuevas de que hacía cuatro días que Mamá había dado a luz una niña, pero que después del parto había tenido complicaciones. Que tenía alta fiebre y un agudo dolor en el bajo vientre que la destrozaba. La abuela, quien era una comadrona registrada y sabía de estas cosas, añadió: "Temo que se le declare una puerperal. Hoy mismo pensaba en llevarla o traer un médico, o enviar a la farmacia por unas medicinas, pero, ya ves, aquí me encuentro con los brazos atados sin hallar qué hacer, en espera de tu padre a que llegue del trabajo para ver qué se hace, porque a la verdad que comienzo a preocuparme".

—Bueno, abuela, si ése es el problema, entonces no hay por qué apurarse, —le dije yo—, porque aquí tiene usted todos los medicamentos que necesita, además una bolsa para lavados y también el medicamento apropiado. Ella, absorta, no podía creer lo que veía y titubeando dijo:

—¡Pero, niña! ¿Cómo? ¿Cómo es que, digo, cómo supiste tú que ella...?

—Ah, no se apure usted por eso, abuela, alguien me lo dijo.
—¿Pero, quién, hija? ¡Si nadie sabe que ella está enferma!
—Eso cree usted que nadie lo sabe, abuela, pero sí hay alguien que todo lo ve y que todo lo sabe.

Y mientras ella, medio atontada, cavilaba al respecto, nosotros nos dirigíamos a la recámara de Mamá adonde la encontramos que ardía en fiebre y retorcíase del dolor. Yo misma le administré las primeras tabletas, mientras Julio con ternura la animaba. Era la primera vez que se conocían. "No tema usted, Mamá," le dijo él, "ya verá cómo en par de días estará muy bien". " Así lo espero, hijos míos, pero quién les informó de mi gravedad?" "Alguien, preciosa, alguien que nos ama mucho a ti y a mí," le dije yo, acariciándola con ternura. "Un día de estos te cuento quién me lo dijo, pero ahora a reposarse y a ponerse bien." Así que nos despedimos, después de un caluroso encuentro familiar y luego por la abuela supimos que, gracias a Dios, se había recuperado muy pronto de algo que pudo haber sido fatal.

Otro caso familiar ocurrió en aquellos mismos días. Un tío de Julio, llamado Salvador, al que apodaban Salvita y que vivía en el barrio Miradero adentro vino a verle. No nos conocíamos, pero una vez que comenzamos a hablar, pareció como si nos hubiéramos conocido de toda la vida. Era un hombre blanco, enjuto y pálido, muy simpático y familiar. Después de un rato me explicó la urgencia de ver a su sobrino y me relató el caso. Según sus palabras, la noche anterior había tenido una riña con un individuo por cuestiones de juego. Aquél, habiéndole agredido fuertemente y cuando él creyera que estaba perdido, se armó de un cuchillo y se le fue encima, cayendo el otro al suelo como muerto. Él, creyendo que lo había matado, aterrorizado, huyó. Por eso quería ver a Julio para que le aconsejara qué hacer o, por lo menos, que le acompañara a la jefatura de policía a entregarse. El pobre hombre no se contenía en pie, nervioso y pálido como un cadáver. Y yo, una niña en aquel entonces, apenada lo contemplaba y compadecía, pero eso sólo podía hacer, aunque desesperada por ayudarle, buscaba con el pensamiento aunque fuera una palabra de aliento para consolarle. Entonces volví a escuchar aquella voz decirme: "Dile a este hombre que que se calme, que no tema, que el tal individuo que él cree muerto está con vida, que la herida fue superficial, cosa sin importancia y está perfectamente bien. Dile que puede regresarse a su hogar que todo esta normal. Dile, además, que para su padecimiento pulmonar necesita reposo y buena alimentación y tomar reconstituyentes". Yo le di el mensaje y él no podía creerlo, pero estaba muy emocionado. En eso llegó Julio y le contamos todo. El le dijo que podía estar seguro y muy tranquilo que si yo le había dicho tal cosa, era la verdad. Entonces, como ya oscurecía le hicimos quedarse a dormir y al día siguiente le acompañamos a su casa, después que hubo comprado el reconstituyente que el farmacéutico le aconsejó. Fue realmente maravilloso cuando llegamos a la casa y su esposa y su niña de unos nueve años, le dieron la noticia de que el tal hombre estaba perfectamente bien, que sólo había sido un rasguño superficial que lo había hecho desmayarse. El, embargado por la emoción, no hallaba palabras ni afectos para mí, Yo por mi parte me sentía muy pequeñita delante de Dios que me había otorgado tan precioso don. Con esta otra experiencia se abría ante mí un nuevo amanecer o senda que yo he llamado "júbilo del Señor" porque definitivamente había llegado al lugar cimentado sobre panales de dorada miel.

No que se habían terminado para mí las amarguras, las luchas, la estrechez o las vicisitudes. ¡Oh, no! Al contrario, ahora era que comenzaba para mí el batallar o caer en las aguas de aquel turbulento y torrencial río de la vida. Ahora era cuando comenzaba a precipitarse sobre mí como nunca antes lo había experimentado. Y era ahora cuando realmente comenzaba a sentir en carne viva la horripilante sensación de la cantera de sal, pero a la vez se había obrado el divino milagro de pararme firme en la senda de la rica miel. ¡Bendito sea el nombre de Dios! Digo esto porque en adelante ya no estuve sola jamás, aunque parcialmente parecía estarlo. Jamás me sentí pobre, aunque en ocasiones no tuve abrigo ni techo y carecí de pan para mí y mis cinco hijos. Hubo ocasiones en que no tuve amigos ni familiares ni a nadie a mi favor. Momentos en que pedía caridad por Dios y nadie parecía escucharme, pero bajo toda aquella opresión, descubría que una compañía santa estaba conmigo, fortaleciéndome y dándome valor, fe y esperanza y más que nada, una inmensa paz, como si un vivo manantial me fluyera de mi ser interno y me sentía fuerte de cuerpo, de mente y espíritu. Y una fuerza de gozo espiritual me iluminaba y mantenía mi corazón cantando, confiando y esperando y cada día recibía una nueva oleada de un toque leve y sutil que me capacitaba para mantenerme serena y feliz ante las abrumadoras pruebas y luchas de la vida. Y lo más hermoso de todo era que en medio de todo el batallar, aquella voz seguía hablándome y guiándome, haciendo de mi hogar algo feliz, bello y hermoso. Y en los momentos más difíciles me decía qué hacer, o qué no hacer y siempre salíamos victoriosos. Hoy, después de cuarenta y tantos años de haberse obrado el milagro y mientras escribo estos renglones me siento tremendamente feliz, dichosa porque aún sigo escuchando esa divina voz, Gloria sea al Dios Todopoderoso por todas sus conmiseraciones, ¡Amén!

Volviendo a Julio y a mí, cuando nos conocimos él pertenecía a una agrupación denominada Sexteto Sonora Tropical bajo la dirección del gran compositor y guitarrista Roberto Cole. Cole también trabajaba como camionero en la hacienda Fajardo, transbordando caña para la central. Fue precisamente aquí en la hacienda, donde se inspiró para componer algunas de sus más famosas composiciones. Yo fui testigo de ello. ¡Cuántas veces lo vi aparcar el camión frente al corte de caña, antes de comenzar el trajín cotidiano y con papel y lápiz en mano, entregarse a sus creaciones. No era para menos, una persona como don Roberto tenía que inspirarse bajo aquel romántico y fantástico ambiente tropical donde la esplendorosa naturaleza en todo su colorido creaba un medio que despertaba el sentimiento y el espíritu del artista a soñar y crear.

En cuanto a la agrupación, se componía de unos talentosos músicos y vocalistas de los cuales Julio era la segunda voz, magnífico en su estilo. Lástima que la situación económica fuera tan precaria que no fueran pagados a nivel de sus talentos y valores, aunque sí reconocidos como de lo mejor y siempre que había oportunidad para tocar les llamaban. De cada baile que se tocaba, Julio recibía un dividendo que en parte nos ayudaba para comer cuando más apretados estábamos. Suerte que yo aprendí a estirar el peso y a cocinar platillos nutritivos a bajo costo. En su mayoría todo estaba barato y si uno sabía combinar una comida, no era necesario comprar artículos caros y de primera clase para balancear alimentos igualmente nutritivos. El pescado, por ejemplo, un alimento de primerísima calidad, era uno de los más baratos y podíase confeccionar de diferentes formas. A nosotros nos gustaba y yo lo prefería por sus valores nutritivos. Cuando se estaba corto de recursos yo solía comprar una cabeza grande de éste, trozada, condimentos y harina de maíz y confeccionaba una rica sopa, todo lo cual salía por unos veinticinco o treinta centavos. La carne de res, con hueso para sopa, pero con suficiente carne, se podía comprar por unos veinticinco centavos. A ésta, después de hervida y separada de los huesos, se le agregaban verduras, fideos y papas y alguna que otra vianda lo que constituía un sabroso guiso, muy alimenticio por unos cincuenta o sesenta centavos. En la panadería el pan del día anterior se vendía por unos cuantos centavos y en mayor cantidad. Este se preparaba al estilo panajo, un tanto dorado con aceite de oliva. También se confeccionaba la rica sopa de pan con huevo batido y aceite de oliva, si no, meramente se calentaba y se untaba en mantequilla para acompañarlo con café. El café se vendía en la tienda, molido desde cinco centavos y vendían tres centavos de azúcar y un pote de leche evaporada pequeño costaba siete centavos, así que dos personas tomaban suficiente café por tan poco dinero. Un pote de avena *Quaker* valía veinte centavos, otro cereal nutritivo y de buen rendimiento. El bacalao valía a ocho y diez centavos la libra y con este se conseguía confeccionar hasta diez platillos diferentes. Por entonces se consumía en la isla mucho cangrejo. Este se producía en enormes cantidades y se compraba baratísimo, una sarta de una docena valía un peso. Con este marisco se preparaban los más ricos y suculentos platos, entre ellos el arroz con cangrejo cocinado a base de leche de coco, acompañado con las riquísimas habichuelas rosadas. Si no, el rico salmorejo para comer con funche, viandas o pan. También se confeccionaban las sabrosas empanadillas o simplemente, un sabroso asopao. El mondongo de res con pata trozada era un alimento que el pueblo consumía mucho. Por un dólar se compraban unas cuatro libras. Con este se hacía el sabrosísimo mondonguito o salcocho con viandas, macarrones y garbanzos. Este se comía solo, con arroz blanco o pan. También yo me especializaba en el clásico arroz y habichuelas que, si era posible, lo acompañaba con carne guisada, amarillos fritos, huevos, pescado seco o enlatado, embutidos, ensaladas o aguacate y todo esto era barato y nutritivo.

Y mientras me desarrollaba y crecía, a pesar de ser tan joven me sentía feliz de haber aprendido el arte de cocinar en temprana edad y agradecía grandemente a la abuela y a Mamá por haberme entrenado de chica en estos esenciales menesteres. También daba gracias a Dios que nunca me abandonaba, pues a pesar de que Julio ya iba para seis meses sin trabajo, siempre hubo alguien caritativo como el cuñado Monchín, que muchas fueron las veces que nos suplió dinero para comprar alimento. Otras veces las buenas amistades nos invitaban a comer con ellos y Julio, que siempre se esforzaba para conseguir la peseta, para traerme algo de comer, como una mixta de la fonda. Esto era arroz, habichuelas y carne guisada. Solo valía una peseta, o sea, veinticinco centavos y en algunos sitios servían, que una mixta era suficiente para comer dos personas.

Pero llegó un momento en que pensé que no era posible continuar en aquella deplorable situación dado el caso que ya tenía seis meses de embarazo y era imprescindible que hubiese un sueldo seguro en la casa. Por eso una noche en que hablábamos y comentábamos al respecto yo insistí en que Julio consiguiera un empleo lo antes posible.

—¿Y qué me aconsejas tú? —me preguntó él indeciso y, como siempre, apocado.

—Bueno, yo te sugiero que vayas a ver a don Luis y te disculpes con él por haberle dejado plantado el trabajo y dile que por favor, te vuelva a dar el empleo. Como en nada le ofendiste personalmente y él sabe que tu eres buen hombre de trabajo, estoy segura que volverá a emplearte. Dile lo del bebé que ya pronto está por nacer y más por eso necesitas trabajar.

Él estuvo de acuerdo conmigo y al día siguiente fue a la hacienda a ver al hacendado quien gustosamente le volvió a dar el empleo, no sin antes aconsejarle ser más prudente y responsable de su trabajo, más ahora, que tenía obligaciones. Y fue así como volvimos a la hacienda a principios de enero de 1936, justamente al año de habernos conocido, aunque a mí me parecía que había transcurrido un siglo. Jamás olvidaré aquel día mientras el camión repechaba por La Cuesta de los Cocos, y se perdía campo adentro quedando atrás la bella ciudad. Escasamente siete meses había habitado allí y tal parecía como si hubiese vivido en ella toda la vida y la sentía en carne y espíritu. Siempre recuerdo con amor aquella etapa o aurora de mi existencia y los días de apretura y amargura que allí pasé no pueden compararse con todo lo lindo y maravilloso que la vida había comenzado en mí, como si de mis desgracias y amarguras brotara la dulzura de la miel. Todo era como un precioso despertar, cada cambio y experiencia, agradable o no, era un continuo desarrollo encaminándome hacía un claro futuro y una sólida madurez, la cual iba poco a poco adquiriendo. Además, un descubrimiento constante de un extraordinario, fantástico y complejo universo y una unificación directa con un Dios Todopoderoso. Todo esto me iba transformando estupéndamente, haciendo de mi un consciente ser humano. Nunca volví a la casa de Capestany, ni siquiera a pasar por aquella calle, pero no era necesario porque todo, absolutamente todo, se había ido conmigo.

Capítulo 21

Regresar a la hacienda no era del todo placentero, lo aceptaba porque no había otra salida, pero juro por mi alma que una tortura interna me destrozaba. Julio conducía y tarareaba una melodía, no era para menos, pues así era él, mientras yo sentía la humillación carcomerme el alma. ¡Cuánto no hubiese dado por irme a cualquier otro lugar! Hasta el mismo infierno, antes de proseguir, pero había que vivir y comer y prepararse para esperar al hijo que ya lo sentía como mi más bello tesoro y responsabilidad, como si fuera nacido de nobles. Así que, echando a un lado mi orgullo, con la misma fuerza de voluntad con que saliera anteriormente aquel Domingo de Pascua, de igual modo me entregué a esperar lo que viniera, pero siempre anhelando y deseando lo mejor.

Con todo y eso, cuando repuntamos arriba al llano de El Consumo desde donde se podía divisar a lo lejos, renuente hice que se detuviera y se hiciera a un lado del paseo para desde aquí contemplar la hacienda y sus contornos. ¡Qué hermoso! Allá arriba sobre una meseta rodeada de jardines y mangosales, sentada muy ufana, estaba la suntuosa residencia de los Fajardo, regia como un sueño al resplandor del rubio sol, bajo la bóveda de un cielo de eterno azul, al ritmo de feroces ladridos de gigantes canes. Y abajo a la redonda, como enorme falda de espeso verdor, la hacienda como tejida parra copiosa de fruto, Y en las lomas y praderas la sutil guajana meciéndose graciosa, indicando que la caña estaba en su madurez de ser cortada. También en derechura hacia la izquierda, sobre una baja colina, la casa de máquina y la vivienda de mayordomo y junto a ésta, los glaciles y la bodega o cantina de hacienda, especie de tenducho donde obligadamente hacían sus míseras compras los infelices arrimados. Y a través, sobre las colinas y lomas desparramadas como garzas blancas, una aquí y otra por allá, las casitas de aquellos.

Allí me hubiese quedado pegada a la cerca de alambre o petrificada en tierra antes de echar un pie adelante, pero tuvimos que emprender viaje al sorprendernos la limosina de don Luis que de pronto se nos apareció, preguntándole a Julio con autoridad qué sucedía. Él le dijo la primera tontería que se le vino a la mente y con la misma prendió el motor y proseguimos. Yo bendije al anciano hacendado con la mente, a la vez que daba gracias a Dios porque después de todo, varias eran las veces que habíamos hallado gracia ante los ojos de aquél.

Así pensaba cuando otro de los *Cadillac* de la hacienda nos alcanzó y estuvimos en medio a causa de lo estrecho de la empedrada carretera, pero tan pronto hubo una oportunidad mi marido desvió un poco el camión y las dos lujosas máquinas prosiguieron con garbo cuesta arriba hasta perderse de vista, dejando atrás una densa nube de polvo que nos ahogaba. Una vez que nos internamos hacienda adentro todo aquel desastroso pasado se me vino encima como un oscuro y denso nubarrón y dentro de mí sentí desgarrárseme todas las viejas cicatrices, cosa que tuve que rechazar vigorosamente, pidiendo fuerzas a Dios para poder contenerme. Y pensé que tanto mundo, tanta expansión y universo y sin embargo, para mí no había otra salida que aquella maldita encrucijada y maldije la hora en que tenía que regresar a la hacienda. Y en medio de todo aquel descontento, llegamos y nos detuvimos frente al nuevo cuartel donde residiríamos. Así que bajamos del camión y comenzamos a desempacar y acomodarnos en la habitación del centro, la cual nos había sido asignada, dos pequeños cuartos corridos, o mejor dicho, sala y dormitorio sin más, ni más. Una vez estuvimos instalados, le pregunté a Julio dónde quedaban la cocina y el excusado. Preguntamos a las personas que ya estaban instaladas y fríamente nos dijeron que no había ni una cosa ni la otra. Lo de la cocina no me perturbó tanto. "¿Pero cómo que no hay excusados?" exclamé poniendo el grito en el cielo. "¿Pero cómo que no?", volví a exclamar. ¡Ooooh, nooo! No es posible!" le dije a mi marido enfurecida, tendiendo la mirada a lado y lado del cuartel habitado en su mayoría por gente extraña y en parte, hombres solteros.

Él, reconociendo mi estado de ánimo, me hizo calmar y subir a la habitación para pensar detenidamente y luego salió para averiguar el porqué de la falla. Por lo que supo que se fabricarían más adelante, debido a que según razón, los materiales se habían agotado. A mí no me agradó en nada aquello al pensar en tantos inquilinos y sin servicio sanitario era más que desastroso, como para volverse uno loco. Entonces le dije a Julio que él tendría que fabricar aunque fuera una letrina para nuestro uso, porque hasta aquí llegaba yo, luego en mi estado y sin privacidad de esta índole. Él me prometió hacerlo tan pronto consiguiera materiales y le habló a don Luis del asunto, pero el rico hacendado, sabiendo cómo manejar a su gente, le prometió que tan pronto llegaran materiales a él sería el primero en facilitarle, para que diera atención a tan necesario menester, que se calmara que todo era cuestión de días, pero todo eran engaños del ricacho y aquí fue donde comenzó para mí un terrible período de sufrimientos y amarguras, pues aquello ha sido de lo más humillante que me ha podido suceder a través de toda mi existencia.

El cuartel había sido construido sobre un estrecho filo a la vera del camino real y de espaldas daba a una escabrosa y profunda vertiente, cultivada de café y guineos que se perdía fondo abajo hasta una quebrada. El lugar era estrecho por demás y algunas de las habitaciones del lado oeste habían quedado suspendidas en la riscosa vertiente, tanto que daba vértigo fijarse aun por las ventanas. Y por la otra esquina, este se había estirado hasta pegar con la barranca, quedando por el medio sólo un trillo que conducía a una vasta, desnuda y erosiva loma. Y para sorpresa nuestra, una mañana nos sorprendió ver un camión con una brigada de peones, hoyando la rojiza loma, sembrándola palmo a palmo de semillas de plátano.

De dónde el culto hacendado sacó semejante grotesca idea yo no lo comprendía, lo cierto fue que aquel platanal comenzó a crecer verde y saludable y siendo que a la redonda del cuartel no había tierra firme o follaje donde uno pudiera ocultarse, pues todos los habitantes del cuartel comenzaron a ir allá a hacer sus necesidades. Digo, que aquello se convirtió en lo más asqueroso y desastroso. Loma abajo era la vereda que conducía a íbamos a hacer nuestro lavado y daba grima tener que atravesar el platanal por sobre excreta y peste y lo peor de todo era cuando soplaba la brisa e introducía toda aquella pestilencia dentro de las habitaciones, lo cual obligaba a mantener las puertas traseras cerradas, aunque el calor sofocara. A pesar de todo, aquella gente se sintió confortable con lo del platanal porque a la verdad que, aunque desastroso y desagradable al sumo, era conveniente para ellos.

La cosa fue que aquella sierra creció vigorosa y se forró de racimos con la suerte de que en ningún momento nadie se atrevió o fue capaz de tocar siquiera un plátano de aquellos y el señor hacendado cosechó en grande su platanal que de hecho le produjo muy buena ganancia. Yo, por mi parte, lo que gané allí fue un terrible y agudo estreñimiento que más adelante fue la causa de una apendicitis, donde casi diezmo mi vida, no bastando con la tortura, la vergüenza y la humillación que sufría cada vez que tenía que ir a botar las escupideras al platanal porque no había otro lugar. ¡Qué negrero me pareció todo aquello! porque jamás en todo el tiempo que vivimos allí, se fabricaron excusados ni cocinas para nadie ni Julio se animó a fabricar nada para nuestro uso. Por otro lado, lo más penoso era ver a las jíbaras cocinando con leña en la pura tierra al aire libre, otras en anafres y a alguna que otra, su marido le hizo un fogón con tierra y le improvisó un techo, ya fuera de yaguas, pedazos de zinc viejo o latas de galletas. Yo cocinaba en la habitación en anafres de carbón, pero no sólo en estos aspectos se sufría, porque había otras cosas más humillantes aún.

Por ejemplo, las habitaciones eran separadas por dos tabiques uno a cada lado, lo cual era como estar junto con su vecino en la misma habitación o viceversa y cuando las tablas se resecaron, quedaron las rendijas y los agujeros cuando se desprendieron los nudillos. Y aunque uno cuidadosamente tapara, siempre había una mano intrusa que destapaba, así, que no se sentía ninguna clase de privacidad y estaba uno siempre inquieto, pensando que de la habitación contigua hubiera alguien vigilando o ligando, como se dice vulgarmente. Pero había algo peor aún. Era cuando la pareja del lado se entregaba a sus orgías sexuales. Era como si estuvieran en la recámara de uno y aunque habíamos los que nos retraíamos con recato o se esperaba el momento propicio, los había sin escrúpulos, condicionados a vivir a como cayera, por no decir como puras bestias y era horrible la afrenta y la vergüenza que se sufría. ¡Cuántas veces abrí la puerta a altas horas de la noche y me salí afuera en plena luna para poder disipar aquella atrocidad! ¡Qué muchas lágrimas derramé en aquel miserable cuartel y cuántas fueron las veces que intenté regresarme a nuestra casa del pueblo, aunque nos matara la miseria, pero dondequiera era lo mismo, porque aquella depresión económica no tenía nombre!

Yo no quisiera recordar aquella época. Yo careciendo de tantas cosas, casi sin ropa que ponerme, ya que la tía Anicia se había negado por orden de Riva a enviarme mi ropa y todas mis pertenencias cuando Julio fue por ellas. ¡Qué injusticia! pensaba yo. ¡Cómo me pagaban todo el bien que les hice y no podía creer que hubiera tanta maldad en el mundo. Pero la negra doña Marcela, una anciana vecina, me decía que esto no era cosa del otro mundo, pues ellos los africanos creían que siempre se pagaba mal por bien y tal cosa me intrigaba en gran manera, y llegaba a la conclusión que era la verdad.

Otra cosa que estaba acabando conmigo era la anemia que me hacía estarme durmiendo la mayor parte del tiempo. A veces, vistiendo la cama ahí mismo me quedaba dormida y despertaba a las horas. Aun así, recobraba ánimo y me encaminaba por una vereda de finca adentro, para buscar en la naturaleza paz para mi espíritu, que lo sentía hundirse en aquella maldita modorra; mientras me ocupaba de coser el canastillo del esperado bebé, a la vez que le rogaba a Dios que hiciera un milagro y aquí abriera puertas de tal forma que pudiéramos salir de aquella terrible encerrona, donde pudiéramos proveerle a nuestro futuro vástago un mundo digno de un ser humano. Y al ritmo melódico de centenares de pajarillos, me entregaba a soñar para mi hijo que lo sentía como a un príncipe, sintiéndome la madre más feliz y dichosa del mundo, como si hubiese sido la única mujer en este mundo que fuera a tener un hijo.

¡Y qué maravilla la naturaleza humana! pensaba. ¡Y qué grandioso el Creador del universo, dotando al ser humano del preciado tesoro de la mente, la cual nos hace elevarnos por sobre toda vicisitud o limitación: ¡Bendita mente que nos cubre de ideas, sueños y esperanzas y en los momentos más cruciales de la vida nos sentimos fortalecidos y libres con un tremendo potencial que nos reanima y nos da fortaleza para seguir luchando. Porque recuerdo que eran estos los sentimientos que me hacían estarme en pie y recobrar fe y equilibrio mental, aun cuando todo aquel torrente de la vida quería aplastarme, arrastrarme y sumergirme con tanta miseria e inhumanidad. Y no sólo por nosotros me afligía sino también por todos aquellos jíbaros, mis hermanos en la misma suerte. ¡Cómo recuerdo a muchas de aquellas pobres mujeres cargadas de hijos, descoloridas, algunas hinchadas con sólo agua en las venas, padeciendo de anemia en algunos casos perniciosa. Casi todas descalzas y vestidas en trasmallos, sus rostros pálidos, agobiados y curtidos, el cabello sin vida, mechoneado, chorreado y maltratado por el sol y el humo de leña y entre ellas, algunas pasadas por la tisis, mujeres jóvenes que aún no llegaban a los treinta años. ¡Algo sumamente espantoso!

Y los hombres, el peón sufrido, extenuado por el duro trabajo y por falta de nutrición, la mayoría tampoco usaba zapatos, todos estrafalarios y a estas alturas seguían cubriéndose por la cintura con una tolda de saco para cubrir en parte su cuerpo mientras trabajaban, porque a veces el calzón no iba más o no resistía un parche o remiendo más y cuando menos se lo esperaban se les desgarraba encima.

En cuanto a las criaturas el caso era más penoso y doloroso, pues a causa de la pobreza tan extrema, la mayoría no tenía suficiente abrigo y de zapatos no se diga. Los varoncitos en su mayoría siempre estaban desnudos o meramente llevaban una cotita que sólo les cubría hasta la cintura y las hembritas una cotoncita más larga, pero casi ninguna llevaba ropa interior. A estos niños podía vérseles en las mañanas y tardes tiritar de frío, todos lagañosos y chorreando mocos y en las noches no conciliaban bien el sueño por falta de cobijas y también a causa de la incomodidad de los duros y desnivelados pisos donde dormían, todos tejidos de rendijas por donde se colaba intensamente el frío, por lo cual todos padecían de incontinencia urinaria. Muchos de ellos padecían de raquitismo, algo tremendamente desconcertante y doloroso, pues tan sólo eran esqueleto y pellejo, con sus rostros cadevéricos, sin ánimo siquiera para llorar. Otros lucían macilentos, sus vientres inflados de parásitos, sus nalgas fruncidas y una constante amargura a causa de las convulsiones y dolores de estómago que éstos les producían, además de una constante tos seca y un continuo masticar. Un horrible martirio tanto para ellos como para las madres, que tampoco dormían en tranquilidad, en un eterno sobresalto por el temor a que las lombrices les subieran garganta arriba y los ahogaran mientras estos dormían. Así que tanto los parásitos en sí, como los trastornos que producían eran desastrosos. Recuerdo el caso de una pequeña de cuatro años de edad que padecía este mal y a quien la madre le administró un vermífugo, sin autorización de un médico. Fue algo horrible. Las lombrices comenzaron a salirle por boca y nariz y por el curso en enredados bollos, lo cual el produjo la muerte. El médico que examinó el cadáver certificó que los parásitos le habían perforado los intestinos. A lo niños con parásitos se les declaraban muchos trastornos. Generalmente se veían pálidos y muchos perdían el apetito, lo cual les causaba una fuerte debilidad y un malestar nauseante que los hundía en un continuo lloriqueo y se tornaban huraños y tristes y estaban siempre añangotados y siempre con aquel lastimero y lloroso quejarse y eran muchos los que morían a causa de este mal. El caminar descalzos y estar desde pequeños expuestos al contacto con la tierra y la suciedad era la causa principal no sólo del contagio de parásitos, sino también de contraer múltiples afecciones de la piel como sarpullido, paño, empeines, sarna, llagas, nacidos, mazamorra, hongos y otros trastornos similares.

Otra cosa que arriesgaba grandemente la salud de los niños era que se enviciaban a comer tierra, sal o azúcar, lo cual hacía que se hincharan y murieran. Había la creencia de que la falta de una alimentación adecuada era lo que los inducía a estos vicios. Los piojos y niguas eran otros parásitos que afectaban también a la niñez, pero más el piojo que, aunque había hogares donde se esforzaban en combatirlos, no se lograba mucho, ya que era en los salones de clase donde regularmente se producía el contagio, mayormente en las niñas por tener abundantes y largas cabelleras. Otra tortura infantil eran las caries dentales. Casi todos los niños padecían de este mal que les provocaba dolor y molestias al masticar, por lo cual no eran felices ni saludables.

Una de las fuentes principales de todo contagio eran las aguas contaminadas, ya que eran muchas las familias que se veían obligadas o forzadas a usar el agua de ríos y quebradas tanto para tomar como para los usos domésticos, contaminando así diariamente su salud, pero los más afectados eran los niños. Indudablemente, estas aguas estaban por demás contaminadas debido a la escasez de letrinas o porque en ellas se bañaba la gente y sus bestias, se hacía el lavado y porque a ellas iba a parar toda clase de desperdicios. Y aunque parezca descabellado, había gente pudiente sin escrúpulos que fabricaban sus servicios sanitarios que desembocaban en chorros y corrientes de agua.

Así que, con toda esta contaminación, se puede concluir por qué tanto niño padecía de tanto contagio, especialmente de una diarrea crónica y otras infecciones intestinales que también le provocaban la muerte. Esto sin dejar a un lado el tifus y otras. Las charcas empozadas eran también fuentes o criaderos de contagio a causa del mosquito que producía el paludismo, horrible y temible enfermedad que diezmaba vidas por centenares sin importar la edad. Por desgracia yo fui una de las víctimas de este contagio y estuve al borde de la muerte.

Como puede verse, la mala nutrición, la escasez de abrigo y zapatos, la falta de aseo, viviendas inadecuadas, sin servicio sanitario y agua potable, pero más que nada, la ignorancia y falta de conocimientos por parte de los adultos y mayores, eran las causas principales de todo contagio y enfermedad en los niños. Aunque hay que admitir que ya se estaba combatiendo con firmeza algunos de los males más severos, como el de los parásitos que a través del Departamento de Instrucción Pública, en las escuelas se administraban purgantes y pastillas a los estudiantes y para el resto de la comunidad se ofrecían estos servicios gratuitamente en las Unidades de Salud Pública. Por otro lado, el Departamento de Sanidad había comenzado una fuerte campaña de adiestramiento a la comunidad, tanto urbana como rural, para obligarles a proveerse de letrinas o servicios sanitarios. Además, educando al pueblo a cómo ayudarse a mantenerse saludable, por medio de hervir el agua de tomar y evitar por todos los medios de bañarse en los ríos y en las escuelas se instruía a los estudiantes de escasos recursos a cómo fabricar filtros caseros.

Pero el jíbaro estaba tan sobrecargado de pobreza y afanes que ponía muy poca atención a estos detalles, o tonterías, como decían ellos, y pasaban inadvertidos de lo serio del problema. Aunque hay que admitir que no todo campesino era terco o indolente y se dejaba arrastrar y consumir por las enfermedades y la pobreza. ¡No, señor, no!, los había del corazón del rollo como dice el adagio y todos en familia sabían dar frente a toda adversidad, esforzándose cada cual en hacer su parte para tener un mejor pasar y hacerse la vida más placentera. Por ejemplo, el jefe de familia que tenía oportunidad de que el hacendado le cediera terrenos, los cultivaba de toda clase de legumbres y vegetales y cuando no, cultivaba su patio o los alrededores de su casa u orillas de río o quebrada a que tenía acceso y de esta forma su familia tenía una mejor alimentación. También había los que con sacrificio se hacían de un par de vacas lecheras, las que pastoreaban y cuidaban entre todos los miembros de la familia. Por lo regular, toda familia campesina tenía crianza de aves y otros animales domésticos como cerdos, cabros o conejos, lo cual no sólo les servía para tener carne, huevos y leche, sino que también vendían en momentos de apuro.

Esta clase de gente era despierta e inteligente y dependía mucho de los remedios caseros para curarse y así combatían en gran parte toda clase de epidemias, enfermedades y plagas, algo sumamente extraordinario y sorprendente. Daba gusto ir por los hogares para encontrar que casi todos tenían una farmacia en cuestión de plantas medicinales. En cuanto a la campesina, era hacendosa y curiosa por naturaleza, ya que crecía ayudando a su madre en todo quehacer doméstico. Eran diestras en coser y proveer para su familia colchones de pajilla, almohadas, hamacas, sábanas y forros para catres, todo del saco de cretona donde venía el azúcar y la harina. Este se vendía barato en los colmados, material que usaban aun para hacerle ropa a su familia.

Por otro lado, hay que enfatizar que el hijo del jíbaro rara vez padecía de ansiedad, soledad o retraso mental. Esto se debía principalmente a que la madre se esmeraba en cuidar de su prole con ternura y dedicación, ya que el padre casi nunca estaba en casa, pues salía a sus faenas agrícolas antes de amanecer y no regresaba hasta casi caída la noche para cenar y volver al descanso y así sucesivamente. Así que, definitivamente, era ella la responsable de la crianza y el cuidado de los hijos. Esta amorosa y dedicada mujer amamantaba sus criaturas hasta que comenzaban a caminar y había casos en que estaban amamantando dos a la vez, el recién nacido y el que dejaba para tener éste.

Entre los niños había sus casos de bobera, pero no era una enfermedad mental. Yo diría que como crecían tan apegados a la madre, o por ser algunos padres muy rigurosos, o porque vivían en lugares apartados donde no se comunicaban con personas de afuera y en su mayoría no eran enviados a la escuela, pues todo esto contribuía a que crecieran tímidos o retraídos, en otras palabras, jíbaros o abobados. A pesar de todo, crecían fuertes y trabajadores, honestos y responsables como ellos solos.

Así que, haciendo un resumen a todo esto, puede verse que a través de la historia humana y de las luchas de la vida, siempre ha existido una clase de gente que ha sabido superarse por sobre todo escollo, capaz de hacerle frente a la vida que es justamente lo importante. Y no hay con qué comparar aquella miseria y pobreza que nos cubría mientras los hacendados seguían enriqueciéndose a costa del sudor del infeliz jornalero que se entregaba en cuerpo y alma por un mísero salario de tres dólares a la semana. Y en la hacienda nuestros patrones y su familia ramblaban a toda máquina en sus flamantes *Cadillac* por el frente de nuestras abominables viviendas y cuando no estaban a gusto en la mansión de la meseta, estaban en sus lujosos dominios en la ciudad.

Yo no me rebelaba por el mero hecho de que ellos fueran ricos y nosotros pobres, sino por las muchas injusticias que se cometían con el pobre infeliz, obligándole a trabajar de sol a sol, custodiado por mayordomos tiranos y crueles. Y toda nimiedad o pequeñez hecha en favor del arrimado o de su familia, aunque pareciera con sana intención, siempre redundaba en soborno. Por ejemplo, en la hacienda había unas cuantas vacas, las cuales se ordeñaban para dar a cada madre un cuartillo de leche para alimentar a su bebé. Esto producíale al marido u obrero un profundo agradecimiento, por lo cual con más ahínco se entregaba a sus tareas agrícolas para así agradar mejor al patrón. Y esto más me rebelaba, pues pensaba que era preferible que se les pagara un salario justo y que se les tratara con dignidad y que por medio de su trabajo pudieran sostener mejor a sus familias y no que se sintieran tan menesterosos y obligados.

Otra costumbre de la patrona era hacerles en Navidad una fiestecita a los niños de la peonada en la que se le regalaba a cada uno un juguetito o una piececita de ropa. Esto, igual que el cuartillo de leche y toda pequeñez hecha en favor de las criaturas, indirectamente llegaba al corazón de esta humilde gente y, como ya dijera, se sentían más que obligados hacia sus patrones. Pero lo que no advertían aquellos terratenientes de entonces era que poco a poco las nuevas generaciones se iban despertando a la realidad de todo aquel atropello, convirtiéndose en rebeldes, ociosos, desamorados y despegados de la obligación santa de cultivar la tierra, única fuente de prosperidad, salud y esperanza de un pueblo. En otras palabras, que no había brazos para trabajar y que nuestra fértil y hermosa tierra poco a poco se cubría de bejuco y maleza y que aquí comenzaría el lamento de los ricos hacendados.

Pero no era para menos; tendría que cumplirse el juicio de Dios del libro de Santiago, Capítulo 5: "¡Vamos ahora ricos! ¡Llorad y aullad por las miserias que os vendrán! Vuestras riquezas están podridas y vuestras ropas están comidas de polilla. Vuestro oro y plata están enmohecidos y su moho testificará contra vosotros y devorará del todo vuestras carnes como fuego. Habéis acumulado tesoros para los días postreros. He aquí que clama el jornal de los obreros que han cosechado vuestras tierras, el cual por engaño no le ha sido pagado por vosotros y los clamores de los que habían segado han entrado en los oídos del Señor de los ejércitos. Habéis vivido en deleites sobre la tierra y sido disolutos; habéis engordado vuestros corazones como un día de matanza; habéis condenado y dado muerte al justo y él no os hace resistencia".

Y así mismo era, no se podía hacer resistencia ni reclamar derechos, porque humillaban a uno o lo despedían del empleo de mala forma sin haber a quién quejarse. Lo mismo que le había sucedido a Julio aquel día que don Luis le vino con groserías enfrente de sus compañeros de trabajo, y no pudiendo soportar la vergüenza se marchó y dejó el empleo. Era lo único que se podía hacer o de lo contrario aguantar el oprobio. Pero como aquella depresión era caótica, tuvimos que regresar a la hacienda y allí estábamos en aquel detestable cuartel, carcomidos por la miseria y la humillación. Y toda aquella tragedia se me hacía bola en el cerebro, como si sólo con desearlo pudiera aportar ayuda y consuelo a toda aquella desafortunada gente que me rodeaba y el hallarme impotente ante tanta adversidad me cubría de cólera y de alguna forma la demostraba, porque si no, explotaba y tal rebeldía me inducía a hacer todo aquello contrario.

Por ejemplo, estaba prohibido por don Luis que ninguna persona de la hacienda montara en los camiones, pero yo hacía que los choferes me llevaran a dondequiera que estuviera Julio a llevarle sus alimentos ya que estaba cargada con bebé y las piezas eran lejos y por escabrosas jaldas. "Está prohibido por don Luis," me decían ellos y yo les contestaba: "De mucho nos priva el patrono, pero si por llevarme les intimida, no se apuren que yo doy la cara por ustedes". Y fueron varias las veces que él me vio viajando, pero nunca me dijo nada. Y estando en mis meses avanzados de embarazo, iba a los cañaverales a llevarle de comer a Julio y caminaba con toda soltura por las piezas ya cortadas y aun los mismos mayordomos se cubrían el rostro para no verme batallar por entre la paja y los tocones de caña, pero no me importaba un bledo, pues la ira y la rebeldía me habían convertido en violenta y no le temía a nada, ni a nadie, porque de alguna forma tenía que sacarme del sistema todo aquel resentimiento que me envenenaba.

Otra cosa que viene a mi memoria es que aquel fue año de elecciones y un da se apareció a la hacienda por orden de don Luis un doctor, para examinar a toda mujer y niño y alguno que otro hombre que se sintiera flojo. ¡Qué bien sabían, tanto el doctor como el patrón, que lo que padecíamos los jíbaros no era otra cosa que mala nutrición o falta de alimento! Pero ésta era otra forma de sobornar al arrimado para así poderle arrancar el voto. Qué curioso me estuvo al recetarnos a todos por igual el mismo medicamento, un frasco de vino reconstituyente llamado Carne y Hierro para los adultos. Para los chicos, medicamento para expulsarles los parásitos y una especie de tónico para después. Para los afectadas por el raquitismo, algo llamado Hipofosfito de Cal, y a aquellas personas que al doctor le parecieron muy agobiadas, les dio cita para sacarse placas de los pulmones. Desgraciadamente, unas siete personas resultaron tuberculosas, entre ellas un niño. "Una lástima que hubiera que esperar las elecciones para llevar a cabo este servicio," pensaba yo. Es preciso saber lo milagroso que nos fue aquel reconstituyente, pues yo fui una que recobré ánimo y me volvió el color de las mejillas, pero como ya dije, "bien sabía el doctor cuál era nuestro problema, el hambre que nos estaba consumiendo, pues a pesar de que todo estaba barato, no se ganaba lo suficiente como para comer debidamente".

Por otro lado, además de las medicinas que se nos regalaron, también se le obsequió un par de zapatos a todo aquel con edad para votar, pero conste que tenían que ir a inscribirse y a votar adonde se les indicara y, sin lugar a dudas, en favor del patrón y sus secuaces. Y nadie se atrevía a hacer lo contrario,¡Dios libre!, aunque sus sentimientos políticos fueran otros, porque por obligación tenían que ir en los camiones de la hacienda. Así que de ninguna forma podían defraudar a nadie y menos al patrón. Además aquellos infelices no eran capaces de tal cosa.

Pero entre las muchas cosas que entonces me preocupaban era que ya el bebé estaba para nacer y aún nosotros no estábamos casados legalmente y aunque insistía constantemente para que Julio pusiera atención al asunto, no conseguía de él ninguna cooperación, pues él era lento para hallarle solución a las cosas, ni tampoco se esforzaba para buscara. Sólo Dios sabe cómo era que me afligía y en silencio suplicaba al cielo para que aquel asunto se arreglara lo antes posible.

Y sucedió que faltando mes y medio para nacer la criatura se me declararon unas fuertes punzadas en el bajo vientre que me obligaron a hospitalizarme y fue allí en el Hospital Municipal San Antonio donde conocí a Sor Rosa, la monja que estaba a cargo del pabellón y por medio de ella fuimos instruidos y preparados para poder casarnos. Y un mes antes de nacer el bebé nos unimos en santo matrimonio en la Iglesia de Nuestra Señora de la Candelaria, oficiando la bendición el Padre Clemente. ¡Cómo recuerdo aquel momento! Como todo lo mío en este mundo, difícil, duro y penoso. Allí solos nosotros, se puede decir, pues tanto el párroco como los padrinos eran personas totalmente extrañas para mí, pues estos últimos eran amistades de Julio, pero no mías. Suerte que nos acompañaba Eduardo, uno de los hijos de Adela Vidal, aquel hermano de voluntad que pudo leer mi tristeza y su tierna mirada me confortó, de lo contrario, hubiese estallado en lágrimas, pero aquella ternura suya me dio fuerzas porque era como si un nudo ahogara mi garganta.

Cuando se terminó la corta ceremonia y salimos, le pedí a Julio que fuera al colmado y trajera chocolate, leche y galletitas para celebrar con los padrinos y demás, aunque fuera una taza de chocolate que era lo tradicional, pero la señora madrina, una persona algo sofisticada o quizás teniéndome en poco, puso sus excusas que me hicieron sentir abochornada, por lo cual desistí de la idea y apuré a Julio a despedirnos, sin siquiera entre amigos celebrar aquel momento que para nosotros tuviera tanta trascendencia.

Pero yo que a veces me he sentido mujer y otras gaviota, no me anonadé ante el disgusto ni la tristeza, ya que seguía aprendiendo a vivir con presiones y dificultades y echaba a un lado todo lo negativo y seguía dando gracias por las bendiciones y en la derrota seguía sintiéndome victoriosa y según el camión repechaba campo adentro, y también salía avante buscando en la presencia del Todopoderoso mi bien y mi fortaleza. Y por un instante contemplé la serena noche y arriba el límpido y claro cielo estrellado que nos cubría y tuve la seguridad plena que ·el Divino Creador de tanta grandeza y tanta belleza jamás podría abandonarme y por un momento me sentí tan importante o igual a una de aquellas infinitas y brillantes lugares.

Cuando llegamos a nuestra casa, Julio de inmediato se retiró al sueño. Lucía aturdido, quizás porque siempre habíamos pensado en celebrar lindo la ocasión de nuestro matrimonio, pero aquella pobreza nos achicaba, aunque sin lugar a dudas desde el primer momento que nos hicimos marido y mujer nuestra unión había recibido nuestra sanción y justo respeto y el lugar que tal sacramento se merece y todo lo demás lo veíamos como mero formalismo, pero de todos modos lo sentíamos como un deber a la sociedad y digno de ser celebrado. Durante la travesía él no había dicho gran cosa, tampoco yo, pues cuando lo veía de tal humor lo dejaba en paz, pero cada adversidad que se presentaba nos frustraba. Por eso cada cual se había perdido en sus propios pensamientos, aunque llegué a comprender que él era muchísimo más sensible que yo y por lo tanto, las cosas le herían más profundamente que a mí. Por eso ahora lo contemplaba en la profundidad de su sueño y me parecía comprenderlo. Que le sucedían las cosas, tanto sublimes como totalmente negativas y al parecer le producían el mismo efecto, como que nada lo emocionaba, siempre sumido en una eterna melancolía. Tanto que llegué a pensar que las cruces que hasta aquí había llevado lo habían convertido insípido, que nada le inspiraba o motivaba, como si su mente y corazón estuvieran encallecidos.

Al fin llegó el deseado momento en que naciera nuestro bebé. Era martes, 15 de abril de 1936 de mañana, cuando al despertarme sintiera los primeros síntomas o retortijones en el vientre que indicaban que el proceso había comenzado. Se lo comuniqué a una de mis vecinas de más confianza y segundos después ya todas estaban rondando por los alrededores de mi habitación muy conmovidas, argumentando todo lo concerniente a partos y comentando con lujo de detalles cuando ellas pasaron por la experiencia, especialmente de su primer bebé y cada una exponía su momento tan trágico y lastimosamente que me pusieron los nervios de punta, por lo cual en la primera oportunidad cuando se marcharon a sus quehaceres, me encerré en la habitación.

En la hacienda había dos comadronas, doña Petra y doña María, ninguna registrada por ley, pero doña Petra llevaba más tiempo en la hacienda, por lo tanto se sentía con derecho de atender todos los partos. Esta era alta, corpulenta y fornida, de cabello rojo, cariredonda y hablaba fuertísimo y cuando estaba atendiendo a una parturienta lo sabía todo el vecindario, pues lo comentaba en alta voz y con lujo de detalles y esto no iba con mi carácter. Por eso me había hecho el juramento de que cuando me llegara el momento de tener mi criatura, jamas enviaría por doña Petra y así lo hice. Tan pronto comencé a sentir aquellos síntomas mandé por doña María, quien se apareció de inmediato y conforme a la costumbre jíbara, me preparó una cama de colchonetas en el piso, me dio a tomar guarapillos de flores de berenjena cimarrona y cáscaras de ajo, me sobó el vientre con aceite de oliva y nos preparamos a esperar que en cualquier momento saliera a la luz el anhelado bebé.

Así se fue aquel día sin ninguna suerte, entre dolorcito va y dolorcito viene. Y llegó el miércoles y sucedió lo mismo, sin ningún adelanto, mientras afuera las vecinas ansiosas se hacían mil conjeturas y algunas querían que doña María las dejara entrar en su empeño de ayudar en alguna forma, pero yo no deseaba tener a nadie más conmigo que la comadrona. Y amaneció el jueves mientras me iba encumbrando con los dolores, pero sin conseguir que la criatura naciera. Para entonces ya doña María se halló impotente ante el caso y le aconsejó a Julio llevarme de inmediato al hospital. Así que me ayudaron a subir al camión y partimos para la ciudad, pero una vez allá, en vez de seguir directamente hacia el hospital, él quiso que viéramos a nuestra amiga, Adela Vidal, a quien él estimaba como a su propia madre y allá llegamos, yo bastante asustada, pero al encontrarme al regazo de la buena mujer, me resistí a irme al hospital. Ella como siempre, adorable y complaciente, se ofreció a cooperar y le dijo a Julio que si yo lo prefería, muy bien podía tener el bebé en su casa y de inmediato me arreglaron una cama y envió por la comadrona más reconocida de la comunidad.

Enseguida se apareció otro tanque de mujer, igual a doña Petra, pero mulata y bastante sofisticada. Me examinó y diagnosticó que era parto y que todo estaba normal y le ordenó a Adela poner a hervir bastante agua y a tenerle preparados bastantes periódicos, a la vez que le pidió a Julio un adelanto de cinco dólares. Él, muy apenado, le dijo que hasta el sábado, dos días después, que era día de pago no tendría dinero disponible, pero que entonces, Dios mediante, le pagaría completo por su trabajo y le rogó por favor que me atendiera que su dinero estaba seguro. Ella no dijo más, pero en una vuelta se escurrió y desapareció como incienso y no regresó en ningún momento. Julio se había ido a sus labores y cuando regresó a eso de las dos de la tarde, me encontró allí en mis quince, como dice el adagio y a la pobre Adela volviéndose loca sin saber qué hacer. Cuando lo vio entrar se puso las manos en la cabeza y desesperada le dijo: "¡Qué bueno que llegaste, hijo, porque a esta chica hay que hospitalizarla!" y le relató lo de la partera que desapareció y no regresó. Y con la misma, con miles de trabajos, me subieron de nuevo al camión y con aquellos dolores enloqueciéndome, partimos. Una vez que fui admitida, él se marchó y allí me quedé sola mi alma con Dios, aunque a mi alrededor hubiera tanta gente.

En el hospital había sólo dos doctores de los cuales me reservo sus nombres y a esa hora de la tarde ninguno se encontraba. Y para más desgracia la comadrona registrada del pabellón se hallaba de vacaciones y quien me atendió fue una joven muchacha fañosa que cuando aquella no estaba, era quien tomaba su turno. Así que por ahora me aventuré a esperar mientras aquellos dolores seguían tomando auge y allí tras mamparas, solo recibía órdenes fuera de la fañosa, la monja o de las pacientes que me rodeaban y que se esforzaban en darme consejos de qué hacer o que no, pero sólo eso, sin ayuda de ninguna clase que pudiera facilitarme el parto. Y seguían pasando las horas y yo en aquella terrible agonía, sin ninguna clase de adelanto, solo botando agua y la criatura violentamente empujando en su empeño de nacer, pero no podía. Aquél ha sido el día más fragoso de toda mi existencia, hasta que llegó la noche y ahora solo gritaba y clamaba por misericordia y por un médico.

En mi locura, porque ya perdía el sentido, llamé a la fañosa que vino de muy mala gana, sólo para informarme que no había médico a la mano, pues uno estaba atendiendo a un paciente en la ciudad de Ponce y al otro no lo había podido localizar. Yo agonizaba, aunque morirme no me afligía, sino que ya no tenía fuerzas para pujar ni gritar y la criatura seguía en su empeño de salir sin poder lograrlo. Y llegó un momento, en que la monja pensó que lo más aceptable era mandar por el padre cura para que me confesara. Y ahí estaba yo rogándole por Dios a la fañosa para que hiciera algo por mí, cuando se le acercó la monja y le dijo quedamente que podía marcharse. "¿Pero marcharte adónde, muchacha?" troné yo bajo el impulso de un fuerte pujo, pero ella no me puso atención y con la misma dio la espalda y se retiró. Entonces una joven paciente se me acercó y me dijo: "Es que ella se va para su casa, la Sor le dio permiso; a veces se va de noche y no regresa hasta por la mañana, es que tiene novio y a veces él la viene a buscar y ésta es una de esas noches, y según razón, vive lejos en un barrio llamado La Vega". Entonces le dije a aquella paciente: "Ve por ella enseguida, ¡corre antes de que se marche!". Ella se fue de prisa y la trajo y yo le dije: "¡Mira, muchacha, si llegas a irte y a dejarme aquí abandonada en las condiciones en que yo me encuentro, entre la vida y la muerte, entonces será mejor que me muera, porque si salgo de esto con vida, te aseguro que me las vas a pagar, pero bien caro. ¡Así piensa bien lo que haces para ayudarme porque no respondo de mí!". Esto último lo dije a grito, entre pujos y sudores.

"¿Y qué quieres que haga?", me ripostó aquella lo bastante enfadada. "¡Eso lo sabrás tú," le respondí yo agonizante, "pero irte y dejarme sola, eso sí que no podrás hacerlo!". Ella quería zafarse de todos modos, porque el novio estaba en la galería y la apuraba a salir, pero en una, la paciente aquella que por gracia de Dios me tomara cariño, le dijo: "No puedes abandonar a esta pobre muchacha en las condiciones que está y más que es primeriza. Es injusto de tu parte y peligroso para ella, si es que se le complica el parto, que por lo visto ya está, y si tú te vas no hay a quien llamar. Además, te digo una cosa, si algo le sucediera, yo soy testigo de que tú dejaste el hospital por la noche y no la atendiste cuando estaba tan apurada, así que piensa bien lo que haces".

Entonces aquella pensó por un momento y dijo: "Ya mismo vuelvo. Voy a ver si puedo localizar a uno de esos doctores para ver qué me aconsejan" y con la misma desapareció, regresando casi enseguida con una inyección. "Cálmate", me dijo, "hablé con uno de los médicos por teléfono y me ordenó ponerte esta inyección para que te alivies. Ahora podrás descansar hasta por la mañana cuando ellos te puedan atender". Así que me inyectó y ya no supe más del mundo hasta el otro día por la mañana cuando desperté, ya sin dolores, ni pujos, ni agonía de ninguna clase, sólo sumida en un profundo letargo, a la vez que divisaba por el terminal del corredor a los dos fornidos galenos iniciando su visita matinal, acompañados de las dos comadronas, una que había regresado de sus vacaciones y la otra de su paseo nocturno.

Cuando llegaron frente a mi cama todos me miraron sobrecogidos, pues me conocían de antemano, o sea, hacía un mes, cuando me atendieron para aquello de las punzadas en el bajo vientre, pero de todos la más sorprendida fue la fañosa que al parecer le estuve cadáver que si no, poco me faltaba o así me sentía. Entonces uno de los doctores, el que era director del hospital se acercó, me tomó el pulso, me abrió los párpados y me tanteó fuerte el vientre y con la misma le ordenó a las dos mujeres a llevarme de prisa a la mesa de operaciones. Una vez allí, ya no recuerdo nada más hasta horas después cuando desperté totalmente extenuada y adolorida y terriblemente nauseada para hallar que me habían cortado vaginal para extraerme la criatura con *forceps*. No quiero recordar aquella dolorosa experiencia, más cuando contemplé a mi niño con su carita soplada de hinchada y con profundas heridas en la frente y el cráneo producidas por los *forceps*. Al día siguiente el doctor vino a verme y a discutir conmigo todos los pormenores del parto.

—Señora Betances —me dijo-, tuve que cortarla para poder extraerle la criatura porque usted tiene dificultad para dar a luz, lo que significa que en lo sucesivo no podrá tener más hijos, de lo contrario, estará arriesgando su vida. Así que, por su bien, yo como médico le aconsejo que se cuide mucho porque por un milagro están vivos usted y su bebé, ya que su caso es lo bastante complicado. Con eso se lo digo todo, si quiere vivir, coja mi consejo y cero muchachos, ¿me entiende? —terminó diciendo mientras me fusilaba con una directa mirada a los ojos. Yo asentí con la cabeza y él se marchó, pero en aquellos momentos quién era capaz de pensar en más criaturas, pero de todos modos sus palabras se me grabaron en la mente como una torturante pesadilla.

En aquel entonces el Hospital San Antonio no contaba con una sala de maternidad, lo cual obligadamente hacía que toda parturienta fuera atendida en el salón general para mujeres, donde había toda clase de pacientes, de toda clase de enfermedades, además de operadas, moribundas y hasta ancianas inválidas y trastornadas que se hacían todas sus necesidades encima. Un verdadero desastre, además del riesgo de contagio tanto para las paridas como también para los bebés que compartían la cama con la madre, ya que tampoco había cuarto de cuna.

Y sucedió por desgracia en aquellos mismos días que hubo un fuerte brote de influenza y comenzaron a llegar al hospital centenares de personas afectadas con el virus y mucho del personal, como pacientes recluidos comenzaron a contagiarse. Tres días de nacido tenía mi bebé cuando la monja encargada del pabellón vino a decirme que era preciso que mi esposo sacara al niño del hospital lo antes posible para evitarle el contagiarse. Ahora sí que estuve en amargura. Operada y sin siquiera poder moverme de la cama por orden del doctor, y pensar que no contaba con nadie que pudiera ocuparse de la criatura y ahora con tales noticias.

De todos modos, cuando vino Julio por la tarde le declaré lo que había. El se turbó un poco, pero ante el peligro de que el bebé se contagiara, decidió llevárselo con él a la hacienda para ver si encontraba a alguien caritativo que nos lo quisiera cuidar en lo que pasaba el peligro. Así que se lo envolvieron en pañales y frisas, se lo entregaron y se marchó de prisa, quedando yo allí con el alma hecha pedazos, desesperada pensando en mi criatura y en cuantas cosas podían sucederle. Según Julio, fue una sorpresa cuando se apareció allá con él, pero de todos modos no dejó de ser un problema. Unas muchachas solteras se hicieron cargo de cuidarlo, pero luego contaban y no acababan de la guerra que les dio, ya que ellas no estaban relacionadas con tal brega y a la anciana madre de éstas, no le divertía ya este trabajo. Así que en cuanto amaneció se lo entregaron de nuevo para que lo regresara al hospital. Ya para entonces yo había contraído la enfermedad que, aunque no me atacó severa, fue suficiente para que la fuerte tos me afectara lo bastante para que la herida y los puntos se me aflojaran. Gracias a Dios que el niño no enfermó.

Sólo Dios sabe con las ansias que esperaba el regreso casa, pero por mala suerte el día que el doctor procedió a cortarme los puntos encontró que uno de estos estaba seriamente infectado, por lo que me ordenó mantenerme en cama, además de ordenarme una estricta dieta, sin nada de condimentos, grasa o sal. Esto de dieta de esta índole era muy común y estricto por parte del hospital, pero no se responsabilizaba para proveerle al paciente alimentación propia, pues por lo regular eran los familiares del paciente los que se ocupaban de traerles de sus casas, pero yo no contaba con nadie. Entonces, ¿cómo sería posible sobrevivir, ya que tenía que amamantar al bebé? Aquello me llevó derecho a una terrible debilidad, algo fuera de este mundo. ¡Cómo recuerdo cada vez que pasaban con la comida y a mis ruegos y llanto la monja sólo me servía media escudilla de sopa, pero nada más! Yo enloquecía de hambre y de noche no podía dormir a causa de la debilidad que me sumía en una terrible flojera. Julio, el pobre, aunque le sobraba la voluntad, no podía atenderme en estos aspectos, primero por lo ocupado de su trabajo que era de sol a sol guiando el *truck* por las carreteras, transbordando caña para la central, además vivía distante del pueblo, o sea, del hospital y por otro lado no tenía tal disposición para bregar con estos casos. Por otro lado, pensaba que debía cumplir con las reglas del médico, ansioso por hacer todo lo mejor para que yo me recuperara. Yo tampoco lo animaba cumpliendo también a cabalidad, pensando o creyendo que era lo más efectivo.

Pero a pesar de que no ingería mayormente alimento, descubrí que según pasaban los días aquella infección seguía tomando auge, tanto que ni siquiera yo misma me soportaba y seguía confinada en aquella cama pudriéndome paulatinamente, sin poder levantarme de allí porque no me lo permitían. Así que sin hacer ninguna clase de ejercicio, ni administrarme ningún antibiótico que detuviera la infección, más sin tomar alimento, ni la higiene necesaria, pues demás está decir que iba empeorando más y más. Dieciocho días de parida tenía cuando una noche, a través de aquellos desvelos, llegué a la conclusión de que si seguía como iba de seguro moriría pronto. Así que era necesario dejar aquella cama y aquel hospital y levantarme para asearme, alimentarme, caminar y respirar aire libre y salir de aquel ambiente enfermizo que estaba acabando con mi vida.

Al otro día fue sábado y Julio vino a verme. Cuando se me acercó comprendí su gesto de repugnancia, aun yo misma no me soportaba. Aquello me estuvo más que doloroso y recobré ánimo para llevar a cabo el plan que tenía en mente. Entonces le dije: "He decidido irme a casa por mi cuenta. No puedo quedarme más aquí sin ninguna clase de atención, ni medicamento de ninguna clase, pues como ves, ni siquiera me dejan ir al baño para asearme y ya no soporto eso de bañarme en la cama en una palangana con una toallita. Ya no soporto más, tengo que salir de aquí lo antes posible o exploto".

—¿Y qué piensas hacer al respecto, —me preguntó él, nervioso.

—Que mañana en cuanto amanezca vengas por mí. No me voy ahora mismo contigo porque no tengo ropa con qué cambiarme. El no esperaba tal reacción y por un momento estuvo indeciso. Entonces me dijo:

—¿Estás segura de que lo que vas a hacer es lo correcto? Supongamos que luego de salir de aquí te complicas o te agravas y tuvieras que regresar y entonces no quisieran admitirte, ¿entonces qué?

—Entonces, nada, hay que ser positivo y optimista. Yo lo he pensado detenidamente y no tiene caso permanecer aquí ni un día más, con esta debilidad que me está matando y sin aseo personal que es lo que más me desconcierta. ¿No te das cuenta de lo serio del asunto? Es mi salud y aun la misma vida lo que está en juego. Además, el bebé no está siendo alimentado adecuadamente, pues se cansa de mamar y no saca nada y se pasa todo el tiempo llorando. ¿Y crees tú que pueda ser saludable para él estar mamando cuando yo estoy tan enferma y con fiebre y cada día empeorando? No, mi'jo, tengo que salir de aquí lo antes posible, así que te espero mañana a primera hora, es lo más acertado que podemos hacer. De lo contrario, voy a entregar mi alma en esta cama y aquí nadie hace nada por mí y tengo que vivir para mi hijo y para ti. Además estoy muy joven para postergarme y entregarme sin hacer esfuerzo alguno.

Entonces se animó y dijo: "Pierde cuidado, linda, mañana al amanecer estaré aquí. ¿Qué otra cosa deseas que haga por ti?".

—Sí claro, por supuesto —le dije—, cómprate una buena gallina y se la llevas a las muchachas que te cocinan y diles que por favor me tengan una buena olla de sopa para cuando lleguemos y que también me tengan arroz y habichuelas, vianda cocida y de todo, pues a mí lo que me está haciendo falta es alimento. Él se puso muy feliz y se marchó para hacer todos los preparativos y yo me quedé maquinando cómo llevar a cabo mi plan.

Aquella fue otra noche de insomnio, pero en cuanto amaneció me dispuse a levantarme para darme una ducha y acicalarme un poco, cosa de que cuando él llegara ya estuviera lista, sin percatarme de que había estado en aquella cama por tres semanas, sin moverme de allí para nada y ajena a las consecuencias, me levanté, me puse las chinelas y la bata y salí caminando de prisa para el cuarto de baño como si tal cosa. ¡Cómo recuerdo el asombro de todas las demás pacientes! Pero no puse atención y seguí caminando muy campante. ¡Nunca olvido aquella experiencia! Yo sé que llegué al baño porque definitivamente iba de prisa para despistar a la monja, pero no hice sólo entrar y eso fue todo, porque me desmayé y me desplomé de espaldas, sobre el pavimento. Pero aquella adorable muchacha que mucho bien me hizo, me había seguido y al verme tendida en el suelo fue corriendo y trajo a la monja y entre ambas me regresaron a la cama. Cuando volví en mí la monja me pidió cuentas por mi imprudente comportamiento, pues según ella, si algo me sucedía era a ella a la que hacían responsable. Yo muy sumisa me disculpé y le dije: "Es que hoy me voy para mi casa". Ella con gran asombro y autoridad exclamó: "¿Cómo que para tu casa? ¿Te has vuelto loca, muchacha? De aquí nadie sale sin el doctor darle de alta. ¿Además no te das cuenta que estás de cuidado?".

—Precisamente porque me doy cuenta es que me voy a mi casa y porque sé que aquí no hay modo de recuperarme, ¿y qué quiere usted, que siga ahí pudriéndome que yo misma ya no me aguanto? Y si fuera una anciana menos mal, pero soy aún una niña que aún no he cumplido los dieciocho.

—Bueno y ¿por qué no esperas a mañana y le explicas eso mismo al doctor?

—No, hermana, ya hice mi decisión y si usted fuera tan amable de ayudarme hasta el baño para darme una ducha, bien que se lo agradecería, porque en cualquier momento llegará mi esposo y debo estar lista. De lo contrario, me veré obligada a cometer la misma imprudencia de llegar hasta allá por mí misma, aunque vuelva a desmayarme.

Ella me sonrió dulcemente y con mucha ternura me tomó del brazo y nos encaminamos hacia allá para asearme como tanto lo deseaba. Aquel baño fue el primer paso a la recuperación y ahora era que la monja comprendía cómo de avanzada estaba aquella infección y me aconsejó que comprara un frasco de Lysol y me instruyó a cómo darme lavados vaginales. Cuando regresamos a la cama ya Julio había llegado y en cuanto me vestí y preparé al niño salimos. Recuerdo que ni siquiera caminar podía y menos bajar las escaleras, tanto que tuvo que cargarme en brazos. ¡Pero qué delicia cuando el sol acarició mi cuerpo y pude respirar el aire libre de afuera! Fue como si toda mi sangre se tonificara, y los pulmones y el corazón comenzaron a latir con vigores.

Cuando llegamos a casa, aquellas adorables jóvenes vecinas nos mandaron la comida, una riquísima y suculenta olla de sopa de gallina que trascendía el olor y bastante arroz y habichuelas y guineos cocidos, bacalao, ensalada y rico café. Yo luego de bendecir a aquellas santas mujeres y de dar gracias a Dios, comencé a comer, primero la sopa que me produjo un fuerte sudar y casi me volví a desmayar. Luego comí un poquito de todo y aquel fue otro tremendo paso a la recuperación. Luego descansé y procedí a darme los lavados que me vinieron de maravilla y cada mañana salía a tomar el sol y a respirar aquel aire campestre hasta que poco a poco me fui restableciendo hasta recobrar totalmente la salud. ¡Gracias a Dios que me dio sabiduría para pensar correctamente!

Después de toda aquella tragedia y que hubo abonanzado, tuve tiempo para acariciar y contemplar calmadamente a mi hijo, que poco había faltado para que ambos perdiéramos la vida. Pero, gracias a Dios, allí estábamos y ahora lo importante era cuidarnos y vivir para ser una familia feliz. Sólo que yo esperaba que se pareciera a su padre con su tez requemada, ojos achinados y cabello crespo, pero no sucedió así, pues había heredado las facciones caucásicas de mi padre y su color era ligeramente moreno y su cabello castaño oscuro, suave y terso como la seda, en otras palabras, un precioso bebé. Y aunque chasqueada porque desde un principio había deseado que tuviera el color requemado de su abuelo, don Fermín, ahora pensaba que quizás este parecido a mi padre fuera una puerta abierta para reconquistar aquella amistad perdida. También de antemano había pensado en otro detalle, el de combinarle un nombre con el de mi padre, lo cual hiciera a este sentirse orgulloso de su nieto y así acumular puntos en favor de aquella tan anhelada y necesaria reconciliación. Por eso lo bautizamos con el nombre de Pablo Enrique, o sea, el nombre de mi padre y el segundo nombre de Julio, que con los dos nobles apellidos de Betances y Justiniano según yo, sería la combinación perfecta no sólo de agradar a mi padre, sino también de dotar a nuestro hijo con un nombre del cual siempre se sintiera feliz y orgulloso.

En esto también fracasé, porque aquel niño creció para detestar aquel nombre con todas las fuerzas de su alma hasta el punto de cambiárselo por sí solo. Y yo que por ahora no debí pensar en regresar a la casa de mis padres por todos los contratiempos que habían sucedido, o mejor dicho, todas las injusticias cometidas contra nosotros, seguía en aquel duro empeño de buscar amistad y comprensión por todos los medios. Así que en cuanto pude viajar, hice que Julio me llevara allá para darles el gran placer de que por primera vez tuvieran en sus brazos a un nieto, un pedazo de sus propios corazones. Yo aún lucía pálida y no fuerte del todo, pero no podía esperar para darles tan grande dicha. Además pensando en mis hermanos, que de seguro iban a estar muy felices con el nuevo sobrino.

Según supe después, un hermano de Mamá, el tío Pino, quien era vecino nuestro en el cuartel, ya les había informado de mi tragedia en el parto y de todo lo demás, pero aún así mis padres no se sintieron movidos a lástima para siquiera ir a verme al hospital ni para venir a nuestra casa. Por suerte, aquel mismo día, al nosotros arribar, encontramos que el tío también estaba de visita. Él nos dijo que les había informado de mi gravedad, pero que por lo visto, ellos no estaban interesados en nuestras vidas. ¡Qué dolida me sentí al escuchar sus palabras! pues nunca llegué a imaginar que aquel rencor y resentimiento hacia nosotros pudiera ser tan profundo. Pero, para sorpresa mía, sí que lo era pues según ellos el error o pecado de haberme unido en matrimonio con un negro era algo imperdonable. Ahora hubiese preferido regresarme a nuestra casa, pues tal parecía que no podría quedarme allí ni un minuto más, pero para desgracia nuestra tendríamos que quedarnos hasta la mañana siguiente, ya que no teníamos ningún modo de transportación, pues habíamos venido en un carro público y hasta el otro día no había modo de conseguir otro. Así que nos a relajamos un poco y esperamos a ver qué sucedía.

Lo primero fue que Papá estaba en cama reposando una de sus 'jumas' y la pobre Mamá, siempre asustadiza a causa del indómito y rebelde carácter de él, mas atormentada a causa de sus propios prejuicios, así que, en parte disimulando su incomodidad, un tanto vacilante, tomó al niño aún envuelto en la frisa y algo indecisa, tanteólo pero sin descubrirle, temerosa de que al hacerlo diera con el rostro de un 'negrito' como usualmente se referían ellos al hablar de una criatura de color, cosa que les era difícil de aceptar. Y ante el umbral de una realidad que le tocaba profundo las entrañas, en una terrible turbación que saltaba a la vista, parecía preguntarse: ¿Será este nieto en realidad un negro? Y si así fuera ¡que terrible desilusión!". Sería lo último que les pudiera suceder, por no decir que el castigo más grande de la tierra. Aquellos segundos fueron eternos y la incertidumbre atroz, y pensar que era algo irremediable, por lo cual se decidió a afrontar la situación. ¡Cuánto me hubiese gustado que de veras nuestro hijo hubiese sido negro retinto! Pero no, pues para sorpresa suya descorrió la cobija que lo envolvía y por primera vez contempló la hermosa criatura. La dicha y el júbilo la cubrió y exclamó emocionada: "¡Dios mío, pero qué niño más precioso! ¡Qué lindo, que lindo!" volvió a decir una y otra vez, mimándolo sobre su pecho con gozo y satisfacción. Entonces el tío Pino se le acercó y le dijo: "Pero si ya se lo había dicho yo, comadre, que era hermoso y que no era...". Yo estaba atónita, claro que ella no le había creído a su hermano. Quizás pensó que mentía o que quería tomarle el pelo. Julio y yo la contemplamos, su rostro placentero de satisfacción como si un gran peso se le desprendiera de encima y poco a poco fue recobrando su color natural, después de sufrir una fuerte palidez nerviosa. Entonces con voz entrecortada dijo: "Tu padre se va a sentir más que feliz, orgulloso cuando lo vea". Yo asentí con la cabeza y Julio y yo nos miramos y sonreímos tontamente, porque a la verdad que todo aquello era como para sentir lástima, no solo por ellos sino por todos aquellos que de la misma forma envenenaban sus mentes con semejantes sentimientos de discriminación.

También mis hermanos estaban felices y emocionados con el bebé y todos querían acariciarle sus diminutas manitas y palparle su carita mientras él dormía profundamente. Pero Mamá no estaba del todo feliz y calaba a su yerno con la vista de arriba a abajo. Era la primera vez, se puede decir, que tenía la oportunidad de cambiar impresiones con él y de reconocerle tal cual era físicamente hablando, pues a pesar de haberse conocido en aquella ocasión, cuando estuvo enferma, había sido ligeramente, cuestión de minutos y en aquel entonces ella no estaba lo suficientemente consciente como para apreciar la persona que era él. Pero ahora lo tenía frente a frente, en cuerpo y alma y con tiempo para apreciarle.

Sí, mi amado lector, allí estaba mi marido, una combinación de africano y blanco, en otras palabras, un elegante mulato, alto y de buen porte, con refinamiento de ciudad, educado bajo la tutela de su anciana abuela española, doña Escolástica Ramírez, un perfecto caballero y un hombre de sentimientos nobles, que como cualquier otra persona sólo anhelaba aceptación para perpetuarse en todas las oportunidades y justicias que cualquier ser humano se merece. Pero mi madre no estaba interesada en sus rasgos de nobleza ni en sus sentimientos morales, sino solamente en el color de su piel. ¡Cuánto hubiese dado ella por poder cambiarle su color, sus facciones y su grifo cabello! Lo dejaba ver en la forma de expresarse y el modo en que lo contemplaba y en cada uno de sus gestos, pues no podía contener ni disimular su inquietud e incomodidad. Pero, como decía Julio, son precisamente los prejuicios los que destruyen los nobles sentimientos de uno, porque por desgracia hay gente que sólo sabe mirar lo físico, lo exterior, porque jamás han aprendido a contemplar la grandeza del espíritu.

Así que después de todo aquel meticuloso escudriñamiento, embargada por un profundo desabrimiento, nuestra madre se hizo la desentendida por el momento, excusándose y mostrándose ilusionada por lo del nieto, se dirigió al aposento donde se hallaba Papá y el tío, que con insistencia se esforzaba en convencerle de que debía recibirnos y más que nada que viera el bebé. Mejor fue que ni lo hubiese intentado, porque él, enfadado a lo sumo, se alteró a tal extremo de decir que si nosotros nos quedábamos a pasar la noche allí él se iría a dormir a otro lugar y no regresaría hasta que nos hubiésemos marchado. En cuanto al niño, dijo que ni siquiera se atrevieran a mostrárselo porque él no estaba interesado en tal linaje. Entonces el tío, lo bastante molesto, vino donde mí y tomando la criatura entró en la habitación y con todos los respetos de compadre y cuñado, con palabras sanas pero a punto, le hizo entender su falta de cordura y comprensión hacia nosotros, que según él no habíamos cometido ninguna falta, pues para él todos los seres humanos éramos iguales.

Con todo y eso nuestro padre vociferó y dijo que no quería cuentas con negros y que jamás me perdonaría. "¡Yo se lo advertí antes de casarse con él y ahora viene con el pretexto del hijo para afrentarnos aún más, pero no estoy dispuesto a semejante humillación! ¡Que no manche más esta casa con semejante descaro y que se larguen y que no vuelvan a pisar esta casa porque aquí no los quiero!" repitió tronante. Ahora era que yo caía en la cuenta, mejor dicho, tenía una visión más clara de todo lo que Julio me había explicado en cuanto a su raza y toda la tragedia de la esclavitud. Por eso, don Fermín siempre había hecho hincapié, para que sus hijos estudiaran y se superaran como dignos ciudadanos. ¡Qué profundo me hería todo aquello! pues a pesar de haber escuchado de lo cruel e inhumano de la esclavitud, nunca pasó por mi mente que a estas alturas aún pudiera existir discriminación tal y menos en mi propia familia. Era como si se les cerraran todas las avenidas de los sentimientos a estos seres humanos, privándoles de sus derechos a la vida y a la felicidad y pensé que en ninguna época yo hubiese podido soportar semejante crueldad y atropello.

Y más rebelde que nunca pensé que, como madre que ahora era de aquel hijo a quien no veía como blanco o negro sino como una persona con todos los derechos a la felicidad, me hice juramento de que sabría educarlo a él y a todos los hijos que Dios me diera enseñándoles el camino a la justicia y a la libertad mental, moral y espiritual. Y que bajo ningún concepto nunca le permitieran ni a hombre ni a gobierno alguno que les privasen de tan grandioso e innato privilegio, el de ser libres de pensamiento, no importando el color de su piel y que si estaba en las manos de ellos luchar por los derechos de otros, también hacerlo como un deber humano.

De todos modos, aquella acalorada y tensa situación por parte de mi padre parecía no tener fin, mientras yo nerviosa permanecía junto a la puerta del cuarto desesperada, sin hallar qué hacer y además dolida y avergonzada en lo más profundo, no por mí sino por mi marido que parecía haberse pegado a la silla donde estaba sentado, hecho un ovillo con la cabeza entre las manos. Y adentro el tío seguía en su intento de convencer a nuestro padre de que por favor diera un vistazo al bebé para que se cerciorara de lo hermoso que era, pero parecía no haber modo o forma de traer a don Pablo Justiniano a sus sentidos, ya que la ira y el rencor lo tenían totalmente embargado.

Y ya me disponía a entrar en la habitación y tomar a mi hijo de los brazos del tío, pasara lo que pasara, cuando el niño estalló en un fuerte y desconsolado llanto que nos sacó a todos de quicio. Como si tal pareciera que entendía todo lo que estaba sucediendo y quisiera demostrar su descontento y poner punto final a aquella estúpida y despiadada rencilla. Y lo logró, porque a sus chillidos hubo gran turbación, lo cual el tío aprovechó para ponerlo en los brazos de Papá, que al fijarse en él detenidamente y contemplarlo estalló en risa y llanto al ver que era precioso. Entonces nos hizo pasar y todos lloramos juntos, pero aquella experiencia fue tan dolorosa que aún las cicatrices duelen.

Pero nadie imagine que aquel desconcertante incidente con mi padre pasaría por mi vida sin hacer estrago, porque nunca estuve en paz y las frases suyas y los gestos de Mamá me herían en una constante agonía. Y estaba segura que nos odiaban a muerte, aunque demostrasen cariño y afecto por el niño. Y entendía que aquella llaga de prejuicios estaba viva en sus espíritus y tenía la certeza que en adelante jamás volvería a ser como antes y que nunca más podría haber franqueza de parte de ellos y, para dolor de mi alma, descubría que algo muy hermoso y valioso se había perdido entre nosotros y tenía la impresión como si un eslabón de una fuerte cadena se hubiese roto y me hallé más huérfana que nunca.

Y para mayor desgracia descubría que Mamá era aun más prejuiciada que mi padre, lo cual hacía que se perdieran las esperanzas de que él pudiera curarse de aquel cáncer que le carcomía los sentimientos. Y lo más lamentable de todo era el carácter cerrado de mi marido, que en ningún momento comentaba al respecto, lo cual yo veía como perjudicial para nuestro matrimonio, pues a pesar de que estaba segura que me amaba, pensaba que este comportamiento suyo podía ser en alguna forma un obstáculo a nuestra felicidad. Pues según yo, bien que podía inconscientemente rechazarme por ser blanca o por despecho hacia mi familia. Y en medio de toda aquella incertidumbre, fui a ver a mi amiga y consejera, Adela Vidal.

Aquella encantadora mujer que nunca podré olvidar y que tanto me ayudó en mis momentos más difíciles de juventud, tenía una forma maravillosa de aplacar a uno, por grave que fuera el problema. Lo primero que hacía era ponerse cómoda en un viejo sillón que tenía, se quitaba los anteojos, le hacía a uno un par de inteligentes preguntas, lo suficiente para hacer que uno se desbordara y dejara salir fuera todo cuanto le estuviese mortificando, mientras ella en completo silencio escuchaba. Eso sólo lo hacía cambiando la vista una y otra vez, pareciendo reposar sus ojos, cansados de tanto coser. Luego de haber escuchado todo cuanto uno tenía que decir, sin haber interrumpido ni una sola vez, se ponía de pie tranquilamente, se excusaba, iba a la cocina, preparaba café el cual traía a la pequeña salita, lo tomaba calmadamente con uno y luego de un corto receso, comenzaba detenidamente a atar minuciosamente cada cabo suelto del asunto o problema.

Yo, por mi parte, me recuerdo violenta, aunque tremendamente sentimental, así que cualquier cosa o me sacaba de mis casillas o me tocaba profundo el alma. Había crecido peleando la vida en tal forma, contra viento y marea, además de haber heredado el carácter impulsivo de mis padres y ahora encima de todo esto, me hallaba batallando con un problema racial, el cual yo misma desconocía. Así que es de suponerse que esta alma de Dios tenía que estar dotada de profunda sabiduría y paciencia para poder ayudarme a salir de aquel atolladero, pues una vez más el engranaje mental se me descuartizaba. Lo primero que yo esperaba era que ella condenara el ilógico comportamiento de mis padres, pero ella tomó otro giro y me dijo: "Quiero que seas sincera conmigo en cuanto a Julio Enrique y tu sentir hacia él, no como marido o persona sino como negro que es".

Confieso que de primera intención no sabía qué contestar pues amaba a Julio como marido y esto lo tomaba por sentado para aceptarle tal cual era, con todas sus virtudes y flojeras y también como negro y me mortificaba profundamente el que otras personas lo mirasen con desprecio por su color y así se lo revelé a ella. "Ajá, me alegra escuchar tu punto de vista", me dijo, "porque al unirte en matrimonio con Julio y hoy tener un hijo suyo te hace una de nuestra raza. Así que ahora, en cierto modo, debes o tienes que desprenderte de tu familia y de toda suerte de prejuicios y saberte una de los nuestros en cuerpo y alma, lo cual no te quita el respeto ni la comprensión hacía los tuyos en estos aspectos, porque si rechazaras a unos o a los otros, entonces esteraías cometiendo el mismo error de los blancos hacia los negros. Así que lo primero que tienes que hacer es escudriñarte a ti misma para saber hasta qué punto te ha afectado toda esta cuestión racial por parte de tus padres, ya que está probado que todo aquello que vemos y oímos se graba en en nuestras mentes o lo heredamos, para mejor decir, ya sea bueno o malo y más lo que aprendemos en el hogar paterno. Y a menos que estemos conscientes de aquello negativo que nos perjudique y sintamos la necesidad de deshacernos de ello, nos sucederá exactamente lo que a tus padres y tarde o temprano dejarás salir fuera cualquier vestigio de resentimiento racial que haya en ti. Porque habiendo crecido bajo tales circunstancias, no me dirás que todo esto no te haya afectado en alguna forma. Por lo tanto, es necesario arrancar de raíz cualquier resentimiento o complejo de esta índole, para sentirnos libres de algo tan atroz y venenoso como es odiar, rechazar o repudiar a otro por el mero hecho de que su piel sea diferente a la nuestra."

"Las personas", prosiguió ella "no son para valorarse por tan insignificante cualidad sino por sus sentimientos y valores humanos. Si te he preguntado en cuanto a tu sentir hacía Julio como negro es porque hay quien ame o acepte 'su negro' ya sea compañero, criado o amigo, sin embargo no están dispuestos a aceptar la raza en sí. Y eso es precisamente lo que yo quiero que tú comprendas, siendo que aún eres una niña, que aprendas a amar a todo el mundo por igual, sin importar cuál sea la raza, el color o el credo. Entonces sentirás tu mente libre y tendrás la oportunidad no sólo de disfrutar de paz mental, sino el bello privilegio de pertenecer al mundo de Dios y a la vida en toda su grandeza y ya nunca más habrá barrera que estorbe, ni velo que opaque tu vista para ver profundo en el alma de los demás. Y no sólo podrás compartir tus sanos sentimientos con otros, sino recibir de las riquezas que otros tienen también, para compartir contigo."

Yo era aún muy joven para poder comprender o asimilar todos sus sabios consejos, pero éste era el comienzo de un maravilloso despertar en mí, el cual me sería por brecha hacia una correcta comprensión de lo que era la aceptación y una comunicación franca con la raza negra, a la cual me sentía feliz de pertenecer, o con cualquiera otra raza. Y como decía ella, una dicha incomparable de sentirme libre para amar a mi prójimo y poder contemplarlo de cerca tal cual era en todas sus aspectos de dignidad y nobleza humana. Y si las palabras y actuaciones de mis padres parecían haberme sacado de quicio, ahora las de esta sabia y santa mujer parecían alumbrarme el camino hacia una perfecta comprensión y entendimiento de todo aquel asunto racial y me sentía feliz de pertenecer al mundo de Dios, como decía ella, y saberme libre de prejuicios, lo cual me convertía maravillosamente en virtuosa.

Por ahora toda barrera de tensión y tirantez con mis padres se normalizó un poco y la amistad parecía solidarizarse, lo cual redundó en que se mudaran más cerca de nosotros, pues fue cuando Papá consiguió una plaza de mayordomo en la hacienda Rolón, contigua a la hacienda Fajardo, donde por la gracia de Dios Papá conoció el evangelio, convirtiéndose en un hombre sobrio y saludable, pues a la edad de cuarenta y tres años ya estaba demasiado enfermo a causa de la bebida.

Yo, por mi parte, bastante recuperada de tanto atropello y confusión, me dediqué de lleno al hogar y al niño mientras Julio como siempre, volvía a trabajar y a sus andadas. Regresaba tarde en la noche, metido en palos y en los fines de semana estaba en la ciudad, ya fuera en los ensayos o tocando con el grupo, pero la mayoría de las veces, parrandeando con amigos y aun en la precaria situación en que vivíamos, sacaba dinero del sueldo para malgastarlo. De nada le valían consejos y seguía en aquella desenfrenada vida en la cual yo no veía futuro alguno. Además, disgustada por siempre pasármelas sola y cuando él decidía quedarse en casa, era para estarse en cama durmiendo y descansando de sus fuertes borracheras y yo preparándole alimentos que lo fortalecieran, o si no, venían amigos a beber con él y siempre era lo mismo.

Y aquella inquietud mía de resolver todo problema, me hizo en una ocasión pensar en algo descabellado, que si yo pudiera también beber, entonces asunto arreglado, pues bien que podíamos beber juntos en casa. Esto pensé porque no sabía los efectos del alcohol y porque mi desesperación de retenerle en casa me hacía pensar locuras. Así que un domingo, entre chanzas y veras, le relaté aquella idea y él, ni al soso ni al perezoso, fue a la tienda por una botella y comenzamos a darnos tragos. Al principio me pareció divertido, después de los primeros desagradables tragos. Ya después no me pareció del todo mal y le seguí muy campante feliz de que en adelante mi esposo y yo compartiríamos en casa esto de la bebida y asunto arreglado. Fue horrible aquella experiencia. Cogí una borrachera que por poco me muero, pues tal parecía que se me arrancaba el alma. En la agonía me arrastré por el soberado y fui a parar debajo de la cama y el tuvo que ir por unas vecinas que me rescataron y me prestaron ayuda mientras él cuidaba del niño. Allí en el piso estuve no se cuanto tiempo y me dio todo lo peor que le puede suceder a una persona ebria y al día siguiente amanecí de cama. Jamás volví a intentar semejante insensatez. ¿Pero qué no hubiese hecho yo para curar a mi marido del vicio de la bebida o por lo menos retenerle en casa una que otra vez? Porque aquel vicio no sólo destruía su vida sino también la mía. Y uno de aquellos días, estando con su mente clara se percató de lo hostigados que vivíamos en aquel miserable cuartel, sin ninguna clase de facilidades, especialmente sin agua potable y luz eléctrica y en un arranque de descontento salió a buscar una casa. Por suerte no tuvo que ir lejos; en el mismo ramal El Consumo había una para rentar y en par de días ya estábamos instalados.

Para entonces el alquiler era bajo, así que con los doce dólares semanales que él ganaba le hacíamos la lucha a la vida y vivíamos a gusto, además de tenerle al niño su propia habitación que ya para este tiempo tenía siete meses y se desarrollaba inteligente y vigoroso.

Capítulo 22

EN aquel lugar me sentía como si todas mis cruces se hubieran quedado atrás y un nuevo horizonte vislumbrara. Julio me compró un potente radio que pagábamos a crédito y ahora la vida se me hacía más placentera, escuchando bella música local y de otros países, además de aprovechar todo lo nuevo que escuchaba, lo cual iba alimentando mi mente ansiosa de saber. Pero para sorpresa nuestra, un día de aquellos descubrí que de nuevo estaba embarazada y se me nubló el alma, por no decir que nos cundió el pánico a ambos, a la vez que caía en una crisis de vómitos y mareos, agobiándome a tal extremo que ni siquiera podía moverme. Suerte que me acompañaba una de las hermanitas que sólo contaba ocho años, pero por lo menos me le hacía compañía al niño y cuando me fortalecía un poco me levantaba y a duras penas hacía lo que podía o si no, esperábamos a que Julio llegara por la tarde y así pasé los primeros dos meses sumida en una terrible agonía. Cuando me fortalecí un poquito, mi marido y yo nos dimos cuenta de lo serio del problema, ya que como me había advertido el doctor, yo no podría tener más hijos. De todas formas me animé y fui a verle con la esperanza de que me ayudara en alguna forma o por lo menos me aconsejara qué hacer.

Mejor hubiese sido ni intentarlo, pues cuando me reconoció y le declaré la verdad, se enfureció conmigo y a gritos me dijo: "¿No le advertí en aquella ocasión que no podía tener más muchachos? ¿O es que quiere volver a traernos problemas? ¡Lo suyo es serio y ya se lo dije, así que conmigo no cuente, búsquese otro médico que la atienda y no se le ocurra volver por aquí!". Y con la misma me abrió la puerta para que me fuera. Así que salí de allí profundamente desalentada y cuando se lo declaré a Julio, demudó el rostro, se llenó de ira, pero no dijo ni una sola palabra. No se lo que pensó, pero permaneció en silencio sobre el volante por un rato. Ya luego prendió el camión y nos regresamos a casa bastante contrariados, pues esto era lo más desafortunado que pudiera sucedernos. Aún así me hizo tranquilizar y mantenerme en pleno reposo porque aquellos males me consumían. No soportaba nada en el estómago y la debilidad era tal que no me sostenía en pie, además de la frustración que era aún más fustigadora.

Al día siguiente cuando regresó del trabajo apareció con una caja de cápsulas que según él se las había proporcionado un farmacéutico amigo suyo y según razón, me iba a mejorar de todos aquellos trastornos. Yo confiada, comencé a tomarlas, pero notaba que empeoraba y los vómitos y los mareos se me acrecentaron y parecía morirme. Me agravé a tal extremo que me resistí a seguirlas. Entonces fue que él me declaró que era preciso continuarlas pues eran para provocarme el aborto. Entonces sí que me arrepentí hasta de haber nacido y me sentí la más miserable de los vivientes porque aquella tragedia era demasiado ara mí.

La casa era de altos y como pude me arrastré hasta la ventana y aventé el resto de las cápsulas vertiente abajo y luego me tiré al suelo a llorar mi desgracia, mientras Julio aturdido con tanta cosa que se nos venía encima, como siempre, se hacía a un lado en aquel maldito silencio que lo abatía. Ya entonces me entregué a la Voluntad Divina, pues una era que no teníamos dinero para ver a otro médico y, por otro lado, éramos tan jóvenes e ignorantes que no sabíamos cómo afrontar esta clase de problemas, así que no había otra alternativa que esperar lo que viniera. Ahora el que no estuvo en paz fue él y una noche me dijo: "No puedes arriesgarte a perder la vida. Si el Hospital Municipal era nuestra única esperanza y no hay forma de que te atiendan y no tenemos recursos para que vayas a una clínica privada, lo más acertado es que nos embarquemos para Nueva York".

—¿Embarcarnos, hijo, pero con qué dinero? ¿Y a casa de quien?

—Ya lo tengo todo planeado —me dijo—. Allá tengo a un amigo, se llama Pío González. Es un panita mío bien chévere, nos criamos en el mismo bloque y antes de embarcarse me dijo que si en alguna ocasión pensaba irme a Nueva York que le escribiera que él me ayudaría a establecerme allí. Así que lo primero que voy a hacer es escribirle. En cuanto al dinero para el pasaje, ya hablé con mis dos hermanos y están de acuerdo en que vendamos la casa y hay una persona interesada en comprarla, así que con la parte que me toca, me da para pagar el pasaje, comprarme lo más indispensable y tener algún dinero extra en lo que comienzo a trabajar y una vez me organice envío por tí. En Estados Unidos hay médicos competentes y buenos hospitales y yo se que allí te pueden atender bien y ya verás como todo cambia y comenzamos otra vida para nosotros y para nuestros hijos.

Sus palabras me hicieron recordar aquel sueño cuando corría por aquel sendero mojado y enyerbado y de pronto me detenía para descubrir que estaba parada sobre panales de dorada miel y fue como si toda tristeza y amargura se disiparan de mi mente y mis ojos vislumbraran una vez más aquel horizonte o estrella que mi alma ansiosa constantemente perseguía.

Aquel amigo leal, contestó a vuelta de correo, Dios se lo haya tomado en cuenta, y enseguida se procedió a vender la casa y como el decía, con parte de dinero que le tocó, sacó su pasaje, se hizo de lo más necesario y a mediados del mes de abril de aquel 1937, salió rumbo hacia Nueva York en el buque *San Jacinto*. Tres meses de embarazo tenía cuando él embarcó y mientras enviaba por mí me quedé con mis padres en la hacienda Rolón. ¡Qué tristeza y qué orfandad sin él! Aquellos días se me hicieron años esperando por su primera carta. Me decía del viaje, de la gran ciudad y de todas sus nuevas experiencias y aunque nos echaba de menos, estaba contento. Ya estaba trabajando de lavaplatos en el Hotel New Yorker, ganando el mismo sueldo que de camionero en la hacienda, pero lo importante decía él, era que yo me fuera lo antes posible para tener el bebé allá. Me prometía que próximamente me enviaría el dinero, para el pasaje que sólo valía cuarenta dólares, pero ¡Ay bendito! si lo difícil era ahorrarlos, pues los doce dólares que se ganaba semanales escasamente le daban para cubrir sus gastos personales.

Así transcurrieron tres meses de promesas y cartas distantes unas de otras, lo cual me hacía desesperarme hasta un día que me envió veinte dólares para que fuera a separar el pasaje y me prometía el resto en cualquier momento, además de algún dinero para arreglarnos de ropa el niño y yo, ropa que según él tendría que estar a tono con la estación invernal en material y color. Así que fui a separar el pasaje, di los veinte y prometí pagar el resto próximamente y ya para entonces tenía ocho meses de embarazo. La cosa fue que el dinero no llegaba y estuve a punto de perder el pasaje. A puros ruegos me dieron una semana de prórroga, cosa que no era lícita o aceptable dentro de las reglas de viaje, pero al verme tan ansiosa y en las condiciones que estaba decidieron esperarme, pero tan solo una semana. Al menos me regresé a casa con la esperanza de que en cualquier momento llegaba aquel dinero.

Si yo estaba desesperada en la isla, más angustiado estaba el pobre hombre en Nueva York sabiendo que me faltaba tan poco para dar a luz y con mi condición. Luego me contó que en su angustia con toda su fe jugó un número a la bolita y por la tarde salió premiado, justo con los cuarenta dólares que quería mandarme. Así que en cuanto los recibí fui a pagar el pasaje.

Viajar en carros públicos cada vez para la ciudad y caminar bajo el fuerte calor, haciendo todos mis asuntos y con el vientre tan cargado no era del todo agradable. Mas aquel atardecer del 13 de septiembre, después de haber terminado con aquello del pasaje y de haber comprado una maleta, luego de haber dejado la carretera y encaminarme campo adentro a pie, me sorprendió una fuerte tempestad que poco me faltó para ahogarme, pues no había lugar donde pudiera socorrerme. Así batallando llegué a casa, protegiéndome de la torrencial lluvia y de las ráfagas con la maleta. Ahora el asunto del pasaje estaba resuelto, pero había otro problema y era que no saldría de viaje hasta tres semanas después y según mis cálculos, yo esperaba el bebé para dentro de cinco semanas y si era que el parto se me adelantaba, entonces sí que estaba en serios problemas. Y aunque todo hubiese marchado bien, no dejaba de estar asustada y ansiosa, pues no era del todo conveniente viajar en barco, luego en aquellas circunstancias físicas que me impedían un parto normal. De todos modos, no restaba otra cosa que esperar.

Pero ahí no terminó aquel asunto, pues después de aquella tempestad se desarrolló un fuerte brote de dengue y en nuestra casa no quedó nadie en pie y a la postre, yo también me agravé; sólo mi niño no enfermó. Nuestra casa se convirtió en un hospital y el que se sentía mejor se levantaba como podía y calentaba algo para los otros y no podíamos ni siquiera estarnos en cama, así que casi todos estábamos tirados en el suelo en colchonetas y mantas y todo era un puro lamento. Yo había sido de las últimas en caer y fue precisamente los días previos a viajar. Entonces sí que me entristecí. Aún no había comprado la ropa de viaje y allí estaba postrada, sin atención médica de ninguna clase, pues vivíamos en campo adentro sin ninguna facilidad, sólo dependiendo de remedios caseros que a duras penas nos hacíamos, como frotarnos con alcoholado y tomar teses de plantas, pero sólo eso.

Recuerdo que era lunes, cuatro de octubre cuando me percaté de que el jueves próximo tendría que estar en la capital para embarcar y allí estaba tirada más muerta que viva, con una fiebre que me quemaba. De permanecer allí en aquel estado era perder la oportunidad de irme y, por otro lado, el temor de que en cualquier momento me sorprendiera el parto me aterrorizaba. Este fue otro momento en mi vida en que tuve que revestirme de valor y fuerza de voluntad, pues tenía que decidirme y levantarme de aquella cama y comenzar a hacer todos los preparativos o de lo contrario tendría que afrontar graves consecuencias. Así que si era lunes, entre martes y miércoles tenía que estar de pie con el favor de Dios. Claro que ni siquiera podía mover la cabeza del fuerte dolor y tenía la garganta hinchada que no me pasaba ni el agua, fuera de la fiebre que me consumía el estómago y una borrachera que no me permitía siquiera abrir los ojos. Pero aún así, que ni sentarme podía, lo primero que intenté fue arrastrarme poco a poco hasta la sala y allí fui, poquito a poquito respirando aire fresco y con gran esfuerzo me apoyé de espaldas a la pared, mientras mi criatura lloraba sobre mí por atención.

Entonces pensé que el jugo de china me hacía mucho bien y cuando tuve la oportunidad de ver a un peón pasar frente a la casa le pedí de favor que me trajera algunas. Él, muy complaciente, se dirigió a un árbol junto a la casa y me las trajo y el mismo las mondó y me las puso cerca, pues yo no tenía fuerzas para nada. Así que comencé a chupar el jugo y allí estuve sentada de espaldas a la pared todo el día sin poder moverme, pero ya por la tarde la fiebre había bajado bastante. Al día siguiente volví a hacer lo mismo y gateando me salí a la sala y volví a sentarme contra la pared y apenas chupé las chinas y ya por la tarde me pude incorporar y agarrándome de la pared regresé al aposento y ya la inflamación de la garganta había disminuido bastante.

Pero no sólo esto atormentaba mi vivir, pues en medio de toda esta ráfaga de trastornos, mi espíritu sentía no sólo el dolor y la tristeza, sino la necesidad de decir adiós a mi barrio, a Finca Abajo, a mi adorable río y más que nada a mi gente.

Pero todo se volvía adverso a causa del embarazo que no me había permitido viajar a la sierra o Cuchilla, como le decimos a nuestro territorio.

Aun así aquella terrible fiebre me había encaminado a llevar a cabo mi despedida, como realmente la anhelaba. Porque allí agonizante sentada en el suelo de espaldas a aquella pared, mientras deliraba, mi espíritu se perdió de vista y al garete me tiré, subí cuestas, bajé cuestas, abracé árboles amigos y en el arroyo tranquilo sacié mi sed de agonía. Con oídos melancólicos escuché el crujir de un capá, de una tórtola el gemido, de los gallos el cantío, a un perro a lo lejos ladrar. A un jíbaro entonar su copla, a unos niños jugar en un batey colora'o, a una paleta en el río, y a unos jíbaros machetear.

Y, ya cayendo la tarde en un éxtasis dulce-amargo me despedí de mi barrio con el alma hecha pedazos y con el corazón llorando.

Luego, lo bastante confortada pensé que de todas formas el miércoles tendría que bajar a la ciudad para comprar lo que me faltaba de vestir para el viaje. Sólo Dios sabe cuál era mi condición, pero mayor era mi empeño de sobreponerme a toda aquella aflicción y vencer todo obstáculo para llegar a mi destino. Así que aquel miércoles, antes de amanecer, arrastrándome me levanté, me dí un baño, me vestí y me dispuse a irme a la ciudad. Digo que antes de amanecer, porque tenía por fuerza que caminar como kilómetro y medio de empinada cuesta para llegar hasta donde estaba el carro público que me llevaría. Y si era que no llegaba a tiempo, pues de seguro lo perdería y ya no había forma de llegar a la ciudad. Así que no se cómo tuve el valor de intentar aquel viaje cuando ni siquiera podía mantenerme en pie y aún me perturbaban los terribles males de la enfermedad, lo cual me había provocado nuevos males de embarazo, acompañados de vómitos y borracheras.

Pero ni aun así fui capaz de postergarme y apoyándome de una vara porque las rodillas se me tambaleaban y la cabeza me daba vueltas, en el nombre de Dios, comencé a caminar. Un santo hombre de Dios, llamado don Bartolo Collazo que iba camino a sus labores, cuando me vio corrió en mi ayuda y haciéndome apoyar en su brazo me subió por toda la cuesta hasta donde estaba estacionado el automóvil que esperaba por mi, ya que la tarde anterior le había enviado razón. Allí me dejó en manos de otra alma de Dios que me prestó ayuda hasta que llegué a mi destino, alguien maravilloso que lamentablemente no recuerdo su nombre. Pero imposible sería pasar por alto el gran gesto de amor de parte del señor Collazo hacía mí. Estoy segura que si él no me hubiese ayudado, yo nunca hubiese podido llegar a mi destino aquel día. Pero allí estaba él, presto a socorrerme en el momento preciso. Por eso es que hoy con grata recordación escribo de él, porque en aquel momento, cuando me encontraba imposibilitada, más muerta que viva, tratando de repechar aquella empinada cuesta, don Bartolo fue el amigo para apoyarme en su brazo y aún, después de tantos años, me parece seguir sintiendo aquella mano amiga sosteniéndome, como si el mismo Dios fuera el que me diera sostén y fortaleza en aquel momento de angustia.

Siempre contemplo aquella experiencia como si fuera la escarpada jornada de la vida y al Todopoderoso dándome sostén y apoyo a cada paso. Y una vez más comprendo que en la vida necesitamos el apoyo y la comprensión de los demás. Y recordando aquel pasado pasan por mi mente muchas otras personas que como este precioso ser humano, supieron de alguna forma tenderme una mano amiga en los momentos más difíciles de juventud, porque en aquella ocasión yo era tan solo una niña. Aquel hombre era un jíbaro común y corriente, un rústico labrador que no conocía la letra, pero su corazón estaba reforzado de amor hacia su prójimo y la semilla que sembró en mí germinó con fuerza y aquel noble gesto suyo hacia mí permanece en mi espíritu como una gran inspiración.

Aquella mañana cuando arribé a casa de mi amiga Adela Vidal, ella no podía creer que era yo. Se puso las manos en la cabeza y casi me cargó adentro. Aquella semana de gravedad había acabado conmigo y allí estaba que casi no podía sostenerme en pie. Ella me hizo estarme en cama mientras me administraba uno que otro remedio y me hizo tomar caldo, que no sostenía en el estómago. Ya después de medio día me hizo recobrar ánimo para que me fuera a las tiendas, si era que quería comprarme aquellas cosas que necesitaba. De nuevo me revestí de valor y tomé calle arriba y en la primera tienda que encontré que fue Blanes, me metí. Las muchachas vendedoras vinieron en mi ayuda y cuando me vieron en aquel estado se apuraron y me acercaron una silla.

"Usted luce muy mal, señora", me dijeron. "¿En qué le podemos servir?" Yo ni siquiera podía hablar, pero cuando me recobré un poco les dije que deseaba comprar un traje y unos zapatos que me combinaran, propios de viajar a Nueva York y, por supuesto, que fueran de color oscuro. No fue fácil conseguirlo, por estar en estado y todo lo que había en colores oscuros me quedaba pequeño. Igualmente sucedió con los zapatos, ya que tenía los pies hinchados y siendo que no podía caminar de tienda en tienda, me tuve que conformar con lo que aquellas bondadosas chicas pudieron hacer por mí, que fue un traje color de rosa y unas sandalias blancas para desembarcar, lo cual no era propio, pero no se pudo hacer otra cosa. Ellas mismas me midieron el traje y las sandalias y otras chucherías que les ordené, todo me lo echaron en una funda y con empeño me hicieron salir de la tienda ya que allí me postré. Cuando tomé la calle Peral abajo, camino a la casa, casi me desmayé en plena calle, dominada por los vómitos. Un caballero que me vio corrió en mi ayuda y me llevó casi en brazos hasta un restaurante donde hizo que me sirvieran café caliente y bizcocho. "Está usted muy mal, señora", me dijo aquel, "repose un poco que le hará bien," me dijo con ternura. Yo le di las gracias, mientras agradecía a Dios el encontrarme con tanta gente buena en mi camino.

Así que cuando me hube recuperado, salí y por lo menos tuve ánimo de llegar a la casa, para seguir en aquella empresa que sólo acababa de comenzar. Sólo Dios sabe cómo era que me sentía, pero Él me fortalecía porque de lo contrario hubiese hundido la cabeza en una cama, quien sabe por cuántos días, pero lo serio de aquel asunto me obligaba a hacer cualquier sacrificio para estar a tiempo para viajar. Cuando regresé ya Adela le había notificado a Monchín, mi cuñado, para que viniera a verme, ya que él era quien me llevaría a la capital donde abordaría el barco. Además tenía que ir aquella tarde al campo por el niño y por mis cosas. Por otro lado, Adela me había terminado de coser una cómoda y linda bata de maternidad para el viaje. También me regaló un abrigo, y algunas otras prendas de vestir, propias del invierno, lo cual le agradecí infinitamente. Ahora ya todo estuvo listo para salir de madrugada, mientras yo seguía rezando a Dios por tal que no me sorprendiera el parto en la isla.

Capítulo 23

AQUELLA travesía vive en mí como si fuera el valle de la muerte y en ningún momento hallaría placer en describirla a menos que fuera necesario, como en este caso, tratándose de esta corta autobiografía o aurora de mi existencia, como la he llamado yo.

Desde el primer momento en que me percaté que estaba en el muelle, fui lo más cautelosa posible para evadir hasta donde más pudiera el llamar la atención a mi avanzado embarazo, ya que cuantos hablaban conmigo me advertían que existían reglas que no le permitían a una dama viajar en tal estado. Por eso, tan pronto subí al barco me retiré a mi camarote y cuando el capitán llamó a todos los pasajeros para pasar lista, tomé al niño en brazos e hice cuanto pude para no exponerme demasiado. Aún así, él me dio un vistazo, pero pareció pasarme por alto. Yo rezaba en silencio para que ni siquiera se percatara de mi presencia.

Era la una de la tarde, más o menos, aquel jueves 7 de octubre del año 1937 cuando el bello trasatlántico *Borinquen* zarpara y yo, muerta del cansancio y lo suficientemente débil a causa de aquella semana de enfermedad y tanto trajín, me dispuse a reposar pensando, como siempre, que mis cruces se aliviaban, sin imaginar que sólo comenzaban. Compartí el camarote con otra chica joven a quien vi aquella tarde, pero nunca más hasta el día que desembarcamos.

Separarme de los míos y de mi querida patria no era del todo grato, pero entre dar gracias por todas las victorias que en parte había logrado respecto al viaje y estar en camino para encontrarme con mi esposo y la esperanza de llegar a tiempo a Nueva York para tener el bebé en buenas manos, eran razones muy poderosas para aceptar con resignación todo lo demás. Quizás en otras circunstancias hubiese sido penoso viajar, pero dadas las condiciones que me embargaban y lo débil que me sentía, porque los males de embarazo persistían, tan pronto el barco levó anclas y comenzó su marcha me postré. Y como no estaba relacionada con esta cuestión de viajar en barco, hice todo lo contrario, como encerrarme en el camarote sin respirar aire fresco ni hacer ninguna clase de ejercicio, lo cual empeoró mi situación y también la del niño pues ni siquiera moverme podía para llevarlo a comer. Y no hubiese sido tan desastroso o infeliz si el camarero de día hubiese sido un poco más humano y concienzudo, pero al verme tan postrada estuvo de acuerdo en ayudarme, si estaba dispuesta a darle buenas propinas, de lo contrario nada haría por mí, me dijo. Yo no contaba ni con un céntimo y por otro lado desconocía mis derechos como pasajera, así que sin remedio tuve que afrontar las consecuencias de permanecer allí todo el tiempo, con mi niño sin comer y sin ninguna clase de servicio, porque no tenía fuerzas para bajar al comedor ni dinero para pagarle al camarero.

Así se lo revelé al camarero de noche la primera vez que vino a mi camarote, quien me dijo llamarse Marcano y con honda pena me refirió que aquel camarero de día era una persona injusta y avara que velaba estas ocasiones para extorsionar a los pasajeros y me dijo que yo estaba en mi derecho de reportarlo si así lo deseaba. "Yo no podré hacer nada por usted durante el día", me dijo, "pero todo cuanto esté de mi parte hacer dentro de mi turno de la noche, con gusto lo haré." En adelante venía cada vez cuando le tocaba su ronda, abría la ventanilla para ventilar el camarote, arreglaba la cama, nos traía té, manzanas y pan para el niño, lo cambiaba de pañal y a mí me ayudaba hasta el cuarto de baño, mientras le hacía compañía al chico y hacía todo cuanto podía para socorrernos.

Así transcurrieron los primeros tres días en una total amargura, a lo cual se habían sumado los males del barco y el mar hasta una madrugada que, para colmo, justo entrando al Cabo Hatteras, nos sorprendió una tormenta. Faltan las palabras y falla la imaginación para describir semejante agonía, pues el buque se convirtió en juguete de las olas que lo mecían a su antojo. Hubo momentos en que acostada como estaba, me encontré con los pies para arriba y en otro momento quedaba parada en el camarote, esto en un constante hamaqueo o vaivén que parecía que en cualquier momento el barco se hacía trizas.

De aquello sólo queda en mí la agonía de sentir la muerte tan cerca y la ternura y apoyo del señor Marcano para socorrerme con mi criatura en unos momentos de tan profunda desesperación. Recuerdo un momento en que corrió y trajo el médico pues tal parecía que el bebé se apresuraba a nacer. Pero, por suerte, el tiempo amainó y poco a poco salimos del aprieto y el lunes once, al amanecer, cuatro días después, arribamos al puerto de Brooklyn.

La imagen del señor Marcano y su ternura hacia mi hijo y hacia mí, es algo que quedó impreso en mi espíritu para siempre. Una vez más Dios me ponía junto a alguien con corazón para ayudarme y era otra ocasión en que aprendía lo hermoso de la humanidad hacia los semejantes. Y comprendí que a no ser por personas como este bello ser humano y como don Bartolo Collazo y Adela Vidal, no sé qué hubiese sido de mí y de mi criatura. Hoy comprendo que son precisamente estas almas buenas las que mantienen el mundo girando porque sus obras con ellos siguen. No así los crueles, avaros o insensatos que solo siegan bienes materiales de los cuales un día, indudablemente, tendrán que desprenderse, cubriéndoles un horrendo peso de conciencia que detendrá por siempre su espíritu en un pasado de oscuridad, porque la luz que le negaron a otros les hará falta para alumbrarse su propio sendero.

Aquel bello amanecer, en que mis ojos por vez primera tuvieron la dicha de contemplar de cerca la Estatua de la Libertad y la preciosa ciudad de Nueva York, me sentí la más dichosa de los vivientes. Además, la alegría de volver a ver a Julio después de seis meses de ausencia y de angustia, era como si volviéramos a nacer. Y sentir la felicidad de estar en un lugar donde había la esperanza de que me atendieran bien durante el parto, todo me colmaba de satisfacción. Aún no me recuperaba de tantos males, pero comenzaba a sentirme calmada.

Este fue el comienzo de treinta largos años de incertidumbre y espera por el regreso a la isla idolatrada. Nada es comparado con la pena, el dolor, la melancolía y la nostalgia de vivir lejos de la patria amada. Recuerdo que nunca me sentía en paz o sosegada. Nunca sentía los pies en la tierra, siempre estaba por los aires, la mente volando a la isla querida, con una angustia interna que me agobiaba. Y me metía en las iglesias buscando refugio a mi espíritu, como las gallinas de gallinero que en invierno se hacen grupos para calentarse y para juntas sufrir la pena del encerramiento y de la falta de las cosas que da Dios a través de la naturaleza. Y la helada frialdad que carcomía, no sólo del cruel invierno sino de los corazones, y los sentimientos de seres humanos todos sufriendo de la misma epidemia, enfriamiento del alma, no tienen comparación. Y los nativos, de todas las razas, acondicionados a ver a los demás a través del egoísmo y la explotación: ¡Qué horror! Esto me volvía el alma triste, el corazón herido, el sentimiento atormentado y el cuerpo aburrido.

Muchos de los emigrados se daban al licor y con él se perdieron, perdiendo de vista esposa, hijos, sentimiento patriótico, anhelos, fe y esperanzas. Porque los hay débiles que no soportan. Otros se esfumaron por otras rutas de adicción y la mayoría se perdió en el tumulto como en una ciénaga de monstruos. Hubo otra clase que vendió su espíritu al *Welfare* y se convirtieron en autómatas: comer, dormir, ver televisión, tocar discos viejos y esperar la muerte. Así se iban perdiendo en el olvido de ser seres vivos, humanos y de ser puertorriqueños. La mayoría dejó escapar la magia de hablar español, vena santa que nos une al terruño, y tal parecían sentirse orgullosos y divertidos al escuchar a sus hijos hablar la jerigonza o mezcla de ambos idiomas perdiéndose así el contacto sagrado con las propias raíces de una tierra santa que nos dio nombre de gente muy especial: PUERTORRIQUEÑOS.

Hay que dar crédito al grupo que en ningún momento perdió contacto con la isla o, mejor dicho, no se olvidó de ella, aunque jamás pudieron regresar. Tuvieron la fe y valor de en tierra extraña vencer cuanto obstáculo había para mantener el espíritu vivo y la esperanza verde, e hicieron fructificar de todas las penas, dolores y tristeza un espíritu intrépido revestido de creatividad y responsabilidad hacia Dios, hacia ellos, los suyos y hasta hacia la misma tierra donde éramos extraños o extranjeros y con mente, corazón y cuerpo se dedicaron por entero a crear un Puerto Rico muy especial en el exilio.

Nunca perdí la fe ni la esperanza de regresar a la isla y besar sus montañas con mis pupilas ansiosas de amor y sin olvido. Por eso volví, treinta años después, de una ausencia cruel, desgraciada y maldita, y volví a saborear el néctar de su sabor a tierra caliente y dulce, y en un llanto del alma comencé a escribir mis memorias.

Cronología
de Carmen Luisa Justiniano

1918-1937   3 de marzo de 1918. Carmen Luisa Justiniano nace en el barrio Bucarabones del pueblo de Maricao, pero al ser inscrita, casi cuatro meses más tarde, le fue asignada como fecha oficial de nacimiento la del día de inscripción, el 28 de junio. Sus padres se llamaron Pablo Justiniano Irizarry e Isabel Ruiz Justiniano. Fue la mayor de siete hermanos (2 varones y cinco hembras).

Pasó su infancia, niñez y adolescencia entre los pueblos de Maricao, Hormigueros, Las Marías, Lares y Mayagüez, ya que su padre se desempeñaba como mayordomo de haciendas cafetaleras.

Apenas puede asistir a la escuela y a la edad de doce años deja por completo los estudios para dedicarse a las tareas cotidianas del hogar familiar.

En su juventud estuvo casada con el extinto Julio Betances del cual sobreviven cuatro hijos: Julián, Charles, Samuel y Raquel.

1937-1967   A la edad de 19 años sale de Puerto Rico hacia la ciudad de Nueva York con su primer hijo, de año y medio, y otro casi al nacer. Hace su residencia permanente en Estados Unidos, donde vivió la mayor parte de su vida en Nueva York y Chicago.

Su sed de aprender la lleva, ya en los Estados Unidos, a cursar estudios por correspondencia y luego en una escuela de noche. De esta manera completa la escuela superior.

En 1955 se casa con Juan Pérez Santiago, natural de Utuado, Puerto Rico. Tiene con él una hija de nombre Carmen Gladys.

1967-1979   Después de 30 años regresa a Puerto Rico, donde permanecerá por doce años.

A partir de 1968 se dedica a escribir de alma y corazón su autobiografía, la cual abarca su infancia, adolescencia y juventud, hasta que sale hacia Nueva York en 1937.

1979-1982   Breve retorno a los Estados Unidos.
1982-1988   De vuelta a la Isla.
1988-1992   Regresa definitivamente a los Estados Unidos.

3 de marzo de 1992, exactamente 74 años después de haber nacido, muere en Chicago, Illinois. Sus restos descansan en suelo amado, en el Cementerio Municipal de Maricao. Su espíritu habita toda la isla.

Antes de morir tuvo la satisfacción de saber que su obra sería publicada por la Editorial de la Universidad de Puerto Rico. Esta obra, *vida auténtica de una jíbara puertorriqueña,* no es tan sólo el testimonio de su propia vida, sino de toda una generación puertorriqueña.

Carmen G. Pérez Justiniano